이해하기 쉬운

소프트웨어 공학 에센셜

윤 청 지음

생능출판

윤 청

서울대학교 물리학과를 나와 일리노이 주립대학교에서 전산학 석사 학위를, 노스웨스턴 대학교에서 전산학 박사 학위를 받았다. 웨인 주립대학교와 노스웨스턴 대학교에서 전산과 전임강사를 역임하였으며, 벨 연구소(Bell Communication Research)에서 선임연구원을 지냈다. 현재는 충남대학교 컴퓨터공학과 교수로 재직 중이다.
저서로는 《성공적인 소프트웨어 개발방법론 (상), (하)》, 《이해하기 쉬운 소프트웨어 공학》, 《21세기가 보인다》 등이 있다.

이해하기 쉬운
소프트웨어 공학 에센셜

초판발행 2015년 2월 25일
제1판 6쇄 2025년 2월 5일

지은이 윤청
펴낸이 김승기, 김민수
펴낸곳 (주)생능출판사 / **주소** 경기도 파주시 광인사길 143
신고일자 2005. 1. 21 / **신고번호** 제406-2005-000002호
대표전화 (031)955-0761 / **팩스** (031)955-0768
홈페이지 www.booksr.co.kr

책임편집 신성민 / **편집** 이종무, 최동진 / **디자인** 유준범, 노유안
마케팅 최복락, 심수경, 차종필, 백수정, 송성환, 최태웅, 명하나, 김민정
인쇄 성광인쇄(주) / **제본** 일진제책사

ISBN 978-89-7050-829-0(93000)
값 33,000원

This work was supported by research fund of Chungnam National University.

- 이 도서의 국립중앙도서관 출판예정도서목록(CIP)은 서지정보유통지원시스템 홈페이지(http://seoji.nl.go.kr)와 국가자료공동목록시스템(http://www.nl.go.kr/kolisnet)에서 이용하실 수 있습니다.
(CIP제어번호: CIP2015003299)

머리말

소프트웨어는 그 유연성과 편리함으로 말미암아 오늘날 거의 모든 산업 분야에서 시스템의 중요한 요소로 활용되고 있다. 컴퓨터와 프로그램 기술을 바탕으로 기존에 사람이 수작업으로 수행하던 많은 작업들이 자동화되었다. 세계 시장은 서비스와 소프트웨어를 중심으로 개편되고 있으며, 하드웨어와는 비교할 수 없을 정도로 시장 규모가 확대되고 있다.

'소프트웨어'라는 단어에서 느껴지듯이 소프트웨어 개발이 편안하고 접근하기 쉬운 것으로 생각하기 쉽다. 그러나 소프트웨어 개발은 무에서 무형의 결과물을 얻는 작업으로서 실제로 다른 분야와 달리 결과물이 눈에 보이지 않아 혼란과 무질서 속에서 큰 어려움을 겪고 있으며, 프로젝트를 관리하기 어려워 좋지 못한 결과를 초래하는 경우도 흔하다. 이런 문제를 극복하고 체계적으로 소프트웨어를 만들기 위해 나타난 학문이 소프트웨어 공학이다.

체계적인 소프트웨어 시스템 개발방법론이 컴퓨터공학을 배우는 학생은 물론 소프트웨어를 개발하는 많은 엔지니어와 관리자들에게 아직도 추상적이고 낯설게 느껴지는 것이 현실이다. 그 이유는 소프트웨어 프로젝트를 수행할 때 프로세스에 대한 이해와 경험이 부족하고, 작성되어야 하는 많은 문서들의 내용을 어떻게 채워 넣어야 할지, 그 효용성은 무엇인지, 문서를 통해 지식과 경험을 다른 사람들과 어떻게 공유해야 하는지 등을 잘 알지 못하는 데서 발생한다고 필자는 믿는다. 특히, 학생들이나 초급 엔지니어들은 큰 소프트웨어 프로젝트를 수행해 본 경험이 부족하여 프로젝트 관리와 개발에서 요구되는 다양한 프로세스에 대한 중요성이 피부에 와 닿지 않는 것이 현실이다. 또한 문서의 필요성은 공감하나 문서를 어떻게 작성해야 할지 난감해하는 경우가 대부분이다.

이 책은 이러한 문제를 조금이나마 극복하고 프로젝트 관리와 문서화에 대한 이해를 돕기 위해 '인터넷 쇼핑몰 소프트웨어 개발'이라는 프로젝트를 예로 들며 프로젝트 관리, 프로젝트 계획, 요구사항 분석, 설계, 테스트 등 개발 전 과정에 걸쳐 작성되어야 하는 산출물(문서)을 어떻게 만들고 관리하는지 설명하고 있다. 우선 유스케이스와 UML을 이용하여 인터넷 쇼핑몰의 요구사항 분석 및 설계 전 과정의 진행을 상세히 소개하고, 객체지향 기법에서 요구되는 클래스 정의, 클래스의 속성과 오퍼레이션을 찾아내는 방법을 제시함으로써 독자들이 모델링에 쉽게 접근할 수 있도록 노력하였다.

또한 최근 소프트웨어 프로젝트 관리의 중요성이 크게 대두되어 프로젝트 계획, 품질 관리, 형상 관리, 확인 및 검증(V&V) 기법과 같은 프로젝트 관리 기법을 상세히 설명하고 있다. 독자들의 이해를 돕기 위해 인터넷 쇼핑몰 프로젝트를 예로 들어 작성된 품질 보증 계획서, 프로젝트 관리 계획서, 형상 관리 계획서, 확인 및 검증 계획서 등을 부록에 소개하고 있으며, 프로젝트 관리의 중요 영역인 소프트웨어 프로젝트의 범위 관리, 원가 관리, 일정 관리 등의 수행과정도 소개하고 있다.

이 책은 6부 22장, 부록(생능출판사 홈페이지에 수록)으로 구성되어 있다.

1부에서는 소프트웨어 공학과 개발방법론을 다루고 있다. 1장에서는 시스템 공학과 소프트웨어 공학, 건축 공학을 예로 들어 소프트웨어 개발의 일반적인 공정과정을 살펴보고, 2장에서는 소프트웨어 개발에서 발생하는 오해와 개발 실체를 살펴보았다. 3장은 다양한 개발 라이프 사이클과 개발 패러다임을 소개하고 있다. 폭포수 모델을 비롯한 기존의 개발 패러다임, 신속한 개발방법론인 애자일방법론, 익스트림 프로그래밍(XP), 리팩토링, 컴포넌트 기반 개발 기법이 소개되고 있다.

2부에서는 소프트웨어 프로젝트 관리와 계획을 소개하고 있다. 4장에서는 프로젝트 관리와 관련된 국제기구인 PMI(Project Management Institute)에서 제시하는 지식을 중심으로 소프트웨어 제품 개발 프로세스와 관리 프로세스를 분리하여 설명하고 있다. 5장의 프로젝트 계획 수립 단계에서는 프로젝트의 목표 설정과 요구되는 핵심 활동을 기술하고 있으며, 소프트웨어 프로젝트 계획 단계에서 문서화된 계획서가 작성, 관리되어야 하는 대표적인 영역들에 대해 설명하고 있다.

3부에서는 소프트웨어 요구사항 분석과정에 초점을 맞추어 소프트웨어 요구사항 단계에 대한 개요, 특성, 문제점 등 종합적인 설명을 하고 있으며, 요구사항 명세서의 중요성과 활용방법 등도 언급하고 있다. 또한 시스템의 목표를 정의하는 데 있어 개발자와 사용자 사이의 의사소통 수단으로 많이 활용되고 있는 다양한 요구사항 분석 기법들을 소개하고 있다. 6장에서는 요구사항 분석이 다른 개발 단계와 구별되는 특징, 분석가의 역할, 모델링 기법을 소개하고 있다. 7장에서는 기능 모델링(functional modeling)에 대한 설명을 하고 있으며, 현재 널리 사용되고 있는 분석 도구인 구조적 분석 기법(structured analysis)을 소개하고 있다. 8장에서는 동적 모델링(dynamic modeling) 도구들을 다루고 있으며, 상태 변화도(STD), 구조적 분석 기법의 확장 등을 중심으로 기술하고 있다. 9장에서는 시스템의 데이터베이스 분석에 사용되는 정보 모델링 기법과 데이터베이스 설계의 일부 과정을 다루고 있다. 10장에서는 요사이 많은 주목을 받고 있는 객체지향의 개념, 객체지향 분석 기법(object-oriented analysis)을 소개하고 있다. 11장에서는 '인터넷 쇼핑몰 소프트웨어 개발'이라는 프로젝트를 예로 들어 요구사항 분석 전 과정을 상세히 설명하고 있다. 분석가가 모델링을 수행하는 모습으로 이해하고 읽는다면 요구사항을 분석하고 문서화하는 과정을 연습할 수 있을 것이다. 유스케이스 기법을 이용하여 유스케이스 시나리오를 작성하는 과정을 설명하고 있으며, UML을 이용하여 인터넷 쇼핑몰의 요구사항 분석 및 설계 전 과정의 진행을 상세히 소개하고 있다.

4부에서는 소프트웨어 설계에 대한 기본 개념 및 분석의 결과를 프로그램 구조로 변환시키는 다양한 설계 기법을 다루고 있다. 12장에서는 소프트웨어 설계 기법, 설계 활동, 설계 고려사항, 설계의 품질 요소 등을 소개하고 있다. 13장에서는 자료 흐름 중심의 구조적 설계 기법과 데이터베이스 설계를 위한 데이터 설계 기법 등을 다루고 있고, 14장에서는 디자인 패턴을 이용한 설계 기법을 소개하고 있다. 15장에서는 사용자 인터페이스 설계와 상세 설계 단계에서 사용되는 표기법인 순서도, N-S 도표, 프로그램 설계 언어(PDL) 등을 소개하고 있다.

5부에서는 프로그래밍, 테스트, 유지보수 단계에 대하여 다루고 있다. 16장에서는 프로그래밍 기법, 프로그램 후 이루어지는 코드 검사의 개념, 코드 검사의 계획과 진행, 사후 검토 등에 대해 다루고 있다. 17장에서는 소프트웨어 개발에 사용되는 다양한 테스트 기법 및 단계를 소개하고 있고, 18장에서는 소프트웨어 유지보수에 대하여 간략히 다루고 있다.

마지막 6부에서는 소프트웨어 프로젝트 관리에 요구되는 영역들을 다루고 있다. 19장에서는 품질의 정의, 품질 요소 및 기술 검토 기법을 기술하고 있으며, CMMI, ISO 9001, SPICE 등 프로세스 개선 및 인증에 관한 내용을 추가하여 설명하고 있다. 20장에서는 소프트웨어 형상 관리에 대하여 다루고 있고, 21장에서는 확인 및 검증 기법을 소개하고 있다. 22장에서는 프로젝트 관리의 중요 영역인 범위 관리, 원가 관리, 일정 관리를 다루고 있다.

부록에서는 인터넷 쇼핑몰 프로젝트의 산출물들을 예로 들어 설명하고 있다. 프로젝트 착수 단계에서 만들어지는 프로젝트 헌장, 계획 단계에서 작성되는 프로젝트 관리 계획서, 형상 관리 계획서, 확인 및 검증 계획서, 품질 관리 계획서, 설계 단계에서 만들어지는 인터넷 쇼핑몰 설계 문서를 자세히 기술하고 있다.

이 책은 소프트웨어 개발 현장에서 일하는 실무자와 관리자, 전산 시스템을 이용하는 사용자 및 전산 고객들을 대상으로 만들었다. 또한 대학교 및 대학원의 소프트웨어 공학 강의, 시스템 분석 및 설계 강의 교재로 사용될 수 있도록 편집하였으며, 다른 시스템을 개발하는 엔지니어는 물론 정보통신 분야에 관심 있는 일반인들도 쉽게 읽을 수 있도록 설명하였다. 이 책을 통해 소프트웨어 공학이라는 어렵고 낯설게만 느껴졌던 학문에 좀 더 가까이 갈 수 있는 기회가 되길 바라며, 더욱 체계적으로 소프트웨어를 개발하고자 하는 엔지니어들에게 이론과 실무의 격차를 줄이는 데 도움이 되었으면 하는 바람이다.

2019년 2월

저자 윤 청

차 례

Chapter 03 소프트웨어 개발방법론

Part 02 프로젝트 관리와 계획

Chapter 04 프로젝트 관리

Chapter 09 정보 모델링

Chapter 10 객체지향 분석 기법

Chapter 11 유스케이스와 UML(인터넷 쇼핑몰 예)

Part 04 소프트웨어 설계

Chapter 12 소프트웨어 설계 기법

부록

홈페이지 수록

A. 인터넷 쇼핑몰 설계 예제
B. 인터넷 쇼핑몰 코드 예제
C. 인터넷 쇼핑몰 테스트 문서 예제
D. 인터넷 쇼핑몰 프로젝트 헌장
E. 인터넷 쇼핑몰 프로젝트 관리 계획서
F. 인터넷 쇼핑몰 품질 보증 계획서
G. 인터넷 쇼핑몰 형상 관리 계획서
H. 인터넷 쇼핑몰 검증 및 확인 계획서
I. 인터넷 쇼핑몰 원가 관리(기능 점수 적용 사례)
J. 인터넷 쇼핑몰 일정 관리
K. 디자인 패턴 예
L. 소프트웨어 개발 산출물 양식

생능출판사 홈페이지(www.booksr.co.kr)에 접속→[도서검색]에서 '도서명'이나 '저자명' 입력→[보조자료] 클릭

Part

SOFTWARE **1** ENGINEERING

소프트웨어 공학과 개발방법론

조그만 토기를 하나 만들 때도 공정과정과 원칙이 필요하다. 시스템 공학의 개념과 기본 원리는 다양한 분야의 제품을 개발하는 데 이용될 수 있는 보편적인 원칙이며 소프트웨어 시스템 개발도 예외가 아니다. 소프트웨어 공학은 시스템 공학의 기본 원리들이 소프트웨어의 개발에 적용되어 고객을 만족시킬 수 있는 높은 품질의 제품을 효과적으로 생산하는 데 그 목적이 있다.

소프트웨어 개발은 다른 시스템 개발보다 더 어려운 문제점들을 내포하고 있다. 소프트웨어 개발의 실체를 파악하고 소프트웨어 개발에서 현실적으로 나타나는 어려운 문제들을 어떻게 단순화시킬 것인가는 많은 사람들의 관심 대상이 되어 왔다. 현재 우리가 처한 소프트웨어 위기 상황은 이러한 문제점을 직시하고 해결방법을 찾을 때 극복할 수 있다. 아직도 많은 소프트웨어 개발자, 관리자 및 고객들이 소프트웨어에 대한 본질을 이해하지 못하고 있다. 소프트웨어 개발에 나타나는 복잡도를 관리하여 예측 가능한 엔지니어링으로 만들기 위해 요구되는 것은 무엇일까?

Chapter

01 시스템 공학과 소프트웨어 공학

이 장에서는 시스템을 정의하고 시스템의 구성 요소들을 관찰한 후, 시스템을 만드는 것의 기본 원리 및 절차(프로세스)에 대하여 살펴본다. 시스템 공학은 적시에, 허용하는 예산 범위 안에서 제품을 체계적으로 개발하고 유지 · 보수하는 활동과 관련된 기술적 · 관리적 원리이다. 소프트웨어 공학은 시스템 공학의 사고방식, 절차 및 기법을 소프트웨어 개발에 적용한 것이며, 주요 목표는 소프트웨어의 품질을 향상시키고 생산성 및 사용자 만족도를 증진시키는 것이다.

1. 과학과 공학 2. 시스템 공학 3. 건축 공학의 예 4. 소프트웨어 개발의 일반적 공정과정
5. 모든 것은 두 번 창조된다

Chapter 01

시스템 공학과 소프트웨어 공학

학습목표

1. 공학과 과학의 차이점을 알아본다.
2. 시스템을 정의하고 시스템의 핵심 요소를 설명한다.
3. 소프트웨어 시스템의 구성 요소를 관찰한다.
4. 구조적 시스템과 객체지향 시스템의 차이점을 설명한다.
5. 건축 공학의 개발 라이프 사이클을 설명한다.
6. 프로세스를 정의하고 프로세스 모델의 장점을 설명한다.
7. 소프트웨어 개발은 어떤 단계를 거쳐 진행되는지 알아본다.
8. 프로젝트 계획 단계에서 만들어지는 결과물은 무엇인지 설명한다.
9. 요구사항 분석의 특징은 무엇이고 그 산출물은 무엇인지 설명한다.
10. 설계 활동과 분석 활동의 차이점은 무엇인지 설명한다.
11. "모든 것은 두 번 창조된다."에서 첫 번째 창조와 두 번째 창조의 차이점을 설명한다.

산업이 발전한 나라에서는 시스템 공학의 개념과 개발이론 그리고 이에 대한 응용연구가 활발히 진행되어 다양한 응용 분야에 성공적으로 활용되고 있으며, 시스템의 크기와 복잡도가 증가하면서 엔지니어링 원칙에 입각한 시스템 개발이 더욱 중요해지고 있다.

시스템 공학의 개념 및 개발이론들은 품질 향상과 고객의 만족도를 증대시키며, 시스템 개발을 신뢰할 수 있고, 예측 가능한 활동으로 만드는 바른 원리라 할 수 있다. 이 원리를 이해하고 소프트웨어 개발에 적용해 나갈 때 기술과 품질의 향상을 기할 수 있고, 무한 품질 경쟁 시대에서 살아남을 수 있는 힘을 가지게 된다. 우선 이 장에서는 공학과 과학의 차이점, 시스템 공학에 대한 이해, 건축 공학을 예로 들어 시스템 개발의 일반적이며 공통적인 진행과정, 일반적인 소프트웨어 개발과정, "모든 것은 두 번 창조된다."라는 주제를 논의해 본다.

1 과학과 공학

자연현상을 발견하고 이해하는 학문 분야를 과학 또는 자연과학(natural science)이라 한다. 자연과학 분야로는 수학, 물리학, 화학, 생물학, 천문학 등이 있다. 자연과학이 자연의 법칙을 탐구하는 것에 대하여, 공학(engineering)은 자연과학이 발견한 자연의 법칙을 응용하여 인류의 편익을 위해 무엇인가를 생산하는 전문 분야이다. 공학 분야로는 기계, 컴퓨터, 건축, 전자, 원자력 등이 있고, 이 분야는 자연의 물질과 힘을 경제적으로 활용하는 방법을 연구한다. 예를 들어, 어떤 원자핵끼리 부딪혀 반응을 하면 질량이 줄어들고, 줄어든 질량은 에너지로 변한다. 그때 발생하는 에너지의 값이 질량 곱하기 빛 속도의 제곱이라는 사실을 연구하는 것이 과학이다. 하지만 원자로를 만들고 이 에너지를 이용해 잠수함을 만들거나 원자력 발전소를 만들어 전기를 생산하는 것은 공학자의 몫이다.

일반적으로 과학기술은 공학과 자연과학을 지칭한다고 할 수 있다. 공학과 자연과학은 서로 보완하며 상호 의존적인 관계로 발전하여 왔다. 자연과학이 근본적인 지식의 탐구와 관련되어 있다면, 공학은 실제 문제의 해결과 '더 나은 삶의 추구'를 위한 과학 지식의 응용과 관련되어 있다. 공학은 당면한 문제를 해결하기 위하여 자연과학의 지식을 필요로 하며, 이는 다시 자연과학의 분야에 영향을 미쳐 공학과 자연과학은 서로 보완하며 발전해 왔다.

결국 공학은 무엇인가를 만드는 활동이라 정의할 수 있고, 창조(creation)한다는 것과 유사한 의미를 가지고 있다. 실제로 만든다는 것과 창조, 발명은 동일한 어원에서 출발하였다고 한다. 공학은 만드는 과정에서 비용, 자원, 기간이 소요되어 현실적 접근을 해야 하고, 경제성, 효율성과 연관되어 계획 또는 관리 등의 분야와 연결되어야 한다. 즉, 공학은 경영학, 경제학이 추구하는 목표를 함께 공유한다. 이와 같이 공학은 순수 자연과학에서 경영학, 경제학 분야까지 이르는 광범위한 학문 영역이다. 앞으로 이 책에서 다룰 소프트웨어 공학도 다양한 학문과 접촉하고 공동의 목표를 이루어나가는 학문 분야라 할 수 있다.

필자는 학생들에게 "과학이 먼저인가, 공학이 먼저인가?"라는 우둔한 질문을 하곤 한다. 실제로 공학이 자연과학의 법칙을 인간의 삶에 적용시킨 것이라고 생각한다면 과학이 먼저라고 답하게 될 것이다. 대학교의 단과 대학도 대부분 자연과학 대학(School of Natural Science)이 공과 대학(School of Engineering)보다 먼저 만들어졌다. 한편, 자연의 모든 피조물들을 생각해 보면 이미 만들어진 존재(또는 창조된 존재)라 할 수 있다. 누군가 자연을 만들었으며, 인간, 세상 만물들이 창조되었다. 이런 관점에서 보면 조물주 또는 창조자(creator)의 엔지니어링(공학)이 자연과학에 우선한다고 볼 수 있다. 즉, 조물주의 공학 원칙을 탐구하는 것이 과학이라고 볼 때, 공학이 먼저라는 답이 나올 수 있다. 필자는 이처럼 조물주가 많은 피조물을 만들었기 때문에 조물주의 직업을 '엔지니어'라고 말하곤 한다. 우리와 같은 '엔지니어'라 호칭하기에는 뛰어난 작품들을 너무 많이 만들어 조물주를 '공장장'으로 승격시켜야 한다고도 주장한다. 참고로 조물주의 수학 창조에 감탄한 많은 수학자들은 조물주가 자신들과 같은 직업을 가진 위대한 '수학자'라고 주장한다.

2 시스템 공학

시스템은 어떤 목적과 기능을 수행하기 위해 유기적인 관계를 맺으며 함께 작용하고 서로 의존하는 요소들의 집합이다. 시스템은 각기 독자적인 목적을 가지고 있는 여러 구성 요소들로 이루어진 특정한 집합이며, 각 구성 요소는 시스템 내부의 다른 구성 요소들과 관계를 가지고 시스템의 공동 목표를 위하여 함께 작용한다.

그 예로 컴퓨터 시스템은 하드웨어, 소프트웨어 등의 구성 요소들이 서로 유기적으로 작용하고 있으며, 인간-기계체계(man-machine system)인 자동차 운전 시스템은 사람과 자동차의 두 요소로 구성되어 있다. 이들은 유기적인 관계를 맺고 있으며 각기 서로 다른 기능을 수행한다.

시스템은 왜 여러 구성 요소들로 나누어져 있어야 할까? 만약 자동차가 구성 요소인 부속품들로 쪼개져 있지 않고 하나의 큰 부품으로 되어 있다면 어떤 문제가 발생할까? 조그만 고장이 발생해도 부품을 교체하여 차를 고치는 것이 불가능해지고 몸체 전체를 교환해야 하는 어려움이 발생할 것이다. 소프트웨어 프로그램도 구성 요소인 함수(function) 또는 클래스(class)가 서로 유기적인 관계를 맺고 작용하고 있는 시스템이다. 만약 프로그램이 구성 요소로 나누어져 있지 않다면 수정과 유지보수에 많은 어려움을 겪게 될 것이다.

시스템을 개발할 때 우선 높은 수준에서 시스템의 기능들을 정의하고 분석하여, 하드웨어, 소프트웨어 또는 사람들을 비롯한 시스템의 구성 요소에 할당하는 활동을 수행한다. 시스템 개발의 첫 단계는 사용자가 요구하는 목표와 시스템의 제약 조건으로부터 시스템을 정의하는 일이다. 다음으로 시스템의 주요 기능, 성능 제약 조건, 설계 제약 조건, 인터페이스, 정보 구조 등을 각 시스템 구성 요소에 할당하는 작업이 이루어진다.

기능들이 규명되어 소프트웨어에 할당되면(소프트웨어는 시스템의 일부인 경우가 많다), 소프트웨어 엔지니어들은 요구되는 기능과 성능을 제공하기 위해 새로운 소프트웨어를 개발하거나 기존의 소프트웨어를 확장하게 된다. 이러한 과정은 소프트웨어 개발 활동에 들어가며, 정의 단계, 개발 단계, 유지보수 단계를 포함한다. 따라서 시스템에 대한 설계가 이루어진 후 소프트웨어 개발이 이루어진다고 할 수 있다.

사람의 몸도 구성 요소들로 쪼개져 있는 시스템이다. 인간의 몸은 구성 요소인 장기들로 구성되어 있고 서로 유기적으로 작용하고 있다. 왜 조물주가 장기들로 쪼개어 인간을 만들었을까 질문해 보자. 조물주는 시스템의 장점을 이미 다 알고 있었던 것은 아닐까? 조물주를 '시스템 엔지니어'라 지칭할 만하다. 우리 몸의 구성 요소인 장기들 사이의 관계를 생각해 보자. 간이 콩팥 위에 있는가, 콩팥 아래에 있는가? 손이 발 위에 있는가, 발 아래에 있는가? 장기들은 누가 누구 위에 있는 관계가 아니다. 장기들은 수평적인 관계를 유지하며, 누구의 눈치도 보지 않고 서로 간섭하지 않으며 자신의 임무를 수행해 나간다. 이런 구성 요소들 사이의 관계를 수평적 구조라 부르며, 소프트웨어 분야에서는 '객체지향 시스템'이라 부른다.

대학에서는 시스템을 전문 분야로 다루는 학과들이 있다. 경영학은 시스템 경영을 효율적으로 하기 위해 시스템의 구조와 행동의 원리를 연구하는 사회 과학이다. 산업 공학 또는 시스템 공학은 시스템을 개발하며 프로세스나 의사결정과정을 과학적 방법으로 최적화하고 합리화하기 위한 학문이다. 즉, 시스템 공학은 시스템의 개발과 운용, 유지보수를 합리적으로 행하기 위한 사고방식, 절차, 조직 및 기법 등을 총칭한 것이며, 기술적(technical)인 측면과 관리적(management)인 측면의 두 가지 기능을 가지고 있다. 기술적인 측면은 시스템을 구성하는 물적 요소의 적합성과 이의 효과적인 조합에 의한 효율의 극대화를 추구하고 있다. 반면, 관리적인 측면은 시스템 개발에 관련된 업무가 제대로 이루어지도록 인원, 설비, 자재 등에 대한 계획과 통제를 행하는 관리 기술을 의미한다.

3 건축 공학의 예

시스템 공학의 이론과 원칙이 잘 지켜지는 대표적인 예로 많은 사람들에게 익숙한 건축 공학을 들 수 있다. 큰 건물을 짓고자 할 때의 진행과정과 공법을 생각해 보면 소프트웨어 개발뿐만 아니라 다른 대부분의 공학에도 두루 적용되는 기본 원리를 발견할 수 있다.

수십 층짜리 큰 건물(예를 들어, 병원)을 짓는 경우를 생각해 보자. 우선 공간(토지)이 확보되어야 하고 원하는 층 수, 건물의 크기 등이 법령에 저촉되지 않는지 여부를 파악한다. 이런 단계를 건축 계획 초기 단계라 할 수 있다. 일반인의 상식으로는 설계 회사에서 설계 도면을 완성한 후 시공 회사를 선정하여 설계 도면대로 건축을 한다. 시공이 끝나면 감리 회사가 선정되어 건축이 설계 도면대로 이루어졌는지 감리하게 되는데, 감리(시험의 일종)에서 이상이 없는 것이 확인되면 사용자들이 입주하여 건물을 사용하고 건물의 운용 및 유지보수 단계에 들어간다. 여기에서 주의하여 관찰할 것은 설계, 시공 및 감리 회사가 분리되어 있다는 점이다.

우선 설계를 누가 하는지부터 질문해 보자. 설계사가 설계한다는 사실은 상식에 속한다. 설계사는 건축 공학과를 졸업하고 수년간 도면을 그린 경험이 있다. 이를 소프트웨어 공학에 비추어 보면 컴퓨터 공학과를 졸업하고 수년간의 소프트웨어 시스템 개발 경험이 있는 컴퓨터 엔지니어(컴퓨터 시스템 개발에는 소프트웨어 시스템 설계사란 공식적인 직함이 없는 경우가 많다)에 해당한다고 할 수 있다.

다음으로 떠오르는 질문은 "건축 공학을 전공한 설계사가 어떤 지식으로 큰 병원을 설계할 수 있을까?" 하는 것이다. 설계사는 건축을 전공한 사람이며 전반적인 건축 환경에 대한 전문가이지 병원에 관해 해박한 지식을 가지고 있는 병원 전문가는 아니다. 병원은 환자, 의사, 간호사, 행정 직원 및 병원 소유주 등 다양한 사용자가 편리하게 사용할 수 있도록 설계되어야 하는데, 건축학을 전공한 설계사가 어떻게 환자의 심리상태나 필요성을 파악하여 그들이 이용하기 편리한 병원을 설계할 수 있을까? 필자가 건축 공학과 교수들에게 질문하니 웃으면서 "건축 공학과 전공자들이 할 수 없습니다. 병원 관련 전문가들이 모여 병원을 사용할 사람들의 요구사항을 모아오면 그 결과를 통합하여 건축 도면에 옮기는 작업을 하는 것이 설계사입니다."라고 대답하였다.

병원과 같은 큰 건물을 설계할 때는 건물의 용도에 대한 특성을 파악하고 나타날 문제점들을 해결해야 한다. 이를 위해 수십 명으로 구성된 설계 팀이 만들어지고 다양한 사용자들의 요구 조건(예를 들어, 사용의 편리성, 관리 비용의 효율성 등)을 수집한 후 이를 통합하는 작업이 이루어진다. 이렇게 사용자의 요구 조건을 찾아내고 규명하는 것을 시스템 공학에서는 시스템 분석(system analysis) 또는 요구사항 분석(requirements analysis)이라 하며, 이 작업은 설계 이전에 수행되어야 할 중요한 과정이다. 이때 건축학을 전공한 설계사들은 이를 수행하기 힘들기 때문에 심리학자, 사회학자 등 다른 분야의 전공자들이 앞장서게 된다. 큰 건물을 짓는 경우 많은 자본이 투입되므로 소유 회사는 자체 사업부를 만들어 요구사항이 충실히 반영되도록 하는 경우가 많다.

사용자의 요구사항이 수집되어 논의된 후 분석이 완료되면, 설계사는 요구 조건을 만족하며 실용성과 아름다움을 동시에 가질 수 있도록 건물의 윤곽을 그리게 되는데, 이 과정을 설계(design) 단계라 한다. 설계는 건축학의 지식이 필요하기 때문에 설계사가 사용자 요구사항을 통합하여 설계 도면을 그린다. 설계의 결과는 설계 도면이며, 도면이 완성되면 설계 단계가 끝난다. 설계 도면이 완성된 이후에는 사용자의 새로운 요구사항이 반영되기 어려우며 시공 중 설계 도면을 고치면 안 된다. 부실 공사로 지적된 건축물의 대부분이 시공 도중 설계 도면이 변경되었던 사실을 보면 알 수 있다.

설계가 끝나면 시공 회사가 선정되고, 선정된 시공 회사는 설계 도면을 가지고 건물을 건축하는데, 이 과정을 구현(implementation) 단계라 부른다. 시공 회사가 설계 도면대로 건축물을 지으면 비로소 우리가 원하는 건물의 모습을 볼 수 있다. 르네상스 시절에는 목수, 석수, 조각가가 설계와 구현(시공)을 모두 담당하였는데, 당시 조각가 미켈란젤로는 성 베드로 대성당을 설계하고 시공하였다. 그러나 설계는 예술적 가치를 중시하는 데에 반해 시공은 기술과 관리가 중요시된다. 르네상스 시대는 예술적인 면(형태 : 아름다움)을 강조하던 시절이었기 때문에 미켈란젤로의 설계와 시공이 가능하였지만 그 후 건물의 기능과 생산성(productivity)이 강조되기 시작하면서 설계와 시공은 분리되기 시작하였다.

시공이 끝나게 되면 감리 회사는 건물이 설계한 대로 지어졌는지 감리(시험)한다. 실제로 감리는 시공 전 과정에 걸쳐 이루어지고 시공이 완료된 다음에는 종합적으로 이루어진다. 건축에 있어서 감리는 법적 조치이며 설계 도면을 중심으로 이루어진다. 건축 공학의 경우 이러한 체계적이고 분할된 공정과정을 통해 건축물의 안전과 품질을 보증하고 있다. 따라서 만약 건물에 이상이 발견되면 책임의 소재가 분명해지고 품질의 관리도 원활해질 수 있다.

감리를 무사히 마치고 건축법에 의해 준공검사를 받아 건물 사용이 허가되면 사용자들이 입주하게 된다. 건물의 운용과 유지보수(maintenance)는 설계 및 시공과 밀접한 관계를 갖는다. 즉, 설계가 잘된 건물은 운용하기 쉽고 유지보수에 드는 비용이 상대적으로 적어진다. 한편 잘못 설계되었거나 잘못 시공된 건물은 유지보수와 운용에 많은 문제점을 가지게 되며 건물을 짓는 데 들인 비용보다 더 많은 비용이 유지보수에 들어가기도 한다.

사용자 요구사항 분석, 설계, 시공, 감리 및 유지보수로 이어지는 건축 공학의 라이프 사이클(life cycle) 모델을 도식화하면 그림 1-1과 같다.

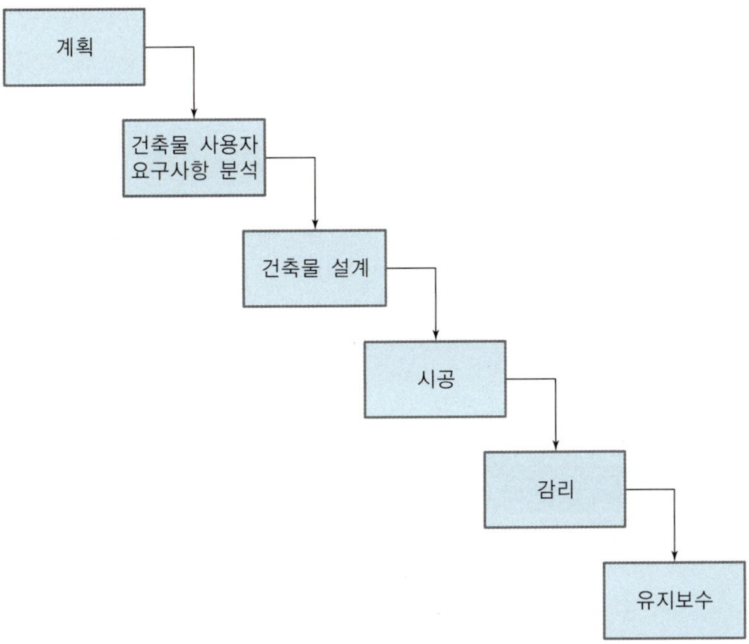

:: 그림 1-1 | 건축 공학 라이프 사이클

이러한 라이프 사이클 모델은 간단하고 명료하여 프로젝트 진행시 수행되어야 할 활동들과 그 활동들의 순서를 정하고 관리하며 통제하는 것을 쉽게 한다. 이러한 활동 또는 단계를 프로세스(process)라 하며, 프로젝트는 활동의 진행 절차인 프로세스의 흐름(process flow)으로 나타낼 수 있다. 프로세스는 입력물을 받아 임무(task)를 수행하여 결과물인 작업 산출물을 만들어 내는 활동이다. 프로세스들은 연결되어 있으며 한 프로세스의 결과물은 연결된 다음 프로세스의 입력물이 된다. 프로젝트가 어떤 단계를 거쳐 진행되는가, 각 단계의 작업 산출물은 무엇인가를 명확히 하는 것은 프로젝트에 참여한 여러 사람들이 의사소통을 원활하게 할 수 있는 기준을 제공한다.

이 기본 개념은 다른 많은 공학과 소프트웨어 시스템 개발에도 그대로 적용된다. 이 라이프 사이클 중 가장 어려운 과정은 어느 것일까? 모두들 다른 의견을 가지고 있겠지만 일반적으로 큰 프로젝트를 수행할 때 사용자 요구사항을 정의하고 분석하는 과정이 가장 어렵고 힘든 것으로 알려져 있다. 설계를 하기 이전에 다양한 사용자의 요구사항을 발견하고 통합하는 과정은 설계 이전에 선결되어야 하는 매우 중요한 일이다.

4 소프트웨어 개발의 일반적 공정과정

소프트웨어 개발의 경우 앞에서 설명한 건축의 진행과정과 기본 원리가 그대로 적용되어 계획(planning), 요구사항 분석(requirements analysis), 설계(design), 구현(implementation), 시험(testing) 및 유지보수(maintenance) 과정을 거치게 된다. 소프트웨어는 여러 구성 요소가 유기적으로 상호작용하는 시스템이며 일반적으로 하드웨어 및 다른 요소들과 결합되어 있다. 따라서 시스템 전체에 대한 기능과 요구사항의 정의가 선결된 후 그 기능의 일부를 소프트웨어 시스템이 담당한다.

프로젝트 계획

물론 시스템을 개발하려고 할 때 우선되어야 하는 것은 프로젝트에 대하여 고객과 개발 회사가 계약을 맺는 일이다. 계약 당시에 모든 구체적인 요구사항이 정의되기는 어려우며, 추상적인 시스템의 목적이 기술되어 있는 제안서(proposal)로 일이 시작되는 경우가 많다. 일반적으로 제안서가 승인되어 계약이 맺어지면 공식적으로 프로젝트가 시작되며, 개발 회사는 프로젝트 진행에 앞서 프로젝트 수행에 요구되는 모든 활동을 구체화한 청사진을 그려야 하는데, 이를 프로젝트 계획(project planning)이라 한다.

프로젝트는 고객의 요구를 충족시키기 위해 만들어진다. 프로젝트 계획 단계에서 고객의 요구에 대한 보다 정확한 이해가 필요하다. 경우에 따라서는 요구가 변하기도 하며 계획에 변경이 가해지기도 한다. 따라서 프로젝트 계획 단계부터 요구에 대한 명확한 규명을 위해 구체화 작업, 조사와 연구가 필요하다. 또한 프로젝트의 활동이나 산출물에 영향을 받을 수 있는 이해 당사자들을 파악하고 분류하여 각 이해 당사자들에게 프로젝트가 주는 의미를 규명한다.

소프트웨어 개발 계획의 종류는 프로젝트와 개발 조직에 따라 다를 수 있다. 일반적으로 소프트웨어 프로젝트의 목표와 수행방법, 추진 일정, 추진 전략, 조직, 비용, 요구되는 자원 등을 기술한 프로젝트 관리 계획서, 소프트웨어 품질을 보증하기 위한 절차와 표준을 기술한 품질 보증 계획서, 소프트웨어가 사용자의 요구사항을 만족시키는가의 여부 및 지정된 기능을 정확히 수행하는가를 밝히는 검증 및 확인 계획서, 소프트웨어의 개발 및 유지보수과정에서 발생하는 각종 결과물(문서, 프로그램, 하드웨어)들에 대한 계획 · 개발 · 운용 등을 종합한 형상 관리 계획서 등을 발주자가 요구한다.

요구사항 분석

고객의 요구를 만족시키는 소프트웨어를 만들기 위해 고객의 요구사항을 알아내는 것은 시스템을 개발하는 관리자와 실무자에게 중요한 일이며 가장 큰 도전이다. 요구사항 오류를 줄이기 위해 프로젝트 초기인 요구사항 분석(requirements analysis) 단계에서부터 다양한 이해관계자를 프로젝트 개발과정에 참여시키는 것이 중요하며, 이해관계자의 활발한 참여는 잘못된 요구사항을 밝혀내고 중요 요구사항 누락을 방지하는 데 필수적이다.

요구사항은 프로젝트 범위 관리(scope management)에 기초 자료를 제공하며, 프로젝트가 수행되는 모든 과정에 영향을 미친다. 요구사항을 규명하고, 명세화하며, 추적하고, 효율적으로 관리하는 문제는 소프트웨어를 개발하는 실무자들에게 매우 큰 도전이다. 소프트웨어 프로젝트의 실패 원인의 대부분은 요구사항 분석의 잘못에서 찾을 수 있다.

우리가 흔히 볼 수 있는 캔 음료나 커피 자동판매기(vending machine)를 여러분이 만든다고 생각해 보자(이하 자판기라 부름). 우선 자판기의 개발을 위하여 시스템에서 요구되는 기능들을 찾아내고 이를 시스템 요소에 할당하는 작업이 이루어질 것이다. 계속 이 책을 읽기 전에 여러분이 시스템 엔지니어라면 어떻게 할 것인지 먼저 생각해 보라. 우선 엔지니어들은 아래와 같은 간단한 질문 목록을 만들어 그에 대한 해답을 구해 볼 것이다.

① 새로운 자판기를 만들려는 이유는 무엇인가?
② 기존의 자판기는 어떤 한계점을 가지고 있는가?
③ 어떤 일정과 예산이 할당되어 있는가?
④ 사용 가능한 동전과 지폐는 어떤 것인가?
⑤ 잔돈 반환은 자동으로 되는가? 금전 관리 기능에는 어떤 것이 있는가?
⑥ 고객이 투입한 현재의 총 금액은 표시되는가?
⑦ 냉장, 온장 및 절전 기능은 필요한가?
⑧ 보안 장치는 어떤 것이 있으며 비용은 얼마나 소요되는가?

⑨ 거스름돈이 없는 경우 음료가 판매될 수 있는가?
⑩ 사용자가 삽입한 동전을 거스름돈으로 활용할 수 있는가?
⑪ 신용카드를 사용할 수 있게 하는가?
⑫ 신용카드 기능을 설치하는 것의 문제점은?
⑬ 심야에는 다른 시간대보다 높은 음료수 가격을 부과하려 하는데, 문제는 없는가?
⑭ 요구사항을 정의한 문서는 언제까지 만들어야 하며, 어느 기능과 제약 조건들이 명시되어야 하는가?

각 질문을 바탕으로 요구사항을 규명하는 과정을 요구사항 분석이라고 한다. 요구사항 분석과정에서 수행되는 내용을 요약하면 다음과 같다. 여러분은 앞의 질문들이 다음 내용의 어디에 해당되는지 살펴보기 바란다.

(1) 요구사항의 규명

먼저 사용자의 요구사항을 밝힌다. 요구사항 분석이란 시스템이나 소프트웨어 요구사항을 정의하기 위해 사용자의 요구사항을 조사하고 확인하는 과정이다. 이는 문제 해결이나 시스템 개발에 있어 어떤 행동을 취하기 이전에 문제에 대해 연구하는 것이다. 요구사항 분석은 만들고자 하는 시스템의 사용자 요구사항을 수집하는 것을 의미하며, 이는 기능(function) 요구사항, 성능(performance) 요구사항, 인터페이스(interface) 요구사항 등을 포함한다. 따라서 요구사항 분석은 업무 분석이라고 불리기도 한다.

요구사항 분석은 고객의 요구와 필요가 나오게 된 원인, 배경, 환경 등에 대한 분석을 포함한다. 즉, 시스템에 대한 필요가 나오게 된 고객의 내적 요인과 외적 요인을 파악해야 한다(이를 경영학에서는 환경 분석이라 한다). 내적 요인으로는 새로운 자동화 시스템을 통한 인력 규모 축소, 기술력 향상, 생산성 증대, 조직의 새로운 운영 등을 들 수 있다. 외적 요인으로는 경쟁, 법규나 제도의 변화, 시장 여건의 변화 등이 있을 수 있다. 시스템 사용자의 고객이 컴퓨터로 인쇄된 결과물을 원하는 것도 외적 요인이 될 수 있다.

(2) 타당성 조사

프로젝트를 수행할 때 무한대로 자원과 시간이 주어지는 것은 아니다. 주어진 시간과 예산 안에서 시스템을 개발해야 하며 가능한 한 빠른 시간 내에 타당성을 평가하는 것이 요구된다. 따라서 타당성 조사(feasibility study)는 프로젝트 기획 또는 계획 단계에서 이루어지는 것이 바람직하지만 분석 단계에서도 구체적인 기능에 대한 타당성 조사가 이루어진다.

시스템 개발에 요구되는 시간, 비용, 인력 등의 자원은 시스템의 타당성에 직접적인 영향을 미친다. 엔지니어는 이러한 자원의 투자와 그 이익을 조사(손익 계산)하고 위험에 대한 분석을 한다. 타당성 조사는 경제적 타당성(economic feasibility), 기술적 타당성(technical feasibility), 법적 타당성(legal feasibility), 대체 방안(alternative) 등에 집중되어 이루어진다. 대부분의 시스템 개발은 비용을 줄이고 생산성과 서비스를 향상시키기 위해 행하여진다.

예를 들어, 고객들이 신용카드(④번 질문)를 사용할 수 있게 하고 싶은 경우 투자되는 비용과 얻는 이득을 계산하는 경제적 타당성을 점검해야 한다. 또한 기술적으로 신용카드 이용이 가능한지 기술적 타당성 여부도 확인해야 한다.

만약 거스름돈이 없어도 음료수를 판매할 수 있는 자판기를 만들고 싶다고 하자(⑨번 질문). 자판기에 거스름돈이 없는 상황에서 이용자가 800원짜리 음료수를 사 먹고 싶은데, 1,000원짜리 지폐만 가지고 있다면 음료수 판매를 허용하는 것이 합당해 보인다. 물론 계산하고 남은 잔돈 200원은 다음 이용자가 활용할 수 있도록 배려한다면 얼마나 좋을까? 이런 자판기를 만들어 판매한다면 매출도 증가할 것이며, 많은 고객들의 만족도도 높일 수 있지 않을까? 이런 자판기를 만든 결과는 어떻게 되었을까 생각해 보고 주변 사람들과 토론해 보기 바란다(힌트 : 법적인 타당성을 조사해 보자). 또한 시중의 자판기 중 어떤 자판기가 이런 기능이 있는지 조사해 보기 바란다.

(3) 비용과 일정에 대한 제약 설정

요구사항을 분석하는 분석가(시스템 애널리스트라고도 부름)는 응용 분야(예를 들어, 자판기)에 대한 해박한 지식이 있어야 하며, 개발 비용, 개발 일정, 시스템 성능 등에 대해서도 정확한 예측을 하고 있어야 한다. 프로젝트의 성공적인 수행을 위해서는 프로젝트 관리가 매우 중요하다. 관리 활동은 요구되는 자원과 성취해야 할 임무, 소요 기간, 추적해야 할 이정표 등을 포함한다. 소프트웨어 프로젝트 관리는 다른 공학의 관리에 비해 취약한 형편이다. 관리가 효율적으로 이루어지기 위해서는 각 기능에 대한 소요 비용과 개발 기간의 예측, 제약 조건 및 위험에 대한 평가 등이 분석 단계(또는 계획 단계)에서 이루어져야 한다.

사용자가 삽입한 동전이 거스름돈으로 활용되지 못하면 관리자에게 많은 불편을 안겨 줄 것이다(⑩번 질문). 현재 이런 기술이 개발되지 않았다면 거스름돈으로 활용할 수 있도록 만들 수 있는지, 만들 수 있다면 비용과 시간은 얼마나 소요되는지 파악해야 한다. 시중의 자판기 중 어떤 자판기가 이런 기능이 있는지 조사해 보기 바란다.

(4) 요구사항 정의 문서화

요구사항 분석과정을 통하여 사용자의 요구사항과 시스템의 기능이 문서화된다. 요구사항 분석과정의 결과로서 얻는 가장 중요한 산출물은 요구사항 명세서(requirements specification)인데, 이는 기능 명세서(functional specification) 또는 목표 문서(target document)라고도 한다. 이 명세서는 분석가가 만드는 경우가 대부분이나 고객과 함께 만드는 경우도 있다.

요구사항 명세서는 개발 비용을 출자한 고객(또는 사용자)과 개발 회사의 약속 문서로 사용될 수 있고, 추후에 발생하는 문제와 변화에 대한 책임을 명확히 규명할 수 있는 자료가 된다. 이를 위해 요구사항 분석 결과(요구사항 명세서)에 대해 시스템에 연관된 당사자들(사용자, 분석가, 설계자, 프로그래머 및 테스터)이 동의하여 서명하고 그 다음 단계(설계, 코딩, 시험)로 넘어가는 것이 바람직하다.

요구사항 분석 단계의 주요 초점은 '어떻게'(how to)가 아니라 '무엇'(what)이다. 요구사항 명세서에는 시스템이 무슨 기능을 수행해야 하는지에 초점을 맞추어 시스템의 목표를 기술하며, 어떻게 그 기능이 수행될 것인지는 기술하지 않는다. 쉬운 예를 들어, 파리를 잡는 기능이 필요하다고 하자. 이 기능은 시스템이 수행해야 할 목표이며 무엇(what)에 해당한다. 이에 반해, 끈끈이 풀로 파리를 잡을지, 파리채 또는 뿌리는 파리약으로 파리를 잡을지 등은 목표에 대한 수행방법(how to)에 해당되므로 요구사항 명세서에는 언급하지 않는다.

요구사항 분석과정의 산출물인 요구사항 명세서는 고객, 엔지니어, 테스터 등 프로젝트와 관계된 모든 사람이 읽고 검토할 수 있도록 쉽게 쓰여야만 한다. 요구사항 분석은 앞으로 만들 시스템의 목표를 확립하는 중요한 과정이며 요구사항 명세서는 이 프로젝트에 연관된 사람들 사이의 계약서이다.

설계

설계(design, 디자인)는 요구사항 분석과정에서 모아진 요구사항을 설계 도면에 옮기는 것이다. 분석과정을 개념적(conceptual) 단계라 할 때 설계과정은 물리적(physical) 실현의 첫 단계이다. 시스템 설계는 서브시스템(subsystem)들로 이루어지는 시스템 구조를 결정하고, 서브시스템들을 하드웨어 및 소프트웨어 등의 구성 요소들에게 할당한다.

설계는 품질에 직접적인 영향을 미치며, 설계가 제대로 되지 않으면 안정감이 없는 시스템이 만들어진다. 안정감이 없는 시스템은 유지보수가 어렵고, 조금만 변화를 가해도 견디지 못하여 생명력이 짧아진다. 건축에서 설계 단계의 결과물이 설계 도면이듯이 소프트웨어 시스템 설계 단계의 결과물은 설계 문서(design document)이다.

개발자들은 시스템의 구성 요소(components) 또는 서브시스템들 사이에 주고받는 정보의 소통이 최소화되고 각 구성 요소의 독립성이 유지될 수 있도록 시스템을 분할해 주어야 하며, 요구되는 성능과 자원에 대한 예측을 할 수 있어야 한다.

또한 앞의 분석과정에서 시스템이 무엇(what)을 제공할 것인가에 초점을 맞추었다면 설계에서는 어떻게(how to) 그 문제를 해결할 것인가를 결정해야 한다. 파리 잡는 기능을 어떤 방법으로 수행할지(예를 들어, 끈끈이풀, 파리채, 뿌리는 파리약)를 선택하는 과정이 바로 설계과정이다. 끈끈이풀은 싸지만 미관을 해치고, 파리채는 돈이 안 들지만 힘이 들고, 뿌리는 파리약은 사용하기 쉽지만 비싸다. 이와 같이 대부분의 경우 어느 한 설계방법이 모든 것을 만족시켜 줄 수는 없다. 따라서 비용, 소요 시간, 용량, 신뢰성 등에 대한 연구를 통해 현실과 예산에 맞는 설계방법을 취해야 한다(이를 'trade-off'라는 말로 표현한다).

지금까지의 과정을 통해서 요구사항 분석 단계의 요구사항 명세서와 설계 단계의 설계 문서가 결과물로 나왔다. 이들은 프로그래밍 이전에 만들어져야 하는 문서이며, 이것이 완성되기 전에 구현에 들어가는 것은 바람직하지 않다. 이는 건물을 지을 때 설계 도면이 완성되기 전에 시공할 수 없는 것과 같다. 소프트웨어 시스템의 구현도 요구사항 명세서와 설계 문서가 나온 다음 프로그래밍에 들어가는 것이 원칙이다.

구현

시스템 구현 단계에서는 설계의 결과를 사용자가 이용할 수 있는 모습으로 변환시킨다. 구현(implementation)은 앞의 설계 단계에서 나온 설계 도면(설계 문서)을 시스템의 실제 모습으로 변환시키는 것이며, 이러한 과정을 통해 시스템의 기능이 수행 가능한 모습으로 나타난다.

이 과정은 건축의 시공 단계에 해당하며 설계가 세부적인 방법으로 수행되어, 그 결과물로 건축물에 해당하는 소프트웨어 제품이 나온다. 소프트웨어 시스템의 경우, 구현은 프로그래밍 또는 코딩이라고 불리며 설계 문서를 컴퓨터가 알 수 있는 모습(프로그래밍 언어로 표시)으로 변환시키는 것이다. 프로그래밍의 결과는 컴퓨터 프로그램이다.

소프트웨어 시스템 구현 시 부딪히는 어려움은 대부분 분석과 설계의 잘못에 의한 것이고 설계가 제대로 이루어지면 시스템 구현은 상대적으로 단순해지고 기계적인 과정이 되어 매우 효율적으로 진행될 수 있다. 따라서 건축의 경우와는 달리 소프트웨어 개발과정에서는 구현 이전의 요구사항 분석과 설계에 많은 시간과 노력이 투입되어야 한다.

시험

어느 제품이든 품질에 대한 중요성은 아무리 강조해도 지나치지 않는다. 우수한 품질의 제품을 얻기 위해서는 제품이 개발되는 공정과정(요구사항 분석, 설계, 구현 등)마다 품질 보증을 위한 절차를 따라야 하고, 공식적인 검토회 등을 통하여 잘못된 것을 걸러내는(filtering) 작업이 수행되어야만 한다.

시스템 개발과정에서 시험(testing, 테스트)은 품질 보증 활동의 중요한 일부분이며, 사용자 요구사항, 설계, 구현의 전 과정에 대한 최종 점검을 포함한다. 시험은 제품의 오류를 발견하고 수정하는 과정이다. 시험을 하지 않았을 때 나타나는 문제점과 이를 시정하는 데 요구되는 과다한 비용을 생각해 보면, 시험하는 데 드는 비용의 정당성을 찾을 수 있다.

시험은 시스템 개발 전체 과정에 대하여 체계적으로 점검할 수 있는 일련의 활동들의 집합이다. 시험은 건축 공학의 경우 감리에 해당하는 부분이다. 건축의 감리는 법적 절차로서 설계 도면대로 시공되었는가를 검사한다.

그러나 소프트웨어의 시험은 사용자 요구사항, 설계, 코딩의 전 과정에 대한 점검이며, 다단계로 이루어져 소프트웨어 개발 비용 중 40% 이상을 차지하는 경우가 흔히 있다. 우선 프로그램의 기본 단위인 모듈에 대한 테스트를 수행하는 단위 시험(unit testing)이 있다. 단위 시험 후 모듈들을 통합하고 프로그램에 대한 테스트를 반드시 수행하여야 하는데, 이를 통합 시험(integration testing)이라고 한다. 통합 시험 이후 소프트웨어와 다른 시스템 요소(예를 들면, 하드웨어, 정보 및 다른 소프트웨어 등)들과 통합하여야 하며, 모든 요소들이 적절히 조화를 이루어 시스템의 기능을 만족하는지 확인하는 시스템 시험을 수행한다. 마지막으로 고객이 참여하여 고객 요구사항 만족 여부를 검증하는 인수 시험이 이루어진다.

체계적인 소프트웨어 시험은 어떻게 시험을 수행할 것인지 계획을 세우는 시험 계획(test plan) 단계, 결함을 검출하기 위해 효과적인 테스트 데이터를 준비하는 테스트 설계(test design) 단계, 소프트웨어에 입력하여 결과를 얻어내는 테스트 실행(test execution) 단계, 테스트에서 얻어진 결과를 분석하고 기록하는 평가(test result analysis and evaluation) 단계 등 총 4가지 프로세스로 구성되어 있다.

유지보수

제품은 앞에서 설명한 단계를 거쳐 개발된 뒤 고객에게 배달되어 사용된다. 그 후 사용자가 제품을 사용하면서 유지보수(maintenance) 과정을 거치게 된다. 제품의 유지보수는 사용 중 발생하는 여러 변경 사항에 대해 적응하는 활동이며 변화에 대비하는 과정이다. 소프트웨어 유지보수는 다음 4가지 활동으로 요약될 수 있다.

- 잘못된 것을 수정(하자보수)하는 유지보수(corrective maintenance)
- 시스템을 새 환경에 적응시키는 유지보수(adaptive maintenance)
- 새로운 기능을 추가하는 유지보수(perfective maintenance)
- 미래의 시스템 관리를 위한 유지보수(preventive maintenance)

소프트웨어 시스템의 유지보수를 위해서는 시스템 변경에 의한 재요구 분석, 재설계, 재구현, 재시험이 필요하게 되고, 관련된 문서의 수정까지도 수반해야 하기 때문에 체계적인 관리 기능이 필요하다.

소프트웨어 시스템은 개발할 때부터 유지보수에 대비하여 만들어져야 하며, 잘 설계된 시스템도 유지보수에 실제 개발 비용보다 비용이 많이 드는 경우가 대부분이다. 소프트웨어 시스템의 유지보수 비용은 개발 당시에는 빙산처럼 노출된 작은 부분처럼 작지만 실제 유지보수를 하게 되면 수면 아래의 거대한 부분이 드러나듯 막대하게 늘어난다. 계속 이용되고 발전되어야 할 소프트웨어 시스템이 빈약하게 설계되고 문서화되어 있지 않을 때 이를 유지보수해야 하는 엔지니어들과 사용하는 고객들이 겪는 고통을 생각해 보면, 탄탄한 계획과 절차에 의한 소프트웨어 시스템 제작의 중요성은 말로 이루 다 표현할 수 없을 정도이다.

앞에서 언급했듯이 건축 공학과 소프트웨어 시스템 개발은 그 공정과정이 서로 매우 유사하다. 그림 1-2는 건축 공학과 소프트웨어 공학의 공정과정을 비교하여 보여주는 것이다. 그러나 소프트웨어 개발의 경우에는 소프트웨어 시스템이 눈에 보이지 않아 말랑말랑하고 유연성이 있다고 생각하여 언제나 쉽게 바꿀 수 있다고 생각하기 쉽다. 소프트웨어가 건축이나 다른 공학에 비해 그 이름(소프트)에서 보이듯 유연성을 가지고 있는 것은 사실이나 흔히 그 유연성이 너무 남용되어 결국 유지보수가 불가능한 상황까지 갈 수가 있다.

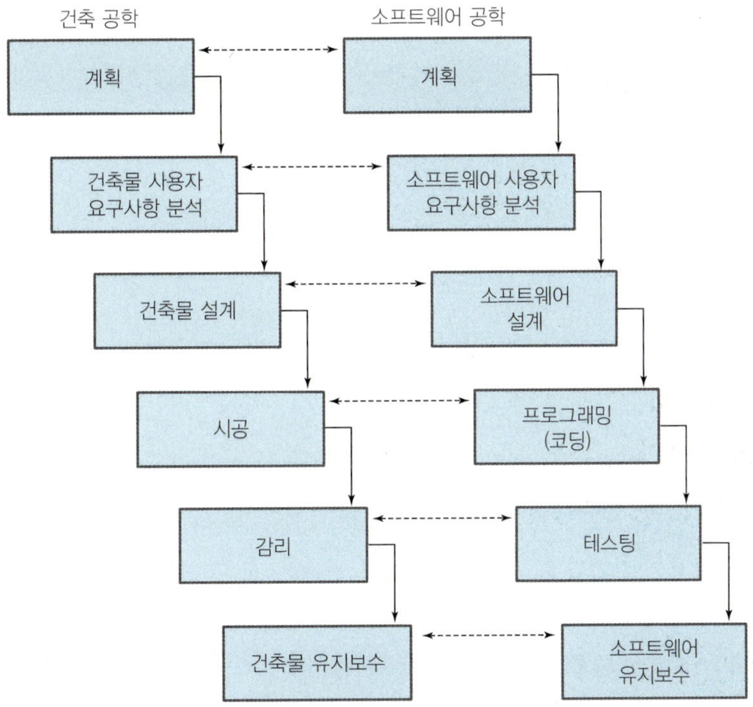

:: 그림 1-2 | 건축 공학과 소프트웨어 공학 공정과정 비교

5 모든 것은 두 번 창조된다

미국 플로리다 주 올랜도에 세계 최대 규모의 종합 휴양지 디즈니월드를 만든 월트 디즈니가 "모든 것은 두 번 창조된다(Everything is created twice)."라고 하였다. 그가 디즈니월드의 완성을 보지 못하고 세상을 떠났을 때 주변 사람들이 미망인을 위로하며 "디즈니 선생님이 디즈니월드를 보지 못하고 돌아가셔서 안타깝습니다."라고 하였을 때 미망인은 "아닙니다. 제 남편은 이미 디즈니월드를 다 보았습니다."라고 대답하였다. 이 말은 월트 디즈니의 마음속에 이미 디즈니월드의 완성된 모습이 있었다는 말이다.

무엇을 만들 때 첫 번째는 마음속에서 창조하는 것이고, 두 번째는 실제적으로 만드는 것이다. 첫 번째 창조는 목표를 정하는 것(원하는 것의 청사진을 그리는 일)이고, 꿈이나 비전을 확립하는 일이다. 두 번째 창조는 실행에 옮겨 원하는 것을 현실 속에서 실제로 만드는 일이다. 소프트웨어 개발의 경우 첫 번째 창조를 '분석'이라고 하며(계획 단계도 포함), 두 번째 창조는 '개발'(설계, 구현, 시험을 포함)이라 부른다. 첫 번째 창조의 결과는 사용자의 관점에서 시스템의 모습을 논리적으로 나타낸 것이며(논리적 모델), 응용 분야의 용어로 기술되어야 한다. 두 번째 창조는 엔지니어의 관점에서 소프트웨어의 모습을 물리적으로 나타낸 것(물리적 모델)이며, 소프트웨어 용어로 기술될 수 있다. 첫 번째 창조는 '무엇'(What)을 만들 것인가를 규명하는 단계이고, 두 번째 창조는 첫 번째 창조에서 밝혀진 목표를 '어떻게'(How to) 이루어 나갈지 밝히는 실천과정이다.

소프트웨어를 만들 때 첫 번째 창조를 하는 사람을 '시스템 분석가(system analyst)'라 부르고 두 번째 창조를 하는 사람을 '개발자(developer)'라 부른다. 외국의 경우 이 두 사람의 역할을 엄격히 구분한다. 미국의 경우 첫 번째 창조를 한 후 그 결과물인 요구사항 명세서(requirements specification)를 인도 등 다른 나라로 보내어 개발하도록 하고 있다. 물론 미국의 개발자 인건비가 다른 나라보다 비싸기 때문이다. 첫 번째 창조와 두 번째 창조는 다른 조직에 의해 이루어지는 것이 바람직하며, 그 이유를 건축의 경우 설계 회사와 시공 회사가 분리되어 있는 것에서도 찾아볼 수 있다.

《성공하는 사람들의 7가지 습관》이라는 책을 쓴 스티븐 코비의 두 번째 습관은 "목표를 확립하고 행동하라(Begin with the End in Mind)."이다. 목표 확립은 첫 번째 정신적 창조이고 행동은 두 번째 창조이다. 소프트웨어를 만들며 성공하기를 원한다면 우선 만들고자 하는 목표를 분명하고 구체적으로 확립해 놓아야 한다. 집 건축의 경우라면 그것은 청사진이고, 인생의 경우라면 그것은 사명이며, 하루 일과의 경우라면 그것은 그날의 목표나 계획이다. 소프트웨어 개발이 실패하는 경우 대부분의 경우는 첫 번째 창조가 잘못되었기 때문이다.

여행자는 떠나기 전 목적지를 분명히 정해야 하고, 기업가는 회사의 달성 목표를 먼저 분명히 규명하고 행동에 옮긴다. 의사가 병의 원인을 찾아내는 것을 진단이라 하고, 환자에게 병을 치료하는 약을 주는 것을 처방이라 한다. 진단은 목표를 확립하는 첫 번째 창조라 할 수 있고, 처방은 실제 치료하는 것으로 두 번째 창조라 할 수 있다. 참고로 진단을 잘하는 의사를 명의라고 한다. 만약 신종플루에 걸린 환자가 감기라는 오진을 받았다면 어떤 감기약 처방을 받더라도 병을 고칠 수 없는 경우와 같이 첫 번째 창조의 중요성을 생각해 볼 필요가 있다.

"모든 것은 두 번 창조된다."는 것을 모르는 경우 많은 부작용이 발생한다. 엔지니어가 사용자의 관점과 엔지니어의 관점을 구별할 줄 모르는 경우이며, 목표와 수단을 분별할 줄 모르는 경우이다. 필자는 공학도의 기본적인 자질 중 사용자의 관점과 엔지니어의 관점을 구별할 줄 아는 것이 "엔지니어의 지혜의 출발이다."라고 말하고 싶다. 앞으로 이 책에서 '두 번의 창조'에 대한 언급을 자주 하게 될 것이다.

요 약 SOFTWARE ENGINEERING

이 장에서는 건축 공학을 중심으로 일반적인 공학의 진행과정을 알아보았다. 소프트웨어 개발을 비롯한 다른 시스템 공학에서도 그 기본 원리는 그대로 적용되어 요구사항 분석, 설계, 구현, 시험 및 유지보수과정을 거치게 된다.

좋은 품질의 시스템을 생산하려면 이들 과정을 분리하여 체계적으로 단계를 밟아 가는 것이 요구되며 그렇지 못할 경우 품질의 저하를 가져오고 사용자들을 실망시키게 된다. 큰 건물을 지을 때 공정과정을 체계적으로 밟아 가는 것처럼 소프트웨어 시스템 개발도 그와 같은 과정을 지켜 나가는 것이 요구되며, 이를 통해 기술의 향상과 높은 품질의 제품을 만들 수 있다.

소프트웨어 개발의 경우 필요한 개발 계획, 요구사항 분석, 소프트웨어 설계, 프로그래밍, 시험 및 유지보수로 이어지는 개발 라이프 사이클이 필요하다. 요구사항 분석과정에서는 사용자에게 제공해야 할 기능을 정의하고, 설계 단계부터는 요구사항에서 정의된 기능을 어떻게 개발할 것인가에 초점을 맞춘다. 이 두 단계는 서로 수행하는 기능이 다르다. 따라서 소프트웨어 시스템 개발도 요구사항 분석과정과 설계를 포함한 개발 단계가 분리되어야 하며 이를 통해 높은 품질의 소프트웨어를 만들 수 있다.

소프트웨어 공학은 개발 계획과 진행에 있어 단계별로 수행되어야 하는 임무를 가지고 있으며, 프로젝트 중간 단계에서 나타나는 산출물(deliverable)을 요구하고 있다. 요구사항 명세서, 설계 문서, 프로그램 등이 바로 각 공정과정의 산출물이며 중간 목표들이다. 중간 목표를 설정하고 목표 달성을 위해 각 과정을 성실히 수행해 나갈 때 최종 목표인 고품질의 소프트웨어가 만들어진다. 엔지니어는 이 점을 생각하며 각 중간 목표에 대한 철저한 검증을 통해 잘못된 것을 여과하는 작업을 수행해야 한다.

참고 문헌

[강석호 85] 강석호, 『경영과학개론』, 영지문화사, 1985.

[김성연 86] Turner, W., Mize, J. & Case, K. 저, 김성연 역, *Industrial and Systems Engineering*(산업공학 개론), 청문각, 1986.

[김세헌 92] 김세헌, 『경영과학』, 현역경영사, 1992.

[BIN 92] Bingham, J. & Davies, G., *Systems Analysis*, Macmillan, 1992.

[COV 94] Covey S. 저, 박재호 역, *The 7 Habits of Highly Effective People*(성공하는 사람들의 7가지 습관), 김영사, 1994.

[FIT 87] FitzGerald, J. & FitzGerald, A., *Fundamentals of Systems Analysis*, John Wiley & Sons, 1987.

[PRE 2011] Pressman, R., *Software Engineering : A Practioner's Approach*, Seventh Edition, McGraw-Hill, 2011.

[SEN 87] Senn, J., *Analysis & Design of Information Systems*, Mcgraw-Hill, 1987.

[YOU 93] Yourdon, E., *Decline & Fall of the American Programmer*, Yourdon Press, 1993.

연습문제

객관식 문제

01 시스템에 대한 설명으로 옳지 않은 것은?

① 시스템은 어떤 목적과 기능을 수행한다.
② 구성 요소들이 유기적인 관계를 맺으며 함께 작용한다.
③ 구성 요소들의 결합도가 높도록 구조화되었다.
④ 시스템은 여러 요소로 이루어진 특정한 집합이다.

02 시스템의 가치 평가 기준과 거리가 먼 것은?

① 성능 ② 상호 의존성
③ 신뢰성 ④ 품질

03 시스템 공학에 대한 설명으로 거리가 먼 것은?

① 제품 및 서비스 개발의 기술적 측면과 관리적인 측면을 다룬다.
② 시스템을 구성하는 물적 요소의 적합성과 이의 효과적인 조합에 의한 효율의 극대화를 추구한다.
③ 개발에 관련된 업무가 제대로 이루어지도록 인원, 설비, 자재 등에 대한 계획과 통제를 행하는 관리 기술을 다룬다.
④ 감성과 편리한 디자인에 초점을 맞추어 인간의 욕구를 충족시킨다.

04 제품 개발 생명주기 모델에 대한 설명으로 합당하지 않은 것은?

① 간단명료하여 프로젝트 진행시 수행되어야 할 활동들과 그 활동들의 순서를 정하고 관리, 통제하기 쉽게 한다.
② 프로젝트에 참여한 여러 사람들이 의사소통을 원활하게 할 수 있는 기준을 제공한다.
③ 모델의 기본 개념은 많은 제품 및 서비스 개발에도 그대로 적용된다.
④ 프로젝트의 위험 요소를 식별하고 해결한다.

05 타당성 조사(feasibility study)에 대한 설명으로 틀린 것은?

① 시스템이 조직의 전체 목표에 부합하는지에 대한 평가가 이루어진다.
② 프로젝트 기획 또는 계획 단계에서 이루어지는 것이 바람직하다.
③ 시스템 설계의 수단으로 사용된다.
④ 현재의 기술과 주어진 시간과 예산 내에서 개발될 수 있는가에 대한 평가가 이루어진다.

06 요구 공학(requirements engineering)의 프로세스가 아닌 것은?

① 검증(verification) 기법을 사용한다.
② 자원의 투자와 그 이익을 조사하고 위험에 대한 분석을 한다.
③ 시스템 개발에 요구되는 시간, 비용, 인력 등의 자원을 파악한다.
④ 현재의 기술로 개발될 수 있는가에 대한 평가가 이루어진다.

07 프로젝트 추진과정에서 예상되는 불확실한 요소를 미리 예측하고 이에 대한 적절한 대책을 수립하는 일련의 활동을 무엇이라고 하는가?

① 위험 관리 ② 일정 관리
③ 범위 관리 ④ 품질 관리

08 소프트웨어 개발방법론 중 폭포수(waterfall) 모델의 개발 단계로 옳은 것은?

① 계획 → 분석 → 구현 → 설계 → 테스트
② 분석 → 계획 → 설계 → 구현 → 테스트
③ 계획 → 분석 → 설계 → 구현 → 테스트
④ 분석 → 계획 → 구현 → 설계 → 테스트

09 소프트웨어 설계 관점에 대한 설명 중 옳은 것은?

① 고객 관점
② 응용 분야 관점
③ 목표 관점
④ 문제 해결방법 관점

주관식 문제

01 시스템이란 무엇인지 정의하라.

02 시스템 개발을 예측 가능한 활동으로 만들기 위해 필요한 것은 무엇인가?

03 대부분의 공학에 적용될 수 있는 엔지니어링 원칙과 기본 원리에는 무엇이 있는가?

04 건축을 기술과 예술의 종합이라고 한다. 그 이유를 설명하고 소프트웨어는 어떻게 설명될 수 있는지 논하라.

05 설계사는 어떤 훈련과 교육을 받은 사람이며, 그가 어떻게 큰 병원을 설계할 수 있을지 생각해 보라.

06 환경 조절(온도, 습도, 프라이버시, 안전성, 공간 등)은 건물의 중요한 기능에 속한다. 소프트웨어에서 요구되는 중요한 기능은 무엇인지 생각해 보라.

07 건축 공학의 라이프 사이클을 설명하라.

08 건축 공학의 경우 설계, 시공, 감리가 분리되어 각기 다른 회사가 담당하는(설계와 감리를 같은 회사가 담당하는 경우도 있음) 이유는 무엇인가?

09 요구사항을 잘못 파악하여 문제를 일으킨 경험(일상생활 포함)을 한 가지 이상 기술하라.

10 설계가 잘못되어 문제가 생겼던 개인적인 경험을 기술하라.

11 자연과학(natural science)과 공학(engineering)의 차이점은 무엇인가?

12 요구사항 명세서와 설계 문서는 각각 어느 과정에서 얻어지며 그 역할의 차이점은 무엇인지 설명하라.

13 시스템의 무엇(what)과 어떻게(how to)는 각기 누구의 관점에서 본 것인지 설명하고 그 차이점은 무엇인지 예를 들어 설명하라.

14 소프트웨어 개발에서 프로그래밍 이전 단계가 중요하게 인식되는 이유에 대하여 설명하라.

15 유지보수 활동의 4가지 유형을 설명하라.

16 체계적인 소프트웨어 개발을 위해 고쳐야 하는 나쁜 습관은 어떤 것이 있는가?

17 소프트웨어 공학의 유지보수와 다른 공학의 유지보수는 어떻게 다른가?

18 현재 우리나라의 소프트웨어 엔지니어링 기술 중 향상되어야 할 부분은 어떤 것들이 있는가?

19 소프트웨어 공학의 일반적인 과정이 적용될 수 없는 경우가 있을 수 있는지 생각해 보라.

EXERCISE

20 우리의 생활 또는 일생(life)에서 과정과 단계를 중요시하며 순차적(sequentially)으로 진행하려고 노력하는 예들을 들어라.

21 소프트웨어를 개발하며 만들어야 하는 문서들을 모두 나열해 보라.

22 주변의 소프트웨어 시스템을 관찰하여 그 시스템이 만들어진 내부 환경과 외적 요인을 조사하라.

객관식 문제 정답 1. ③ 2. ② 3. ④ 4. ④ 5. ③ 6. ① 7. ① 8. ③ 9. ④

Chapter

02 소프트웨어 개발에 대한 **오해와 실체**

이 장에서는 소프트웨어 개발에서 나타나는 문제점과 소프트웨어 개발의 실체를 알아본다. 우선 소프트웨어에 대한 엔지니어, 관리자 및 고객의 오해를 살펴보고, 소프트웨어의 생산성과 품질로 대표되는 소프트웨어의 위기 문제와 이에 대한 해결책 등을 다룬다. 소프트웨어 개발은 다른 분야와 달리 결과물이 눈에 보이지 않아 혼란과 무질서 속에서 큰 어려움을 겪고 있으며, 프로젝트를 관리하기 어려워 좋지 못한 결과를 초래하는 경우가 종종 있다. 이런 문제를 극복하고 체계적으로 소프트웨어를 만들기 위해 나타난 학문이 소프트웨어 공학이다.

Chapter 02

소프트웨어 개발에 대한 오해와 실체

학습목표

1. 소프트웨어 공학을 정의한다.
2. 소프트웨어의 위기는 어디서 시작되었는지 알아본다.
3. 소프트웨어 위기의 해결책은 무엇인지 살펴본다.
4. 소프트웨어에 대한 엔지니어의 오해를 기술한다.
5. 소프트웨어에 대한 관리자의 오해를 기술한다.
6. 소프트웨어에 대한 고객의 오해를 기술한다.

소프트웨어 공학은 실제 효과적으로 작동할 수 있는 우수한 소프트웨어를 최적의 비용으로 얻기 위하여 사용하는 견고한 엔지니어링 원칙이라고 정의할 수 있다. 소프트웨어 공학은 경영학, 경제학, 전산학 및 시스템 공학적인 문제 해결 원리에 기초하고 있다. 또한 허용되는 예산과 시간 범위 안에서 효과적으로 소프트웨어 제품을 개발하고 유지, 보수하는 활동과 관련된 기술적이고 관리적인 원리이다. 소프트웨어 공학의 주요 목표는 소프트웨어 제품의 품질을 향상시키고 생산성 및 사용자 만족도를 증진시키는 데 있다.

이 장에서는 소프트웨어 개발에서 나타나는 문제점과 소프트웨어 개발의 실체를 알아본다. 우선 여러분의 이해도를 측정하기 위해 소프트웨어와 관련된 질문들을 수록하였다. 이 장의 2절과 3절에서는 요사이 자주 언급되는 소프트웨어 위기의 본질을 조사해 보고 소프트웨어 위기의 해결책에 대하여 알아보았다. 4절에서는 소프트웨어와 직접 연관이 있는 관리자, 고객, 엔지니어들이 가지고 있는 소프트웨어에 대한 오해가 무엇인지 관찰해 본다.

1 소프트웨어와 관련된 질문

소프트웨어 시스템 개발은 다른 시스템 개발과 마찬가지로 체계적인 공법을 적용하여 만들 때 제품의 품질 향상과 생산성 향상을 기대할 수 있다. 소프트웨어 공학은 소프트웨어 시스템의 개발, 운용, 관리에 적용되는 체계적인 접근방법이며, 최적의 비용을 들여 효과적인 시스템을 얻기 위해 사용하는 기술이라 정의할 수 있다. 소프트웨어 시스템 개발에 대해 다루기 전에 다음의 질문에 대하여 생각해 보자. 여러분은 각 질문에 대답을 한 후 답과 맞추어 보기 바란다. 만약 점수가 80점 이상 되면 소프트웨어 시스템 개발에 대해 상당히 정확한 이해를 하고 있다고 생각할 수 있다.

1. 소프트웨어 시스템을 개발하는 데 드는 비용 중 프로그래밍(코딩)에 드는 비용은 어느 정도인가?
   ① 20%　② 30%　③ 40%　④ 50%

2. 중간 사이즈의 소프트웨어 시스템을 개발할 때 한 프로그래머가 일 년에 만드는 실행 코드(executable code)는 평균 몇 줄(line)이나 될까?
   ① 5,000줄 이하　② 5,000~10,000줄
   ③ 10,000~15,000줄　④ 15,000줄 이상

3. 사용자에게 배달되는 소프트웨어 시스템의 실행 코드 1,000줄당 예상되는 오류의 개수는?
   ① 4개 미만　② 4~6개　③ 7~9개　④ 10개 이상

4. 사용자가 발견하는 소프트웨어 시스템의 오류는 어떤 것에 기인하는 경우가 많은가?
   ① 설계의 오류
   ② 프로그래밍의 오류
   ③ 제안서와 사용자 요구사항에 대한 잘못된 이해
   ④ 테스팅의 오류

5. 소프트웨어 시스템을 유지보수하는 데 드는 비용이 개발 비용의 몇 배 정도 될까?
   ① 0.5　② 1　③ 1.5　④ 2

정답

1. ①

소프트웨어 시스템은 물리적이기보다는 논리적인 요소들로 구성되어 있다고 볼 수 있다. 건축의 경우 개발 비용의 80~90%가 시공에 소요되지만, 소프트웨어 개발의 경우 건축의 시공에 해당되는 프로그래밍에 전체 개발 비용의 약 20%가 소요된다. 요구사항 분석과 설계가 제대로 되는 경우 프로그래밍은 기계적인 일이다.

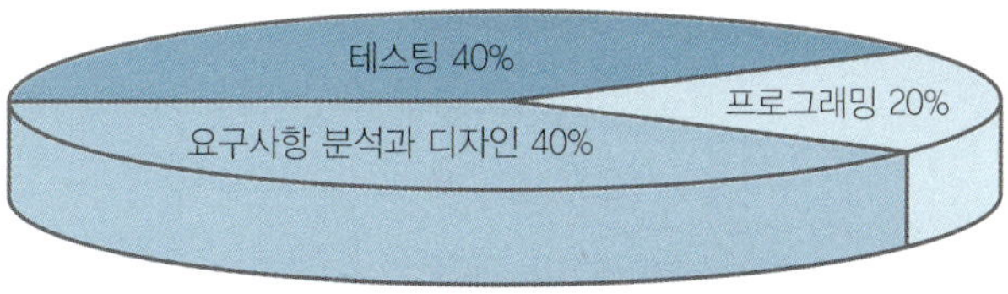

:: 그림 2-1 | 개발 비용 분표

2. ①

한 프로그래머가 평균 하루에 10줄 정도의 프로그램을 작성한다고 알려져 있으며 일 년으로 계산해 보면 2,500줄 정도의 실행 코드를 만든다. 저자가 연구소 입사 후 프로그래머와 대화를 하면서 이 질문을 했던 기억이 난다. 그 프로그래머의 대답은 C 언어로 1년에 약 4,000줄 정도를 작성한다는 것이었다. 실제로 프로그래머가 짤 수 있는 프로그램의 양은 시스템의 크기, 응용 분야의 난이도에 따라 큰 차이를 보인다. 예를 들어, 통신 시스템의 일부인 교환기 소프트웨어나 운영체제 소프트웨어는 사무 처리용 소프트웨어보다 줄당 4배 이상의 비용이 들어간다.

저자는 그 프로그래머의 대답에 깜짝 놀라며 왜 그 정도밖에 못하는지 의아해했다. 공부를 하면서 숙제로 밤새 프로그램을 작성하여 500줄가량의 프로그램을 하룻밤 사이에 만들어 낸 기억이 저자의 머릿속에 남아 있었기 때문이다. 그들은 오랜 프로그래밍 경험을 가지고 있는 숙달된 직업적(professional) 프로그래머인데, 왜 그 정도밖에 못 짜는 것일까? 연구소 생활을 하면서 하나하나 그 이유가 밝혀지기 시작했다.

3. ①

프로그래머가 개발한 프로그램에는 많은 오류가 발견된다. 개발하는 과정에서 발견되는 오류는 1,000줄의 실행 코드에 50~60개 정도 있고 제품이 완료되어 배달된 후 발견되는 오류는 평균 4개 미만으로 알려져 있다. 말이 4개이지 그것이 끼칠 영향은 종류에 따라 커다란 문제가 될 수 있다.

이제 소프트웨어의 품질은 생산성보다도 더 핵심적인 현안으로 떠오르고 있어 품질 문제는 개발의 생산성과 거의 동등하게 중요시되고 있다. 전 세계적인 경쟁에 능동적으로 대처하기 위해 대형 소프트웨어 개발 회사들은 품질 향상을 위해 다양한 기법들을 도입하고 있다.

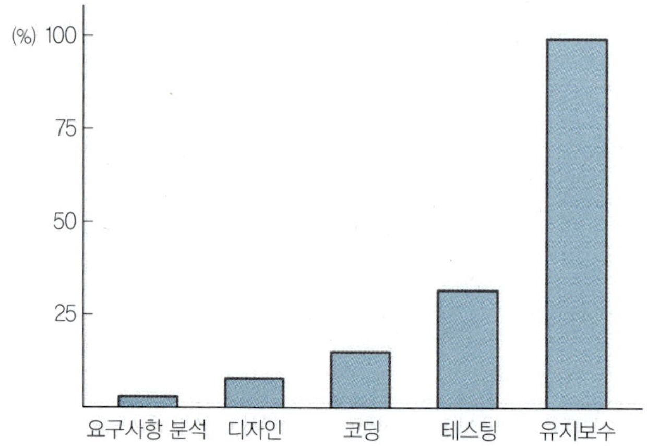

:: 그림 2-2 | 오류의 발견 시점과 요구되는 비용

그림 2-2는 소프트웨어 라이프 사이클에서 오류의 발견 시점과 고치는 데 요구되는 비용과의 관계를 보여준다. 이 그림에서 보듯 오류의 발견이 늦어질수록 오류를 고치는 비용이 증가한다. 이는 신체의 질병이 늦게 발견될수록 고치기 어렵고 비용이 많이 드는 것과 유사하다. 우리나라도 외국에서와 마찬가지로 리콜(recall) 제도가 자동차 및 공산품에 도입되어 널리 실행되고 있다. 리콜 제도란 제품에 결함이 있을 때 제조 회사가 스스로 시정해 주고 이를 거부하는 경우 정부가 강제로 수거 또는 파기 명령을 내리는 제도이다. 이 제도는 소비자를 보호하고 고객의 권리를 대폭 강화하는 것으로 전 산업 분야에 확산되고 있다. 결국 제품의 오류가 늦게 발견되어 시정 명령을 받게 되면 제품을 만든 회사는 이미 팔린 모든 제품을 회수하여 고쳐 주어야 하며 이에 따른 엄청난 비용을 감수해야만 한다.

4. ③

소프트웨어 시스템 개발에 있어 가장 어려운 문제는 사용자가 무엇을 원하는지 정확히 정의 내리는 일이다. 소프트웨어 시스템 개발의 성공의 열쇠는 무엇을 만들 것인가, 사용자에게 어떤 기능과 편리함을 제공할 수 있는가를 빠르고 효과적으로 파악하는 데 달려 있다. 요구사항이 정확히 분석되어 있지 않은 상황에서 개발(설계, 코딩)에 들어간다면 시스템이 제대로 만들어질 확률이 떨어진다. 앞에서도 언급하였듯이 성공적인 인생이나 성공적인 시스템 개발을 위해서 목표가 뚜렷이 설정되어 있어야 한다. 특히, 개발 도중 새로운 요구사항이 계속적으로 추가된다면 체계적인 설계를 하지 못해 품질에 심각한 영향을 미친다. 프로그래밍을 서둘러 시작할수록 더 오랜 시간이 걸려 늦게 끝난다는 통계치는 우리에게 시사하는 바가 크다.

5. ④

소프트웨어를 개발하는 비용에 비해 개발된 소프트웨어를 유지보수하는 관리 비용이 더 많이 들어간다는 것은 잘 알려져 있는 사실이다. 하지만 개발하는 동안에는 이 사실이 과소평가되기 쉽다. 유지보수에 들어가는 비용은 얼마나 체계적으로 만들어졌느냐에 반비례한다. 그림 2-3은 소프트웨어 개발 비용과 유지보수 비용의 일반적인 비율을 보여주고 있다.

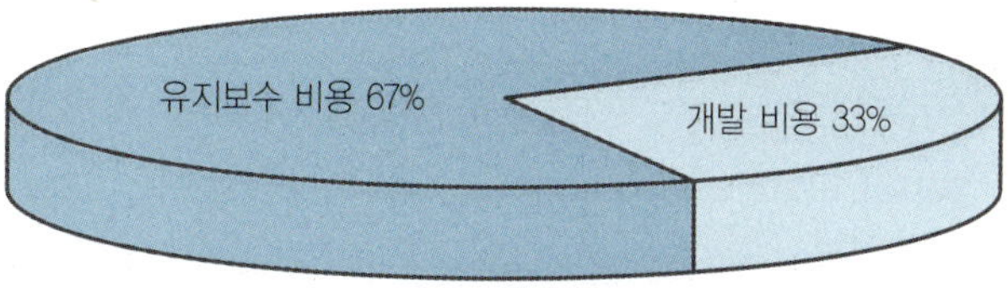

:: 그림 2 - 3 | 개발 비용과 유지보수 비용

소프트웨어 시스템은 유연성과 확장성을 필요로 하는데다가 일단 잘못 설계하면 추후에 결함을 고치는 문제가 다른 분야의 수리보다 훨씬 어렵다. 회사 간의 경쟁, 촉박한 개발 기간 등으로 엔지니어들이나 관리자들이 어려움을 겪고 있는 것도 사실이나 먼 앞날을 내다보는 눈도 필요하다.

2 소프트웨어의 위기

요즈음 신문이나 잡지를 보면 소프트웨어 위기(software crisis)란 말을 자주 접하게 된다. 위기란 전환점, 위험한 순간 등의 의미로 사용되나 소프트웨어 개발 분야에서는 결정적인 전환점이나 발전 없이 느리고 점진적인 변화만이 있어 왔다. 소프트웨어 개발 역사를 약 50년 정도로 볼 때(우리나라에 소프트웨어 공학이 도입된 것은 약 25년 정도로 볼 수 있다) 생산성이나 개발 방법에 있어 뚜렷한 전환점을 찾아볼 수 없다. 현재의 엔지니어들이 아직도 30년 전과 비슷한 방법으로 소프트웨어 시스템을 개발하고 있는 경우가 흔하다. 소프트웨어의 위기는 역설적으로 말해 지난 30~40년간 전환점이 없었다는 것에 기인한다.

(1) 소프트웨어 생산성이 사용자들의 서비스에 대한 요구를 따라가지 못한다

컴퓨터가 생활화됨에 따라 이제 컴퓨터는 컴퓨터를 전공한 사람들의 전유물일 수가 없게 되었다. 사용자들이 컴퓨터에 대하여 많은 지식을 가질수록 더 많은 서비스가 요구되었으나 현재의 생산성은 이를 뒷받침해 주지 못하고 있다. 소프트웨어에 관한 한 수요와 공급의 불균형은 날이 갈수록 심화되고 있다. 따라서 소프트웨어의 생산성이 향상되지 않는다면 이러한 현상은 점점 심화될 것이다. 소프트웨어를 개발하고 유지보수해 나가는 데 드는 비용은 계속 증가 추세에 있다.

(2) 소프트웨어 품질이 향상되지 못하고 유지보수가 힘들다

소프트웨어 프로젝트는 문제 기술 또는 제안서에 의해 시작되며 제안서만 가지고는 사용자의 요구사항에 대한 정확한 내용을 파악할 수 없는 경우가 대부분이다. 소프트웨어 개발의 가장 어려운 점은 프로젝트 시작 시 확실한 요구사항과 목표를 세우기가 어렵고, 사용자와 개발자 간의 의견 교환이 미흡하며, 사용자가 볼 수 있는 작동하는 시스템은 공정 후반부에 가서야 얻을 수 있다는 것이다. 따라서 주요한 결점들이 후반부에 발견되어 시스템 전체에 큰 재난을 초래하는 경우가 많다.

또한 기존의 소프트웨어를 유지보수하는 것이 매우 힘들어지며 많은 비용을 차지하게 되어 새로운 프로젝트를 추진할 수 없는 사태가 일어나기까지 한다. 현재 시스템 개발에 있어 소프트웨어에 드는 비용은 하드웨어 비용을 능가하고 있으며 앞으로 이러한 추세는 더 심화될 것이다. 통신 시스템의 예를 보더라도 전체 비용의 70~80%가 소프트웨어 개발 비용인 경우를 흔히 볼 수 있으며 소프트웨어의 품질 관리는 하드웨어의 품질 관리보다 더 어렵다.

소프트웨어의 경우 체계적인 접근방법이 많지 않은 것도 소프트웨어의 품질 향상을 어렵게 하는 한 요인이다. 요사이 중요하게 인식되고 있는 객체지향 소프트웨어 개발방법론도 소프트웨어의 품질을 향상시킬 수 있는 좋은 기법 중의 한 예라 하겠다.

(3) 대부분의 경우 프로젝트 개발 일정과 소요 비용 예측이 매우 부정확하다

소프트웨어 개발 역사는 겨우 40~50년밖에 되지 않았고 다른 공학(예를 들어, 건축 공학은 수천 년의 역사를 가지고 있다)에 비해 과거의 경험과 역사적 자료가 적다. 예산과 기간에 대한 추정은 경험과 과거 데이터를 가지고 하게 된다. 프로젝트 일정과 비용 예측, 패러다임 설정 등을 해야 하는 중견 관리자들이 소프트웨어 개발에 대한 공학 지식이나 경험이 부족한 경우가 많으며, 과거의 주먹구구식 방법으로 잘될 수 있을 것이라는 짐작(우스운 표현으로 '희망 사항'이라고도 한다)으로 일을 시작할 가능성이 크다.

3 소프트웨어 위기의 해결책

소프트웨어 시스템 개발은 일반적으로 인식되는 것보다 매우 어려우며, 그 원인과 문제점에 대한 정확한 인식은 소프트웨어 위기를 해소하기 위한 첫걸음이다. 소프트웨어 개발 실무 경험이 없거나 부족한 사람들이 체계적인 소프트웨어 개발방법의 필요성이나 중요성을 인식하기가 쉽지 않은 것이다. 결국 개발과정을 통해 어려움을 경험한 후에야 비로소 그 해결방법을 모색하게 된다.

많은 실무자들이 대학에서 소프트웨어 공학을 배울 때 이 과목의 필요성을 별로 느끼지 못했거나 내용을 무시한 경험들을 실토한다. 우리나라 대학의 교과과정은 프로그래밍 위주로 되어 있으며 혼자 프로그래밍하는 경우가 대부분이다. 여러 명이 공동으로 개발해야 하는 큰 시스템의 경우에 요구되는 여러 가지 효율적 개발방법의 필요성을 느끼지 못하고 대학을 졸업하게 되는 것은 어쩌면 당연한 결과일지 모른다.

소프트웨어 개발은 기술적인 문제뿐만 아니라 관리적인 측면에서 조직적으로 문제를 극복하려는 노력을 요구한다. 엔지니어 한 명의 노력으로 좋은 품질의 소프트웨어가 만들어지는 것은 아니다. 참여한 모든 사람들이 문제점에 대한 정확한 인식과 목표를 가지고 그것을 해결하기 위한 방법과 과정을 공유할 때 프로젝트는 성공적으로 완수될 수 있다.

4 소프트웨어에 대한 오해

최근 들어 많이 나아졌지만 우리 사회에서 대학 교수들을 오해(?)하는 부분이 있다. 어느 친구와의 전화통화에서 저자가 "나, 요즘 무척 바빠."라고 하니까 그의 대답이 "교수도 바쁘냐?"였다. 교수들은 출퇴근 시간도 없고 방학이 일 년에 5개월 가까이 되니 항상 여유 있는 생활을 하는 것으로 생각되는 모양이다. 오해는 그릇된 환상이나 잘못된 신화 또는 미신(myth)이라고 생각될 수 있고, 사실과 다르거나 근거가 희박한 느낌으로 해석될 수도 있다.

이명박 전 대통령이 《신화는 없다》라는 책을 오래 전에 출간했다. 그는 입사 후 10년 만에 대기업의 회장이 된 신화를 가지고 있다. 많은 사람들은 그가 남의 도움으로 고속 승진을 한 것이라고 생각했다. 하지만 그는 책에서 남들의 두 배가 넘는 시간을 일했기에 스스로의 힘으로 회장이 되었다고 기술하였다. 즉, 그는 10년의 두 배인 20년을 일한 셈으로, 저자도 그 책을 읽고 나서야 그의 초고속 진급에 대한 오해(?)를 풀 수 있었다.

소프트웨어도 여러 면에서 오해를 받고 있다. 여기서는 소프트웨어와 관계가 있는 관리자, 고객, 엔지니어들이 가지고 있는 오해를 살펴보자. 이 책을 읽고 소프트웨어에 대한 오해를 조금이나마 풀 수 있기를 기대한다.

관리자의 오해

소프트웨어 개발에 있어 관리자는 의사결정에 결정적 역할을 하며 개발자 또는 실무자들은 관리자의 지시를 따라가게 된다. 따라서 관리자들이 소프트웨어 개발의 본질을 이해하고 제대로 된 방향을 제시할 때 개발이 원활히 진행되고 실무자들의 기술력과 제품의 품질이 향상될 수 있다. 이처럼 관리자의 중요한 임무 중의 하나는 밑에 있는 실무자들의 기술력을 향상시켜 주고 성장할 수 있도록 지원해 주는 것이다.

오해?

소프트웨어 개발에 관한 좋은 책들이 있고, 그 책에는 개발 표준과 단계가 제시되어 있어 우리에게 필요한 모든 것을 제공할 것이다.

현실!

실제로 소프트웨어의 체계적인 개발을 위한 가이드라인을 제시하는 소프트웨어 공학 책들이 많이 있으나, 그것을 읽고 사용해 보았느냐고 물으면 "아니오."라는 대답이 대부분이다. 엔지니어들이 그러한 것이 있는지조차 모르고 있는 경우가 많고, 개발자들이 요구 분석 과정에서 가장 많이 사용하는 객체지향 도구인 UML(Unified Modeling Language)이나 자료 흐름도(DFD : Data Flow Diagram)의 사용법을 잘 모르고 있는 경우도 많았다. 만약 그러한 도구를 배웠다 하더라도 실제 업무에 사용하지 않으면 자기 것이 되지 못한다. 요리책을 보거나 요리학원에 가서 요리를 배웠더라도 실제로 실습하고 만들어 보지 않으면 자기 것이 될 수 없는 것과 마찬가지이다. 개발체계나 도구를 습득하고 실무에 적용시켜 자기의 의사를 체계적으로 나타낼 수 있을 때 비로소 자기 것이 되는 것이다.

오해?

개발자들에게 필요한 최신 기계(예를 들어, 워크스테이션)나 CASE(Computer-Aided Software Engineering) 도구를 도입하였으니 좋은 제품을 빠른 시일 내에 만들 수 있을 것이다.

현실!

소프트웨어 시스템 개발은 사람이 하는 인간공학적인 측면이 강하며 개발과정에서 좋은 도구나 기계가 사람을 대치하지는 못한다. 최신의 CASE 도구나 워크스테이션이 있다 해도 좋은 소프트웨어가 만들어지는 것은 아니다. 가장 중요하며 선결되어야 할 것은 기계나 도구를 사용하기 위한 공학적인 관점과 기본 개념의 정립이다. 기본 개념과 도구의 활용을 정확히 모를 때 그 도구는 한낱 멋있는 그림을 그리는 도구에 불과하다.

오해?

엔지니어들이 요구 분석을 하고 있으면 생산적이지 못한 일을 하고 있는 것이다.

현실!

필자가 강의를 하며 가장 많이 듣게 되는 관리자에 대한 불평은 엔지니어가 생각하거나 분석하고 있으면 논다고 생각한다는 것이다. 엔지니어들이 앉아서 코딩하거나 개발하고 있으면 생산적인 일을 하는 것으로 여기고, 생각하거나 의논하고 분석하면 생산적이지 못하다는 인식을 가지고 있는 모양이다. 그 이유는 두 가지로 설명할 수 있다. 하나는 관리자가 개발 과정에 대한 올바른 관점을 가지지 못하고, 아랫사람들이 하는 구체적인 것을 잘 몰라 관리에 자신감이 없을 때 나타나는 현상이다. 둘째는 엔지니어가 분석하고 조사하여 그 결과를 문서화하고 체계적으로 나타내지 못하여 관리자들이 그 결과를 받아볼 수 없기 때문이다. 결과적으로 시스템 개발을 체계적으로 하지 못하고 엔지니어링을 하였다는 말을 할 수 없을 정도로 무질서하게 시스템을 만들어 나가게 된다.

오해?

공정이 지연될 때 인력을 더 투입하면 해결된다.

현실!

소프트웨어 개발은 건축이나 자동차 생산과는 달리 프로젝트 개발 도중 인력을 증원하면 개발 시간이 더 소요된다. 새로 투입된 사람들을 교육시켜야 하고 의사소통에 많은 시간이 소요되므로 생산적인 개발 활동이 줄어들기 때문이다. 지연된 프로젝트에 새로운 사람을 추가하는 것은 개발 기간을 더 늦출 뿐이며 결국 기존의 인력이 추가로 일을 하는 것이 더 효율적일 수 있다. "지연되고 있는 소프트웨어 프로젝트에 프로그래머를 추가로 투입할수록 프로젝트는 더 지연된다."라는 사실을 '브룩스의 법칙(Brooks's law)'이라 부른다.

고객의 오해

고객은 소프트웨어에 대한 지식을 상대적으로 적게 가지고 있고 개발해 본 경험이 적기 때문에 소프트웨어에 대한 오해와 잘못된 기대를 가지기 쉽다.

오해?

목표에 대한 개략적인 기술만 해놓으면 소프트웨어를 만드는 데 충분하다. 세부적인 것은 나중에 채워 넣으면 된다.

현실!

일반적으로 계약서(제안서를 포함한)에 의해 프로젝트가 시작된다. 제안서나 문제 기술에는 개략적인 목표만 기술되어 있고 구체적인 목표는 요구사항 분석과정에서 구체적으로 제시된다. 일반적으로 요구사항 분석은 개발 팀의 임무이며 사용자의 일차적 임무는 아니다. 사용자는 다른 일차적 업무를 수행하느라 바쁘며 "알아서 잘해 보라."는 말만 하게 되는 경우가 많다. 따라서 고객의 막연한 기대는 결국 실망으로 나타나는 경우가 많다. 이를 방지하기 위해 고객과 개발자 간의 긴밀한 대화는 필수적이다. 프로젝트 초기에 목표를 구체적으로 확립하는 것은 프로젝트를 성공으로 이끌기 위해 필요한 필요충분조건이다.

오해?

사용자의 요구사항은 계속 변하며 소프트웨어는 융통성(flexibility)이 있어 쉽게 변경을 수용할 수 있다.

현실!

소프트웨어가 건축이나 다른 공학에 비해 그 이름에서 보듯이 유연성을 가지고 있는 것은 사실이나 그 유연성을 남용하면 재앙을 초래하기 쉽다. 고객의 요구사항은 불변하는 절대적인 것이 아니다. 고객의 요구사항이 잘못된 것으로 판정되는 경우가 많으며 이를 시정하는 일이 개발자에게 돌아올 가능성이 높다. 요구사항이 변화되는 것은 피할 수 없으나 그 변경 요구가 언제 일어나는가에 따라 프로젝트에 큰 영향을 미칠 수 있다. 만약 요구 분석 단계에서 변경이 요구되면 상대적으로 고치기가 쉽다. 그러나 변경이 늦게 요구될수록 수정 비용은 증가한다.

엔지니어의 오해

엔지니어들은 과거의 경험에 의해 프로그램을 작성하고 시스템 개발에 착수한다. 그러나 제대로 된 소프트웨어 개발 공법을 적용하는 훈련을 통해서만 자신의 기술력이 성장하고 엔지니어로서의 생명력이 유지될 수 있다는 것을 잊어서는 안 된다.

오해?

일단 프로그램이 만들어지고 작동하면 우리의 임무는 끝난다.

현실!

우리가 개발하는 소프트웨어는 비용과 효과가 측정되는 전문적이고 상업적인 시스템이며, 사용자에게 배달되어 사용되어야 한다. 학교에서 수업 시간에 하는 프로그램은 작동하여 학점이 나오면 끝나지만, 직업적인 소프트웨어는 유지보수를 포함한 장기적인 안목에서 다루어져야 한다. 시스템이 배달되어 사용되는 것은 새로운 임무의 시작이다. 기술의 효용이 오래가도록 설계되었는지, 시스템의 확장성이 용이한지 자문해 보아야 한다. 이것이 프로와 아마추어의 차이점이라고 할 수 있다.

오해?

시스템을 작동시켜 보기 전까지는 품질을 평가할 방법이 없다.

현실!

이는 소프트웨어가 눈으로 감지될 수 없기 때문에 작동시키기 전까지는 그 기능과 품질을 알 수 없다는 오해이다. 품질은 마지막 테스트에 의해 얻어지는 것이 아니다. 이탈리아의 어느 신사복 제조 회사는 옷을 만들 때 각 공정과정마다 품질 검증을 하여 5번의 검사과정을 거친다고 한다. 소프트웨어 품질도 공정과정마다 품질 여과(quality filtering)를 하면 평가할 수 있고, 가장 효과적인 품질 여과방법은 각 공정과정마다 공식기술검토회(formal technical review)를 거치는 것이다. 품질 보증을 위하여 가장 중요시되는 공식적인 검토회는 프로젝트 초기에 만들어지는 요구사항 명세서에 대한 것이며, 사용자, 시스템 분석가, 개발자(디자이너, 프로그래머, 테스터) 등이 모여 충분한 검토를 한 후 합의를 하여 요구사항 명세서에 서명(sign)을 하는 것이 바람직하다. 이 과정은 나중에 요구사항의 변경이나 시스템의 문제가 발생할 때 책임 소재를 가릴 수 있게 하며, 프로젝트 초기 단계에 목표에 대한 구체적인 규명을 할 수 있도록 도와준다. 품질 보증(QA : Quality Assurance)과 품질 향상은 책임의 소재가 명확할 때 얻어질 수 있다.

오해?

프로젝트의 결과는 작동하는 프로그램뿐이다.

현실!

작동하는 프로그램은 프로젝트의 결과 중의 하나이다. 개발 단계마다 나오는 문서는 중요한 결과물이다. 문서의 개발은 프로젝트의 다음 단계를 성공적으로 완수하기 위해 필요하며 특히 유지보수를 위해 없어서는 안 될 중요한 요소이다. 소프트웨어의 기술력과 시스템의 생명력은 문서의 성공적 개발에 달려 있다 해도 과언이 아니다.

요 약 SOFTWARE ENGINEERING

소프트웨어 공학이란 체계적인 공법을 적용하여, 최적의 비용으로 고품질의 소프트웨어 시스템을 개발하는 것이다. 소프트웨어 공학의 단일 목표는 높은 품질의 제품을 만들고자 하는 데 있다. 그러나 소프트웨어 품질을 향상시키는 데는 많은 어려움이 따르며, 사용자, 관리자, 개발자들이 소프트웨어에 대하여 가지고 있는 여러 가지 오해들이 있다.

소프트웨어 개발은 기술적인 측면뿐만 아니라 관리적인 측면에서 조직적으로 문제를 극복하고 품질을 향상시키려는 노력을 요구한다. 프로젝트에 참여한 모든 사람들이 문제점에 대한 정확한 인식과 목표를 가질 때 좋은 품질의 제품이 만들어지고 프로젝트는 성공적으로 완수될 수 있다.

현재 소프트웨어 공학의 기본 개념 및 개발이론과 그들의 적용에 대한 폭넓은 이해가 이루어져 소프트웨어 개발방법, 진행과정 및 사용 도구 등이 다양한 산업 분야에 걸쳐 성공적으로 활용되고 있다. 많은 프로젝트의 경우 관리자와 엔지니어들이 공학 원칙에 입각하여 소프트웨어를 개발하고 있으며, 이를 바탕으로 만들어진 우수한 소프트웨어가 전 세계적으로 널리 사용되는 것을 흔히 볼 수 있다.

참고 문헌

[BOO 94] Booch, G., *Object-Oriented Analysis and Design with Applications*, Benjamin/Cummings, 1994.

[COV 94] Covey S. 저, 박재호 역, *The 7 Habits of Highly Effective People*(성공하는 사람들의 7가지 습관), 김영사, 1994.

[FAI 85] Fairley, R., *Software Engineering Concepts*, McGraw-Hill, 1985.

[CHE 91] Chezzi, C., Jazayeri, M. & Mandrioli, D., *Fundamentals of Software Engineering*, Prentice Hall, 1991.

[MYN 90] Mynatt, B., *Software Engineering with Student Project Guidance*, Prentice Hall, 1990.

[PRE 2011] Pressman, R., *Software Engineering : A Practioner's Approach*, McGraw-Hill, 2011.

[SIM 96] Simmons, P., "Quality Outcomes: Determining Business Value", IEEE Software, Vol.13, Num.1, pp. 25-32, January 1996.

[TOF 90] Toffler, A. 저, 이규행 역, *Powefshift*(권력이동), 한국경제신문사, 1990.

[YOU 93] Yourdon, E., *Decline & Fall of the American Programmer*, Yourdon Press, 1993.

[WEI 71] Weinberg, G., *The Psychology of Computer Programming*, Van Nostrand Reinhold, 1971.

EXERCISE

연습문제

객관식 문제

01 **소프트웨어 공학(software engineering)이 가지는 의미와 어울리지 않은 것은?**

① 초인의 능력 ② 경제적 타당성
③ 적시성 ④ 고객 만족

02 **소프트웨어 공학에서 CASE(Computer-Aided Software Engineering)의 효과에 해당하지 않은 것은?**

① 소프트웨어 개발 생명주기의 프로세스 확립
② 소프트웨어 문서 표기법의 표준 준수
③ 문서화 작업의 용이성 제공
④ 문서 관리 및 유지보수 용이

03 **소프트웨어 공학이 직면한 주요 도전이 아닌 것은?**

① 고객의 신뢰 확보 ② 소프트웨어 품질 향상
③ 엔지니어의 자유 제한 ④ 이질적인 시스템의 통합

04 **소프트웨어 공학에 대한 가장 적절한 설명은?**

① 소프트웨어 위기(software crisis)를 완전히 해결해 줄 공학적 원리체계이다.
② 효율적으로 소프트웨어를 만들기 위한 CASE 도구를 연구하는 학문이다.
③ 최적의 비용으로 실제 작동할 수 있는 높은 품질의 소프트웨어를 만들기 위한 방법, 도구와 절차들의 체계이다.
④ 점차 많은 비용이 소요되는 소프트웨어 개발에서 가장 경제적인 방법을 찾는 엔지니어링 원칙이다.

05 **소프트웨어 공학에 대한 설명으로 합당하지 않은 것은?**

① 효과적으로 작동할 수 있는 우수한 소프트웨어를 최적의 비용으로 얻기 위하여 사용하는 견고한 엔지니어링 원칙이다.
② 경영학, 경제학, 전산학 및 시스템 공학적인 문제 해결 원리에 기초한다.
③ 허용하는 예산과 시간 범위 안에서 효과적으로 소프트웨어 제품을 개발하고 유지보수하는 활동과 관련된 기술적 · 관리적 원리이다.
④ 모든 산업 분야에서 공통적으로 적용되는 최적 이론이다.

06 컴퓨터의 발전과정에서 소프트웨어 개발 분야는 결정적인 전환점이나 발전 없이 느리고 점진적인 변화만이 있어 왔다. 결국 소프트웨어의 개발 기술이 하드웨어의 발전 속도를 따라가지 못해 사용자들의 요구사항을 감당할 수 없는 문제가 발생함을 의미하는 것은?

① 소프트웨어 위기(crisis) ② 소프트웨어 오류(error)
③ 소프트웨어 버그(bug) ④ 소프트웨어 유지보수(maintenance)

07 소프트웨어 위기(crisis)에 대한 설명으로 적합하지 않은 것은?

① 소프트웨어에서는 결정적인 전환점이나 발전 없이 느리고 점진적인 변화만 있어 왔다.
② 현재의 엔지니어들이 아직도 30년 전과 비슷한 방법으로 소프트웨어를 개발하고 있는 경우가 흔하다.
③ 고객의 기대치를 낮추고 개발 생산성은 높여 해결한다.
④ 소프트웨어 개발 기술의 낙후함과 전문 인력 부족 현상이 소프트웨어 위기 현상을 야기시켰다.

08 소프트웨어 위기의 해결책에 대한 설명으로 적합하지 않은 것은?

① 프로젝트에 참여한 모든 사람들이 위기의 문제점에 대한 정확한 인식과 목표를 가지고 노력해야 한다.
② 스폰서가 개발 팀에 더 많은 재량권을 부여한다.
③ 실무자들이 문제를 해결하기 위한 방법과 과정을 공유한다.
④ 소프트웨어 개발에 대한 오해를 없애고 현실을 직시한다.

09 소프트웨어 위기의 현상으로 보기 어려운 것은?

① 소프트웨어 유지보수 비용의 증가
② 소프트웨어 신뢰성, 정확성의 결여
③ 소프트웨어 개발 인력에 대한 수요 증가
④ 소프트웨어 품질 관리 및 개발 일정 준수의 어려움

10 소프트웨어 개발 시 생산성에 영향을 미치는 요소로 거리가 먼 것은?

① 개발자의 능력 ② 팀의 문서화 능력
③ 의사소통 능력 ④ 소프트웨어 사용자의 능력

11 소프트웨어 개발 프로젝트를 성공적으로 수행하기 위한 기본 원칙과 거리가 먼 것은?

① 현대적인 방법론 및 개발 기술 적용
② 단계별 문서 및 기록 유지
③ 소프트웨어 개발 프로세스에 대한 이해 및 적용
④ 충분한 예비 인력 보유

12 "지연되고 있는 소프트웨어 프로젝트에 프로그래머를 추가로 투입할수록 프로젝트는 더 지연된다."라는 사실을 '브룩스의 법칙'이라 부른다. 이 법칙이 적용되는 이유에 대한 설명으로 옳지 않은 것은?

① 소프트웨어 모듈 사이의 결합도와 복잡도가 증가하기 때문이다.

② 프로그래머, 프로젝트 관리자 및 고객 사이의 의사소통에 많은 시간이 소요되기 때문이다.

③ 생산적인 소프트웨어 개발 활동이 줄기 때문이다.

④ 프로젝트에 신규 투입된 사람들을 교육시켜야 하기 때문이다.

13 소프트웨어 개발 라이프 사이클 중 가장 많은 비용이 요구되는 단계는?

① 요구사항 분석　② 설계

③ 구현　④ 테스트

14 소프트웨어 사용자(software user)의 오해에 해당하는 것은?

① 소프트웨어 개발에 관한 좋은 책들이 있고, 그 책들은 개발 표준과 단계가 제시되어 있어 개발자에게 필요한 모든 것을 제공할 것이다.

② 필요한 최신 기계나 CASE(Computer-Aided Software Engineering) 도구를 도입하였으니 좋은 제품을 빠른 시일 내에 만들 수 있을 것이다.

③ 목표에 대한 개략적인 기술만 해놓으면 소프트웨어를 만드는 데 충분하다. 세부적인 것은 나중에 채워 넣으면 된다.

④ 엔지니어들이 요구 분석을 하고 있으면 생산적이지 못한 일을 하고 있는 줄 안다.

15 소프트웨어 개발 팀 관리자의 오해에 해당하지 않은 것은?

① 엔지니어들이 요구 분석을 하고 있으면 생산적이지 못한 일을 하고 있는 줄 안다.

② 사용자의 요구사항은 계속 변하며 소프트웨어는 융통성(flexibility)이 있어 쉽게 변경을 수용할 수 있다.

③ 개발자들에게 필요한 최신 기계나 CASE 도구를 도입하였으니 좋은 제품을 빠른 시일 내에 만들 수 있을 것이다.

④ 공정이 지연되면 인력을 더 투입하면 해결된다.

16 소프트웨어 품질이 향상되지 못하고 유지보수가 힘든 이유가 아닌 것은?

① 프로젝트 시작 시 확실한 요구사항과 목표를 세우기가 어렵다.

② 사용자와 개발자 간의 의견 교환이 미흡하다.

③ 사용자가 볼 수 있는 작동하는 소프트웨어를 공정 후반부에 가서야 얻을 수 있다.

④ 주요한 결점들이 개발 초기에 발견되어 문서화에 어려움이 있다.

17 사용자의 요구사항이 계속 변하는 문제에 대한 설명이 아닌 것은?

① 소프트웨어는 유연성이 있어 쉽게 변경을 수용할 수 있다고 판단한다.

② 소프트웨어가 유연성을 가지고 있는 것이 사실이나 그 유연성을 남용하면 재앙을 초래하기 쉽다.

③ 고객의 요구사항이 잘못된 것으로 판정되는 경우가 많으며 이를 시정하는 일이 개발자에게 부담으로 돌아올 가능성이 높다.

④ 요구사항이 변경되는 것은 피할 수 없으나 그 변경 요구가 언제 일어나는가에 따라 프로젝트에 큰 영향을 미칠 수 있다.

주관식 문제

01 소프트웨어 공학을 정의하고 소프트웨어 공학의 목표를 설명하라.

02 소프트웨어 공학의 출현 배경을 설명하라.

03 소프트웨어 시스템 개발이 실패로 끝나는 경우 그 원인은 어떤 것이 있는가?

04 소프트웨어 시스템 개발과정에서 다른 시스템 개발보다 품질의 측정이 어려운 이유를 설명하라.

05 다른 시스템들은 제조된다고 하는데, 소프트웨어는 엔지니어링된다고 하는 이유는 무엇인가?

06 소프트웨어의 품질을 정의하고 품질 보증을 위해 요구되는 경영자의 역할과 엔지니어의 역할을 기술하라.

07 품질은 누구의 관점에서 보아야 하는지 분류해 보라.

08 주위에서 소프트웨어 품질의 우수성을 인정받아 성공한 예를 들어라(소프트웨어 이외에 다른 제품도 가능).

09 품질에 문제가 발생되어 회사의 이미지를 추락시킨 예를 들어라.

10 아마추어(amateur)와 프로(professional)의 차이점을 써라.

11 현재 우리에게 요구되는 소프트웨어에 대한 인식과 제도의 변화는 어떤 것이 있는가?

EXERCISE

12 소프트웨어 기술력 향상을 위해서 국가적 차원에서 할 수 있는 것은 무엇인가?

13 엔지니어와 사용자의 시스템을 보는 관점의 차이를 설명하라. 시스템을 사용하지 않을 엔지니어가 시스템을 만드는 데 나타나는 문제점을 극복할 수 있는 최선의 방법은 무엇인가?

14 소프트웨어 위기의 원인은 무엇인가?

15 소프트웨어 위기를 해결할 수 있는 방법은 무엇이 있는가?

16 소프트웨어 품질과 관계된 체크리스트를 작성해 보고 제품의 수정과 관계있는 것을 말하라.

17 소프트웨어에 대한 관리자들의 오해, 고객의 오해, 엔지니어의 오해는 무엇인가?

18 이 책에서 제시한 소프트웨어에 대한 오해는 극히 일부에 해당한다. 이 책에서 제시하지 않은 관리자, 고객, 엔지니어의 추가적인 오해를 2가지씩 기술하라.

19 소프트웨어 시스템에 있어 수량적으로 측정 가능한 품질과 측정 가능하지 않은 품질의 예를 들어라.

20 소프트웨어 개발을 측정 가능한 활동으로 만들기 위해 사용하는 방법은 어떤 것이 있는가?

21 소프트웨어 공학의 기본 원칙들이 아직 우리나라의 소프트웨어 개발에 제대로 적용되지 못하고 있는 이유가 무엇인지 생각해 보라.

22 소프트웨어는 하드웨어와 비교해 볼 때 생산성이 떨어지고 품질 보증이 안 되는 이유는 무엇인가?

23 소프트웨어가 사회나 기업을 크게 변화시킨 예를 들어 보라.

24 소프트웨어 개발에 있어 관리자가 접하는 어려운 문제점을 기술하라.

25 소프트웨어 개발에 있어 프로그래머가 접하는 어려운 문제점을 기술하라.

26 여러분이 속한 조직에서 관리자와 프로그래머의 소프트웨어를 바라보는 차이점에는 어떠한 것이 있는가?

27 여러분이 속한 회사에서 프로그래머의 생산성을 어떻게 측정하는가?

28 소프트웨어의 품질 속성들을 10가지 이상 들고 각각을 정의하라.

29 소프트웨어 품질은 프로그래머의 생산성과 어떤 관계가 있는가?

30 여러분이 현재 투자하고 있는 시간과 노력의 분포와 그림 2-1의 개발 비용 분포와 비교해 보고 그 이유를 설명하라.

31 미국의 자동차 회사인 포드 사는 "Quality is Job #1"이라는 슬로건을 내걸고 판매 광고를 하였다. 자동차 소유주나 운전자가 찾는 자동차의 품질은 무엇인가? 자동차 회사에서 찾는 자동차의 품질은 무엇인가? 세일즈맨이 찾는 자동차의 품질은 무엇인가? 자동차 수리자가 찾는 자동차의 품질은 무엇인가? 이들 4가지 관점이 어떻게 다른가 조사하고 4가지 관점을 모두 반영한 높은 품질의 자동차를 만들 수 있는가?

32 지하철의 품질은 어떻게 정의할 수 있는가? 이를 기초로 서울 지하철의 품질을 평가해 보라.

33 우리의 소프트웨어 개발 현실은 어떤 문제점을 가지고 있고 이를 극복할 수 있는 방법은 무엇인가?

34 소프트웨어 개발과정의 중간 산출물(deliverable)은 어떤 것이 있는가?

35 문제 설명서의 기술방법에 대하여 생각해 보자. 우선, 여러 회사의 문제 제안서 기술 양식을 알아보고 어떻게 사용자 요구사항을 도출하고 있는지 조사해 보라.

36 고객의 요구사항은 불변하는 절대적인 것이 아니다. 고객의 요구사항은 잘못된 것으로 나타나는 경우가 많다. 이를 시정하는 일은 누구의 몫인가? 사용자가 잘 시정하려고 하지 않으면 어떻게 해결할 것인가?

37 고객이 끊임없이 요구사항을 변경하는 경우 이를 해결할 수 있는 방법을 고안해 보라.

객관식 문제 정답 1. ① 2. ① 3. ③ 4. ③ 5. ④ 6. ① 7. ③ 8. ② 9. ③ 10. ④ 11. ④ 12. ① 13. ④ 14. ③ 15. ② 16. ④ 17. ①

Chapter

03 소프트웨어 개발방법론

이 장에서는 흔히 사용되는 소프트웨어 개발방법론을 살펴본다. 고전적 라이프 사이클 모델인 폭포수 모델, 간단한 시제품을 만들어 보여주는 원형 패러다임, 폭포수 모델과 원형 패러다임의 장점에 새로운 요소인 위험 분석(risk analysis)을 추가하여 만든 나선형 모델, CASE를 비롯한 자동화 도구들을 이용하여 요구사항 명세서로부터 실행 코드를 자동으로 생성할 수 있게 해주는 4세대 기법(4GT)이 소개되어 있다. 이 외에도 신속히 소프트웨어를 개발하기 위한 애자일 기법, 익스트림 프로그래밍(XP), 컴포넌트 기반 소프트웨어 개발 기법을 설명하고 있다.

Chapter

03 / 소프트웨어 개발방법론

학습목표

1. 폭포수 모델의 프로세스 흐름을 이해하고 각 프로세스를 설명한다.
2. 원형 패러다임의 프로세스 흐름을 이해하고 각 프로세스를 설명한다.
3. 나선형 모델의 프로세스 흐름을 이해하고 각 프로세스를 설명한다.
4. 4세대 기법의 프로세스 흐름을 이해하고 장단점을 알아본다.
5. 애자일방법론과 기존 방법론의 차이점을 설명한다.
6. 기술적 부채를 설명한다.
7. 리팩토링을 설명하고 기술적 부채와의 관계를 설명한다.
8. 익스트림 프로그래밍의 프로세스를 정의하고 모델의 장점을 설명한다.
9. 사용자 스토리와 유스케이스의 차이점을 설명한다.
10. 컴포넌트 기반 소프트웨어 개발(CBSD) 프로세스를 알아본다.

소프트웨어 개발방법론은 시스템 공학의 부산물이다. 초창기 소프트웨어 개발은 기존 시스템 공학의 방법론을 도입하였으며, 이를 통해 개발 단계에 대한 명확성을 얻었고 소프트웨어 프로젝트 관리를 용이하게 하였다. 소프트웨어 개발 라이프 사이클(life-cycle)은 프로젝트 시작부터 끝까지 필요한 프로세스이며, 이에 따른 프로젝트의 형태 변화를 의미한다. 소프트웨어 개발은 개발방법, 개발 환경, 개발 관리 등에 따라 다양한 모습을 나타낸다.

소프트웨어 개발방법은 소프트웨어를 어떻게 만들 것인가를 결정하는 기술적인 요소들을 제시하여 준다. 또한 프로젝트에 대한 계획과 추정, 요구사항 분석, 코딩 등 개발 프로젝트 진행 단계에서 요구되는 기법과 수행되어야 할 과제를 포함한다.

소프트웨어 개발 환경은 앞의 소프트웨어 개발방법론을 지원해 주기 위해 필요한 자동화 시스템(CASE : Computer Aided Software Engineering), 데이터베이스 관리 시스템(DBMS : Database Management System) 등을 포함한다. CASE 시스템은 소프트웨어 개발을 원활히 하기 위해 사용되는 도구이며, 집을 지을 때 망치를 사용하지 않고 강력한 힘을 가진 동력 천공기(power drill)를 사용하는 것에 비유될 수 있다. 일반적으로 CASE 시스템은 우리의 개발 환경을 개선해 줄 수는 있지만, 결코 논리적인 것을 결정하는 사람으로 대치할 수는 없다.

소프트웨어 개발 관리는 개발방법과 환경을 묶어 시스템을 효율적으로 적시에 개발할 수 있도록 공정과정과 절차를 제시하는 것을 의미한다. 소프트웨어 시스템은 눈에 보이지 않기 때문에(물론 냄새도 없다) 그 진행과정과 결과의 확인이 쉽지 않다. 소프트웨어 개발에 있어 개발체계나 제도에 의지하지 못하고 사람에 의지하는 경향이 많은 것도 이 때문이다. 또한 소프트웨어 시스템 개발 관리자들이 개발 진행에 대한 평가를 하기 힘든 이유 중의 하나이다. 이럴수록 체계적인 공정과정과 절차가 요구되며, 이를 위해 프로젝트는 잘 정의되어 있는 여러 프로세스로 나뉘어 있어야 한다.

소프트웨어 개발방법론은 이들 개발방법, 개발 환경, 개발 관리 등을 포함하고 있으며 이를 소프트웨어 공학 패러다임이라고도 한다. 이 책에서는 현재 많이 사용되고 있는 4가지 소프트웨어 개발방법론과 애자일, XP, 컴포넌트 기반 개발방법론을 소개하고 살펴본다. 참고로 소프트웨어 개발방법론 선정은 프로젝트의 성격, 소요되는 기간, 방법과 도구 등에 의해 이루어진다.

1 폭포수 모델

폭포수 모델(waterfall model)은 고전적 라이프 사이클 패러다임(classic life-cycle paradigm)이라고도 하며 다른 공학에서도 많이 사용되고 있는 전형적인 기법이다. 폭포수 모델은 요구사항 분석, 설계, 구현(프로그래밍), 시험 및 유지보수의 순서로 시스템의 개발이 이루어진다. 소프트웨어가 시스템의 일부분인 경우, 시스템 차원에서 분석이 이루어져 기능의 일부가 소프트웨어에 할당된다. 이 경우 전체 시스템에 대한 연구가 우선된 후에야 소프트웨어와 다른 시스템 요소들과의 인터페이스가 정의된다.

폭포수 모델은 소프트웨어 개발을 단계적으로 체계적이며 순차적인 접근방법을 사용하여 정의하고 있으며, 가장 오래되고 널리 사용되고 있는 패러다임이다. 이 모델은 개념 정립에서 구현까지 하향식(top-down) 접근방법을 사용하여 높은 추상화(abstraction) 단계에서 시작하여 낮은 추상화 단계로 옮겨가고 있다. 각 단계가 끝날 때마다 과정의 끝을 알리고 그 다음 단계로 진행한다. 폭포수 모델의 각 단계에서 수행되어야 하는 일과 그 산출물은 제1장에서 간단히 설명한 바 있다.

실제로 소프트웨어 시스템을 개발하다 보면 개발 단계에서 겹쳐지는 부분이 나타나게 되며, 각 단계의 진행과정에서 문제가 발생되어 그 이전 단계로 피드백(feedback)되는 경우가 나타난다. 예를 들어, 설계 단계에서 요구사항 분석의 문제점이 발견된다면 요구사항 명세서를 수정해야 하는 과정이 필요하다.

그림 3-1은 폭포수 모델에 피드백이 요구되어 순환되는 모습을 나타낸 것이다. 각 개발 단계는 약간의 피드백이 이루어진 후 문서나 결과물이 동결되어(frozen) 기준선 문서(baselined document)가 만들어지고, 그 다음 단계로 넘어가는 것이 일반적이다. 참고로 문서의 동결은 참여자들의 서명으로 이루어진다.

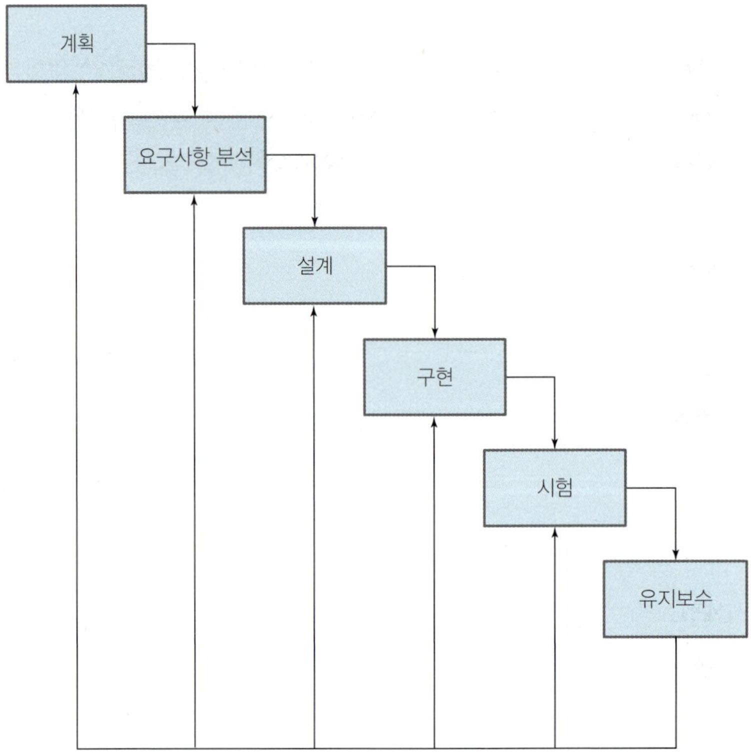

:: 그림 3 – 1 | **폭포수 모델**

폭포수 모델의 각 단계에 대한 설명은 앞에서 이미 기술한 바 있다. 폭포수 모델은 프로젝트 진행과정을 세분화하여 관리를 용이하게 하나, 실제의 경우 대부분 순환(피드백)이 발생하기 때문에 순차적인 흐름을 따라가는 데 어려움이 있다. 또한 고객이 원하는 요구사항을 초기에 구체적으로 기술하기 어렵고, 작동하는 시스템이 프로젝트의 후반부에 가서야 얻어짐으로써 중요한 문제점이 뒤에 발견된다는 단점을 가지고 있다. 따라서 다음에 소개하는 패러다임들은 폭포수 모델의 변형으로, 단계를 통합하거나 새로운 단계를 추가하여 단계의 순환적 적용을 포함함으로써 폭포수 모델의 문제점을 극복하려 하고 있다.

2 원형 패러다임

시스템 개발 시 고객이 목표를 정의하였으나 요구되는 속성을 어떻게 만족시킬 수 있을지 모르는 경우가 자주 있다. 사용자 자신이 스스로 원하는 것이 무엇인지 구체적으로 모르거나 자신의 요구가 어떻게 변경될지 잘 알지 못하는 때도 있다. 또한 엔지니어들이 고객의 요구를 불완전하게 이해하고 있는 경우도 흔히 있을 수 있다. 이런 경우를 대비해 간단한 시제품(prototype)을 만들어 보여주는 것이 원형 패러다임이다.

원형(prototyping) 패러다임은 폭포수 모델의 단점을 보완하기 위해 점진적으로 시스템을 개발해 나가는 접근방법이다. 이것은 시스템의 유용한 일부를 초기에 개발하여 사용자에게 배달함으로써 사용자로부터 피드백을 시스템 개발 초기에 얻어낼 수 있는데, 시제품을 통해 이전에 밝혀지지 않았던 사용자의 요구사항을 구체적으로 규명할 수 있다는 장점이 있다. 이 패러다임은 특히 프로젝트 초기에 요구사항이 확실치 않거나 모든 요구사항을 미리 뽑아낼 수 없는 불안정한 상황일 때 프로젝트를 쉽게 제어 관리할 수 있게 해준다. 가능한 한 빨리 필요한 요구사항을 뽑아내고 시스템에 반영시킬수록 더 안정되고 좋은 품질의 시스템을 만들어 낼 수 있다.

원형 패러다임은 이러한 사용자의 필요와 요구사항을 빠른 속도로 알아내고, 시스템에 대한 이해와 품질 향상을 위하여 사용된다. 시제품은 사용자와 시스템 간의 인터페이스에 초점을 맞추어 개발되며, 피드백을 얻어낸 후 시제품을 버리는 경우도 있고, 원하는 시스템의 기능 중 중요한 부분만 구현하여 피드백을 얻은 후 계속 발전시켜 완제품을 만들어 낼 수도 있다. 시제품 개발을 통하여 얻어지는 장점을 요약하면 다음과 같다.

- 시스템의 기능이 사용자에게 보여짐으로써 개발자와 사용자의 오해가 규명된다.
- 생각하지 못하였던 기능과 서비스가 발견된다.
- 사용하기 어렵거나 혼동을 일으키는 기능들이 규명되어 명료화된다.
- 분석가나 개발자는 불완전하거나 일치하지 않는 요구사항을 시제품을 통하여 발견할 수 있다.
- 완전하지 못하지만 작동하는 시스템을 만들어 가능성과 유용성을 관리자에게 보여줄 수 있다.
- 시제품은 고품질 시스템의 요구사항을 명세화할 수 있는 기초를 제공한다.

우리가 알고 있는 아파트의 모델 하우스나 미래에 만들 자동차의 견본(concept car)은 원형 패러다임을 적용한 대표적인 경우이며, 이들 시제품은 특히 사용자와의 외부 인터페이스에 초점을 맞춘다. 시제품은 사용자와 개발자 사이의 대화를 원활히 하는 데 사용되고, 사용자의 평가와 피드백을 받아 요구사항에 대한 보완을 하는 데 도움을 준다. 이 경우 일반적으로 시스템의 내부 중요 기능(예를 들면, 자동차의 엔진)과 성능에 대해서는 관심을 두지 않는다.

그림 3-2는 원형 패러다임의 순차적 진행과정을 설명하고 있으며, 원형 패러다임은 폭포수 모델과 마찬가지로 요구사항 수집으로부터 시작된다. 이에 따라 개발 팀은 고객 및 사용자와의 대화를 통하여 전반적인 기능을 파악하고, 우선 간단히 설계를 한 후 시제품을 만들

어 사용자에게 보여주게 된다. 사용자는 시제품을 보고 앞으로 만들어질 완제품의 모습을 파악한다. 또한 시제품에 대하여 평가하고 그 결과는 시제품을 향상시키거나 완제품을 만들어 가는 데 좋은 자료로 반영된다.

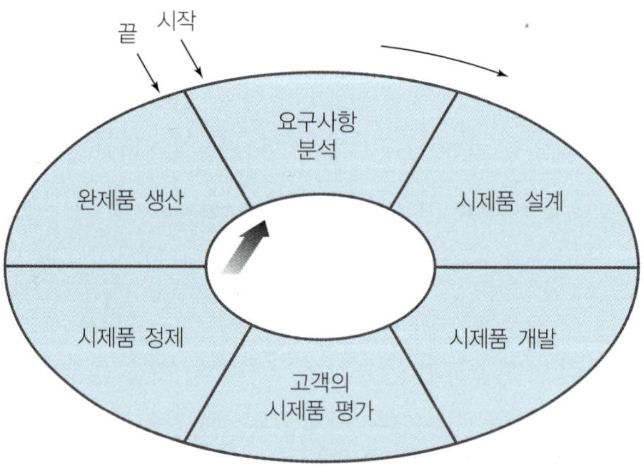

:: 그림 3 – 2 | **원형 패러다임**

원형 패러다임의 각 단계에서는 다음과 같은 활동이 수행된다.

(1) 요구사항 분석 단계

이 단계는 원형 패러다임의 첫 번째 단계로 분석가와 사용자가 만나 소프트웨어의 전반적인 요구사항을 정의한다. 이 과정은 폭포수 모델의 요구사항 분석 단계와 유사하다. 폭포수 모델에서는 개발이 시작되기 전에 요구사항이 분명히 명시된다. 그러나 원형 패러다임에서는 고객으로부터 받은 일부 요구사항만 정의하고, 완전치 않은 요구사항에 대하여 윤곽을 잡아 놓는다. 추가적인 정의가 필요한 부분은 시제품이 개발된 후 계속 정제해 나간다.

(2) 시제품 설계 단계

이 단계에서는 원형에 대한 설계를 한다. 빠른 시제품 개발은 사용자들이 볼 수 있는 면(사용자 인터페이스)에 초점을 맞추어 이루어진다. 이 단계에서 시제품 개발의 목표가 확립되고 시제품에 포함될 시스템의 기능들이 골라진다. 이 시점에서 시제품에 포함되는 것과 시제품에서 배제되어야 하는 것이 무엇인지 규명하는 것이 중요하다. 만약 시제품에 마지막 제품과 같은 도구와 개발 표준을 사용한다면 비용이 많이 들게 된다. 시스템의 모든 기능을 시제품 안에 간략하게 만들어 볼 수도 있다.

(3) 시제품 개발 단계

시제품 개발에 있어서는 일반적으로 성능, 다른 시스템과의 인터페이스 등에 대한 것은 판단하기 어려워 중요하게 다루어지지 않는다. 오류를 관리하고 다루는 면은 무시되거나 기초 수준 정도로 구현하면 된다. 시제품의 신뢰도와 프로그램 품질 수준은 떨어진다. 이 단계의 목표는 '어떻게 하면 시제품을 빨리 만들 수 있겠는가'이다.

(4) 고객의 시제품 평가 단계

이 단계는 원형 패러다임의 가장 중요한 단계라 할 수 있다. 이 단계에서 시제품은 고객에 의해 평가되고, 개발될 소프트웨어의 요구사항을 구체적으로 정제하기 위해 사용된다. 사용자들이 원형을 사용하고 평가할 수 있도록 충분한 시간을 주어 원형에 대하여 익숙하도록 해 주어야 한다. 이를 통해 요구사항의 오류를 발견하고 규명할 수 있게 되며, 추가되어야 하는 요구사항을 찾아낼 수 있다.

(5) 시제품 정제 단계

이 단계부터는 사용자가 원하는 것을 만족시키기 위해 시제품에 대한 조율이 필요하다. 이는 개발 팀이 무엇을 만들 것인가를 이해하는 데도 도움을 준다. 시제품이 어떻게 고쳐져야 하는지 결정하고 다음 단계의 시제품이 빠르게 만들어질 수 있도록 한다. 이 시제품은 다시 고객에게 평가되는 순환을 하게 되며 고객이 요구사항에 대하여 만족할 때까지 계속된다. 이를 통해 시스템의 모든 요구사항을 규명할 수 있다.

(6) 완제품 생산 단계

이 단계의 목표는 원하는 시스템을 개발하는 것이다. 원형을 버리고 최종 시스템이 새로 만들어질 것인지, 또는 원형을 확장하여 완제품을 만들 것인지의 결정에 따라 완제품 개발 계획이 달라질 수 있다. 만약 원형을 버리고 새 시스템을 개발해야 한다면, 이 단계에서 완전한 폭포수 모델의 생명주기를 따르거나 4세대 기법(4GT)의 적용이 가능하다.

빵 공장에서 빵을 구워 내는 엔지니어(?)가 처음 빵을 구워낼 때 그 첫 번째 작품이 모양 있고 맛있는 빵일 가능성은 상당히 희박하다. 붕어빵을 구울 때도 첫 번째 것은 내용물이 잘못되었거나 너무 익거나 타버릴 확률이 높다. 시스템의 개발에 있어서도 첫 번째 작품은 너무 느리거나 사용하기 불편하여 버릴 가능성이 많은데, 시제품은 그 첫 번째 작품으로서의 역할을 충실히 수행할 수 있다.

시제품의 목적은 실제 개발 이전에 사용자들이 시제품을 보고 느끼게 하여 사용자들로부터 요구사항을 검증하려는 목적을 가지고 있다. 시제품의 다른 용도들이 많이 거론되었고 이를 요약하면 다음과 같다.

- 시제품은 실제 제품이 만들어져 사용자에게 배달되기 전, 사용자를 교육 · 훈련시키는 데 사용할 수 있다. 이는 원형 개발의 중요한 장점 중의 하나로 시스템이 개발되어 사용자가 실제로 사용하기까지의 시간을 줄여 줄 수 있다.
- 시제품은 시스템 테스트를 하며 연속적으로 사용될 수 있다. 이는 시제품과 최종 단계의 제품에 같은 테스트가 적용될 수 있음을 의미한다. 만약 이 두 시스템이 같은 결과를 보여준다면 최종 단계의 제품이 제대로 만들어졌거나 테스트 케이스(test case)가 잘못되어 오류를 발견하지 못하는 경우이다. 만약 결과가 다르게 나오면 최종 시스템에 결함이 있음을 의미한다. 시제품은 테스트 케이스의 검증을 미리 하여 시스템 테스트에 들어가는 노력을 줄여 줄 수 있다.

원형 패러다임은 많은 장점이 있는 반면 몇 가지 한계점을 가지고 있다. 만들어질 완제품이 어떨 것이라는 것에 대한 오해를 불러일으킬 수 있으며 시제품에서 완제품으로 옮겨가는데 많은 변화가 예상될 수 있다. 시스템의 극한 상황 등에 대한 성능 평가가 어려우며 다른 시스템들과의 교류 및 통합 등에 대한 결과가 쉽게 얻어지지 않는다는 것도 그 한계점이다. 원형 패러다임은 이러한 문제점들에도 불구하고 쉽고 빠르게 시제품을 만들 수 있는 도구들의 개발에 힘입어 많은 응용 분야에서 효과적으로 활용되고 있다.

3 나선형 패러다임

나선형 모델(spiral model)은 폭포수 모델과 원형 패러다임의 장점에 새로운 요소인 위험 분석(risk analysis)을 추가하여 만든 것이다. 나선형 패러다임을 선택할 것인가의 문제는 전적으로 위험의 수위에 달려 있으며, 시스템을 개발하면서 생기는 위험을 관리하고 최소화하려는 것이 이 패러다임의 주 목적이다.

그림 3-3과 같이 나선형 모델은 나선을 돌면서 점진적으로 완벽한 시스템을 만들어 나간다. 각 나선은 4단계로 나누어져 있어 첫 단계인 계획 및 정의(planning and definition) 단계에서 목표, 요구사항, 제약 조건 등을 규명한다. 그 다음 위험 분석(risk analysis) 단계에서 목표에 잠재되어 있는 위험을 분석한다. 이러한 위험에 대한 평가 결과가 프로젝트를 계속할 것인가, 중단할 것인가를 결정하는 요인이 된다. 프로젝트를 계속하기로 결정하면, 개발

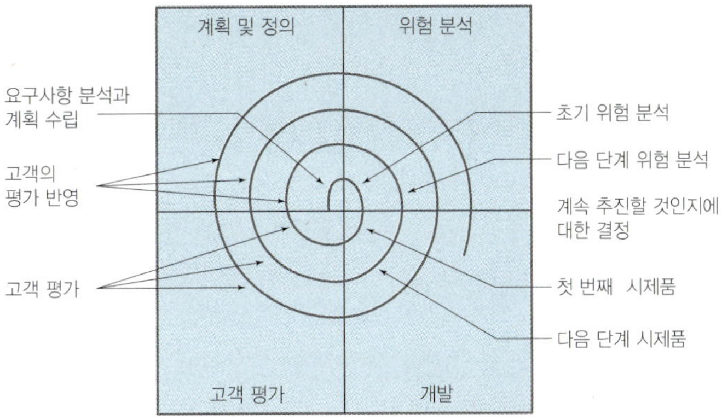

:: 그림 3 – 3 | 나선형 모델

(development) 단계에서 시제품을 개발하여 마지막 단계인 고객 평가(customer evaluation)를 거친다. 고객의 평가는 다음 나선의 목표 및 요구사항에 반영되어 좀 더 구체적이며 안정된 시스템 개발에 사용된다.

나선형 모델의 각 단계에서는 다음과 같은 활동이 수행된다.

(1) 계획 및 정의 단계

이 단계에서는 요구사항을 모으고 프로젝트 계획을 수립한다. 나선형 사이클은 성능, 기능을 비롯한 시스템의 목표를 규명하는 것에서부터 시작한다. 다음으로 시스템의 목표와 제약조건에 대한 차선책이 평가, 고려될 수 있다. 이러한 평가과정은 프로젝트 위험의 원인을 규명하는 데 효과적으로 사용된다.

(2) 위험 분석 단계

여기서는 초기 요구사항에 근거하여 위험이 규명된다. 위험이란 원래 정확히 정의하기가 쉽지 않다. 그러나 위험은 잘못될 가능성에 대한 것을 생각하게 해준다. 위험은 일반적으로 부정확한 정보로부터 온다. 우리는 정보를 찾아내는 활동을 통하여 불확실성과 위험을 줄여나갈 수 있다.

위험에 대한 평가가 이루어져, 프로젝트를 '계속 진행할 것인지(go)', '중단할 것인지(no-go)'를 결정하는 작업이 이 단계의 마지막에서 이루어진다. 위험이 너무 높으면 프로젝트가 중단될 수도 있다. 계속 진행하기로 결정되면 다음 개발과정으로 넘어가게 된다.

(3) 개발 단계

이 과정은 위험에 대한 평가 후 이루어진다. 이 단계에서는 '어떠한 패러다임이 적용되어 시스템 개발이 이루어질 것인가' 하는 개발 모델을 결정한다. 예를 들어, 사용자 인터페이스에 대한 위험이 주로 고려된다면 원형 패러다임에 의한 개발이 바람직할 것이다. 또한 요구사항을 더욱 세분화하여 정의해야 한다면 시뮬레이션도 고려해 볼 만하다. 이 단계는 시제품을 개발하거나 최종 제품을 만드는 과정이라 볼 수 있다.

(4) 고객 평가 단계

이는 앞의 개발과정에서 나온 결과(예를 들어, 초기 소프트웨어 시제품)를 사용자가 평가하는 과정이다. 고객에 의해 시스템에 대한 평가가 이루어지게 되고, 고객은 시스템의 수정을 요구하기도 한다. 엔지니어링의 결과는 시뮬레이션 모델, 시제품, 실제 시스템일 수 있다. 고객의 평가에 의하여 다음 결과물이 계획된다.

나선형 모델은 비용이 많이 들고 시간이 오래 걸리는 큰 시스템을 구축해 나가는 데 가장 현실적인 접근방법이다. 큰 국책 사업, 회사에서 큰 위험 부담을 안고 시작하는 대형 사업 등의 경우에 성과를 보면서 조금씩 투자하기 때문에 위험 부담을 줄일 수 있다.

그러나 나선형 모델 역시 문제점이 있다. 우선 모델 자체가 앞의 두 모델보다 더 복잡하여 프로젝트 관리 자체를 어렵게 만들 가능성이 많으며, 많은 고객을 상대로 하는 상업용 제품의 경우에는 적용하기 힘들다. 또한 이 모델은 새로운 접근방법이기 때문에 많이 사용되지 않아 충분한 검증을 거치지 못하였다. 특히, 큰 소프트웨어 시스템을 만들 때 이런 전체적인 진화를 거칠 경우 체계적인 설계를 갖춘 시스템이 만들어질 수 있을까에 대한 연구도 이루어져야 이 모델의 효능이 검증될 수 있을 것이다. 최근 들어 많은 관심을 받고 있는 객체지향 소프트웨어 개발방법론은 원형 패러다임과 나선형 패러다임 등의 점진적인 시스템 개발을 가능하게 하는 우수한 기법이다.

4 4세대 기법

4세대 기법(4GT : 4th Generation Techniques)은 CASE를 비롯한 자동화 도구들을 이용하여 요구사항 명세서로부터 실행 코드를 자동으로 생성할 수 있게 해주는 방법이다. 이 도구들은 사람이 사용하는 고급 언어 수준에서 요구사항이 명시되면 그것이 실행될 수 있는 제품으로의 전환을 가능하게 한다. 그러나 현재 4세대 기법들은 고급 언어를 실행 코드로 바꾸어 줄 만큼 정교하지 못하다. 따라서 이러한 고급 언어의 모호성을 해결하기 위해 정형 명세 언어(formal specification language)로 표현하려는 노력이 진행되고 있다.

형식 규격 언어를 사용하면 명세서를 해석하고 이해하는 데 정확성을 기할 수 있으며 과정의 자동화를 이룰 수 있다는 큰 장점이 있다. 한 예로 ER 모델(Entity-Relationship model)로 만들어진 명세서에서 데이터베이스와 코드가 생성되는 도구는 여러 해 전에 개발되어 사용되고 있다.

4세대 기법은 아직 성능 면에서는 뛰어나지 못하며 불필요한 많은 양의 코드를 생성하고 유지보수에 어려운 점이 있다. 현재 4세대 기법은 많이 활용되고 있지 못한 상황이나, 많은 CASE 도구들이 코드 생성을 지원해 주고 있으므로 생산성에 대한 요구와 소프트웨어 위기를 해결하기 위해 앞으로 여러 응용 분야에 폭넓게 사용될 것이다. 만약 이 기법이 실용화되면 많은 기존의 프로그래머들은 요구사항을 분석하는 분석가로 직업 이동(?)을 해야 할지도 모른다. 얼마 전 신문에서 미래 사회에 생존할 몇 가지 직업 중 소프트웨어 분석가가 있는 것을 보면서, 모든 소프트웨어 패러다임에 공통적으로 필요한 것이 요구사항 분석이기 때문이 아닌가 하는 생각이 들었다.

5 애자일방법론

급변하는 환경과 경쟁에 대처하기 위해 소프트웨어를 빨리 개발하여 고객에게 인도하는 것은 매우 중요하다. 이러한 비즈니스 환경에 적응하기 위해 기존의 방법론들이 가진 단점을 극복하고 신속하게 소프트웨어를 개발하는 방법론들이 출현하였다. 지금까지는 좋은 소프트웨어를 얻기 위해 철저히 계획하고 엄격한 프로세스를 적용하여 프로젝트를 관리하는 것을 최선의 방법으로 생각해 왔다. 이러한 방법은 프로젝트의 본질적인 목표보다도 계획 수립, 문서화, 품질 관리 등 주요 작업을 성취하기 위하여 부수적으로 또는 추가로 수행되는 작업을 위해 오버헤드(overhead) 비용을 과다하게 요구하게 된다. 이러한 계획 중심 개발 기법이 소규모 또는 중간 규모 소프트웨어 프로젝트에 적용될 때 개발이나 시험보다 프로젝트 관리에 더 많은 비용과 시간을 소모하게 된다.

이런 무거운(heavyweight) 소프트웨어 개발방법론에 만족하지 못한 개발자들이 좋은 것을 빠르고 낭비 없이 만들기 위해 1990년대 민첩성과 실용성을 앞세운 가벼운 경량급(lightweight) 개발방법론인 애자일 기법(agile method)을 제안하였고, 2001년 지지자들이 '애자일 소프트웨어 개발 선언문'에 서명하면서 다음과 같이 선언하였다.

우리는 소프트웨어를 개발하거나 다른 사람들이 소프트웨어를 개발하는 것을 도와주고, 더 좋은 소프트웨어 개발방법을 찾아내어 실천하며, 다음과 같은 것에 가치를 둔다.

이 말은 다음 선언문 중 전자에 있는 항목에도 가치가 있으나, 후자에 있는 항목에 더 가치를 둔다는 뜻이다.

- 프로세스와 도구보다 개인과 그들의 협업에 더 가치를 둔다.
- 포괄적인 문서화보다 제대로 작동하는 소프트웨어에 더 가치를 둔다.
- 계약 협상보다 고객과의 협력에 더 가치를 둔다.
- 계획에 따르기보다는 변화에 대응하는 것에 더 가치를 둔다.

기존의 방법론은 계획을 세운 후 계획대로 일을 추진하려는 노력에 초점을 맞추었다. 그러나 많은 경우 요구사항이 프로젝트 계획 단계에서 완전하게 정의되기도 어려우며, 프로젝트를 진행하면서 요구사항을 찾아내야 하고, 수집된 요구사항들도 요구사항 분석이 끝이 없다고 느낄 정도로 변한다. 또한 형식적인 절차를 따르는 데 필요한 비용과 시간이 들어가고 전체적인 개발 흐름이 느리다.

애자일방법론은 이러한 문서 중심의 전통적 개발방법을 탈피하여 필요한 요구를 그때그때 더하고 수정하는 코드 중심의 점진적 개발방법이다. 애자일 개발방법론은 단순성, 의사소통, 피드백, 용기 등의 원칙에 기반해서 '고객에게 최고의 가치를 가장 빨리 전달'하도록 하는 경량방법론으로, 가볍고 빠르게 그리고 실용적으로 소프트웨어를 개발하기 위해 요구되는 프레임워크, 태도, 접근법이라 할 수 있다.

모든 프로젝트 관리에 목표가 있는데, 애자일방법이라고 해서 예외는 아니다. 폭포수 모델의 경우 프로젝트 전체 개발에 대한 계획을 다 세우고 시작하지만 애자일은 협업과 변화에 대한 빠른 대응에 가치를 두고, 쪼개진 수행과정을 통해 소규모 목표(what)를 달성해 나감으로써 원래의 가치에 접근하는 것이다. 즉, 크기의 문제이지 일정을 세우고 목표를 향해 나아간다는 것에는 차이가 없다.

변화에 신속히 대처하기 위해 애자일 소프트웨어 개발의 엔진 역할을 하는 것이 '이터레이션(iteration)'이다. 고객의 요구사항은 계속 변하고 우선순위 또한 예측할 수 없다. 애자일 기법은 점진적인 개발과 인도에 기반을 둔다. 애자일 프로세스는 소프트웨어를 조기에 그리고 지속적으로 고객에게 인도하는 과정을 거쳐 고객을 만족시키고 변화에 적응 가능(adaptable)하도록 촉진하는 기법이다. 이를 위해 분석, 설계, 구현, 시험이 끊임없이 진행되는 반복 점진 개발과정을 거친다. 애자일 개발의 경우 각 이터레이션에 1~2주 정도의 짧은 개발 기간을 권장하고 있다. 매 이터레이션이 종료될 때 데모를 통해서 결과를 고객에게 시연하는 것 자체가 긴장감과 성취 욕구를 극대화하기 위한 방편일 수 있다.

고객에게 인도되는 제품을 릴리즈(release)라 한다. 릴리즈란 고객에게 출시된다는 뜻으로 고객이 사용할 만한 가치가 있는 기능들의 집합으로 구성되어 있다. 폭포수 모델의 경우 릴리즈 기간은 짧게는 3개월, 길게는 1년 정도이다. 애자일 개발방법론은 이터레이션이 진행되며 사용자의 요구사항이 반복적으로 추가되어 릴리즈가 이루어지며, 짧은 사이클과 작은 릴리즈를 반복한다.

애자일의 목표는 신속하고 지속적으로(몇 주 또는 몇 달 주기로) 의미 있는 소프트웨어를 고객에게 인도하여 고객 만족을 이루는 것이다. 애자일의 기본 정신은 고객의 요구사항이 이미 결정된 것이라 생각하지 말고 변할 수 있다는 가정하에 개발에 임하여야 하며, 뒤늦게 요구사항이 바뀌더라도 즐겁게 받아들이라는 메시지를 담고 있다. 소규모(10명 내외) 팀원들은 이러한 기본 정신을 가지고 필요한 환경과 지원 속에 의욕적으로 협동하고, 같은 공간 속에서 팀원들이 직접 대면하여 의사소통을 함으로써 효과적으로 최선의 설계 및 구현방법을 모색할 수 있다.

기술적 부채의 청산

애자일 방법론을 적용하면 릴리즈가 이루어진 후 새로운 기능을 빨리 추가하려는 노력이 시작된다. 일반적으로 기존의 코드에 새로운 기능을 추가하는 작업이 쉽지 않고 한 부분의 코드를 바꾸면 다른 코드도 따라 바꾸어야 한다. 또한 잘못된 설계임을 알고도 일정을 맞추려 급하게 작성된 코드는 재사용하거나 확장시켜 나가기가 어렵다.

이런 현상을 설명하는 용어가 기술적 부채(technical debt)이다. 기술적 부채란 기존의 결함들로 인해 새로운 기능을 개발하거나 확장하는 데 어려움이 발생하는 것을 말한다. 즉, 과거에 내린 결정의 결과가 미래에 부정적인 영향을 미치는 것이다. 소프트웨어 개발의 기술적 부채는 개발을 진행하면서 당장 눈앞에 보이는 단기간의 이익을 추구할 때나, 생산성과 일정이라는 미명 아래 급한 불만 꺼나가는 잘못된 의사결정(예를 들어, 임기응변, 결점 가리고 포장하기 등) 등의 관행 때문에 생긴 죄악(?)들이 누적되어 생긴 결과이다. 기술적 부채는 과도하게 복잡한 논리, 중복성, 조잡함 등 다양한 형태로 존재한다.

기술적 부채는 품질의 문제와 깊이 관련되어 있다. 기술적 부채는 눈에 보이지 않는 부정적인 요소이며, 개발 전 과정에 걸쳐 발생할 수 있다. 요구사항 분석에 오류가 발생하면 요구사항 부채(requirements debt), 아키텍처가 잘못 설계되면 아키텍처 부채(architectural debt), 테스트를 실수하면 테스트 부채(test debt), 문서화가 잘못되면 문서화 부채(documentation debt)라 부르기도 한다. 더 나아가 기술적 부채는 기술의 진화와 같은 외부 요인에 의해 발생하기도 한다. 환경이 바뀌어 사용했던 기술이 퇴화하고 새로운 기술이 대두되면서 생기는 기술적 부채는 앞을 내다보고 유연성과 적응력을 고려하여 설계할 때 극복될 수 있다.

소프트웨어의 경우 눈에 보이지 않는 무형의 결과물이라 기술적 부채가 스며들어 갈 곳이 많다. 일정과 생산성에 대한 압박이 기술적 부채를 일으키는 주원인이라는 것에 많은 사람들이 동의한다. 그러나 품질과 유지보수의 관점에서 보면 부주의, 무능력, 적절한 교육과 훈련의 부재, 개발 프로세스의 미확립, 품질 검증체계의 미흡이 원인이 되기도 한다.

"소프트웨어는 인간이 만드는 것 중 가장 조악하고, 신뢰할 수 없으며, 유지하기 어려운 기술적 산물이다.(Paul A. Strassmann)"라는 주장이 있다. 혼란과 무질서는 눈에 보이지 않는 결과물을 만들어 내는 소프트웨어 프로젝트의 본질적 속성인지도 모른다. 소프트웨어의 무질서도(entropy)가 증가할 때 프로그래머들은 이를 '소프트웨어의 부패(software corruption)'라 부르기도 한다.

리팩토링 기법의 적용

리팩토링(refactoring)이란 소프트웨어를 보다 쉽게 이해할 수 있고 적은 비용으로 수정할 수 있도록 기존 코드의 설계를 개선하는 기술이다. 겉으로 보이는 동작이나 외부 행위를 바꾸지 않고 소프트웨어 내부 구조를 바꾸며 점진적으로 설계를 향상시키는 기법이다. 이 경우 코드에 대한 요구사항이나 인터페이스의 변경은 없고 다만 내부 구조를 바꾸는 방식이므로 다른 코드의 변경을 야기시키지 않는다. 리팩토링은 소프트웨어를 개발하며 발생하는 기술적 부채를 줄일 수 있는 좋은 방법으로 인식되고 있다.

예를 들어, 설계의 효율성 또는 코드 성능 개선을 하거나 변수 이름을 더 이해하기 쉽게 바꾸는 작업(읽기 용이성) 등도 리팩토링에 해당한다. 코드의 중복, 불필요한 알고리즘, 부적절한 데이터 구조 등도 리팩토링 대상이다. 리팩토링을 수행하는 이유는 기존 코드의 설계 개선, 기존 코드의 이해도 향상을 통해 새로운 코드를 더 쉽게 추가하려는 데 그 목적이 있다.

리팩토링을 실제로 수행하는 데 있어 가장 먼저 맞닥뜨리게 되는 문제는 코드의 어느 부분에 리팩토링을 적용해야 하는가이다. 리팩토링을 처음 소개한 마틴 파울러(Martin Fowler)에 의하면 리팩토링을 수행하기 위해서는 먼저 코드의 특정 부분에서 '나쁜 냄새'를 포착해야 하며, 이는 프로그래머의 직감에 의존해야 한다. 유지보수 작업을 하는 프로그래머의 직감에 의존해야 한다는 사실은 숙련되지 않았거나 시스템에 대해 충분한 이해도를 갖지 않은 개발자에게 있어 큰 부담으로 작용한다. 또한 이는 리팩토링을 수행하는 데 있어 큰 어려움으로 꼽히고 있으며, 리팩토링이 갖는 중요한 문제점 중 하나로 인식되고 있다.

파울러는 리팩토링이 필요한 경우를 22가지로 분류하여 이들의 해결방법을 제시하고 있다. 다음은 대표적인 예인 3가지 '나쁜 냄새'이다[Fowler 1999].

표 3－1 | 3가지 나쁜 냄새

순번	'나쁜 냄새' 이름	요약	적용 가능한 리팩토링
1	중복된 코드 (duplicate code)	코드의 여러 부분에서 동일한 코드가 중복된다.	• Extract Method • Extract Class • Pull up Method • From Template Method
2	긴 메소드 (long method)	메소드의 코드 길이가 길다.	• Extract Method • Replace Temp with Query • Replace Method with Method Object • Decompose Conditional
3	거대한 클래스 (large class)	클래스 하나에 너무 많은 기능이 포함되어 지나치게 많은 변수가 존재한다.	• Extract Class • Extract Subclass • Extract Interface • Replace Data Value with Object

예를 들어, 코드의 여러 부분에서 동일한 코드가 중복된다는 것이 감지되었다면 설계가 잘못되어 코드의 양이 증가한 것을 의미하며, 앞으로 발생할 위험과 버그를 키우고 있다는 점을 느낄 수 있다. 코드의 중복을 제거하는 것은 각각의 기능에 대한 코드가 한곳에만 있게 하여 수정과 확장을 용이하게 하는 올바른 설계를 지원한다.

클래스들의 사이에 동일한 코드가 중복된다는 것이 감지되었다면 이를 묶어 상위 클래스를 정의하고 공통 속성과 오퍼레이션을 상위 클래스로 끌어올리는 것도 중복된 코드를 제거하는 리팩토링의 예라 할 수 있다. 이런 경우 양쪽 하위 클래스에서 속성과 오퍼레이션을 뽑아내고(Extract Method), 다음 하위 클래스의 동일한 속성과 오퍼레이션을 상위 클래스로 옮긴다(Pull up Method). 이러한 리팩토링은 추후 새로운 하위 클래스가 출현하는 경우 하위 클래스들 사이의 공통 속성과 오퍼레이션을 재사용할 수 있어 빠른 소프트웨어 개발을 가능하게 한다.

리팩토링이 적절히 이루어지면 코드를 더 쉽게 이해할 수 있어 다른 프로그래머가 코드를 변경하려고 할 때 이해 수준을 향상시킨다. 리팩토링은 프로그램 구조를 명확히 해주어 버그를 찾는 데도 도움을 주며, 빨리 프로그램을 개발할 수 있도록 지원한다. 애자일방법론에서는 리팩토링을 위해 별도의 절차나 시간을 할애할 필요는 없으며, 코드 구현 작업의 일부분으로 취급한다. 따라서 버그를 수정하거나 새로운 기능을 추가할 때 기존의 코드에 대한 높은 이해도를 바탕으로 더 빠른 작업 속도를 얻을 수 있는 방법으로 리팩토링을 제안하고 있다. 만약 두 명이 한 조가 되어 짝으로 프로그래밍을 하는 경우(짝 프로그래밍) 개발자들이 서로 코드 검토(code review)를 하며, 검토자는 원작자(original author) 입장에서 객관적인 평가를 해주고 유용한 아이디어를 제안할 가능성이 높아 리팩토링할 기회가 높아진다.

오픈 소스(open source) 프로젝트의 경우 소스 코드가 일반에게 개방되어 원하는 사람은 누구나 프로젝트에 참여할 수 있다. 잘 알려진 오픈 소스 프로젝트일수록 더 많은 사람들이 프로젝트에 참여하여 코드를 검토하고 기능을 확장하고자 하는 노력을 기울이게 되어, 코드에 대한 다양한 시각이 반영되고 코드의 품질을 높이는 데 도움이 된다. 오픈 소스는 이처럼 자연스러운 동료 코드 검토(peer review)와 투명한 리팩토링 환경을 유도하여 코드의 최적화를 이룰 수 있는 대표적인 소프트웨어 개발 기법이다.

디자인 패턴이 설계 단계에서 패턴을 적용함으로써 소프트웨어의 구조적 완성도를 높이기 위한 활동인 데 반해, 리팩토링은 이미 완성된 코드를 수정함으로써 동일한 목표를 추구하는 활동이다. 즉, 두 활동은 소프트웨어 개발 주기상에서 이루어지는 시점에서 차이가 있다. 디자인 패턴은 리팩토링의 결과로 나온 많은 설계 구조를 이미 포함하기 때문에 설계 단계에서 미리 디자인 패턴을 적용함으로써 이후에 발생할 리팩토링을 방지할 수 있다.

객체지향 기법의 적용

객체지향 개발방법은 점증적인 개발이 용이하도록 지원해 주는 대표적인 소프트웨어 개발 기술이다. 객체지향 기술은 시스템을 수평적인 모습으로 설계할 수 있어 재사용성을 확장시킨다. 수평적인 구조는 새로운 변화에 대처하고 적응하기가 매우 용이하다. 재사용은 새로운 소프트웨어의 개발 속도를 향상시킬 뿐만 아니라 디버깅이나 수정을 쉽게 만들어 관리(maintenance)의 효율을 증가시킨다. 객체지향 시스템에 기능이 추가되는 경우 기존의 메소드나 코드에 영향을 최소화하면서 새로운 메소드나 코드를 추가할 수 있다. 애자일방법론에서 필수적으로 요구되는 적응성과 재사용성을 극대화할 수 있는 방법은 객체지향 기술로 설계/구현되는 시스템을 만드는 것이다. 참고로 명령 계층 수를 최소화하는 것, 즉 가능하면 시스템 구조를 '수평적'으로 만드는 것은 합리적일 뿐만 아니라 모든 조직 구조의 원칙이다. 그 이유는 정보이론(information theory)의 "모든 명령의 전달 단계마다 잡음은 두 배로 늘어나고, 메시지는 반으로 줄어든다"는 원칙만으로도 충분히 객체지향 기술이 기술적 부채를 줄일 수 있는 대안임을 알 수 있다.

애자일 기법의 특징인 점진적인 인도를 고려해 볼 때 앞에서 다룬 프로토타입 기법, 나선형 모델과의 유사성 및 차이점을 발견할 수 있다. 계속 고객의 피드백을 받으며 고객이 실제 사용할(작동하는) 시스템을 점증적으로 개발한다는 관점에서는 작동 가능한 시제품을 발전시켜 나가는 프로토타입 기법이라 할 수도 있다. 또한 릴리즈가 계속 이루어지고 위험에 대한 평가가 이루어질 수 있어 나선형 모델과 흡사한 모습을 가질 수 있다. 실제 게임 소프트웨어 개발의 경우 허들, 마일스톤 점검 등 지금까지 진행사항에 대한 피드백을 받아서 계속 프로젝트를 진행(go)할지, 중지(no-go)할지 여부를 결정하는 경우가 종종 있다.

애자일 기법의 장단점

우리나라의 소프트웨어 개발 환경은 대개 계획이나 문서의 개발보다는 작동하는 소프트웨어에 더 많은 가치를 두고 있다. 이런 문화적인 환경이 애자일 개발 기법의 도입을 촉진시키고 있다. 국내에서 애자일 프로젝트의 성공 및 실패 사례가 나오기 시작한다는 것은 이미 많은 프로젝트에서 애자일 기법을 도입했다는 것을 보여주는 증거이기도 하다. 만약 애자일 팀 멤버들이 기존 소프트웨어 개발 프로세스에 대한 지식이나 소프트웨어 공학 기술(특히, 객체지향 기술) 없이 애자일 기법을 도입하여 성공할 수 있을까? 공동의 목표를 확립하고 상호 협력하며, 개인의 성숙도와 높은 능력을 바탕으로 상호 존중하고 문제를 해결하는 능력 없이 애자일 기법을 도입하는 것은 프로젝트가 실패로 끝날 가능성이 높다.

애자일 기법은 형식이라기보다는 마음가짐이고, 프로세스 중심이 아닌 사람 중심이며, 사람들 사이의 참여와 소통에 관한 문제이다. 한 번의 실패로 너무 상심해하지 말고, 각자 팀에 맞는 애자일 개발 방식을 찾으면서 도메인에 대한 관심과 소프트웨어 기술력, 개인의 성숙도, 인간관계 등 인적 요소의 중요성에 관심을 쏟다 보면 좋은 결과를 얻을 수 있지 않을까?

원래 소프트웨어 개발방법론이란 소프트웨어를 개발하는 전체 과정(process), 즉 개발 라이프 사이클을 형식화해 놓은 것을 말한다. 이런 관점에서 애자일방법론은 개발 라이프 사이클을 구체적으로 제시하는 방법론이라기보다 민첩성과 실용성이라는 가치와 원칙을 추구하는 개발 환경이라고 할 수 있다.

애자일 기법은 요구사항의 변화가 자주 많이 일어나거나, 개발자가 소규모(10명 내외)이고 같은 공간을 사용하여 소형 또는 중간 사이즈의 비즈니스 시스템, 게임 소프트웨어 등을 개발하는 경우에는 높은 효과를 볼 수 있지만 개발 팀이 다른 장소에서 작업하거나 대형 소프트웨어를 개발하는 프로젝트에는 잘 맞지 않는다. 또한 체계적이고 안정적인 관리를 추구하는 기존의 개발 프로세스에 익숙한 조직에서는 널리 알려지지 않은 탓에 계획적이지 못하고 임기응변식으로 보여지는 애자일 기법을 불안한 프로세스로 인식하여 도입을 주저하고 있는 것 또한 현실이다.

애자일 도입의 어려움을 정리하면 다음과 같다.

(1) 낯선 프로세스

우리나라에서 애자일을 적용하여 성공적으로 수행된 IT 프로젝트는 아직 알려진 사례가 많지 않다. 최근 여러 프로젝트에 애자일을 도입하려는 많은 시도가 이루어지고 있지만, 전통적인 소프트웨어 개발방법론에 비해 애자일은 아직 많은 사람들에게 낯선 것이 사실이다.

(2) 프로젝트 팀원에게 요구되는 역량

애자일 프로젝트에 참여하는 구성원들은 개발 프로세스에 적응하기 이전에 먼저 소프트웨어 공학, 객체지향 기술에 대해 충분히 이해하고 숙달된 개발자이어야 한다.

(3) 이끌어 내기 힘든 고객의 참여

애자일 프로세스에서 고객의 역할은 기존의 소프트웨어 개발방법에 비해 많은 비중을 차지한다. 요구사항을 밝혀내어 사용자 스토리를 작성하는 데 참여해야 하며, 스토리에 대한 테스트 케이스를 작성하고, 스토리를 구현하는 데 필요한 자원을 추정하며, 릴리즈 계획의 수립에도 참여하는 등 대부분의 프로세스에서 고객의 역할과 책임이 존재한다. 하지만 일반적으로 고객이 프로젝트에 전적으로 참여하기에는 현실적인 어려움이 있다.

6 익스트림 프로그래밍

익스트림 프로그래밍(XP : eXtreme Programming)은 최근 급부상하고 있는 애자일 소프트웨어 개발방법론 중 가장 많이 알려진 방법이다. XP의 목표는 '고객에게 최고의 가치를 가장 빨리'이다. 소프트웨어 개발에서 품질과 기능성 역시 중요하지만 개발 속도 또한 매우 중요하며, XP의 초점은 소프트웨어의 빠른 개발에 있다. XP는 의사소통(communication), 단순함(simplicity), 피드백(feedback), 용기(courage), 존중(respect) 등 5가지의 가치에 기초하여 '고객에게 최고의 가치를 가장 빨리' 전달하도록 하는 경량방법론이다.

XP의 의사소통은 소프트웨어에서 요구되는 기능과 특성을 얻기 위해 고객과 개발자 사이에 밀접한 협업이 강조되고 고객이 원하는 요구들을 지속적으로 피드백한다. XP의 경우 방대한 문서화를 피하고 요구사항에 관해 서로 소통하기 위해 사용자 스토리(user story)를 만들어 고객과 직접 대면하며 이야기한다. 사용자 스토리는 구체적인 요구사항을 모두 수집하여 정리하는 것이 아니라 고객이 원하는 기능을 짧게 표현해 놓은 것이다. 사용자 스토리에는 고객이 원하는 핵심사항이 기록되어 있고, 해당 기능에 대해 간략하게 설명하거나 기능을 대표하는 키워드를 포함하는 짧은 문장이 포함되어 있다. 사용자 스토리는 유스케이스보다 작은 단위일 가능성이 높으며 유스케이스 시나리오처럼 이벤트 흐름의 집합으로 정의될 필요는 없다.

다음은 인터넷 쇼핑몰 프로젝트의 사용자 스토리 예시이다.

- 관리자는 카테고리를 새로 등록하거나 수정 또는 삭제한다.

- 회원은 카테고리를 선택하여 카테고리에 속한 상품의 목록을 조회한다.
- 회원은 상품을 장바구니에 담거나 이미 담긴 상품을 장바구니에서 삭제한다.

사용자 스토리는 시스템을 통해 도메인을 잘 아는 사용자가 얻고 싶어하는 업무 기능을 한 두 개 문장으로 나타낸 것이다. 고객과 개발자가 한 자리에 모여 스토리를 작성하는 것이 바람직하다. 이를 위해 작은 인덱스 카드(index card)를 사용하길 권장하는데, 그 이유는 문서를 만들거나 읽는 데 드는 노력을 줄이고 고객과 대화하는 데 더 시간을 투자하라는 것이다. 다음은 사용자 스토리 카드의 예이다.

스토리 ID	M102	작성 일자	2014-08-22
우선순위	상☑ 중☐ 하☐	추정	1주
담당 개발자	홍길동		
스토리	쇼핑몰 회원은 카테고리를 선택하여 카테고리에 속한 상품의 목록을 조회한다.		
비고	• 하위카테고리가 존재하는 카테고리에는 상품이 포함되지 않는다. • 최하위 카테고리를 선택한 경우에만 상품목록이 조회되어야 한다.		

:: 그림 3 – 4 | 사용자 스토리 카드의 예

좋은 사용자 스토리

좋은 사용자 스토리가 되기 위한 6가지 특성(INVEST)은 다음과 같다[Wake 2006].

(1) 독립적이다 I : Independent

사용자 스토리는 서로 독립적일 때 가장 활용하기 쉽다. 스토리를 어떤 순서로 배열하더라도 일정을 수립하고 구현하는 데 어려움이 없어야 한다. 이를 위해 스토리 간에 의존성을 배제시켜야 한다.

(2) 협상 가능하다 N : Negotiable

좋은 스토리는 협상이 가능하다. 스토리는 계약서나 요구사항 명세서처럼 꼭 구현해야 한다는 문서가 아니며 개발 도중 고객이나 개발자가 대화를 통해 협상하고 재정의한다.

(3) 사용자와 고객에게 가치가 있다 V : Valuable

스토리는 고객에게 업무와 관련되어 가치가 있어야 하고, 모든 스토리는 사용자에게 가치가 평가되어야 한다. 스토리는 고객의 관점에서 평가되어야 하고 개발자의 관점에서 가치가 있어야 할 필요는 없다.

(4) 추정 가능하다 E : Estimable

각 사용자 스토리의 크기 또는 작업 소요 시간을 추정할 수 있어야 한다. 스토리의 크기가 작을수록 더 정확한 추정이 가능하다. 추정을 통해 고객이 각 스토리에 대해 평가하고 구현에 필요한 일정 계획을 세울 수 있을 정도의 정보는 제공할 수 있어야 한다.

(5) 작다 S : Small

좋은 스토리는 그 크기가 작은 편이다. 사용자 스토리는 한두 명의 개발자가 2주 안에 구현하고 테스트할 수 있을 정도의 크기가 적당하다.

(6) 테스트가 가능해야 한다 T : Testable

스토리는 테스트가 가능하도록 작성되어야 한다. 좋은 스토리는 그 자체로 테스트가 가능하다. 테스트가 성공적으로 통과해야 그 스토리가 성공적으로 개발되었다고 볼 수 있다. 스토리 카드를 작성하는 작업은 "나는 내가 원하는 기능을 충분히 이해하였으며 이를 테스트하는 테스트 케이스를 작성할 수 있다."는 의미를 갖는다.

사용자 스토리와 유스케이스의 중요한 차이점 중 하나는 다루는 범위(scope)가 다르다는 점이다. 사용자 스토리는 프로젝트에서 수행될 작업을 작게 나누어 비교적 짧은 단위 시간 내에 완료될 수 있는 작업의 범위를 다룬다.

XP의 테스트

테스트를 자주 해야 한다는 것은 XP가 중요시하는 부분이다. XP는 빠른 소프트웨어 개발을 원하고, 테스트가 빠른 개발을 도와준다는 것을 강조하고 있다. XP의 경우 고객은 사용자 스토리를 작성하고 우선순위를 결정하며 스토리가 제대로 개발되었는지 테스트하는 책임이 있다. XP는 다른 애자일 기법보다 테스트 프로세스를 더 강조하며, 코드를 만들기 전 테스트 케이스를 우선 작성한다. 이런 시험 우선(test-first) 개발방법은 구현하기 전 애매모호한 요구사항을 미리 완전히 밝히는 데 도움을 준다. XP 프로세스에서 이루어지는 테스트는 다음과 같은 특징을 갖는다[Mathur 2008].

- 테스트와 관련된 활동은 프로젝트의 시작에서부터 요구사항 분석 단계까지 지속된다.
- 테스트를 작성하는 작업은 요구사항을 밝히는 고객과 함께 협동하여 수행한다.
- 테스터와 개발자는 적대적 관계가 아닌 협력 관계를 유지해야 한다.
- 프로그램을 작게 나누어 테스트를 자주 수행한다.

시스템의 동작을 상세하게 기술하는 요구사항 명세서와는 달리, XP에서는 세부사항을 테스트로 표현한다. 따라서 하나의 사용자 스토리를 작성한 다음 그에 대한 테스트 케이스를 덧붙임으로써 스토리가 나타내는 시스템의 기능에 대한 요구사항을 완전하게 기술하게 된다. 일반적으로 테스트 케이스는 별도의 문서가 아닌 사용자 스토리를 작성한 카드 뒷면에 메모 형식으로 적는 것을 권장한다.

테스트 케이스는 일반적으로 다음과 같은 때에 작성한다[Mathur 2008].

- 고객과 개발자가 스토리에 대해 토론하는 과정에서 도출된 세부 사항을 기록하기 원할 때
- 스토리의 구현을 시작하기 전 개발자가 스토리를 명확하게 이해하고자 할 때
- 프로그래밍 중 또는 그 이후라도 스토리에 필요한 새로운 테스트를 발견할 때

사용자 스토리를 작업으로 분해

일단 스토리 카드가 개발되고 사용자 스토리에 대한 테스트 케이스가 작성되면 개발 팀은 사용자 스토리를 개발 작업으로 분해하고 구현에 필요한 노력과 자원을 추정한다. 스토리 카드는 작업(업무)들로 분해되는데, 각 작업은 구현의 기본 단위이다. 스토리는 고객의 관점에서 시스템의 기능을 기술한 것이기 때문에 개발자가 해야 할 일을 명확히 나타내는 데는 충분하지 않다. 따라서 개발자의 관점에서 스토리를 세분화하는 것은 구현과정에서 개발자가 수행해야 하는 업무를 파악하는 데 도움을 준다.

사용자 스토리를 구현하는 데 있어 고객의 요구사항 외에도 개발자가 알고 있어야 할 내용을 기록해야 한다. 개발자는 스토리와 테스트 케이스를 만족시키는 기능을 구현하기 위해 필요한 작업을 정리하여 작성한다. 이 메모는 스토리나 테스트 케이스와는 달리 개발자를 위한 내용이므로 고객에게 익숙하지 않은 개발자의 언어를 사용해 작성해도 상관없다.

XP 개발 프로세스

XP는 애자일 기법의 기본 원리를 따르며 점진적인 개발, 작고 빈번한 릴리즈, 단순한 설계, 리팩토링, 고객의 전적인 참여를 통해 빠른 소프트웨어 개발을 목표로 한다. XP는 다른

애자일 기법보다도 테스트를 중요시하여 기능이 구현되기 전에 테스트 케이스를 개발하도록 요구하고 있다. XP는 다음과 같은 개발 프로세스를 통해 고객의 참여를 극대화하고 작업 시간을 지속적이며 효율적으로 사용할 수 있도록 지원한다.

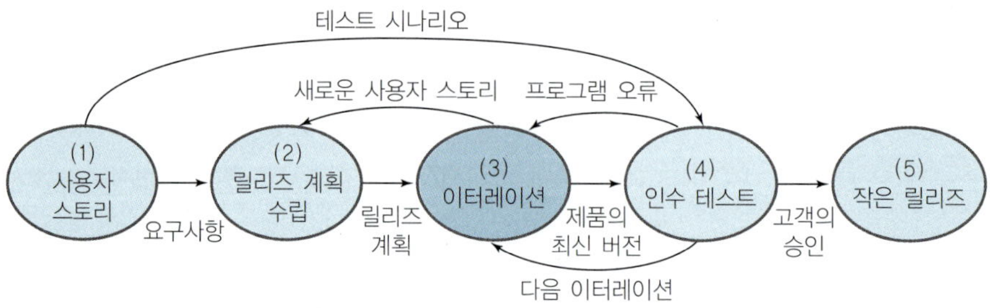

:: 그림 3 – 5 | XP 개발 프로세스

(1) 사용자 스토리 user story

사용자 스토리는 고객이 원하는 시스템의 기능을 간단한 시나리오로 표현한 것이다. 각 스토리의 테스트 케이스가 작성되면 개발자는 어떤 것을 구현해야 하는지 더욱 명확히 초점을 맞출 수 있게 된다.

(2) 릴리즈 계획 수립 release planning

릴리즈란 사용할 수 있는 시스템을 (비록 기능의 일부분만이 구현되었더라도) 고객에게 제공하는 것을 의미한다. 이 단계에서는 시스템(또는 시스템의 일부)의 개발이 완료되는 시점과 이를 완수하기 위한 일정을 계획한다. 한 번의 릴리즈에 포함될 시스템의 기능을 결정하는 일은 결국 어떤 사용자 스토리를 구현할 것인지를 선택하는 것이다.

(3) 이터레이션 iteration

릴리즈 계획에 따라 시스템을 구현하기 위해 프로젝트의 일정을 더 작게 분할한다. 하나의 릴리즈를 더 분할한 단위를 이터레이션이라 하는데, 이는 보통 1~3주 정도의 기간으로 이루어지는 경우가 대부분이다. 릴리즈를 이터레이션으로 분할하는 이유는 더 작은 단위 시간을 사용하여 작업을 분할하여 더 정확한 일정 및 자원 예측을 가능하게 하기 위해서이다.

(4) 인수 테스트 acceptance test

한 번의 이터레이션에서 이루어질 시스템의 구현이 완료되면, 구현된 부분에 대한 테스트를 수행한다. 사용자 스토리를 작성하면서 함께 작성한 테스트 시나리오에 따라 고객이 직접 테스트하는 것을 권장한다.

(5) 작은 릴리즈 small release

XP는 작고 빈번한 릴리즈를 통해 반복적으로 고객에게 결과물을 전달하고 평가받는다. 릴리즈에 포함된 모든 이터레이션이 완료되면 최종적으로 고객의 승인을 거쳐 릴리즈가 이루어진다. 작고 빈번한 릴리즈에 소요되는 비용과 노력이 프로젝트에 대한 가시성을 높이고 고객의 요구사항을 만족하는 소프트웨어를 만들며 리스크를 감소시킨다는 점에서 결코 비싸다고 생각되지는 않는다.

XP의 가치

앞에서 언급한 것처럼 XP는 의사소통(communication), 단순함(simplicity), 피드백(feedback), 용기(courage), 존중(respect) 등 5가지의 가치에 근거한 경량급 방법론이다.

XP의 의사소통은 고객, 개발자, 관리자가 한 장소에서 완전한 팀을 이루어 협력하는 것을 말한다. 원활한 의사소통을 통해 고객의 요구사항을 명확히 식별하고 프로젝트 전반에 걸친 공통의 이해를 얻을 수 있다. 팀원들은 짧은 미팅을 통해 문제점, 해결방안 등에 대한 의견을 교환해야 한다. 고객과 개발자가 상호 신뢰하며 적극적으로 업무를 수행할 때 프로젝트가 올바로 진행될 수 있다.

XP의 단순함이란 하지 않아도 되는 일을 최대한 하지 않게 하는 것이며, 제대로 작동할 가장 단순한 것을 만드는 일이다. 단순함은 변경 요구를 줄이는 것이며, 변경을 하더라도 최소한의 노력으로 변경하는 것이다. 문제를 해결하는 데 필요한 것 이상으로 복잡하게 코드가 만들어지지 않도록 하며, 이를 위해 XP는 개발자가 현재 필요한 직접적인 요구만을 만족시키기 위해 설계하도록 제한한다. 단순함의 목적은 간단한 설계를 위해서이며, 그 설계를 가지고 같이 일할 사람이 이해하지 못하면 단순하지 않은 설계이다. 코드에 관한 중요 결정을 내릴 때 두 사람 이상이 함께 고민하면 불필요한 복잡성을 제거하기 쉽다. 즉시 필요한 것만을 위한 간단한 설계와 지속적인 리팩토링을 통해 단순함을 유지할 수 있다.

XP는 팀 중심의 소프트웨어 개발방법이다. XP는 다른 사람과 함께 공동으로 코드를 개발하는 짝 프로그래밍(pair programming)을 권장한다. 짝을 이루어 개발 작업을 하면 공동 책임을 지는 환경이 조성되며, 상대방의 코드에 대한 비정형적인 검사(code inspection) 또는 코드 검토(code review)가 이루어진다. 실제 코딩의 경우 자신의 잘못은 잘 보이지 않으나 다른 사람의 작업 오류는 잘 보이는 경우들이 흔하다. 또한 짝 프로그래밍은 XP의 실무 실천 규범인 리팩토링을 지원하며, 정형화된 코드 검사보다 훨씬 비용이 절감되고 시간이 덜 소모된다는 장점이 있다.

7 컴포넌트 기반 개발방법론

하드웨어와 네트워크의 성능은 지속적으로 향상되는 반면 소프트웨어 개발은 아직도 많은 경우 수작업에 의지하고 있어 납기 지연, 부적절한 품질, 긴 개발주기, 높은 원가, 유지보수의 어려움 등 생산성 문제에서 벗어나지 못하고 있다. 또한 소프트웨어의 성능과 품질은 비즈니스 활동을 적시에 지원하지 못하고 있어 소프트웨어의 개발 현실은 아직도 어려움에 직면해 있다.

소프트웨어 개발 속도와 생산성을 높이기 위해 다른 분야와 같이 잘 만들어진 부품을 사다가 조립(plug-in)하여 만들 수 있지 않을까? 이런 부품 조립방법을 택하면 좋은 품질의 소프트웨어를 빠른 시간 안에 만들 수 있지 않을까? 소프트웨어의 경우 이런 재사용 가능한 부품을 컴포넌트(component)라고 부른다. 컴포넌트는 특정한 기능을 수행하기 위해 독립적으로 개발되고, 잘 정의된 인터페이스를 가지며, 다른 부품과 조립되어 응용 시스템을 구축하기 위해 사용되는 소프트웨어 부품(단위)이다. 컴포넌트를 사용할 수 있는 환경이 제공되면 소프트웨어 애플리케이션을 개발할 때 컴포넌트를 조립하여 프로그램을 구성하는 소위 Plug-In-Play 식의 개발이 가능하다. 개발자는 컴포넌트 목록을 보고 컴포넌트를 선택하여 조립함으로써 원하는 소프트웨어를 신속하게 개발할 수 있다. 재사용 가능한 컴포넌트를 기반으로 소프트웨어를 개발하는 방법론이 컴포넌트 기반(CBD : Component-Based Development) 방법론이다.

컴포넌트는 하나 이상의 프로그램들을 하나의 단위로 관리하는 패키지이며, 독립된 배포 단위이다. 컴포넌트가 다른 프로그램 또는 다른 컴포넌트와 상호 작동할 수 있는 유일한 방법은 잘 정의된 인터페이스이다. 컴포넌트는 세부적인 내부의 구현사항(예를 들어, 구현 언어, 알고리즘 등)들을 외부로부터 감추고 제공되는 인터페이스를 통해 외부와 소통할 수 있도록 만들어져 있다. 다른 컴포넌트와의 조립을 위해 컴포넌트는 다른 컴포넌트의 인터페이스와 연결되어야 한다. 컴포넌트는 실제 구동될 수 있도록 만들어진 단위이며, 동적으로 바인드할 수 있도록 실행시간(run-time)에 인터페이스를 통해 접근이 가능하다.

컴포넌트는 일반적으로 잘 정의된 아키텍처상에서 특정한 기능을 수행하며 독립적이면서 대체 가능한 시스템의 부분을 의미한다. 대체 가능하다는 의미는 구성품으로 잘 정의된 인터페이스를 가지고 있다는 것이다. 컴포넌트는 자신이 외부에 서비스를 제공하는 제공 인터페이스(provided interface)와 자신이 필요로 하는 요구 인터페이스(required interface)를 가지고 있다. 이런 의미에서 컴포넌트는 인터페이스들의 집합에 대한 물리적인 구현을 제공한다고 할 수 있다. 인터페이스가 동일하면 소프트웨어의 컴포넌트는 다른 소프트웨어 컴포넌트로 대체가 가능하다.

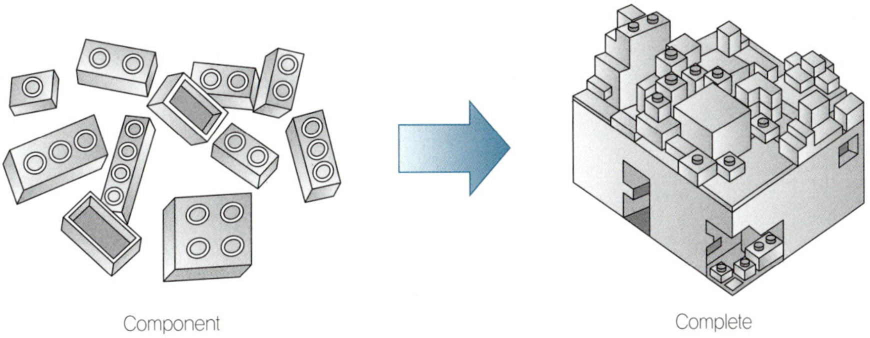

:: 그림 3 – 6 | 컴포넌트 조립

컴포넌트 단위의 재사용이란 컴포넌트 자체가 실행 가능한 모듈이 되어 구현 코드에 대한 별도의 해석이나 컴파일 과정이 필요 없다는 것을 의미한다. 컴포넌트 단위의 재사용, 즉 실행 가능한 모듈로서 재사용을 하게 되면 그것이 외부에 드러내는 기능적인 속성들만 이해하면 다른 컴포넌트들과 조립하여 시스템을 구축할 수 있기 때문에 상대적으로 시스템 개발에 드는 비용을 절약할 수 있게 된다. 이러한 특성은 CBD 방법론의 핵심적 요소인 재사용성을 향상시켜 소프트웨어의 생산성을 보장하는 것을 가능하게 한다.

컴포넌트 기반 개발방법론은 컴포넌트를 만드는 컴포넌트 개발(CD : Component Development) 단계와 이미 개발된 컴포넌트를 사용하여 새로운 소프트웨어를 만드는 컴포넌트 기반 소프트웨어 개발(CBSD : Component Based Software Development) 단계로 이루어진다.

컴포넌트 개발

컴포넌트 개발(CD) 단계에서는 완전한 소프트웨어 시스템을 만드는 것이 아니라 해당 도메인에 대한 분석의 결과 재사용 가능한 부품을 만드는 것이다. 이를 위해 무엇보다 도메인 영역에서 재사용이 가능한 기능적인 요구사항이 무엇인지를 명확하게 정의하는 것이 필요하며, 이를 바탕으로 기능적인 요소들을 담당하는 컴포넌트를 추출해 내는 작업이 따르게 된다.

뿐만 아니라 특정 컴포넌트에 대한 변경 이력이 발생할 경우 그에 따른 변경 관리도 수행할 수 있어야 한다. 다시 말해, 각 컴포넌트의 변경에 대한 절차와 인증 등에 대한 정책이 수립되어야 하며 그에 따른 컴포넌트의 버전 관리 또한 가능해야 한다.

컴포넌트 기반 소프트웨어 개발

컴포넌트 기반 소프트웨어 개발(CBSD)은 이미 개발된 컴포넌트를 조립하여 소프트웨어 시스템을 개발하는 과정이다. 이 과정에서는 개발하고자 하는 애플리케이션의 요구사항을 정의하고 그에 따른 적절한 아키텍처의 설계가 이루어져야 한다. 아키텍처의 설계가 이루어지면 그 위에 조립하고자 하는 컴포넌트들을 획득해야 하는데, 기존에 개발된 컴포넌트들을 그대로 활용할 수도 있고, 기능의 추가나 변경이 필요한 경우에는 요구에 따라 커스터마이징한 후 사용할 수도 있다.

위의 내용을 기반으로 컴포넌트 기반 개발방법이 전통적인 소프트웨어 개발방법과 과정 면에서 어떠한 차이점이 있는지 그림 3-8을 통해 비교할 수 있다. 전통적 개발방법이 일반적으로 폭포수 모델과 같은 프로세스를 가진다고 가정할 때, 도메인에 대한 분석과 설계, 구현, 시험 등과 같은 단계로 구성된다는 것은 컴포넌트 기반 개발과 크게 다를 것이 없다. 하

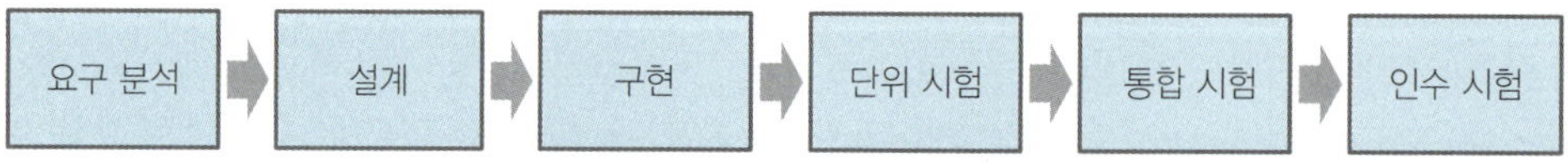

:: 그림 3-7 | **전통적 개발 프로세스**

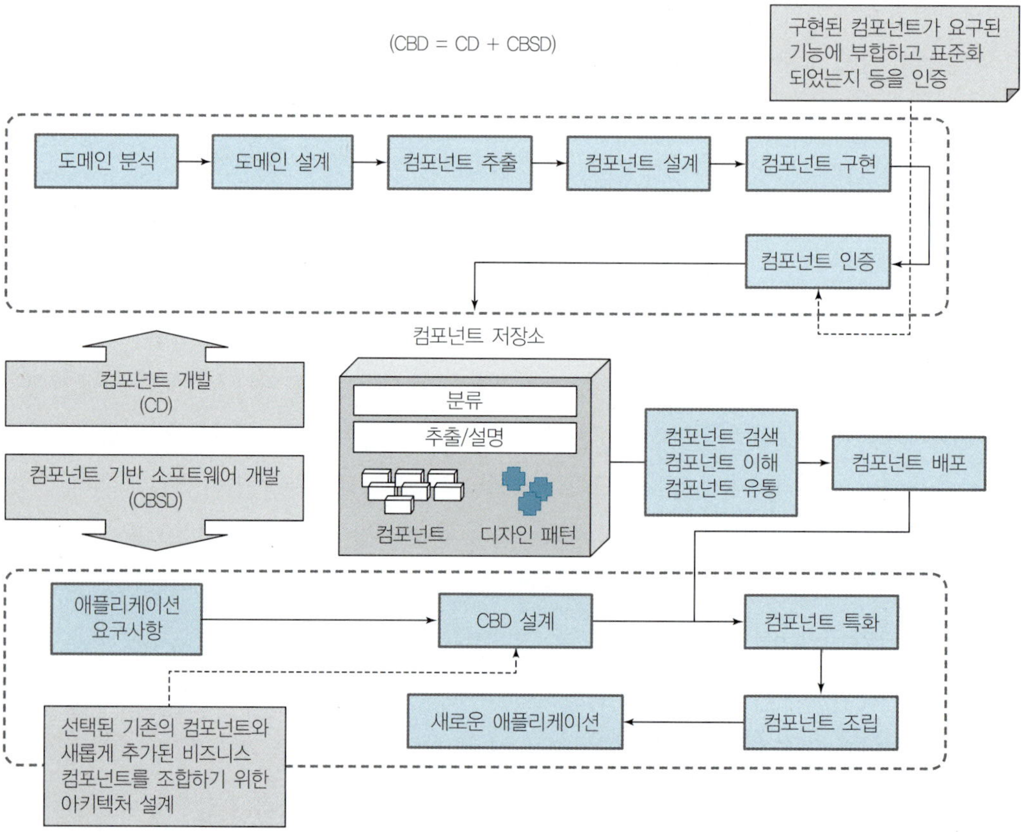

:: 그림 3-8 | **컴포넌트 기반 개발방법**(한국 소프트웨어 컴포넌트 컨소시엄, 2001)

지만 가장 중요한 차이는 재사용의 단위가 무엇이며, 그것을 관리하고 재사용하는 데 필요한 절차와 용이성에 관한 문제이다. 컴포넌트 기반 개발 방법에서 컴포넌트 개발 단계와 컴포넌트 기반 소프트웨어 개발 단계를 굳이 구분하여 설명한 것은 지금까지 계속 강조한 컴포넌트 재사용의 의미를 더욱 확고히 하기 위해서이다.

CBSD 라이프 사이클 중 'CBD 설계' 프로세스는 애플리케이션 요구사항을 만족시키기 위해 기존 컴포넌트(컴포넌트 저장소로부터 획득한 컴포넌트)와 새롭게 개발된 컴포넌트를 조합한 구조 설계를 의미한다.

CBD 방법론은 느슨한 결합도(loosely-coupled)와 큰 입자(coarse-grained)의 특징을 갖는 컴포넌트를 기반으로 소프트웨어 시스템을 개발함으로써 고객의 요구 변화에 신속하고 유연하게 대처하고자 하는 것을 목표로 하는 방법론이다. 또한 CBD 방법론을 기반으로 하는 소프트웨어 개발은 각 프로세스마다 특정 산출물을 가지게 되며, 이 산출물들을 통해 중복 투자 감소 및 유지보수성 향상을 달성한다.

결론적으로, 컴포넌트 기반 개발은 기존 개발방식과는 달리 특정 프레임워크상에서 실행되는 부품화된 컴포넌트를 바탕으로 이를 조립하여 더 큰 컴포넌트를 만들거나 애플리케이션을 개발하는 새로운 기법이다. 이러한 컴포넌트 기반 개발은 과거 구조적 방법이나 객체지향 기술이 제대로 해결하지 못한 개발 생산성, 소프트웨어 재사용성, 시스템 유지보수성을 향상시킬 수 있는 대안으로 주목을 받고 있으며, 이외에도 요구사항 획득 및 다른 소프트웨어의 생산, 납기 지연, 비용 초과 등 소프트웨어 위기를 초래한 고질적인 문제들을 해결할 수 있는 방안으로 인식되고 있다.

요약 SOFTWARE ENGINEERING

높은 품질의 소프트웨어 시스템을 체계적으로 만들기 위해 필요한 개발방법, 개발 환경 및 관리에 대한 틀을 설정하는 것이 소프트웨어 시스템 개발 패러다임이다. 이 장에서는 가장 오래되고 널리 사용되고 있는 폭포수 모델, 시제품을 만들어 보는 원형 패러다임, 점진적으로 시스템을 개발하여 개발 시 발생하는 위험을 최소화하려는 나선형 패러다임, 자동화 도구를 사용하여 요구사항 명세서에서 실행 코드를 생성할 수 있게 하는 4세대 기법 등에 대하여 알아보았다. 이 외에도 신속히 소프트웨어를 개발하기 위한 애자일 기법, 익스트림 프로그래밍(XP), 컴포넌트 기반 소프트웨어 개발 기법을 소개하였다.

참고 문헌

[Cohn 2004]	Mike Cohn, *User Stories Applied: For Agile Software Development*(사용자 스토리), 인사이트, 2004.
[VIC 84]	Vick, C., and Ramamoorthy C., *Software Engineering*, Van Nostrand Reinhold, 1984.
[Cohn 2006]	Mike Cohn 저, 한주영 · 심우곤 · 송인철 역, 『사용자 스토리』, 인사이트, 2006.
[Dijkman 2011]	R. Dijkman, B. Gfeller, J. Küster, H. Völzer, "Identifying Refactoring Opportunities in Process Model Repositories", Information and Software Technology Vol. 53 Issue 9, 2011.
[FAI 85]	Fairley, R., *Software Engineering Concepts*, McGraw-Hill, 1985.
[Fowler 99]	M. Fowler, *Refactoring: Improving the Design of Existing Code*, Addison-Wesley, 1999.
[Mens 2004]	T. Mens, T. Tourwé, "A Survey of Software Refactoring", IEEE Transactions on Software Engineering, 2004.
[Parnin 2009]	E. Murphy-Hill, C. Parnin, A. P. Black, "How We Refactor, and How We Know It", Proceedings of the 31st International Conference on Software Engineering, 2009.
[Wake 2006]	William C. Wake 저, 장시형 · 송치형 역, 『리팩토링 워크북』, 인사이트, 2006.
[국방부 2005]	국방부, 『국방 CBD 방법론』, 2005.
[국방과학 2008]	국방과학연구소, "컴포넌트 기반 M-SAM 체계 시뮬레이션 개발방법 연구 보고서", 2008. 11.
[박지훈 99]	박지훈, 『자바 디자인 패턴과 리팩토링』, 한빛미디어, 1999.
[전병선 2005]	전병선, 『객체지향 CBD 개발 방법론』, 영진닷컴, 2005.
[전동수 2007]	전동수, "CBD(Component-Based Development) 방법론 및 적용사례 소개", 한국경영과학회, 2007.

연습문제

객관식 문제

01 원형(prototyping) 패러다임의 단계에 해당하지 않은 것은?

① 요구사항 분석 단계 ② 위험 분석 단계
③ 시제품 개발 단계 ④ 고객의 평가 단계

02 원형 패러다임에서 가장 중요하게 평가되는 단계는?

① 요구사항 분석 단계 ② 시제품 개발 단계
③ 고객의 평가 단계 ④ 완제품 생산 단계

03 나선형 모델의 단계에 해당되지 않은 것은?

① 프로토타입 개발 단계 ② 위험 분석 단계
③ 고객 평가 단계 ④ 개발 단계

04 나선형 모델이 다른 모델과 차별화되는 단계는?

① 계획 및 정의 단계 ② 위험 분석 단계
③ 고객 평가 단계 ④ 개발 단계

05 4세대 기법(4th Generation Techniques)의 특징이 아닌 것은?

① 만들어진 코드의 성능이 뛰어나며 유지보수가 쉽다.
② CASE를 비롯한 자동화 도구들을 이용하여 요구사항 명세서로부터 실행 코드를 자동으로 생성할 수 있게 해주는 방법이다.
③ 사용하는 고급 언어 수준에서 요구사항이 명시되면 그것이 실행될 수 있는 제품으로의 전환을 가능하게 한다.
④ 현재 4세대 기법들은 고급 언어를 실행 코드로 바꾸어 줄 만큼 정교하지 못하며 고급 언어의 모호성을 해결하기 위해 정형 명세 언어(formal specification language)로 표현하려는 노력이 진행되고 있다.

06 소프트웨어 개발방법론에 관한 설명 중 옳은 것은?

① 프로토타입은 위험 분석을 중요시한다.
② 폭포수 모델은 개발 초기에 사용자에게 시제품을 보여준다.

③ 나선형 모델은 개발 초기에 완제품을 볼 수 있다.
④ 폭포수 모델은 단계별 산출물이 분명한 모델이다.

07 프로토타입 모형의 장점으로 가장 적절한 것은?

① 비용과 시간 절감
② 단계별 책임의 명백한 구분
③ 고객의 요구사항 초기 도출
④ 프로젝트 관리 용이

08 소프트웨어 개발에 사용되는 고전적 라이프 사이클 모델인 폭포수 모델(waterfall model)의 진행 단계를 순서대로 바르게 나열한 것은?

ㄱ. 요구사항 분석　　ㄴ. 유지보수　　ㄷ. 테스트
ㄹ. 구현　　ㅁ. 설계

① ㄱ－ㅁ－ㄷ－ㄹ－ㄴ
② ㅁ－ㄱ－ㄹ－ㄷ－ㄴ
③ ㅁ－ㄱ－ㄷ－ㄹ－ㄴ
④ ㄱ－ㅁ－ㄹ－ㄷ－ㄴ

09 소프트웨어 개발방법론이 적용되었을 때 개발자가 얻는 이득으로 가장 거리가 먼 것은?

① 분석 설계가 잘되어 개발이 용이하다.
② 유지보수 비용이 절감된다.
③ 의사소통 능력이 향상된다.
④ 소프트웨어 개발 인력이 감소된다.

10 애자일 소프트웨어 개발 기법의 가치가 아닌 것은?

① 개인과 그들의 협업
② 포괄적인 문서화
③ 고객과의 협력
④ 변화에 대응

11 애자일 소프트웨어 기법의 원리가 아닌 것은?

① 사람 중심
② 점증적인 인도
③ 프로세스가 아닌 사람 중심
④ 프로세스와 도구

12 애자일 개발방법론의 기본이 아닌 것은?

① 단순성
② 의사소통
③ 피드백
④ 계약 협상

13 애자일 기법 프로세스의 특징에 해당하지 않은 것은?

① 지속적인 개발 촉진　② 설계가 잘되도록 지속적인 개선
③ 문서화　④ 빠른 인도 주기

14 애자일 개발방법론의 기본 원칙이 아닌 것은?

① 짧은 스케줄
② 지속 가능한 점진적 개발
③ 철저한 계획
④ 개발 후반부의 요구사항 변화도 긍정적 수용

15 애자일 개발방법론의 핵심 가치가 아닌 것은?

① 문서 중심　② 용기와 자신감
③ 자발적 헌신　④ 존중과 피드백

16 애자일 기법 프로세스의 특징에 해당하지 않은 것은?

① 애자일 기법은 형식보다는 성숙도, 인간관계, 마음가짐 중심이다.
② 개발 중심보다 문서 중심이다.
③ 프로세스 중심이 아닌 사람 중심이다.
④ 사람들 사이의 참여와 소통에 관한 문제 중심이다.

17 애자일 개발방법론의 프로젝트 관리와 거리가 먼 것은?

① 팀 주도적 리더십과 협업　② 요구사항의 지속적인 상세화
③ 코드보다 문서 중심　④ 코딩과 테스트 동시적 반복 수행

18 애자일 개발방법론의 프로젝트 관리와 거리가 먼 것은?

① 빠른 릴리즈　② 단계별 산출물 전달
③ 고객과의 지속적인 의사소통　④ 초기화 이후 잦은 통합

19 국내에서 애자일 개발방법론을 도입하여 실패하는 원인과 거리가 먼 것은?

① 전반적인 개발 프로세스의 낮은 성숙도
② 테스트에 대한 준비 부족
③ 구조적 분석 기법에 대한 낮은 숙련도
④ 문화의 변화에 대한 고려 없이 테크닉적인 면만 강조하여 접근

20 애자일 기법을 도입하며 겪는 어려움이 아닌 것은?

① 수준 높은 문서화 작업
② 아직 많은 사람들에게 낯선 프로세스
③ 고객에게 요구되는 높은 참여도와 이해도
④ 프로젝트 구성원들에게 요구되는 소프트웨어 개발 프로세스 이해와 객체지향 기술

21 익스트림 프로그래밍(XP : eXtreme Programming)이 추구하는 가치가 아닌 것은?

① 의사소통(communication) ② 단순함(simplicity)
③ 피드백(feedback) ④ 유연성(flexibility)

22 익스트림 프로그래밍의 특징이 아닌 것은?

① 팀 중심
② 빠른 개발 속도
③ 변경을 예상하며 내일을 위한 설계 준비
④ 사용자 스토리

23 익스트림 프로그래밍이 강조하는 특징이 아닌 것은?

① 고객 중심 ② 최소화
③ 단위 테스트 생성 ④ 요구사항 명세화

24 익스트림 프로그래밍이 강조하는 특징이 아닌 것은?

① 시험 우선 개발(test-first)
② 미래를 위해 준비하는 설계
③ 자동화된 시험 장치 사용
④ 짝 프로그래밍(pair programming)

25 익스트림 프로그래밍에서 고객의 책임이 아닌 것은?

① 사용자 스토리 작성 ② 빠른 릴리즈
③ 테스트 명세서 작성 ④ 테스트 실행

26 짝 프로그래밍(pair programming)의 특징이 아닌 것은?

① 빠른 프로토타입
② 공동 책임을 지는 환경 조성

③ 비정형적 코드 검사(code inspection)

④ 리팩토링 지원

27 리팩토링(refactoring)의 특징이 아닌 것은?

① 기존 코드의 설계를 개선하는 기술

② 겉으로 보이는 동작이나 외부 행위를 수정

③ 기술적 부채를 점진적으로 갚아 나가는 좋은 방법

④ 회귀 시험(regression testing) 필요

28 사용자 스토리(user story)의 특징이 아닌 것은?

① 반복적 개발에 효과적으로 사용

② 문서보다 구두 의사소통 강조

③ 스토리 사이의 의존성

④ 고객이나 개발자 모두 이해 가능

29 사용자 스토리를 구성하는 것이 아닌 것은?

① 대화 ② 문서

③ 카드 ④ 확인

30 객체지향 기법과 거리가 먼 것은?

① 폭포수 모델 ② 애자일방법론

③ 컴포넌트 기반 개발방법 ④ 익스트림 프로그래밍

31 컴포넌트(component) 기반 소프트웨어 개발방법의 특징이 아닌 것은?

① 컴포넌트를 선택하여 조립함으로써 원하는 소프트웨어를 신속하게 개발할 수 있다.

② 인터페이스가 동일하지 않아도 다른 소프트웨어 컴포넌트로 대체가 가능하다.

③ 잘 만들어진 부품을 사다가 조립(plug-in)하여 소프트웨어를 개발한다.

④ 컴포넌트는 세부적으로 구현된 내부의 구현 사항들을 외부로부터 감추고 외부적인 인터페이스만을 제공한다.

32 컴포넌트에 대한 설명과 거리가 먼 것은?

① 컴포넌트는 하나 이상의 프로그램들을 하나의 단위로 관리하는 패키지이다.

② 구현 내용과 인터페이스를 함께 묶어 제공하는 단위이다.

③ 컴포넌트는 동적으로 바인드할 수 있는 실행 시간에 인터페이스를 통해 접근이 가능하다.

④ 소프트웨어 애플리케이션을 개발할 때 컴포넌트를 조립하여 프로그램을 구성하는 소위 Plug-In-Play 식의 개발을 가능하게 해준다.

33 **컴포넌트 기반 소프트웨어 개발방법의 장점이 아닌 것은?**

① 복잡한 소프트웨어를 컴포넌트 단위로 분할해서 복잡한 소프트웨어 시스템을 보다 쉽게 관리할 수 있다.

② 높은 품질의 소프트웨어를 얻을 수 있다.

③ 컴포넌트 간의 의존성이 강조되어 변화 관리에 어려움이 있다.

④ 재사용성이 높고 개발 시간을 단축할 수 있다.

34 **컴포넌트 기반 소프트웨어 개발방법의 장점이 아닌 것은?**

① 컴포넌트는 느슨한 결합도(loosely-coupled)와 큰 입자(coarse-grained)의 특징을 갖는다.

② 컴포넌트는 내부 구현이 어떻게 되어 있는지에 대해서는 관여하지 않고 단지 서로의 계약을 통한 조합이 가능하다.

③ 컴포넌트는 구현 언어에 구애받지 않고 상호 간 호환성 있는 인터페이스를 통한 연동이 가능하다.

④ 상이한 플랫폼에서 구현된 컴포넌트일지라도 재사용이 항상 가능하다.

35 **다음 개발 환경에 가장 적합한 개발 기법은?**

> 가능한 한 짧은 시간 내에 소프트웨어를 개발하고자 하며, 실용성(pragmatism)을 강조한 것이라고 볼 수 있다. 목표는 '고객에게 최고의 가치를 가장 빨리'이다. 소프트웨어 개발에서 품질과 기능성 역시 중요하지만 개발 속도 또한 매우 중요한 요소이며, 초점은 소프트웨어의 빠른 개발에 있다. 의사소통(communication), 단순함(simplicity), 피드백(feedback), 용기(courage), 존중(respect) 등 5가지의 가치에 기초하여 '고객에게 최고의 가치를 가장 빨리' 전달하도록 하는 경량방법론이다.

① 프로토타입(prototype) 모형

② 폭포수(waterfall) 모형

③ XP(eXtreme Programming)

④ CBD(Component-Based Development)

36 다음을 위해 적합한 작업은 무엇인가?

> 소프트웨어를 보다 쉽게 이해할 수 있고 적은 비용으로 수정할 수 있도록 기존 코드의 설계를 개선하는 기술이며, 겉으로 보이는 동작이나 외부 행위를 바꾸지 않고 소프트웨어 내부 구조를 바꾸며 점진적으로 설계를 향상시키는 기법이다. 이 경우 코드에 대한 요구사항이나 인터페이스의 변경은 없고 다만 내부 구조를 바꾸어 다른 코드의 변경을 야기시키지 않는다.

① Remaking ② Refactoring
③ Reverse engineering ④ Reengineering

37 컴포넌트 기반 개발방법론의 장점이라고 볼 수 없는 항목은?

① 소프트웨어의 품질 향상 ② 소프트웨어의 보안 유지
③ 생산성 향상 ④ 개발 비용의 절감

주관식 문제

01 소프트웨어 개발방법론의 구성 요소를 설명하라.

02 소프트웨어 시스템 개발 패러다임 4가지를 설명하라.

03 폭포수 모델의 장단점을 기술하라. 또한 이 모델의 5단계를 설명하라.

04 원형 패러다임의 장단점을 기술하라. 또한 이 모델의 6단계를 설명하라.

05 나선형 패러다임의 장단점을 기술하라. 또한 이 모델의 4단계를 설명하라.

06 4세대 기법의 장단점을 기술하라.

07 소프트웨어 개발방법론의 변천과정을 기술하라.

08 원형 패러다임과 나선형 패러다임의 공통점과 차이점을 기술하라.

09 자동차 및 건축 공학의 원형 패러다임과 소프트웨어 공학의 원형 패러다임이 다른 점은 무엇인가?

10 소프트웨어 개발과정의 재사용(reusability)이 제품의 신뢰도(reliability)에 어떤 영향을 미칠 것인가를 기술하라.

11 이 장에서 제시한 각 소프트웨어 개발방법론이 적합하게 적용될 수 있는 시스템 개발이나 응용 분야의 예를 들고 그 이유를 설명하라.

12 소프트웨어 프로젝트를 계획할 때 공정 계획에 따라 이정표(milestone)를 만든다. 이정표에 대한 다음 질문에 답하라.

(1) 얼마나 많은 이정표가 있어야 하는가?

(2) 각 이정표마다 요구되는 자원은 무엇인가?

(3) 각 이정표를 완수하기 위한 책임자는 누구인가?

13 소프트웨어를 개발하며 일정에 쫓기거나 눈앞의 이익으로 인해 기술적 부채를 진 경험이 있으면 기술하라. 또한 기술적 부채로 인하여 추후 새로운 기능을 개발하는 데 어려움이 발생한 경험을 말하고 해결하려고 노력한 경험에 대하여 기술하라.

14 애자일 기법이 프로토타입이나 나선형 모델과 다른 점을 설명하라.

15 애자일 기법과 폭포수 모델의 장단점을 비교해 보고 어떤 환경에서 더욱 유용한지 설명하라.

16 인터넷 쇼핑몰의 상품 검색을 예로 들며 사용자 스토리와 유스케이스를 작성하고 차이점을 설명하라.

17 익스트림 프로그래밍의 테스트 케이스를 우선 개발하는 방법이 고객의 요구사항을 더 잘 파악하도록 지원하는 이유를 설명하라.

18 컴포넌트 개발(CD)과 컴포넌트 기반 소프트웨어 개발(CBSD) 프로세스의 차이점을 설명하라.

객관식 문제 정답 1. ② 2. ③ 3. ① 4. ② 5. ① 6. ④ 7. ③ 8. ④ 9. ④ 10. ② 11. ④ 12. ④ 13. ③ 14. ③ 15. ① 16. ② 17. ③ 18. ② 19. ③ 20. ① 21. ④ 22. ③ 23. ④ 24. ② 25. ② 26. ① 27. ② 28. ③ 29. ② 30. ① 31. ② 32. ② 33. ③ 34. ④ 35. ③ 36. ② 37. ②

Part

S O F T W A R E **2** E N G I N E E R I N G

프로젝트 관리와 계획

인생을 효율적으로 살아가기 위해 다양한 영역에 대한 관리 능력이 요구되고 있다. 시간 관리, 건강 관리, 경제(돈) 관리, 인간관계 관리, 의사소통 관리, 위기 관리 등 관리 활동의 능력과 범위에 따라 삶의 모습이 다르게 나타난다. 대개 이들 영역 중 어느 하나에서 문제가 발생하여도 큰 어려움을 겪게 된다. 인생에 대한 계획을 확실히 세우고 계획대로 실행하며 원하는 것을 이루어가는 삶이 가장 잘 관리된 성공적인 삶이 아닐까 생각해 본다.

Chapter 04

프로젝트 관리

프로젝트 관리(project management)는 한마디로 '일이 되게 하는 과학(The Science of Getting Things Done)'이라 할 수 있으며, "일정한 기간 내에 적절한 비용으로(within budget on time) 원하는 시스템 또는 좋은 품질의 제품을 만들기 위해 개발 전 과정을 지휘하고 통제하는 활동이다."라고 정의할 수 있다. 따라서 프로젝트 관리는 프로젝트 전 과정에 걸쳐 실제로 진행되는 일정, 예산, 주요 활동, 산출물 등이 계획대로 이루어지는지 비교하여 평가하는 활동이다.

Chapter

04 / 프로젝트 관리

학습목표

1. 프로젝트의 특징은 무엇인지 살펴본다.
2. 프로젝트 관리를 정의한다.
3. 프로젝트 관리의 핵심 요소를 이해한다.
4. 프로젝트의 프로세스를 정의한다.
5. PDCA 관리 사이클의 프로세스를 설명한다.
6. 제품 개발 프로세스를 설명한다.
7. 프로젝트 관리 프로세스를 설명한다.
8. 제품 개발 프로세스와 프로젝트 관리 프로세스의 관계를 설명한다.
9. PMBOK 가이드라인의 5가지 프로세스 그룹(process group)에 대하여 설명한다.
10. 소프트웨어 개발 생명주기에 대하여 설명하고 액티비티, 태스크를 정의한다.

학교나 회사에서 일을 하다 보면 가장 많이 사용하는 단어가 '프로젝트'라고 해도 과언이 아닐 정도로 '프로젝트'라는 단어가 많이 사용되고 있다. 정해진 임무를 수행하는 목적이 프로젝트를 완수하기 위한 것이며, 이를 위해 비용과 시간이 투자된다. 특정의 문제 해결을 위해 노력을 집결하고 집중적으로 처리하기 위해 프로젝트 팀을 구성하기도 한다. 프로젝트는 일반적으로 사업이라는 단어와 혼용하여 사용하기도 한다. 대학에서 교수들이 수행하고 있는 연구 과제를 프로젝트라 부르며, 사회에서도 빌딩 건설, 새로운 제품 개발이 그 예가 될 수 있다. 정부에서 추진한 4대강 사업, 원자력 개발, 우주 개발 사업 등도 대형 프로젝트에 속한다. 가정에서 부모가 자녀를 기르고 교육시키는 것도 일생일대의 중요한 프로젝트라 할 수 있다.

프로젝트는 특정 제품, 서비스, 결과물을 효과적으로 얻기 위한 사업을 말하며, 사업의 정해진 목표를 얻기 위해 인력, 비용 등과 같은 자원이 한시적(temporary)으로 투입된다. 프로젝트는 해결하기로 예정되어 있는 유일한(unique) 문제이며, 그 최종 결과물에 대한 목표를 갖는다. 또한 명확한 시작일과 종료일을 가지고 있으며, 목표가 달성될 때 프로젝트는 종료된다. 프로젝트에 투입된 자원이 낭비되지 않고 효율적으로 사용될 수 있도록 프로젝트에 대한 조직적인 관리와 계획이 필수적으로 요구된다. 즉, 프로젝트는 원하는 결과(프로젝트의 목표)와 이를 얻어내기 위해 요구되는 일정, 예산, 프로세스, 수행 결과물로 구체화된다고 할 수 있다.

프로젝트가 만들어 내는 결과물로는 완제품 또는 다른 품목의 구성 요소가 될 수 있는 제품, 서비스 수행 절차, 프로젝트의 결과물인 문서나 보고서 등이 있다. 프로젝트는 대부분 새로운 관심으로부터 만들어지며, 시작 초기에는 프로젝트의 모든 내용을 알 수 없고 과거의 경험을 통해 추상적으로 접근하게 되어 많은 것들이 불확실할 수밖에 없다. 따라서 프로젝트 초기 계획은 비교적 추상적으로 세워지며 일이 진척됨에 따라 점진적으로 구체화되고(progressive elaboration) 명확해진다.

프로젝트의 성공 여부는 프로젝트 계획과 수행 결과를 비교하여 알 수 있다. 만약 계획된 시간 내에(프로젝트 일정 관리), 계획된 예산 범위 내에서(프로젝트 원가 관리), 계획했던 요구사항을 만족시키는 결과(프로젝트 범위 관리와 프로젝트 품질 관리)를 얻었다면 프로젝트를 성공적으로 수행했다고 할 수 있다. 물론 이를 위해 프로젝트 계획 시 뚜렷한 목표가 있어야 하며, 목표는 가시적으로 측정할 수 있는 기준을 마련하여 프로젝트의 성공과 실패를 판단할 수 있는 근거로 삼아야 한다.

프로젝트 관리 결과는 대부분 문서로 표현된다. 문서는 프로젝트에서 수행한 모든 작업의 근거가 되며 동시에 프로젝트 완료 후에는 교훈으로 남는다. 문서화는 프로젝트의 완성도를 높이고 중요한 성공 요인으로 작용한다. 문서화는 프로젝트를 원하는 목적지까지 성공적으로 이끌고 갈 수 있게 하는 원동력이며, 명확한 계획을 수립하는 것으로 시작하여 명확한 결과를 낳는 바탕을 제공한다. 문서화는 체계적인 프로젝트 관리의 첫걸음이며 프로젝트를 위험에서 구할 수 있다.

프로젝트 관리에 대한 지식과 프로세스는 제품 개발에 요구되는 개발 지식 및 활동과는 분리되어 연구 발전시킬 필요가 있다. 프로젝트 관리가 소프트웨어 산업 분야뿐만 아니라 모든 산업 분야에서 더욱 확대 적용되고 있다는 사실은 효과적인 프로젝트 관리가 프로젝트의 성공에 크게 기여할 수 있음을 의미한다. 프로젝트 관리와 관련된 국제기구인 PMI(Project Management Institute)에서 개발한 프로젝트관리지식체계(PMBOK : Project Management Body Of Knowledge) 지침서는 프로젝트 관리 분야의 주요 개념, 지침을 제공하며 프로젝트 관리 분야에서 인정받는 표준으로 인식되고 있다.

프로젝트 관리는 프로젝트의 성공을 위해 필수적이며 광범위한 문제를 포함하고 있다. 일반적으로 경영학, 산업공학 분야에서 프로젝트 관리에 대한 심층적인 연구가 이루어져 왔다. 이 장에서는 프로젝트 계획, 일정 및 개발 프로세스 관리, 위기 관리, 자원 관리에 대한 개략적인 면을 관찰해 보도록 한다.

1 프로젝트 관리

관리(management)는 개인이나 조직의 목표가 효과적으로 이루어질 수 있도록 체계적이고 과학적으로 처리하는 과정이며, 유용성(effectiveness)과 효율성(efficiency)을 높임으로써 이익

:: 그림 4－1 | PDCA 관리 사이클

을 창출하는 것이다. 이런 관점에서 프로젝트 관리(project management)는 한마디로 '일이 되게 하는 과학(The Science of Getting Things Done)'이라고 할 수 있다. 구체적으로 프로젝트 관리는 "일정한 기간 내에 적절한 비용으로(within budget on time) 원하는 시스템 또는 좋은 품질의 제품을 만들기 위해 개발 전 과정을 지휘하고 통제하는 활동이다."라고 정의할 수 있다. 따라서 프로젝트 관리는 프로젝트 전 과정에 걸쳐 실제로 진행되는 일정, 예산, 주요 활동, 산출물 등이 계획대로 이루어지는지 비교하여 평가하는 활동이다.

관리는 목표를 합리적, 효율적으로 이루기 위해 PDCA(Plan-Do-Check-Action)의 관리 사이클을 전 과정에 반복 적용하는 것을 기본으로 하고 있다. PDCA를 반복한다는 것은 계획(Plan)을 세우고 실행하고(Do) 그 결과를 점검하여(Check) 개선책을 마련하는 조치(Action) 관리 사이클을 수행하는 것을 의미한다. 실제로 많은 프로젝트들이 프로젝트에 요구되는 관리 기술 미비로 인하여 목표를 충족시키지 못하고 납기를 지연하거나 예산을 초과 지출하는 등 문제점을 안고 있다. 프로젝트를 잘 관리하여 얻는 보상은 관리를 잘못하여 프로젝트를 실패로 이끄는 경우를 해결한다는 점에서 그 의미를 찾을 수 있다.

PDCA는 실제로 적용하기 쉬운 구조로 일상적인 관리, 문제 해결, 개선 등이 반복되는 특성을 가지고 있다. PDCA를 우리의 삶이나 업무에 적용시킨다면 지속적인 반성과 피드백을 통해 개선이 이루어져 성공적인 삶을 살아갈 수 있다. PDCA는 품질 관리뿐 아니라 자기 개발이나 목표를 이루기 위한 방법론으로 여러 분야에 널리 적용되고 있다.

프로젝트 관리는 프로젝트를 성공적으로 이끌기 위해 요구되는 보편적이며 핵심적인 프로젝트 활동인 계획(planning), 조직화(organizing), 지휘 및 통제(leading and controlling), 인력 확보(staffing)를 수행하여 프로젝트의 목표를 달성하는 지식, 기술, 도구 및 기법의 응용을 총칭한다.

프로젝트에 영향을 미치거나 프로젝트에 의해 영향을 받는 사람을 프로젝트 이해관계자(stakeholder)라 하며, 이들의 기대를 충족시키는 것은 프로젝트의 중요한 성공 요인 중의 하나이다. 프로젝트의 이해관계자는 일반적으로 프로젝트 후원자(project sponsor), 프로젝트 관리자, 고객(사용자), 개발자 등 프로젝트에 적극적으로 참여하는 개인 및 조직을 포함하며, 프로젝트에 포함되어 있는 모든 이해관계자를 파악하는 일은 매우 중요하다. 특히, 영향력이 높고 관심도가 많은 핵심 이해관계자를 식별해 내고 그들의 요구사항을 집중 관리하는 것이 필요하다.

2 프로젝트 프로세스

프로젝트 수행에 필요한 요구사항을 충족시키기 위해 지식, 기량, 기법, 도구 등을 적절히 적용하기 위한 과정을 확립해야 하며, 이를 프로젝트 프로세스(project process)라 한다. 프로세스는 프로젝트에서 요구되는 제품, 결과 또는 서비스를 달성하기 위해 수행되는 관련 조치 및 활동들이며, 어떤 임무나 기능을 수행하기 위해 필요한 일련의 계통적인 과정이다. 프로세스는 여러 하부 프로세스 또는 단계로 이루어져 있으며, 프로세스가 더욱 세분화될수록 특성이나 기능이 점진적으로 구체화된다.

프로세스란 투입물(입력물)을 받아 가공 처리하여 새로운 결과물을 만들어 내는 변환(transformation) 과정이며, 각 프로세스는 입력물, 프로세스에 사용되는 도구 및 기법, 결과로 생성되는 산출물로 정의할 수 있다. 또한 한 프로세스의 산출물은 다른 프로세스의 투입물이 되어 서로 의존적인 관계를 가지고 상호작용한다.

프로세스 ITO(Inputs, Tools and Techniques, Outputs)의 구조는 다음과 같다.

- 입력물(Inputs) : 프로세스를 수행하기 위해 요구되는 문서, 계획서, 자료, 정보 등을 의미한다.
- 도구와 기법(Tools and Techniques) : 투입된 입력물을 가공 처리하여 프로세스의 산출물을 만들기 위한 방법이나 수단을 의미한다.
- 산출물(Outputs) : 프로세스의 입력물을 받아 가공 처리한 수행 결과물을 의미하며, 문서, 계획서, 자료 등이 있다.

큰 프로세스를 이해하기 위해 분할하고 상세화하면서 계층적인 배열을 두어 서로의 종속관계를 표시하는 것을 레벨화(leveling) 또는 계층화라 한다. 프로세스의 세분 단계가 내려갈수록 프로젝트에서 목표를 달성하기 위해 요구되는 작업이 점차 상세하게 정의된다.

프로젝트에서 요구되는 대표적인 프로세스는 제품 생산에 요구되는 단계 및 과정을 나타내는 '제품 개발 프로세스'로 소프트웨어 개발 라이프 사이클에 의해 정의된다. 대표적인 소프트웨어 개발 라이프 사이클 프로세스로는 요구사항 분석, 설계, 구현, 시험, 유지보수 등이 있다. 또한 프로젝트 생명주기 동안 프로젝트가 원활한 흐름을 유지하고 원하는 결과물을 만들어 낼 수 있도록 시간, 원가, 품질, 자원 등을 관리하고 지원하는 보호 프로세스(umbrella process)를 '프로젝트 관리 프로세스'라 한다. 대표적인 프로젝트 관리 프로세스로는 일정 관리, 원가 관리, 범위 관리, 품질 관리 등이 있다. '제품 개발 프로세스'와 '프로젝트 관리 프로세스'는 프로젝트가 진행되는 동안 함께 겹쳐 수행되기도 하며 서로 상호작용한다.

프로젝트 관리 프로세스는 요구사항 식별, 명확하고 현실성 있는 목표 수립, 다양한 프로

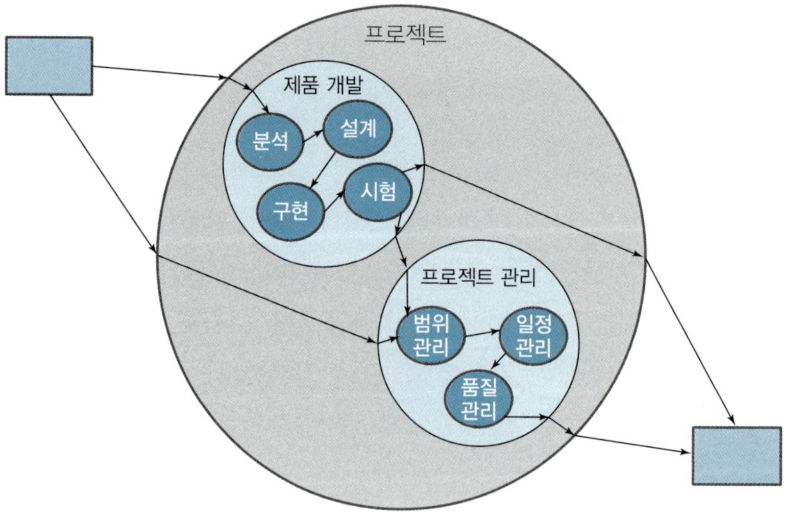

:: 그림 4 – 2 | **프로젝트 프로세스의 분할**

젝트 제약사항(품질, 일정, 예산, 자원, 범위 및 리스크)들 사이에서의 균형 유지를 포함하는데, 특정 제약사항이 변경되는 경우 그로 인해 다른 제약사항들에 영향을 미치게 된다. 예를 들어, 일정을 단축하고자 하는 경우 예산을 늘려 추가 인력을 확보해야 하며, 예산 증가가 어려운 경우 범위를 좁히거나 품질을 낮추어야 한다. 프로젝트 제약사항들 사이의 상호 조정(trade-off)을 위해 특정 관리 프로세스가 여러 번 반복될 수 있다.

프로젝트 관리 프로세스 그룹

PMBOK 가이드라인에서 제시하는 프로젝트 관리 프로세스는 프로젝트의 착수(초기화), 기획, 실행(수행), 감시 및 통제, 종료를 위한 5가지 범주(카테고리)로 분류되어 있으며, 각 범주는 프로세스의 모임으로 정의되어 프로세스 그룹(process group)이라 부른다. 이들 프로세스 그룹은 산업이나 프로젝트 유형에 상관없이 모든 프로젝트 관리에 공통적으로 적용된다.

착수 프로세스 그룹은 프로젝트의 목적과 목표를 규정하고 노력과 기간을 추정하는 활동을 수행한다. 이 과정에서 이해관계자들이 규명되고 프로젝트 헌장이 승인된다. 기획 프로세스 그룹은 팀을 구성하고 계획을 수립하며 사람과 자원을 과제에 할당한다. 실행 프로세스 그룹은 진행과정을 관리하고 중요 진행과정 이정표(milestone)를 이해관계자에게 전달하는 활동을 수행한다. 감시 및 통제 프로세스 그룹은 각 단계를 모니터링하고 문제 또는 변경 발생 시 통제한다. 종료 프로세스 그룹에서는 프로젝트를 완료하고 공식적인 결과물을 인계하며 수행과정을 평가한다.

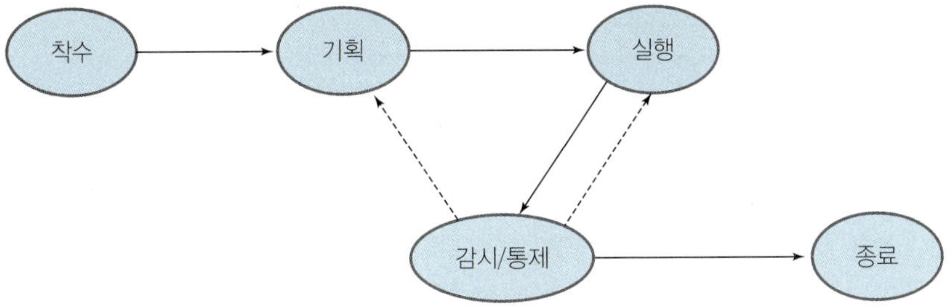

:: 그림 4-3 | 프로세스 그룹들 사이의 상호작용

그림 4-3은 기획, 실행, 감시/통제 프로세스 그룹이 순환되어 상호작용하는 것을 나타내며, 계획이 반복적이고 지속적이라는 것을 보여주고 있다. 감시/통제 프로세스 그룹은 기획 프로세스 그룹에서 수립한 업무 계획이 실행에 옮겨진 후 그 성과를 측정하여 원래의 계획과 비교를 통해 성과를 모니터링함으로써 프로젝트가 원활히 진행될 수 있도록 영향력을 행사한다. 감시/통제 프로세스 그룹은 프로젝트가 관리 계획에 따라 진행될 수 있도록 피드백을 제공하고 필요한 수정 조치를 취하는 프로세스들로 구성되어 있으며, 프로젝트 전 과정에 걸쳐 이루어진다. 즉, 감시 및 통제 프로세스 그룹에 의해 기획과 실행 프로세스 그룹은 수정되고 반복된다.

관리 프로세스 그룹들 사이의 상호작용은 PDCA(계획-실행-점검-조치) 사이클 모델을 기반으로 하고 있다. 기획 프로세스 그룹은 PDCA의 계획(P)에, 실행 프로세스 그룹은 실행(D)에, 감시 및 통제 프로세스 그룹은 점검(C) 및 조치(A)에 해당한다. 착수 프로세스 그룹은 공식적으로 프로젝트를 시작하기 위해 필요한 활동들의 모임이며, 종료 프로세스 그룹은 PDCA 주기를 완료하며 공식적으로 프로젝트를 종료하기 위한 활동들의 모임이다.

표 4-1을 보면 47개의 프로젝트 관리 프로세스 중 24개가 기획 프로세스 그룹에 속한 것을 볼 수 있다. 따라서 프로젝트 관리의 핵심은 프로젝트 기획(계획)이며, 프로젝트가 성공적으로 이루어질 수 있도록 계획하고 관리해야 한다. 이들 관리 프로세스들은 서로 연동하며, 한 프로세스의 변경이 다른 프로세스에 큰 영향을 줄 수 있다.

PMBOK 지침서는 산업 유형에 상관없이 프로젝트 수행 시 적용할 수 있는 프로젝트 관리 표준이다. PMBOK 지침서에 정의되어 있는 47개 프로세스를 모든 프로젝트에 똑같이 적용할 필요는 없다. PMBOK는 가이드이며, 각 프로젝트 팀은 자신들의 프로젝트 규모나 복잡도에 맞게 필요한 프로세스를 선정하여 사용하면 된다. 이렇게 적절히 변경 또는 재단하여 적용하는 것을 테일러링(tailoring)이라고도 한다.

표 4-1 | PMI의 프로젝트 관리 프로세스 그룹과 지식 영역 간 대응 관계

지식 영역	프로젝트 관리 프로세스 그룹				
	착수 프로세스 그룹	기획 프로세스 그룹	실행 프로세스 그룹	감시 및 통제 프로세스 그룹	종료 프로세스 그룹
1. 프로젝트 통합 관리	1.1 프로젝트 헌장 개발	1.2 프로젝트 관리 계획서 개발	1.3 프로젝트 실행 지시 및 관리	1.4 프로젝트 작업 감시 및 통제 1.5 통합 변경 통제 수행	1.6 프로젝트 또는 단계 종료
2. 프로젝트 범위 관리		2.1 범위 관리 계획 수립 2.2 요구사항 수집 2.3 범위 정의 2.4 작업 분류 체계(WBS) 작성		2.5 범위 검증 2.6 범위 통제	
3. 프로젝트 시간 관리		3.1 일정 관리 계획 수립 3.2 활동 정의 3.3 활동 순서 배열 3.4 활동 자원 산정 3.5 활동 기간 산정 3.6 일정 개발		3.7 일정 통제	
4. 프로젝트 원가 관리		4.1 원가 관리 계획 수립 4.2 원가 산정 4.3 예산 결정		4.4 원가 통제	
5. 프로젝트 품질 관리		5.1 품질 계획 수립	5.2 품질 보증 수행	5.3 품질 통제 수행	
6. 프로젝트 인적자원 관리		6.1 인적자원 계획서 개발	6.2 프로젝트 팀 확보 6.3 프로젝트 팀 개발 6.4 프로젝트 팀 관리		
7. 프로젝트 의사소통 관리		7.1 의사소통 계획 수립	7.2 의사소통 관리	7.3 의사소통 통제	
8. 프로젝트 리스크 관리		8.1 리스크 관리 계획 수립 8.2 리스크 식별 8.3 정성적 리스크 분석 수행 8.4 정량적 리스크 분석 수행 8.5 리스크 대응 계획 수립		8.6 리스크 감시 및 통제	
9. 프로젝트 조달 관리		9.1 조달 계획 수립	9.2 조달 수행	9.3 조달 관리	9.4 조달 종료
10. 프로젝트 이해관계자 관리	10.1 이해관계자 식별	10.2 이해관계자 관리 계획 수립	10.3 이해관계자 업무 관리	10.4 이해관계자 업무 통제	

(1) 착수 프로세스 그룹

착수 프로세스 그룹(initiating process group)은 프로젝트 시작(또는 프로젝트의 특정 단계 시작)을 공식적으로 승인받기 위해 수행하는 활동이며, '프로젝트 헌장 개발' 프로세스와 이해관계자를 규명하는 '이해관계자 식별' 프로세스로 구성되어 있다. 프로젝트 착수과정에서 변경에 소요되는 비용은 가장 낮고 위험 수준은 가장 높다. 프로젝트 헌장 개발 프로세스는 새로운 프로젝트를 시작하기 위해 공식적인 승인을 받기 위한 것이며, 이 프로세스를 통해 프로젝트의 목적과 목표를 식별할 수 있는 상위 요구사항이 정의되고 초기 자원이 충당된다. 착수과정은 아직 프로젝트가 공식화한 것으로 볼 수 없으며, 프로젝트 헌장(project charter)이 문서화되고 승인되면 프로젝트가 공식적으로 인가된다.

프로젝트 헌장은 프로젝트의 시작을 공식적으로 승인하는 문서이며, 프로젝트 진행의 기준과 근거가 된다. 프로젝트 헌장에는 비즈니스 필요성, 상위 수준의 프로젝트 설명 및 제품 요구사항, 스폰서 등 이해관계자들의 요구사항, 프로젝트 관리자와 프로젝트 관리자의 권한 수준, 이해관계자들의 영향력, 초기 가정과 제약사항, 개략적 예산 등 착수 단계에서 정의할 수 있는 상위 수준의 정보가 기술된다. 프로젝트 관리자는 승인받은 프로젝트 헌장에 의해 프로젝트 수행 활동에 필요한 조직, 자원을 활용할 수 있는 권한을 갖는다.

PMBOK에 따르면 원칙적으로 프로젝트 헌장을 작성하는 사람은 프로젝트 스폰서이다. 이론적으로 살펴보면 프로젝트 헌장을 작성하는 시점에 프로젝트 매니저와 프로젝트 팀이 존재하지 않는다. 하지만 실무에서는 프로젝트 헌장의 작성 시점에 프로젝트 매니저가 이미 배정되어 프로젝트 준비를 하는 경우가 흔히 있으며, 이 경우 프로젝트 헌장이 프로젝트 매니저에 의해 작성되어 프로젝트 스폰서 또는 상위 경영진에게 승인을 받기도 한다.

두 회사 간의 계약에 의해 프로젝트가 만들어진 경우 제안 요청서, 제안서, 협약서(계약서) 등을 바탕으로 프로젝트 헌장이 작성된다. 프로젝트 헌장은 다음 사항 등을 포함한다.

- 프로젝트의 이름, 목적 또는 정당한 사유
- 측정 가능한 고객 인수 기준 및 프로젝트와 관련된 성공 기준, 성공에 대한 결정권자
- 상위 수준 프로젝트 범위 및 요구사항
- 상위 수준 프로젝트 설명
- 상위 수준 리스크
- 시작일, 종료일을 포함한 마일스톤 요약 일정
- 예산 요약
- 선임된 프로젝트 관리자의 책임 사항 및 권한 수준
- 프로젝트 헌장을 승인하는 스폰서 또는 기타 주체의 이름과 권한

착수 프로세스 그룹의 또 다른 프로세스로는 프로젝트에 영향을 미치는 모든 이해관계자를 찾아내고, 이들의 이해 사항, 관여도, 프로젝트에 미치는 영향력에 관한 정보를 문서화하는 '이해관계자 식별' 프로세스가 존재한다. 이 프로세스는 이해관계자를 식별하여 이해관계자에 대한 정보를 수집하고, 이해관계자의 상황을 파악하여 이해관계자를 관리할 전략과 대응 전략을 수립하는 것이다.

이해관계자 중 스폰서는 프로젝트 비용을 제공하는 사람이나 조직이다. 스폰서는 프로젝트를 정식으로 허가하는 권한을 가지고 있으며, 제품 또는 서비스의 요구사항을 정의할 수 있는 권한도 가지고 있다. 또한 스폰서는 프로젝트의 최종 산출물에 대한 수용 또는 거부권을 가지고 있는 '슈퍼 갑'이다.

인터넷 쇼핑몰 프로젝트의 프로젝트 헌장이 부록에 수록되어 있다.

(2) 기획 프로세스 그룹

기획(企劃)이란 문자 그대로 '생각하는 바를 그리는 일'이며, 그 후에 세부적인 계획(計劃)을 세우게 된다. 기획이란 일반적으로 새로운 것(What)을 제시하거나 만들 때 목적(Why)하는 바를 효율적으로 이루고자 방향을 잡는 사전 행동이다. 계획이란 목표를 이루기 위해 구체적인 접근방법(How)을 설정하는 것이다. 다음 예를 살펴보자.

수출을 위해 새로운 상품에 대한 광고를 기획하고 제안서를 만든다.(기획)
광고 제작 수준이 높은 A업체를 통해 상품 광고를 만든다. 여행 계획을 세운다.(계획)

기획 프로세스 그룹(planning process group)은 프로젝트 목표를 달성하기 위해 요구되는 활동을 계획하는 프로세스들의 모임이다. 프로젝트 범위와 비용을 식별하고 일정을 개발하여 프로젝트 관리 계획을 수립한다. 기획 프로세스를 통해 작성된 프로젝트 관리 계획서를 포함한 프로젝트 관리 계획 문서(예를 들어, 품질 보증 계획서, 형상 관리 계획서, 인적자원 계획서 등)들은 프로젝트의 범위, 일정, 원가, 품질, 의사소통, 리스크 및 조달 등 프로젝트 관리의 모든 측면을 다룬다.

기획 프로세스 그룹에 속해 있는 프로세스들은 프로세스들 사이의 상호작용과 의존도가 높아 프로젝트 진행과정에서 계획에 변경이 이루어지면 관리 계획의 다른 각 부분에 큰 영향을 줄 수 있다. 초기에 파악했던 것보다 제품 품질에 심각한 상황이 발생한 경우 비용 및 일정의 조정이 불가피하다. 프로젝트가 진행됨에 따라 더 많은 프로젝트 정보와 특성이 수집되면 초기 계획 노력은 피드백을 받아 더욱 구체화되어 정확도가 높아지게 되며, 필요하면 계획 문서의 변경(갱신)이 이루어진다.

(3) 실행 프로세스 그룹

실행 프로세스 그룹(executing process group)은 프로젝트 요구사항을 달성하기 위해 프로젝트 관리 계획서에 정의된 작업을 완수하기 위해 수행되어야 하는 프로세스들로 구성되어 있다. 관리 계획에 의거하여 활동들이 원활히 수행되도록 지시하고 관리하는 것은 물론 프로젝트 팀과 자원을 확보하고 사람과 자원을 조정하는 것도 실행 프로세스에 포함된다.

프로젝트 작업을 수행하는 동안 계획과 실행의 차이점(편차)이 발생할 수 있다. 활동 기간이 늘어나거나 예상치 못했던 위험의 발생, 인력 수급의 차질 등이 그 예이다. 이러한 문제점은 프로젝트 관리 계획에 영향을 미쳐 계획을 수정하고 계획 문서의 공식적인 변경을 요구하기도 한다. 변경 요청이 발생하는 경우 그 영향을 분석하여 변경 요청이 승인된다면 프로젝트 관리 계획이 수정된다.

(4) 감시 및 통제 프로세스 그룹

감시 및 통제 프로세스 그룹(monitoring and controlling process group)은 진행 중인 프로젝트 상태를 지속적으로 파악 감시하고, 프로젝트 관리 계획과 프로젝트 성과 기준선을 비교하는 프로세스들로 이루어져 있다. 프로젝트 관리 계획에서 벗어난 경우 주의를 요하는 영역을 식별하고, 필요한 시정 또는 예방 조치를 취한다.

감시는 프로젝트 관리 계획서와 실제 프로젝트 성과를 비교하여 평가하고 필요에 따라 시정 또는 예방 조치를 권고한다. 프로젝트의 범위, 일정, 원가, 품질, 인적자원, 위험 관리에 관한 계획 문서들을 바탕으로 실행 성과가 만족스러운 수준인지 측정하고 확인한다.

통제는 프로젝트 관리 계획서에 대한 모든 변경 요청을 검토하고 변경 사항을 승인하며 변경을 관리하는 프로세스이다. 변경 요청은 프로젝트에 참여하는 이해관계자(예를 들어, 고객, 엔지니어, 개발 팀장 등)에 의해 이루어진다. 변경 요청을 접수하여 분석하고 영향을 평가한 후 이를 승인 또는 거부할 것인지 결정하는 것도 통제 프로세스의 예이다. 승인된 변경만이 공식적으로 인정되며 관리된다.

(5) 종료 프로세스 그룹

종료 프로세스 그룹(closing process group)은 프로젝트를 공식적으로 종료하기 위해 필요한 프로세스들로 구성되어 있다. 프로젝트를 적절히 종료하기 위해 모든 프로세스 그룹에 정의된 프로세스들이 완료되었는지 검증하고 프로젝트가 완료되었음을 공식화한다. 프로젝트 종료 시 가장 중요하고 먼저 수행해야 하는 활동은 고객의 공식 승인(수락)을 획득하는 일이다. 프로젝트 관리 계획서의 제품 수락 계획에 명시되어 있는 산출물 목록, 산출물 및 제품 수락 기준, 수락 프로세스에 근거하여 수락 절차가 진행된다.

또한 제안서 또는 프로젝트 관리 계획서를 검토하여 프로젝트의 요구사항이 완료되었는지 확인한다. 프로젝트가 종료되기 위해 다음 활동이 수행될 수 있다.

- 프로젝트 종료 후 검토를 수행하고 결과 기록
- 최종 제품, 서비스 또는 결과물(산출물) 인계
- 계약 종결에 대한 계약서 약관 및 조건 이행
- 고객 또는 스폰서의 인수 수락
- 습득한 교훈 문서로 정리

프로젝트 관리 지식 영역과 프로세스 그룹의 관계

프로젝트를 성공적으로 관리하기 위해 다양한 관리 전문 분야별 지식이 필요하다. PMI의 프로젝트관리지식체계(PMBOK)는 프로젝트 관리 지식을 10가지 영역으로 분류하였으며, 각 프로젝트 관리 지식 영역(project management knowledge area)은 전문 분야별 지식 요구사항에 따라 정의되고, 이를 관리하는 데 필요한 프로세스를 포함한다. 각 지식 영역 내의 프로세스들은 같은 지식을 공유할 수 있도록 모아진 것이며, 서로 밀접하게 상호작용하고 다른 지식 영역 프로세스들과도 상호작용한다.

예를 들어, '품질 관리' 지식 영역은 품질 정책, 품질 목표 및 품질 책임을 결정하여 프로젝트가 품질 요구사항을 충족할 수 있도록 하는 프로세스 및 활동들을 포함한다. 한편, 프로젝트 '원가 관리' 지식 영역은 승인된 예산 범위 내에서 프로젝트를 완료할 수 있도록 원가를 산정하는 '원가 산정' 프로세스, 예산을 책정하는 '예산 결정' 프로세스, 원가를 통제하는 '원가 통제' 프로세스를 포함한다.

이해관계자들의 요구와 기대를 충족시키기 위해 프로젝트 관리에 요구되는 10가지 프로젝트 관리 지식 영역은 다음과 같다.

(1) 프로젝트 통합 관리

프로젝트 통합 관리(project integration management)는 다양한 프로젝트의 구성 요소들을 적절히 조화시키기 위해 필요한 프로세스들과 프로젝트 관리 활동들을 식별, 정의, 결합, 조정하는 프로세스 및 활동들로 구성되어 있다. 이 지식 영역은 프로젝트 헌장 개발, 프로젝트 관리 계획서 개발 및 프로젝트 종료 프로세스를 포함한다.

(2) 프로젝트 범위 관리

프로젝트 범위 관리(project scope management)는 프로젝트가 성공적으로 완수되기 위해 필요한 작업들을 빠짐없이 프로젝트에 포함시키기 위해 필요한 프로세스들로 구성되어 있다. 이 지식 영역에는 요구사항 수집, 범위 정의, 작업 분류체계(WBS) 작성 등이 포함된다.

(3) 프로젝트 시간 관리

프로젝트 시간 관리(project time management)는 프로젝트의 적시 완료에 필요한 프로세스들로 구성되어 있다. 프로젝트 활동들을 정의하고 순서를 배열하며 활동 기간을 산정하여 일정을 개발하는 프로세스들이 포함된다.

(4) 프로젝트 원가 관리

프로젝트 원가 관리(project cost management)는 프로젝트가 승인된 예산 범위에서 완료될 수 있도록 하기 위한 프로세스들로 구성되어 있다. 여기에는 원가 산정, 예산 결정, 원가 통제가 포함된다.

(5) 프로젝트 품질 관리

프로젝트 품질 관리(project quality management)는 프로젝트 품질 정책, 품질 목표 등 품질 요구사항을 만족시켜 주는지를 보증하기 위해 필요한 프로세스들로 구성되어 있다. 여기에는 품질 계획, 품질 보증, 품질 통제가 포함된다.

(6) 프로젝트 인적자원 관리

프로젝트 인적자원 관리(project human resource management)는 프로젝트 인력을 잘 활용하기 위해 프로젝트 팀을 구성하고 관리하는 프로세스들로 구성되어 있다. 인적자원 계획, 팀 확보, 팀 개발, 팀 관리를 포함한다.

(7) 프로젝트 의사소통 관리

프로젝트 의사소통 관리(project communication management)는 프로젝트 정보가 적시 적절하게 생성, 수집, 보관, 배포 그리고 최종적으로 폐기될 수 있도록 관리하는 프로세스들로 구성되어 있다. 의사소통 계획, 정보 배포, 진척도/성과보고 등을 포함한다.

(8) 프로젝트 리스크 관리

프로젝트 리스크 관리(project risk management)는 프로젝트의 리스크를 인식하고, 분석하고, 대응하고 통제하는 것과 관련된 프로세스들로 구성되어 있다. 리스크 관리 계획, 리스크 식별, 리스크 감시 및 통제 등을 포함한다.

(9) 프로젝트 조달 관리

프로젝트 조달 관리(project procurement management)는 프로젝트 수행 조직 외부로부터 작업 수행에 필요한 제품, 서비스, 결과물을 구매하거나 획득하기 위해 필요한 프로세스들로 구성되어 있다. 조달 계획 수립, 조달 수행, 조달 관리를 포함한다.

(10) 프로젝트 이해관계자 관리

프로젝트 이해관계자 관리(project stakeholder management)는 프로젝트에 영향을 미치거나 프로젝트에 의해 영향을 받는 사람, 그룹, 조직을 규명하여 이해관계자의 기대와 프로젝트에 끼치는 영향을 분석하고, 이해관계자들이 프로젝트의 결정과 수행에 효율적으로 참여할 수 있도록 관리 전략을 개발하는 프로세스들로 구성되어 있다.

PMBOK 가이드라인은 프로젝트 관리에 요구되는 총 47가지 프로젝트 관리 프로세스를 정의하였다. 각 프로젝트 관리 프로세스는 활동의 대부분이 수행되는 프로세스 그룹에 포함되며, 주로 사용하는 관리 지식의 종류에 따라 특정 관리 지식 영역으로 분류된다.

3 프로젝트 관리자

프로젝트 관리자(PM : Project Manager)는 프로젝트 목표 달성에 대하여 최종적으로 책임이 있는 사람이다. 프로젝트 관리자(또는 프로젝트 매니저라고 불림)는 프로젝트의 연구개발 목표를 달성하기 위한 팀의 통솔자이며, 프로젝트에 대하여 중대한 책임과 권한을 가진 책임자이다. 프로젝트 팀은 해결해야 할 문제(프로젝트)를 처리하기 위해 만들어진 특정 조직을 의미한다.

프로젝트 관리자에게는 목표를 달성하기 위해 강한 지도력, 의사소통 능력, 외부와의 협상 기술, 현명한 판단력에 이르기까지 고도의 지식과 경험이 요구된다. 프로젝트를 성공적으로 완수하기 위해 프로젝트 관리자는 해당 개발 사업에 대한 전문적인 지식과 경험이 요구된다. 한 분야의 전문 관리자가 되기 위해서는 오랜 세월이 요구되는 것이 현실이다. 미국 소프트웨어 개발 업체의 경우 초급 관리자가 되기 위해 평균 10년 이상의 개발 경험을 필요로 한다.

관리자는 이해관계자 사이의 문제를 조정, 통제, 감독해야 한다. 각 이해관계자는 자신의 관점에서 프로젝트를 바라보기 때문에 관점이 서로 달라 갈등이 생길 수 있다. 프로젝트 관리자는 이러한 갈등을 유발할 수 있는 요소를 잘 관리해야 프로젝트를 성공적으로 이끌어 나갈 수 있다.

또한 관리자는 사업을 진행하면서 닥칠 불확실성을 예측하고, 위험이 발생했을 때 프로젝트 목표에 긍정적인 영향을 미칠 수 있도록 리스크(위험)를 식별하고 감시 대응해 나가야 한다. 프로젝트 관리자는 프로젝트 진행과정에서 계획과 대비하여 실제 진행 상황을 점검하고 프로젝트의 불확실성, 위험이 발생한 경우에도 대처해야 한다. 쉽게 말해 프로젝트 관리자의 책임은 예정대로, 주어진 예산 안에서, 명세서에 따라 시스템의 목표와 요구사항을 충족시키며 프로젝트가 무리없이 진행되도록 하는 것이라 말할 수 있다.

해당 산업 분야의 기술 역량과 관리 능력 외에 프로젝트 관리자에게 다음과 같은 능력과 인성이 추가로 요구된다.

- 의사소통(communication) 능력
- 지도력(leadership)
- 협상력(negotiation)
- 문제 해결(problem solving) 능력
- 조직 기술(organization skills) 능력
- 예산 편성(budgeting) 능력

4 소프트웨어 프로젝트 관리

소프트웨어는 다른 제품들과 달리 눈에 보이지 않는 특성을 가지고 있다. 소프트웨어 프로젝트 관리 중 품질과 생산성에 중요한 영향을 주는 3대 요소는 사람(People), 문제(Problem), 프로세스(Process)이며, 이를 3P라 부른다. 소프트웨어 개발의 경우 다른 어떤 분야의 제품을 만드는 것보다 혼돈스러운 작업이며, 표준화된 프로세스나 절차가 없어 프로젝트 관리의 중요성은 더욱 강조되어야 한다.

소프트웨어 프로젝트가 복잡하고 커질수록 더 면밀한 계획과 관리가 필요하다. 대규모 소프트웨어 프로젝트의 경우 많은 인력과 예산이 투입되며 불확실성이 더욱 커지게 되어 체계적이며 조직적인 조정과 통제가 요구된다. 작은 규모의 소프트웨어 프로젝트를 수행한 경험으로 대규모 소프트웨어 시스템을 만들 수 있다고 생각하면 큰 착각이다. 대형 소프트웨어 프로젝트일수록 체계적인 관리 기법을 적용하여 비용을 줄이고 품질을 높여 나가야만 한다.

특정 기업 또는 조직의 요구를 만족시키기 위해 개발된 소프트웨어를 주문형 소프트웨어(custom software)라고 한다. 주문형 소프트웨어 개발을 외부의 소프트웨어 개발 회사에 의뢰

하는 조직이나 기업을 클라이언트 또는 스폰서라고 한다. 이때 개발을 의뢰하는 조직(발주자)은 강자의 입장인 '갑'의 위치에, 소프트웨어를 개발하는 회사는 약자의 입장인 '을'의 위치에 처하는 것이 일반적이다. '갑을 관계'는 하급자인 '을'이 힘(재력)이 있는 상급자 '갑'의 무리한 요구를 들어주어야 하는 수직적인 관계를 설명할 때 흔히 사용하는 표현이다. 정부나 대기업들은 '갑'의 위치에, 중소기업들은 '을'의 위치에 처하는 경우가 대부분이다. 가진 힘이 없어 '갑'의 무리한 요구를 거절하지 못하는 소프트웨어 개발자가 처한 어려움이 소프트웨어 개발을 '3D' 직종의 하나라고 부르는 이유일 것이다.

회사 내부에서 프로젝트가 기획되어 진행되는 경우, 착수자가 프로젝트 추진 배경, 제품 또는 서비스 요구사항 등을 포함한 문제 정의서(problem statement)를 작성하여 제공한다(문제 설명서라고도 부름). 회사 내부 프로젝트는 외부에 소프트웨어 개발을 의뢰하는 경우와 달리 입찰과정을 거치지 않고 개발 예정 조직이 제안서 또는 프로젝트 계획서를 작성하여 내부 결재를 받는 것이 일반적이며, 프로젝트 계획서의 주요 내용은 프로젝트 개요 및 목적, 시스템 개발 계획, 수행 절차 및 방법, 자원 및 일정 계획 등이 포함된다. 마이크로소프트 사의 MS Office 등과 같이 다수의 사용자들을 위하여 상품으로 개발된 패키지 소프트웨어의 경우가 회사 내부 프로젝트에 해당한다.

프로젝트를 시작하여 종료할 때까지 모든 활동, 자원, 일정, 산출물을 관리하고 모니터링하는 기준은 제안서로부터 나온다고 해도 과언이 아니다. 제안서에 포함되어 있는 계획과 예측은 앞으로 전개될 상황에 대한 안내서이며 지도이다. 최선의 제안서를 만들기 위해 많은 노력과 정성이 요구되는 것은 당연하다.

5 소프트웨어 프로젝트 프로세스

어려운 고등학교 수학 문제를 풀어야 하는 경우 일반적으로 여러 단계를 거쳐야 정답을 얻을 수 있다. 어느 한 단계에서 실수를 하는 경우 정답을 찾기 어렵다. 또 단계를 무시하거나 생략하면 제대로 된 결과물을 얻을 수 없다. 프로젝트를 수행하는 것은 고등학교 수학 문제를 푸는 것보다 훨씬 어렵고 복잡하다. 프로젝트를 성공적으로 수행하기 위해 요구되는 순서와 절차가 있는데, 이런 과정을 프로세스라 한다.

이런 단계화한 개발방법은 프로젝트를 분석하여 작업을 분해하고 위험 요인을 최소화하며 각 단계별 목표에 초점을 맞추어 진행할 수 있도록 도움을 준다. 얼마나 많은 단계가 필요한가는 프로젝트의 복잡도와 산업 분야에 의해 결정된다. 프로젝트가 진행되는 동안의 모든 과정 및 단계를 프로젝트의 생명주기(project life cycle)라고 한다.

소프트웨어 프로젝트의 프로세스 및 개발 생명주기 모델은 일반적으로 순차적이면서 때로는 중첩되기도 하는 단계(phases)들의 집합이다. 프로세스의 확립은 프로젝트에서 수행해야 하는 작업과 이들의 수행 순서를 정해 놓은 것이다. 앞에서 언급한 것처럼 소프트웨어 프로젝트에 요구되는 프로세스는 소프트웨어 제품을 생산하기 위한 '제품 개발 프로세스(product process)'와 이를 지원하는 '프로젝트 관리 프로세스(project management process)' 두 가지로 분류할 수 있다.

제품 개발 프로세스는 원하는 제품을 만들기 위해 요구되는 작업들의 순서로 이루어져 있으며 프로젝트에서 수행되어야 할 중심 프로세스이다. 제품 개발 프로세스는 응용 분야에 따라 매우 다양하다. 제품 개발 프로세스는 개발에 요구되는 기본 단계로 구성되며, 일반적으로 계획, 요구사항 분석, 설계, 구현, 시험 등 제품을 생산하는 활동(프로세스)으로 구성되어 있다.

프로젝트 관리 프로세스는 소프트웨어 제품 개발 프로세스가 효과적으로 흐름을 유지할 수 있도록 지원하기 위해 수행되는 보호 활동들이다. 프로젝트 관리 프로세스는 품질, 비용, 일정 등 기타 목표를 이루기 위해 계획, 수행, 감시 및 통제되는 활동으로 응용 분야에 독립적이라 대부분의 프로젝트에 공통적으로 적용될 수 있다. 제품 생산 프로세스와 프로젝트 관리 프로세스는 프로젝트가 수행되는 동안 상호작용하며 서로 겹치는 부분이 있다. 그림 4-4의 소프트웨어 품질 보증 계획, 소프트웨어 확인 및 검증 계획, 소프트웨어 형상 관리 계획 등이 프로젝트 관리 프로세스의 예이다.

소프트웨어 제품 개발 프로세스

소프트웨어 제품 개발 프로세스는 여러 단계를 거쳐 진행되어야 하며 각 단계의 프로세스를 액티비티(activity)라 부른다. 즉, 소프트웨어 제품 개발 프로세스는 소프트웨어를 생산하기 위한 하위 프로세스인 액티비티들의 집합이다. 대표적인 액티비티의 예로 계획, 요구사항 분석, 설계, 구현 및 시험이 있다. 소프트웨어 제품 개발 프로세스를 일반적으로 소프트웨어 개발 라이프 사이클이라 부르기도 한다.

각 단계는 해당 단계에서 생산하는 중요한 산출물인 특정 인도물(deliverable) 또는 여러 개의 인도물을 가지고 있다. 인도물은 단계 또는 프로젝트의 완수를 위해 제작되어야 하는 산출물이다. 예를 들어, 요구사항 분석 단계의 산출물은 요구사항 명세서이다. 액티비티는 잘 정의된 인터페이스를 가진 프로세스이다.

소프트웨어 개발 프로젝트 수행에 요구되는 보편적이며 필수적인 활동인 기본 액티비티(framework activity)로는 계획, 요구사항 분석, 설계, 구현, 시험 및 유지보수를 들 수 있다. 보호 액티비티(umbrella activity)는 기본 액티비티를 지원하는 관리 활동으로 프로세스 전반에 적

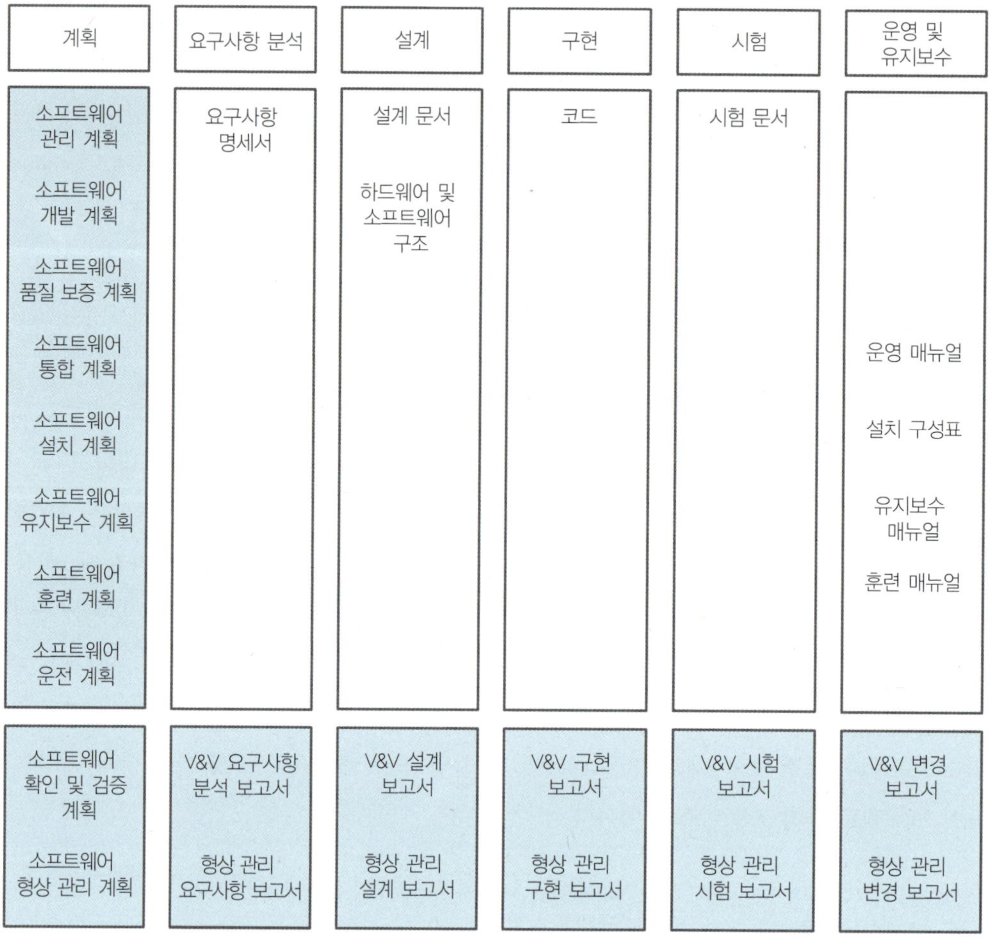

:: 그림 4-4 | 소프트웨어 생명주기 모델

용될 수 있으며, 품질 보증, 형상 관리, 확인 및 검증 활동 등이 그 예가 될 수 있다.

소프트웨어 개발 계획의 시작부터 소프트웨어가 소멸되기까지의 전 과정을 단계별로 나타낸 것을 소프트웨어 개발 생명주기라 한다. 일반적으로 순차적이며 중복되지 않는 액티비티들로 구성되며, 액티비티 사이의 관계와 흐름으로 설명될 수 있다. 그림 4-4는 소프트웨어 프로젝트에 요구될 수 있는 고전적인 생명주기 모델의 한 예이다.

개발 프로세스는 계획 활동부터 운용 및 유지보수 활동으로 이어지는 기본 액티비티들로 구성되어 있으며, 소프트웨어 관리 계획부터 소프트웨어 형상 관리 계획까지 색으로 표시되어 있는 활동들은 프로젝트 관리 프로세스의 일부로서 보호 액티비티에 해당한다.

하나의 액티비티를 관리, 기획, 수행하기 위해 다양한 임무가 수행되어야 하고, 이를 논리적 하부 단계로 세분화할 수 있으며, 각 세부 업무를 태스크(task)라 부른다. 액티비티는 태스크의 집합과 흐름으로 정의될 수 있다. 각 태스크는 잘 정의되어 있는 작은 단위의 활동이며

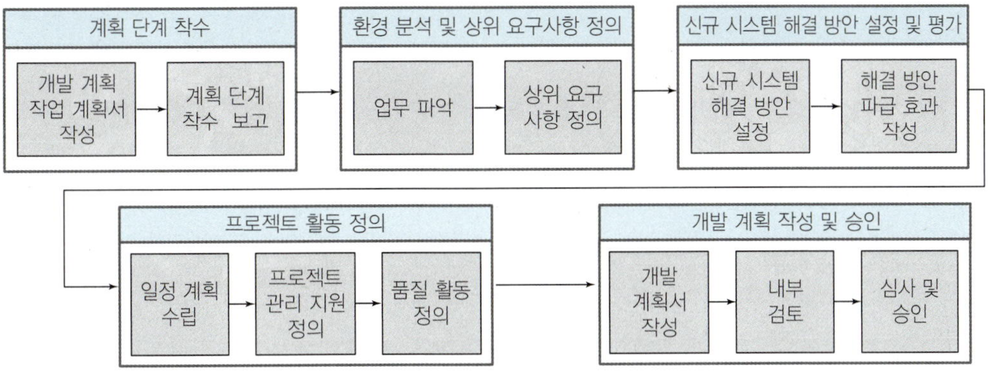

:: 그림 4－5 | '개발 계획' 액티비티 구성도

구체적인 목표가 있어야 하고 입력물과 산출물들로 식별될 수 있어야 한다.

소프트웨어 개발 프로세스는 소프트웨어 개발 계획 단계에서 잘 정의되어야 한다. 체계적이고 구체적인 계획 수립의 결과로 만들어진 개발 프로세스는 프로젝트에 요구되는 인력, 예산, 기술, 위험 요소 등을 추정할 수 있게 해준다. 계획 단계에서 개발 프로세스 확립은 소프트웨어 프로젝트라는 긴 여행을 도와주는 '지도'를 만드는 것과 같다. 프로젝트의 가장 적절한 프로세스를 결정하는 것은 프로젝트 팀에 달려 있다. 어떤 단계가 필요하며 각 단계별로 누가 참여하고 어떤 자원이 필요한지 결정해야 한다.

소프트웨어 프로젝트 관리 프로세스

프로젝트 목표인 제품 개발 또는 서비스의 성취를 위해 요구되는 계획, 수행, 감시 및 통제, 종료를 위한 과정을 확립해야 하는데, 이를 프로젝트 관리 프로세스라 한다. 프로젝트 관리 프로세스는 일반적으로 응용 분야 또는 산업 분야에 종속되어 있지 않고 대부분의 프로젝트에 공통적으로 적용되며 제품에 독립적인 특성을 가진다.

프로젝트 관리 프로세스와 제품 개발 프로세스는 프로젝트가 수행되는 동안 서로 상호작용하며 진행된다. 프로젝트 관리는 프로젝트 전체를 통합하여 관리하는 일이며, 프로젝트 '통합 관리' 지식 영역은 제품 개발 프로세스와 프로젝트 관리 프로세스를 적절히 정렬하여 조화로운 흐름이 이루어지도록 연결하는 일이다. 프로젝트 관리자는 주어진 프로젝트에 대하여 적합한 프로세스를 선택하여 각 프로세스별로 적절한 적용 수준을 결정하게 된다.

예를 들어, 소프트웨어 개발 시 품질을 보증하기 위해서 개발된 모델은 일반적인 생명주기 모델에 품질을 보증하기 위한 프로젝트 관리 프로세스들이 추가되어야 한다(그림 4-4). 생명주기 모델은 기존의 폭포수 모델의 개발 라이프 사이클과 품질 보증 활동을 비롯한 다양한 프로젝트 관리 프로세스를 추가한 모습을 보여주고 있다.

요 약 SOFTWARE ENGINEERING

소프트웨어 개발 프로젝트는 잘 정의된 투입물과 출력물로 표현되는 기능(프로세스)의 흐름으로 이해하는 것이 바람직하다. 소프트웨어 개발 프로젝트는 소프트웨어 생산에 요구되는 단계 및 과정을 나타내는 '제품 개발 프로세스(소프트웨어 개발 라이프 사이클)'와 프로젝트 생명주기 동안 프로젝트가 원활한 흐름을 유지하고 원하는 결과물을 만들어 낼 수 있도록 시간, 원가, 품질, 자원 등을 관리하고 지원하는 '프로젝트 관리 프로세스'로 나누어 생각할 수 있다. '제품 개발 프로세스'와 '프로젝트 관리 프로세스'는 서로 겹치며, 프로젝트가 진행되는 동안 서로 상호작용한다.

대부분 소프트웨어 개발 조직의 경우 소프트웨어 엔지니어들은 실무를 위해 프로젝트 관리 프로세스를 이해해야 한다. 이제 대학의 컴퓨터공학과에서도 '프로젝트 관리'라는 과목을 필수 과목으로 채택하여 가르칠 때가 되었다. 또한 프로젝트 관리자(PM)가 되기 위해 프로젝트 관리 전문가 인증인 PMP 자격(Project Management Professional Credential)을 기본으로 요구하고 있다. 프로젝트 관리에 대한 자세한 내용은 프로젝트 관리 분야의 권위 있는 기관인 PMI(Project Management Institute)의 프로젝트 관리 지식체계 지침서인 PMBOK 가이드를 참조하기 바란다. PMBOK 제5판에는 이해 소통 관리 지식 영역에서 프로젝트 이해관계자 관리(Project Stakeholder Management)가 분리되어 현재 10개의 지식 영역, 47개의 프로세스로 구성되어 있다.

많은 기업에서 전사적으로 프로젝트 관리 효율화를 지원하기 위해 PMO(Project Management Office)라는 프로젝트 관리 전문 조직을 만들어 프로젝트 관리 전문가가 프로젝트 기획부터 사후 관리까지 지원하려는 노력을 하고 있다. PMO는 프로젝트 관리의 중요성이 증대되어 프로젝트 정보를 공유하고 통합하여 프로젝트 성과를 극대화하기 위해 만들어진 것이다. PMO의 지원을 받은 프로젝트 팀원들은 프로젝트 수행 경험과 그 결과물을 지속적으로 팀의 자산이 되도록 만들어야 하고, 프로젝트 관리체계를 계속 업그레이드하여 비용을 절감하고 효율적으로 업무를 수행해야 한다.

참고 문헌

[PMBOK 2013] "A Guide to the Project Management Body of Knowledge (PMBOK)", Fifth Edition, Project Management Institute, Inc., 2013.

[김병철 2003] 김병철, 『프로젝트 관리의 이해』, 도서출판 세화, 2003.

[하버드 2006] 『프로젝트 관리의 기술』, 하버드 비즈니스 스쿨 워크북 시리즈, 한스미디어, 2006.

[프레임 2006] J. 데이빗슨 프레임 저, 양기영 · 한영수 역, 『사람과 시간을 최상으로 활용하는 프로젝트 관리』, ㈜한언, 2006.

[안재성 2008] 안재성, 『쉽게 합격하는 PMP』, JSFactory, 2008.

[고석하 2007] 고석하, 홍정유, 『소프트웨어 프로젝트 관리』, 생능출판사, 2007.

[헬멘 2003] 킴 헬멘 저, 류한석 역, 『Project Management Professional』, 정보문화사, 2003.

연습문제

객관식 문제

01 소프트웨어 프로젝트 관리 중 품질과 생산성에 중요한 영향을 주는 3대 요소가 아닌 것은?

① 사람(People) ② 문제(Problem)
③ 프로세스(Process) ④ 원가(Price)

02 프로젝트의 특징이 아닌 것은?

① 유일하다(unique)
② 한시적이다(temporary)
③ 최종 결과물에 대한 뚜렷한 목표는 프로젝트가 진행되며 가시화된다.
④ 점진적인 구체화((progressive elaboration)가 이루어진다.

03 소프트웨어 프로젝트 관리의 주요 구성 요소인 3P에 해당하지 않은 것은?

① People ② Process
③ Problem ④ Power

04 프로젝트 3대 제약 조건이 아닌 것은?

① 시간 ② 돈
③ 품질 ④ 전략

05 프로젝트의 공식적인 승인을 촉진하는 프로세스 그룹은?

① 착수 프로세스 그룹
② 기획 프로세스 그룹
③ 실행 프로세스 그룹
④ 감시 및 통제 프로세스 그룹

06 PDCA(Plan-Do-Check-Action)의 관리 사이클의 결과 점검(check) 및 개선책을 마련하는 (action) 활동에 해당하는 것은?

① 착수 프로세스 그룹
② 기획 프로세스 그룹
③ 실행 프로세스 그룹
④ 감시 및 통제 프로세스 그룹

07 많은 프로젝트들이 프로젝트에 요구되는 관리 기술 미비로 인하여 목표를 충족시키지 못하고 납기를 지연하거나 예산을 초과 지출하는 등 문제점을 안게 되는 가장 일반적인 이유는?

① 변경에 대한 효과적인 대응 기회 감소
② 고객의 추가 요구
③ 팀 구성원의 납기일에 대한 스트레스 증폭
④ 팀 구성원의 생산성 감소 및 품질 관리 능력 저하

08 프로젝트 관리(management)를 적절하게 설명한 것과 거리가 먼 것은?

① 개인이나 조직의 목표가 효과적으로 이루어질 수 있도록 체계적이고 과학적으로 처리하는 과정
② 개인이나 조직의 유용성(effectiveness)과 효율성(efficiency)을 높임으로써 이익을 창출하는 것
③ 원하는 제품을 얻기 위해 통제의 기준을 마련하는 활동
④ 일정한 기간 내에 적절한 비용으로(within budget on time) 원하는 시스템 또는 좋은 품질의 제품을 만들기 위해 개발 전 과정을 지휘하고 통제하는 활동

09 다음 중 프로젝트 속성으로서 상호 간에 상충작용을 가지며, 품질에 영향을 미치는 제약이 아닌 것은?

① 일정 ② 범위
③ 리스크 ④ 원가

10 다음 중 프로젝트 관리자의 역할과 가장 거리가 먼 것은?

① 팀원들의 동기부여 및 역량 향상
② 사용자 및 이해관계자들과의 협상력
③ 프로젝트 계획의 일정 및 예산 관리
④ 팀원들의 기술적 문제 해결

11 소프트웨어 프로젝트 관리 중 품질과 생산성에 중요한 영향을 주는 3대 요소는?

① 사람, 문제, 프로세스 ② 문제, 환경, 작업
③ 사람, 문제, 도구 ④ 작업, 문제, 도구

12 소프트웨어 프로젝트 관리자(PM)가 프로젝트를 시작하기 전에 추정해야 하는 항목으로 거리가 먼 것은?

① 기간 ② 비용
③ 소요 인력 ④ 유지보수 비용

주관식 문제

01 PDCA 모델 각 주기의 내용을 설명하고 PMBOK의 5가지 프로세스 그룹과 연관지어 설명하라.

02 성공한 소프트웨어 프로젝트의 성공 요인과 실패한 소프트웨어 프로젝트의 실패 요인을 찾아내어 그 원인을 분류해 보라.

03 프로젝트 관리 지식 영역 중 소프트웨어 개발 프로젝트에 필수적으로 요구되는 영역 6개를 고르라.

객관식 문제 정답 1. ④ 2. ③ 3. ④ 4. ④ 5. ① 6. ④ 7. ① 8. ③ 9. ③ 10. ④ 11. ① 12. ④

Chapter

05 프로젝트 계획

프로젝트 계획(project planning)은 프로젝트의 핵심 활동이며 프로젝트 관리에서 가장 중요하게 여기는 과정이다. 성공하는 프로젝트는 훌륭한 프로젝트 계획에서 출발한다고 해도 과언이 아니다. 계획은 일의 범위, 일정, 예산 측면에서 성과 측정의 기준이 되며 동시에 프로젝트 통제의 기준이 된다. 소프트웨어 프로젝트 계획 단계에서 문서화된 계획서가 작성, 관리되어야 하는 대표적인 영역들인 통합 관리, 범위 관리, 일정 관리, 품질 관리, 원가 관리, 형상 관리, 확인 및 검증(Validation & Verification) 계획 등을 소개한다.

Chapter

05 / 프로젝트 계획

학습목표

1. 프로젝트 시작 이전 단계에서 이루어지는 활동들은 무엇인지 설명한다.
2. 계획 단계에서 관리되어야 하는 지식 영역을 설명한다.
3. 프로젝트 통합 관리를 정의한다.
4. 프로젝트 범위인 요구사항을 수집하고 범위를 정의하는 방법들을 설명한다.
5. 작업 분류 체계(WBS)를 설명한다.
6. 확인 및 검증의 차이점을 설명한다.
7. 형상 관리를 정의한다.

초등학생들은 방학이 되면 자기 나름대로 생활 계획표를 짜서 책상 앞에 붙여 놓고 하루 일과 계획을 시간대별로 관리하려고 노력한다. 아침 6시까지 꿈나라, 6시부터 7시까지 아침 운동, 7시부터 8시까지 아침 식사, 8시부터 10시까지 영어 공부 등 일정을 마련하고 계획을 지키기 위해 몸부림을 친다. 이때 계획은 어떤 행동 이전에 자신의 행동을 예측하고 약속하여 이를 준수하려는 시도라 볼 수 있다.

계획(計劃)은 문제를 해결하거나 목적을 이루기 위하여 앞으로 해야 할 일을 미리 생각하여 전략을 수립하고 그 내용을 결정하는 일이다. 계획은 본질적으로 미래의 변화를 준비하는 활동이다. 계획 수립은 조직 또는 프로젝트의 목표를 설정하고, 설정된 목표를 달성하기 위해 구체적인 절차나 방법, 규모 따위를 미리 헤아려 무엇을 하여야 할 것인가를 결정하는 과정이다. 계획은 앞으로 해야 할 일의 청사진을 그리는 것이며, 그 결과는 단계 목록, 도표, 계획서 등으로 나타난다. 잘 수립된 계획은 실행을 용이하게 하고, 불필요한 작업을 감소시킴으로써 혼돈을 최소화하고 최적화한 프로젝트 환경을 제공한다.

계획은 프로젝트의 핵심 활동이며 프로젝트 관리에서 가장 중요하게 여기는 과정이다. 프로젝트의 효율적인 관리는 프로젝트 계획을 철저히 세우는 것에서 시작하며, 성공하는 프로젝트는 훌륭한 프로젝트 계획에서 출발한다. 계획은 목표를 세우고 이를 달성하기 위해 체계적인 진행 상황 관리를 할 수 있도록 세부 행동 방안을 마련하는 것이며 프로젝트 실행과 통제의 지침(guide)이 된다.

모든 프로젝트는 시간, 돈, 얻어지는 품질의 3대 제약 조건 내에서 작업이 수행된다. 요즈음은 품질을 당연히 갖추어야 하는 기본 조건으로 생각하여 품질 대신 범위(scope)를 제약 조건 중 하나로 생각하는 경우도 있다. 프로젝트 관리자의 가장 중요한 업무는 이해관계자의 기대를 만족시키기 위해 이들 3대 제약 조건의 균형을 맞추는 일이다. 비용, 일정, 품질의 3가지 목표에 대한 예상치를 충족시키면 성공적인 프로젝트라 할 수 있다.

프로젝트 계획은 프로젝트 시작 지점에 프로젝트 계획 문서를 만드는 과정이며, 계획 문서는 프로젝트 완료에 도달하는 방법을 알려 주는 지도와 같다. 프로젝트 계획 문서는 앞으로 전개되는 진행 상황에 대처하는 안내서이며 프로젝트를 모니터링하는 기준 문서가 된다.

1 프로젝트 시작 이전 단계

발주자가 원하는 제품이나 소프트웨어를 얻기 위해 개발 업체를 선정해야 한다고 가정해 보자. 발주자는 우선 자신이 원하는 제품의 사양, 예산, 일정 등 프로젝트에 관한 요구사항을 정리한 문서인 제안 요청서(RFP : Request For Proposal)를 작성한다. 제안 요청서는 해결해야 할 문제들과 해결책에 대한 요구사항들을 소프트웨어를 필요로 하는(또는 프로젝트를 추진하는) 회사에서 설명한 것이며, 프로젝트의 결과로 얻게 될 제품이나 서비스 요구사항을 스폰서의 관점에서 자세히 기술해 놓은 문서이다. 발주자는 후보 개발 업체들에게 제안 요청서를 제시하게 되는데, 이를 '입찰 공고'라 한다. 제안 요청서는 본질적으로 소프트웨어를 개발할 회사에게 해결책을 제시하도록 권장하고, 해결책을 구현할 수 있는 능력과 자격을 기술하도록 요구한다. 발주자가 원하는 소프트웨어를 개발할 능력이 있다고 판단되는 회사에 제안 요청서를 보내는 것이 일반적이며, 국내에서 공공기관이 발주하는 사업의 경우에는 조달청을 통해 널리 알리기도 한다.

후보 개발 업체들은 제안 요청서를 기초로 소프트웨어 개발 계획을 담은 제안서(proposal)를 만들어 제출하는데, 이를 개발 회사들 간의 경쟁을 의미하는 '경쟁 입찰'이라 한다. 발주자는 각 제안 업체가 입찰한 제안서에 대해 프로젝트의 목표를 잘 이해하고 있는지, 프로젝트를 성공적으로 수행할 수 있는 계획이 잘 정의되고 그 수행 역량(유사 경험, 기술 인력, 회사 시설 등)이 확보되었는지, 그리고 경쟁력 있는 가격으로 제안하였는지를 종합적으로 평가하여 소프트웨어 개발 회사를 선정하고 발주자와 개발 회사 간에 계약을 진행한다.

개발 회사와 발주자 사이에 이루어지는 계약은 프로젝트가 공식 승인되며 착수하게 된 것을 의미한다. 계약서는 두 조직 간의 법적인 효력을 가지는 중요한 문서이다. 계약이 이루어져 프로젝트에 착수하여 프로젝트 헌장을 개발하는 경우는 많이 있다.

2 계획 단계

프로젝트 헌장이 공식 승인되면 프로젝트 관리자는 이를 바탕으로 프로젝트 범위 개발,

프로젝트 관리 계획 등 프로젝트에서 요구하는 다양한 세부 계획을 수립한다. 이를 기획과정이라 부르기도 한다. 이 책의 소프트웨어 프로젝트 계획 단계는 프로젝트 관리 가이드인 PMBOK의 기획 프로세스 그룹(planning process group)에서 이루어지는 모든 활동을 포함한다. 앞에서 설명한 것처럼 프로젝트 헌장이 착수 프로세스 그룹에서 작성 승인된 후 다양한 지식 영역에 대한 계획 활동이 기획 프로세스 그룹에서 이루어진다.

기획 프로세스 그룹은 프로젝트 목표를 달성하기 위해 요구되는 활동을 계획하는 프로세스들의 모임이다. 프로젝트 범위와 비용을 식별하고 일정을 개발하여 프로젝트 관리 계획을 수립한다. 기획 프로세스 그룹을 통해 프로젝트 관리 계획서를 포함한 프로젝트 관리 계획 문서(예를 들어, 품질 보증 계획서, 형상 관리 계획서, 인적자원 계획서 등)들은 프로젝트의 범위, 일정, 원가, 품질, 의사소통, 리스크 및 조달 등 프로젝트 관리의 모든 측면을 다룬다.

3 계획 단계의 관리 영역

프로젝트는 고객의 요구(needs, requirements)를 충족시키기 위해 만든다. 프로젝트 계획 단계에서 고객의 요구에 대한 정확한 이해가 필요하며, 계획 단계에서 프로젝트 목표를 정확히 파악하지 못하거나 잘못 파악하면 프로젝트가 실패할 가능성이 높다.

계획 수립 단계에서 프로젝트의 목적과 목표를 확립하고 핵심 문제를 파악해야 한다. 프로젝트에 영향을 미치는 제약 조건들을 평가하고 프로젝트의 위험 요소들을 예측 조사하며 대안을 마련한다. 또한 프로젝트의 활동이나 산출물에 영향을 받을 수 있는 이해관계자들을 파악하고 분류하여 각 이해관계자가 전체 프로젝트 라이프 사이클 과정에서 효율적으로 참여할 수 있도록 관리 전략을 마련한다. 이때 관리 전략은 이해관계자의 요구, 관심, 프로젝트 성공에 끼치는 잠재적 영향력에 대한 분석을 기초로 이루어진다.

계획 수립 단계에서 수립되어야 하는 계획의 종류는 다음과 같다. 구체적으로 어떤 계획서를 작성하느냐의 문제는 프로젝트의 규모, 예산 등에 따라 다르며 계획 수립 단계에서 결정되어야 한다. 소규모 프로젝트의 경우 프로젝트 관리 계획서에 여러 영역의 계획을 포함할 수도 있다.

계획은 개발 라이프 사이클의 첫 번째 단계이다. 계획 단계는 프로젝트를 착수하는 것부터 시작하여 프로젝트에 요구되는 노력의 범위를 설정하고, 프로젝트 수행에 요구되는 프로젝트 관리 계획서를 비롯한 계획 문서를 생성하는 것으로 이루어져 있다. 다음은 소프트웨어 개발의 고전적 라이프 사이클 모델인 폭포수 모델의 예이다.

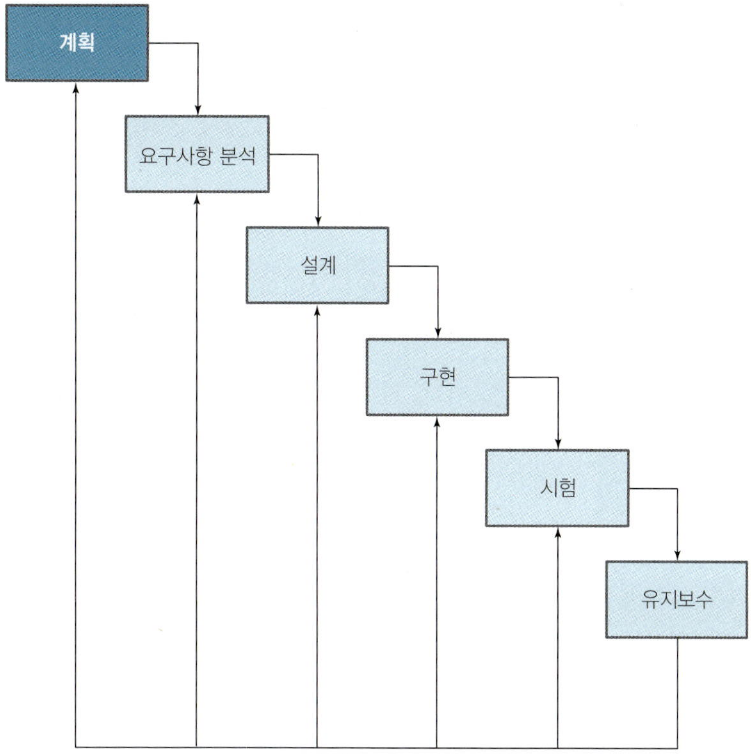

:: 그림 5 – 1 | 폭포수 모델 개발 라이프 사이클

프로젝트 계획과 실제 실적을 비교하여 자료화하는 것을 성과 측정(performance measurement)이라고 한다. 계획은 성과 기준을 제시하기 때문에 성과 측정의 기준이 되며 동시에 프로젝트 통제의 기준이 된다. 성과는 일의 범위, 일정, 예산 측면에서 측정된다. 성과 측정의 결과는 프로젝트와 관련된 의사결정에 의미 있는 정보를 제공하고, 이를 바탕으로 문제점을 분석하여 개선책을 마련하게 된다.

프로젝트 계획은 프로젝트 관리자(PM)를 중심으로 프로젝트 팀 전체가 수행하는 작업이다. 프로젝트 계획을 통해 프로젝트 참여자들이 프로젝트의 범위, 수행방법, 비용과 일정, 목표에 대한 공통적인 이해가 형성되고, 프로젝트 참여자들의 원활한 의사소통이 가능해진다. 프로젝트 계획 문서는 분야별(PMBOK의 지식 영역)로 작성하는 것이 일반적이다. 일정, 비용, 인적자원, 품질, 통합 관리, 위기 관리 등 다양한 분야별로 담당자가 나누어 작성할 수 있으며, 프로젝트 관리자는 분야별로 수립된 계획 문서들이 서로 모순점이 없고 일관성을 유지하도록 검토하고 통합하여야 한다.

소프트웨어 프로젝트 계획 단계에서 문서화된 계획서가 작성, 관리되어야 하는 대표적인 영역들에 대하여 간략히 살펴보자. PMBOK 가이드에는 이 장에서 설명한 계획 활동 외에도 모든 프로젝트의 계획 단계에서 이루어져야 하는 리스크 관리 계획, 인적자원 관리 계획, 의사소통 관리 계획, 조달 관리 계획 등이 기술되어 있다. 다음은 소프트웨어 프로젝트의 계획 단계에서 이루어지는 대표적인 계획 활동의 예이다.

프로젝트 통합 관리 계획

프로젝트 관리의 목적은 프로젝트가 성공적으로 완수되도록 하는 것이다. 프로젝트의 성공은 계획된 시간, 예산, 자원으로 원하는 품질의 제품을 얻어 고객을 만족시키는 일이다. 이를 위해 프로젝트 관리자는 프로젝트 범위, 일정, 예산, 품질, 인력, 의사소통, 위기 관리 등을 통합하여 관리해야 한다. 이들 영역들은 모두 독립적인 요소들을 가지고 있어 각기 수립된 관리 계획과 절차들이 확립되어야 한다. 또한 모든 영역이 전부 서로 연계되어 있으며, 각 영역들을 통합적으로 관리해야 한다.

계획 단계에서 프로젝트 통합 관리(project integration management)를 위해 작성되는 문서가 프로젝트 관리 계획서(PMP : Project Management Plan)이다. 프로젝트 관리 계획서를 만드는 일은 다른 영역들에서 개발되는 모든 계획서를 통합, 조정한다는 의미를 가지고 있다. 프로젝트 관리 계획서는 다른 영역들의 세부적인 계획 문서들을 바탕으로 통합, 조정하여 작성한다. 프로젝트의 범위, 일정, 예산, 품질, 인력, 의사소통, 위기 관리 등 모든 영역이 프로젝트 관리 계획서에 포함되어 있으며, 프로젝트의 목표를 달성하기 위한 모든 활동의 표준 절차가 기록되어 있다.

프로젝트 관리 계획서는 계획 단계의 가장 중요한 산출물이며, 프로젝트를 수행하고 통제하기 위한 지침으로 활용된다. 프로젝트 관리 계획서는 업무의 누락이나 중복 방지, 예산과 기간 준수, 품질 수준 유지, 변경사항 감시 및 통제, 위기 및 혼돈 최소화 등을 목적으로 작성된다. 규모가 큰 프로젝트의 경우 각 영역별로 계획서(예를 들어, 품질 관리 계획서, 형상 관리 계획서 등)가 독립적으로 작성되나, 규모가 작은 프로젝트의 경우 영역별 계획서가 독립적으로 작성되지 않고 프로젝트 관리 계획서에 그 내용들이 포함되어 관리된다.

부록에 인터넷 쇼핑몰 프로젝트의 프로젝트 관리 계획서가 수록되어 있다.

프로젝트 범위 관리 계획

범위(scope) 관리는 프로젝트의 성공을 위해 해야 할 일과 하지 말아야 할 일의 경계를 정하는 일이다. 프로젝트는 한정된 자원으로 수행되므로 범위 관리에서는 불필요한 일이 수행되지 않도록 프로젝트 범위를 계획 및 정의하며, 확립된 범위를 검증하고, 승인된 범위의 변경을 적절히 통제할 수 있도록 계획한다.

프로젝트 결과물의 특징과 기능인 요구사항을 규명하는 일은 프로젝트 범위 관리의 기본이다. 요구사항 정의는 소프트웨어를 개발하는 동안 수행되는 모든 활동에 영향을 미친다. 요구사항의 규명과 공유는 고객과 개발자를 비롯한 이해관계자들이 공통된 비전을 공유하고 공동 책임을 보장할 수 있는 기초를 제공한다. 고객의 필요를 충족시키는 제품을 만들기 위해 프로젝트 초기 단계에서 요구사항 규명에 충분한 시간과 노력을 투자하지 않으면 잘못된 요구사항이 정의되거나 중요한 요구사항이 탈락되고, 프로젝트 후반에 요구사항 변경과 추가가 발생하게 되어 프로젝트 실패의 근본적인 원인을 제공할 수 있다.

프로젝트 범위를 정의하는 일은 모든 계획의 시작이자 중심이다. 범위가 결정되어야 그에 기준하여 비용과 일정 등에 대한 산정과 계획 수립이 가능하기 때문에 프로젝트 계획 단계에서 우선 수행해야 할 일의 범위를 확정해야 한다.

범위에는 두 가지 개념, 제품 범위(product scope)와 프로젝트 범위(project scope)가 있다. PMBOK 가이드에 따르면 제품 범위는 제품과 서비스 또는 프로젝트 결과물이 가지는 특징 및 기능이라 정의하고 있다. 한편, 프로젝트 범위는 지정된 특징 및 기능을 가진 결과물을 만들기 위해 수행해야 할 작업들까지 포괄하는 개념으로 정의한다. 예를 들어, 현금자동인출기를 만드는 프로젝트의 경우 '현금인출', '계좌이체'가 제품 범위라 한다면 프로젝트 범위는 프로젝트 결과물의 인도를 위해 필요한 전체 작업, 프로젝트 관리 계획, 프로젝트 라이프 사이클의 단계들(요구사항 분석, 설계, 구현, 시험 등)과 제품 범위를 포함한 것이라 할 수 있다.

소프트웨어 프로젝트의 경우 제품 범위는 소프트웨어의 기능을 정의하기 위해 유스케이스(use case) 기법을 활용할 수 있다. 유스케이스 기법은 소프트웨어를 사용할 사용자(user)들이 누구인지 찾아내고, 그들이 어떤 과업을 수행하는지(use case) 밝혀, 사용자와 시스템 간에 발생하는 상호작용에 대한 완전한 시나리오(use case scenario)를 구성한다. 유스케이스 기법은 요구사항 분석 단계에서 더욱 확장되어 시스템 내부의 클래스를 찾아내고 외부 사용자와 상호작용하는 행동(event)을 규명하는 데 활용된다.

소프트웨어 프로젝트의 경우 프로젝트 범위는 소프트웨어의 특징 및 기능을 만족시키기 위해 수행되어야 하는 작업들의 모임이다. 프로젝트 범위 계획은 요구사항을 수집하고 범위를 정의한 후 작업 분류체계(WBS : Work Breakdown Structure)를 작성하는 과정이다. WBS는 프로젝트 팀에서 프로젝트의 목표를 달성하기 위해 수행해야 할 작업을 인도물(또는 산출물) 중심으로 계층적으로 작성한 구조이다. WBS는 일정과 원가를 산정할 수 있는 수준까지 분할한다. WBS에 포함되어 있지 않은 것은 프로젝트 업무 범위 밖에 있다. 작업을 분류하고 식별할 때 해당 프로젝트의 참여자들이 전부 참여하여 의견을 공유하고, 책임과 역할에 대해 이해하여 작업을 수행할 수 있도록 하는 것이 바람직하다.

프로젝트 일정 관리 계획

모든 프로젝트는 시작과 끝이 있다. 바꾸어 말하면 모든 프로젝트는 시작일과 종료일이 존재한다. 납기일(또는 종료일)을 무시하고 프로젝트를 진행할 수 있는 경우는 거의 없으며, 시간은 원가와 함께 프로젝트의 목표를 구성하는 요소이다. 프로젝트에 소요되는 기간과 비용은 대부분 프로젝트의 성패를 판단하는 중요한 기준이며, 프로젝트 관리의 핵심사항이다.

프로젝트 스케줄은 "어떤 일을 언제 할 것인가?"를 정하는 일이다. 프로젝트 일정 관리(시간 관리 지식 영역)는 다음과 같은 순서로 이루어진다.

① 활동 정의 : 프로젝트에 요구되는 활동(액티비티)들이 정의되어 작업 패키지로 식별된다.
② 활동의 순서 배열 : 활동 간의 논리적인 관계와 의존도를 문서화하고 활동의 순서를 배열한다.
③ 활동의 자원 산정 : 각 일정 활동을 수행하기 위해 필요한 자원의 수요를 산정한다.
④ 활동의 기간 산정 : 각 활동에 배치된 자원을 고려하여 개별 활동 수행에 필요한 시간을 추정한다.
⑤ 일정 개발 : 활동 순서, 자원 요구사항, 수행 기간 등 앞의 4단계 프로세스를 바탕으로 일정을 개발한다.

이들 순서를 도표로 표시하면 그림 5-2와 같다.

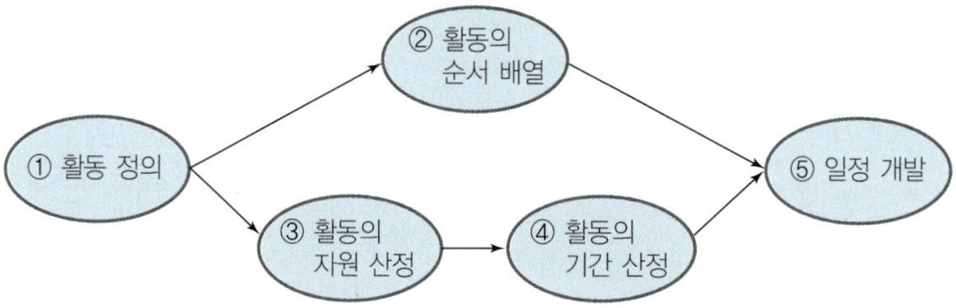

:: 그림 5 - 2 | 프로젝트 일정 개발 순서도

'활동 정의' 프로세스는 WBS의 최하위 수준의 산출물을 식별한 작업 패키지를 바탕으로 이루어진다. '활동들의 순서 배열'은 '활동의 자원 산정' 및 '활동의 기간 산정'과 병행 처리될 수 있으며, 이는 활동 연관 순서는 활동에 소요되는 자원이나 기간에 구애받지 않으며, 자원이나 기간의 산정은 활동의 순서에 영향을 받지 않는다는 것을 의미한다. 한편, 활동 기간은 활동 자원에 대해 종속성을 갖는다. 왜냐하면 활동 기간은 활동에 투입되는 자원(예를 들어, 소요 인력)의 수준에 따라 달라질 수 있기 때문이다. 예를 들어, 초급 기술자가 2주간 해야 할 일을 고급 기술자가 수행하면 1주일 안에 마무리할 수 있다.

프로젝트 일정 개발은 프로젝트 일정 계획 수립을 마무리하는 단계이다. 이러한 과정을 거쳐 수립된 프로젝트 스케줄은 각 활동의 시작 시점과 종료 시점을 나타내는 계획 문서로 개발되며, 네트워크 다이어그램, 바 차트 등으로 표현된다.

프로젝트 품질 관리 계획

품질 관리의 역사는 인류의 역사 그 자체만큼 오래되었다고 할 수 있다. 품질 관리 및 품질 보증은 제품을 만들어 내는 조직에서는 필수적인 활동이다. 소프트웨어 공학 역시 고품질의 소프트웨어를 생산하는 것을 목표로 하고 있다.

소프트웨어 개발과 관계된 일을 수행해 본 사람들은 누구나 소프트웨어 품질의 중요성을 인정하고 있다. 소프트웨어 공학을 배우지 않았더라도 소프트웨어를 만드는 데 있어서 결국 모든 공정과정을 거쳐야만 하는 것처럼, 품질 관리(quality control)도 어떠한 형식으로든 시행하게 된다. 소프트웨어의 품질 관리는 '소프트웨어를 만드는 공정, 소프트웨어를 만드는 조직의 특성'을 중요시한다. 즉, 소프트웨어 제품에 대한 품질 관리는 소프트웨어 프로젝트의 수행 프로세스에 관련된 표준을 준수하는지를 관리하는 것이다.

현대적 품질 관리의 특징은 고객 만족, 경영층 참여, 검사보다는 예방, 지속적인 개선 및 품질 계획에서 찾을 수 있다. 품질 관리는 ① 계획 단계에서 품질 관리 계획을 세워 이해관계자들의 품질 요구사항을 명확하게 정의하고, 이를 실현시키기 위한 방법과 절차, 기준을 수립한 후, ② 프로젝트를 진행하며 품질 관리 계획을 바탕으로 품질 보증 활동을 수행하며, ③ 프로젝트의 결과물이 품질 표준에 적합한지 여부를 판단하여 적합하지 않을 경우 그 원인을 찾아내어 제거하는 품질 통제로 이루어져 있다. 품질 보증(quality assurance)은 품질 통제 활동을 통해 도출된 문제를 개선하여 얻어지는 결과이다.

프로젝트 원가 관리 계획

프로젝트에 소요되는 비용과 기간을 예측하기 위해서 프로젝트의 규모를 알아야 한다. 원가 산정은 프로젝트 라이프 사이클 각 단계에서 얼마만큼의 비용이 투입될 것인가를 추산하여 프로젝트 전체에 요구되는 비용을 예상하는 활동으로, 프로젝트의 계약이 이루어지지 않은 단계에서도 타당성 검토를 위해 개략적으로 이루어진다. 또한 공식적인 승인이 이루어진 후 계획 단계에서 구체적인 비용 측정을 위해 원가 산정이 이루어진다. 프로젝트가 수행되는 과정에서도 정확한 비용 수치가 계속 요구되어 원가 산정은 지속적으로 수행되는 활동이다.

원가 추정을 하는 가장 정확한 방법은 상향식 추정(bottom-up estimation)이다. 상향식 추정은 WBS의 최하위 수준으로 식별된 작업 패키지별로 원가를 산출하고 상위 단계로 합하여 전체 원가를 산출한다. 예를 들어, 각 공정과정(분석, 설계, 문서화, 관리, 품질 등)에 요구되는 비용을 산정하여 전체 원가를 산정한다. 이를 위해 각 작업 패키지에 대한 상세한 입력 자료가 필요하고 많은 비용과 시간이 소요된다. 반면, 프로젝트 착수 단계에서 정확히 원가를 산출할 수 있는 구체적인 근거가 없을 경우 전문가의 경험과 판단에 의지하는 하향식 추정(top-down estimation) 방법이 있다.

소프트웨어 프로젝트의 경우 개발 역사가 짧고, 프로젝트가 전 산업 분야에 걸쳐 다양하며, 결과물이 눈에 보이지 않아 계획 단계에서 정확히 원가를 산출할 수 있는 자료가 없어 원가 산정에 하향식 추정 방법을 흔히 사용한다. 소프트웨어의 크기와 규모를 설명하는 가장 간단한 하향식 추정 방법은 LOC(Line Of Code)이다. 또 다른 하향식 추정 방법은 기능 점수(function point) 기법이다. 기능 점수 기법은 사용자 관점에서 요구되는 소프트웨어의 기능들을 측정하여 소프트웨어 개발 규모를 예측하는 것이며, LOC에 비하여 매우 정확한 초기 측정치를 산정할 수 있다.

형상 관리 계획

형상(形象)이란 사물이 생긴 모양(form) 또는 이미지(image)를 의미한다. 눈에 보이지 않는 무형의 결과물인 소프트웨어의 모습을 설명하기란 쉽지 않다. 그럼 소프트웨어의 형상은 어떤 모습일까? 소프트웨어의 모습은 각 개발 단계마다 만들어지는 산출물인 문서로 나타나게 된다. 결국 소프트웨어의 형상은 문서이며, 프로젝트를 수행하며 개발과정에서 생산되는 산출물인 문서를 관리하는 것을 소프트웨어 형상 관리(SCM : Software Configuration Management)라 할 수 있다.

소프트웨어의 변경은 불가피하다. 변경은 개발과정에서도 발생하고 개발된 후 유지보수를 하는 과정에서도 필요하다. 제품을 개발하거나 유지보수하는 과정에서 변경(change)을 통제하는 절차는 소프트웨어 개발과정의 산출물들을 관리하고 혼란을 최소화하여 고품질의 소프트웨어를 얻기 위해 매우 중요하다.

소프트웨어 형상 관리는 소프트웨어의 개발 및 유지보수 과정에서 발생하는 각종 결과물(문서, 프로그램, 하드웨어)들에 대한 계획, 개발, 운용 등을 종합하여 시스템의 형상(모습)을 만들고, 이에 대한 변경을 체계적으로 관리, 제어하기 위한 활동이다. SCM은 소프트웨어 개발 프로세스가 시작하여 끝날 때까지 소프트웨어에 발생하는 문제를 해결하기 위해 요구되는 일련의 추적 및 제어 행위이다.

확인 및 검증 계획

소프트웨어 확인 및 검증(V&V : Validation & Verification)은 개발 대상 소프트웨어가 사용자 요구사항을 만족할 수 있도록 개발 생명주기 전반에 걸쳐 수행되는 점검과 분석 프로세스이며, 중요한 프로젝트 관리 활동 중 하나이다.

소프트웨어 개발은 여러 단계를 거쳐 이루어진다. 추적성(traceability)은 시스템 개발 프로세스 내에서 서로 다른 단계의 요구사항들 사이에 연관 관계를 제공하는 기술이다. 예를 들어, 요구사항 분석 단계에서 밝혀진 고객의 요구가 다음 단계 결과물인 설계 문서에 올바로 반영되어 있는지 확인하는 것도 대표적인 추적 활동이다.

원하는 소프트웨어를 만들기 위해 우선 사용자의 요구사항을 정확히 이해해야 하며, 그 다음 이해된 사용자의 요구사항을 소프트웨어에 제대로 반영하여 구현해야 한다. 사용자의 요구사항을 올바르게 이해하는 과정을 확인(validation)이라 하며, 확인은 고객의 요구사항을 요구사항 명세서에 올바로 반영했는지, 소프트웨어가 고객의 요구사항을 만족하는지 점검, 평가하는 것을 포함한다.

한편, 이해된 요구사항을 소프트웨어에 제대로 반영하여 올바르게 제품을 만들 수 있도록 보장하는 활동을 검증(verification)이라 한다. 확인은 소프트웨어가 요구사항 명세서와 일치하는지 점검하는 것이다. 이를 위해 요구사항 분석 결과가 설계에 올바로 반영되어야 하고, 설계 결과가 구현에 제대로 반영되어야 한다. 즉, 확인이란 소프트웨어가 고객의 기대와 요구사항을 만족시킬 수 있도록 보장하는 활동이고, 검증이란 소프트웨어가 지정된 기능을 정확히 수행할 수 있도록 단계별 점검을 통하여 추적하는 활동이다.

소프트웨어 확인 및 검증 계획(SVVP : Software V&V Plan)은 소프트웨어 프로젝트 계획 단계에 수립되어 문서화되어야 한다. IEEE와 같은 국제 표준에서도 이러한 확인 및 검증 활동의 중요성을 강조하고 있으며, V&V 관련 절차에 대한 가이드라인을 'IEEE Standard for Software Verification and Validation Plans(IEEE1012-1998)'를 통해 제시하고 있다. 국내에서는 한국정보통신기술협회(TTA)에서 '소프트웨어 검증 및 확인 표준(TTAS.IE-1012)'을 통해 V&V 가이드라인을 제시하고 있다.

요약 SOFTWARE ENGINEERING

계획은 프로젝트의 핵심 활동이며 프로젝트 관리에서 가장 중요하게 여기는 과정이다. 계획은 일의 범위, 일정, 예산 측면에서 성과 측정의 기준이 되며 동시에 프로젝트 통제의 기준이 된다. 소프트웨어 프로젝트의 경우에도 계획 단계에서 프로젝트 통합 관리, 품질 관리, 형상 관리, 확인 및 검증 등에 대한 계획이 수립되어 문서화되고 관리되어야 한다.

참고 문헌

[하버드 2006]	『프로젝트 관리의 기술』, 하버드 비즈니스 스쿨 워크북 시리즈, 한스미디어, 2006.
[프레임 2006]	J. 데이빗슨 프레임 저, 양기영 · 한영수 역, 『사람과 시간을 최상으로 활용하는 프로젝트 관리』, ㈜한언, 2006.
[PMBOK 2013]	"A Guide to the Project Management Body of Knowledge(PMBOK)", Fifth Edition, Project Management Institute, Inc., 2013.
[김병철 2003]	김병철, 『프로젝트 관리의 이해』, 도서출판 세화, 2003.
[안재성 2008]	안재성, 『쉽게 합격하는 PMP』, JSFactory, 2008.
[고석하 2007]	고석하, 홍정유 공저, 『소프트웨어 프로젝트 관리』, 생능출판사, 2007.
[헬멘 2003]	킴 헬멘 저, 류한석 역, 『Project Management Professional』, 정보문화사, 2003.

연습문제

객관식 문제

01 프로젝트 라이프 사이클(project life cycle) 또는 프로젝트 생명주기에 대한 올바른 설명이 아닌 것은?

① 프로젝트는 여러 단계를 거쳐 진행되며 이런 단계(phase)를 통합적으로 지칭하는 것이다.
② 프로젝트 생명주기의 단계는 프로젝트를 구성하는 단위이며, 각 단계에서 중요한 산출물(또는 인도물)을 생성한다.
③ 일반적으로 소프트웨어 프로젝트 라이프 사이클은 계획, 요구사항 분석, 설계, 구현, 시험 등으로 구성되어 있다.
④ 프로젝트 생명주기에서 같은 활동들이 지속적으로 반복된다.

02 프로젝트 라이프 사이클의 계획 단계의 특징이 아닌 것은?

① 계획은 구체적이기보다는 개략적인 목표를 달성하기 위한 행위들과 성과 표준을 제공한다.
② 계획은 프로젝트 라이프 사이클의 초기 단계에 해당한다.
③ 계획 단계는 프로젝트를 착수하는 것부터 시작하여 프로젝트에 요구되는 노력의 범위를 설정한다.
④ 프로젝트 수행에 요구되는 프로젝트 관리 계획서를 비롯한 계획 문서를 생성하는 것으로 이루어져 있다.

03 계획(planning)의 본질적인 설명이 아닌 것은?

① 계획은 프로젝트 과정 동안 수행해야 할 가장 중요한 활동 중 하나이다.
② 프로젝트의 효율적인 관리는 프로젝트 계획을 철저히 세우는 것에서 시작한다.
③ 계획은 본질적으로 통제의 기준을 마련하는 과정이다.
④ 계획은 목표를 세우고 이를 달성하기 위해 체계적인 진행 상황 관리를 할 수 있도록 세부 행동 방안을 마련하는 것이다.

04 계획의 본질적 속성이 아닌 것은?

① 미래 지향 ② 감시 및 통제
③ 목표 달성을 위한 표준 ④ 객관적이고 합리적인 예측

05 프로젝트의 성공을 위해 해야 할 일과 하지 말아야 할 일의 경계를 정하는 일에 해당하는 것은?

① 범위(스코프) 관리 ② 통합 관리
③ 리스크(위험) 관리 ④ 품질 관리

06 **프로젝트 결과물의 특징과 기능인 요구사항(requirements)을 규명하는 일에 해당하는 것은?**

① 통합 관리 ② 범위(scope) 관리
③ 리스크(위험) 관리 ④ 품질 관리

07 **제안 요청서(RFP: Request For Proposal)에 대한 올바른 설명이 아닌 것은?**

① 발주자가 원하는 제품이나 소프트웨어를 얻기 위해 프로젝트에 관한 요구사항을 정리한 문서이다.
② '입찰 공고' 시 활용된다.
③ 해결해야 할 문제들과 해결책에 대한 요구사항들을 개발 회사가 작성한 것이다.
④ 프로젝트의 결과로 얻게 될 제품이나 서비스 요구사항을 스폰서의 관점에서 자세히 기술해 놓은 문서이다.

08 **제안서(proposal)에 대한 올바른 설명이 아닌 것은?**

① 개발할 회사가 제품 개발 계획을 담은 문서이다.
② '입찰' 시 사용되는 문서이다.
③ 제품을 개발할 회사가 구현할 수 있는 능력과 자격을 기술한다.
④ 원하는 제품이나 소프트웨어를 얻기 위해 발주자가 프로젝트에 관한 요구사항을 정리한 문서이다.

주관식 문제

01 **프로젝트 계획의 의미를 설명하고 계획의 본질적인 속성과 기본적인 기능을 기술하라.**

02 **계획과 수행 간의 불일치로 인한 계획 변경 프로세스를 설명하라.**

03 **착수 프로세스 그룹과 계획 프로세스 그룹의 차이점을 설명하라.**

객관식 문제 정답 1. ④ 2. ① 3. ③ 4. ② 5. ① 6. ② 7. ③ 8. ④

Part

SOFTWARE **3** ENGINEERING

요구사항 분석

스티븐 코비의 7가지 성공하는 습관 중 두 번째 습관은 "목표를 확립하고 행동하라."이다. 우리는 해마다 명절이 되면 민족의 대이동을 본다. 이것은 부모님을 찾아뵙는다는 목표가 정확히 설정되어 있어, 중간에 어떠한 난관이 있더라도 목표를 달성하려는 사람들의 의지의 표현이라고도 할 수 있다. 그리고 모든 사람들은 그들의 의지대로 목표를 달성한다.

사람은 만물의 영장이라고 한다. 그 이유는 사람이 다른 동물들보다 고급의 언어를 사용하기 때문이다. 사람은 언어를 통해 자신의 생각을 체계적으로 나타낼 수 있다. 또한 사람들 사이에 공통 언어를 사용함으로써 의사소통은 물론 문화를 후손들에게 전수하여 계속 발전시켜 왔다. 소프트웨어 분석에 있어서도 분석가의 의사를 체계적으로 나타내고, 개발자 및 사용자와 의사소통할 수 있는 공통 모델링 언어의 확립은 필수적이다. 요구사항 분석 기법들은 개발자와 사용자는 물론 모든 프로젝트 참여자들 사이에 활용될 수 있는 공통 언어이다. 이를 통해 공동의 목표를 확립하여 시스템을 개발할 수 있고, 그 결과와 노하우(know how)를 전수하여 기술력을 계속 발전시켜 나갈 수 있다.

Chapter

06 요구사항 분석과 **모델링**

이 장은 요구사항 분석 활동을 정의하고 개발과 다른 특징을 조사한다. 요구사항을 분석하는 분석가의 자질과 임무를 살펴보고 요구사항 분석의 어려움과 문제점을 살핀다. 또한 요구사항 분석의 결과를 문서화할 수 있도록 도와주는 모델링 기법을 소개한다. 소프트웨어 시스템은 크게 3가지의 주요 관점에서 볼 수 있고 기술될 수 있다. 소프트웨어 시스템을 바라보는 세 가지 관점인 기능 관점, 동적 관점, 정보(객체) 관점에 대하여 살펴보자.

Chapter 06 /

요구사항 분석과 모델링

학습목표

1. 요구사항 분석을 정의한다.
2. 요구사항 분석 단계의 산출물이 무엇인지 살펴본다.
3. 요구사항 분석 활동과 개발 활동의 차이점을 기술한다.
4. 요구사항 분석의 어려움과 문제점을 기술한다.
5. 요구사항을 수집하는 방법에 대하여 기술한다.
6. 모델링을 정의하고 모델링의 기본 요소를 설명한다.
7. 소프트웨어 시스템을 바라보는 세 가지 관점을 설명한다.

시스템 분석은 컴퓨터가 만들어지기 훨씬 이전부터 수행되어 왔다. 시스템 분석은 건축가가 건물을 설계하는 것에 비유할 수 있다. 즉, 건축가가 고객과 상의하여 건물을 어디에 쓸 것인가 그 용도를 결정하고 그 문제에 대한 해결을 제시하는 것과 유사하다고 할 수 있다. 시스템 분석이란 문제에 대한 정의를 내리는 것으로, 개발에 들어가기 전 문제에 대한 명확한 설명과 이해를 하기 위해 필요하다. 여기서는 시스템의 일부인 소프트웨어 요구사항 분석을 중점적으로 다룬다.

이 장에서는 요구사항 분석과정에서 수행되어야 할 기능과 요구사항 분석과정의 최종 산출물인 요구사항 명세서에 대하여 알아본다. 또한 요구사항 분석이 다른 개발 단계와 구별되는 특징들에 대하여 살펴보고 분석가의 임무는 무엇인지 조사해 본다. 그리고 분석가가 임무를 수행하기 위해 요구되는 자질과 훈련에는 어떤 것이 있는가 생각해 보고 사용자로부터 요구사항을 알아내는 대화 방법에 대해서도 살펴본다.

마지막으로 분석을 체계적으로 할 수 있고 그 결과를 문서화시킬 수 있는 도구인 모델링 기법에 대하여 알아본다. 소프트웨어 시스템의 모델링은 3가지 관점(기능, 정보, 동적 관점)에서 이루어진다. 이들 3가지 관점의 특징과 시스템 개발을 위해 요구되는 관점의 통합에 대하여 논의한다.

1 요구사항 분석 정의

어떤 일을 할 때 목표를 확립하고 행동하는 것과 그렇지 않은 경우에 큰 차이가 생기는 것처럼, 소프트웨어 개발 노력의 성패도 개발하는 시스템의 목표를 프로젝트 초기에 확립할 수 있느냐에 달려 있다. 시스템의 목표를 확립하는 과정을 요구사항 분석과정이라 하며, 요구사항 분석은 행동을 취하기 전 문제에 대하여 연구하는 것을 말한다. 우리가 여행을 할 때에도 우선 목적지(what)를 결정한 후 그 목적지에 도달하는 가장 이상적인 길(how to)을 선택하게 된다.

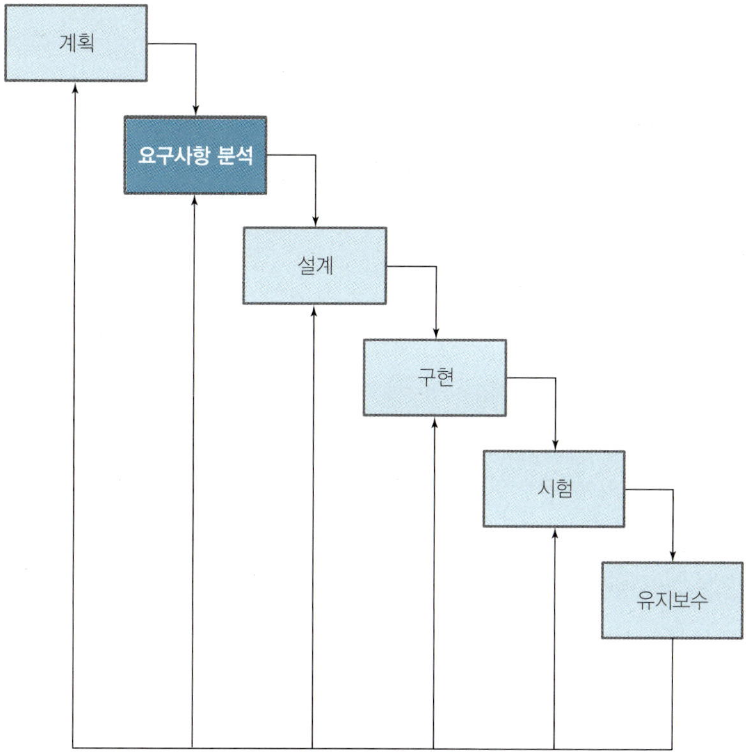

:: 그림 6 – 1 | 요구사항 분석

요구사항 분석은 비즈니스나 응용 분야에 대한 연구를 시작하여, 새롭게 만들고자 하는 시스템의 명세서를 만들어 내는 과정이다. 요구사항 분석에서는 시스템이 만족시켜야 할 기능, 성능 그리고 다른 시스템과의 인터페이스 등을 규명한다. 이것은 생각보다 매우 어려운 일이다. 소프트웨어 개발(다른 공학들도 마찬가지라 여겨진다)에서 가장 어려운 부분은 사용자 또는 개발 비용을 부담하는 후원인인 고객의 문제점을 이해하는 것이며, 그들에게 무엇(what)을 제공할 것인가를 정확히 기술하는 것이다.

2 분석의 특징

소프트웨어 시스템의 요구사항 분석은 설계, 코딩 및 시험과는 다른 특징을 많이 가지고 있으며, 분석 단계의 주요 초점은 앞에서 여러 번 강조했듯이 '어떻게(how to)'가 아니라 '무엇(what)'에 맞추어져 있다. 시스템이 무엇을 수행할 것인가를 정의한다는 것은 정해진 '무엇'을 '어떻게' 만들 것인가 하는 개발의 문제와 일의 특성상 많은 차이가 있다.

개발(설계, 코딩, 시험 포함)은 주어진 요구사항을 똑바로 해결해 나가기만 하면 된다. 일의 윤곽과 한계가 뚜렷하고 범위가 한정되어 있기 때문에 프로그램을 만들어 잘 돌아가는지 그렇지 않은지를 쉽게 확인해 볼 수 있다. 대인관계도 복잡하지 않아 주어진 임무만 완수하면 된다. 따라서 일의 성취감을 맛볼 수도 있다. 대학을 갓 졸업하고 입사한 프로그래머들이 입사 후 수년간 하는 일에 만족감을 표시하는 것도 이 성취감 때문이다.

요구사항을 분석하는 분석가와 사용자와의 인간관계는 쉽지 않다. 특히, 분석과정에서도 분석가의 필요에 의해 사용자가 만나는 시간을 할애해야 하기 때문에 분석가의 위치가 수비적이 되기 쉽다는 문제점이 있다.

사용자나 전문가의 지식과 정보를 뽑아내야 하는 것은 분석가의 임무이다. 분석과정에 있어서는 확정적이지 못한 것이 많다. 분석과정을 통하여 많은 협상과 타협이 이루어지기 때문에 어느 누구도 그 결과에 대해 완전한 만족을 얻기는 쉽지 않다. 많은 경우 분석과정은 대인관계의 복잡성과 일의 어려움으로 말미암아 분석가에게 좌절과 실망을 안겨주기도 한다.

요구사항 분석은 성공을 목표로 하기보다 실패나 실수를 방지하고 프로젝트 초기 단계의 중대한 실수를 최소화하는 데 그 목표가 있다고 할 수 있다. 프로젝트가 성공했을 때 분석을 잘해서 성공했다고 칭찬받는 경우는 드물다. 그러나 실패했을 때는 흔히 요구사항 분석이 잘못되었다는 소리를 듣는다(잘되면 내 탓이고 못되면 조상 탓이라는 속담과 비슷한 현상이 발생함). 이는 요구사항 분석 자체가 실패를 피하려는 방어적 활동이기 때문이다.

시스템 분석과 소프트웨어 개발 환경의 변화

1960년대에 시작된 소프트웨어 시스템 개발은 다양한 분야를 자동화시키며 빠른 속도로 확장되었다. 초기에 자동화되는 것들은 간단하고 초보적인 것들이었으며, 그 후 전산 지식이 있는 사람들에 의해 다양한 응용 분야가 전산화되기 시작했다.

초창기 사용자들은 대부분 전산 부분에 경험이 없어 세련되지 못했고, 자동화되는 것을 신기함과 호기심을 가지고 수용하였으므로 불만이 거의 없었다. 그 시절에는 응용 분야의 종사자들에게 전산 기술을 훈련시켜 시스템을 개발하는 경우가 드물었고, 컴퓨터 공학을 전공한 사람들이 응용 분야의 교육을 받아 시스템을 개발하였다.

그러나 현재는 옛날과 그 상황이 판이하게 달라서 이제 컴퓨터에 대한 지식은 컴퓨터 공학을 전공한 사람들의 전유물이 아니다. 초 · 중 · 고등학교에서도 컴퓨터 교육이 실시되어 여러 계층의 사용자들도 컴퓨터에 대한 상당한 지식을 가지게 되었다. 단순한 응용 분야는 전산화가 이루어진 지 오래며 현재는 복잡한 응용 분야의 전산화가 이루어지고 있다.

필자가 만나 본 많은 전산 업무 관리자들은 컴퓨터공학만을 공부한 사람보다는 응용 분야를 전공하고 컴퓨터 지식을 가진 인력을 더 선호하는 경향이 있다. 프로그래밍 기술은 전공에 관계없이 알아야 할 교양이 되었다. 이제는 컴퓨터공학과 출신들이 특징으로 내세울 수 있는 컴퓨터공학의 특수 분야들이 적극 개발되어야 한다. 체계적인 시스템 개발방법론, 분석 기법 등도 이러한 특수 분야의 하나가 될 수 있으리라 여겨진다.

시스템 분석가의 자질과 임무

시스템 개발을 전쟁에 비유해 볼 때, 시스템 분석가 또는 시스템 엔지니어로 불리는 요구사항 분석가는 전쟁터의 가장 최전방에서 앞장서 전방의 목표물을 규명하는 사람과 비유된다. 목표물(what) 확인 작업이 끝난 후 그 뒤를 이은 사람들은 판명된 목표물을 어떻게(how to) 정복할 것인가에 초점을 맞추면 된다.

분석가가 임무를 제대로 수행하기 위해서는 비즈니스나 응용 분야에 대한 지식이 필수적이다. 응용 분야의 전문 지식 없이는 요구사항 분석이 사실상 불가능하다. 앞에서 지적하였듯이 컴퓨터 공학을 전공한 사람이 응용 분야 시스템에 대한 분석을 시도하는 것보다 응용 분야의 전문가가 컴퓨터에 대한 기본 지식과 요구사항 분석 기법을 익힌 후 요구사항 분석을 하는 현상이 많이 나타나는 것도 이 때문이다.

분석가는 하드웨어, 소프트웨어를 포함한 컴퓨터에 대한 기술을 이해하고 있어야 한다. 또한 분석가는 사용자에게 제공해야 할 기능이 현재의 컴퓨터 기술로 실현 가능한 것인지에 대한 지식도 보유해야 한다. 예를 들어, 현재 제작할 수 있는 최고 수준의 바둑 프로그램은 7급 수준인데, 10단짜리 바둑 게임을 만들어 주겠다고 약속하는 것은 현재의 컴퓨터 기술을 모르고 한 실수이다.

시스템 분석가에게 요구되는 중요한 자질 중의 하나는 의사소통(communication) 능력이다. 분석가는 사용자, 고객, 전문가들과 많은 대화를 나눌 수 있어야 하며, 그 결과를 통합하여 요구사항 명세서에 나타낼 수 있어야 한다. 듣고, 말하고, 쓰고, 발표하는 능력 없이 제대로 분석하기란 매우 어렵다. 분석가를 뽑을 때 자격 요건의 첫 번째가 의사소통 능력인 것도 이 때문이다.

시스템 분석가는 시스템 개발에 앞서 추상적인 개념을 파악하고 만들고자 하는 시스템을 논리적으로 분할하여 시스템의 해결 방안을 제시하여야 한다. 또 사용자 및 고객과의 대화를 통하여 그들의 다양한 관점을 통합하는 임무를 수행해야 한다. 때로는 사용자들로부터의 모순되는 요구사항을 해결해야만 한다. 요구사항 분석과정에서 사용자의 참여는 프로젝트의 성공을 위하여 필수적이다. 분석가는 또한 투자되는 비용과 그 효과를 추정하여 제시할 수 있어야 하고 분석의 결과로 요구사항 명세서를 작성해야 한다.

더불어 분석가는 고객이 사용할 시스템을 만들어야 하므로 상대의 관점(고객 관점)에서 문제를 볼 수 있는 눈이 필요하다. 남의 관점을 이해하는 것은 쉬운 일이 아니며 이런 눈을 갖기 위해서는 많은 노력과 훈련이 필요하다.

사용자는 익숙하지 않은 컴퓨터 전문 용어를 매우 불편해하기 때문에 분석의 결과는 쉬운 용어로 설명되어야 한다. 요구사항 명세서는 분석가에 의해 쓰이는 경우가 대부분이며, 사용자는 요구사항 명세서를 읽을 능력만 있으면 된다. 이 책에서 소개하는 요구사항 분석 기법들은 시스템의 목표를 정의하는 공동의 언어로서 이해하기 쉬워, 현재 개발자와 사용자 사이의 의사소통 수단으로 많이 활용되고 있다.

요구사항 명세서

요구사항 분석의 최종 목표는 요구사항 명세서를 만드는 일이다. 요구사항 명세서는 프로젝트의 산출물 중 가장 중요한 문서로서 프로젝트의 결과물인 소프트웨어 시스템의 생명이 다할 때까지 따라다닌다. 따라서 초기에 완벽한 요구사항 명세서를 만드는 것은 프로젝트를 성공적으로 수행하는 데 필수적이다.

요구사항 명세서는 사용자와 개발자 모두에게 쉽게 이해되도록 작성되어야 한다. 요구사항 명세서는 고객과 개발 팀 간의 약속이라 볼 수 있으며 컴퓨터 용어가 최대한 배제된 쉬운 표현이 사용되어야 한다. 요구사항 명세서에 명시된 조건들은 고객과 개발 팀이 서로 합의할 수 있어야 한다. 요구사항 명세서는 제안된 시스템이 수행해야 할 모든 기능과 시스템에 관계된 제약 조건을 정확하게 기술하여야 한다.

요구사항 명세서는 사용자와 개발 팀 사이의 계약서이다. 사회에서 법률이 없으면 재판을 할 수 없듯이 소프트웨어 개발에 있어 요구사항 명세서가 없으면 시험이 불가능하다. 시험 계획(test plan)도 요구사항 명세서로부터 나온다. 따라서 사용자, 분석가, 개발자, 시험자(테스터) 모두에게 공동의 목표를 제시하는 것이 요구사항 명세서라 하겠다.

요구사항 명세서는 다음과 같은 조건이 만족하도록 만들어져야 한다.

- 요구사항 명세서는 고객과 개발자 모두 쉽게 이해할 수 있도록 만들어져야 한다. 요구사항 명세서는 고객과 개발 팀 사이의 계약서이며 서로가 동의한 것이 명확히 이해될 수 있어야 한다.
- 요구사항 명세서에 명시되어 있는 조건들은 고객과 개발자가 동의한 것이어야 한다. 고객

과 개발자는 시스템이 어떤 제약 조건을 가지고 작동할 것인지 파악하고 있어야 한다.

- 요구사항 명세서는 제안된 시스템이 수행할 모든 기능을 명확하게 기술해 놓아야 한다. 시스템이 수행할 기능은 요구사항 명세서의 핵심이다. 이 시스템을 통해 고객이 얻을 것이 무엇인가를 구체적으로 기술하여야 한다.
- 제안된 시스템에 영향을 미치는 모든 제약 조건을 요구사항 명세서에 명시하여야 한다. 시스템에 요구되는 반응 시간, 하드웨어, 사용될 기억장치 용량 등이 기록된다. 만약 고객이 특정한 프로그래밍 언어를 사용하기를 요구하면 이를 기록하여야 한다.
- 시스템을 사용하기 위해 필요한 조항들을 검증할 수 있도록 요구사항 명세서에 확인 기준을 제시하여야 한다. 고객이 "만들어 놓은 시스템을 보고 원했던 것이 무엇인지 알겠다."라는 말을 하게 해서는 안 된다. "시스템은 수행 명령이 주어지면 이 기능을 3초 내에 수행하여야 한다."라고 기술하여 확인이 가능하도록 하여야 한다.
- 원하는 시스템의 품질, 상대적인 중요성, 품질의 측정 및 확인 방법 등을 요구사항 명세서에 명시하여야 한다. 예를 들어, 의료 시스템이나 인공위성 제어 시스템의 경우 신뢰도는 매우 중요한 품질 조항이 되며 이를 측정할 수 있는 기준이 마련되어야 한다.
- 시스템의 포용성과 오류 조건이 명시되어야 한다. '$4'이 입력되었을 때 '$4.00'이라고 받아들여질 수 있어야 하는가 등의 데이터에 관한 가능한 오류 조건을 기록한다.

분석이 잘못되면……

프로젝트를 진행하면 여러 단계를 거치므로 프로젝트가 잘못될 가능성이 어느 단계에서나 있다. 만약 유지보수하는 데 많은 비용과 시간이 들어간다고 하면 이는 설계가 잘못되었다는 표시이다. 디버깅에 많은 비용과 시간이 소요된다면 설계, 코딩, 시험에 문제가 있을 수 있다.

분석이 잘못되었을 경우, 문제는 더욱 심각하다. 요구사항이 잘못 분석되었을 때에는 시간과 노력을 들여도 원하는 결과가 나오지 않을 가능성이 높다. 예를 들어, 다시 파리를 잡는 시스템을 생각해 보자. 파리를 잡는 것은 목표이고 요구사항이다. 만약 이 시스템이 필요로 하는 요구사항이 파리를 잡는 것이 아니라 바퀴벌레를 잡는 것이라면 문제는 심각해지고, 이 문제는 시간과 노력을 들여도 고치기가 어렵다. 이처럼 잘못된 요구사항 분석은 시스템에 엄청난 파장을 불러일으킨다.

분석의 어려운 문제점

프로젝트의 초기 단계에 충분한 시간과 노력을 투자하여 요구사항을 정확하게 뽑아내는 것은 그 뒤에 올 많은 문제점을 줄일 수 있는 최선의 방법이다. 그러나 분석과정은 단순하지 않으며 시간과 노력만으로는 잘 해결되지 않는 어려운 점을 내포하고 있다. 그 어려움을 요약하면 다음과 같다.

- 의사소통의 문제
- 요구사항의 계속적 변화
- 분석 도구의 미비
- 문서화의 어려움
- 정치적인 문제
- 일 할당 문제

사용자와 개발자 사이에 동의된 것도 시간이 지나고 나면 완전히 다른 모습으로 나타날 때가 많다. 그러므로 정확한 의사소통과 목표에 대한 기대를 명확하게 하기 위해 반드시 문서화가 필요하다. 분석가는 일반적으로 명세서 쓰는 것을 불편하게 생각하기 때문에 분석가가 설명하는 시스템은 분석가의 마음속에만 있는 경우가 많다. 그러나 사용자와 분석가 사이에 공통의 언어를 확립하여 의사소통 능력을 증진시키고 목표에 대한 명확도를 높이는 일은 매우 중요하다.

사용자의 시스템에 대한 요구사항은 계속하여 변하게 되며 이는 자연스러운 것인지도 모른다. 개발에 들어가기 전, 요구사항을 동결(freezing)하는 것은 프로젝트 관리상 필요하다. 날아다니는 목표를 잡는 것보다 고정되어 있는 목표를 잡는 일이 쉽다. 고정된 요구사항 명세서를 시스템 개발의 기준선 문서(baselined document)라 하며, 이후에 요구되는 명세서의 변경은 프로젝트에 관계된 개발자 및 사용자의 동의를 필요로 한다. 요구사항 명세서는 수정하기 쉽게 쓰여야 하며 요구사항 명세서의 수정에 많은 노력이 들어간다면 요구사항 명세서를 잘못 작성한 결과이다.

분석가는 종이와 연필로 일을 하게 되며 그 이외의 도구는 별로 사용하지 않는 것이 일반적이다. 요구사항 명세서를 보고 논리적으로 요구사항을 잘 반영하였는지 평가하는 것은 쉽지 않다. 분석가에게 필수적으로 요구되는 것은 시스템을 논리적으로 세분화할 수 있는 능력이며, 분할된 세부 기능을 정의하고 이들을 통합하여 시스템의 전체적인 모습을 보여줄 수 있어야 한다.

또한 분석은 상당히 정치적인 문제에 속하며 이를 피할 수 없는 경우가 많다. 정치는 좋은 것도 아니며 더욱이 나쁜 것도 아닌 필요악이라 볼 수 있다. 요구사항 분석 시 방법론을 도입하여 접근하면 분석과정을 더욱 체계적이고 공식적인 과정으로 만들 수 있으며 정치적인 영향력을 최소화시킬 수 있다.

한 사람이 분석을 수행하는 것이 이상적이나 시스템의 규모가 커지면 여러 명의 분석가가 일을 분할하여 진행한다. 일의 분할은 분야(subject)별로 나누어 하는 것이 이상적이다. 분석의 초기 단계에 정확한 분할이 이루어지지 않으면 분석을 진행하며 추후에 일을 분할하는 것은 더욱 어렵다.

3 모델링

이 절에서는 요구사항 분석을 체계적으로 하고 그 결과를 문서화할 수 있도록 도와주는 모델링 기법에 대하여 알아본다. 소프트웨어는 우리의 삶, 또는 실세계(real world)를 묘사하고 표현하는 도구라 할 수 있다. 만들고자 하는 대상을 특정한 목적에 맞추어 이용하기 쉬운 형식으로 표현하는 것을 모델링이라고 한다. 모델링(modeling)이란 연구 또는 개발 대상 시스템의 성능 분석이나 동작과정 등을 알아보기 위하여 간단한 물리적 모형, 도해를 만들거나 그 시스템의 특징을 수학적으로 표현하는 과정이다. 모델링은 실세계의 표현을 가능하게 하므로 우리의 실세계를 이해하기 위해 필요하다.

모델링은 어떤 것을 만들기 전에 그것을 이해하기 위한 목적으로 추상화(abstraction)하는 작업이다. 따라서 모델이란 우리의 관심 분야에 맞추어 실세계의 존재를 의도적으로 불완전하게 표현한 추상적인 것이다. 우리가 알고 있는 패션 모델도 마찬가지 목적으로 활용된다. 모델링의 결과는 우리의 관심 분야가 아니거나 필수적이 아닌 세부적인 것은 생략하여 추상화한 것이기 때문에 다루기가 쉽고 필수적인 것만을 표현한다. 인간의 본질적인 능력 중의 하나인 추상화 기능은 어렵고 큰 문제를 다루는 데 있어서 필수적이다.

:: 그림 6 – 2 | 추상화하는 작업

추상화 작업은 현재의 목적과 무관한 부분을 제거시켜 우리의 관심을 집중할 수 있도록 하는 것이다. 따라서 추상화를 위해서는 그 목적이 뚜렷해야 하며, 이러한 목적은 무엇이 중요하고 중요하지 않은지를 결정해 준다. 추상화의 결과는 항상 불완전하고 부정확하지만 그것이 추상화의 필요성과 유용성을 감소시키지는 않는다. 왜냐하면 좋은 모델은 어떤 문제의 중요한 핵심만을 포함하고 나머지 것들을 생략하기 때문이다.

모델링 작업은 수천 년 동안 수많은 사람들(예를 들어, 기술자, 예술가)에 의해 그들이 원하는 어떤 것을 만들기 이전에 항상 선행되어 왔다. 컴퓨터 소프트웨어 또는 하드웨어 시스템, 통신망 시스템도 그 예외가 될 수 없다. 모델링을 통해 다양한 관점에서의 모습(view)을 제공하고 정확한 기술 기법을 이용해 시스템의 요구사항을 확인할 수 있어야 한다.

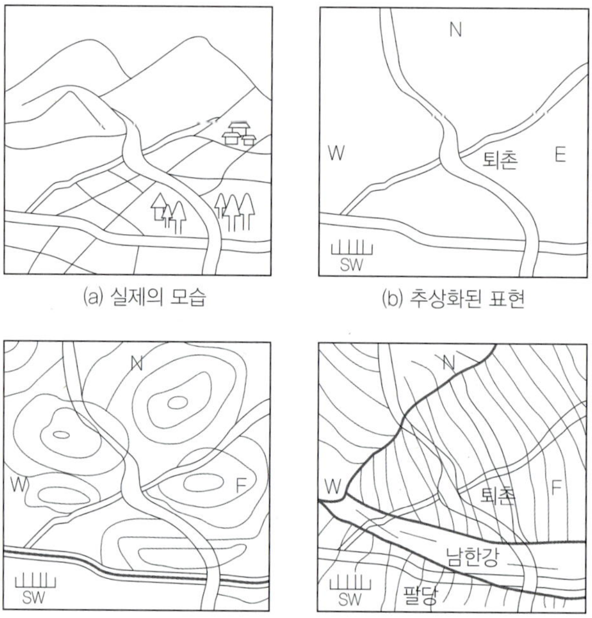

(a) 실제의 모습 (b) 추상화된 표현

(c) 지형학적 표현 (d) 지질학적 표현

:: 그림 6 – 3 | **대표적인 모델의 예**

인류가 사용하는 대표적인 모델의 하나인 지도는 그 용도에 따라 실제의 모습을 여러 가지로 나타낼 수 있다. 그림 6-3 (a)는 실제 모습을 나타낸 지도이고, (b)는 실제의 모습을 추상화시킨 지도이다. (c)는 지형학적으로 나타낸 지도이고, (d)는 지질학적으로 나타낸 지도이다. 이들을 보면 그 관점에 따라 다르게 표현되고 사용되는 것을 확인할 수 있다. 만약 (c)와 (d)의 두 지도를 통합한다면 더 이해하기 어렵고 쓸모없게 된다. 어느 한 모델이 실세계 또는 시스템의 모든 관점을 다 표현할 수는 없으며, 그것을 표현하고자 시도한다면 결국에는 실패하게 된다.

또한 모델은 단순하고 이해하기 쉬워야 하며 모호성이 없어야 한다. 너무 많은 기호가 사용되면 많은 내용을 포함할 수는 있으나, 이 모델은 사람들이 이해하기 어렵게 되고 외면당하여 결국에는 사용하지 않게 된다.

모델링의 결과는 요구사항 명세서의 핵심 부분이 되며 프로젝트의 다음 단계로 옮겨가는 데 필요한 정보를 제공한다. 모델링은 도표를 사용하여 시스템을 논리적으로 분할할 수 있게 해준다. 또한 모델링의 결과는 사용자와 개발자 사이의 대화의 도구로 사용되며 프로젝트의 초기 단계에서 필요한 요구사항을 뽑아내는 데 많은 도움을 주고, 개발 단계(설계, 구현, 시험 포함)에 필요한 시스템의 윤곽과 골격을 제공한다. 개발 단계는 모델링의 결과인 시스템의 골격 위에 살을 붙여나가는 과정이라 볼 수 있다.

모델링의 기본 요소

요구사항을 분석하는 모델링 작업 중에 빠져서는 안 될 중요한 요소는 도표를 사용해야 한다는 점이다. 텍스트만을 사용하여 기술하게 되면 부정확해지기 쉽고 이해하기 어렵기 때문이다. 모델의 요소로는 다음 3가지를 들 수 있다.

(1) 표현

텍스트가 아닌 시각적인 표현(representation)을 말한다. 텍스트로 표시된 정보는 일반적으로 이해하기 어려우며 정보를 교환하기에도 부적당하다. 그러나 도표를 사용하여 표현한 정보는 잘못을 지적하고 고치기가 쉬우며 시스템을 요소들로 분리시키고 각 요소들 사이의 관계와 상호작용을 나타내기가 편리하다. 그림 6-4와 같은 정보 모델을 예로 들어보자.

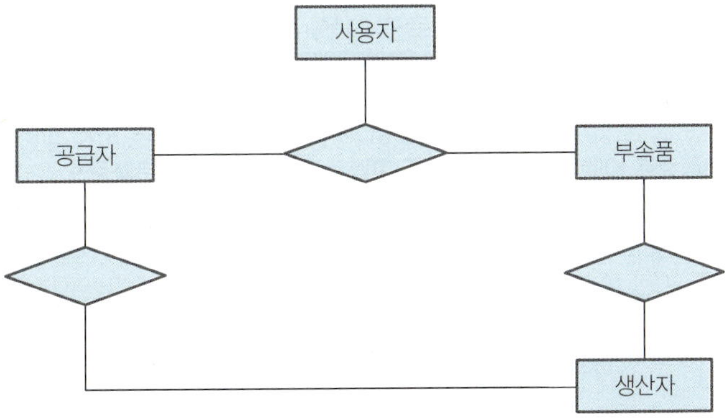

:: 그림 6 - 4 | 정보 모델의 예

(2) 규약

규약(convention)은 시각적인 표현에 대한 설명이다. 이는 도표에 나타난 기호들에 대한 약속이며 이를 통해 애매모호한 의미가 없어져 여러 사람들이 같은 정보를 인식할 수 있도록 한다. 표기법과 그리는 법칙 등이 이에 속하며 그 예는 그림 6-5와 같다.

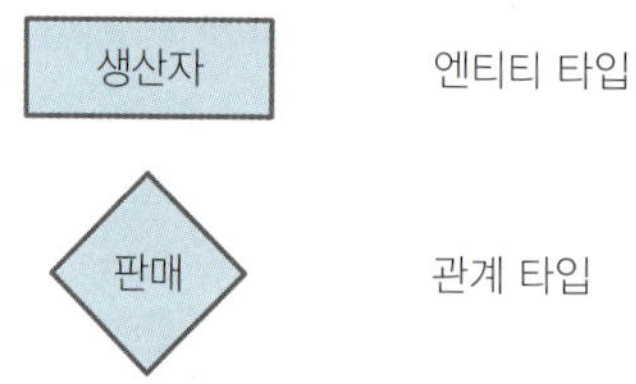

그림 6-5 | 정보 모델의 표기법

(3) 상술

상술(specification)은 시각적인 표현을 텍스트로 확증하는 과정으로 모델링 과정에서 나타난 도표의 구체적인 정의가 필요하다. 이 구체적인 설명은 모델의 일부분으로, 이것 없이 도표에 나타난 표현은 시스템이 어떻게 보이는가의 일부분을 설명하는 아름다운 그림에 불과할 뿐이다. 상술된 자료는 미니 명세서(mini-specification), 자료 사전(data dictionary) 등에 저장하여 관리한다.

4 소프트웨어 시스템의 3가지 관점

앞의 지도에서 보았듯이 실세계에 존재하는 실제의 모습은 그 용도와 관점에 따라 다르게 표현되어 사용될 수 있다. 한 모델은 한 관점을 정확히 표현하여 유용하게 사용되면 그것으로 족하다. 그러나 한 모델을 통해 여러 관점을 나타내기는 어렵다.

한 남자(예를 들어, 필자)가 있다고 하자(인간도 소프트웨어와 하드웨어가 결합된 훌륭한 시스템이다). 이 시스템은 바라보는 관점(view)에 따라 모습이 달라지고 용도도 달라진다. 그의 아내가 그를 바라보았을 때는 남편의 모습으로 비치며 그에 따른 용도(?), 예를 들면 부부 간의 사랑, 월급, 휴가가 결정된다. 아내는 아마 남편이 학교에서 무슨 과목을 가르치는지 등을 모를 가능성이 많으며 이는 남편으로서의 관심사와는 별로 상관이 없기 때문이다. 아이들이 그를 바라보았을 때 그는 아버지의 모습으로 비치며, 그에 따른 관심사항이 결정된다. 직장에서는 학생들이 그를 선생의 관점에서 바라보게 되고 선생으로서 요구되는 관심사가 그들에게 모델링된다.

이 세 가지 관점, 즉 남편의 관점, 아버지의 관점, 선생의 관점 어느 하나도 실세계에 존재하는 그의 실제 모습을 완벽하게 나타내지는 못하며 불완전하고 부정확하다. 그러나 각 관점은 그를 나타내는 중요한 핵심을 포함하고 있기 때문에 각 관점의 필요성과 유용성을 감소시키지는 않는다.

실제 존재하는 실세계를 그 용도와 관점에 따라 여러 가지 모습 또는 지도로 나타낼 수 있듯이, 소프트웨어 시스템은 크게 3가지의 주요 관점에서 보이고 기술될 수 있다. 그림 6-6은 소프트웨어 시스템을 바라보는 3가지 관점인 기능 관점, 동적 관점, 정보(객체) 관점을 보여주고 있다.

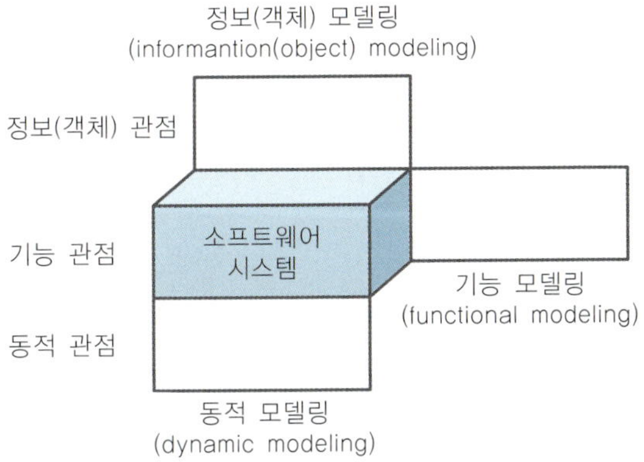

∷ 그림 6 – 6 | 소프트웨어 시스템의 3가지 관점

기능 관점

기능 모델은 시스템이 어떠한 기능을 수행하는가의 관점에서 시스템을 기술한다. 이는 데이터에 대하여 수행되는 계산에 초점을 맞춘다. 기능 모델은 주어진 입력에 대하여 어떤 결과가 나오는가를 보여주는 관점이며 연산과 제약 조건을 묘사한다. 기능 모델은 시스템의 계산에 관한 논리와 현상을 보여주는 반면, 계산이 일어나는 순서는 물론 데이터가 생성되거나 도착하는 순서 등에 대해서는 기술하지 않는다. 이 관점은 일반 프로그래머에게 가장 익숙한 관점으로, 프로그램을 모듈화해 나갈 때에도 기능별로 쪼개 나가는 것을 주변에서 흔히 볼 수 있다.

시스템의 기능 관점(function space)을 표현하는 기능 모델의 일반적인 표현방법은 버블 도표(bubble charts)라고도 불리는 자료 흐름도에 의하여 도식적으로 나타난다. 자료 흐름도는 데이터에 수행되는 계산에 근거하여 시스템을 쪼개 나간다. 자료 흐름도의 중요 구성 요소는 기능을 수행하는 프로세스와 자료 흐름이다. 자료 흐름도의 본질은 제어와 시간에 대한 것을 무시하고 오직 시스템이 제공하는 기능에 초점을 맞추는 데 있다. 이 관점은 시스템에 하향식으로 접근하여 주요 기능들을 파악하고, 더 낮은 단계로 세분화하여 분석을 진행한다.

그림 6-7은 차(tea)를 만드는 과정을 기능 관점에서 나타낸 것이다. 17년 전 파키스탄 교수가 그려 준 그림인데, 그 당시 필자는 왜 홍차에 우유를 넣어 먹는지 이해하지 못했으나(파키스탄의 차 먹는 풍습) 이제 우리나라의 경우에도 '홍차라떼'라는 이름으로 우유를 넣어 먹는 것이 보편화되었다.

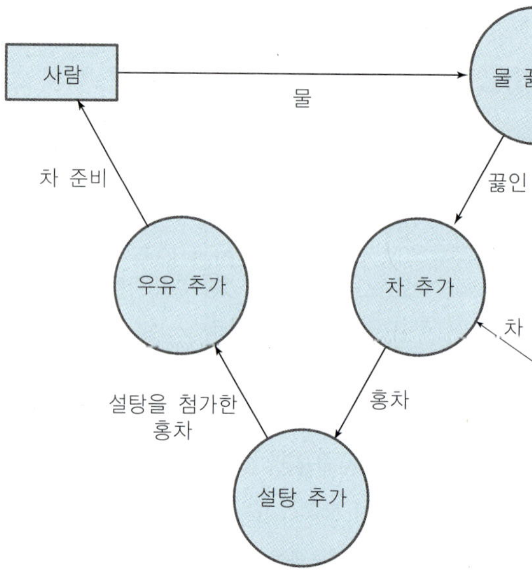

:: 그림 6 - 7 | 기능 관점

동적 관점

시간의 변화에 따른 시스템의 동작과 제어에 초점을 맞추어 시스템의 상태(state)와 상태를 변하게 하는 원인들을 묘사하는 것이 동적 관점(dynamic space)이다. 이는 시스템의 시간과 변화에 대한 것을 포함한다. 시스템은 시간의 변화에 따라 한 상태에서 다른 상태로 변화하게 되므로 이러한 변화는 동적인 면을 가지게 되고, 그로 인해 이 모델을 동적 모델이라 부른다. 시스템의 동적인 면이 어떻게 표현되는가는 어떤 표시 도구를 사용하느냐에 따라 많이 달라진다. 많이 사용되는 동적 모델링 도구로는 상태 변화도(STD : State Transition Diagram)와 사건 추적도(event trace diagram) 등이 있다.

이 두 방법은 시스템의 상태와 시간에 따른 변화를 나타내는 데 다른 표현방법을 사용하고 있다. 사건 추적도는 시스템이 시간에 따라 한 상태에서 다른 상태로 전이할 때 제어의 흐름이 어떻게 이동하는지 보여주며, 상태 변화도는 제어 흐름의 순서를 나타내지는 않는다. 이들은 시스템의 가능한 모든 상태를 나타내며 어떤 사건이 상태의 전이를 일으키는가에 초점을 맞춘다. 상태와 사건이 동적 모델링의 주요 구성 요소이다.

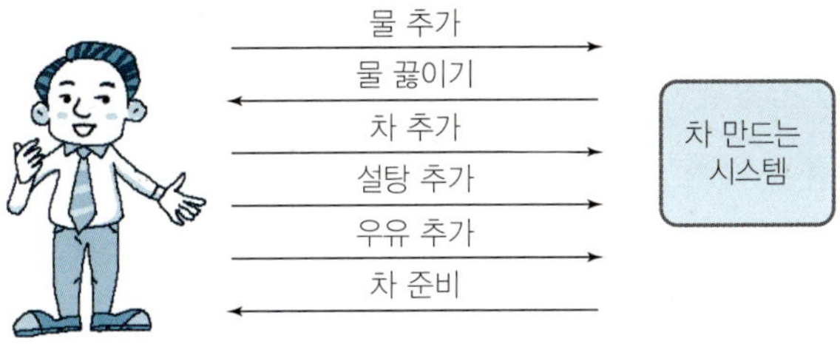

:: 그림 6 – 8 | 동적 관점

정보 관점

정보 관점(information space)은 시스템에 필요한 정보를 보여줌으로써 시스템의 정적인 정보 구조를 포착하는 데 사용된다. 이 모델은 시스템에 사용되는 정보 객체를 찾아내고, 이들 객체의 특성, 객체들 사이의 관계와 연관성을 규명한다. 정보 모델은 다른 두 관점보다 실세계를 정확히 묘사할 수 있는 장점을 가지고 있다. 이 모델에 나타나는 객체들은 다른 모델에서 나타나는 결과와는 달리 변하지 않고 안정감이 있어 시스템 개발에 있어 튼튼한 기초를 제공한다.

정보 모델은 시스템의 기능이나 동적인 면을 고려하지 않으며 오직 정적인 것에만 초점을 맞춘다. 정보 모델은 특히 시스템의 데이터베이스를 분석하는 데 많이 사용되며 ER 모델(Entity-Relationship Model)은 그 대표적인 도구이다. 이 모델들은 여러 객체들 사이의 관계를 나타내는 데 효율적으로 사용된다.

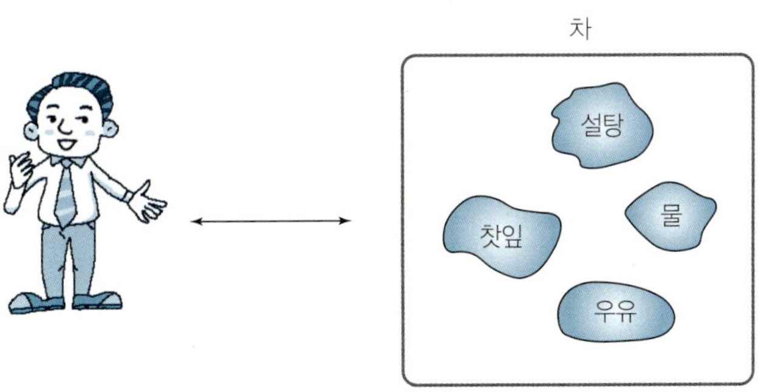

:: 그림 6 – 9 | 정보 관점

세 관점의 통합

이들 세 가지 모델은 시스템의 각기 다른 면을 나타내며 어느 하나도 시스템 전체를 완벽히 설명하지는 못한다. 이들 세 가지 관점이 모아지고 통합(integration)되어야 시스템의 요구사항이 완벽히 표현될 수 있다.

의사가 X-ray를 종합하여 상처를 정확히 진찰하는 것을 시스템으로 비유하면 요구사항 분석과정에 해당한다고 할 수 있다. 예를 들어, 뼈에 부상을 당한 환자가 있다고 하자. 의사는 상처 부위를 여러 각도에서 X-ray로 찍고 이를 통합해 상처를 정확하게 진단한다. 이 경우 X-ray를 하나만 찍어도 되는 때는 상처가 별로 심하지 않거나 하나만으로도 진단이 완벽히 나오는 경우일 것이다.

개발하는 응용 분야에 따라서는 한 관점이 시스템의 필요한 모든 모습을 거의 다 설명할 수도 있을 것이며, 이런 경우 다른 관점은 간략하게 묘사되거나 생략될 수 있다. 예를 들어, 컴파일러 시스템을 개발하는 경우는 주로 계산을 많이 하기 때문에 기능 모델링을 통하여 컴파일러의 요구사항을 대부분 표시할 수 있으며, 데이터베이스의 정보를 보여주는 시스템에서는 정보 모델만으로도 충분할 수 있다. 통신 시스템의 경우 시스템의 동적인 면과 기능 면이 중요시된다면 동적 관점과 기능 관점에서의 모델링만으로도 시스템의 요구사항이 대부분 표시될 수 있다.

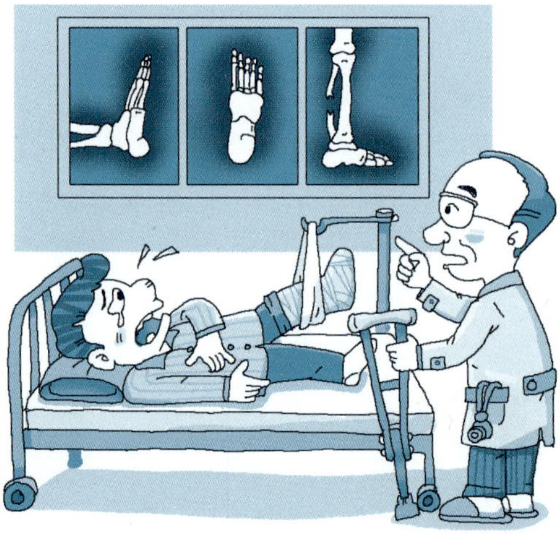

:: 그림 6 – 10 | 의사가 여러 X-ray를 모아 진찰하는 모습

요 약 SOFTWARE ENGINEERING

소프트웨어 개발에 있어서 가장 어렵고도 중요한 문제는 고객의 문제점을 이해하는 일이다. 요구사항 분석은 고객의 문제점을 이해하여 시스템의 목표를 확립하는 과정이며, 개발에 들어가기 전 문제에 대해 연구하는 것이다. 목표가 정확해야 프로젝트가 성공적으로 이루어질 수 있으며, 목표는 구체적이어야 한다. 요구사항 분석의 결과물인 요구사항 명세서는 사용자와 개발자 모두에게 공통의 목표를 제시하는 것으로서 시스템 개발 전체 과정에 걸쳐 기준이 되는 중요한 문서이다. 만족시켜야 할 요구사항을 완벽하게 소화하는 시스템은 소프트웨어 개발이 성공하기 위한 필수조건이다.

프로젝트의 목표를 제시하는 요구사항 명세서는 사용자와 개발자 모두에게 대화의 도구로서 사용되며, 설계 및 프로그래밍 단계에서 필요로 하는 중요한 정보를 포함하고 시스템의 윤곽과 골격을 제공한다. 또한 요구사항 명세서는 시스템 시험에 필요한 가이드라인을 제공한다.

모델링은 요구사항 분석을 체계적으로 할 수 있게 해주고 그 결과를 문서화할 수 있도록 도와주는 기법이다. 모델링은 우리의 관심 분야에 초점을 맞추어 추상화하는 것이기 때문에 어렵고 큰 문제를 다루는 데 효과적이다. 모델링의 요소로는 표현, 규약, 상술 3가지가 있다.

소프트웨어 시스템은 크게 3가지의 주요 관점인 기능 관점, 동적 관점, 정보 관점에서 보아야 하며, 이들은 각각 소프트웨어 시스템의 다른 면을 나타내고 있다. 소프트웨어 시스템의 체계적인 개발을 위해 이들 3가지 관점이 통합(integration)되어야 하며 응용 분야에 따라 특정 관점이 다른 관점보다 중요하게 여겨질 수도 있다.

참고 문헌

[BIN 92] Bingham, J. & Davies, G., *Systems Analysis*, Macmillan, 1992.

[BOO 94] Booch, G., *Object-Oriented Analysis and Design with Applications*, Benjamin/Cummings, 1994.

[코비 94] 스티븐 코비 저, 김경섭 역, 『성공하는 사람들의 7가지 습관』, 김영사, 1994.

[DEM 79] Demarco, T., *Structured Analysis and System Specification*, Yourdon Press, 1979.

[FIT 87] FitzGerald, J. & FitzGerald, A., *Fundamentals of Systems Analysis*, John Wiley & Sons, 1987.

[HUM 95] Humphrey, W., *A Discipline for Software Engineering*, Addison Wesley, 1995.

[GHE 91] Chezzi, C., Jazayeri, M. & Mandrioli, D., *Fundamentals of Software Engineering*, Prentice Hall, 1991.

[JAC 92] Jacobson, I., *Object-Oriented Software Engineering*, Addison-Wesley, 1992.

[KEN 88] Kendall, K. & Kendall, J., *Systems Analysis and Design*, Prentice Hall, 1988.

[MYN 90] Mynatt, B., *Software Engineering with Student Project Guidance*, Prentice Hall, 1990.

[RUM 91] Rumbaugh, J., Blaha, M., Premerlani, W., Eddy, F. & Lorensen, W., *Object-Oriented Modeling and Design*, Prentice Hall, 1991.

[SEN 87] Senn, J., *Analysis and Design of Information Systems*, Mcgraw-Hill, 1987.

연습문제

객관식 문제

01 요구사항 분석과정에 대한 설명 중 옳지 않은 것은?

① 스폰서가 무엇을 원하는지 밝히기 위해서 다양한 방법을 사용해야 한다.
② 유스케이스(use case)는 시스템의 기능적 요구사항을 결정해 준다.
③ 시스템의 설계 이전에 문제에 대한 분석이 이루어져야 한다.
④ 시스템을 개발자 관점에서 바라보고 해결방법을 모색한다.

02 소프트웨어 개발 시 시스템 분석가의 주요 활동은?

① 요구사항 분석 ② 설계
③ 프로그래밍 ④ 테스트

03 소프트웨어의 개발 단계 중 요구사항 분석 단계에 대한 설명으로 옳지 않은 것은?

① 프로젝트의 필요와 요구가 나오게 된 원인과 배경을 이해할 수 있는 단계이다.
② 고객의 요구를 파악하고 문제를 정의한 후, 목표를 명확히 도출하는 단계이다.
③ 소프트웨어가 가져야 될 기능을 기술하는 단계이다.
④ 소프트웨어의 서브시스템(subsystem) 구조를 결정하고 구성 요소에 할당하는 단계이다.

04 요구사항 분석 활동 중 제일 마지막에 이루어지는 작업은?

① 요구사항 정의(requirements definition)
② 요구사항 명세화(requirements specification)
③ 타당성 조사(feasibility study)
④ 요구사항 확인(requirements identification)

05 요구사항 분석과정에 대한 설명 중 옳지 않은 것은?

① 고객 관점 ② 응용 분야 관점
③ 목표 관점 ④ 문제 해결방법 관점

06 요구사항 명세서에 대한 설명으로 합당하지 않은 것은?

① 시스템의 목표를 어떻게 달성할 것인가의 해결방법을 기록한다.
② 사용자와 개발 팀 사이의 계약서이다.

③ 만들어질 시스템의 수용 여부를 결정짓는 확인 자료로 사용되어야 한다.

④ 소프트웨어 개발에 있어 요구사항 명세서가 없으면 시험이 불가능하다.

07 **요구사항 명세서에 대한 설명으로 합당하지 않은 것은?**

① 고객과 개발자 모두 쉽게 이해할 수 있도록 작성

② 시스템의 구조와 서브시스템 기술

③ 명시되어 있는 조건들은 고객과 개발자가 동의한 것

④ 시스템의 포용성과 오류 조건 명시

08 **요구사항 분석을 위해 사용되는 기법으로 거리가 먼 것은?**

① 감시 및 통제 활동 분석

② 사용자와의 인터뷰

③ 현재 사용 중인 유사 소프트웨어 조사

④ 질문 사항을 만들어 설문지 전달을 통한 의견 수렴

09 **설문지에 의한 요구사항 분석을 하기에 적당한 경우가 아닌 것은?**

① 사람들이 지역적으로 널리 분산되어 있는 경우

② 시스템에 의해 많은 사람들이 영향을 받고 다양한 기능에 대한 그들의 의견이 요구되는 경우

③ 시스템에 대한 전문가의 의견이 필요한 경우

④ 현재 시스템의 문제점을 파악하고 싶은 경우

10 **요구사항 분석 작업이 어려운 이유와 거리가 먼 것은?**

① 사용자의 요구사항이 계속적으로 변한다.

② 문서화가 어렵다.

③ 개발하고자 하는 시스템 자체가 복잡하고 어렵다.

④ 의사소통에 어려움이 있다.

11 **요구사항 분석이 잘못되면 나타나는 대표적인 현상은?**

① 유지보수하는 데 많은 비용과 시간이 들어간다.

② 디버깅에 많은 비용과 시간이 소요된다.

③ 시간과 노력을 들여도 고치기가 어렵다.

④ 프로그래밍에 많은 비용과 시간이 들어간다.

12 요구사항 분석의 특징이 아닌 것은?

① 고객의 요구가 다양하고 목표가 상반되어 그들 모두를 만족시켜야 하는 일이 결코 쉽지 않다.

② 요구사항을 분석하는 분석가와 사용자와의 인간관계가 쉽지 않다.

③ 분석가의 위치가 수비적이 되기 쉽다는 문제점이 있다.

④ 분석과정에서 업무는 확정적인 경우가 대부분이다.

13 요구사항을 분석하는 시스템 분석가의 자질에 해당하지 않은 것은?

① 응용 분야에 대한 지식　② 의사소통(communication) 능력

③ 프로그래밍 능력　④ 문서화 능력

14 사용자와의 관계는 어렵고도 중요하다. 사용자의 참여를 개발 초기에 증가시키고, 사용자와 개발자 사이의 문제점과 분쟁을 최소화시킬 수 있는 방법이 아닌 것은?

① 사용자와 개발자가 회의를 하면 회의록을 작성하여 서로 서명하는 것이 바람직하다.

② 시스템의 내부에 대한 분석이 이루어진 후 사용자가 무엇을 얻을 것인가를 정의한다.

③ 시제품을 빨리 만들어 사용자에게 보여준다.

④ 사용자에게 요구사항 분석이나 설계 기법에서 사용하는 모델링 기법을 설명하고 공통의 대화 언어를 사용한다.

15 요구사항 분석방법의 공통적인 특성이 아닌 것은?

① 정보 영역 분석을 위한 메커니즘　② 구현 관점(how to)의 표현

③ 기능과 동작을 표현하는 방법　④ 추상화 지원

16 모델링의 추상화에 대한 설명으로 옳지 않은 것은?

① 추상화는 완전한 시스템을 구축하기 전에 간단한 물리적 모형을 만들거나 시스템의 특징을 수학적으로 표현하여 실세계를 이해해 볼 수 있다.

② 추상화는 우리의 관심 분야에 맞추어 의도적으로 불완전하게 표현하여 복잡성이 감소된다.

③ 추상화는 시스템의 구조 및 구성을 가시적으로 볼 수 있다.

④ 추상화는 필수적 속성을 나타내는 것으로 시스템이 어떤 기능을 수행하는지보다는 어떻게 구현되는지에 초점을 맞추는 개념이다.

17 모델링에 대한 바른 설명이 아닌 것은?

① 개발 대상 시스템의 동작과정 등을 알아보기 위하여 간단한 물리적 모형을 만들거나 시스템의 특징을 수학적으로 표현한 것이다.

② 모델링은 우리의 관심 분야에 맞추어 실세계를 의도적으로 불완전하게 표현한 것이다.

③ 모델링의 결과는 언제나 완전하고 정확하여 유용성이 높다.

④ 모델링은 바라보는 사람의 관점, 의도에 따라 시스템의 다른 모습을 제공한다.

18 모델링에 대한 바른 설명이 아닌 것은?

① 우리는 실세계를 이해하기 위해 그의 표현을 필요로 하며, 모델링은 실세계의 표현을 가능하게 한다.

② 모델링은 어떤 것을 만들기 전에 그것을 이해하기 위한 목적으로 추상화하는 작업이다.

③ 모델이란 우리의 관심 분야에 맞추어 실세계의 존재를 완전하게 표현한 것이다.

④ 모델링은 어렵고 큰 문제를 다루는 데 있어서 필수적이다.

19 요구사항 분석 시 수행하는 모델링의 활용 용도가 아닌 것은?

① 한 모델은 실세계 또는 시스템의 모든 관점을 다 표현한다.

② 모델은 단순하고 이해하기 쉬워야 하며 모호성이 없어야 한다.

③ 모델링의 결과는 요구사항 명세서의 핵심 부분이 되며 프로젝트의 다음 단계로 옮겨가는 데 필요한 정보를 제공한다.

④ 모델링의 결과는 사용자와 개발자 사이의 대화의 도구로 사용한다.

주관식 문제

01 요구사항 분석의 필요성과 중요성을 설명하라.

02 요구사항 분석과정의 산출물은 무엇인가?

03 요구사항 분석과정에서 규명해야 하는 것은 무엇인가?

04 요구사항 분석이 다른 과정보다 어렵다고 하는 이유는 무엇인가?

05 분석과정이 설계, 코딩, 시험의 개발과정과 다르게 느껴지는 특징은 무엇인가?

06 시스템 분석가의 자질과 임무는 무엇인가?

07 시스템 분석가가 갖추어야 할 이상적인 교육과 훈련은 어떤 것이 있는가?

08 컴퓨터공학에서 연구되어야 할 특수 분야는 어떤 것이 있는가?

09 분석과정에서 대화의 원활한 소통은 필수적이다. 대화(communication)의 종류를 생각해 보고, 대화를 원활히 하기 위해 갖추어야 할 자질은 무엇인가?

10 시스템 개발에 있어 요구사항 명세서의 역할은 무엇인가?

11 분석이 잘못되었을 때 나타나는 문제점은 어떤 것인가?

12 분석의 어려움을 요약하여 설명하라.

13 요구사항 명세서는 시험(testable)할 수 있어야 한다는 말은 무슨 뜻인지 예를 들어 설명하라. 또한 확인(validation)과 검증(verification)에 대하여 조사해 보라.

14 분석과정의 복잡도를 해결하기 위해 사용하는 효과적인 방법은 무엇인가?

15 요구사항 명세서를 개발자가 쓰는 경우와 고객이 쓰는 경우의 장단점을 생각해 보라.

16 요구사항 명세서를 컴퓨터 전공자가 쓰는 경우와 응용 분야의 지식을 가진 사람이 쓰는 경우의 장단점을 생각해 보라.

17 모델링을 정의하고 모델링의 목적을 기술하라.

18 모델링에서 사용하는 기본 개념들은 무엇이 있는가?

19 모델이 갖추어야 할 기본 요소는 어떤 것이 있는가?

20 모델링에서 현재의 목적과 무관한 부분을 무시하고 목적에 적합한 부분에 집중할 수 있도록 하는 것을 무엇이라 하는가?

21 모델링의 결과는 어떻게 활용되는가?

22 소프트웨어 시스템을 바라보는 3가지 관점에 대하여 설명하라.

23 소프트웨어의 3가지 관점을 나타내는 데 사용되는 분석 도구의 예를 들어라.

24 엔지니어링의 가시성이 중요한 이유에 대하여 논하라.

25 추상화(abstraction) 개념이 사용되어 크게 효과를 보는 예를 2가지만 들어라.

26 엔지니어링에서 문서의 중요성을 설명하고 문서와 기술력과의 관계를 논하라.

27 요구사항 분석에 사용되는 CASE 도구를 2가지 이상 조사하라.

28 소프트웨어 공학의 원리와 우리 전통 문화 사이에 공존하기 어려운 모순이 존재하는지 생각해 보라.

29 은행 고객 및 계좌 관리를 위한 소프트웨어 시스템과 관계된 사용자의 유형(type)은 어떤 것이 있는가? 그들의 유형에 따른 요구사항을 기술해 보고 모순되는 요구사항이 있으면 지적하고 그 해결방법을 제시하라.

30 자판기 시스템을 기능 관점, 동적 관점, 정보 관점에서 각각 설명해 보라.

31 자판기 프로젝트를 예로 들어 사용자가 보는 모든 요구사항을 나열하라.

32 소프트웨어 분석 기법에 사용되는 도구들을 조사하고 세 가지 관점에 의해 분류하라.

33 요구사항 명세서와 사용자 매뉴얼을 비교하고 관계를 설명하라.

34 체계적이지 못한 인터뷰를 수행할 때 나타나는 문제점을 기술하라.

35 열린 질문이 닫힌 질문보다 더 적합한 경우의 예를 들어라.

36 열린 질문으로 합당한 예와 합당하지 못한 예를 각각 두 가지씩 들어라.

37 때때로 닫힌 질문은 인터뷰에 응하는 사람을 오도할 수 있다. 이런 경우에 닫힌 질문과 그에 대한 반응을 포함하는 시나리오를 만들어 보라.

38 인터뷰를 수행할 때 사용하는 피라미드 구조와 깔때기 구조를 비교하고, 한 구조가 다른 구조보다 더 적합한 경우의 예를 각각 들어라.

39 개인 기록을 보관하는 시스템에 관하여 관리자와 인터뷰를 수행할 때 피라미드 구조를 사용하는 예를 들어라.

40 상업적인 소프트웨어 제품(commercial products)을 만드는 경우와 주문생산 제품(customized products)을 만들 때, 요구사항 분석과정에서 발견되는 공통점과 차이점을 기술하라.

객관식 문제 정답 1. ④ 2. ① 3. ④ 4. ② 5. ④ 6. ① 7. ② 8. ① 9. ③ 10. ③ 11. ③ 12. ④ 13. ③ 14. ② 15. ② 16. ④ 17. ③ 18. ③ 19. ①

Chapter

07 기능 모델링

기능은 입력물을 받아 결과물을 내는 활동이며, 기능을 수행하는 활동을 프로세스라 한다. 기능 모델링은 시스템에서 요구되는 정보의 흐름과 정보의 변환을 나타내 주는 프로세스를 중심으로 시스템을 묘사하고 있다. 이 장에서는 시스템을 기능 관점에서 바라보고 모델링하는 대표적인 방법인 구조적 분석 기법(structured analysis)에 대하여 알아본다.

Chapter

07 / 기능 모델링

학습목표

1. 프로세스(기능)를 정의한다.
2. 구조적 분석 기법에서 사용하는 도구를 설명한다.
3. 배경도(context diagram)를 정의하고 그 용도를 설명한다.
4. 자료 흐름도의 균형을 설명한다.
5. 미니 명세서를 설명한다.
6. 자료 사전의 용도를 설명한다.

시스템을 기능 관점에서 보는 것은 매우 자연스러운 일이다. 예를 들어, 현금자동인출기(ATM)를 관찰해 보자. 사용자는 ATM이 우리에게 어떤 서비스, 즉 기능(function)을 제공할 수 있는가를 우선 생각할 것이다. ATM은 '현금 인출', '잔액 조회', '계좌 이체' 등 다양한 기능을 우리에게 제공한다. 이런 기능 관점의 생각은 시스템이 가진 정보나 동작을 파악하려는 것보다 우선한다. 결국 소프트웨어 시스템도 기능 관점에서 바라보는 것은 본능적이고 자연스러운 모습이며, 그 결과로 기능 중심의 프로그래밍 언어인 포트란(Fortran), 코볼(Cobol), 파스칼(Pascal), C 등이 먼저 출현하였다.

기능 관점은 다양한 분야에서 아주 중요하게 사용된다. 프로젝트 관리 영역에서 이루어지는 모든 활동도 기능들의 연속으로 이해할 수 있다. 기능은 입력물을 받아 결과물을 내는 활동이며 이를 프로세스라 한다. 앞에서 설명한 프로젝트 관리도 프로젝트를 바로 기능 관점에서 바라본 것이며, PMBOK은 프로젝트 관리 활동을 프로세스의 연속적인 흐름으로 설명하고 있다. 소프트웨어 개발 라이프 사이클도 기능 중심의 프로세스 흐름으로 이해되어 이를 개선하려는 노력이 광범위하게 이루어지고 있다.

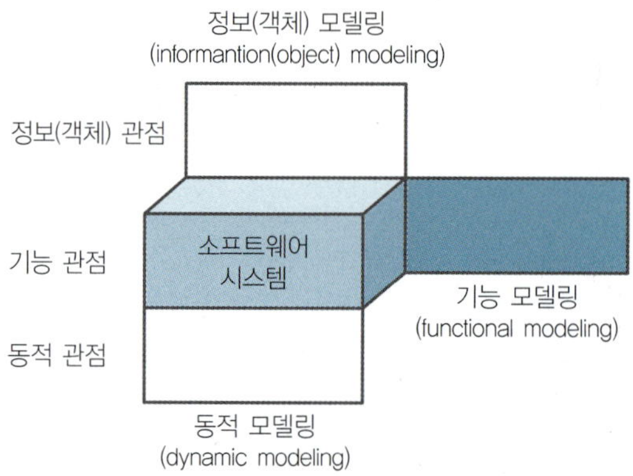

:: 그림 7-1 | 시스템의 3가지 관점

소프트웨어 시스템은 받아들인 정보를 여러 단계를 거쳐 새로운 정보로 변환시킨 뒤 내보내는 것이라 할 수 있다. 이렇게 시스템을 기능 관점에서 바라보고 시스템에서 요구되는 정보의 흐름과 정보의 변환을 나타내는 대표적인 기능 모델이 구조적 분석 기법(structured analysis)이다. 구조적 분석 기법은 1979년 디마르코(Tom DeMarco)가 도식적 기초를 사용하여 소개하였는데[DEM 79], 1980년대부터 널리 활용되기 시작하여 지금도 요구사항 분석에 많이 사용되고 있는 기법이다.

1 구조적 분석 기법 개요

구조적 분석 기법의 뿌리는 구조적 프로그래밍(structured programming)에서 찾을 수 있다. 구조적 프로그래밍은 대부분의 경우 프로그래밍 언어 시간에 소개된다. 이는 프로그래밍의 간결성을 유지하고 수정을 용이하게 하기 위해, 시스템이 수행하는 기능을 모듈화시켜 분할하는 기법으로 1960년대부터 소개되어 사용되고 있다. 그러나 그후 구조적 프로그래밍만 가지고는 시스템 개발의 한계점에 부딪쳤고 좀 더 안정감 있는 시스템을 만들기 위해서 설계의 원칙들이 필요하게 되었다. 이에 맞추어 소개된 것이 구조적 설계 기법(structured design)이다.

그러나 설계의 원칙만 가지고는 더욱 복잡해지는 시스템의 기능들을 제대로 표시하지 못하였으므로 요구사항 분석의 필요성이 대두되었고, 그 필요성에 의해 나타나게 된 것이 바로 구조적 분석 기법(structured analysis)이다. 이러한 일련의 역사적 과정에서 볼 수 있듯이 소프트웨어의 진화과정은 어떤 기법을 적용하여 그 한계점에 부딪치면 그것을 해결하기 위해 새로운 개발방법을 모색하는 것이었다. 결국 소프트웨어의 개발 역사는 어떤 방법을 시도해 문제점을 발견하면 새로운 변화를 시도하는 진화과정이라 볼 수 있다.

구조적 분석 기법은 자료 흐름도(DFD : Data Flow Diagram)를 사용하여 정보의 흐름과 변환을 제시하며, 하향식(top-down) 방법으로 높은 차원의 기능을 작은 기능 단위로 쪼개 나간다. 구조적 분석 기법에서 시스템은 받아들인 정보를 가공 처리하여 새로운 정보를 내보내는 하나의 큰 프로세스(process)이며, 이 프로세스는 세부 기능을 수행하는 작은 프로세스들로 나누어진다. 이와 같이 시스템이 반복적으로 분할되는 것을 자료 흐름의 상세화(data flow refinement)라 하며 그림 7-2에 나타나 있다.

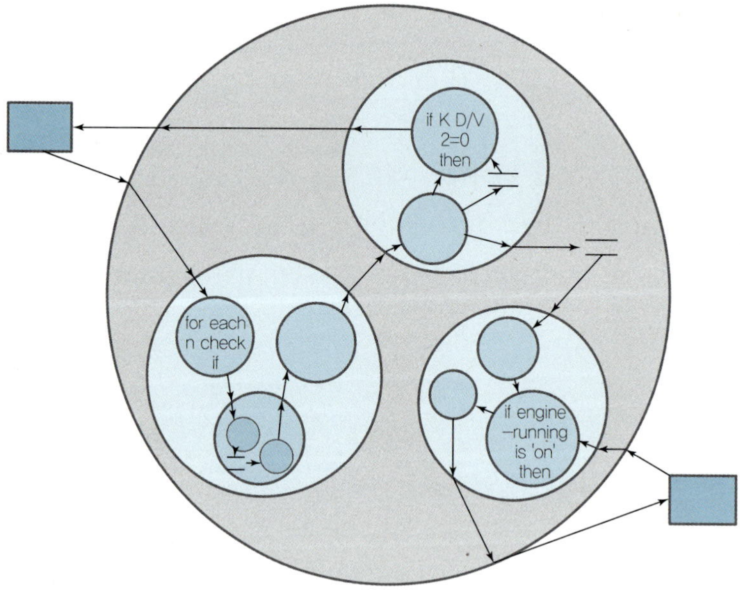

:: 그림 7 – 2 | 시스템의 분할

출처 : 이 예는 Cadre 사의 승인을 받고 Teamwork의 예제에서 발췌한 것이다.

일반적으로 큰 시스템을 상세화하면서 계층적인 배열을 두어 서로의 종속 관계를 표시하는 것을 레벨화(leveling) 또는 계층화라 한다. 큰 시스템을 분석하기 위해서 분할의 개념은 필수적이며 이때 요구되는 개념이 레벨화이다.

하향식(top-down) 기법인 구조적 분석 기법은 표현의 정도를 구분하고 읽기 쉽도록 하기 위해 레벨화를 도입하고 있다. 이러한 기능 중심의 분할과 레벨화는 우리의 주변에서도 많이 볼 수 있다. 자료 흐름도는 하향식 방식으로 시스템을 분할하고 그것을 그림으로 보여준다(회사의 경우도 각 부서 간의 자료 흐름도를 그리면 유용하게 사용할 수 있을 것이다). 자료 흐름도를 이용하면 여러 단계를 거쳐 기능을 분할해 나갈 수 있는데, 이러한 자료 흐름도는 프로세스 사이의 데이터 흐름을 강조하는 관점에서 시스템을 기술한 것이다.

2 자료 흐름도

소프트웨어 시스템은 정보를 받아들여 가공 처리하는 변환기(transformer)라고 볼 수 있고, 자료 흐름도(data flow diagram)는 정보가 입력되어 적용되는 변화와 그 결과(출력)를 그림으로 묘사해 주는 도식적 기법이라 할 수 있다. 자료 흐름도는 기본적으로 다음의 4가지 기호를 사용하여 표기하고 있다.

외부 객체 : 시스템의 외부에서 시스템과 정보를 주고받는 사용자 등의 외부 객체이다.

프로세스 : 시스템 안에서 정보를 처리하고 변환시키는 변환기이며 버블이라고도 부른다.

데이터 항목 : 정보의 흐름을 표시하는 자료 항목 또는 데이터 단위이며 화살표는 데이터의 흐름을 표시한다.

자료 저장소 : 오랫동안 보관되는 데이터를 저장해 놓는 파일이나 데이터베이스 시스템을 말한다.

자료 흐름도는 데이터의 흐름 또는 정보의 흐름에 초점을 맞추었기 때문에 처리의 순서나 제어는 명확하게 표시하지 못한다. 앞에서 언급되었듯이 구조적 분석 기법은 기능 관점을 나타내고 그 외의 동적 관점, 정보 관점은 나타내지 않는다.

그림 7-3은 자료 흐름도의 간단한 예를 보여 주고 있다. 정보 흐름 a는 외부 객체 S로부터 오며 프로세스 X에 의해 정보 흐름 b로 변환된다. 계속해서 정보 흐름 b는 파일 F의 정보 흐름 d와 결합하여 프로세스 Y에 의해 새로운 정보 흐름 c를 만들어 내고 외부 객체 T에 제공된다.

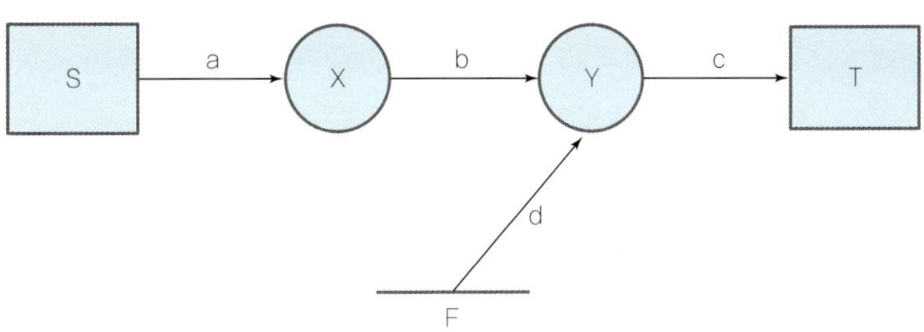

:: 그림 7 – 3 | 간단한 자료 흐름도

이때 프로세스의 이름은 데이터의 입력과 출력에 의해 결정되어야 하며, 프로세스에 의해 입출력 데이터 이름이 결정되는 것은 바람직하지 않다. 이는 데이터 흐름의 이름이 프로세스 이름에 우선한다는 것을 의미한다. 그러므로 "프로세스 X는 정보 흐름 a를 정보 흐름 b로 바꾸어 준다."고 표현하는 것이 자연스러우며, "정보 흐름 b는 프로세스 Y에 사용되기 위해 X로부터 만들어졌다."고 불리지는 않는다.

각 프로세스는 앞에서 언급했던 것처럼 더욱 세부적으로 묘사하기 위해 분할될 수 있다.

그림 7-4는 하나의 프로세스가 계속하여 단계별로 분할될 수 있음을 보여주고 있다. X_1부터 X_5까지의 프로세스는 X의 자녀들이며, $X_{4.1}$, $X_{4.2}$, $X_{4.3}$은 X_4의 자녀들이다.

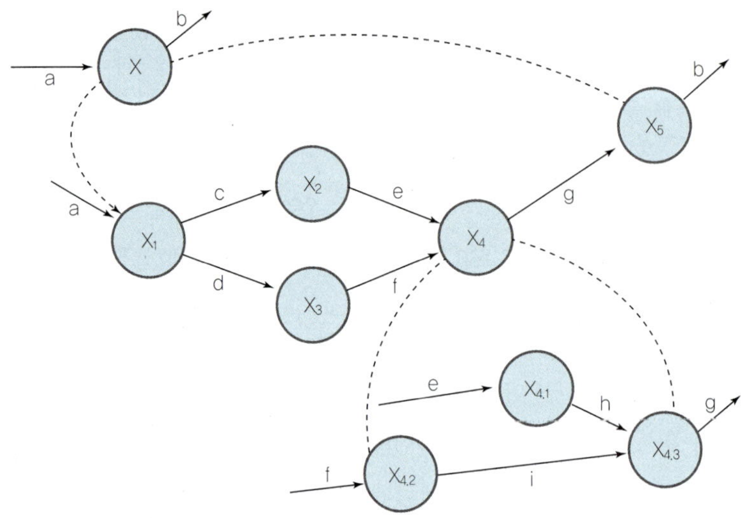

:: 그림 7 - 4 | 프로세스의 분할

자료 흐름도는 시스템을 하나의 프로세스로 놓고 외부와의 정보 흐름을 표시하는 배경도(context diagram)로 시작하며 더 이상 쪼갤 필요가 없을 때까지 단계별로 분할하여 나간다. 더 이상 쪼개어지지 않는 프로세스를 원시 프로세스(functional primitive)라 한다. 그림 7-4에서 보듯이 프로세스 X는 그 다음 단계의 그림 (X_1에서 X_5)로 대치될 수 있으며 X_4는 그 다음 단계의 ($X_{4.1}$, $X_{4.2}$, $X_{4.3}$) 프로세스들로 대치될 수 있다.

따라서 배경도나 중간 과정의 프로세스들은 모두 쪼개어지지 않는 원시 프로세스들로 대치될 수 있으며, 자료 흐름도를 그리는 목적은 이렇게 원시 프로세스와 원시 프로세스들 사이의 정보 흐름을 규명하는 것이라 볼 수 있다.

배경도

자료 흐름도는 상위 프로세스, 중간 프로세스, 원시 프로세스들로 구성되어 있다. 최상위의 하나로 된 프로세스를 그린 그림을 배경도(context diagram)라 하며, 이는 분할되기 이전 시스템을 하나의 큰 프로세스로 이해한 것이다. 배경도는 우리가 개발해야 할 시스템의 영역을 기술하고, 시스템과 외부 환경과의 경계를 결정하며, 외부와의 인터페이스를 제시하여 시스템의 입출력 데이터를 보여준다.

배경도는 시스템을 블랙박스로 본 것으로 시스템과 외부 환경과의 인터페이스에 초점을 맞춘다. 분석 초기에, 분석가는 사용자와 시스템이 상호 어떠한 데이터를 주고받으며 어떠한 상호 교류가 일어나는지에 우선 초점을 맞추어야 한다. 배경도가 완성되어 사용자가 무엇을 얻을 것인가를 확립하게 되면, 이를 실현시키기 위해 시스템의 내부에 대한 분석이 이루어진다. 이는 시스템을 개발하는 데 있어서 목표에 대한 우선순위를 부여하는 것과 같다.

배경도는 문제 설명서(problem statement) 또는 제안서에 기술되어 있는 데이터와 시스템이 반응해야 하는 행위, 사건 등에서 시스템과 외부 객체 사이에 오가는 정보를 추출하여 만들어진다. 또한 시스템의 외부에서 바라본 시스템의 모습을 기술한다. 그림 7-5는 자동차의 자동속도조절장치(automobile cruise control system)의 배경도이다.

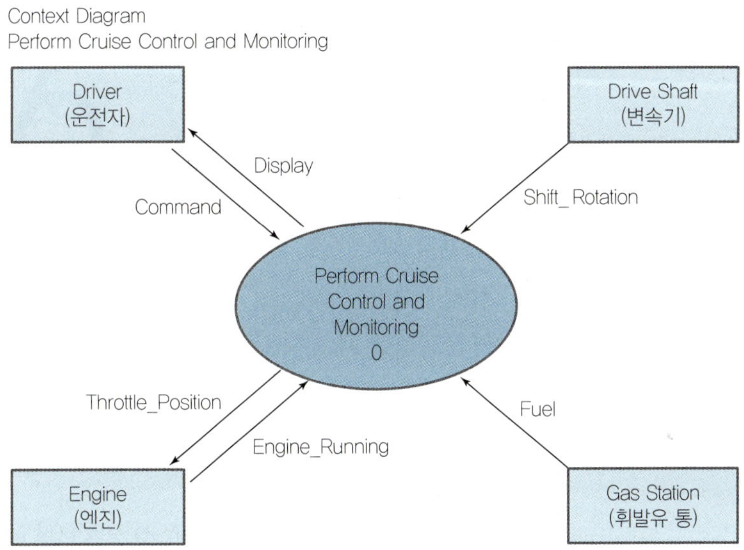

:: 그림 7 – 5 | 자동속도조절장치 배경도

출처 : 이 예는 Cadre 사의 승인을 받고 Teamwork의 예제에서 발췌한 것이다.

자료 흐름도 프로세스 번호

레벨화를 구체적으로 표시하기 위해서 각 프로세스와 자료 흐름도는 번호를 가진다. 각 자료 흐름도는 상위 레벨의 부모 자료 흐름도와 연관된 프로세스로부터 번호를 부여받는다. 배경도의 프로세스는 최상위 프로세스로 번호 0을 가지고 있다. 배경도의 프로세스는 분할되어 자료 흐름도로 표시되며 이 자료 흐름도에도 0이란 번호가 붙는다. 그림 7-5 배경도의 프로세스 0은 프로세스 1, 2, 3, 4를 자녀 프로세스로 가지며, 프로세스 0은 프로세스 1, 2, 3, 4의 부모 프로세스이다. 각 프로세스의 번호는 그 프로세스를 분할하여 표시하는 자료 흐름도의 번호와 일치하며, 이를 통해 프로세스와 자료 흐름도의 관계 및 프로세스의 구체적 세부 상황을 보여준다.

프로세스는 부모 자료 흐름도의 번호와 '.' 그리고 프로세스 자체의 번호를 붙인 고유번호를 가지게 되고, 프로세스의 레벨은 프로세스 번호에 나오는 '.'의 수보다 하나가 더 많다. 예를 들어, 프로세스 4.1.3은 레벨 3에 속하며 프로세스 4.1의 자녀 프로세스이다.

그림 7-6과 그림 7-7은 레벨화되어 있는 자료 흐름도를 보여 준다. 그림 7-6은 그림 7-5 배경도 프로세스의 자료 흐름도이며, 그림 7-5와의 비교를 통해 이들이 어떻게 서로 연결되어 있는지를 쉽게 규명할 수 있기를 바란다. 그림 7-7은 프로세스 4(Monitor Automobile)의 자료 흐름도이다.

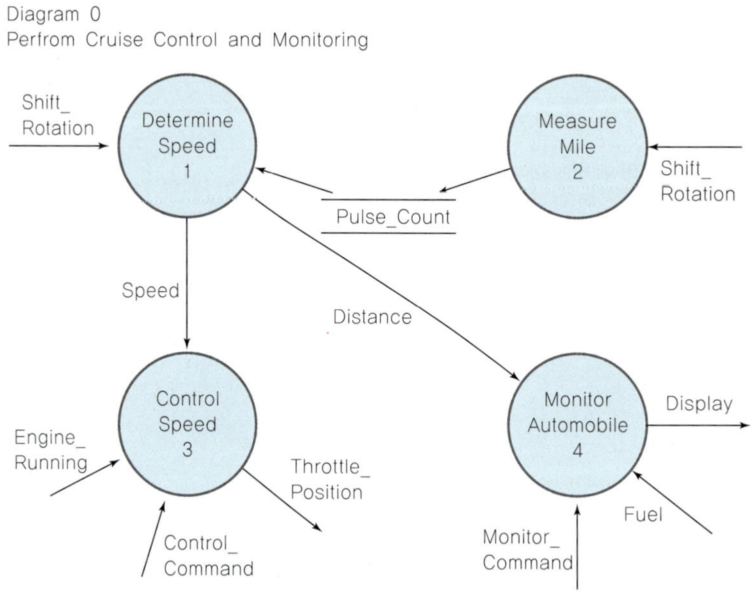

:: 그림 7-6 | 레벨 1 자료 흐름도
출처 : 이 예는 Cadre 사의 승인을 받고 Teamwork의 예제에서 발췌한 것이다.

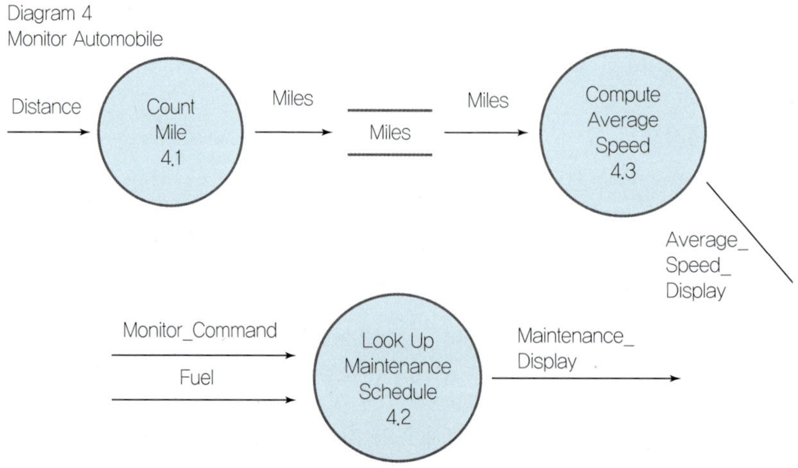

:: 그림 7-7 | 레벨 2 자료 흐름도
출처 : 이 예는 Cadre 사의 승인을 받고 Teamwork의 예제에서 발췌한 것이다.

원시 프로세스

프로세스 중 더 이상 그 아래로 쪼개어지지 않는 하위 프로세스를 원시 프로세스(functional primitive)라 한다. 프로세스를 어디까지 쪼갤 것인가는 분석가의 손에 달려 있으며 요구사항이 충분히 표시되어 있으면 더 이상 쪼개지 않아도 된다. 일반적으로는 하나의 프로세스가 하나의 기능을 수행할 정도로 충분히 작게 쪼개는 것이 이상적이다.

원시 프로세스의 상세한 설명은 미니 명세서(mini-specification)에 기록한다. 미니 명세서는 프로세스 명세서(process specification)라고도 한다. 프로세스에 미니 명세서가 있다는 것은 그 프로세스가 원시 프로세스라는 것을 의미한다. 미니 명세서의 번호는 그 프로세스의 번호와 같다. 결국 완성된 미니 명세서의 수는 원시 프로세스의 개수와 일치한다. 일반적으로 미니 명세서의 내용은 한 페이지에 요약될 수 있을 정도가 적당하다.

앞에서도 언급했듯이 자료 흐름도의 목표는 원시 프로세스를 찾아내고, 원시 프로세스들이 서로 어떻게 연결되어 있는지를 규명하는 것이다. 원시 프로세스를 제외한 중간 과정의 프로세스들은 원시 프로세스로 대치될 수 있으므로 미니 명세서가 필요하지 않다. 그림 7-8은 프로세스 4.1(Count Miles)의 미니 명세서를 보여주고 있다.

```
Name
4.1

TITLE
Count Miles / *마일 계산*/

INPUT/OUTPUT
Distance : data_in
Miles : data_out

BODY
/*

*이 프러시저는 매 주행 마일마다 측정하는 마일 수를
*1마일씩 증가시킨다.
*/
FOR EACH Distance
    Cummulative_Distance= Cummulative_Distance + Distance
    IF Cummulative_Distance >= 1 Mile THEN
            Increment MPG_Mileage
            Inerement Miles_Since_Oil_Change
            Increment Miles_Since_Air_Filter_Change
            Increment Miles_Since_Major_Service
            Increment Trip_Mileage
            Reset Cummulative_Distance
    END IF
```

:: 그림 7-8 | 미니 명세서

자료 흐름도의 균형

부모 자료 흐름도의 정보 입출력은 자녀 자료 흐름도의 입출력과 같아야 하는데, 이는 정보 흐름의 연속성을 유지하기 위하여 필요하다. 이러한 제약 조건을 자료 흐름도의 균형(balancing)이라 부른다.

그림 7-5의 배경도 입출력과 자녀 자료 흐름도의 입출력은 균형이 이루어져 있는가? Display, Shift_Rotation, Engine_Running, Fuel, Throttle_Position 등은 그림 7-5와 그림 7-6에서 동일하게 발견되고 있다. 그러나 그림 7-5의 Command는 그림 7-6에서 발견되지 않으며 대신 Control_Command와 Monitor_Command로 나타나 있다. 그렇다면 이 그림은 균형이 이루어져 있는가?

만약 Command가 Control_Command와 Monitor_Command의 결합으로 이루어져 있다고 명시되어 있으면 이 자료 흐름도는 균형을 이루고 있다고 할 수 있다. 이러한 균형의 형태는 상위 레벨에서 많은 데이터를 묶어 하나로 표시하고 하위 레벨로 내려가면서 쪼개어 표시하는 것에서 나타난다. 이러한 방법은 읽기 쉽다는 장점이 있다. 균형에 대한 정보는 자료 사전(data dictionary)에 정의하여 놓는다. 결국 Command가 Control_Command와 Monitor_Command로 이루어져 있다는 것이 자료 사전에 표시되어 있으면, 이 자료 흐름도는 균형을 이루고 있는 것이다. 자료 사전에 이 관계가 나타나지 않은 경우 이 자료 흐름도는 불균형의 상태에 있다고 할 수 있다.

자료 사전

자료 흐름도로 표시되어 있는 시각적인 정보는 체계적이며 조직적으로 모아져야 한다. 자료 사전(data dictionary)은 자료 흐름도에 나타난 데이터에 관한 정보를 한곳에 모아 놓음으로써 개발자나 사용자들이 편리하게 사용할 수 있게 해준다. 자료 사전은 메타데이터(metadata), 즉 데이터에 대한 데이터를 모아 놓는 저장소이며 데이터 항목, 데이터 흐름 등에 관한 정의가 포함되어 있다. 자료 사전에서 사용되는 기호는 그림 7-9와 같다.

연산자	예	의미
=	a = b + c	a는 b + c로 구성된다
+	a + b	AND : a와 b의 합성
[|]	[a | b]	OR : a와 b 중 하나 선택
{ }	3{ a }5	a를 3번에서 5번 사이 반복
( )	(a)	a는 선택적 (0{ a }1과 동일)

:: 그림 7-9 | 자료 사전 기호

자료 사전에 들어가는 예들은 다음과 같다.

Command = Control_Command + Monitor_Command

Engine_Running = ["ON" | "OFF"]

구조적 분석 기법과 기능 분할

시스템의 중요 요소나 기능을 찾아내어 분할해 나가는 것은 분석가의 임무이며 일반적으로 쉬운 일이 아니다. 시스템을 어떻게 분할해 나갈 것인가는 간단한 문제가 아니다. 또한 어떻게 분할하면 좋은지에 대한 완벽한 가이드라인조차 없다. 구조적 분석 기법(classical structured analysis)은 이들 기능을 분할하는 일반적인 방법을 제시해 주고 있다.

하향식(top-down) 접근방법인 구조적 분석 기법에 유스케이스(use case)를 적용하여 분석할 수 있다. 유스케이스에 의한 분석방법은 우선 시스템을 사용자의 관점에서 바라보아 시스템을 사용하는 사용자들이 볼 수 있는 기능만을 밝혀낸다. 그 다음 이 기능들을 사용하여 '다이어그램 0'에서부터 가장 아래 프로세스까지 분할한다. 결국 사용자가 이용 가능한 기능에서 출발하여 시스템의 중요 요소들을 찾아내려 가며 분할한다. 또한 사용자가 볼 수 있는 기능은 다른 기능보다 찾아내기 쉬우며, 사용자들도 분석과정에 참여함으로써 그 결과를 쉽게 이해할 수 있다는 장점이 있다.

요 약 SOFTWARE ENGINEERING

요구사항 분석에 가장 많이 사용되는 구조적 분석 기법은 정보의 흐름과 정보의 변환을 도식화시켜 나타내는 모델이다. 구조적 분석 기법은 시스템과 외부와의 정보 흐름에서 시작하여 하향식으로 시스템의 기능을 분할해 나간다. 이것은 우리가 지금까지 해왔던 구조적 프로그래밍 및 구조적 설계와 깊은 관계가 있다.

구조적 분석 기법에서 나온 결과는 다음 단계인 설계 단계에서 필요로 하는 시스템의 골격을 제공한다. 자료 흐름도의 각 프로세스는 설계에서 필요로 하는 모듈(또는 모듈들)로 될 가능성이 높으며, 이 경우 각 정보 흐름은 모듈들 사이의 매개 변수로 나타난다. 구조적 설계는 응용 분야의 관점에서 컴퓨터 관점으로 이동하여, 구조적 분석의 결과에 살을 붙여가는 과정이다.

참고 문헌

[BOO 94] Booch, G., *Object-Oriented Analysis and Design with Applications*, Benjamin/Cummings, 1994.

[CAD 90] "An Introduction to TeamWork Release 4.0", CORE Product Training Workbook, 1990.

[DEM 79] DeMarco, T., *Structured Analysis and System Specification*, Yourdon Press, 1979.

[JAC 92] Jacobson, I., *Object-Oriented Software Engineering*, Addison-Wesley, 1992.

[MIR 96] Mirza, M. 저, 차승훈, 정재일, 이기종, 윤청 공역, "Use Case Driven Structured Analysis", Proceedings of IEEE COMSAC Conference, 1996.

[MYN 90] Mynatt, B., *Software Engineering with Student Project Guidance*, Prentice Hall, 1990.

[PRE 92] Pressman, R., *Software Engineering: A Practitioner's Approach*, McGraw-Hill, 1992.

[YOU 79] Yourdon, E. & Constantine L., *Structured Design*, Yourdon Press, 1979.

[YOU 89] Yourdon, E., *Modern Structured Analysis*, Yourdon Press, 1989.

[왕창종 92] 왕창종, 구연설, 이언배, 『구조적 시스템 분석과 설계 기법』, 정익사, 1992.

[우치수 94] 우치수, 『구조적 기법 소프트웨어 공학』, 상조사, 1994.

연습문제

객관식 문제

01 프로세스(process)에 대한 설명으로 틀린 것은?

① 시스템은 받아들인 정보를 가공 처리하여 새로운 정보를 내보내는 하나의 큰 프로세스(process)이다.

② 큰 프로세스는 세부 기능을 수행하는 작은 프로세스들로 나누어진다.

③ 프로세스는 입력물을 받아 결과물을 내는 활동이며, 기능을 수행하는 활동이다.

④ 프로세스는 정보와 오퍼레이션의 묶음이다.

02 프로세스 정의에 대한 설명 중 옳은 것은?

① 동적 행위를 일으키는 주체

② 시간에 종속적인 프로그램

③ 객체의 속성

④ 입력물을 받아 결과물을 내는 활동과 기능

03 DFD(Data Flow Diagram)에 대한 설명으로 거리가 먼 것은?

① 자료 흐름 그래프 또는 버블(bubble) 차트라고도 한다.

② 구조적 분석 기법에 이용된다.

③ 시간 흐름의 개념을 명확하게 표현할 수 있다.

④ DFD의 요소는 화살표, 원, 사각형, 직선(단선/이중선)으로 표시한다.

04 자료 흐름도(DFD)의 구성 요소가 아닌 것은?

① 프로세스 ② 데이터 저장소

③ 데이터 사전 ④ 데이터 흐름

05 자료 흐름도의 핵심 요소는?

① 프로세스와 자료 흐름 ② 상태와 사건

③ 엔티티와 관계 ④ 객체와 클래스

06 미니 명세서(mini-specification)에 관한 내용 중 옳지 않은 것은?

① 원시 프로세스의 상세한 설명이다.

② 프로세스 명세서(process specification)라고도 한다.

③ 미니 명세서가 있다는 것은 그 프로세스가 원시 프로세스라는 것을 의미한다.

④ 미니 명세서의 번호는 그 프로세스의 번호와 다르다.

07 미니 명세서에 관한 내용 중 옳지 않은 것은?

① 일반적으로 미니 명세서의 내용은 한 페이지에 요약될 수 있을 정도가 적당하다.

② 미니 명세서는 구조적 언어를 사용하지 않고, 자연어를 사용하여 이해하기 쉽고 엄밀하게 기술한다.

③ 원시 프로세스를 제외한 중간 과정의 프로세스들은 원시 프로세스로 대치될 수 있으므로 미니 명세서가 필요하지 않다.

④ 미니 명세서 작성에는 서술문장, 의사결정나무, 의사결정표, 표, 그래프 등을 사용한다.

08 자료 흐름도의 목표는?

① 원시 프로세스를 찾아내고, 원시 프로세스들이 서로 어떻게 연결되어 있는지를 규명하는 것이다.

② 원시 프로세스를 제외한 중간 과정의 프로세스들에 대한 미니 명세서를 작성하는 것이다.

③ 시스템이 제공해야 할 기능을 어떻게 수행하는지 표시하는 것이다.

④ 시스템의 동작을 보여주는 것이다.

09 자료 흐름도의 자료 사전(data dictionary)에서 필수가 아닌 선택을 의미하는 기호는?

① = ② { }

③ + ④ ( )

10 배경도(context diagram)에 대한 설명으로 틀린 것은?

① 최상위의 하나로 된 프로세스를 그린 그림을 말하며, 이는 시스템이 분할되기 이전의 프로세스이다.

② 배경도는 우리가 개발해야 할 시스템의 영역을 기술하고, 시스템과 외부 환경과의 경계를 결정하며, 외부와의 인터페이스를 제시하여 시스템의 입출력 데이터를 보여준다.

③ 배경도는 시스템을 화이트박스로 본 것이며 시스템 내부 인터페이스에 초점을 맞춘다.

④ 배경도는 사용자가 무엇을 얻을 것인가를 보여주는 그림이다.

11 자료 흐름도의 균형(balancing)에 대한 설명 중 틀린 것은?

① 하위 레벨에서 많은 데이터를 묶어 하나로 표시하고 상위 레벨로 올라가면서 쪼개어 표시하는 것이다.

② 부모 자료 흐름도의 정보 입출력은 자녀 자료 흐름도의 입출력과 같아야 한다.

③ 정보 흐름의 연속성을 유지하기 위하여 필요하다.

④ 균형에 대한 정보는 자료 사전에 정의하여 놓는다.

12 자료 흐름도의 자료 사전에 대한 설명으로 합당하지 않은 것은?

① 자료 흐름도로 표시되어 있는 시각적인 정보를 체계적이며 조직적으로 모아 놓은 것이다.

② 데이터에 관한 정보를 한곳에 모아 놓음으로써 개발자나 사용자들이 편리하게 사용할 수 있게 해준다.

③ 메타데이터(metadata), 즉 데이터에 대한 데이터를 모아 놓은 저장소이며 데이터 항목, 데이터 흐름 등에 관한 정의가 포함되어 있다.

④ 원시 프로세스들 사이의 정보 흐름을 설명하는 것이다.

주관식 문제

01 구조적 분석 기법을 정의하라.

02 기능 모델링은 시스템을 어떤 관점에서 묘사하는가?

03 구조적 분석 기법과 구조적 프로그래밍의 관계를 설명하라.

04 구조적 분석 기법에서 사용하는 도구들을 열거하라.

05 구조적 분석 기법의 분할방식에 대하여 기술하라.

06 구조적 분석 기법의 레벨화와 여러분이 속한 조직의 레벨화를 연관지어 보고 여러분이 속해 있는 조직의 자료 흐름도를 그려라.

07 프로세스 명세서, 제어 명세서, 자료 사전, 배경도(context diagram)를 정의하라.

08 시스템 경계(system boundary)를 정의하고 그 중요성을 설명하라.

09 원시 프로세스와 미니 명세서의 수는 어떤 관계가 있는가?

10 자료 흐름도의 균형이란 무엇이며 왜 필요한가?

11 자료 사전의 용도는 무엇인가?

12 문제 설명서(problem statement)와 요구사항 명세서의 역할 분담에 대하여 논의하라.

13 앞에서 다루었던 자판기의 기능에 다음과 같은 기능이 추가될 때의 자료 흐름도를 작성하라.

- 크레디트 카드를 넣을 수 있는 기능
- 자판기의 물건이 떨어지거나 문제가 발생하였을 때 관리자를 호출할 수 있는 기능

14 자판기의 편리함을 위해 추가할 수 있는 기능들을 3가지만 써라.

15 CD 100장을 수록하고 있으며 일정 금액을 넣으면 즉석에서 음악을 들을 수 있는 음악 자판기의 문제 설명서를 작성하고 자료 흐름도와 자료 사전을 사용하여 요구사항 명세서를 작성하라.

16 즉석에서 자신이 원하는 명함을 만들 수 있는 컬러 명함 자판기의 문제 설명서를 작성하고 자료 흐름도를 사용하여 요구사항을 분석하라.

17 앞의 질문들에서 자판기의 재사용 가능한 구성 요소들을 식별해 보라.

18 사거리 신호등 시스템에 대한 문제 설명서를 작성하고 요구사항 명세서는 자료 흐름도를 사용하여 작성하라.

19 프로세스와 모듈의 차이점을 기술하라.

20 현금자동교환기(ATM) 시스템에 대한 문제 설명서를 작성하고 요구사항 명세서는 자료 흐름도를 사용하여 작성하라.

21 구조적 설계 기법을 이용하여 현금자동교환기의 분석 결과를 설계하라.

22 엘리베이터에 대한 문제 설명서를 작성하고 자료 흐름도를 사용하여 요구사항 명세서를 작성해 보라.

23 구조적 설계 기법을 이용하여 엘리베이터의 분석 결과를 설계하라.

24 고속도로 통행료 징수 시스템(tollway system)에 대한 문제 설명서를 작성하고 자료 흐름도를 사용하여 요구사항 명세서를 작성해 보라.

25 구조적 설계 기법을 이용하여 고속도로 통행료 징수 시스템의 분석 결과를 설계하라.

객관식 문제 정답 1. ④ 2. ④ 3. ③ 4. ③ 5. ① 6. ④ 7. ② 8. ① 9. ④ 10. ③ 11. ① 12. ④

Chapter

08 동적 모델링

동적 모델링은 시스템의 제어 흐름, 상호작용, 동작의 순서를 다룬다. 시스템이 가지고 있는 값을 표시하는 상태와 외부에서 상태에 가해지는 사건에 의해 시스템을 묘사한다. 이 장에서 동적 모델링 도구 중 상태 변화도를 중심으로 표기법을 설명하고, 전화 시스템을 예로 들며 상태 변화도를 그려가는 과정을 살펴본다. 또한 구조적 분석 기법에 시스템의 동적인 면을 추가한 확장 모델을 설명한다.

Chapter

08 동적 모델링

학습목표

1. 상태와 사건을 정의한다.
2. 동적 모델링 도구를 설명한다.
3. 상태 변화도를 그려가는 과정을 설명한다.
4. 상태를 어떻게 유도해 내는지 설명한다.
5. 상태 변화도의 용도를 생각해 본다.
6. 구조적 분석 기법에 동적인 면을 추가한 확장 모델을 설명한다.

많은 시스템들은 외부와의 반응이 요구되는 시간 안에 이루어져야 하기 때문에 시간에 종속되어 있다. 이러한 시간과 변화의 관점에서 시스템을 묘사한 것이 바로 동적 모델링(dynamic modeling)이다. 동적 모델링에서는 시스템의 제어 흐름, 상호작용, 동작의 순서를 다루게 되는데, 여기서 제어(control)는 외부의 자극에 시스템이 어떠한 동작을 수행하는지를 나타내는 것이다. 이 장에서는 상태 변화도를 중심으로 시스템의 동작이 어떻게 묘사되는지 살펴보고 구조적 분석 기법에 시스템의 동적인 면을 추가한 복합 모델을 소개한다.

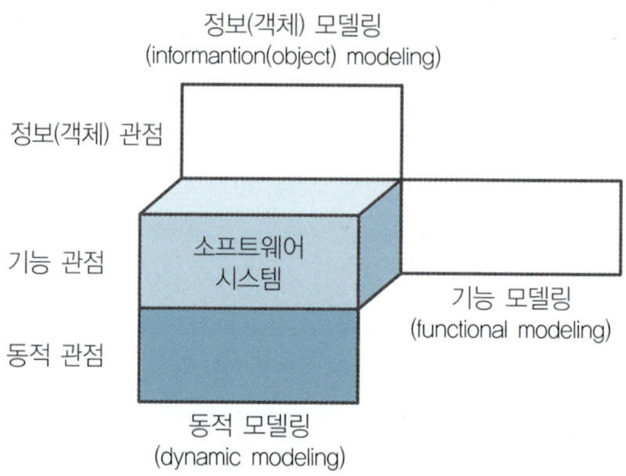

:: 그림 8 – 1 | 시스템의 3가지 관점

1 실시간 시스템

실시간 시스템(real-time system)은 제한된 시간 내에 외부에서 주어진 사건에 응답해야 하고 자료를 처리해야 하는 시스템이다. 이러한 실시간 시스템에 대한 중요성은 우리 주변에서 빠른 속도로 증가하고 있으며 다양한 분야에서 그 복잡도 또한 증가하고 있다. 현재 신뢰성을 가진 실시간 시스템의 개발에 많은 연구와 개발이 이루어지고 있으며, 그 개발에 있어서 동적 모델링은 중요한 역할을 담당하고 있다.

실시간 시스템은 특성상 다른 소프트웨어 시스템보다 어렵고 복잡하여 다른 시스템에서 요구하지 않는 특수한 분석, 설계, 시험 기법들을 필요로 한다. 실시간 시스템의 특징은 여러 프로세스를 동시에 병행으로 수행하거나 프로세스의 처리에 우선순위를 가진다는 점이다. 또한 자원에 대한 동시 접근 및 할당을 하게 되고 이를 제어할 수 있는 기능이 주어진다. 대표적인 실시간 시스템으로는 통신 시스템, 비행기 운행 관리 시스템, 자동차 자동 속도 조절 장치, 원자력 발전소의 원자로 제어 장치, 군사용 미사일 시스템 등이 있다.

시스템의 동적인 면을 묘사하는 여러 모델링 도구들은 이미 많이 개발되어 사용되고 있다. 그 예로 상태 변화도(STD : State Transition Diagram), Petri Net, State Chart, SDL(Specification & Description Language), 프로세스 활성표(PAT : Process Activation Table), 결정표(DT : Decision Table), 상태 사건표(SEM : State Event Matrix) 등을 들 수 있다.

2 유한상태기계

유한상태기계(finite state machine)는 실시간 시스템을 나타내기 위해 그래픽 표기법을 제공하고 있다. 사건의 발생을 나타내는 데 기존의 자료 흐름에 의한 분석방법을 적용하기 어려워 다른 표기법이 사용된다. 유한상태기계에는 3가지 요소, 즉 제어(control), 기능(function), 자료(data)가 사용되고 있다. 기능은 자료의 변환을 위해 사용되고, 자료는 기능의 입력과 출력을 나타낸다. 제어는 기능이 일어나는 순서를 나타낸다. 유한상태기계는 대학에서 형식 언어나 컴파일러 강의 시간에 설명되는 모델이다.

자판기를 예로 시스템의 동적인 면을 생각해 보자. 자판기에 대한 간단한 유한상태기계가 그림 8-2에 나타나 있다. 고객이 첫 동전을 삽입하면 이 사건은 시스템이 여러 동작을 연쇄적으로 일으키도록 자극한다. 이 개념은 앞장에서 다룬 트랜잭션에 가깝다. 유한상태기계에서 상태는 원 또는 타원으로 나타내며 사건은 화살표로 나타낸다. 사건의 출발을 나타내는 기점 상태(originating state)는 사건을 받기 이전의 상태를 나타내며, 종착 상태(destination state)는 사건을 받은 후의 시스템 상태를 나타낸다. 한 상태에서 다른 상태로의 전이는 순간적으로 일어나는 것으로 생각한다.

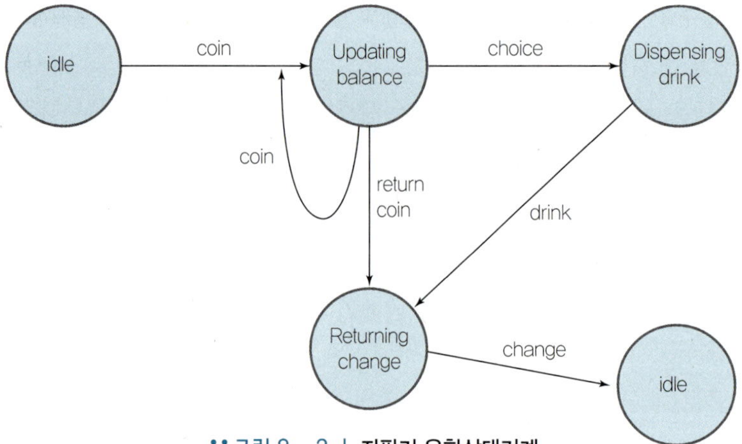

:: 그림 8 – 2 | 자판기 유한상태기계

이 시스템은 동전을 받아들여(accepts coins), 잔액을 갱신하고(update balance), 음료수를 제공하며(serving drink), 나머지 잔액을 고객에게 돌려주는 일을 수행한다. 잔액을 고객에게 돌려준 후에는 휴식(idle) 상태로 돌아간다. 자판기는 음료수를 제공받지 않고 동전을 되돌려 받을 수 있는데, 동전 반환 버튼(return coin)을 누르기만 하면 된다. 그러나 이 동작은 잔액 갱신 후에나 이루어진다. 고객에 의해 음료수가 선택되면 자판기는 고객에게 음료수를 제공하고 잔액을 자동으로 돌려준다. 여기의 유한상태기계는 다소 단순한 자판기의 모습을 보여주고 있다. 요사이 자판기는 기능이 다양하여 잔액이 음료수 가격 이상이면 고객이 음료수를 여러 번 연속적으로 요청할 수 있다.

예를 들어, 그림 8–2에서 고객이 동전을 삽입한 후 원하는 음료수를 선택하는 경우 그림 8–3과 같이 시스템의 상태가 나타날 수 있다.

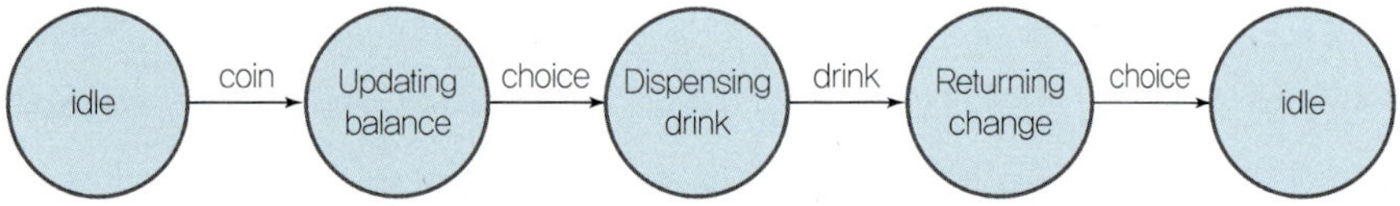

:: 그림 8 – 3 | 자판기의 독립적인 유한상태기계(1)

만약 고객이 동전을 넣은 후 음료수 선택 대신에 잔돈 반환 버튼을 눌렀다면 그림 8–4와 같이 나타낼 수 있다.

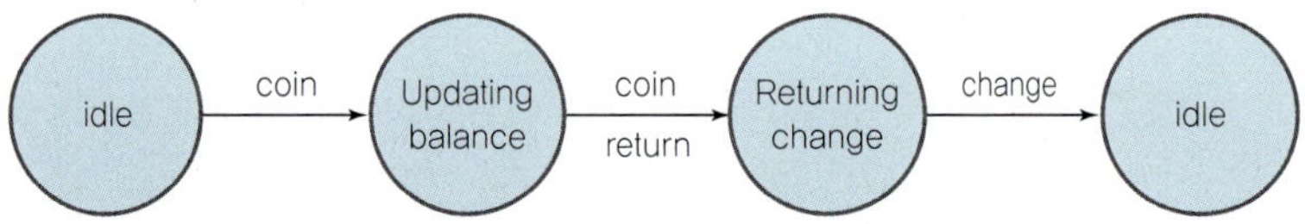

:: 그림 8 – 4 | 자판기의 독립적인 유한상태기계(2)

유한상태기계는 특정 언어를 고려한 것이 아니며, 유한상태기계로 모델링된 결과는 어느 프로그래밍 언어로나 구현 가능하다. 언어와의 독립성은 유한상태기계가 분석과 설계 기법으로 많이 사용되는 원인 중의 하나이며, 대부분의 실시간 분석 기법들은 이를 확장한 것이다.

유한상태기계는 시스템의 동작을 표시하는 추상적인 모델(abstract model)로, 하드웨어 및 소프트웨어뿐만 아니라 여러 분야에서 요구되는 공통적인 기본 원리와 개념을 제공하고 있다. 유한상태기계는 시스템의 주어진 내부 상태가 외부로부터 입력(자극)을 받아들여 새로운 상태로 전이할 수도 있고 외부의 결과를 출력하는 기능을 가지고 있다. 또한 유한상태기계는 시스템의 동작과 수행 순서를 모델링하기 쉬운 장점을 가지고 있다.

❸ 상태 변화도

상태 변화도(state transition diagram)의 중요한 개념은 시스템이 가지고 있는 값을 표시하는 상태(state)와 외부에서 상태에 가해지는 사건(event)이다. 상태와 사건에 의해 시스템의 제어를 나타내는 유한상태기계(finite state machine)를 확장하여 도식적으로 표시한 것이 상태 변화도이다. 상태 변화도는 시스템의 제어 흐름, 동작의 순서를 나타낸다.

상태 변화도는 유한상태기계와 마찬가지로 사건들에 의해 변화하는 시스템의 동작을 나타낸다. 그림 8-5는 전화 시스템의 동작을 나타내는 상태 변화도이다. 이 상태 변화도는 정상적으로 전화가 연결되는 경우와 전화를 걸다가 시간을 초과하거나 잘못된 번호를 누르는 것과 같은 비정상적인 경우를 포함하고 있다. 전화기에 나타나는 상태들을 그림 8-5를 보며 살펴보자.

수화기가 내려져 있는 상태를 휴식(Idle) 상태라고 한다. 앞으로 나타날 어떤 상태에서든지 수화기가 내려지고 일정 시간이 지나면 휴식 상태로 전이된다. 송신자가 수화기를 드는(lift receiver) 순간 '뚜~' 하는 신호음이 울리는 상태(Dial tone)로 바뀐다. 신호음은 전화 시스템이 수화기를 든 외부 사건에 대한 전화 시스템 동작의 결과이다. 전화 시스템의 교환기는 1초에 10번 이상 각 수화기를 검사하여 수화기를 든 것이 확인되면, 교환기의 자원을 할당하고 신호음을 수화기에 보내준다.

송신자가 다이얼을 돌리거나 누르면 다이얼링(Dialing) 상태로 이동하며 신호음이 끝난다. 송신자가 다이얼을 계속 돌려 마지막 숫자가 입력되고 유효한 번호임이 확인되면 시스템은 수신자에게 연결할 수 있는 선(route)을 찾아 연결시켜 주는(Connecting) 상태로 변한다. 연결이 되면 수신자의 수화기가 울리기 시작하며 이를 울리는(Ringing) 상태라고 한다. 수신자가 전화를 받으면 연결된 상태로 바뀌고 송신자와 수신자는 대화를 나눈다. 송신자가 전화기를

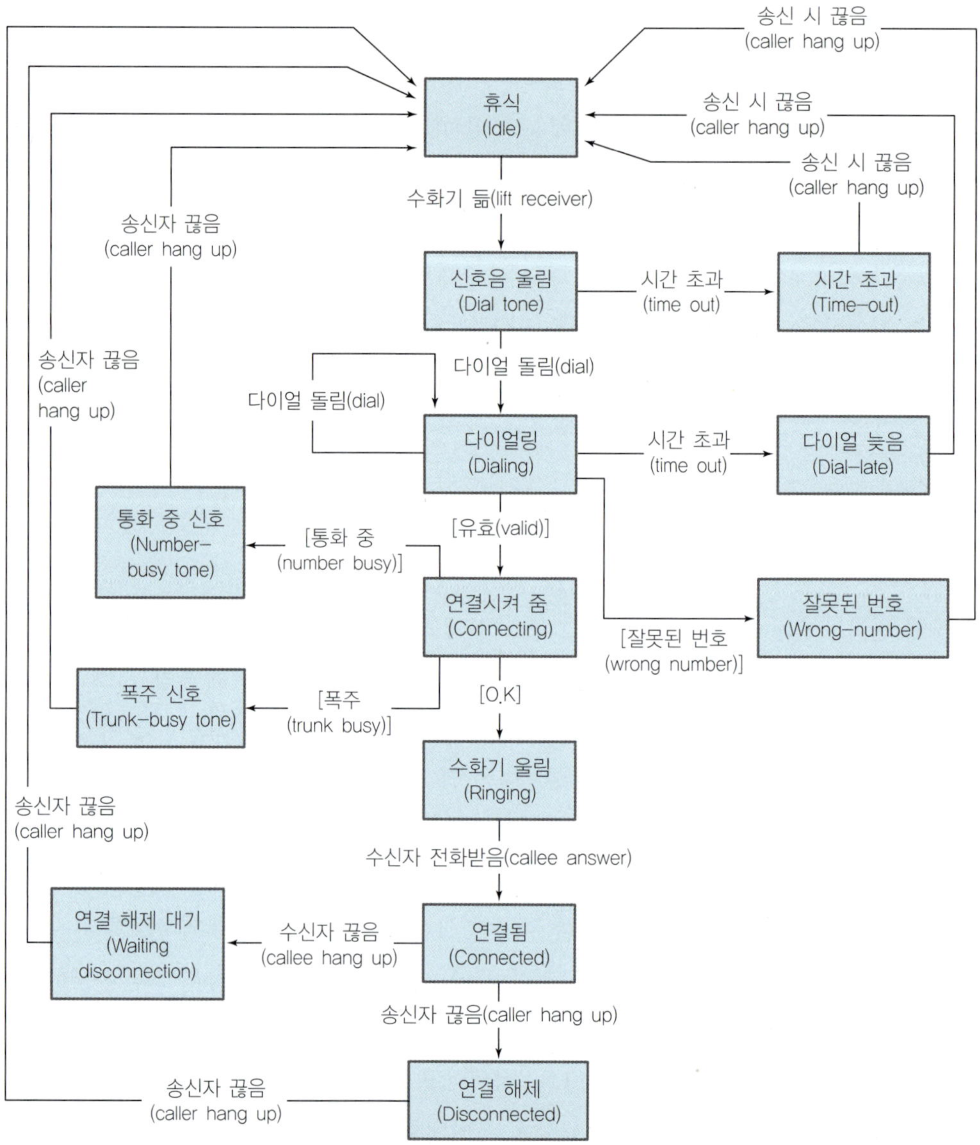

:: 그림 8 – 5 | **전화선 상태 변화도**

내려놓으면 연결 해제(Disconnected) 상태로 이동하게 되고, 수신자가 전화기를 내려놓으면 휴식 상태로 되돌아가 전화기의 라이프 사이클이 이루어진다.

상태는 시스템이 가지고 있는 속성 값에 의해 결정되며 사건은 외부에서 주어지는 자극에 의해 일어난다. 사건은 시스템을 어떤 한 상태에서 다른 상태로 이동하게 하여 시스템의 상태를 바꾸게 할 수도 있고 그 외에도 또 다른 사건을 유발시킬 수 있다. 사건에 대한 반응은 그 사건을 받아들이는 시스템의 상태에 따라 다르다. 시스템의 상태, 사건, 상태의 변화 등이 상태 변화도를 통해 구체화되어 나타난다.

4 전화 시스템 동적 모델링

이 절에서는 전화 시스템에 대한 상태 변화도를 그리는 과정에 대하여 살펴본다. 전화 시스템에 대한 동적 모델링을 통하여 전화 시스템의 상태 변화도(state transition diagram)를 만들 수 있다. 일반적으로 시스템이나 객체에 대한 일반적인 이해로부터 직접 작성하는 것은 쉬운 일이 아니다. 따라서 이러한 문제점을 해결하고 좀 더 쉽고 논리적인 상태 변화도를 작성하기 위하여 시나리오(scenario) 작성과 사건 추적(event trace) 과정을 이용한다.

시나리오란 시스템이 작동하며 일어나는 사건들의 순서이다. 한 시나리오는 시스템의 모든 사건을 포함할 수도 있고 특정한 경우에 나타나는 사건만을 포함할 수도 있다. 여러 상황을 가정할 때, 일어날 수 있는 시나리오는 매우 다양하다. 보통 시나리오의 기술은 일반적인 경우와 예외적인 경우로 나누어진다. 여기서 설명하는 전화 시스템에도 다양한 경우의 시나리오가 존재하지만 일반적인 경우와 예외적인 경우 한 가지씩을 예로 들었다.

(1) 일반적인 경우 : 송신자가 전화를 끊은 경우

- 송신자는 전화의 수화기를 든다(lift receiver).
- 발신음이 송신자에게 전달된다(send dial tone).
- 송신자가 다이얼 8을 돌린다(dial).
- 발신음이 끝난다(end dial tone).
- 송신자가 다이얼 2를 돌린다(dial).
- 송신자가 다이얼 1을 돌린다(dial).
- 송신자가 다이얼 6을 돌린다(dial).
- 송신자가 다이얼 2를 돌린다(dial).
- 송신자가 다이얼 7을 돌린다(dial).
- 송신자가 다이얼 5를 돌린다(dial).
- 수신자 전화가 울리기 시작한다(ring callee phone).
- 송신자 수화기에 착신음이 전달된다(send ringing tone).
- 수신자가 전화의 수화기를 든다(callee answer).
- 수신자의 전화가 울림을 멈춘다(end ringing).
- 송신자의 수화기 착신음이 멈춘다(end ringing tone).
- 송신자와 수신자가 연결되고 둘 사이에 통화가 이루어진다(connected).
- 송신자가 전화기를 내려놓는다(caller hang up).
- 전화 연결이 끊어지고 수신자에게 연결 해제 발신음이 전달된다(send disconnected tone).
- 수신자가 전화기를 내려놓는다(callee hang up).

(2) 예외적인 경우 : 존재하지 않는 번호를 돌렸을 때

- 송신자는 전화의 수화기를 든다(lift receiver).
- 발신음이 송신자에게 전달된다(send dial tone).
- 송신자가 다이얼 8을 돌린다(dial).
- 발신음이 끝난다(end dial tone).
- 송신자가 다이얼 2를 돌린다(dial).
- 송신자가 다이얼 1을 돌린다(dial).
- 송신자가 다이얼 6을 돌린다(dial).
- 송신자가 다이얼 2를 돌린다(dial).
- 송신자가 다이얼 7을 돌린다(dial).
- 송신자에게 사용되지 않는 전화번호라는 메시지가 전달된다(send wrong number message).
- 송신자가 전화기를 내려놓는다(caller hang up).

시나리오를 작성한 후에는 이것에 대한 사건 추적을 한다. 사건 추적도(event trace diagram)는 사건의 순서와 사건을 주고받는 객체나 시스템을 보여준다. 객체나 시스템은 수직으로, 사건은 수평으로 되어 있고, 사건을 보내는 객체에서 받는 객체로의 흐름은 화살표로 표시한다. 이때 가장 먼저 할 일은 사건 추적에 참가할 객체를 선정하는 일이다. 객체들은 시나리오로부터 찾아낼 수 있다. 앞의 시나리오에서 외부 객체인 송신자, 수신자, 전화 시스템을 뽑아낼 수 있다. 객체를 뽑아낸 후 이것들 사이의 사건 흐름을 찾아낸다. 사건 흐름 역시 시나리오로부터 직접적으로 찾아낼 수 있다. 일반적으로 시나리오 하나마다 사건 추적이 이루어지는데, 다음은 앞에서 기술한 시나리오에 대한 사건 추적이다.

사건 추적이 끝난 후 이것으로부터 뽑아낸 상태들과 사건들을 종합하여 상태 변화도를 작성한다. 사건 추적에 나타난 사건 흐름이 그대로 상태 변화도에서 상태 변이를 일으키는 사건으로 이용되는 경우가 많으며 객체에서 주고받는 사건과 사건 사이가 그 객체의 상태가 된다. 예를 들어, 송신자가 전화기를 드는 사건(lift receiver)과 발신음이 송신자에게 전달되는 사건(send dial tone) 사이는 발신음이 울리는(Dial tone) 상태가 만들어진다.

그림 8-8은 사건 추적으로부터 작성된 전화 시스템의 상태 변화도이다. 이는 앞에서 제시한 간단한 상태 변화도에 동작(action)과 활동(activity)을 추가시킨 것이다. 전이에서 나타나는 동작은 동작을 일으키는 사건 뒤에 빗금('/')을 긋고 표시하며, 그 예로 송신자가 다이얼을 돌렸을 때 발신음이 끝나는 동작이 일어난다. 동작은 순식간에 일어나는 작용이며 활동은 시간을 가지고 일어나는 작용이다. 활동은 전화기 발신음이 울리는 것과 같이 연속적인 작용을 포함하며 활동의 이름 앞에 'do:'를 표시하여 나타낸다.

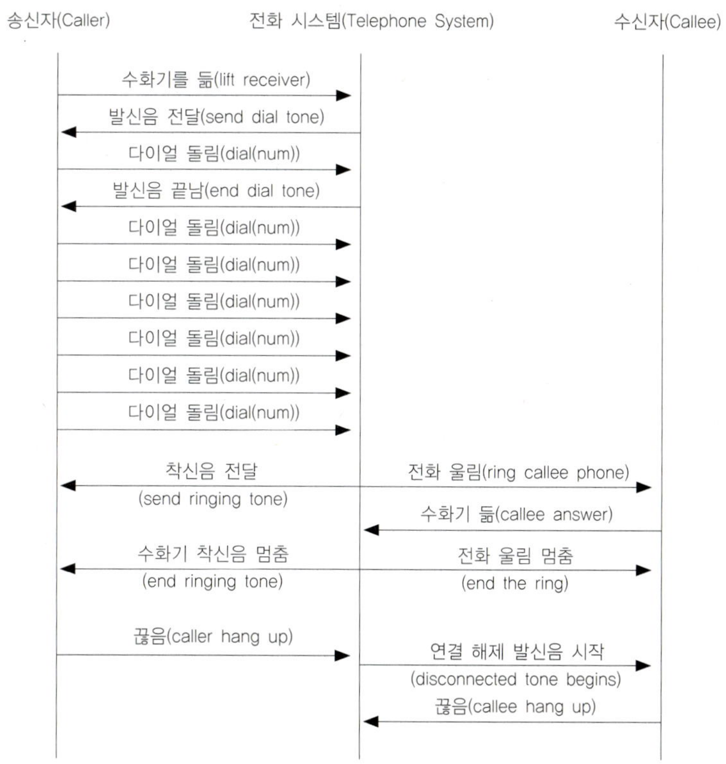

:: 그림 8 – 6 | **전화 시스템의 일반적인 경우에 대한 사건 추적**

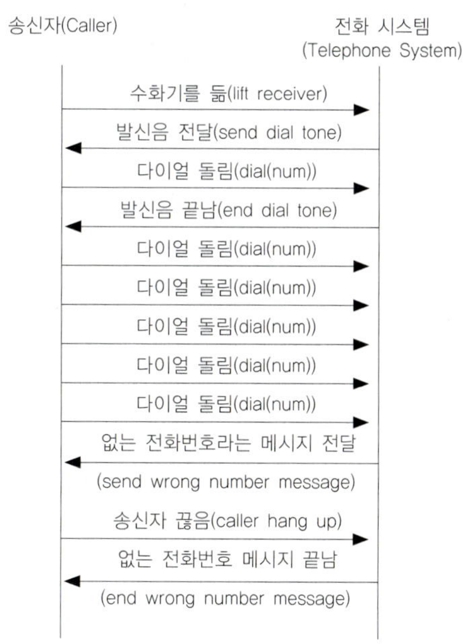

:: 그림 8 – 7 | **전화 시스템의 예외적인 경우에 대한 사건 추적**

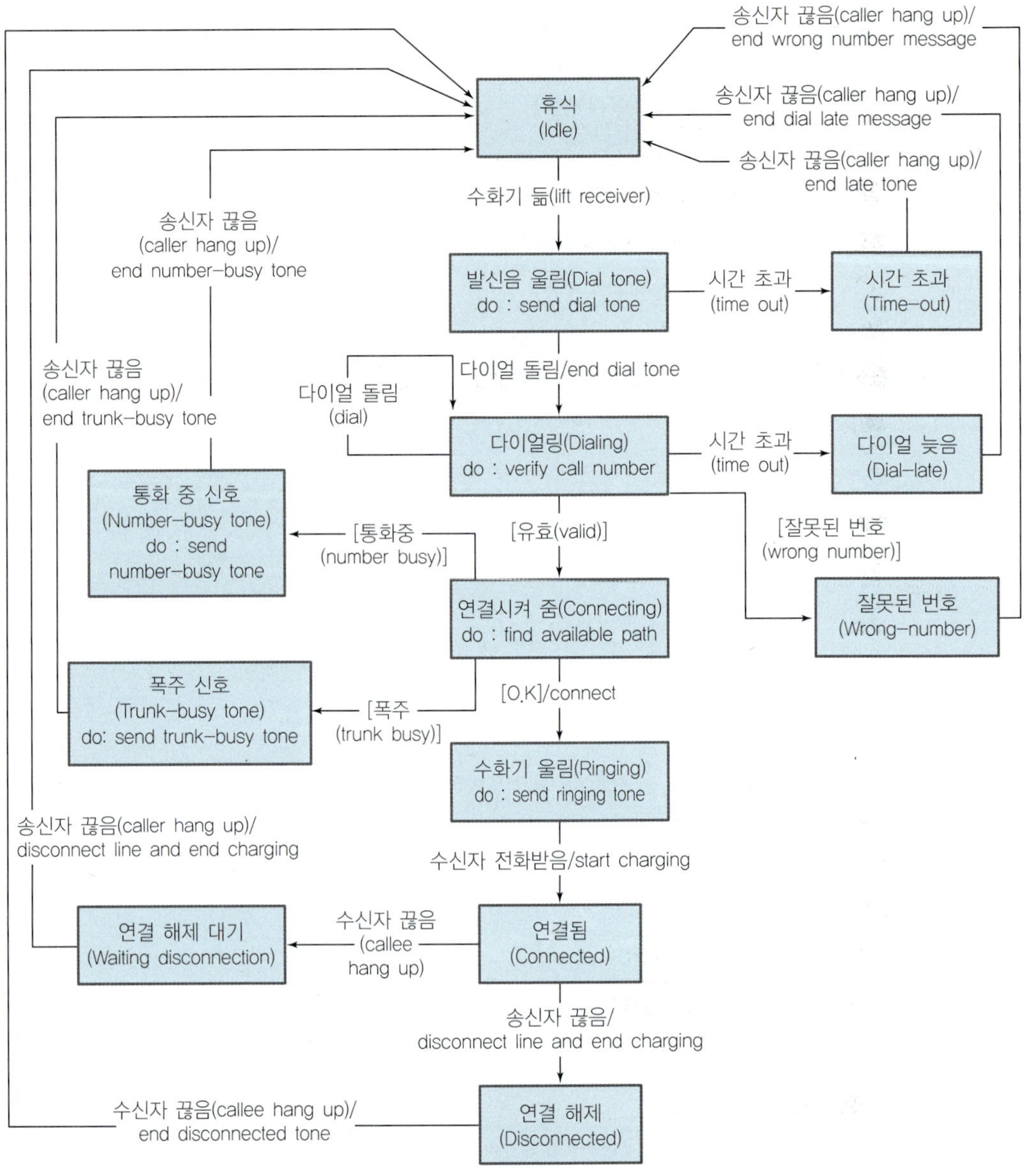

:: 그림 8 – 8 | **전화 시스템의 상태 변화도**

5 실시간 시스템을 위한 구조적 분석 기법의 확장

많은 시스템들은 시간에 종속적이며 데이터는 물론 제어(control)에 관한 정보를 포함하고 있다. 이때 실시간 시스템을 위한 구조적 분석 기법의 확장은 시스템의 상태 변화와 프로세스들의 활성화를 나타내고자 할 때 사용된다. 구조적 분석 기법의 확장은 데이터와 이들의 처리 및 그 결과를 돌려주는 환경을 제어할 수 있도록 시스템을 기술하는 것이다.

구조적 분석 기법의 확장은 앞의 기능 모델과 동적 모델을 결합시킨 복합(composite) 모델로서, 한 모델로 두 가지의 다른 면을 표시한다. 이는 한 모델로 한 관점만을 표시하는 단순함에서 탈피하여 한 모델로 두 관점을 동시에 표시함으로써, 두 관점의 연관성을 잘 보여주며 시스템 설계 시 통합하기 쉽다는 장점을 가지고 있다. 그림 8-9는 복합 분석 모델을 보여주고 있다.

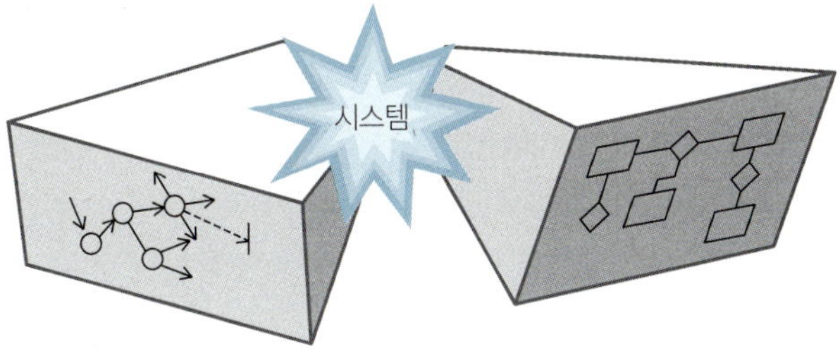

:: 그림 8 - 9 | 복합 분석 모델

출처 : 이 예는 Teamwork의 교육 교재 [CAD 90]에서 발췌한 것이다.

프로세스 명세서(process specification)가 초보 기능을 수행하는 프로세스를 기술하는 데 이용되는 반면, 제어 명세서는 시스템의 행위를 기술하는 데 사용된다. 제어 명세서는 다양한 제어 흐름에 어떠한 동작 시나리오가 발생되는지 보여준다. 또한 시스템의 동작을 잘 나타내고 있어, 시스템 개발 초기의 문제점과 개발 후 시스템의 동작에 결함이 있는지를 쉽게 파악하고 확인할 수 있다. 그림 8-10은 자료 흐름도의 실시간 확장 모델 표시 기호이다.

	Symbol	Describes
Process	(프로세스)	시스템 안에서 정보를 처리하고 변환시키는 변환기이며 버블이라고도 부른다.
Data Flow	──────▶	정보의 흐름을 표시하는 자료 항목 또는 데이터 단위이며 화살표는 데이터의 흐름을 표시한다.
Store	자료 저장소	오랫동안 보관되는 데이터를 저장하여 놓는 파일이나 데이터베이스 시스템을 말한다.
Terminator	외부 객체	시스템의 외부에서 시스템과 정보를 주고받는 사용자 등의 외부 객체이다.
Control Flow	··········▶	제어 흐름을 표시하는 제어 항목이며 화살표는 제어 흐름의 방향을 표시한다.
C-Specs	s1 |	제어 신호를 처리하고 변환시키는 제어 명세서이다.

:: 그림 8 - 10 | 자료 흐름의 실시간 확장 모델 표시 기호

데이터 흐름과 제어 흐름의 구별은 다음과 같다. 데이터는 계산에 사용되어 새로운 데이터를 생성하거나 이를 변형시키는 데 사용된다. 그러나 제어는 계산에 직접 사용되지 않는 대신 계산의 순서나 조건을 나타낸다. 프로그래밍에서 흔히 사용하는 플래그(flag)는 'ON', 'OFF'의 값을 가지며 조건의 발생을 암시하거나 경계를 구분하기 위해 사용하는 제어 신호이다.

연속적인 신호(continuous signal)는 일반적으로 데이터로 분류되며, 이산 신호(discrete signal)의 경우에는 프로세스 안에서 계산에 쓰이면 데이터로, 프로세스를 제어하는 데 사용되면 제어로 간주된다. 어떤 신호는 양쪽으로 모두 분류될 수도 있는데, 만약 분류가 확실하지 않으면 데이터로 가정한 다음 모델링을 구체화시켜 그 결과를 확인해 볼 수 있다.

제어 논리는 크게 두 가지로 나눌 수 있는데, 그 첫째는 순서가 문제되지 않는 조합 논리(combinational logic)의 경우이고, 둘째는 순서가 중요시되는 순열 논리(sequential logic)의 경우이다. 그림 8-11의 (a)는 순서에 관계없이 원하는 결과가 나타나면 자물쇠가 열리는 조합 논리 자물쇠를 나타내고, 그림 8-11의 (b)는 자물쇠를 돌리는 순서가 중요시되는 순열 논리 자물쇠(맹꽁이 자물쇠라 부르기도 한다)를 나타내고 있다.

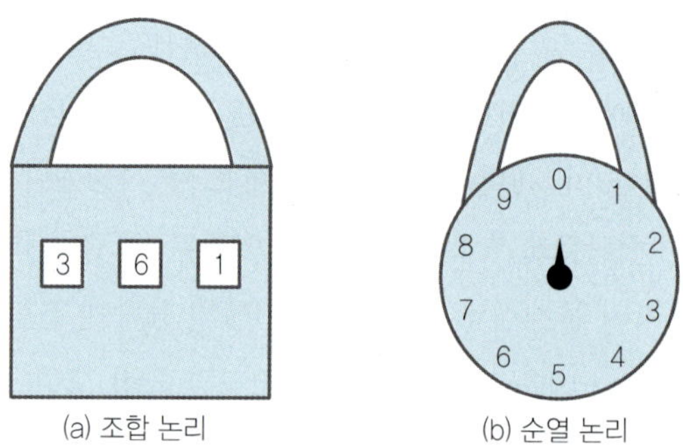

:: 그림 8 - 11 | 조합 논리와 순열 논리

출처 : 이 예는 Teamwork의 교육 교재 [CAD 90]에서 발췌한 것이다.

자료 흐름도의 실시간 확장 모델은 제어를 처리하는 제어 명세서의 구체적인 활동을 기술하는 데 용이하다. 여기서는 프로세스 활성표(PAT : Process Activation Table), 결정표(DT : Decision Table), 상태 변화도(STD : State Transition Diagram), 상태 사건표(SEM : State Event Matrix)를 사용하여 제어를 처리하는 기법을 살펴보기로 한다.

프로세스 활성표

제어 명세서를 기술하는 한 유형인 프로세스 활성표는 주어진 사건에 의해 특정 프로세스를 활성화시키는 동작을 기술하는 데 사용된다. 프로세스 활성표는 자료 흐름도에 나타난 프로세스를 활성화 또는 비활성화시키기 위해 어떠한 입력 제어 흐름 값이 주어져야 하는지를 테이블 형태로 표시한다.

제어 명세서는 자료 흐름도에 수직선 기호로 표시되어 있으며 그림 8-12는 제어 명세서의 내용을 보여준다. CASE 도구를 이용할 경우 그 내용을 직접 참조해 볼 수 있는 장점이 있다. 입력 값이 "TRUE"일 때 연기 감지 신호(Record Smoke Detection Signal) 프로세스가 우선 활성화된 다음 마그네틱 데이터로 변환(Convert to Magnetic Data) 프로세스가 활성화되어야 함을 보여주고 있다. CASE 도구를 사용하여 자료 흐름도의 제어 명세서를 읽는 모습이 그림 8-12에 나타나 있다.

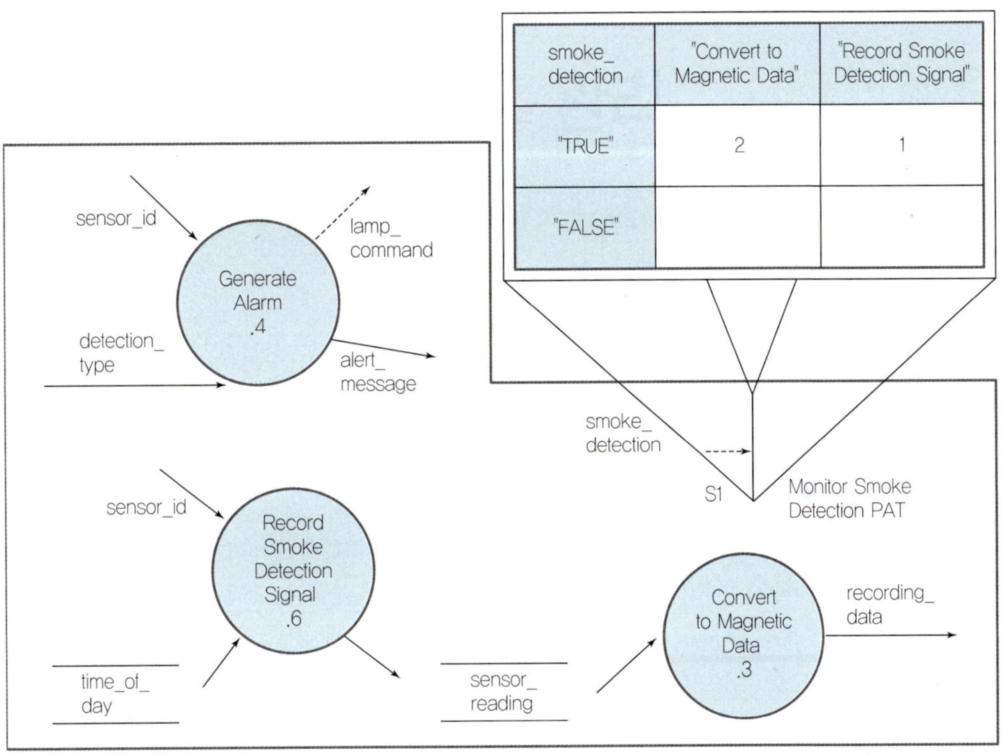

:: 그림 8 – 12 | 제어 명세서와 프로세스 활성표

※ 이 예는 Cadre 사의 승인을 받고 Teamwork의 예제에서 발췌한 것이다.

그림 8-13은 그림 7-6에 PAT이 추가된 모습이다. 그림 7-6에서는 데이터와 제어 신호를 구별하지 않고 사용하였으나 그림 8-13에서는 이들을 구별하고 확장한 모델을 사용하여 나타내었다.

그림 8-14는 앞에서 다룬 자동차 속도 조절 장치 0-S1 PAT의 입력 제어 흐름과 프로세스의 활성화를 보여준다. 숫자 0은 S1 PAT이 속해 있는 다이어그램 번호를 나타낸다. 테이블 첫 번째 줄의 입력 값이 들어오면 프로세스 2(Measure Mile)가 활성화되고, 나머지 프로세스(1,

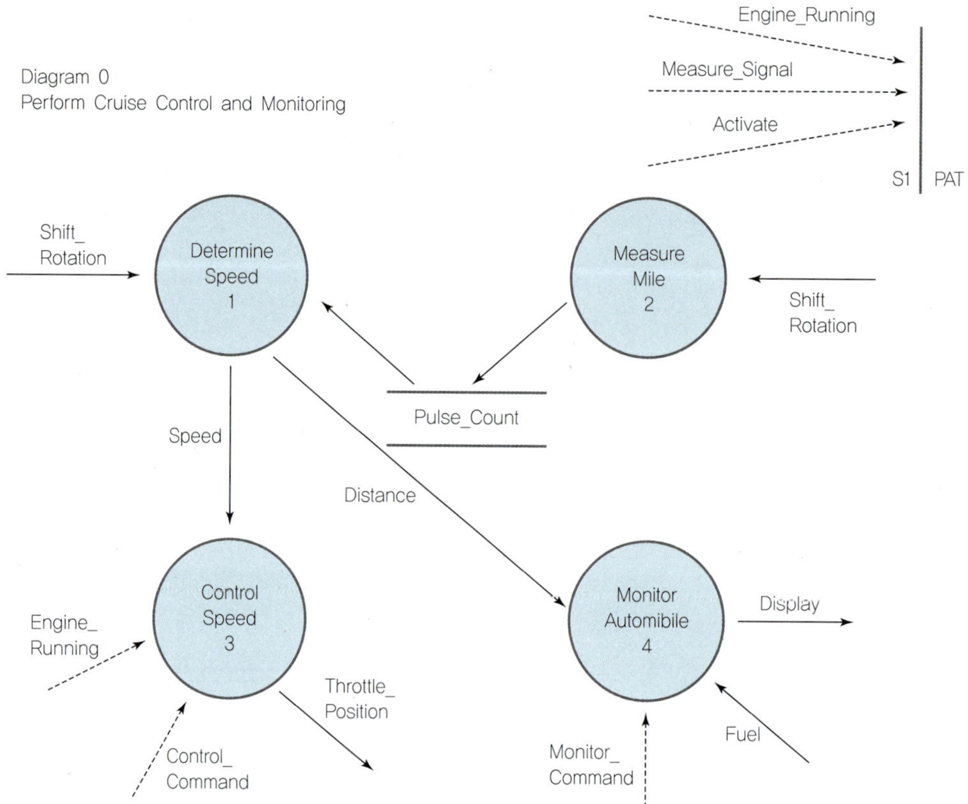

:: 그림 8 – 13 | 자료 흐름도에 PAT이 추가된 모습

출처 : 이 예는 Teamwork의 교육 교재 [CAD 90]에서 발췌한 것이다.

0–S1 PAT	Control Signal		Process	
Engine_ Running	Activate	Measure_ Signal	2	3
"TRUE"	"FALSE"	"TRUE"	1	0
"TRUE"	"FALSE"	"FALSE"	0	0
"TRUE"	"TRUE"	"Don't Care"	0	1
"FALSE"	"Don't Care"	"Don't Care"	0	0
			"Measure Mile"	"Control Speed"

:: 그림 8 – 14 | 자동차 자동 속도 제어 장치 PAT 0–S1

출처 : 이 예는 Teamwork의 교육 교재 [CAD 90]에서 발췌한 것이다.

3, 4)는 활성화되지 않는다. 세 번째 줄의 입력 값이 들어오면 프로세스 3이 활성화되고 나머지 프로세스(1, 2, 4)는 활성화되지 않는다. 프로세스 1과 4는 모든 입력 값에 의해 활성화되지 않으므로 표시하지 않았다. 이 예에서 볼 수 있듯이 프로세스 활성표는 입력 제어 흐름의 순서를 고려하지 않는 조합 논리의 경우에 적합하다.

결정표

결정표는 한 프로세스와 연관된 모든 동작을 표시하거나 프로세스 수행 중 요구되는 결정이나 조건을 기술하는 데 사용된다. 결정표는 입력 제어 조건들의 순서는 고려하지 않는 조합 논리를 나타내는 데 적합하며 출력 값을 갖기 위해 요구되는 입력 값을 테이블 형태로 나타낸다. 그림 8-11 (a)의 조합 논리 자물쇠를 결정표로 나타내면 그림 8-15와 같다.

Decision Table(DT)_
조합 자물쇠

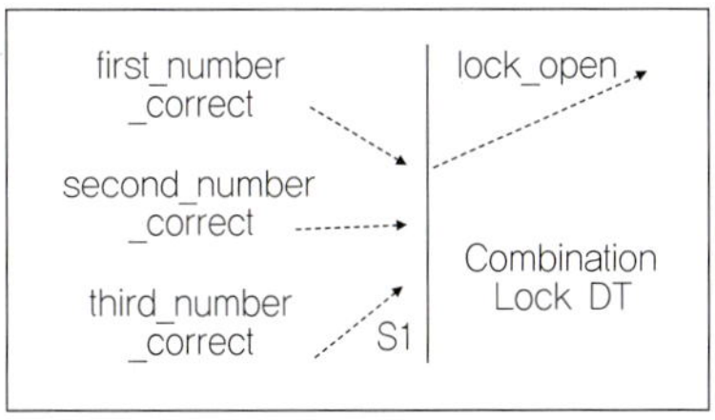

third_number_correct	second_number_correct	first_number_correct	lock_open
"TRUE"	"TRUE"	"TRUE"	"TRUE"
"TRUE"	"TRUE"	"FALSE"	"FALSE"
"TRUE"	"FALSE"	"TRUE"	"FALSE"
"FALSE"	"TRUE"	"TRUE"	"FALSE"
"FALSE"	"FALSE"	"TRUE"	"FALSE"
"FALSE"	"TRUE"	"FALSE"	"FALSE"
"FALSE"	"FALSE"	"FALSE"	"FALSE"

:: 그림 8 – 15 | 조합 자물쇠의 결정표

신호등 시스템은 대표적인 실시간 시스템이다. 자동차의 접근이 감지되거나 보행자의 요구가 있으면 신호등이 변화하는 경우를 보여주는 결정표가 그림 8-16이다. 만약 보행자의 요구와 자동차의 접근이 동시에 일어나는 경우에는 보행자에게 우선순위를 주는 논리가 나타나 있다.

보행자 요구	자동차 접근 감지	교통 신호	보행자 신호
"TRUE"	"FALSE"	"RED"	"GREEN"
"FALSE"	"FALSE"	"GREEN"	"RED"
"FALSE"	"TRUE"	"GREEN"	"RED"
"TRUE"	"TRUE"	"RED"	"GREEN"

:: 그림 8 – 16 | 신호등 시스템의 결정표

상태 변화도

상태 변화도는 시스템의 상태와 상태를 변하게 하는 사건들을 묘사하고, 사건에 의해 나타나는 동작 등 시스템의 행위를 표현한다. 여기서는 상태 변화도가 구조적 분석 확장 모델에서 어떻게 사용되는지 알아본다. 그림 8-11 (b)의 순열 논리 자물쇠(맹꽁이 자물쇠)를 상태 변화도로 표현하면 그림 8-17과 같다.

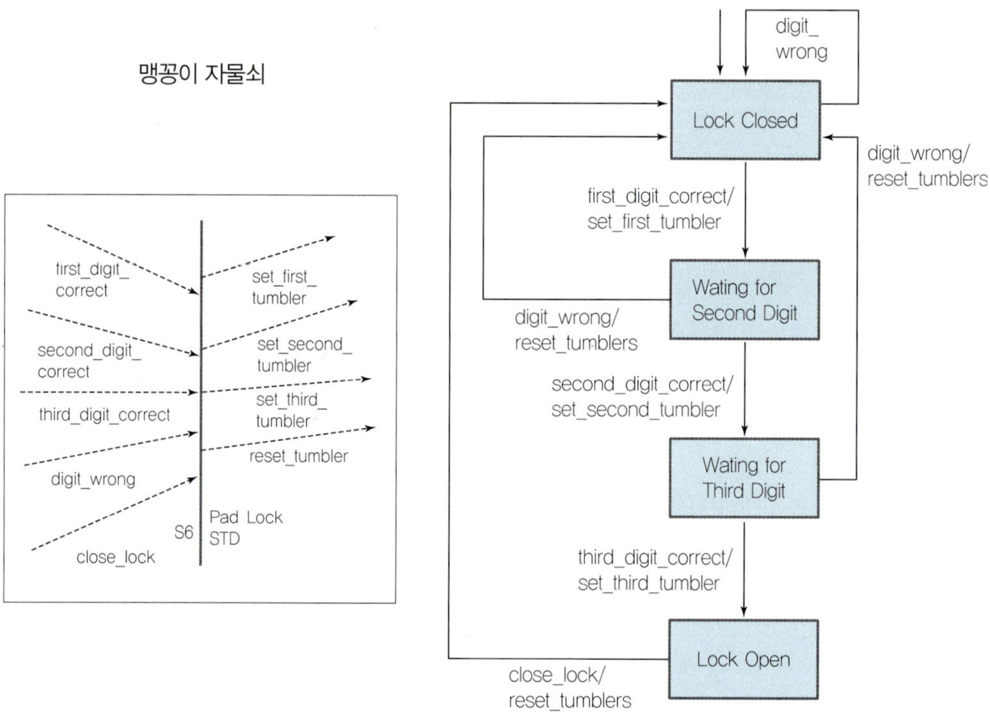

:: 그림 8 – 17 | 맹꽁이(순열 논리) 자물쇠 상태 변화도

출처 : 이 예는 Teamwork의 교육 교재 [CAD 90]에서 발췌한 것이다.

상태 사건표

상태 사건표는 상태 변화도에 표현되어 있는 정보를 테이블 형태로 표현한 것이다. 상태 사건표의 열(column)은 사건들을 표시하고 행(row)은 상태를 나타낸다. 상태 사건표는 주어진 상태에서 어떤 사건이 발생하면 동작(action)을 취하게 하고 새로운 상태로 옮겨가는 모습을 보여주고 있다. 그림 8-18에서 볼 수 있듯이 각 칸은 빈 공간으로 남을 수 있으며, 주석을 써 넣을 수도 있다. 앞의 순열 논리 자물쇠를 상태 사건표로 표현한 것이 그림 8-19이다.

State Event Matrix(SEM)

	event_1	event_2	event_3	event_4
state_1	Action/ State	*Ignore*	*can't happen*	Action/ State
state_2	*Ignore* State	Action/	*Ignore*	*can't happen*
state_3	Action/ State	*can't happen*	Action/ State	Action/ State

:: 그림 8－18 | 상태 사건표(SEM)

※ 이 예는 Teamwork의 교육 교재 [CAD 90]에서 발췌한 것이다.

State Event Matrix : 맹꽁이 자물쇠

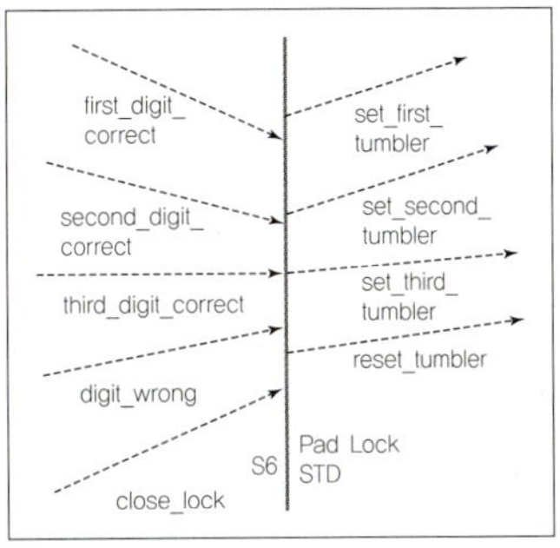

	first_digit_correct	second_digit_correct	third_digit_correct	digit_wrong	close_lock
Lock Closed	set_first_tumbler/ Waiting for Second Digit			/Lock Closed	
Waiting for Second Digit		set_second_tumbler/ Waiting for Third Digit		reset_tumblers/ Lock Closed	
Waiting for Third Digit			set_third_tumbler/ Lock Open	reset_tumblers/ Lock Closed	
Lock Open					reset_tumblers/ Lock Closed

:: 그림 8－19 | 맹꽁이(순열 논리) 자물쇠 상태 사건표

출처 : 이 예는 Teamwork의 교육 교재 [CAD 90]에서 발췌한 것이다.

복합 제어 명세

여러 제어 명세가 혼합되어 시스템의 제어 기능을 나타내야 되는 경우를 복합 제어 명세(composite c-specs)라 하는데, 프로세스 활성표, 결정표, 상태 변화도, 상태 사건표가 복합적으로 한 자료 흐름도에 표시될 수 있다. 그림 8-20은 이들이 복합적으로 사용되어 시스템의 제어 흐름과 동작을 표현하는 것을 보여준다.

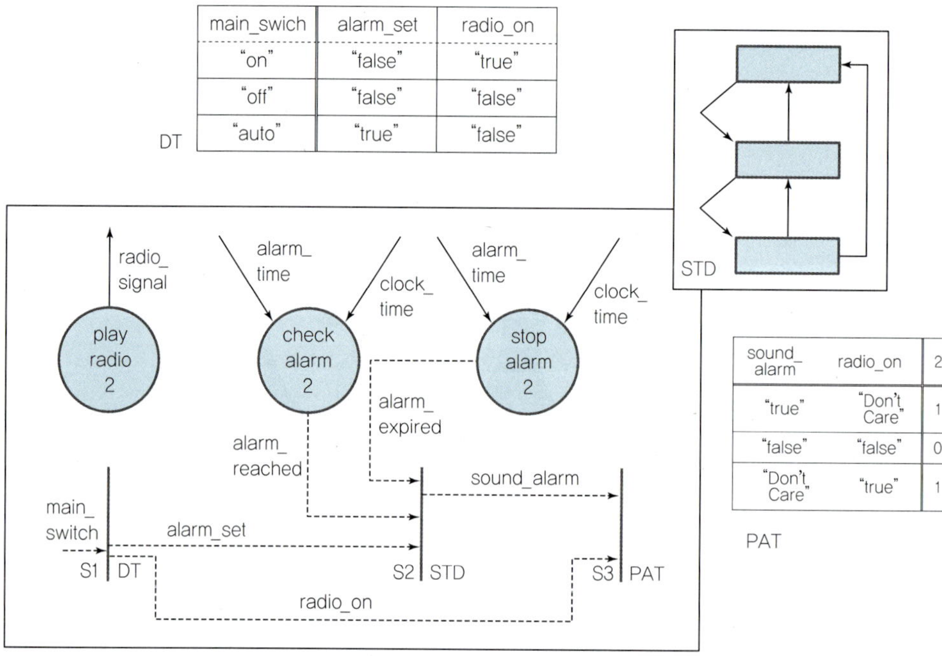

:: 그림 8 – 20 | 복합 제어 명세서

출처 : 이 예는 Cadre 사의 승인을 받고 Teamwork의 예제에서 발췌한 것이다.

요 약 SOFTWARE ENGINEERING

실시간 시스템의 중요성은 빠른 속도로 증가하고 있으며 다양한 응용 분야에 확산되고 있다. 동적 모델링은 이러한 실시간 시스템 개발에 중요한 역할을 담당하고 있다. 동적 모델링에서는 시스템의 제어 흐름, 상호작용, 동작의 순서 등을 다룬다.

실시간 시스템은 특성상 다른 소프트웨어 시스템보다 복잡하며 다른 시스템에서 요구하지 않는 특수한 분석, 설계, 시험 기법 등을 필요로 한다. 그에 따라 실시간 시스템의 개발에 필요한 소프트웨어 도구들이 많이 연구되어 왔으며, 요구사항을 기술하는 모델링 도구, 코드 생성기, 시뮬레이션 도구들이 개발되어 현재 널리 사용되고 있다. 그러나 응용 분야에 따라 표현하고자 하는 기능과 복잡도가 다르게 나타나므로 그에 따른 적합한 동적 모델링 도구의 선택이 필요하다.

이 장에서는 상태 변화도를 중심으로 동적 모델링을 살펴보았고 구조적 분석 기법에 시스템의 동적인 면을 추가한 확장 모델을 이용한 실시간 시스템 분석 기법을 알아보았다. 이러한 구조적 분석 기법의 확장은 더욱 복잡한 공학적인 문제들에 효과적으로 적용할 수 있는 분석 도구로 발전하였으며, 하나의 일관된 표기법을 이용하여 분석 결과를 표현해 보려는 노력도 시도되고 있다.

참고 문헌

[CAD 90] "An Introduction to TeamWork Release 4.0", CORE Product Training Workbook, 1990.

[DSM 95] "Digital Storage Media Command & Control", ISO/IEC JTC1/SC29/SG11 N1100 rev 1, 1995.

[HAL 91] Halang, W. & Stoyenko, A., *Real Time Computing, NATO ASI Series*, Springer-Verlag, 1991.

[HAT 87] Hatley, D. J. & Pibhai, I.A., *Strategies for Real-Time System Specification*, Dorset House, 1987.

[HOP 79] Hopcroft, J. & Ullman, J., *Intorduction to Automata Theory, Languages, and Computation*, Addison Wesley, 1979.

[PAR 92] Parsons, T., *Introduction to Compiler Construction*, W. H. Freeman and Company, 1992.

[PRE 92] Pressman, R., *Software Engineering : A Practitioner's Approach*, McGraw-Hill, 1992.

[RUM 91] Rumbaugh, J., Blaha, M., Premerlani, W., Eddy, F. & Lorensen, W., *Object-Oriented Modeling and Design*, Prentice Hall, 1991.

[SHL 92] Shlaer, S. & Mellor, S., *Object Lifecycles Modeling the World in States*, Yourdon Press, 1992.

[YOU 89] Yourdon, E., *Modern Structured Analysis*, Yourdon Press, 1989.

[WAR 85] Ward, P. T. & S. J. Mellor, *Structured Development for Real-Time Systems*(three volume), Yourdon Press, 1985.

연습문제

객관식 문제

01 소프트웨어의 행위(behavior)를 모델링하는 데 사용되는 것은?

① 구조 도표(structure chart)

② 상태 전이도(state transition diagram)

③ 자료 흐름도(data flow diagram)

④ 객체 관계도(entity-relationship diagram)

02 시스템의 동적인 면을 묘사하는 모델링 도구가 아닌 것은?

① 상태 변화도(STD : State Transition Diagram)

② Petri Net

③ 프로세스 활성표(PAT : Process Activation Table)

④ 자료 흐름도(data flow diagram)

03 소프트웨어의 행위(behavior)를 모델링하는 데 사용되는 핵심 용어는?

① 프로세스와 자료 흐름　　② 상태와 사건

③ 엔티티와 관계　　④ 객체와 클래스

04 실시간 시스템에 대한 설명이 아닌 것은?

① 제한된 시간 내에 외부에서 주어진 사건에 응답해야 하고 자료를 처리해야 한다.

② 우리 주변에서 빠른 속도로 중요성이 증가하고 있으며, 다양한 분야에서 그 복잡도가 증가한다.

③ 개발에 있어서 객체 모델링이 중요한 역할을 담당한다.

④ 통신 시스템, 비행기 운행 관리 시스템, 군사용 미사일 시스템 등이 있다.

05 동적 모델링(dynamic modeling)에 대한 설명으로 옳지 않은 것은?

① 사건(event)은 외부에서 주어지는 자극이다.

② 상태(state)는 시스템이 가지고 있는 오퍼레이션으로 설명된다.

③ 사건은 시스템을 어떤 한 상태에서 다른 상태로 이동하게 하여 시스템의 상태를 바꾸게 할 수도 있고 그 외에도 또 다른 사건을 유발시킬 수 있다.

④ 사건에 대한 반응은 그 사건을 받아들이는 시스템의 상태에 따라 다르다.

06 사건 추적도(event trace diagram)에 대한 설명이 아닌 것은?

① 시나리오를 작성한 후에는 이것에 대한 사건 추적을 한다.

② 시스템 내부 객체들 사이의 관계를 나타낸다.

③ 사건 추적도는 사건의 순서와 사건을 주고받는 객체나 시스템을 보여준다.

④ 객체나 시스템은 수직선으로, 사건은 수평으로 되어 있고, 사건을 보내는 객체에서 받는 객체로의 흐름은 화살표로 표시한다.

주관식 문제

01 동적 모델링은 시스템을 어떤 관점에서 기술하는가?

02 실시간 시스템을 정의하고 동적 모델링과의 관계를 설명하라.

03 시스템의 동적인 면을 묘사하는 모델링 도구는 어떤 것이 있는가?

04 상태 변화도(STD)의 세 가지 중요한 개념인 '상태(state)', '사건(event)', '동작(action)'을 정의하고 쉬운 예를 들어 설명하라.

05 상태 변화도를 작성하기 위하여 요구되는 시나리오 작성과 사건 추적 과정을 설명하라.

06 시나리오 작성, 사건 추적 및 상태 변화도를 이용하여 현금자동교환기(ATM)의 동적 모델링을 하라.

07 사거리 신호등 시스템에 대해 구조적 분석 기법을 확장한 복합 분석 모델을 이용하여 모델링하라.

08 맥도날드 음식점의 제어 시스템을 모델링하라. 이 시스템은 고객의 주문을 받고 주방에 연결시켜 주며 전체 음식료를 계산해 준다. 필요하면 잔돈도 거슬러 주며 총 판매액과 물품 재고 목록을 관리해 준다.

09 날씨에 따라 어떤 옷을 입을까를 결정하는 결정표(decision table)를 만들어라. 날씨의 조건은 흐리거나 맑으며, 춥거나 덥다. 날씨가 흐리면 우산을 들고 가고, 추우면 코트를 입는다.

10 실시간 시스템을 위한 구조적 분석 기법의 확장은 시스템의 세 가지 관점 중 어느 두 관점을 통합한 것인가? 또한 이 복합 분석 모델의 장점은 무엇인가?

EXERCISE

11 DFD의 실시간 확장 모델에서 사용하는 제어 명세서의 기술 도구들은 무엇이 있는가?

12 PAT(Process Activation Table), DT(Decision Table), STD(State Transition Diagram), SEM(State Event Matrix)을 사용하여 표시할 수 있는 예들을 각기 하나씩 들어라.

13 원자력 발전소의 제어 소프트웨어를 만들 때 특히 고려해야 할 사항은 무엇인가? 이런 특성들을 만족시킬 수 있는 방법을 생각해 보라.

14 복합 분석 모델을 이용하여 복사기 소프트웨어에 대한 요구사항 분석을 하라.

15 엘리베이터의 시나리오를 작성하고 사건 추적도를 그려 상태 변화도를 작성하라.

16 복합 분석 모델을 사용하여 엘리베이터를 모델링하라.

17 현금자동교환기(ATM)의 시나리오를 작성하고 사건 추적도를 그려 상태 변화도를 작성하라.

18 복합 분석 모델을 사용하여 현금자동교환기(ATM)를 모델링하라.

19 세탁기의 시나리오를 작성하고 사건 추적도를 그려 상태 변화도를 작성하라.

객관식 문제 정답 1. ② 2. ④ 3. ② 4. ③ 5. ② 6. ②

Chapter

09 정보 모델링

정보 모델링은 시스템에 필요한 엔티티(객체)들을 정의하고 이들 엔티티 사이의 관계(relationship)를 규명하는 작업이다. 이 장에서는 대표적인 정보 모델링 도구인 ER 모델(Entity-Relationship model)을 중심으로 시스템의 정보를 어떻게 기술하는지 살펴본다.

Chapter

09 / 정보 모델링

학습목표

1. 엔티티(entity)와 관계(relationship)를 정의한다.
2. 매핑 제약 조건을 설명한다.
3. 참여 제약 조건을 설명한다.
4. 참조 무결성을 설명한다.
5. 일반화에 대하여 설명한다.

최근 들어 일어나는 급격한 사회 변화는 정보의 양과 밀접한 관계를 맺고 있다. 새로운 산업사회로 이동하는 데 정보는 조직의 중요한 자산으로 인식되고 있다. 정보는 다른 자산과 마찬가지로 조심스럽게 다루어져야 하며, 그 활용성에 따라 제공할 수 있는 비즈니스 기능에 큰 영향을 미칠 수 있다. 다수의 소프트웨어 시스템은 데이터베이스에 기초하고 있는데, 많은 데이터를 처리하고 의사결정을 지원해 주어야 한다.

정보 모델은 시스템에 사용되는 정보 데이터를 중심으로 시스템의 정적인 정보 구조를 나타내는 데 사용된다. 정보 모델링(information modeling)은 시스템에 필요한 엔티티(객체)들을 정의하고 이들 엔티티 사이의 연관성을 규명하는 작업이다. 이 모델은 시스템의 기능이나 동작에 초점을 맞추기보다는 시스템을 구성하고 있는 객체를 중심으로 객체의 특성을 정의한다. 정보 모델링은 앞의 두 모델링 기법보다 나중에 소개되었으나 정보의 중요성이 증가함에 따라 그 중요성과 역할이 증대되고 있다. 정보 모델링은 객체 모델링(object modeling), 개념적 데이터 모델링(conceptual data modeling)으로 불리기도 한다.

이 장에서는 시스템의 데이터를 나타내는 정보 모델링의 기본 개념과 기술방법에 대하여 알아본다. 특히, 정보 모델링에서 사용되는 주요 개념인 엔티티, 속성, 엔티티 타입, 엔티티 사이의 관계 등에 대하여 조사한다. 또한 엔티티 타입 사이의 계층 구조를 보여주는 일반화 관계 등을 살펴본다.

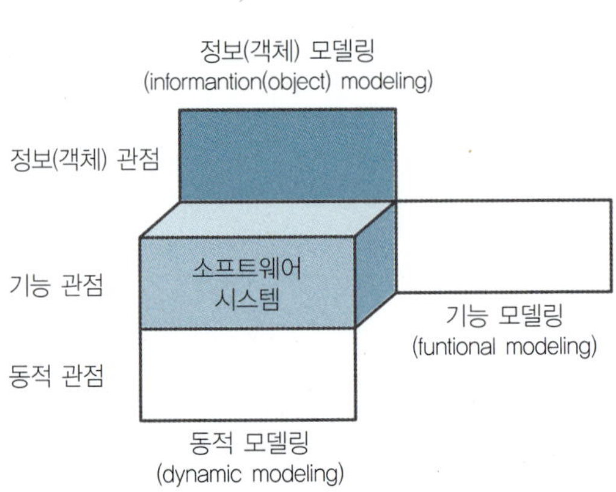

:: 그림 9-1 | 시스템의 3가지 관점

1 정보 모델링 개요

정보 모델링은 시스템에 사용되는 데이터베이스의 구조를 알아내 데이터를 개념적(conceptual) 차원에서 기술한다. 그러나 어떻게(how to) 저장되는지의 물리적(physical)인 면은 나타내지 않는다. 사용자의 관점에서는 시스템의 데이터가 어떻게 저장되고 유지되는지에 관한 세부사항을 알 필요가 없다. 개념적인 차원에서의 기술은 구현에 관한 세부사항을 숨겨줌으로써 시스템의 데이터에 관한 요구사항만 기술한다.

정보 모델링 중에서 가장 많이 사용되는 도구는 ER 모델(Entity-Relationship model)이다. 이 장에서는 ER 모델을 중심으로 시스템의 정보를 어떻게 기술하는지 살펴본다.

2 엔티티, 속성, 엔티티 타입

ER 모델은 시스템에 요구되는 기본적인 객체를 나타내는 엔티티(entity)와 객체들 사이의 연관성을 나타내는 관계(relationship)로 구성된다. 엔티티는 독립적으로 존재하는 실세계의 사물(thing), 객체(object)를 나타내며 그 예로 김철수(직원의 예), 서울(장소의 예), 충남대학교(대학교의 예) 등이 있다. 각 객체는 특정 속성(attribute)의 모임에 의해 기술되며 속성 값들에 의하여 다른 객체와 구별된다. 예를 들어, 김철수는 주민등록번호 "830425-1000234", 생년월일 "83년 4월 25일" 등의 속성과 속성값을 가지며 충남대학교는 위치 "대전", 학생 수 "18,000"이라는 속성, 속성값을 가진다.

한 시스템 안에는 유사한 속성을 갖는 집합들이 있다. 대학에는 많은 학생들이 있으며 이들 학생들은 유사한 정보를 가진다. 이들 학생들은 같은 속성을 공유하고(예를 들어, 학번, 전공, 성적 등) 각 학생(객체)은 각 속성의 고유값을 가진다. 이때 같은 속성을 가지는 엔티티들의 집합을 엔티티 타입(entity type)이라 한다. 즉, 엔티티 타입의 인스턴스가 엔티티이다. 예를 들어, 학생이라는 엔티티 타입에 속한 "김철수", "이영희" 엔티티는 같은 속성(학번, 전공, 성적)을 공유하고 "김철수"는 학번 "925462", 전공 "CS", 성적 "3.8"을, "이영희"는 학번 "956234", 전공 "Math", 성적 "4.2"의 고유 속성값을 가진다.

시스템에 요구되는 데이터의 특성을 규명할 경우에는 각각의 객체들을 기술하는 것보다 묶어진 엔티티 타입을 기술하는 것이 편리하다. 이렇게 비슷한 엔티티를 묶는 작업을 분류화(classification)라 하며, 분류화를 통해 묶여진 객체들은 같은 종류의 속성, 제약 조건 및 동작의 유형을 공유한다. 실례화(instantiation)는 분류화의 역작용으로 엔티티 타입에 속해 있는 엔티티를 구별하여 참조하는 데 사용된다.

:: 표 9－1 | 분야별 용어 관계

분야	사물(thing)	그룹
정보 모델링, 데이터베이스	엔티티	엔티티 타입
프로그래밍 언어	변수, 상수	데이터 타입
객체지향 모델링 및 언어	객체(object)	클래스
예(대학교)	김철수, 이영희	학생

표 9–1은 정보 모델링, 데이터베이스, 프로그래밍 언어, 객체지향에서 사용되는 용어들을 비교한 것이다. 예를 들어, 정보 모델링의 엔티티 타입은 객체지향 모델링 및 언어에서는 클래스, 프로그래밍 언어에서는 데이터 타입(data type)이라 불리며 그 의미는 유사하다. 표 9–1은 분야에 따른 용어들 사이의 관계를 보여준다.

ER 모델에서 사각형의 기호는 엔티티 타입을 표시하며 타원형의 기호는 속성을 나타낸다. 선은 속성과 엔티티 타입을 연결한다. 그림 9–2는 대한민국사람 엔티티 타입이 주민등록번호, 이름, 생년월일, 성별 속성을 가지고 있음을 나타내고, 키 속성은 밑줄을 그어 구별하였다.

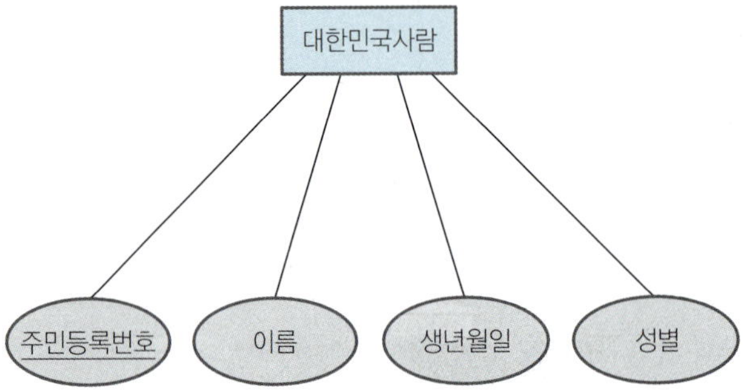

:: 그림 9－2 | 엔티티 타입과 속성

3 관계, 관계 타입, 제약 조건

한 시스템이 여러 엔티티 타입을 가지는 것은 일반적이며 이들 사이에는 연관성이 존재한다. 관계(relationship)란 여러 엔티티 사이에 존재하는 연관성(association)을 나타낸다. 예를 들어, 학생 "김철수"와 과목 "SE"(소프트웨어 공학)를 연결하는 관계를 정의해 보기로 하자.

여기서 학생과 과목은 엔티티 타입이며 "김철수"와 "SE"는 엔티티(객체)에 해당한다. 관계 타입(relationship type)은 같은 형태를 갖는 관계들의 집합이다. 수강은 학생과 과목을 연결하는 관계 타입이며 “김철수”가 “SE”를 수강하는 것은 관계이다. 따라서 그림 9-3의 r_1 관계는 “김철수”가 “SE”를 수강하고 있음을 나타낸다.

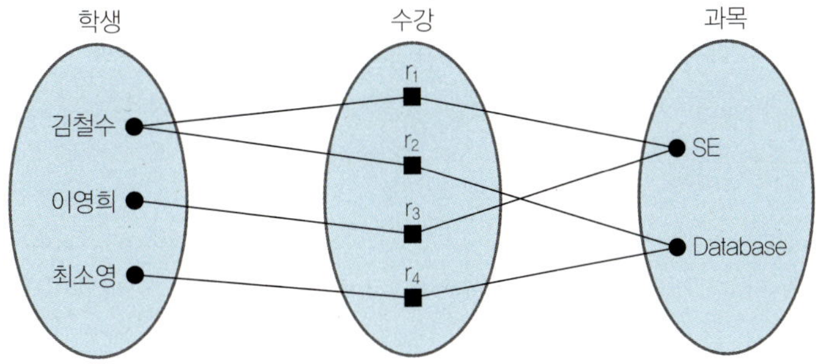

:: 그림 9 – 3 | 관계

관계 타입은 엔티티 타입과 마찬가지로 고유의 속성들을 가질 수 있으며 참여하는 엔티티 타입의 키가 관계 타입의 키가 된다. 예를 들어, 수강 관계 타입에 성적이라는 속성이 있을 수 있으며 수강의 키는 학생의 키와 과목의 키가 합친 것이다. 경우에 따라서는 참여하는 엔티티 타입의 키 이외에 다른 속성이 합쳐져 관계 타입의 키를 형성하기도 한다.

ER 모델에서 마름모 기호는 관계 타입을 표시한다. 그림 9-4의 근무(Works_For)라는 관계 타입은 직원(Employee)과 부서(Department)의 연관성을 나타내고 있다. 근무(Works_For)의 키는 직원(Employee)과 부서(Department)의 키에 의해 형성되고, 근무시작일(Start_Date)은 근무(Works_For)에 속한 관계 타입의 속성이다.

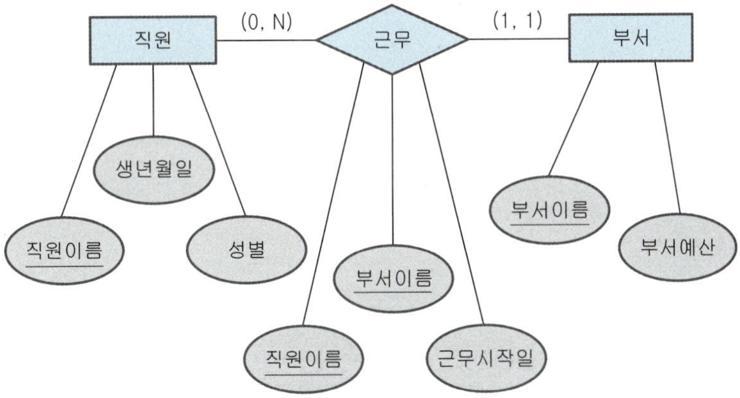

:: 그림 9 – 4 | 관계 타입

매핑 제약 조건

ER 모델은 데이터들 사이에 지켜야 할 제약 조건을 지정할 수 있다. 매핑 제약 조건(mapping constraints)은 하나의 관계 타입을 통하여 참여하는 엔티티 타입에 속한 엔티티들 사이에 맺어질 수 있는 매핑 수(mapping cardinality)를 제한한다.

매핑 수는 크게 다음과 같이 3가지로 분류할 수 있다. 관계 타입 Z는 엔티티 타입 X와 Y의 연관에 의해 만들어진다고 가정하자.

(1) 일대일

X에 속하는 한 엔티티는 Y에 속하는 한 엔티티에만 관련되며, Y에 속하는 한 엔티티도 X에 속하는 한 엔티티에만 관련된다. 예를 들어, 남자(Man), 여자(Woman)라는 엔티티 타입은 결혼(Marriage)이라는 관계 타입을 통하여 일대일(one to one)로 대응된다.

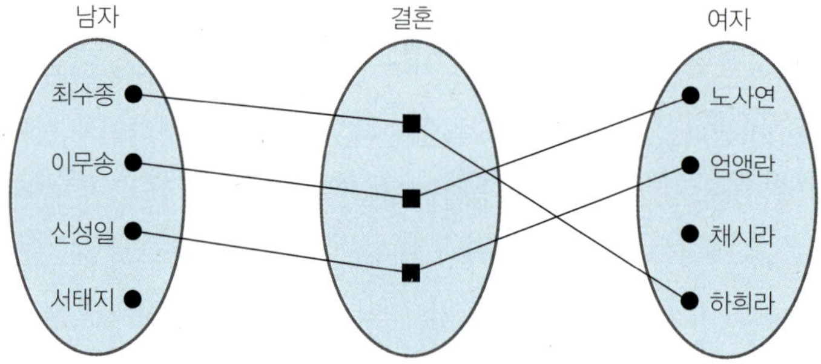

:: 그림 9 – 5 | 일대일 관계

(2) 일대다

X에 속한 한 엔티티는 Y에 속한 한 엔티티에만 관련되고, Y에 속한 한 엔티티는 X의 여러 엔티티에 관련될 수 있다. 예를 들어, 직원과 부서는 근무라는 관계 타입을 통하여 일대다(one to many)로 대응되며, 한 직원은 하나의 부서에 속해 일을 하며 한 부서는 여러 직원을 가질 수 있다.

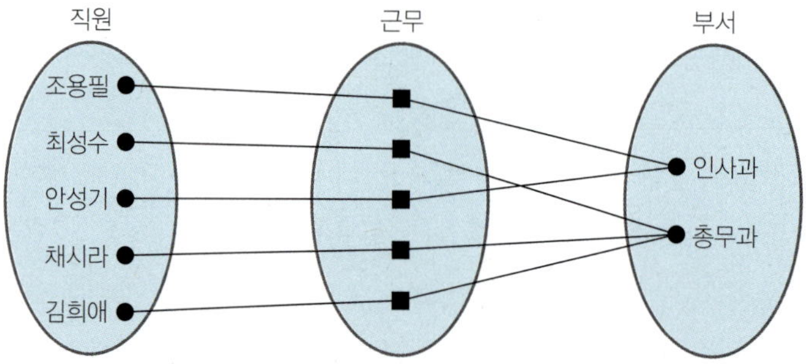

:: 그림 9 – 6 | 일대다 관계

(3) 다대다

X에 속한 한 엔티티는 Y에 속한 여러 엔티티에 관계될 수 있고, Y에 속한 한 엔티티는 X의 여러 엔티티와 관련될 수 있다. 예를 들어, 학생(Student)과 과목(Course)은 등록(Enroll) 관계 타입을 통하여 다대다(many to many)로 대응된다.

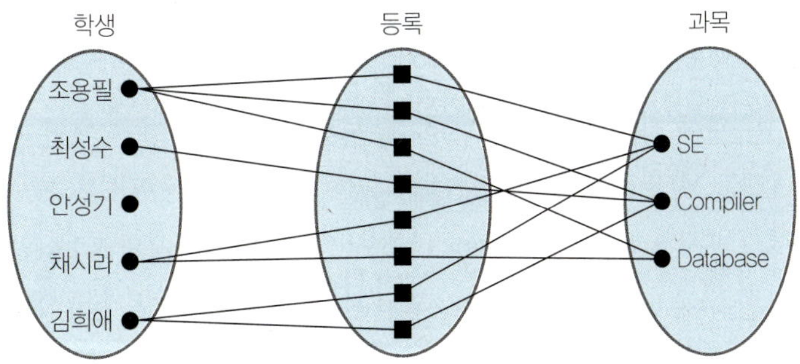

:: 그림 9 – 7 | 다대다 관계

참여 제약 조건

참여 제약 조건(participation constraints)은 한 엔티티가 관계에 참여하는 것이 필수(mandatory)인지 선택(optional)인지를 지정해 주는 제약 조건이다. 일대일 대응 관계의 예인 결혼에서 남자나 여자가 이 관계에 참여하는 것은 필수적이 아니며 선택사항이다. 그림 9–4의 관계는 한 직원이 최소 하나, 최대 하나(1, 1)의 부서에 속해 일을 한다는 필수적인 관계를 나타내고, 한 부서는 최소 0, 최대 임의의 수 N(0, N)인 직원을 가질 수 있다는 선택적 관계를 나타낸다.

관계 타입 차수

관계 타입 차수(degree)는 참여하는 엔티티 타입의 수를 말한다. 앞에서 본 근무, 결혼 등 차수가 2인 경우 2차(binary) 관계 타입, 차수가 3인 경우 3차(ternary) 관계 타입이라고 부른다. 세상의 관계가 복잡해 보이지만 자세히 들여다보면 실세계 대부분의 관계는 2차 관계 타입이다. 예를 들어, 남녀 간에 3각 관계가 있다고 하자. 3차 관계 타입으로 보이지만 실제로 2개의 2차 관계 타입이 존재하는 것이다.

일반적으로 3차 관계 타입은 2차 관계 타입으로 대치될 수 없으며 그 예는 다음과 같다. 통신서비스공급자(Provider), 통신서비스(Service), 서비스를 제공받는 회사(Company)의 엔티티 타입이 있다고 가정하자(이 예는 실제 상황과 다른 것임을 밝혀둔다). 이들 엔티티 타입은 독립적으로 존재하며 이들에 속하는 엔티티가 그림 9–8에 나타나 있다.

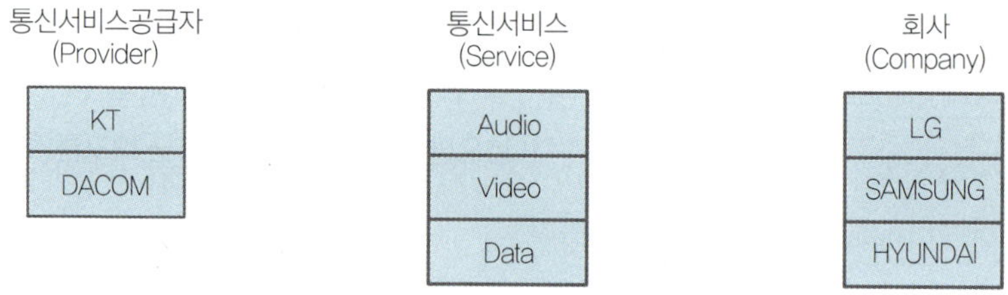

:: 그림 9 – 8 | **통신 데이터베이스 엔티티 타입과 엔티티**

이들 사이의 2차 관계 타입을 생각해 보면 각 통신서비스공급자가 어떤 통신 서비스를 제공하는가를 나타내는 제공(Offer) 관계 타입과 각 회사가 어떤 서비스를 필요로 하는지를 나타내는 필요(Need) 관계가 나타난다. 그림 9–9는 그들 사이의 관계를 ER 모델로 표시한 것이고, 그림 9–10은 관계 타입 제공(Offer)과 필요(Need)가 속한 예를 나타낸 것이다.

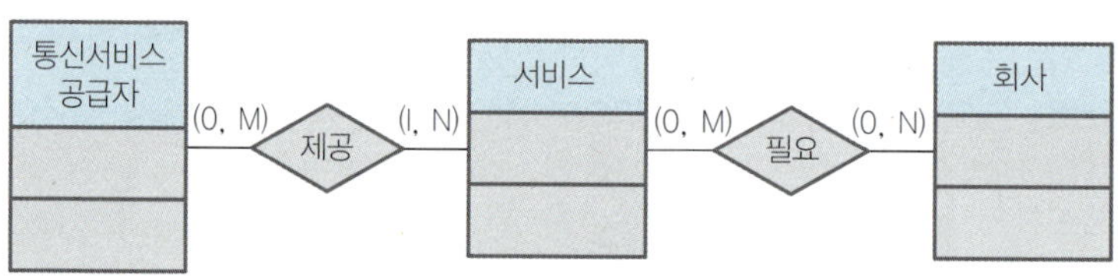

:: 그림 9 – 9 | **통신 데이터베이스 ER 모델**

제공

통신서비스공급자	Service
KT	Audio
KT	Video
DACOM	Audio
DACOM	Data

필요

서비스	회사
Audio	SAMSUNG
Audio	LG
Data	HYUNDAI
Video	LG
Audio	HYUNDAI

:: 그림 9 – 10 | **통신 데이터베이스 관계 예**

제공 관계 타입에 있는 관계들은 각 통신서비스공급자들이 어떤 통신서비스를 제공하고 있는지를 보여주고 있으며, 그 예로 "KT"는 "Audio"와 "Video" 서비스를 공급한다. 필요 관계 타입을 보면 각 회사들이 어떤 통신서비스를 필요로 하는지 알 수 있고, 그 예로 "HYUNDAI"는 "Data"와 "Audio" 서비스를 필요로 한다.

한 회사가 어떤 특정 서비스를 어느 서비스 공급자로부터 제공받고 있는지 알고 싶다고 하자(예를 들어, "HYUNDAI"는 "Audio" 서비스를 어느 회사에서 제공받고 있는가?). 그림 9–9 모델은 우리에게 그 답을 제시할 수 없다. 그림 9-10도 "HYUNDAI"는 "Audio" 서비스를 "KT"나 "DACOM"으로부터 제공받을 수 있다는 것만을 보여주고 있다. 어느 회사가 어떤 특정 서비스를 어느 서비스 공급자로부터 제공받는가의 정보가 시스템에서 필요로 하는 요구사항이면 그림 9-11의 공급(Supply) 관계 타입이 필요하다. 그림 9-11의 공급 관계 타입으로 나타나는 테이블이 그림 9-12에 나타나 있다.

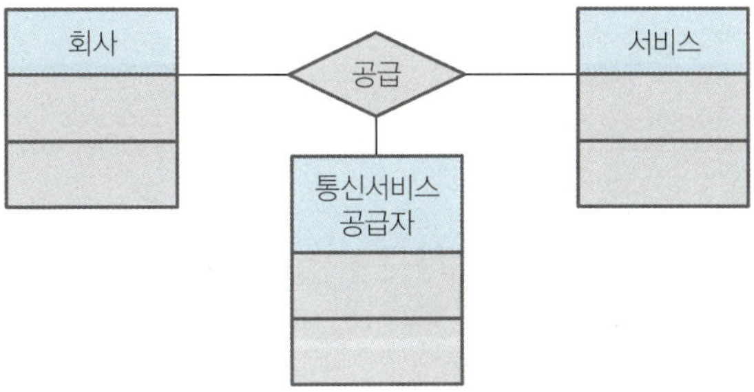

:: 그림 9 - 11 | 3차 관계 타입

공급

회사	서비스	통신서비스공급자
HYUNDAI	Data	DACOM
SAMSUNG	Audio	KT
LG	Audio	DACOM
HYUNDAI	Audio	KT
LG	Video	KT
SAMSUNG	Audio	DACOM

:: 그림 9 - 12 | 3차 관계 타입 테이블

만약 그림 9-10에서 나타나는 정보와 그림 9-12에서 나타나는 정보가 모두 필요하다면 그림 9-9와 그림 9-10을 모두 합쳐 모델링되어야 한다. 이에 대한 선택은 시스템을 사용할 사용자와 의논하여 결정해야 하며, 엔지니어가 임의로 결정하면 사용자가 원하지 않는 잘못된 시스템이 만들어질 가능성이 높다.

4 일반화

지금은 ER 모델에 일반화(generalization) 등의 계층적 구조를 추가하여 확장시킨 모델이 많이 사용된다. 각 엔티티 타입은 고유의 속성을 가지고 있으며, 여러 엔티티 타입에 공통된 속성 또한 존재할 수 있다. 엔티티 타입 사이에 유사성이 존재할 때 이 유사성을 모아 하나의 새로운 엔티티 타입을 정의내리는 것을 일반화라 한다. 예를 들어, 교수와 학생이라는 엔티티 타입이 다음과 같은 속성을 가지고 있다고 하자.

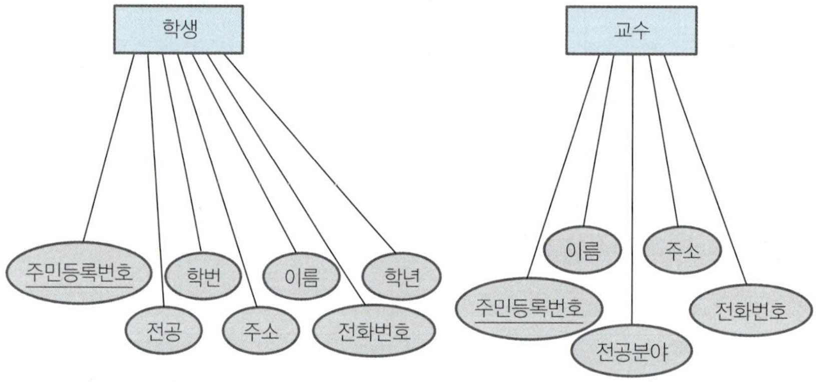

:: 그림 9 – 13 | 학생과 교수 엔티티 타입

학생과 교수 엔티티 타입은 주민등록번호, 이름, 주소, 전화번호를 공유하며, 이는 사람이라는 공통점에서 나타나는 현상이다. 교수와 학생을 묶어 하나의 일반화된 엔티티 타입 사람으로 정의할 수 있다. 이 경우 학생과 교수를 사람의 하위 클래스(subclass)라 하고 사람은 학생과 교수의 상위 클래스(superclass)라 한다.

이 경우 상위 클래스인 사람은 하위 클래스인 학생과 교수의 공통적인 속성을 가지며, 하위 클래스인 학생과 교수는 각각 상위 클래스의 주 키와 하위 클래스 간의 공유되지 않는 정보를 갖는다. 주 키는 상위 클래스와 하위 클래스 사이의 연결을 위해 필요하다. 상위 클래스인 사람에 있는 모든 속성은 하위 클래스인 학생과 교수에 상속된다. 그림 9–14는 일반화에 의해 나타난 결과를 보여주고 있다. 일반화의 관계는 'is_a', 또는 'kind_of' 관계라고도 하고 "교수 is_a 사람"이고 "학생 is_a 사람"임을 나타낸다. 상위 클래스 쪽에는 "–"을 표시하여 하위 클래스와 구별한다.

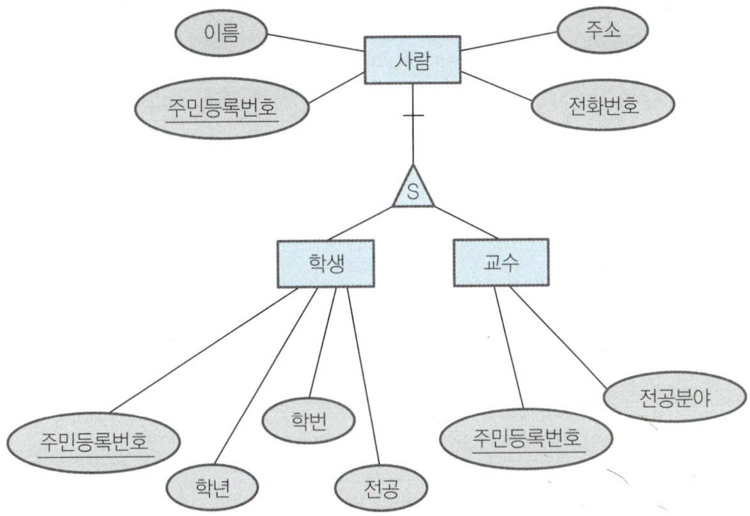

:: 그림 9 – 14 | 일반화

일반화를 통해 나타나는 중요한 특성은 상위 클래스에 하위 클래스의 공통적인 속성을 표시하고, 상위 클래스의 정보가 하위 클래스에 상속(inheritance)된다는 것이다. 일반화를 통해 나타나는 상속은 엔티티 타입의 정의를 단순화시키고, 기존에 정의되어 있는 엔티티 타입을 이용하여 새로운 클래스를 쉽게 정의할 수 있도록 해준다. 이 기법은 엔티티 타입의 공통점을 구체적으로 표시하는 기법이며 분석의 결과를 재사용할 수 있게 해준다.

5 정보 모델링의 예 : 대학교 데이터베이스

다음과 같은 대학교 데이터베이스에 포함되어야 하는 요구사항을 생각해 보라.

대학교에서는 각 학생들의 주민등록번호, 이름, 학번, 학년, 전공, 주소와 전화번호에 대한 정보가 필요하다. 주민등록번호 또는 학번에 의해 각 학생들은 유일하게 구별된다.

각 과목은 과목이름과 과목번호, 과목학점수, 과목수준을 가지며 과목번호에 의해 유일하게 구별된다. 각 과목은 선수과목(Prerequisite)을 가진다. 교수는 주민등록번호, 이름, 주소, 전화번호, 전공 분야에 의해 기술된다. 각 교수는 주민등록번호에 의해 유일하게 구별되며 학생들을 지도(Guide)하게 된다. 따라서 각 학생들은 1명의 지도교수를 가진다.

각 섹션(Section)은 강의교수, 학기, 연도, 섹션번호, 과목정보를 가진다. 섹션 번호에 의해 각 섹션은 유일하게 구별된다. 학생들은 섹션을 수강(Enroll)하여 학점을 얻는다. 각 섹션에는 최소한 7명, 최대한 30명의 학생이 수강한다.

앞의 요구사항을 숙지하여 ER 모델을 그려 보기 바란다. 우선 필요로 하는 엔티티 타입을 요구사항에서 뽑아낼 수 있어야 한다. 엔티티 타입은 요구사항에서 명사로 표시되어 있으며, 독립적으로 존재하고 우리가 추적해야 할 필요가 있는 객체들의 모임이다. 앞의 요구사항에서 뽑아지는 엔티티 타입과 그의 속성들을 나열해 보자. 키 속성은 밑줄을 그어 구별하였다.

엔티티 타입	속 성
학생	주민등록번호, 학번, 이름, 학년, 전공, 주소, 전화번호
교수	주민등록번호, 이름, 주소, 전화번호, 전공분야
섹션	섹션번호, 학기, 연도, 강의교수, 과목
과목	과목번호, 과목 이름, 과목학점수, 과목수준

엔티티 가이드라인

엔티티 또는 엔티티 타입을 찾아내기 위해서는 앞에서와 같이 문제 기술을 읽거나 사용자와 인터뷰를 하는 것이 일반적이다. 또한 개인적인 지식을 활용할 수도 있고(사용자에게 확인 필요), 현재 보유하고 있는 파일이나 업무 진행과정을 보여주는 도표도 활용할 수 있다. 엔티티(또는 엔티티 타입)를 찾아내는 가이드라인은 다음과 같다.

- 문제 기술에 명사가 있으면 엔티티로 고려하라.
- 만약 명사가 값을 가질 수 있으면 엔티티가 아니라 속성이 된다.
- 만약 분석가가 정보를 추적하고 싶으면 엔티티로 고려하라.
- 만약 엔티티인지 속성인지 구별이 가지 않는 경우 엔티티로 놓아라. 만약 데이터의 이름이 _id, _number, _code, _type 등으로 끝나면 엔티티 타입의 키가 될 가능성이 높다.
- 데이터에 관한 정의가 현재 있는 경우 그 데이터를 포함하고 있는 엔티티의 이름을 쉽게 찾을 수 있다.

또한 모델링을 하며 사용자에게 문의하여 각 속성의 가능한 속성값을 알아놓는 것이 바람직하다. 이는 모델링을 빠르고 정확하게 하기 위해 필요하다. 속성값들을 구체적으로 파악하지 않고 모델링하는 경우 추상적인 단계에 머물러 모델에 결함이 생기기 쉽다. 사용자 및 개발자들에게 구체적인 예를 들어 설명하기 위해서도 각 속성의 속성값들을 우선 파악하는 것은 매우 중요하다.

관계 가이드라인

관계 타입은 일반적으로 동사로 표시된다. 그 예로 교수는 학생을 지도(Guide)하고 학생은 섹션을 수강(Enroll)하여 성적을 얻는다. 실제 관계 타입의 이름을 정할 경우 동사의 명사형을 쓰는 것이 바람직하다(예를 들어, enrollment, teaching). 여기서 주의하여 볼 것은 섹션의 속성인 강의교수와 과목은 실제로 다른 엔티티 타입에 속해 있는 것이며, 이는 섹션이 교수 및 과목과 연관성을 가지고 있음을 나타내고 있다. 또한 선수과목은 과목들끼리의 연관성을 나타내고 있다. 관계(또는 관계 타입)를 찾아내는 가이드라인은 다음과 같다.

- 문제 기술에 동사가 있으면 관계로 고려하라.
- 만약 불명확한 엔티티가 있으면 관계로 고려하라.
- 만약 데이터가 독립적인 두 엔티티를 기술하고 있으면 관계로 고려하라.
- 한 레코드가 둘 이상 고유 번호(unique id)를 가지고 있으면 관계로 고려하라.

이들 관계 타입의 매핑 제약 조건과 참여 제약 조건은 요구사항에 명시되어 있지 않은 경우가 많으므로 분석가는 이 시스템을 사용할 사용자들과 대화하여 구체적인 요구사항과 제약 조건을 밝혀내야 한다. 그림 9-15의 강의 관계 타입은 한 섹션이 한 교수에 의해 강의되어야 함을 표시하고 있다

한편, 학생과 교수는 많은 속성을 공유하고 있음을 볼 수 있다. 주 키가 서로 같으며 이름, 주소, 전화번호의 속성을 공유하고 있다. 앞에서 언급한 일반화의 개념을 통하여 새로운 엔티티 타입 사람(Person)을 정의하고, 학생과 교수는 그 하위 클래스로 자리 잡게 된다. 사람 엔티티 타입은 학생과 교수의 공통 속성을 가지며, 교수와 학생은 키 속성과 공유되지 않는 속성에 의해 정의된다. 교수와 학생은 사람에 있는 모든 정보를 상속받는다.

그림 9-15는 그림의 간편함을 위해 엔티티 타입과 관계 타입이 속한 속성들을 표현하지 않았으며 구체적인 정보는 자료 사전(data dictionary)에 저장한다. 자료 사전에는 엔티티 타입, 관계 타입, 속성 등에 관한 정의와 제약 조건 등이 기록된다.

엔티티 타입	속 성
사람	주민등록번호, 이름, 주소, 전화번호
학생	주민등록번호, 학번, 학년, 전공
교수	주민등록번호, 전공분야

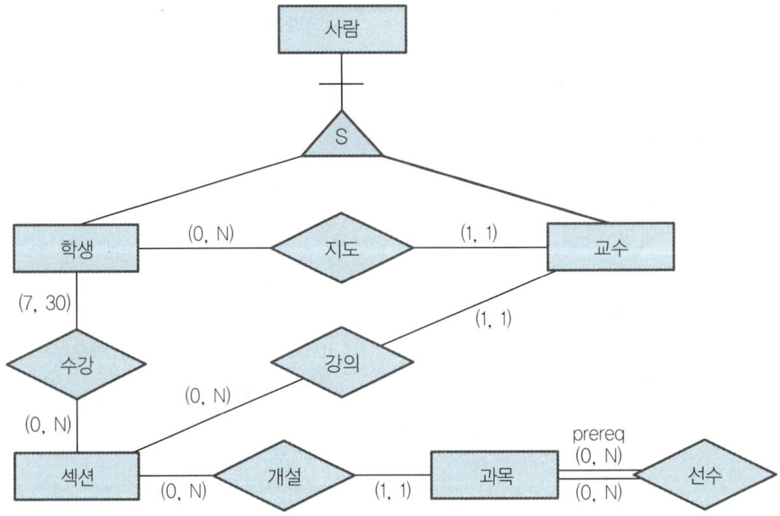

:: 그림 9 – 15 | 대학교 ER 모델

요 약 SOFTWARE ENGINEERING

현대는 정보가 중요한 자산으로 인식되는 정보화 시대이며 정보의 중요성은 나날이 증가하고 있다. 정보 모델링은 우리가 필요로 하는 정보를 체계적으로 구성할 수 있게 해주며, 다양한 역할을 수행하는 프로젝트 참여자들이 공통의 대화 수단으로 사용할 수 있다.

ER 모델은 가장 많이 사용되는 정보 모델링 도구이며, 시스템에 요구되는 기본적인 객체를 나타내는 엔티티와 객체들 사이의 연관성을 보여준다. 각 객체는 특정 속성의 모임에 의해 기술되며 속성값에 의해 다른 객체와 구별된다. 유사한 속성을 갖는 엔티티를 분류하여 엔티티 타입으로 정의하고, 같은 엔티티 타입에 속한 엔티티들은 같은 종류의 속성, 제약 조건 및 동작의 유형을 공유한다.

정보 모델링은 시스템에서 요구되는 데이터에 관한 지도를 그리는 것이며 여러 역할을 수행하는 프로젝트 참여자들이 대화의 도구로 사용할 수 있다. 정보 모델링의 결과는 물리적 데이터베이스(예를 들어, 관계형 데이터베이스)를 설계하는 데 기본 골격을 제공한다. 또한 정보 모델링은 여러 시스템의 데이터를 통합하는 시스템 통합(SI : System Integration) 과정에서 필히 요구되는 도구라 하겠다.

참고 문헌

[BOO 94] Booch, G., *Object-Oriented Analysis and Design with Applications*, Benjamin/Cummings, 1994.

[COA 91] Coad, P. & Yourdon, E., *Object-Oriented Analysis*, Yourdon Press, 1991.

[ELM 94] Elmasri, R. & Navathe, S., *Fundamentals of Database Systems*, Benjamin/Cummings, 1994.

[HUG 91] Hughes, J., *Object-Oriented Databases*, Prentice Hall, 1991.

[KHO 90] Khoshafian, S. & Abnous, R., *Object Oriented Concepts, Languages, Databases, User Interfaces*, Wiley, 1990.

[KOR 91] Korth, H. & Silbershatz, A., *Database System Concepts*, McGraw-Hill, 1991.

[조규익 95] 조규익, 『데이터베이스 설계』, 홍릉과학출판사, 1995.

연습문제

객관식 문제

01 요구사항 분석 단계의 정보 모델링과 거리가 먼 것은?

① 다수의 소프트웨어 시스템은 데이터베이스에 기초하고 있으며 많은 데이터를 처리하고 의사결정을 지원하는 데 정보 모델링을 활용한다.

② 시스템에 사용되는 정보 데이터를 중심으로 시스템의 정적인 정보 구조를 나타내는 데 사용한다.

③ 시스템에 필요한 엔티티(객체)들을 정의하고 이들 엔티티 사이의 연관성을 규명하는 작업이다.

④ 이 모델은 시스템의 기능이나 동작에 초점을 맞추어 객체의 특성을 정의한다.

02 요구사항 분석 단계의 정보 모델링에 대한 설명으로 적합하지 않은 것은?

① 시스템의 정적인 정보 구조를 나타내는 데 사용한다.

② 정보 모델은 데이터를 개념적(conceptual) 차원보다는 물리적(physical) 차원에서 기술한다.

③ 엔티티(객체)들을 정의하고 이들 사이의 연관성을 규명하는 작업이다.

④ 사용자의 관점에서 객체의 특성을 정의한다.

03 ERD(Entity-Relationship Diagram)에서 관계(relationship)를 나타내는 기호는?

① 원	② 사각형
③ 삼각형	④ 다이아몬드

04 ERD(Entity-Relationship Diagram)의 핵심 요소는?

① 프로세스와 자료 흐름	② 상태와 사건
③ 엔티티와 관계	④ 객체와 클래스

05 정보 모델링에서 엔티티를 식별(identification)하는 방법 중 옳지 않은 것은?

① 독립적인 대상, 사건, 위치 등의 구체적인 객체를 사용한다.

② 엔티티와 속성은 동사로, 관계와 연관성은 명사로 식별하는 문법적인 분석을 이용한다.

③ 시나리오를 중심으로 분석한다.

④ 사용자의 경험과 기술을 적극 활용한다.

06 엔티티 타입 사이에 유사성이 존재할 때 이 유사성을 모아 하나의 새로운 엔티티 타입으로 정의하는 것과 관계가 있는 것은?

① instance ② polymorphism
③ inheritance ④ encapsulation

07 비슷한 엔티티를 묶는 작업을 의미하며, 객체들은 같은 종류의 속성, 제약 조건 및 동작의 유형을 공유하는 것은?

① classification ② polymorphism
③ inheritance ④ encapsulation

08 참조 무결성(referential Integrity)에 대한 설명이 아닌 것은?

① 두 엔티티 사이의 관계에 작용하는 제약 조건으로 데이터의 일관성을 유지하기 위하여 필요하다.
② 관계 타입에 속한 키는 참여 엔티티 타입으로부터 온다.
③ 엔티티가 관계에 참여하는 것이 필수인지 선택인지를 지정해 주는 제약 조건이다.
④ 관계형 데이터베이스에서 테이블 사이의 데이터 제약 조건을 나타내는 것으로 중요한 의미를 가진다.

09 일반화(generalization)에 대한 설명이 아닌 것은?

① 엔티티 타입 사이에 유사성이 존재할 때 이 유사성을 모아 하나의 새로운 엔티티 타입을 정의하는 것이다.
② 상위 클래스는 하위 클래스의 공통적인 속성을 가진다.
③ 상위 클래스에 있는 모든 속성은 하위 클래스에 상속된다.
④ 일반화의 관계는 '부분-전체(part-whole)' 관계이다.

10 엔티티 또는 엔티티 타입을 찾아내기 위한 가이드라인이 아닌 것은?

① 문제 설명서에 동사가 있으면 엔티티로 고려하라.
② 만약 명사가 값을 가질 수 있으면 엔티티가 아니라 속성이 된다.
③ 만약 분석가가 정보를 추적하고 싶으면 엔티티로 고려하라.
④ 만약 데이터의 이름이 _id, _number, _code, _type 등으로 끝나면 엔티티 타입의 키가 될 가능성이 높다.

11 엔티티들 사이의 관계 타입을 찾아내기 위한 가이드라인이 아닌 것은?

① 문제 설명서에 동사가 있으면 관계로 고려하라.

② 만약 명확한 엔티티가 있으면 관계로 고려하라.

③ 만약 데이터가 독립적인 두 엔티티를 기술하고 있으면 관계로 고려하라.

④ 한 레코드가 둘 이상 고유 번호(unique id)를 가지고 있으면 관계로 고려하라.

주관식 문제

01 정보 모델링을 정의하고 정보 모델링의 중요성이 증가하고 있는 이유를 설명하라.

02 조직의 정보가 부가 산출물이 아닌 중요한 자원으로 인식되고 있는 이유는 무엇인가?

03 엔티티(객체), 관계, 속성을 정의하라.

04 엔티티 타입, 관계 타입을 정의하라.

05 키(key)를 정의하고 그 용도를 설명하라.

06 데이터들 사이의 매핑 제약 조건(mapping constraint)은 어떤 것이 있는지 예를 들어 설명하라.

07 3차 관계 타입은 2차 관계 타입으로 대체되지 못하는 이유를 설명하라.

08 다음의 문제 기술로부터 ER 모델을 만들어라.

> 비행장 데이터베이스는 비행기, 비행기 소유주, 비행장 직원, 비행기를 운전하는 비행사에 대한 정보를 저장하려 한다.
>
> 각 비행기는 등록번호, 비행기 유형, 소유주, 격납고의 정보를 가진다. 비행기 소유주는 회사에 있거나 개인일 수 있다. 회사의 경우 이름, 주소, 전화번호를 관리해야 하며 개인인 경우 주민등록번호, 이름, 주소, 전화번호를 관리한다.
>
> 비행기의 유형은 모델명, 용량, 무게 등의 정보를 가지며 격납고는 번호, 위치, 용량을 알 수 있어야 한다. 각 비행사는 앞에서 언급된 개인의 정보 이외에 비행 면허 번호와 제약 조건을 가지고 있으며 정해진 비행기 유형만을 운전할 수 있다. 비행장 직원들에 대한 정보는 앞에서 언급된 개인의 정보 이외에 직급과 월급에 관한 것을 포함한다.

09 다음의 데이터베이스로부터 ER 모델을 만들어라. 이때는 역공학(reverse engineering)을 하는 경우이며 물리적인 데이터베이스에서 개념적인 데이터베이스 모델링을 하는 것이다.

학생

이름	학번	주민등록번호	전공	학년	전화번호
김갑동	6	700425-1001212	컴퓨터	3	821-6112
이순희	11	730512-2012593	수학	1	926-4321
박승철	27	711225-1242594	컴퓨터	2	725-1121

교수

이름	주민등록번호	전공분야	직위	전화번호
최승수	520725-1064253	SE	부교수	926-1159
유한열	570611-1625347	Database	교수	765-3216
강유희	601205-2162543	Algebra	조교수	822-8113

과목

과목번호	과목이름	학점	학과
CS201	Data Structure	4	COSC
CS303	Database	3	COSC
MA215	Discrete Math	3	MATH

섹션

섹션번호	과목번호	학기	강의교수
80	CS201	94/가을	570611-1625347
86	CS303	94/가을	520725-1064253
90	MA215	95/봄	601205-2162543
95	CS303	95/가을	570611-1625347
99	CS201	96/봄	520725-1064253

성적표

학번	섹션번호	성적
6	80	B
6	90	A
11	80	C
11	95	A
27	86	B
27	90	D
27	99	A

선수과목

과목번호	선수과목번호
CS201	MA215
CS303	MA215
CS303	CS201

EXERCISE

10 다음 수영 대회 점수 기록 시스템의 문제 기술을 읽고 ER 모델링을 하라.

수영 대회 점수 기록 시스템의 문제 기술

이 시스템은 지역 어린이 수영 대회를 위한 경기 관리 시스템(scoring system)이다. 경기 관리 시스템은 경기 일정(scheduling), 등록(registration) 및 채점(scoring)에 필요한 정보를 관리하기 위해 사용될 것이다.

지역 어린이 수영 대회의 구조는 다음과 같다. 일정 기간(이를테면 봄, 가을)마다 수영 대회 시즌이 열리는데, 하나의 수영 대회 시즌(season)은 여러 개의 미트(meet)라 불리는 단위로 나누어지고, 미트는 각 이벤트(event)로서 나누어진다. 어린이 선수들은 개인전인 피겨(figure)와 단체전인 루틴(routine) 두 종목의 시합에 참가하게 되는데, 미트 개최 이전에 이름, 나이, 주소 및 팀 이름을 등록해야 한다. 단, 문제의 간략화를 위해서 단체전인 루틴은 제외하고 생각하기로 한다. 미트 개최 중에는 피겨의 이벤트들이 여러 경기장(station)에서 실행되는데, 경기장들은 수영장 주위의 각 모서리에 설치되어 있다. 그리고 각 경기장은 미트 개최 중 여러 번의 피겨 이벤트들을 처리할 수 있다.

지역 어린이 수영 대회에는 자발적으로 참여하는 심판(judge)과 점수 기록자(scorekeeper)가 있다. 심판들과 점수 기록자들은 미트 동안 각 경기장에 배정된다. 그리고 공정한 채점을 위해 각 피겨 종목은 한 경기장에서만 개최되며, 동일한 심판들이 채점을 맡는다. 각 심판은 경기 시도를 관찰한 후, 채점한 점수 기록판을 보여준다. 이 점수들을 점수 기록자가 읽어 기록하고, 그 시도에 대한 총점(net score)을 계산한다. 최고 및 최저 점수를 제외한 나머지의 평균에 해당 피겨 종목의 난이도(difficulty factor)를 곱하여 총점을 계산한다.

시즌 초반에 모든 참가자들은 이 시스템에 등록되어 전체 일정이 수립된다. 등록에는 어떤 심판이 어떤 미트에 어떤 피겨를 담당할 것인가도 포함된다. 미트 전에는 등록을 처리하게 되며, 미트 중에는 점수를 기록하고 우승자를 결정한다.

어린이 선수들은 그룹으로 나누어지며, 각 그룹은 각기 다른 경기장에서 시작한다. 어린이 선수는 각 이벤트에서 한 번의 경기 시도(trial)를 하고, 한 경기장 이벤트에서의 시도를 끝마치면 다른 이벤트를 위해 다른 경기장으로 이동한다.

미트 종료 시 최고 득점의 개인 및 단체에게 개인상 및 단체상을 수여하는데, 나이에 따른 여러 분류(category)가 있으며, 분류별로 각각 시상한다. 개인상은 피겨 종목 점수만을, 단체상은 피겨와 루틴 종목 점수 둘 다 고려하여 시상한다.

객관식 문제 정답 1. ④ 2. ② 3. ④ 4. ③ 5. ② 6. ③ 7. ① 8. ③ 9. ④ 10. ① 11. ②

Chapter

10 객체지향 분석 기법

객체지향 분석은 객체(또는 클래스)를 찾아내고, 객체의 속성과 동작을 밝히는 작업이다. 객체지향 분석 기법은 앞에서 다룬 3가지 모델(정보, 동적, 기능 모델)을 단계적으로 적용하여 이루어진다. 객체지향 개발방법은 객체지향 분석, 객체지향 설계, 객체지향 프로그래밍, 객체지향 테스트로 이어져 소프트웨어 개발 전 과정에 걸쳐 동일한 방법론과 표현 기법이 적용될 수 있다는 장점이 있다.

Chapter

10 / 객체지향 분석 기법

학습목표

1. 객체지향을 정의한다.
2. 객체와 클래스를 정의한다.
3. 객체지향 분석에서 3가지 관점의 모델이 어떤 순서로 적용되는지 설명한다.
4. 객체지향 분석이 통합 기법인 이유를 설명한다.
5. 객체지향 방법론과 기존 방법론의 차이점을 설명한다.

소프트웨어 시스템이 복잡해지고 대형화되면서 이를 해결하기 위한 여러 방법론이 연구되고 있다. 객체지향 개발방법론은 소프트웨어 위기를 극복하기 위한 개발방법 중 가장 최근에 나타난 것으로 현재까지 나타난 소프트웨어 개발의 문제점을 해결해 줄 많은 장점들을 보유하고 있다.

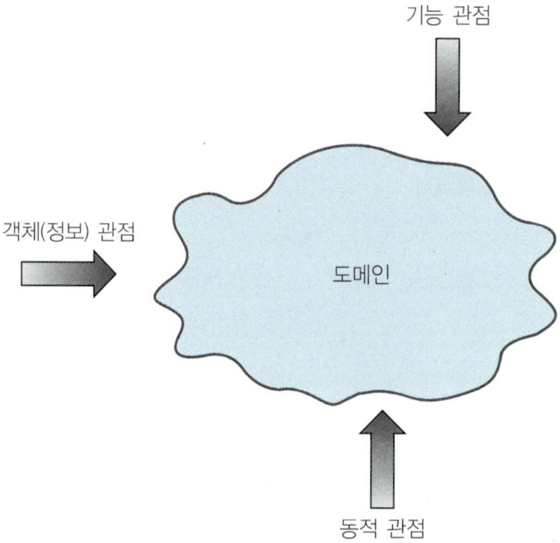

:: 그림 10 – 1 | 객체지향 분석의 3가지 관점

객체지향 개발의 목적은 기존의 데이터와 행위가 분리되었던 개발방법의 복잡성과 통합의 어려움을 극복하려는 데 있다. 객체지향 개발방법은 전혀 새로운 방법론이 아니며 기존의 경험에서 배운 지혜를 추가하여 좋은 시스템을 개발하려는 하나의 방법이다. 객체지향 방법론은 데이터와 행위를 하나로 묶어 객체를 정의하고 객체를 추상화시키는 작업이라 할 수 있다.

이 장에서는 객체지향 소프트웨어 개발방법론의 근본 개념을 조사하고, UML을 중심으로 객체지향 분석 기법에서 사용하는 3가지 모델(객체, 동적, 기능 모델)을 살펴본다. 이들 3가지 모델은 객체(정보) 모델링, 동적 모델링, 기능 모델링이며, 이 모델링들이 순서대로 적용되어 시스템에 요구되는 객체들이 완벽하게 설명된다. 이 모델들은 유스케이스 기법과 통합되어 객체지향 요구사항 분석에 활용되고 있으며, 다음 장에서 인터넷 쇼핑몰 시스템을 예로 들어 분석과정을 설명하고 있다.

1 객체지향 분석 기법 개요

객체지향 개발방법은 우리가 태어나면서부터 배워 온 객체 개념에 기초하고 있다. 우리 인간(객체)은 자라면서 상대방(객체)을 인식하고 그의 속성을 찾아내며 그와의 관계를 알아낸다. 인간이 살아가는 과정은 자신(객체)과 다른 사람(객체)과의 관계를 넓혀 가는 객체지향 과정이라 볼 수 있다.

객체지향 개발방법은 객체(object), 객체의 속성(attribute)과 동작(behaviour), 유사한 객체의 집합으로 나누어진 클래스(class), 객체 사이의 관계(relationship) 등을 기본 개념으로 하고 있다. 객체지향 개발방법은 객체지향 분석, 객체지향 설계, 객체지향 프로그래밍, 객체지향 테스트로 이어져 소프트웨어 개발 전 과정에 걸쳐 동일한 방법론과 표현 기법이 적용될 수 있다는 장점이 있다.

구조적 분석 기법이 구조적 프로그래밍에서 출발한 것처럼 객체지향 분석 기법도 객체지향 프로그래밍과 객체지향 설계에서부터 출발하였다. 객체지향 개발방법은 프로그래밍 기법뿐 아니라 시스템 개발에 있어서도 근본적인 사고의 변환을 요구하는 새로운 기법이다. 객체지향 분석은 만들고자 하는 시스템을 객체 중심으로 기술하게 되며, 이는 우리가 주로 해 왔던 순수 하향식(top-down) 방식과는 근본적으로 다르다.

앞장에서 설명한 소프트웨어 시스템의 3가지 관점(정보, 동적, 기능 관점)은 시스템의 각기 다른 면을 보여주고 있어, 이를 통합(integration)하여 소프트웨어를 설계하는 일은 쉽지 않았다. 객체지향 방법론은 이들을 체계적으로 통합하여 유연성과 적응력을 가진 우수한 품질의 소프트웨어를 만들 수 있는 최적의 방법으로 여겨지고 있다. 객체지향 분석 기법은 시스템의 요구사항을 분석하기 위해 앞에서 다룬 세 가지 모델링 기법을 단계별로 적용하여 그 결과를 통합한 것이다.

- 정보 모델링(information modeling) : 객체 모델링이라고도 부르며 시스템에서 요구되는 객체를 찾아내어 객체들의 특성과 객체들 사이의 관계를 규명한다.
- 동적 모델링(dynamic modeling) : 객체 모델링에서 규명된 객체들의 행위와 객체들의 상

태를 포함하는 라이프 사이클을 보여준다.

- 기능 모델링(functional modeling) : 객체 모델링에서 규명된 객체와 동적 모델링에서 밝혀진 각 객체의 형태 변화에서 새로운 상태로 들어갔을 때 수행되는 동작들을 기술하는 데 사용된다.

2 객체지향 분석 프로세스

앞에서 다룬 세 가지 관점이 어떻게 적용되어 통합되는지 그 과정을 살펴보자. 우선 시스템을 사용하는 사용자의 역할에 따라 시스템을 바라보는 관점과 용도가 달라진다. 즉, 사용자를 동질성 있는 집단으로 분류한 것을 행위자(actor)라고 부른다. 각 행위자는 시스템에 대하여 각기 다른 관점과 용도를 갖는다. 각 행위자에 대하여 다음과 같은 과정을 거쳐 객체지향 분석을 수행한다.

① 각 행위자의 시스템을 사용하는 용도와 목적에 따라 사용 사례를 정의한다. 사용 사례(use case)를 유스케이스라 부르며, 시스템이 가지는 최상위 수준의 기능이다. 유스케이스를 밝히는 것은 시스템을 블랙박스로 놓고 수행하는 기능 모델링에 해당한다.

② 각 유스케이스에 대하여 시나리오를 작성한다. 유스케이스 시나리오는 각 유스케이스에 대하여 행위자와 시스템 사이의 사건 흐름과 과정을 나타내어 상호작용을 밝히는 것이다. 이 과정은 시스템을 블랙박스로 놓고 수행하는 동적 모델링 작업이다.

③ 다음으로 유스케이스 시나리오를 살펴보면 행위자와 시스템이 주고받는 정보들을 찾아낼 수 있다. 이 정보들은 시스템 내부에 저장되고 관리되어야 하는 데이터들이다. 이 과정은 시스템을 블랙박스로 놓고 수행하는 정보 모델링 작업이라 할 수 있다.

④ 블랙박스 분석이 이루어진 다음 시스템 내부의 모습을 이해하기 위해 화이트박스 분석이 이루어진다. 우선 유스케이스 시나리오에서 밝혀진 정보를 활용하여 시스템 내부에 존재해야 하는 클래스를 찾아내고 클래스들 사이의 관계, 클래스의 속성을 찾아낸다. 그 결과를 클래스 다이어그램에 나타내며 이는 시스템을 화이트박스로 보고 정보 모델링을 수행한 것이다.

⑤ 밝혀진 클래스를 바탕으로 시스템 내부의 객체들이 상호작용하는 과정을 조사하는 것이 시퀀스 다이어그램이다. 유스케이스 시나리오가 시스템을 블랙박스로 보고 작성한 동적 모델이라면, 시퀀스 다이어그램은 유스케이스 시나리오를 내부로 확장하여 시스템을 화이트박스로 보고 수행한 동적 모델이다.

⑥ 시퀀스 다이어그램을 통해 밝혀진 객체들 사이의 이벤트에 대한 논리적 처리과정이 존재하거나, 업무 프로세스 내의 상호작용에 대한 추가적인 이해가 필요할 경우 액티비티 다이어그램을 작성할 수 있다. 액티비티 다이어그램은 시스템을 화이트박스로 보고 수행한 기능 모델이라 할 수 있다.

이와 같이 블랙박스 분석에 3가지 관점의 모델링이 기능 모델링, 동적 모델링, 정보 모델링 순으로 적용되었고, 이후 화이트박스 분석과정에 3가지 관점의 모델링이 역순으로 진행되었다. 객체지향 분석과정이 UML 기법의 6단계를 거쳐 진행된 모습이 그림 10-2와 같이 표현되어 있다. 이 그림에서 볼 수 있듯이 유스케이스 모델링은 하향식 접근 방식을 적용한 반면 화이트박스 분석과정은 상향식 접근 방식이 적용되어 객체지향 분석 기법은 하향식과 상향식이 모두 적용된 혼합식 모델링 기법이라 할 수 있다.

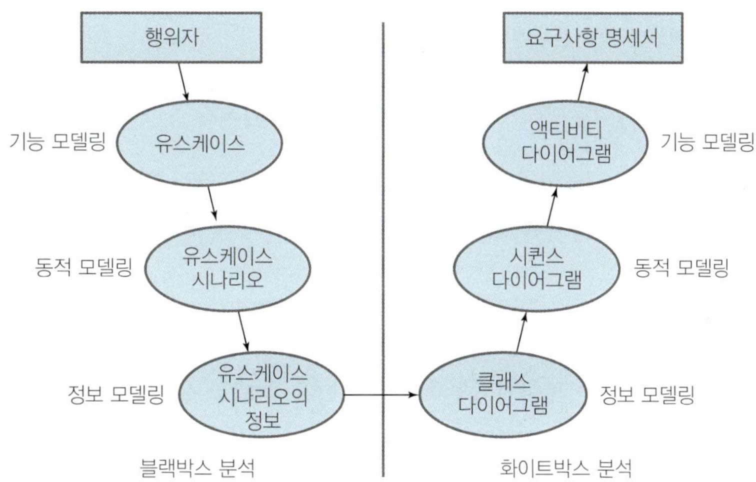

:: 그림 10 - 2 | UML의 V 프로세스

유스케이스 모델링은 시스템을 블랙박스로 보고 고객의 요구사항을 분석한 것이다. 유스케이스 모델링을 수행한 다음 시스템의 내부 모습을 이해할 수 있도록 분석을 더욱 구체화시킬 필요가 있다. 앞에서 수행한 유스케이스 모델링의 결과를 바탕으로 시스템을 열어(시스템을 화이트박스로 보고) 시스템 내부의 모습을 분석하는 각 모델링 과정의 기본 활동을 살펴본다.

3 정보 모델링

정보 모델링(information modeling)은 시스템에 요구되는 객체들을 보여줌으로써 주로 시스템의 정적인 구조를 포착하는 데 사용된다. 이 모델링은 객체 모델링(object modeling)이라 부르기도 한다. 객체 모델링은 앞에서 언급한 세 가지 모델링 중 시스템 내부 분석에서 가장 중요시되며 선행되어야 할 모델링이다.

객체 모델링은 시스템의 요구사항을 기술한 문제 설명서(problem statement), 유스케이스 시나리오로부터 시스템에 요구되는 객체들을 추출한다. 객체들이 발견된 다음 객체들 사이의 연관성을 찾아내고 객체들을 정의하기 위한 속성들을 추가시킨다. UML의 객체 모델링에 사용되는 용어와 그 기호를 살펴본다.

객체와 클래스

객체는 객체 모델링의 기본 단위이며 클래스는 유사한 객체들의 모임이다. 이는 각각 앞에서 다룬 정보 모델링에서의 엔티티와 엔티티 타입에 해당한다.

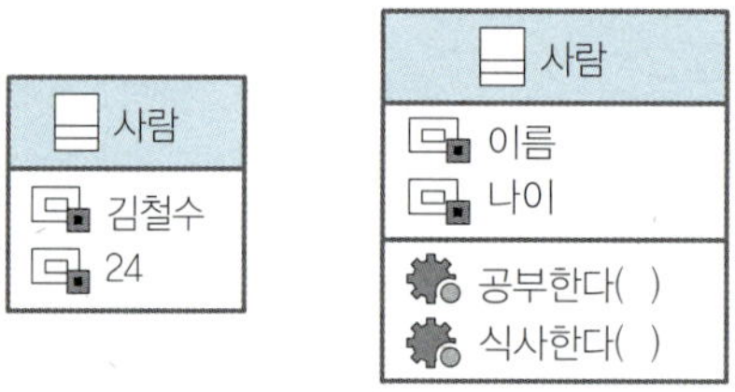

:: 그림 10 – 3 | 객체와 클래스

객체의 표현은 두 칸으로 이루어져 있는데, 첫째 칸은 객체를 구별할 수 있는 이름을 표시하고 둘째 칸은 각 속성에 대응하는 속성값을 표시한다. 클래스의 표현을 보면 세 칸으로 구성되어 있다. 맨 위의 첫째 칸은 클래스의 이름을 쓰고, 그 다음은 클래스에 속한 객체의 속성을 표시하며, 마지막 칸은 이 클래스에 속하는 객체들의 동작이 기술된다. 이 클래스에 속하는 모든 객체들은 같은 속성을 공유하지만 속성값은 서로 다른 것을 가질 수 있다. 또한 이들 객체들은 클래스에 속한 모든 동작들을 공유하며 수행할 수 있다.

클래스의 관계

클래스들 사이의 연관성은 관계(relationship)에 의해 표시되며 정보 모델링에서는 마름모로 표시된다. UML에서는 그 관계를 그림 10–4와 같이 단순히 관계 이름만으로 표시할 수 있고, 만약 관계가 새로운 속성이나 동작을 가질 경우에는 그림 10–5와 같이 연관 클래스(association class)로 나타낼 수 있다. 그림 10–5의 경우 한 사람이 여러 회사에 근무할 수 있다

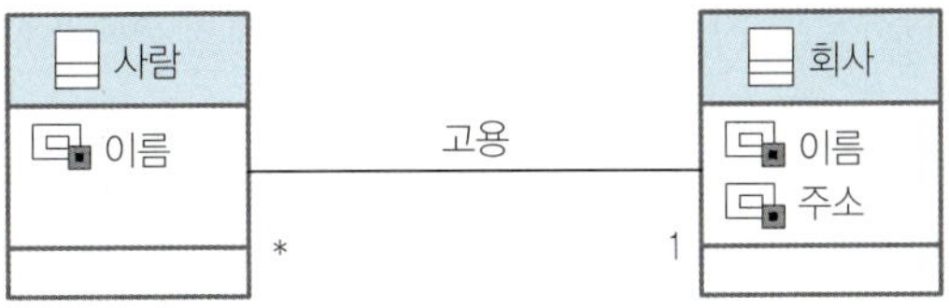

:: 그림 10 – 4 | 클래스 사이의 관계

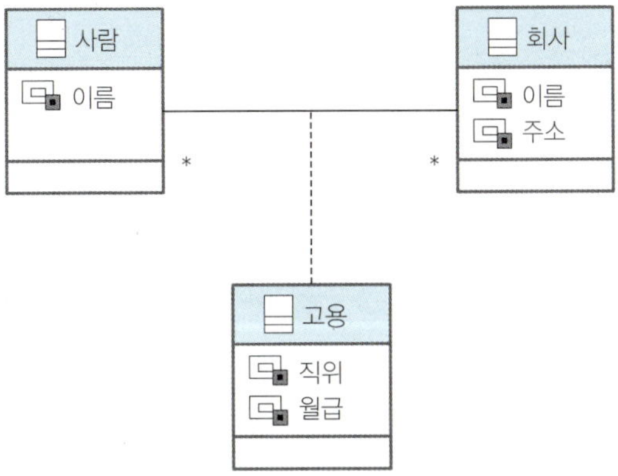

:: 그림 10 – 5 | 관계 속성(연관 클래스)

면 직위와 월급은 고용 관계에 속한다는 것을 알 수 있다(그림 10–7 참조).

연관 클래스의 경우 관계는 하나의 클래스로 정의되어 속성과 동작을 가지게 되며 다른 새로운 클래스와 연관을 맺을 수 있다. 그림 10–6은 임무라는 관계가 클래스로 정의되어 새로운 클래스 근무지와 관계를 맺는 것을 보여주고 있다.

그림 10–4, 그림 10–5, 그림 10–6에 나타나 있는 작은 점들에 대해 살펴보자. 이들 기호는 클래스들 사이에 맺어질 수 있는 관계를 통해 객체들이 지켜야 하는 제약 조건을 지정하

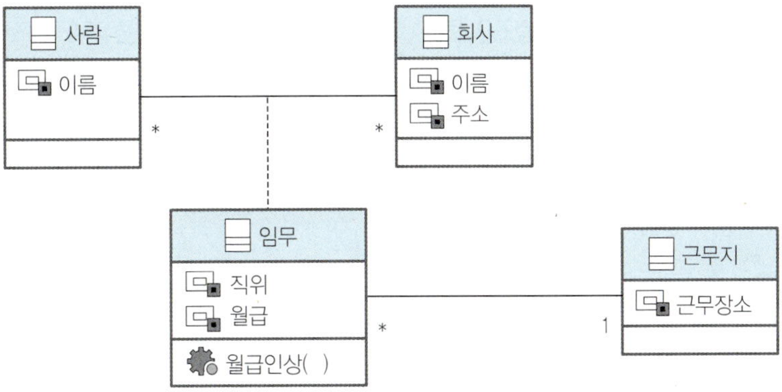

:: 그림 10 – 6 | 클래스로 정의된 관계

는 것이다. 각 클래스의 객체들 사이에 맺어질 수 있는 매핑 제약 조건과 참여 제약 조건은 정보 모델링에서 다루어진 개념과 동일하며 UML에서는 다음과 같은 기호로 표시하고 있다.

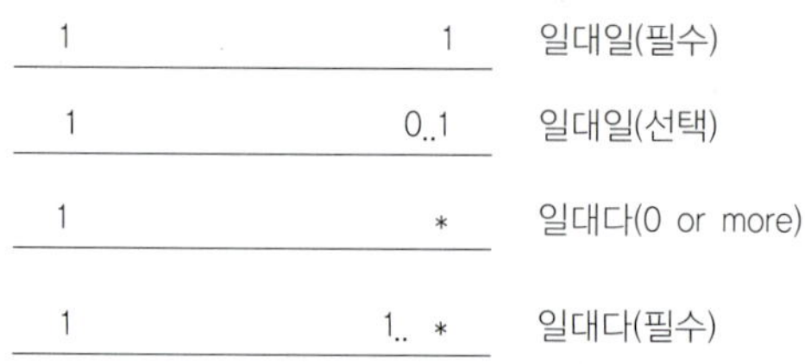

:: 그림 10 – 7 | **매핑 수와 참여 제약 조건**

일대일이며 선택적인 관계라 할 수 있는 결혼은 그림 10–8과 같이 표시되며 대학원생과 교수와의 관계인 지도(Guide)는 그림 10–9처럼 나타낼 수 있다. 교수는 여러 대학원생을 지도할 수 있으며(학생이 없을 수도 있음), 한 대학원생은 한 교수로부터 지도를 받아야 하는 것을 표시하고 지도교수가 없는 대학원생은 있을 수 없다는 것을 나타내고 있다.

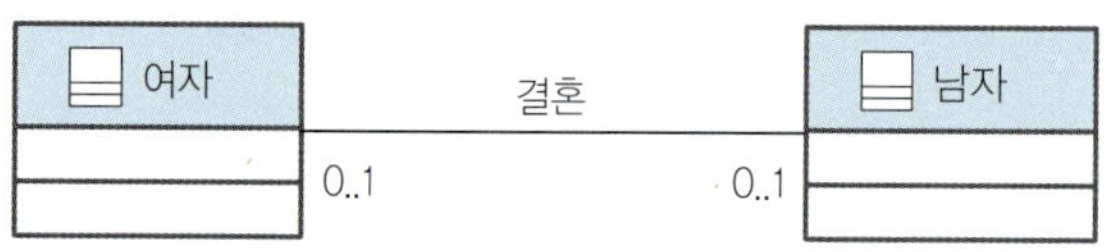

:: 그림 10 – 8 | **일대일 관계**

:: 그림 10 – 9 | **일대다 관계**

일반화

일반화(generalization)는 유사한 클래스들 사이의 공유되는 속성과 동작을 묶어 주며, 다른 한편 그들 사이의 다른 점을 보존할 수 있게 해주는 효과적인 추상화 기법이다. 일반화를 통해 공통의 정보는 오직 한 번 정의될 수 있어 분석의 결과를 재사용(reusability)할 수 있게 해주며 데이터의 무결성(integrity)을 향상시켜 준다.

그림 10–10은 포유류 클래스와 바다동물 클래스의 공통적인 속성이 이들의 상위 클래스인 동물에 정의되어 있음을 보여주고 있다. 새로운 하위 클래스(예를 들어, 조류)가 추가되었을 때에는 기존의 객체들에 영향을 주지 않는다. 또한 오직 조류의 특징만으로 조류가 정의될 수

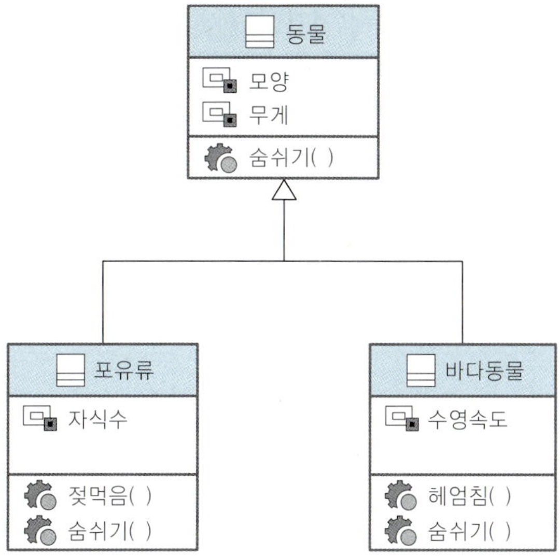

:: 그림 10 – 10 | 클래스의 일반화

있어 동물의 정보가 재사용된다. 이는 기존의 시스템에 영향을 주지 않으며 시스템의 확장이 용이한 것을 보여주고 있다.

만약 어떤 클래스의 상위 클래스가 두 개 있는 경우에는 문제가 발생할 수 있다. 그림 10-11의 고래 클래스는 포유류 클래스와 바다동물 클래스에서 동시에 속성과 동작을 상속받는다. 이러한 현상을 다중 상속(multiple inheritance)이라 한다. 우리가 아는 바와 같이 포유류는 폐로 숨을 쉬며 바다동물은 아가미로 숨을 쉰다. 그러나 고래의 경우는 바다동물이면서 폐로 숨을 쉬니 어느 상위 클래스에서 상속받는지 모르게 된다. 다중 상속으로 인하여 분석 과정에서 이러한 모순이 속성이나 동작에서 감지되면 모호성을 없애기 위해 요구사항 명세서나 자료 사전에 이를 기록해야 한다.

집단화

집단화(aggregation)는 클래스들 사이의 '부분–전체(part-whole)' 관계 또는 '부분(is-a-part-of)' 관계로 설명되는 연관성을 나타낸다. 집단화는 여러 부속 객체들이 조립되어 하나의 객체가 구성되는 것을 의미한다. 집단화는 앞의 ER 모델에서는 구체적으로 나타나지 않던 개념이지만 객체지향 기법에서는 활발히 사용되고 있다. 집단화 기호는 조그만 마름모 기호로 표시되며 매핑 제약 조건과 참여 제약 조건에 대한 기호는 일반화의 경우와 동일하다.

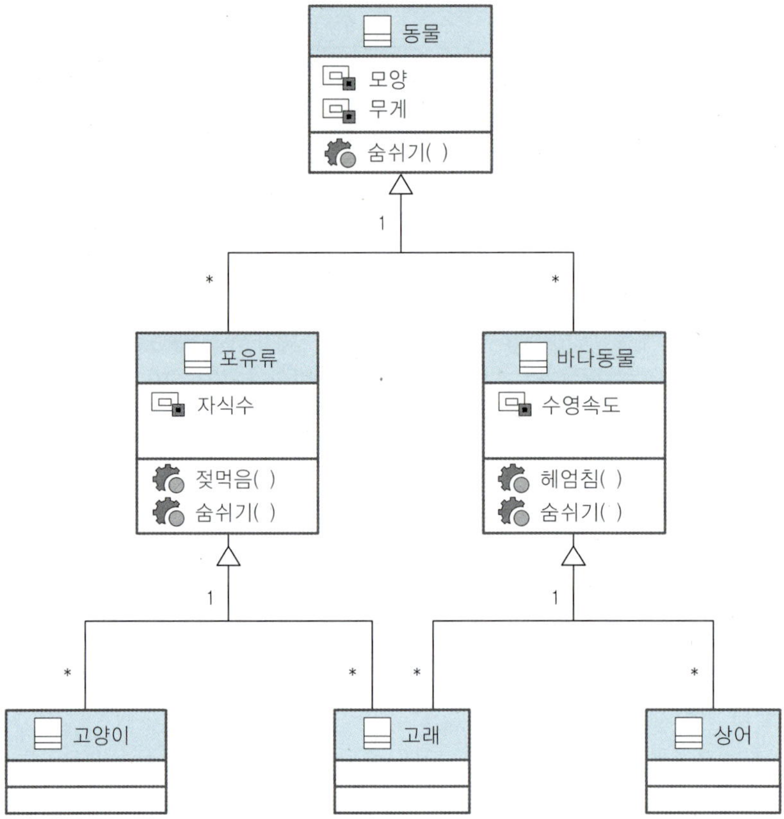

:: 그림 10 – 11 | 다중 상속

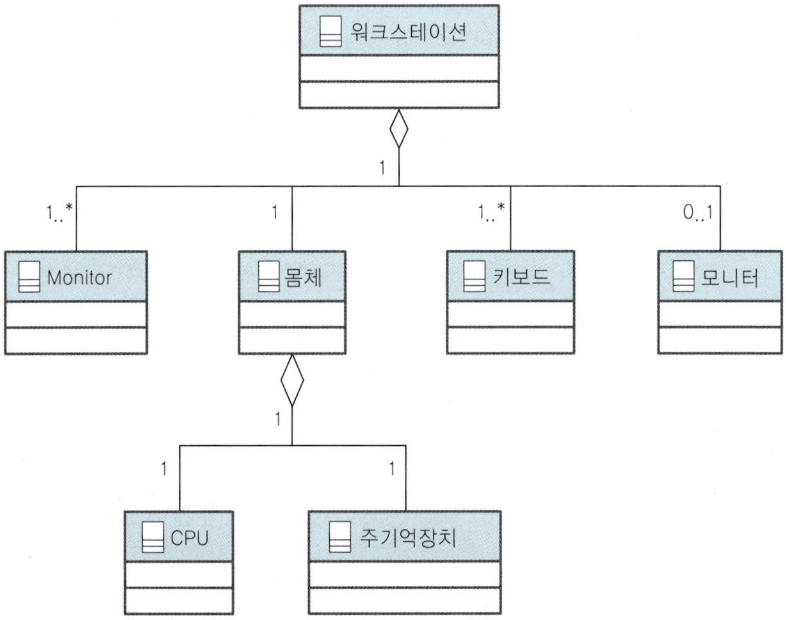

:: 그림 10 – 12 | 다계층 집단화

4 동적 모델링

앞에서 다룬 객체 모델링을 통해 시스템에 요구되는 객체들의 구조와 객체들 사이의 관계가 정립된다. 그 다음으로 시간의 흐름에 따른 객체들과 객체들 사이의 변화를 조사하게 되는데, 이를 동적 모델링(dynamic modeling)이라 한다. 이는 앞에서 다룬 동적 모델링과 동일하며 동적 모델링은 객체들 사이의 제어 흐름, 상호작용, 동작의 순서 등을 다룬다.

UML 기법은 동적 모델링에 시퀀스 다이어그램(sequence diagram)과 상태 변화도(state transition diagram)를 사용한다. 시나리오(또는 유스케이스 시나리오)를 바탕으로 시스템을 블랙박스로 보고 사건 흐름을 나타낸 사건 추적도를 확장하여 앞의 객체 모델링에서 밝혀진 클래스들 사이의 사건 흐름을 나타낸 것이 시퀀스 다이어그램이다. 상태 변화도를 구하는 과정은 앞에서 다룬 실시간 시스템의 상태 변화도를 구하는 과정과 유사하다.

각 사건들은 객체 모델링에서 규명된 객체(또는 클래스)들 사이의 정보 흐름을 나타내게 되고 각 사건의 정보를 보내는 객체와 정보를 받는 객체가 밝혀진다. 사건의 순서와 사건을 주고받는 객체들의 사건 추적으로 나타나게 되며 수직선은 객체를 표시하고 수평 화살표는 사건의 흐름을 나타낸다. 사건은 위에서 아래로의 순서로 수행된다.

5 기능 모델링

기능 모델링(functional modeling)은 객체지향 분석 기법에서 객체 모델링, 동적 모델링에 이어 시스템을 기술하는 세 번째 단계이다. 이 세 모델링은 시스템을 설명하는 삼각대의 세 받침다리에 해당한다. 객체 모델링은 누구에게 이 일이 필요한지를 보여주며, 동적 모델링은 언제, 어떠한 순서로 일이 진행되어야 하는지를 나타내고, 기능 모델링은 어떤 일이 수행되어야 하는지를 알게 해준다.

기능 모델은 입력값으로부터 계산을 거쳐 어떤 결과가 나타나는지를 보여주며, 이것이 어떻게(how to) 유도되었는지의 구현방법은 고려하지 않는다(아직 분석 단계임). 기능 모델링을 위해 UML에서 제공하는 액티비티 다이어그램(activity diagram)을 사용할 수 있다. 액티비티 다이어그램에서 입력 흐름은 프로세스를 통해 변환되어 출력 흐름으로 바뀌고, 다른 프로세스의 입력으로 작용할 수 있다.

기능 모델링은 동적 모델링에서 나타난 동작(action)들이 어떠한 기능으로 이루어져 있는지 나타내며, 액티비티 다이어그램의 정보 흐름은 객체 모델링의 속성에 해당된다.

요 약 SOFTWARE ENGINEERING

객체지향 개발방법은 소프트웨어 공학의 목적인 고품질의 소프트웨어를 얻을 수 있는 바른 기법이며 수정(modification), 이해(understanding), 재사용(reusability)이 용이하여 많은 개발 분야에 확산되고 있다.

객체지향 분석 기법은 기존의 분석 기법이 가지고 있는 한계점을 극복하고 시스템의 3가지 관점을 체계적으로 통합하여 기술하며, 확장성과 적응력이 뛰어난 시스템을 설계하는 데 그 목적이 있다. 객체지향 분석 기법은 시스템에서 요구하는 기본적인 객체로부터 모델링이 시작되기 때문에 상향식(bottom-up) 접근 방법(실제로는 하향식과 상향식의 합성)이라 여겨질 수 있으며 이는 구조적 기법이 순수 하향식(top-down)인 것과 대조된다.

객체지향 분석의 결과는 설계로 넘어가 큰 변화 없이 사용되며, 앞의 세 모델의 결과가 통합되어 각 클래스나 객체들의 속성과 동작이 모두 규명되고 통합되어 완벽한 객체와 클래스의 구현이 가능하게 된다. 또한 객체지향 개발방법은 시스템의 확장성이 용이하고 엔지니어링의 결과를 재사용할 수 있어 원형 패러다임이나 나선형 패러다임을 적용한 시스템 개발에 많은 도움을 줄 수 있다.

객체지향 개발 기법은 다양한 응용 분야의 시스템 개발에 적용되어 왔다. 객체지향 기법의 주요 장점은 재사용(reuse)과 효율적인 유지보수에 있다. 객체지향 기법은 데이터(객체)를 중심으로 시스템을 바라보고 이를 시스템 개발에 적용하겠다는 것이다. 객체지향 개념은 시스템의 기초가 되는 데이터에 초점을 맞추며, 이를 통해 안정감 있는 훌륭한 시스템이 만들어질 수 있다.

참고 문헌

[BER 93] Bertino, E. & Martino L., *Object−Oriented Database Systems*, Addison Wesley, 1993.

[BER 96] Berard, E, "Be Careful with 'Use Cases', Internet", The Object Agency, 1996.

[BIG 89] Biggerstaff, T. & Perlis, A., *Software Reusability Vol. I. Concepts and Models*, Addison Wesley, 1989.

[BIG 89] Biggerstaff, T. & Perlis, A., *Software Reusability Vol. II. Applications and Experience*, Addison Wesley, 1989.

[BOO 94] Booch, G., *Object-Oriented Analysis and Design with Applications*, Benjamin/Cummings, 1994.

[BOO 95] Booch, G., Rumbaugh J., "Unified Method for Object-Oriented Development", Version 0.8, Rational Software Corporation, 1995.

[BOO 98] Booch, G., Rumbaugh J.. Jacobson, I., *The Unified Modeling Language User Guide*, Addison Wesley, 1998.

[COA 91] Coad, P. & Yourdon, E., *Object-Oriented Analysis*, Yourdon Press, 1991.

[ELM 94] Elmasri, R. & Navathe, S., *Fundamentals of Database Systems*, Benjamin/Cummings, 1994.

[FRE 87] Freeman, P. (eds.), "Software Reusability", IEEE Computer Society, 1987.

[HUG 91] Hughes, J., *Object-Oriented Databases*, Prentice Hall, 1991.

[JAC 92] Jacobson, I., *Object-Oriented Software Engineering*, Addison−Wesley, 1992.

[KHO 90] Khoshafian, S. & Abnous, R., *Object Oriented Concepts, Lanauages, Databases, User Interfaces*, Wiley, 1990.

[PRE 92] Pressman, R., *Software Engineering : A Practioner's Approach*, McGraw−Hill, 1992.

[RUM 91] Rumbaugh, J., Blaha, M., Premerlani, W., Eddy, F. & Lorensen, W., *Object−Oriented Modeling and Design*, Prentice Hall, 1991.

[SHL 88] Shlaer, S. & Mellor, S., *Object-Oriented Systems Analysis-Modeling the World in Data*, Yourdon Press, 1988.

[SHL 92] Shlaer, S. & Mellor, S., *Object Lifecycles Modeling the World in States*, Yourdon Press, 1992.

[TRA 88] Tracz, W. (eds.), "Software Reuse: Emerging Technology", IEEE Computer Society, 1988.

EXERCISE

연습문제

객관식 문제

01 객체지향 기법에 대한 설명이 아닌 것은?

① 분석과 설계의 표현에 큰 차이점이 없어 시스템의 개발을 용이하게 해준다.

② 확장성이 용이하고 시스템 개발 시 시제품이나 나선형 패러다임의 적용이 가능하다.

③ 기존의 정보 모델링에 기초하고 있으며 여기서 나타난 객체의 정적인 정보에 객체의 동작을 추가시켜 객체를 완벽하게 기술하고 구현하는 방법론이다.

④ 시스템을 기능 중심으로 기술하게 되며 하향식 접근방식이다.

02 객체지향 기법의 특징 중 캡슐화(encapsulation)의 효과로 가장 적합하지 않은 것은?

① 객체의 내부 정보에 대한 손상과 오용을 막을 수 있다.

② 공개된 오퍼레이션만 정확히 알면 외부에서 그 객체를 사용할 수 있다.

③ 클래스의 응집도가 높아진다.

④ 객체의 독립성이 구조적으로 보장된다.

03 유사한 객체들을 묶어 하나의 공통된 속성과 오퍼레이션을 표현한 것으로 자료 추상화의 개념으로 볼 수 있는 것은?

① 클래스(class)

② 인스턴스(instance)

③ 메소드(method)

④ 다형성(polymorphism)

04 객체지향 기법에서 상속(inheritance)에 대한 설명에 해당하는 것은?

① 상위 클래스의 속성과 오퍼레이션을 하위 클래스가 물려받는 것을 말한다.

② 데이터와 데이터를 조작하는 연산을 하나로 묶는 것을 말한다.

③ 실행 시간에 하위 클래스의 객체를 통해 동작이 정해지는 것을 의미한다.

④ 같은 오퍼레이션이 다른 클래스에서 다르게 동작하는 것을 말한다.

05 객체지향 분석과 거리가 먼 것은?

① 기능 모델링 ② 구조 모델링

③ 동적 모델링 ④ 객체 모델링

06 데이터와 연산을 하나의 단위로 묶어 정의한 것을 일컫는 단어는?

① inheritance

② polymorphism

③ object instance

④ aggregation

07 객체지향 기법에서 클래스들 사이의 '부분-전체(part-whole)' 관계로 설명되는 연관성을 나타내는 용어는?

① 집단화(aggregation)

② 일반화(generalization)

③ 추상화(abstraction)

④ 캡슐화(encapsulation)

주관식 문제

01 객체지향 개발방법의 기본 개념을 설명하라.

02 객체지향 개발방법론과 기존 방법론과의 차이점을 기술하라.

03 객체지향 개발방법론과 3가지 모델링 기법과의 관계를 설명하라.

04 하향식(top-down)과 상향식(bottom-up) 접근방법의 차이점과 장단점을 기술하라.

05 객체 모델링에서 사용하는 객체, 클래스, 상속, 일반화, 추상화, 집단화 개념을 설명하라.

06 객체지향 분석 기법과 ER 모델의 차이점을 설명하라.

07 다중 상속(multiple inheritance)에 대하여 설명하고 모순이 발생하였을 때 해결방법을 제시하라.

08 객체지향 방법과 재사용(reusability)의 관계에 대하여 설명하라.

09 객체지향 개발 기법을 적용하여 성공한 예를 들고 그 이유를 밝혀라.

10 시스템의 객체들은 기능보다 안정감이 있다고 한다. 그 이유를 설명하라.

11 기존의 구조적 분석 기법으로 만들어진 시스템을 객체지향 시스템으로 바꾸려면 어떠한 사항을 고려해야 하는가? 이를 위한 가이드라인은 무엇인가?

객관식 문제 정답 1. ④ 2. ③ 3. ① 4. ① 5. ② 6. ③ 7. ①

Chapter

11 유스케이스와 UML (인터넷 쇼핑몰 예)

엔지니어와 관리자들이 소프트웨어를 개발하면서 문서의 중요성은 이해하고 동의하는데, 실제로 어떻게 문서를 작성해야 하는지 모르는 경우가 흔하다. 이 장에서는 유스케이스와 UML 기법을 활용하여 인터넷 쇼핑몰 시스템에 대한 요구사항을 분석하고 문서화하는 전 과정을 제시함으로써 현업에서 여러분이 요구사항 명세서를 직접 작성할 수 있는 능력을 갖추도록 하는 데 그 목적이 있다.

요구사항 분석의 출발은 시스템을 블랙박스로 보고 사용자의 관점에서 시스템을 이해하는 것이며, 이를 위해 객체지향 분석 기법의 유스케이스를 활용하였다. 이 장에서는 인터넷 쇼핑몰을 예로 유스케이스를 이용한 블랙박스 분석이 이루어진 다음 시스템 내부의 모습을 이해하기 위해 화이트박스 분석이 이루어져, 클래스 다이어그램, 시퀀스 다이어그램, 액티비티 다이어그램을 순차적으로 작성해 나가는 분석과정을 설명하고 있다.

Chapter

11 유스케이스와 UML(인터넷 쇼핑몰 예)

학습목표

1. 행위자(액터)와 유스케이스에 대해 정의한다.
2. 유스케이스 다이어그램의 표기법을 이해한다.
3. 유스케이스 시나리오 작성법을 이해한다.
4. 유스케이스 시나리오에서 사건 추적도 작성을 이해한다.
5. 유스케이스 시나리오에서 시스템의 정보 추출방법을 이해한다.
6. 클래스 다이어그램의 용도 및 표기법을 이해한다.
7. 시퀀스 다이어그램의 용도 및 표기법을 이해한다.
8. 액티비티 다이어그램의 용도 및 표기법을 이해한다.
9. 요구사항 분석의 3가지 관점과 각 다이어그램의 관계를 이해한다.
10. UML 모델의 6단계 프로세스를 이해한다.

소프트웨어를 개발하며 고객의 요구를 만족시키는 시스템을 만들기 위해 고객의 요구사항을 알아내는 것은 시스템을 개발하는 관리자와 실무자에게 중요한 일이며 가장 큰 도전이다. 요구사항 분석의 오류를 줄이기 위해 프로젝트 초기인 요구사항 분석 단계에서부터 다양한 이해관계자(stakeholders)를 프로젝트 개발과정에 참여시키는 것이 중요하며, 이해관계자의 활발한 참여는 잘못된 요구사항을 밝혀내고 중요 요구사항 누락을 방지하는 데 필수적이다. 이해관계자는 프로젝트 결과에 직간접으로 영향을 미치는 개인이나 그룹을 의미하며, 프로젝트를 발주한 고객이나 실제 사용할 사용자, 개발 팀 등을 말한다.

고객 또는 프로젝트의 결과물을 사용할 사용자는 프로젝트의 이해관계자 중 가장 중요한 부류이다. 이들의 참여를 통해 시스템을 사용할 사람들이 누구이고(user analysis) 어떤 역할(role)을 담당하며, 그 역할을 위해 어떤 업무(task analysis)를 수행하는지 이해하게 된다. 이는 요구사항 분석의 출발점이자 프로젝트를 이해하는 가장 핵심적인 사항이다. 고객이나 사용자들이 자신의 역할과 임무를 효율적으로 수행하기 위해 요구되는 소프트웨어의 기능이 무엇인지 파악한다면 사용자가 개발할 시스템에 대한 목표를 파악한 것으로 볼 수 있다.

이 장에서는 유스케이스 기법과 UML(Unified Modeling Language)을 이용하여 객체지향 분석을 수행하는 전 과정을 살펴본다. 유스케이스 모델링은 시스템을 사용하는 행위자를 식별한 뒤에 각각의 행위자가 시스템을 사용하는 구체적인 예(사례)를 찾아 유스케이스로 식별하고 상세화하는 과정을 통해 시스템 전체의 요구사항을 알아내는 모델링 방법이다.

1 유스케이스 기법 개요

유스케이스 기법은 고객과 시스템 개발자 사이에 의사소통을 위한 도구로서, 고객의 요구사항을 알아내는 데 효과적이다. 유스케이스 기법을 활용하여 고객의 적극적인 참여를 유도할 수 있고 고객의 요구사항을 빠르게 파악함으로써 시스템의 기능적인 요구를 프로젝트 초기에 결정하고 그 결과를 문서화할 수 있다.

유스케이스 기법은 다음과 같은 과정을 거쳐 진행된다.

(1) 외부 사용자(external entity)를 찾아낸다

사용자를 역할에 따라 동질성 있는 집단으로 분류하고 이를 행위자 또는 액터(actor)라고 부른다. 행위자는 시스템을 직접 사용하는 사용자뿐만 아니라 시스템과 관련된 이해관계자 또는 외부 요소(외부 시스템)가 될 수 있다. 행위자 중 시스템을 사용하여 목적을 달성하는 주체가 되는 행위자를 주행위자(primary actor)라 하고, 주행위자가 목적을 달성하는 데 도움을 주는 그 밖의 행위자를 부행위자(secondary actor)로 분류한다.

(2) 각 행위자는 시스템에 대하여 각기 다른 관점(view)과 용도를 가진다

데이터베이스에서는 각 행위자의 서로 다른 관점을 외부 관점(external views)이라고 한다. 각 행위자는 시스템에 대한 용도라 할 수 있는 유스케이스(use case)를 식별한다. 유스케이스란 각 행위자가 어떤 용도(쓰임새)로 시스템을 사용하는가를 나타내는 '사용 예'에 해당한다고 할 수 있다. 각 유스케이스는 특정 행위자가 어떤 기능이나 임무를 달성하기 위한 시나리오의 집합이다.

(3) 각 유스케이스에 대하여 시나리오를 작성한다

시나리오는 사건의 흐름과 과정을 나타내며 시스템과 행위자들이 주고받는 정보뿐만 아니라 상호작용으로 발생하는 상황, 환경, 배경 등을 포함할 수 있다.

유스케이스 기법은 사용자와 시스템의 상호작용을 나타내고 시스템이 무엇을 수행하는가에 대해서 명확하게 표현할 수 있어 사용자의 요구사항을 검증하는 데 활용된다. 시스템의 기능적인 요구를 결정하고 기술하여 시스템 개발자와 고객 사이의 합의를 도출할 수 있도록 돕는다. 또한 사용자의 관점에서 시스템의 요구사항을 제공하며 시스템의 범위를 나타내어 일정과 예산을 추정하는 데 도움을 준다. 또한 요구사항을 추적할 수 있어 시스템 개발 후 인수 시험의 기초를 제공한다.

유스케이스는 하나의 공통적인 사용자 요구와 관련된 시나리오들의 집합으로서 하나의 기능에 대하여 정상적인 기본 시나리오, 정상적이지만 기본 시나리오와는 다른 대안 시나리오 그리고 에러가 발생할 때의 예외적인 시나리오로 구성된다. 각각의 시나리오는 사용자와 시스템 간의 교류를 설명하는 것으로서, 사용자와 시스템이 주고받는 정보, 이벤트 등이 상세히 기록되어야 하며 이것을 바탕으로 시스템을 테스트할 수 있어야 한다.

2 유스케이스 다이어그램

시스템을 사용하는 모든 행위자와 행위자들이 수행하는 유스케이스를 모두 발견하였다면 이제 유스케이스 다이어그램을 작성한다. 유스케이스 다이어그램은 유스케이스와 행위자 그리고 그들 사이의 관계를 나타낸 다이어그램이다. 각각의 표기법과 특징을 자세히 알아본다.

다음의 그림들은 UML을 지원하는 CASE 도구를 이용하여 작성한 그림으로 사용하는 도구에 따라 그림이 다소 다를 수 있다는 것을 알아두기 바란다.

(1) 유스케이스

유스케이스는 타원에 해당 유스케이스의 이름을 표시하여 나타낸다. 유스케이스의 이름은 시스템에 존재하는 어휘라면 특별히 제약이 없으나, 비교적 간단하고 이해하기 쉽게 만드는 것이 바람직하다.

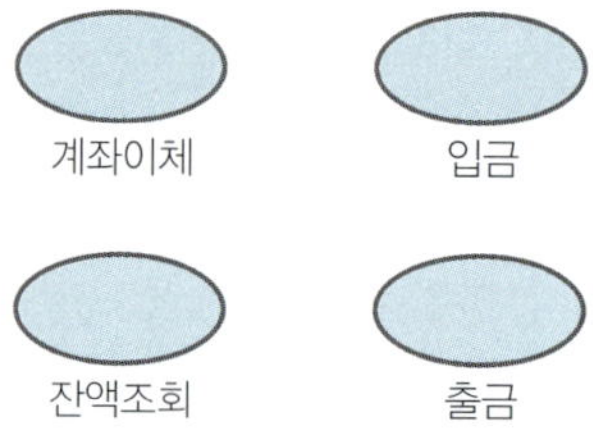

:: 그림 11 – 1 | 유스케이스

(2) 행위자

행위자는 사람의 형태 또는 도구에 따라 허수아비 형태로 나타낸다. 행위자는 대체로 시스템을 사용하는 사람이지만 때때로 시스템을 보조하는 하드웨어나 다른 시스템이 행위자가 될 수 있다는 것을 주의하자. 시스템을 사용하는 여러 행위자들 사이에 공통된 속성이나 역할이 존재한다면 그림 11–2처럼 일반화 관계를 사용하여 나타낼 수도 있다.

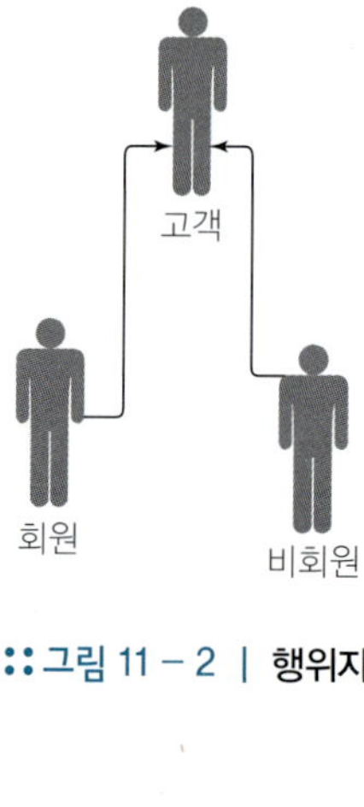

:: 그림 11 – 2 | 행위자

(3) 일반화 관계

유스케이스 사이의 일반화 관계는 기본적인 목적이 같지만 구체적인 수행방법이 여러 가지 존재할 경우에 사용된다. 그림 11-3의 예처럼 상품결제라는 목적은 동일하지만, 목적을 수행하기 위한 방법이 신용카드결제, 계좌이체, 무통장입금이라는 세 가지 유스케이스가 있다는 것을 표현하고 있다.

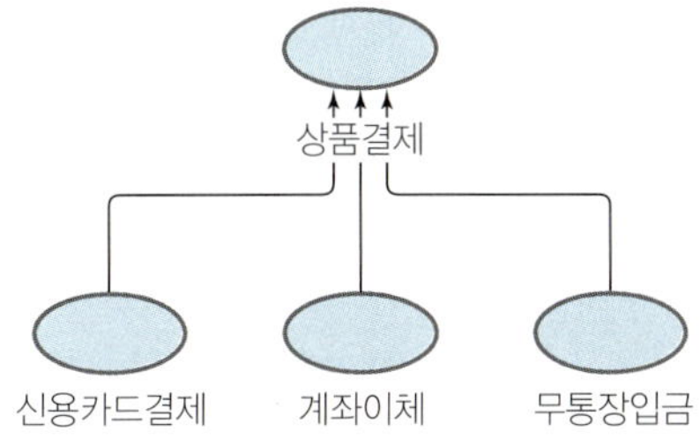

:: 그림 11 – 3 | 일반화 관계

(4) 포함 관계

포함 관계(include)는 하나의 유스케이스를 수행할 때, 다른 유스케이스의 행동을 포함하는 관계를 말한다. 여러 유스케이스에 중복적으로 나타나는 이벤트 흐름을 별도의 유스케이스로 표현하여 이벤트의 중복을 방지한다. 그림 11-4를 통해 회원정보변경 유스케이스와 비밀번호변경 유스케이스 모두 회원 자격을 증명하기 위한 로그인 과정이 필요하다는 것을 알 수 있다.

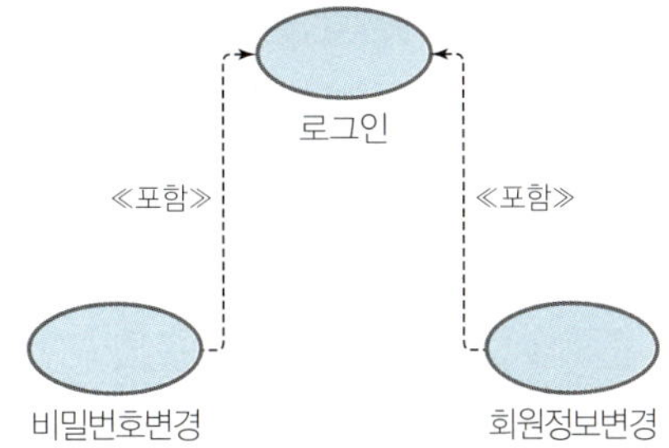

:: 그림 11 – 4 | 포함 관계

(5) 확장 관계

확장 관계(extend)는 특정한 조건에서 다른 유스케이스 행동으로 확장되는 관계이다. 기본 유스케이스는 단독으로 수행되다가 특정한 조건을 만족하게 되면 확장 유스케이스로 확장되는데, 확장될 때의 조건을 확장점(extension point)이라 하고 기본 유스케이스에 표시한다. 확장점을 표시하지 않고 확장 관계를 사용하여도 문법적으로는 문제가 없으나, 확장점을 표시하여 명확하게 이해할 수 있도록 하는 것이 바람직하다. 이때 한 가지 주의해야 할 점은 확장 관계를 설정할 때의 화살표 방향이 기본 유스케이스에서 확장 유스케이스 방향이 아닌, 확장 유스케이스에서 기본 유스케이스 방향인 점에 주의하자. 그림 11-5는 상품목록조회 유스케이스가 단독으로 수행되다가 상품 클릭(확장점)이라는 조건을 만족하게 되면 상품상세정보 유스케이스로 확장되는 모습을 표현하고 있다.

:: 그림 11 – 5 | **확장 관계**

유스케이스 다이어그램을 완성한 다음 식별된 유스케이스별로 유스케이스 시나리오를 작성하도록 한다. 유스케이스 시나리오에 대한 표준은 없으나 유스케이스 시나리오에는 일반적으로 유스케이스 이름 및 개요, 유스케이스를 수행하는 행위자, 선행 및 후행 조건, 유스케이스의 이벤트 흐름이 포함된다.

3 인터넷 쇼핑몰 유스케이스 모델링

이번 장에서는 '인터넷 쇼핑몰 시스템' 개발을 사례로 들어서 문제 설명서(문제 기술서라 부르기도 함)에서 유스케이스 기법을 활용하여 고객의 요구사항을 구체화시키고 명확하게 이해하는 과정에 대해 살펴본다. 앞에서 언급했듯이 유스케이스 식별은 문제 설명서로부터 시작하는 것이 일반적이다.

다음은 인터넷 쇼핑몰 시스템의 문제 설명서의 예이다.

인터넷 쇼핑몰 문제 설명서(Internet Shopping Mall Problem Statement)

인터넷 쇼핑몰 시스템은 상품의 판매나 구입을 간편하게 하기 위한 시스템이다. 쇼핑몰 관리자는 인터넷 쇼핑몰에 상품을 등록해서 상품의 판매를 쉽게 진행할 수 있으며, 구매자 또한 인터넷 쇼핑몰에 등록된 상품들 중에서 구매하고자 하는 상품을 간편하게 구매할 수 있다.

인터넷 쇼핑몰을 사용하는 사용자는 일반 고객(비회원), 회원, 관리자로 나뉜다. 일반 고객은 상품 구매와 같은 기능을 수행하기 위해서 회원으로 가입할 수 있다. 관리자는 상품 관리(등록, 수정, 삭제)나 회원 관리(조회, 삭제), 카테고리 관리 등과 같은 활동을 수행한다.

상품에 대한 조회 및 검색은 쇼핑몰에 가입한 회원뿐만 아니라 가입하지 않은 비회원 및 관리자도 수행할 수 있다. 상품 조회는 특정 카테고리의 선택과정을 통해 이루어지며, 상품 검색은 특정 검색어의 입력을 통해 이루어진다. 관리자는 카테고리의 분류체계를 관리하고, 상품을 특정 카테고리에 포함시켜 등록한다.

상품 구매는 회원만 할 수 있고, 상품을 구매하기 위해서는 먼저 원하는 상품을 장바구니에 담고, 장바구니에 담긴 상품들 중에서 선택적으로 주문할 수 있다. 상품 구매 시 결제 수단은 온라인 입금과 신용카드 결제로 구분한다. 온라인 입금은 뱅킹 시스템을 통해 입금 여부를 확인한 후 결제 처리하며, 신용카드 결제는 신용카드 인증 회사로의 결제 승인 서비스를 통해 즉시 처리가 가능하도록 한다.

위에서 살펴본 바와 같이 문제 설명서는 기본적으로 시스템이 수행하는 일을 간략하게 소개할 뿐 수행하는 일에 대한 자세한 설명이나 정보는 포함되어 있지 않다. 인터넷 쇼핑몰의 경우에도 문제 설명서만으로는 시스템에 대한 자세한 사항을 이해하거나 알아낼 수 없기 때문에 본 시스템 개발과 관련된 다양한 이해관계자인 시스템 개발을 의뢰한 고객이나 시스템을 이용할 사용자들과 충분한 인터뷰나 회의를 통하여 요구사항을 이해하고 다른 인터넷 쇼핑몰 등을 조사하여 최대한 많은 자료를 수집한 뒤에 유스케이스를 찾아내도록 한다.

그러나 이번 장에서는 '인터넷 쇼핑몰 문제 설명서'와 여러분의 배경 지식을 활용하여 유스케이스 기법을 이용한 요구사항 분석과정을 전달하고자 하니 이 점 참고하기 바란다. 문제 설명서를 살펴보면 인터넷 쇼핑몰 시스템을 사용할 사람들은 회원, 회원으로 등록되지 않은 비회원, 시스템 관리자로 구분된다. 회원, 비회원, 시스템 관리자들은 시스템을 사용하는 사람들로 그중 대표적인 행위자인 회원이 주 행위자라 할 수 있다. 이제부터 각각의 행위자가 인터넷 쇼핑몰 시스템을 사용하여 어떤 업무(task)를 수행하는지 살펴보고, 이를 바탕으로 유스케이스를 나타내 보도록 하자.

비회원은 인터넷 쇼핑몰을 이용하면서 쇼핑몰에 등록되어 있는 상품을 검색하거나 상품목록을 조회할 수 있다. 이러한 행위는 비회원이 사용하는 기능으로 볼 수 있으며, 이를 바탕으로 상품을 검색하는 상품검색 유스케이스와 상품목록을 조회하는 상품목록조회 유스케이스를 찾아낼 수 있다.

일반적인 쇼핑몰의 경우 회원과 비회원 모두 상품구매가 가능하나 이 예에서는 회원에 한하여 상품구매가 가능하다고 가정한다. 회원의 경우 장바구니에 상품을 담거나 장바구니에 담겨 있는 상품을 삭제하는 기능이 제공되므로 장바구니상품담기 유스케이스와 장바구니상품삭제 유스케이스를 식별하였다. 회원은 장바구니에 담겨 있는 상품들 중 원하는 상품을 선택하여 주문할 수 있어 상품주문 유스케이스가 도출되었다. 주문에 대한 결제는 주문결제 유스케이스로 나타내었다. 주문 결제 수단은 온라인입금방식과 신용카드결제방식이 있다.

앞에서 밝혀진 장바구니상품담기 · 장바구니상품삭제 · 상품주문 · 주문결제 유스케이스는 회원에게만 허용되는 기능이므로, 이들 기능을 사용하기 위해서는 쇼핑몰에 로그인(log in)을 할 필요가 있다. 이를 사용자인증 유스케이스로 식별하고, 장바구니상품담기 · 장바구니상품삭제 · 상품주문 · 주문결제 유스케이스를 수행할 때 포함하도록 하였다.

관리자는 인터넷 쇼핑몰을 관리하는 행위자이다. 관리자는 쇼핑몰을 운영하며, 이를 위해 상품관리, 회원관리, 카테고리관리, 온라인입금처리 등을 수행한다. 이 네 가지 임무를 관리자의 유스케이스로 식별할 수 있다.

상품관리는 새로운 상품을 쇼핑몰에 등록, 기존의 상품정보 수정, 더 이상 판매하지 않는 상품을 쇼핑몰에서 삭제하는 기능을 포함한다. 이들 세 가지 기능을 각각 상품등록, 상품수정, 상품삭제 유스케이스로 구별하였다. 이들 유스케이스의 기본적인 목적은 상품관리로 동일하지만 각각 수행하는 기능은 다르므로 상품관리 유스케이스로 일반화하였다.

관리자는 쇼핑몰에 가입된 회원들을 조회하거나 회원정보를 삭제하는 업무를 수행하므로 이러한 업무를 각각 회원조회와 회원삭제라는 유스케이스로 표현하였다. 상품관리 유스케이스의 경우와 마찬가지로 회원관리 유스케이스도 회원조회와 회원삭제 유스케이스의 일반화된 모습이다. 회원가입은 고객이 직접 수행하기 때문에 관리자의 유스케이스가 아닌 고객의 유스케이스로 식별하였다.

관리자는 카테고리관리를 위해 새로운 카테고리를 등록하거나, 등록된 카테고리를 수정 또는 삭제하는 기능을 수행하게 된다. 이러한 카테고리등록, 카테고리수정, 카테고리삭제 또한 관리자의 유스케이스가 된다. 이들 카테고리등록 · 카테고리수정 · 카테고리삭제 유스케이스 역시 카테고리관리의 목적을 위한 세부 수단이므로 카테고리관리 유스케이스로 일반화하였다.

회원이 상품을 주문할 때 결제 수단으로 온라인입금을 선택할 수 있다. 이 경우 관리자는 고객의 입금을 확인하고 주문을 진행하는 업무를 수행할 수 있는데, 이를 온라인입금처리 유스케이스로 식별하였다.

관리자의 유스케이스 중 온라인입금처리, 상품관리, 카테고리관리, 회원관리는 관리자가 온라인 쇼핑몰에서 이용하는 기능이다. 회원과 마찬가지로 관리자도 로그인을 통한 인증이 필요한데, 이것을 사용자인증 유스케이스로 나타내었다. 결국 관리자 행위자는 앞서 식별된 사용자인증 유스케이스의 또 다른 행위자로서 자격을 갖게 된다. 그리고 사용자인증 유스케이스는 온라인입금처리 · 상품관리 · 카테고리관리 · 회원관리 유스케이스의 선행 유스케이스이므로 포함 관계를 갖게 된다.

지금까지 인터넷 쇼핑몰의 행위자를 찾아내고 행위자들이 인터넷 쇼핑몰을 통해서 수행하는 업무를 분석하여 유스케이스를 도출해 보았다. 이를 유스케이스 다이어그램으로 나타내면 다음과 같다.

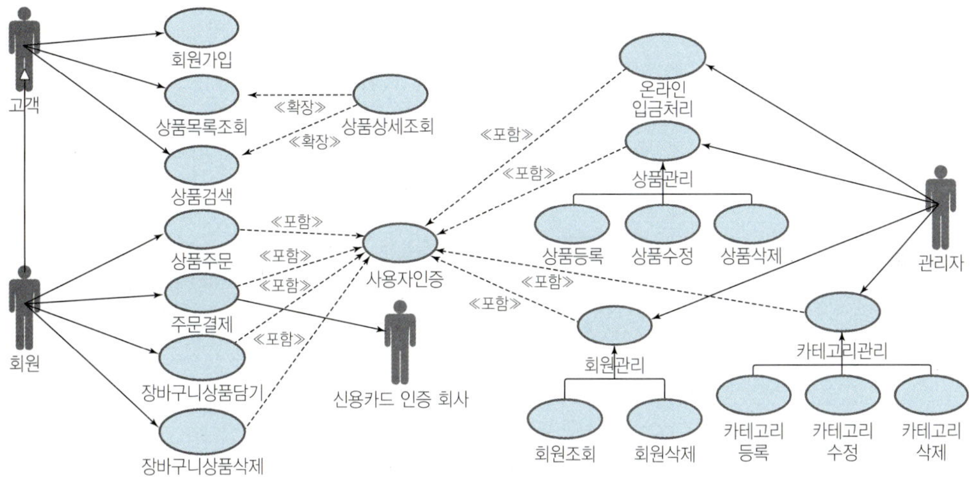

:: 그림 11 – 6 | 인터넷 쇼핑몰 유스케이스 다이어그램

유스케이스 다이어그램이 완성되면, 각각의 유스케이스에 대해 유스케이스 시나리오를 작성한다. 유스케이스 시나리오에 일반적으로 포함되는 내용은 다음과 같다.

- 유스케이스 이름
- 유스케이스를 수행하는 행위자
- 유스케이스 내용
- 선행 및 후행 조건
- 이벤트 흐름(기본 흐름, 예외 흐름, 대안 흐름)

이벤트 흐름 중에 기본 흐름은 모든 시나리오에 반드시 작성해야 하지만 예외 흐름이나 대안 흐름은 상황에 따라서 작성하거나 작성하지 않을 수 있다. 각각의 이벤트 흐름은 사건 추적과 비슷하게 행위자와 시스템 사이에 주고받는 이벤트를 중심으로 기술한다. 유스케이스 시나리오를 작성함으로써 시스템이 해당 기능을 수행하기 위해 어떤 절차를 거치는지, 그 과정에서 행위자와 시스템이 어떠한 정보를 주고받는지 파악할 수 있다.

다음은 인터넷 쇼핑몰 시스템 유스케이스 시나리오의 작성 예이다. 앞서 식별한 유스케이스 중에 일부분의 시나리오를 작성하였으며, 행위자와 시스템이 주고받는 정보는 밑줄을 그어서 표시하였다. 시나리오의 이름 옆에 괄호로 둘러싸고 표기한 문자열은 유스케이스의 식별자이다. 식별자에 사용된 UC는 유스케이스(UseCase)를 의미한다. 또한 A, C, M은 각각 관리자(Administrator), 고객(Customer), 회원(Member)을 의미하며 해당 유스케이스의 액터가 된다.

유스케이스 식별자의 목록은 다음과 같다.

식별자	행위자	설명
UC-A01	관리자, 회원	사용자인증
UC-A02	관리자	카테고리등록
UC-A03	관리자	카테고리수정
UC-A04	관리자	카테고리삭제
UC-A05	관리자	상품등록
UC-A06	관리자	상품수정
UC-A07	관리자	상품삭제
UC-A08	관리자	회원조회
UC-A09	관리자	회원삭제
UC-A10	관리자	온라인입금처리

식별자	행위자	설명
UC-C01	고객	회원가입
UC-C02	고객, 회원	상품목록조회
UC-C03	고객, 회원	상품검색
UC-C04	고객, 회원	상품상세조회
UC-A01	관리자, 회원	사용자인증
UC-M01	회원	장바구니상품담기
UC-M02	회원	장바구니상품삭제
UC-M03	회원	상품주문
UC-M04	회원	주문결제

카테고리등록 **유스케이스 시나리오(UC-A02)**

1. 개요

상품 분류를 위한 카테고리는 여러 계층으로 구성될 수 있으며, 카테고리등록 시 상위카테고리를 지정해야 한다. 최상위 카테고리로 등록하고자 할 때에는 상위카테고리를 지정하지 않는다. 카테고리를 등록할 때 기존에 등록된 카테고리들의 목록을 조회할 수 있어야 한다. 카테고리명은 시스템을 통틀어 유일해야 한다. 신규 등록 시 카테고리명의 중복 여부를 확인해야 한다.

2. Relationships

- Initiator : 관리자
- Supporters :
- Pre-condition : 관리자는 관리 권한을 가진 ID로 로그인하고, 카테고리등록 기능을 실행한다.
- Post-condition : 등록한 카테고리가 포함된 전체 카테고리목록이 보인다.

3. 기본 흐름

① 시스템이 최상위 카테고리목록(<u>카테고리명</u>)을 관리자에게 보여준다.

② 관리자가 조회하고자 하는 카테고리를 선택한다.

③ 시스템이 선택된 카테고리의 하위카테고리(카테고리명) 목록을 보여준다.

④ 등록할 카테고리의 상위카테고리가 나타날 때까지 위의 ②~③번의 흐름을 반복한다.

⑤ 상위카테고리로 지정하고자 하는 카테고리를 선택한다.

⑥ 등록하고자 하는 카테고리명을 입력하고 저장 기능을 실행한다.

⑦ 등록한 카테고리가 포함된 카테고리목록을 갱신하여 출력한다.

4. 대안 흐름

A1. 최상위 카테고리를 등록하고자 하는 경우

1. 상위카테고리를 선정하지 않고 카테고리명을 입력한 후 저장 기능을 실행한다.

5. 예외 흐름

E1. 등록하고자 하는 카테고리명이 이미 존재하는 경우

1. 카테고리명은 카테고리를 구별할 수 있는 정보로서 중복되어 저장될 수 없으므로, 시스템은 이미 동일한 이름의 카테고리가 존재한다는 메시지를 보여주고, 동일한 이름의 카테고리가 전체 카테고리목록에서 어느 위치에 존재하는지 보여준다.

상품등록 **유스케이스 시나리오(UC-A05)**

1. 개요

관리자는 쇼핑몰에서 판매할 새로운 상품의 정보를 등록할 수 있다. 상품을 등록할 카테고리는 최하위 카테고리로 한정된다. 상품은 상품명에 의해 유일하게 식별되므로, 상품등록 시 상품명의 중복을 허용하지 않는다.

2. Relationships

- Initiator : 관리자
- Supporters :
- Pre-condition : 관리자는 관리 권한을 가진 ID로 로그인하고, 상품관리 기능을 실행한다.
- Post-condition : 관리자가 입력한 신규 상품 정보가 저장된다.

3. 기본 흐름

① 최상위 카테고리목록(카테고리명)이 사용자에게 보인다.

② 조회하고자 하는 카테고리를 선택한다.

③ 선택된 카테고리의 하위카테고리(카테고리명)들을 보여준다.

④ 최하위 카테고리를 선택할 때까지 위의 ②~③번의 흐름을 반복한다.

⑤ 상품을 등록할 최하위 카테고리를 선택한다.

⑥ 선택된 카테고리에 속한 상품들의 목록(상품명, 가격, 등록일자)을 보여준다.

⑦ 등록할 상품의 정보(상품명, 가격, 상품사진, 상품설명)를 입력하고, 상품등록 기능을 실행한다.

⑧ 신규 상품을 등록한 뒤, 그 결과를 보여준다.

4. 대안 흐름

A1. 전체 카테고리를 조회한 뒤에 상품을 등록하고자 하는 경우

1. 쇼핑몰의 전체 카테고리를 조회한다.
2. 기본 흐름 ⑤번부터 수행한다.

5. 예외 흐름

E1. 신규 상품등록 시 상품의 정보 중에 누락된 값이 하나라도 존재하는 경우

1. 누락된 값이 존재한다는 메시지를 보여주고, 누락된 값을 입력하도록 해당 텍스트 박스에 커서를 이동시킨다.

E2. 등록하고자 하는 상품의 상품명이 이미 존재하는 경우.

1. 이미 동일한 상품명이 존재한다는 메시지를 보여주고, 상품명 텍스트 박스에 커서를 이동시킨다. 입력된 정보는 그대로 유지한다.

상품목록조회 **유스케이스 시나리오(UC-C02)**

1. 개요

인터넷 쇼핑몰 사용자가 특정 카테고리를 선택하여 해당 카테고리 내의 상품목록을 조회하는 유스케이스이다. 상품목록은 최하위 카테고리를 선택하는 경우에만 조회된다.

2. Relationships

- Initiator : 고객, 회원, 관리자
- Supporters :
- Pre-condition : 고객은 시스템에 접속하여 상품조회 기능을 실행한다.
- Post-condition : 선택된 최하위 카테고리에 포함된 상품들의 목록이 나타난다.

3. 기본 흐름

① 최상위 카테고리목록(카테고리명)이 사용자에게 보인다.

② 조회하고자 하는 카테고리를 선택한다.

③ 선택된 카테고리의 하위카테고리(카테고리명)들을 보여준다.

④ 최하위 카테고리를 선택할 때까지 위의 ②~③번의 흐름을 반복한다.

⑤ 선택된 최하위 카테고리에 포함된 상품들의 목록을 보여준다.

⑥ 화면에 나타난 상품목록들 중에서 조회하고자 하는 상품을 선택해서 상품의 상세정보 화면으로 이동할 수 있다(UC-C04 상품상세조회).

4. 대안 흐름

A1. 전체 카테고리 구조를 조회한 후 최하위 카테고리를 선택하는 경우

1. 쇼핑몰의 전체 카테고리 구조를 조회한다.
2. 조회할 최하위 카테고리를 선택한다.
3. 기본 흐름 ⑤번으로 돌아간다.

A2. 카테고리 선택과정에서 상위 카테고리목록으로 돌아가고자 하는 경우

1. 카테고리조회 중에 '위로' 버튼을 클릭한다.
2. 상위카테고리목록을 보여준다.

상품상세조회 **유스케이스 시나리오(UC-C04)**

1. 개요

고객이 상품목록조회나 상품검색 중 특정 상품의 상세정보를 조회할 수 있는 유스케이스이다.

2. Relationships

- Initiator : 고객, 회원, 관리자
- Supporters :
- Pre-condition : 상품목록조회 또는 상품검색 유스케이스가 수행된 상태로서, 상품들의 목록이 나타나 있다.
- Post-condition :

3. 기본 흐름

① 상품목록조회나 상품검색 후, 상세한 정보를 알고 싶은 상품(상품명)을 선택한다.

② 선택된 상품의 상세정보(상품명, 상품사진, 상품설명, 가격, 등록일자)를 보여준다.

③ 고객이 원하는 경우 구매 요구 수량을 입력하고, 상품을 장바구니에 담을 수 있다(UC-M01 장바구니상품담기).

4. 대안 흐름

A1. 상품상세조회 중에 '목록' 기능을 요청하는 경우

1. 상품상세정보 화면에서 '목록' 버튼을 클릭하면, 이전의 상품목록을 보여준다(UC-C02 상품목록조회 유스케이스).

장바구니상품담기 **유스케이스 시나리오(UC-M01)**

1. 개요

회원은 상품의 상세정보를 조회한 후 원하는 상품을 장바구니에 담을 수 있다. 각 회원은 하나의 장바구니를 가지며, 원하는 상품들을 장바구니에 담은 후 구매할 수 있다.

2. Relationships
- Initiator : 회원
- Supporters :
- Pre-condition : 회원이 상품의 상세정보를 조회한다.
- Post-condition : 선택한 상품과 구매하고자 하는 수량 정보가 장바구니에 저장된다.

3. 기본 흐름

① 상품의 상세정보조회 후, 구매하고자 하는 수량을 입력하고(구매 수량은 0보다 커야 함) 장바구니담기 기능을 실행한다.

② 장바구니에 담긴 상품의 목록(이전에 이미 장바구니에 담겨 있던 상품 포함)을 보여준다. 장바구니 목록에는 각 상품의 상품명, 수량, 가격, 금액(가격*수량), 총액이 나타난다.

③ 장바구니에 담긴 상품 중에서 원하는 상품을 선택하여 주문(UC-M03 상품주문)할 수 있다.

4. 대안 흐름

5. 예외 흐름

상품주문 **유스케이스 시나리오(UC-M03)**

1. 개요

회원은 장바구니에 상품을 담은 후 주문한다. 장바구니에 담긴 상품들의 목록 중에서 주문하고자 하는 상품을 선택한 후 주문서를 작성한다.

2. Relationships
- Initiator : 회원
- Supporters :
- Pre-condition : 장바구니에 담긴 상품의 목록을 조회한다.
- Post-condition : 선택한 상품에 대한 주문 정보가 저장된다.

3. 기본 흐름

① 장바구니에 담긴 상품목록에서 주문하고자 하는 상품들을 선택하고, '주문하기' 기능을 실행한다.

② 회원이 장바구니에서 선택한 각 상품의 목록(상품명, 가격, 수량, 금액(가격*수량))과 주문 총액을 보여주고, 주문정보(수령인이름, 배송지주소, 배송지연락처)를 입력받기 위한 화면이 나타난다.

③ 주문정보를 입력하고 '저장' 기능을 실행한다.

④ 이때 주문번호는 시스템에 의해 자동으로 생성되며, 주문일자는 시스템 날짜로 저장된다.

⑤ 주문정보에 대한 주문결제 화면을 보여준다(UC-M04 주문결제).

⑥ 주문이 이루어지면 주문된 상품들은 장바구니에서 삭제된다.

4. 대안 흐름

A1. 주문 정보 입력 시 '취소' 기능을 요청한 경우

1. 주문서 작성을 취소하고 장바구니목록 화면을 출력한다.

5. 예외 흐름

E1. 장바구니에서 상품을 선택하지 않고 '주문하기' 기능을 요청한 경우

1. 선택한 상품이 없다는 메시지를 출력한다.

E2. 입력되지 않은 주문정보(수령인이름, 배송지주소, 배송지연락처)가 있는 상태로 '저장' 기능을 요청한 경우

1. 입력하지 않은 주문정보가 있다는 메시지를 출력하고 해당 필드로 커서를 이동한다.

주문결제 **유스케이스 시나리오(UC-M04)**

1. 개요

회원은 주문정보가 저장된 상태에서 결제방식(신용카드결제, 온라인입금)을 선택한 후 결제를 수행한다. 주문에 대한 결제는 상품 주문 후 바로 수행된다.

2. Relationships

- Initiator : 회원
- Supporters : 신용카드 인증 회사
- Pre-condition : 주문서 작성이 완료된 상태여야 한다. 주문서 작성 후 결제 화면으로 이동한 상태이다.
- Post-condition : 주문에 대한 결제정보가 생성된다. 신용카드결제를 선택한 경우 결제 승인

이 이루어지면 결제 상태가 '입금완료'로 저장되며, 온라인입금을 선택한 경우는 '입금대기'로 저장된다.

3. 기본 흐름

① 결제방식('신용카드결제'와 '온라인입금')을 선택할 수 있는 화면이 나타난다.

② 결제방식으로 '신용카드결제'를 선택한다.

③ 신용카드정보(신용카드사, 신용카드번호, 유효기간, 비밀번호, 할부기간) 입력 화면을 보여준다.

④ 신용카드정보를 입력하고 '결제' 기능을 실행한다.

⑤ 신용카드정보를 신용카드 인증 회사에 보내 결제 승인을 요청한다.

⑥ 신용카드 인증 회사는 신용카드정보를 확인하고 주문총액만큼 결제 승인 처리를 수행한다.

⑦ 성공적으로 승인된 경우, 결제정보(결제방식, 결제상태, 승인번호, 신용카드사, 신용카드번호, 주문번호, 승인일자)를 저장한다. 결제상태는 '입금완료'로 저장된다.

⑧ 주문이 완료되었음을 회원에게 알린다.

4. 대안 흐름

A1. 결제방식으로 온라인입금을 선택한 경우

1. 결제방식('신용카드결제'와 '온라인입금')을 선택할 수 있는 화면이 나타난다.
2. '온라인입금'을 선택한다.
3. 거래 은행별로 하나의 입금 가능 계좌를 보여주고 고객은 입금하고자 하는 계좌를 선택한다.
4. 온라인입금정보(입금자성명, 입금예정일)를 입력할 수 있는 화면을 보여준다.
5. 온라인입금정보를 입력하고 결제를 신청한다.
6. 결제정보(결제방식, 입금자성명, 입금은행, 입금예정일, 주문번호, 결제상태)를 저장한다. 결제 상태는 '입금대기'로 저장된다.

5. 예외 흐름

E1. 신용카드 번호 오류

1. 회원이 입력한 카드 번호에 오류가 있음을 알리고, 신용카드정보 재입력을 요청한다.

E2. 신용카드 유효기간 오류

1. 회원이 입력한 유효기간에 오류가 있음을 알리고, 신용카드정보 재입력을 요청한다.

E3. 신용카드 비밀번호 오류

1. 회원이 입력한 비밀번호에 오류가 있음을 알리고, 신용카드정보 재입력을 요청한다.

E4. 신용카드 이용 한도 오류

1. 신용카드의 이용 한도가 초과되었음을 알리고, 신용카드정보 재입력을 요청한다.

시나리오를 폼 형태로 작성하면 이벤트 흐름을 파악하는 데 더 효과적일 수 있다. 앞에서 사용한 규격을 유지할 경우, 기본 흐름, 대안 흐름, 예외 흐름의 절차 작성 시, 각 절차의 시작은 행위자 또는 시스템의 주어를 명시적으로 달아야 상호작용의 관계를 보다 쉽게 이해하기가 쉽다는 단점이 있다. 다음 샘플은 폼 형식의 예이다.

폼 형식 UC-A02 카테고리등록 유스케이스

유스케이스 식별자/명	UC-A02 카테고리등록 유스케이스
개요	상품 분류를 위한 카테고리는 여러 계층으로 구성될 수 있으며, 카테고리등록 시 상위카테고리를 지정해야 한다. 최상위 카테고리로 등록하고자 할 때에는 상위카테고리를 지정하지 않는다. 카테고리를 등록할 때 기존에 등록된 카테고리들의 목록을 조회할 수 있어야 한다. 카테고리명은 시스템을 통틀어 유일해야 한다. 신규 등록 시 카테고리명의 중복 여부를 확인해야 한다.
주 행위자	관리자
부 행위자	해당사항 없음
사전 조건	관리자는 관리 권한을 가진 ID로 로그인하고, 카테고리등록 기능을 실행한다.
기본 흐름	
행위자	**시스템**
	1. 최상위 카테고리목록(카테고리명)을 출력한다.
2. 조회하고자 하는 카테고리를 선택한다.	
	3. 선택된 카테고리의 하위카테고리목록(카테고리명)을 출력한다.
4. 등록할 카테고리의 상위카테고리를 찾을 때까지 2~3번의 흐름을 반복한다 5. 등록하고자 하는 카테고리명을 입력하고 저장 기능을 실행한다.	
	6. 등록한 카테고리가 포함된 카테고리목록을 갱신하여 출력한다.
대안 흐름	
행위자	**시스템**
[A1. 최상위 카테고리를 등록하고자 하는 경우] 2. 상위카테고리를 선정하지 않고 카테고리명을 입력한 후 저장 기능을 실행한다.	3. 기본 흐름 6을 수행한다.
예외 상황 시나리오	
행위자	**시스템**
[E1. 등록하고자 하는 카테고리명이 이미 존재하는 경우] 5. 이미 등록된 카테고리명을 입력하고 저장 기능을 실행한다.	
	6. 이미 동일한 이름의 카테고리가 존재한다는 메시지를 출력한다. 7. 카테고리목록에서 동일한 이름의 카테고리가 존재하는 위치를 출력한다.
사후 조건	해당사항 없음

유스케이스 모델링은 시스템을 블랙박스로 보고 사용자의 관점에서 시스템을 분석한 것이다. 유스케이스 식별부터 유스케이스 시나리오 작성까지의 전 과정을 살펴보면 우선 유스케이스 식별은 시스템의 최상위 기능을 찾아내는 것으로서 초기 기능 모델링이 이루어진 것이며, 유스케이스 시나리오는 행위자와 시스템 사이에 이루어지는 유스케이스의 진행과정과 흐름을 나타낸 것으로서 시스템에 대한 동적 모델링을 수행한 것이다. 또한 유스케이스 시나리오에는 이벤트 흐름과 함께 행위자와 시스템이 주고받는 정보들이 함께 나타나게 되어, 시스템 내부에서 저장되고 관리되어야 하는 중요 정보들에 대한 초기 정보 모델링이 이루어진 것이다. 결국 유스케이스 모델링을 통해 앞에서 설명한 3가지 분석 기법인 기능 모델링, 동적 모델링, 정보 모델링이 순차적으로 적용된 것이며, 이러한 접근방법은 시스템을 블랙박스로 보고(시스템 내부의 모습까지는 관심을 갖지 않고) 점진적으로 분석을 구체화시켰다는 면에서 하향식 접근 방식을 적용하여 시스템을 모델링한 것이라 할 수 있다.

유스케이스 모델링은 시스템을 블랙박스로 보고 고객의 요구사항을 분석한 것이다. 유스케이스 모델링을 수행한 다음 시스템의 내부 모습을 이해할 수 있도록 분석을 더욱 구체화시킬 필요가 있다. 앞에서 수행한 유스케이스 모델링의 결과를 바탕으로 시스템을 열어(시스템을 화이트박스로 보고) 시스템 내부의 모습을 분석하는 과정이 이어진다.

우선 유스케이스 시나리오를 통해 행위자와 시스템이 주고받는 정보들을 찾아낼 수 있다. 이들을 활용하여 시스템 내부에 저장되고 관리되어야 하는 정보를 밝히는 정보 모델링을 수행하고 그 결과를 클래스 다이어그램(또는 정보 모델링에서 사용하는 ER 모델)으로 나타낸다. 정보 모델링을 통해 시스템에서 요구되는 기본적인 클래스를 식별하고, 클래스 사이의 연관성을 클래스 사이의 관계를 통해서 밝혀내고, 각 클래스의 속성을 찾아낸다.

다음은 유스케이스 시나리오를 확장하여 시스템 내부의 동적인 모습을 관찰할 차례이다. 이 작업은 유스케이스 모델을 클래스 다이어그램과 연계시켜 클래스들 사이의 상호작용을 밝히는 동적 모델링 작업으로서, 시스템 내부 클래스들 사이에 주고받는 이벤트와 정보들을 나타내기 위해 시퀀스 다이어그램이 사용된다. 시퀀스 다이어그램에 나타난 이벤트들을 바탕으로 클래스의 오퍼레이션을 찾을 수 있다.

간단한 시스템의 경우 시퀀스 다이어그램만으로도 시스템의 동적인 모습을 이해하는 데 충분하다. 하지만 시스템에 복잡한 논리적 처리과정이 존재하거나, 업무 프로세스 내의 상호작용에 대한 추가적인 이해가 필요할 경우 액티비티 다이어그램을 작성할 수 있다.

이제부터 UML 기법을 적용하여 시스템 내부를 분석하는 과정을 살펴보자.

4 클래스 다이어그램

클래스 다이어그램(class diagram)은 시스템의 정적인 정보 구조를 나타내는 정보 모델로서, 시스템에 필요한 클래스들과 이들 사이의 관계를 나타내는 데 사용된다. 각 클래스는 해당 객체의 특성을 나타내는 여러 가지 속성들과 오퍼레이션으로 구성된다. 클래스, 클래스의 속성, 클래스들 간의 관계를 찾아내기 위해서는 선행 단계에서 작성된 문서들을 활용할 수 있는데, 문제 기술서나 유스케이스 시나리오가 클래스 도출에 사용될 수 있다.

유스케이스 시나리오는 사용자와 시스템의 상호작용을 기술하는 것으로, 문제 기술서에 비해 상당히 구체적이고 자세하게 기술된다. 일반적으로 유스케이스 시나리오에는 시스템을 통해 주고받는 모든 데이터가 포함되기 때문에 유스케이스 시나리오를 분석하면 클래스 도출에 필요한 대부분의 정보를 얻을 수 있다. 유스케이스 시나리오를 이용한 클래스 도출 방법을 유스케이스 정적 분석이라고 하며, 일반적으로 다음과 같은 절차에 따라 수행된다.

① 클래스 찾기
② 클래스들 간의 관계(relationship) 찾기
③ 클래스의 속성(attribute) 및 오퍼레이션(operation) 찾기

클래스와 속성을 도출할 때는 시나리오상에 나타난 명사들을 분석한다. 클래스는 시스템을 통해 영구히 존재할 필요가 있는 대상이며, 클래스의 인스턴스인 객체들은 그것을 구성하는 속성에 의해 유일하게 구분될 수 있어야 한다. 속성은 클래스의 특성을 설명해 주는 정보로서 그 자체가 값을 가질 수 있는 것들이다. 정리하면 클래스는 값을 갖는 속성들의 집합으로 구성된 것이라고 볼 수 있다. 이제 인터넷 쇼핑몰에 대한 실제 분석 사례를 통해서 클래스와 속성 그리고 클래스들 간의 관계를 찾아가는 과정에 대해 소개하도록 한다.

회원가입 **유스케이스 시나리오(UC-C01)**

1. 개요

인터넷 쇼핑몰에 회원으로 가입할 수 있는 유스케이스 시나리오이다. 고객은 인터넷 쇼핑몰로부터 상품구매 등의 서비스를 이용하기 위해 회원으로 가입한다.

2. Relationships

- Initiator : 고객
- Supporters :
- Pre-condition : 고객(비회원)이 회원가입 기능을 실행한다.

• Post-condition : 고객의 정보가 시스템에 저장되고, 쇼핑몰의 회원이 된다.

3. 기본 흐름

① 고객이 회원가입을 신청한다.

② 회원으로 가입하기 위해 필요한 정보(주민등록번호, 이름, 주소, 비밀번호, 회원ID, 메일, 휴대폰번호)를 입력한다.

③ 입력된 정보들 중에 주민등록번호와 회원ID가 기존에 가입된 회원의 정보와 중복되는지 여부를 확인한다. 기존의 회원정보와 중복되지 않았다면 가입을 승인한다.

4. 대안 흐름

5. 예외 흐름

E1. 주민등록번호가 중복된 경우

1. 개인의 중복 가입을 방지하기 위하여 주민등록번호의 중복을 허용하지 않는다. 때문에 입력된 주민등록번호가 이미 존재하는 경우 기존에 가입된 회원의 주민등록번호라는 것을 알리고 회원가입을 승인하지 않는다.

E2. 회원ID가 중복된 경우

1. 회원ID는 시스템이 사용자 개개인을 구별하기 위한 정보로서 중복이 허용되지 않기 때문에, 시스템은 이미 동일한 회원ID가 사용되고 있다는 메시지를 보여주고 다른 사용자 ID를 입력하도록 해당 필드로 커서를 이동한다.

회원가입 유스케이스를 수행하는 행위자는 고객이다. 고객은 회원가입을 위해 주민등록번호, 이름, 주소, 비밀번호, 회원ID, 메일, 휴대폰번호를 입력한다. 회원은 이들 속성을 갖는 클래스로 나타낼 수 있다. 고객의 경우, 회원이 되기 전에는 시스템에서 관리하는 대상이 아니므로 클래스로 표현하지 않았다.

앞에서 설명한 카테고리등록 유스케이스 시나리오(UC-A02)에서 카테고리명은 여러 카테고리들 중 해당 카테고리를 유일하게 식별할 수 있는 키 속성이므로 카테고리는 카테고리명이라는 키 속성을 갖는 클래스로 도출될 수 있다. 카테고리의 계층 구조를 나타내기 위해 각 카테고리는 자신의 상위카테고리를 지정한다. 각 카테고리는 하나의 상위카테고리에 속하며 한 카테고리는 여러 하위카테고리를 가질 수 있어 일대다(one-to-many) 관계가 성립한다. 하지만 최상위카테고리의 경우 상위카테고리를 갖지 않을 수 있고, 최하위 카테고리는 하위카테고리를 갖지 않을 수 있어 카테고리 사이의 다중성은 0..1과 *로 나타내었다. 상위카테고리와 하위카테고리를 분리해서 나타내기보다는 카테고리 클래스를 하나 만들고, 재귀 연관(recursive association)으로 표현하는 것이 바람직하다.

상품등록 유스케이스 시나리오(UC-A05)

1. 개요

관리자는 쇼핑몰에서 판매할 새로운 상품의 정보를 등록할 수 있다. 상품을 등록할 카테고리는 최하위 카테고리로 한정된다. 상품은 상품명에 의해 유일하게 구별되므로, 상품등록 시 상품명의 중복을 허용하지 않는다.

2. Relationships

- Initiator : 관리자
- Supporters :
- Pre-condition : 관리자는 관리 권한을 가진 ID로 로그인하고, 상품관리 기능을 실행한다.
- Post-condition : 관리자가 입력한 신규 상품정보가 저장된다.

3. 기본 흐름

① 최상위 카테고리목록(카테고리명)이 사용자에게 보인다.

② 조회하고자 하는 카테고리를 선택한다.

③ 선택된 카테고리의 하위카테고리(카테고리명)들을 보여준다.

④ 최하위 카테고리를 선택할 때까지 ②~③번 흐름을 반복한다.

⑤ 상품을 등록할 최하위 카테고리를 선택한다.

⑥ 선택된 카테고리에 속한 상품들의 목록(상품명, 가격, 등록일자)을 보여준다.

⑦ 등록할 상품의 정보(상품명, 가격, 상품사진, 상품설명)를 입력하고, 상품등록 기능을 실행한다.

⑧ 신규 상품을 등록한 뒤, 그 결과를 보여준다.

4. 대안 흐름

A1. 전체카테고리를 조회한 뒤에 상품을 등록하고자 하는 경우

1. 쇼핑몰의 전체카테고리를 조회한다.
2. 기본 흐름 ②번으로

5. 예외 흐름

E1. 신규 상품등록 시 상품의 정보 중에 누락된 값이 하나라도 존재하는 경우

1. 누락된 값이 존재한다는 메시지를 보여주고, 누락된 값을 입력하도록 해당 텍스트 박스에 커서를 이동시킨다.

E2. 등록하고자 하는 상품의 상품명이 이미 존재하는 경우

1. 이미 동일한 상품명이 존재한다는 메시지를 보여주고, 상품명 텍스트 박스에 커서를 이동시킨다. 입력된 정보는 그대로 유지한다.

상품등록(유스케이스 시나리오 UC-A05)은 관리자에 의해 수행되며 상품등록 시 상품명, 가격, 상품사진, 상품설명을 입력한다. 등록일자는 시스템의 날짜로 기록된다. 이러한 정보들은 모두 상품을 구성하는 속성이며 상품은 이들 속성들을 포함하는 클래스로 도출될 수 있다.

모든 상품은 하나의 최하위 카테고리에 속해 있으므로 상품을 등록할 때 상품이 속할 최하위 카테고리를 선택한다. 최하위 카테고리는 다수의 상품을 포함할 수 있지만 최하위 카테고리가 아닌 다른 카테고리는 상품을 포함하지 않는다. 상품은 특정 카테고리에 속하는 대상이므로 카테고리와 상품은 일대다(one-to-many) 관계를 가지며 다중성은 1과 *로 표현하였다.

장바구니상품담기 **유스케이스 시나리오(UC-M01)**

1. 개요

회원은 상품의 상세정보를 조회한 후 원하는 상품을 장바구니에 담을 수 있다. 각 회원은 하나의 장바구니를 가지며, 원하는 상품들을 장바구니에 담은 후 구매할 수 있다.

2. Relationships

- Initiator : 회원
- Supporters :
- Pre-condition : 회원이 상품의 상세정보를 조회한다.
- Post-condition : 선택한 상품과 구매하고자 하는 수량 정보가 장바구니에 저장된다.

3. 기본 흐름

① 상품의 상세정보 조회 후, 구매하고자 하는 수량을 입력하고(구매 수량은 0보다 커야 함) 장바구니담기 기능을 실행한다.

② 장바구니에 담긴 상품의 목록(이전에 장바구니에 담겨 있던 상품 포함)을 보여준다. 장바구니 목록에는 각 상품의 상품명, 수량, 가격, 금액(가격*수량), 총액이 나타난다.

③ 장바구니에 담긴 상품 중에서 원하는 상품을 선택하여 주문(UC-M03 상품주문)할 수 있다.

4. 대안 흐름

5. 예외 흐름

장바구니(유스케이스 시나리오 UC-M01)는 주문하기 전에 회원이 원하는 상품을 담아놓기 위해 사용된다. 장바구니는 회원과 상품 사이의 관계로 표현될 수 있다. 회원은 장바구니에 상품을 담지 않거나 여러 상품을 담을 수 있고, 한 상품은 여러 회원에 의해 각자의 필요에 따라 장바구니에 담길 수 있기 때문에, 회원과 상품 사이의 관계인 장바구니는 다대다(many-to-many) 관계를 가지며, 다중성은 *과 *로 표현하였다. 장바구니상품담기 시나리오의 1번 흐름을 살펴보면, 회원은 상품을 장바구니에 담을 때 수량정보를 입력한다. 이 수량정보는 회원과 상품의 관계인 장바구니에서 나타나는 속성이 된다. 두 클래스 사이의 관계에서 나타나는 속성이 존재할 때 관계를 연관 클래스(association class)로 나타내어 표현한다. UML은 관계 자체에 속성을 표현하는 것을 지원하지 않는 대신 연관 클래스를 통해서 관계의 속성 정보를 표현할 수 있도록 지원한다. 결국 장바구니는 회원과 상품을 연결하는 연관 클래스로 표현되었다.

상품주문 **유스케이스 시나리오(UC-M03)**

1. 개요

회원은 장바구니에 상품을 담은 후 주문한다. 장바구니에 담긴 상품들의 목록 중에서 주문하고자 하는 상품을 선택한 후 주문서를 작성한다.

2. Relationships
   - Initiator : 회원
   - Supporters :
   - Pre-condition : 장바구니에 담긴 상품의 목록을 조회한다.
   - Post-condition : 선택한 상품에 대한 주문정보가 저장된다.

3. 기본 흐름

   ① 장바구니에 담긴 상품목록에서 주문하고자 하는 상품들을 선택하고, '주문하기' 기능을 실행한다.

   ② 회원이 장바구니에서 선택한 각 상품의 목록(상품명, 가격, 수량, 금액(가격*수량))과 주문총액을 보여주고, 주문정보(수령인이름, 배송지주소, 배송지연락처)를 입력받기 위한 화면이 나타난다.

   ③ 주문정보를 입력하고 '저장' 기능을 실행한다.

   ④ 이때 주문번호는 시스템에 의해 자동으로 생성되며, 주문일자는 시스템 날짜로 저장된다.

   ⑤ 주문정보를 저장한 후, 주문결제 화면을 보여준다(UC-M04 주문결제).

   ⑥ 주문이 이루어지면 주문된 상품들은 장바구니에서 삭제된다.

4. 대안 흐름

   A1. 주문정보 입력 시 '취소' 기능을 요청한 경우

      1. 주문서 작성을 취소하고 장바구니 목록 화면을 출력한다.

5. 예외 흐름

E1. 장바구니에서 상품을 선택하지 않고 '주문하기' 기능을 요청한 경우
   1. 선택한 상품이 없다는 메시지를 출력한다.
E2. 입력되지 않은 주문정보(수령인이름, 배송지주소, 배송지연락처)가 있는 상태로 '저장' 기능을 요청한 경우
   1. 입력하지 않은 주문정보가 있다는 메시지를 출력하고 해당 필드로 커서를 이동한다.

회원은 장바구니에 담긴 상품들 중 주문하고자 하는 상품을 선택한 후 주문서를 작성한다(상품주문 유스케이스 UC-M03 1번 흐름). 회원이 배송정보(수령인이름, 배송지주소, 배송지연락처)를 입력하고 주문서 작성 완료 기능을 요청하면 주문정보가 생성된다. 주문정보를 구성하는 각각의 데이터(수령인이름, 배송지주소, 배송지연락처)는 주문의 속성이 되며, 특정 시점에서 발생한 주문의 특성을 나타내는 정보가 된다. 또한 특정 주문에 대한 정보를 구분하기 위해서는 유일한 키값이 필요하여, 각 주문을 관리하고 기록하기 위해 주문을 구분할 수 있는 주문번호를 포함시킬 수 있다(시나리오상에서는 나타나 있지 않더라도 분석가의 경험에 의해서 추가적인 속성이 도출될 수도 있다). 결과적으로 주문은 위에 언급된 여러 속성을 포함한 클래스로 표현될 수 있다.

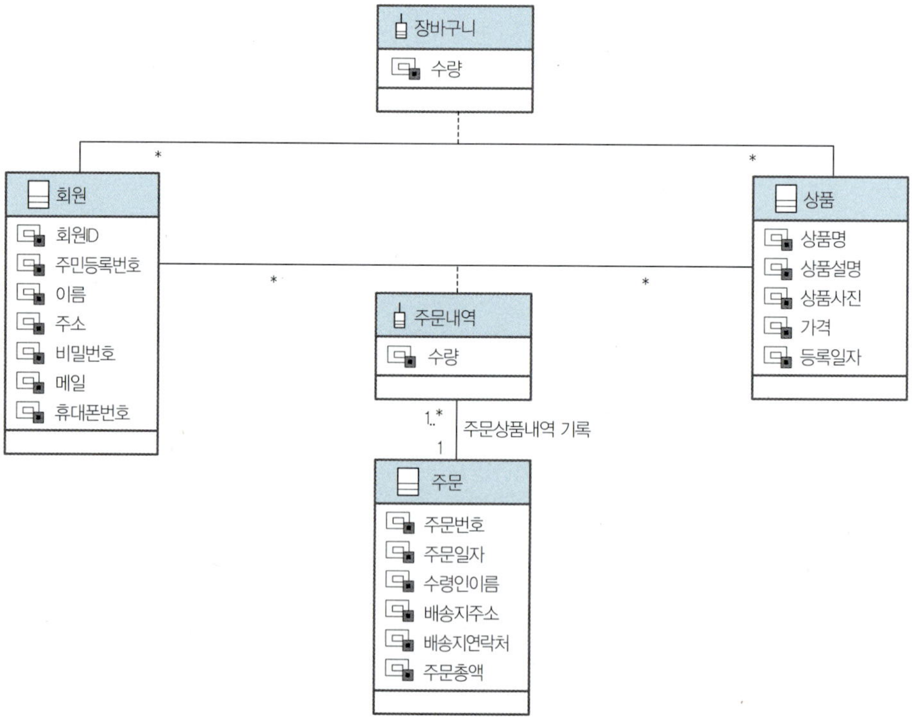

:: 그림 11 - 7 | 장바구니 주문 클래스 다이어그램 1

장바구니의 경우와 마찬가지로 주문내역은 회원과 상품의 다대다 관계로 나타나며 다중성은 *과 *로 표현하였다. 결국 주문내역은 장바구니에 담긴 상품을 선택하여 주문한 것이며, 주문 시 선택된 상품들은 주문내역으로 옮겨지고, 이들 상품들은 장바구니에서 삭제된다. 또한 주문내역 클래스는 주문 클래스와도 일대다 관계를 맺게 된다.

그림 11-7의 주문내역 클래스는 회원과 상품 클래스의 키 속성인 회원ID와 상품명으로 구성되어 있으며, 주문과의 관계는 주문번호를 통해 주문내역을 조회하고 주문에 관한 상세정보를 확인할 수 있도록 지원한다. 한 회원이 여러 종류의 상품을 주문했다고 가정하면, 주문내역 객체가 주문한 상품의 종류만큼 생성되면서 주문정보의 회원정보가 중복되는 문제가 발생한다. 하나의 주문번호에 연관된 회원ID는 한 번만 표현되면 족하나 그림 11-7의 경우 주문하는 상품의 수만큼 나타난다.

표 11-1은 그림 11-7의 다이어그램에 나타난 것처럼 주문내역 클래스를 회원과 상품 간의 연관 클래스로 인식했다고 가정했을 때, 관계형 데이터베이스의 주문내역 테이블에 저장되는 데이터를 예상해 본 것이다.

:: 표 11 - 1 | 주문내역 테이블

회원ID	상품명	수량	주문번호
User1	책상	1	254654
User1	의자	2	254654
User1	옷걸이	1	254654

표 11-1에 나타난 것처럼 주문내역 클래스가 연관 클래스로 설정되었을 경우 하나의 주문에 대하여 같은 회원ID가 여러 번 저장된다. 그러나 한 사용자에 의해 생성된 주문이므로 한 주문에 대하여 하나의 회원ID만 존재하는 것이 합당하다.

이 테이블의 속성들을 보면 주문번호에 의해 회원ID가 유일하게 결정되고(주문번호 → 회원ID), 주문번호와 상품명에 의해 수량이 유일하게 결정된다(주문번호, 상품명 → 수량). 이는 완전 함수적 종속성(full functional dependency)을 만족하지 않고, 부분 종속성(partial dependency)을 만족한다는 것을 의미한다. 예를 들어, 위의 주문내역 테이블에서 상품명 속성을 제거해도 회원ID의 종속성의 성립에는 영향을 주지 않는다. 이 테이블은 데이터베이스의 제2정규형(Second Normal Form : 2NF)을 만족하지 않는다.

이러한 문제를 해결하기 위해 다음과 같이 클래스를 구성할 수 있다. 주문은 회원에 의해서 이루어지며, 하나의 주문은 한 명의 회원과 관계를 맺는다. 또한 한 명의 회원은 여러 차례 주문할 수 있기 때문에 회원 클래스와 주문 클래스를 일대다 관계로 연결시킨다. 한 주문은 하나 또는 여러 개의 상품을 포함할 수 있고, 하나의 상품은 여러 주문에 포함되거나 아무 주문에도 포함되지 않을 수 있다. 따라서 주문과 상품은 주문내역이라는 다대다 관계를 맺되 다중성은 *과 1..*로 표현하였다. 각 주문내역에는 상품의 수량 정보가 필요하기 때문에 수량은 주문과 상품의 관계에서 나타나는 속성으로 표현한다. 주문과 상품의 관계를 주문내역이라고 하는 연관 클래스로 나타내고, 주문내역 클래스에 수량 속성을 포함시킨다. 주문내역을 만들 때 수량과 함께 주문과 상품의 관계를 통해 주문번호와 상품명을 알 수 있다.

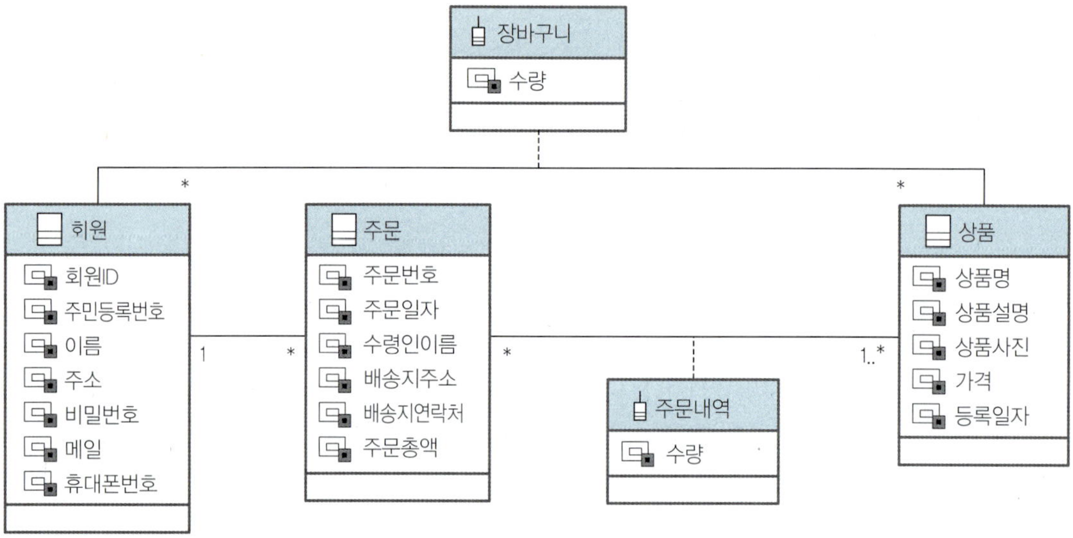

:: 그림 11 – 8 | 장바구니 주문 클래스 다이어그램 2

그림 11-8은 회원과 상품이 주문을 통해서 다대다 관계를 맺게 된다는 것을 표현할 수도 있고, 주문정보의 중복성도 해결할 수 있다. 표 11-2와 11-3은 그림 11-8의 다이어그램을 관계형 데이터베이스로 나타낸 모습이다.

:: 표 11 – 2 | 주문 테이블

주문번호	주문일자	수령인이름	배송지주소	배송지연락처	주문총액	회원ID
254654	2013.03.20	김□□	충청남도□□	010-1234-5678	125,000	User1

:: 표 11 – 3 | 주문내역 테이블

주문번호	상품명	수량
254654	책상	1
254654	의자	2
254654	옷걸이	1

주문내역 테이블에 주문 상품의 종류만큼 반복하여 저장하던 회원ID를 주문 테이블에 저장함으로써 회원ID를 한 번만 저장했음에도 회원이 주문한 모든 상품을 확인할 수 있다. 주문 테이블에 존재하는 주문번호를 찾아내고, 찾아낸 주문번호를 가지고 주문내역 테이블을 조회하면 회원이 주문한 모든 상품과 수량을 조회할 수 있다. 앞서 설계한 관계형 데이터베이스와 달리 데이터의 중복 저장을 최소화하면서도, 필요한 정보를 모두 알아낼 수 있다는 점에서 위와 같은 방법으로 클래스를 구성하는 것이 바람직하다. 일반적으로 클래스 다이어그램을 올바르게 그리면 대부분 제3정규형(Third Normal Form: 3NF)을 만족한다고 알려져 있다.

주문결제 **유스케이스 시나리오(UC-M04)**

1. 개요

회원은 주문정보가 저장된 상태에서 결제방식(신용카드결제, 온라인입금)을 선택한 후 결제를 수행한다. 주문에 대한 결제는 상품주문 후 바로 수행된다.

2. Relationships
   - Initiator : 회원
   - Supporters : 신용카드 인증 회사
   - Pre-condition : 주문서 작성이 완료된 상태여야 한다. 주문서 작성 후 결제 화면으로 이동한 상태이다.
   - Post-condition : 주문에 대한 결제정보가 생성된다. 신용카드결제를 선택한 경우 결제 승인이 이루어지면 결제상태가 '입금완료'로 저장되며, 온라인입금을 선택한 경우는 '입금대기'로 저장된다.
3. 기본 흐름

   ① 결제방식('신용카드결제'와 '온라인입금')을 선택할 수 있는 화면이 나타난다.

   ② 결제방식으로 '신용카드결제'를 선택한다.

   ③ 신용카드정보(<u>신용카드사</u>, <u>신용카드번호</u>, <u>유효기간</u>, <u>비밀번호</u>, <u>할부기간</u>) 입력 화면을 보여준다.

   ④ 신용카드정보를 입력하고 '결제' 기능을 실행한다.

   ⑤ 신용카드정보를 신용카드 인증 회사에 보내 결제 승인을 요청한다.

   ⑥ 신용카드 인증 회사는 신용카드정보를 확인하고 <u>주문총액</u>만큼 결제 승인 처리를 수행한다.

   ⑦ 승인이 성공된 경우, 결제정보(<u>결제방식</u>, <u>결제상태</u>, <u>승인번호</u>, <u>신용카드사</u>, <u>신용카드번호</u>, <u>주문번호</u>, <u>승인일자</u>)를 저장한다. 결제상태는 '입금완료'로 저장된다.

   ⑧ 주문이 완료되었음을 회원에게 알린다.

4. 대안 흐름

A1. 결제방식으로 온라인입금을 선택한 경우

1. 결제방식('신용카드결제'와 '온라인입금')을 선택할 수 있는 화면이 나타난다.
2. '온라인입금'을 선택한다.
3. 거래 은행별로 하나의 입금 가능 계좌를 보여주고 고객은 입금하고자 하는 계좌를 선택한다.
4. 온라인입금정보(입금자성명, 입금예정일)를 입력할 수 있는 화면을 보여준다.
5. 온라인입금정보를 입력하고 결제를 신청한다.
6. 결제정보(결제방식, 입금자성명, 입금은행, 입금예정일, 주문번호, 결제상태)를 저장한다. 결제상태는 '입금대기'로 저장된다.

5. 예외 흐름

E1. 신용카드 번호 오류

1. 회원이 입력한 카드 번호에 오류가 있음을 알리고, 신용카드정보 재입력을 요청한다.

E2. 신용카드 유효기간 오류

1. 회원이 입력한 유효기간에 오류가 있음을 알리고, 신용카드정보 재입력을 요청한다.

E3. 신용카드 비밀번호 오류

1. 회원이 입력한 비밀번호에 오류가 있음을 알리고, 신용카드정보 재입력을 요청한다.

E4. 신용카드 이용 한도 오류

1. 신용카드의 이용 한도가 초과되었음을 알리고, 신용카드정보 재입력을 요청한다.

주문결제 유스케이스 시나리오(UC-M04)는 회원이 자신의 주문에 대해서 결제를 수행하는 유스케이스이다. 결제방식은 '신용카드결제'와 '온라인입금' 두 가지로 구분된다. 회원은 결제방식을 선택한 후, 각 방식에 따라 필요한 정보를 입력한다. 결제방식에 따라 신용카드에 대한 정보(신용카드사, 신용카드번호, 유효기간) 또는 온라인입금에 대한 정보(입금자성명, 입금예정일, 입금은행)가 시스템에 저장될 것이다.

'신용카드결제'를 선택할 경우 신용카드결제에 대한 정보가 신용카드결제 클래스에 저장될 것이고, '온라인입금'을 선택할 경우 온라인입금결제에 대한 정보가 온라인입금결제 클래스에 저장될 것이다. 추가적으로 결제의 상태를 저장하기 위한 결제상태 속성이 필요하다. 두 결제 방법을 일반화하여 결제 클래스라는 상위 클래스를 정의하고 공통된 속성인 결제 상태를 결제 클래스에 포함시킨다. 또한 신용카드결제와 온라인입금을 구별하기 위한 속성인 결제방식을 추가로 인식하여 결제 클래스에 추가하였다.

결제는 한 주문에 대해서 이루어지며, 주문 역시 한 번의 결제를 통해 완료되므로 결제와 주문 클래스는 일대일 관계를 갖는다. 앞의 시나리오 기본 흐름 ⑦항에 의하면, 결제 요청이 승인된 경우에만 결제정보를 저장해야 한다. 즉, 승인되지 않은 경우에는 주문정보는 존재하지만 결제정보는 존재하지 않음을 의미하므로 주문 클래스에 대한 결제 클래스의 다중성은 0 또는 1이 된다.

지금까지 설명한 내용을 클래스 다이어그램으로 모델링한 결과는 다음과 같다.

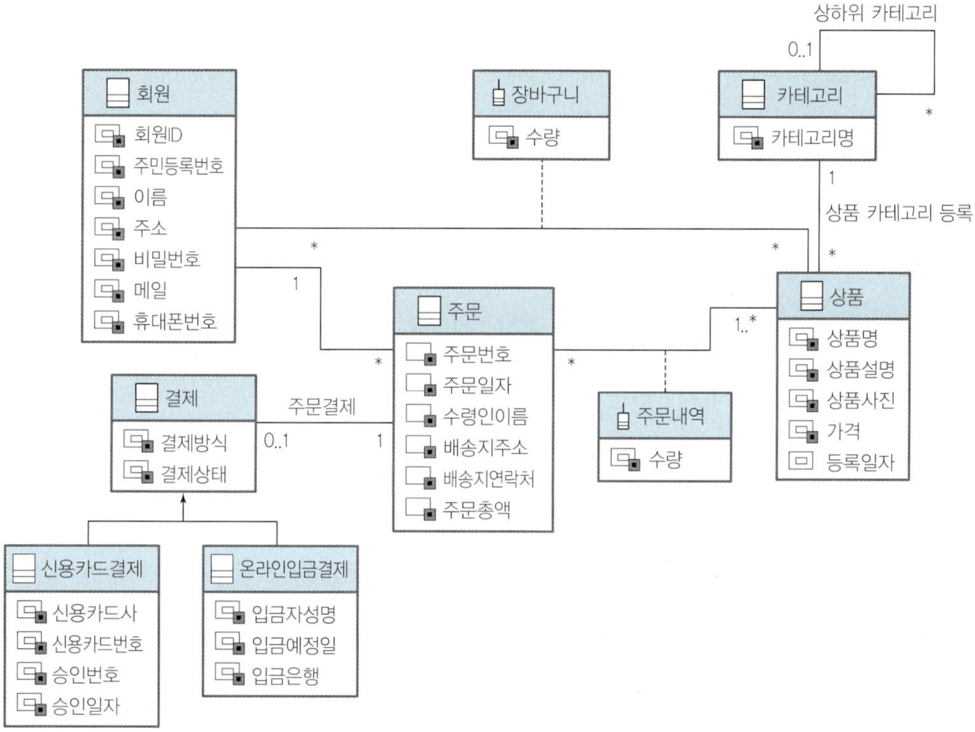

그림 11－9 | 인터넷 쇼핑몰 클래스 다이어그램

그림 11–9의 클래스 다이어그램은 쇼핑몰의 매우 기본적인 것만 분석한 결과이며, 모든 유스케이스 시나리오를 정적 분석한다면 (클래스와) 속성이 추가될 것이다. 이 작업은 여러분들이 직접 수행해 보기 바란다.

이 절에서는 유스케이스 정적 분석방법을 사용하여 인터넷 쇼핑몰 시스템의 클래스와 속성을 유도하여 보았다. 다음 절에서는 유스케이스 동적 분석을 사용하여 클래스의 오퍼레이션을 추출하는 방법을 살펴본다.

5 시퀀스 다이어그램

앞에서 유스케이스 정적 분석방법을 사용하여 시스템을 구성하는 클래스를 찾아내고 각 클래스의 속성, 클래스들 사이의 관계를 규명하였다. 이번에는 정적 분석의 결과를 토대로 유스케이스 동적 분석을 수행하는 방법을 알아본다. 정적 분석은 말 그대로 시스템의 정적인 구조에 초점을 두는 반면, 동적 분석은 시스템을 구성하는 객체의 상태나 동작의 변화 또는 객체들 사이의 상호작용에 관심을 두고 클래스들의 오퍼레이션을 찾는 과정이다.

이 절에서 소개하는 분석 사례에서는 시퀀스 다이어그램(sequence diagram)을 사용하여 클래스들의 오퍼레이션을 도출하는 과정을 살펴본다. 시퀀스 다이어그램은 각각의 유스케이스에 대해서 작성하는 것이 일반적이다. 유스케이스 시나리오가 시스템을 블랙박스로 보고 작성한 것이라면, 시퀀스 다이어그램은 유스케이스 시나리오를 더욱 확장하여 시스템 내부의 객체들이 상호작용하는 과정까지 나타낸 것이다. 시퀀스 다이어그램을 작성하기 전에 유스케이스에 대한 사건 추적도를 그려 보면 행위자와 시스템의 상호작용을 보다 명확하게 이해할 수 있어, 시퀀스 다이어그램을 작성하는 데 도움이 된다. 시퀀스 다이어그램에서 객체 간 상호작용을 통해 클래스의 오퍼레이션을 도출할 수 있고, 상호작용 과정에서 어떠한 데이터들을 주고받는지 밝힐 수 있다. 데이터의 송수신은 매개변수(parameter)와 반환값(return value)으로 표현된다.

이제부터 몇 가지 유스케이스에 대해서 동적 분석을 수행한 결과를 소개한다. 이번에는 상품목록조회 · 상품상세조회 · 장바구니상품담기 · 상품주문 · 주문결제 · 온라인입금처리 유스케이스에 대해서 시퀀스 다이어그램 작성 결과를 보이도록 한다.

상품목록조회 유스케이스

먼저 상품목록조회 유스케이스(UC-C02) 시나리오를 사건 추적도로 나타내면 그림 11-10과 같다. 사건 추적도는 시스템을 블랙박스로 보고 행위자와 시스템 사이의 사건 흐름을 쉽게 이해할 수 있도록 나타낸 다이어그램이다.

우선 시스템은 최상위 카테고리목록을 사용자에게 보여준다. 사용자는 상품을 조회하기 위해 원하는 상품이 포함된 카테고리명을 선택한다. 시스템은 선택된 카테고리에 하위카테고리가 있는 경우 하위카테고리들을 보여주고, 그렇지 않은 경우 해당 카테고리에 속한 상품들의 목록을 보여준다.

앞에서 설명한 사건 흐름을 클래스 다이어그램에서 도출된 클래스를 사용하여 확장시킨 그림 11-11의 시퀀스 다이어그램을 살펴보자. 우선 회원이 카테고리를 선택하여 하위카테고리를 조회하는 오퍼레이션을 생각해 보자. 이 오퍼레이션은 매개변수로 선택한 카테고리

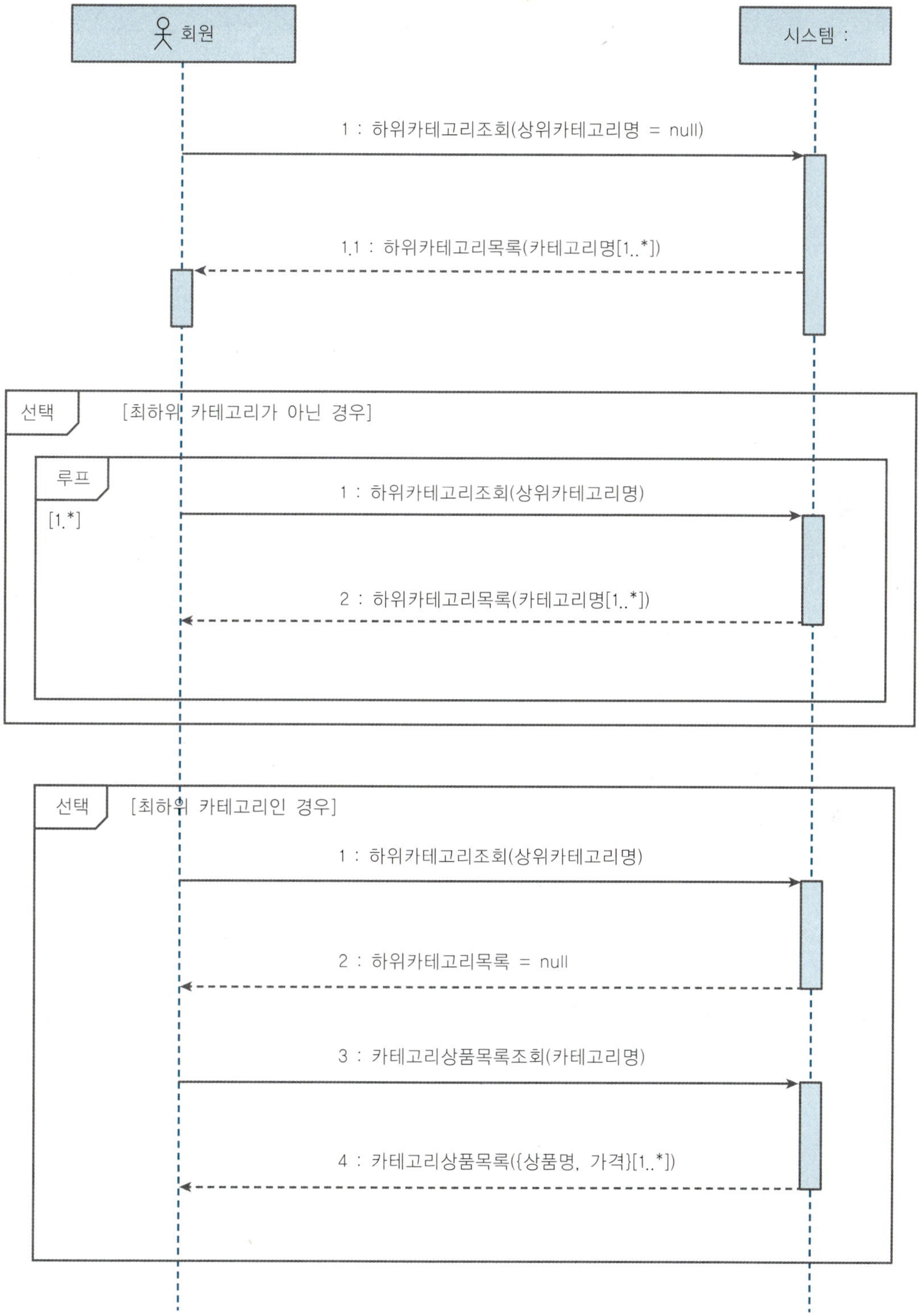

:: 그림 11 – 10 | 시퀀스 다이어그램 1

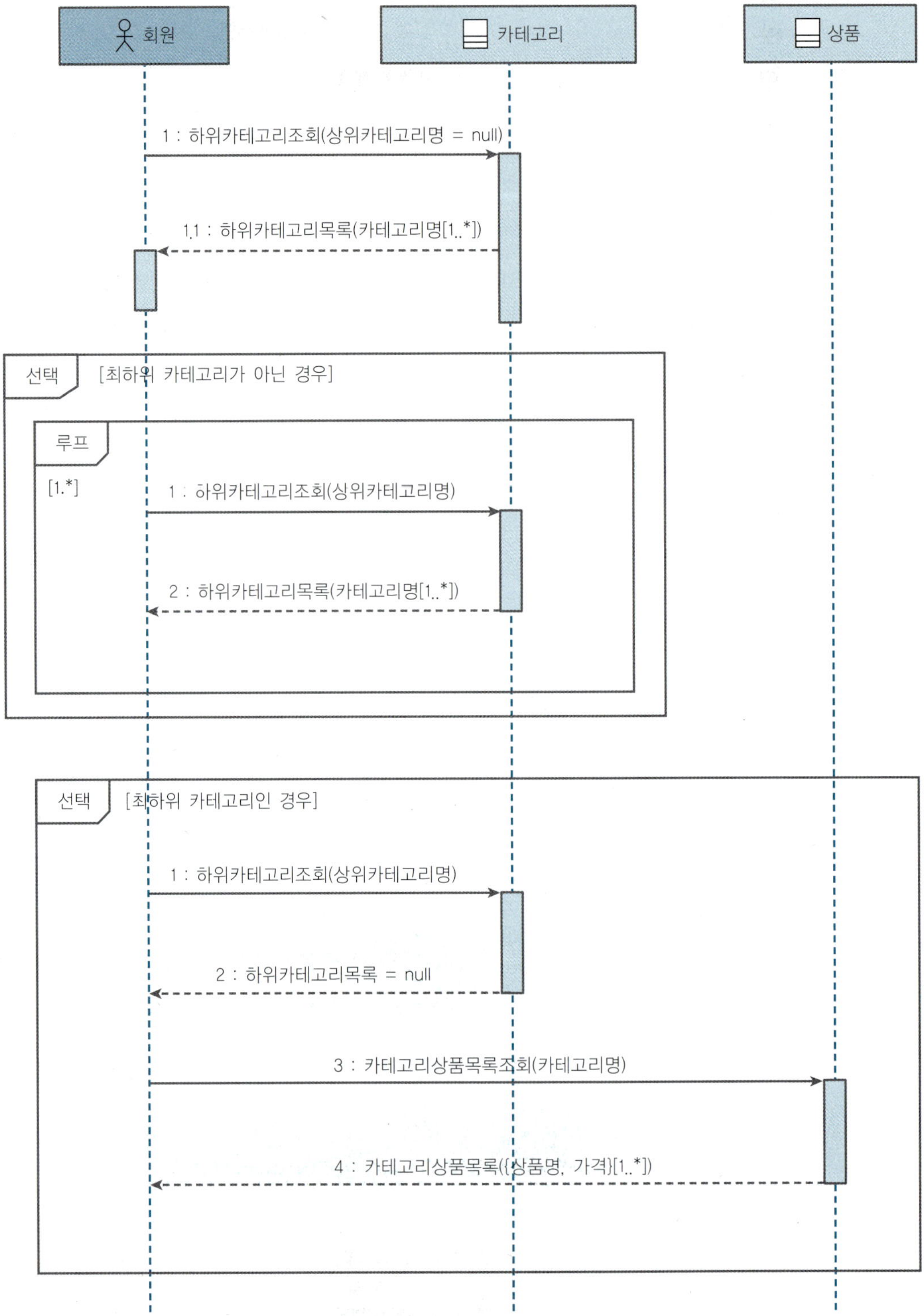

:: 그림 11 – 11 | 시퀀스 다이어그램 2

명을 받아 해당 카테고리에 포함된 모든 하위카테고리명을 반환한다. 즉, 하위카테고리조회 오퍼레이션의 입력은 조회할 카테고리명이고, 출력은 하위카테고리명(들)이다. 카테고리 클래스가 카테고리에 대한 정보를 가지고 있어 시스템에 보내던 하위카테고리조회 이벤트가 시스템 내부의 카테고리 클래스에 배달되었다. 이때 이벤트를 받은 클래스는 이 요청을 처리하는 오퍼레이션을 포함하고 있어야 한다. 결국 하위카테고리조회 오퍼레이션은 '카테고리' 클래스 내부에 존재하며, '카테고리' 클래스는 이 오퍼레이션을 통해 해당 카테고리에 속한 하위카테고리들의 목록을 제공할 것이다.

선택한 카테고리가 최하위 카테고리임이 확인된 경우 해당 카테고리에 속한 상품들의 목록을 보여준다. 최하위 카테고리가 선택된 경우, 시스템은 하위카테고리목록이 없음(null)을 확인한 후, 선택된 카테고리명을 이용하여 상품들의 목록을 조회하는 오퍼레이션을 호출할 것이다. 이 오퍼레이션은 상품 클래스에 보내지며, 카테고리명을 매개변수로 하여 이 카테고리에 속한 상품들의 목록을 출력한다. 상품 클래스에 카테고리상품목록조회 오퍼레이션이 보내지는 이유는 각 상품의 정보는 물론 상품의 해당 카테고리명이 상품을 통해 구해질 수 있음을(상품은 하나의 카테고리에 속해 상품을 알면 카테고리를 구할 수 있다) 클래스 다이어그램을 통해 알 수 있기 때문이다.

앞의 시퀀스 다이어그램에서 맨 왼쪽에 위치한 회원(고객)은 유스케이스 모델에서 행위자로 식별되었던 대상이다. 행위자는 시스템 외부에 존재하며, 시퀀스 다이어그램에서 주로 맨 왼쪽에 위치한다. 시퀀스 다이어그램에서 카테고리상품목록은 카테고리상품목록조회 오퍼레이션의 반환값(return value)을 나타내며, 매개변수와 같이 다중성을 가질 수 있다. 카테고리상품목록조회 오퍼레이션의 반환값은 상품명과 가격으로 이루어진 상품목록이다. 카테고리상품목록을 보면 {상품명, 가격}[1..*]라는 표기가 있다. 중괄호는 카테고리상품목록조회 오퍼레이션의 반환값이 어떤 속성들로 이루어져 있는지 나타낸 것이고, 대괄호는 반환값의 다중성을 나타낸 것이다. 오퍼레이션의 반환값을 나타낼 때는 동기 호출(synchronous call)이라는 메시지 유형을 사용한다. 동기 호출을 사용하면 오퍼레이션을 호출하는 객체 쪽으로 점선 모양의 화살표가 맨 밑에 표시된다. 이것은 해당 오퍼레이션을 호출했을 때 그 반환값이 전달된다는 것을 의미한다. 앞의 다이어그램은 점선 모양의 화살표에 반환값을 표기했지만, 오퍼레이션의 이름 옆에 표기하는 방법도 존재한다. 반환값을 오퍼레이션의 이름에 표기하는 방법을 사용할 경우 그림의 시퀀스 다이어그램에 나타난 '카테고리상품목록조회' 오퍼레이션은 "카테고리상품목록조회(카테고리명): {상품명, 가격}[1..*]"으로 표현할 수 있다. 분석가의 선택 또는 툴이 지원하는 방법에 따라 선택하기 바란다.

앞의 시퀀스 다이어그램으로 '카테고리' 클래스의 오퍼레이션 '하위카테고리조회'와 '상품' 클래스의 '카테고리상품목록조회'가 식별되었다.

상품상세조회 유스케이스

다음으로 상품목록조회 후 상품의 상세정보를 조회하는 상품상세조회 유스케이스(UC-CO4) 시나리오를 살펴보자. 회원은 상품검색이나 상품목록조회 후에 상세한 정보를 알고 싶은 상품을 선택한다. 상품 선택 시 '상품' 클래스로 상품명이 전달되고, '상품' 클래스는 전달받은 상품명에 해당하는 상품의 상세정보(상품명, 상품사진, 상품설명, 가격, 등록일자)를 보여준다. 이 때 상품의 상세정보를 조회하기 위한 '상품상세조회'가 '상품' 클래스의 오퍼레이션으로 유도되었다.

이것을 시퀀스 다이어그램으로 나타내면 그림 11-12와 같다.

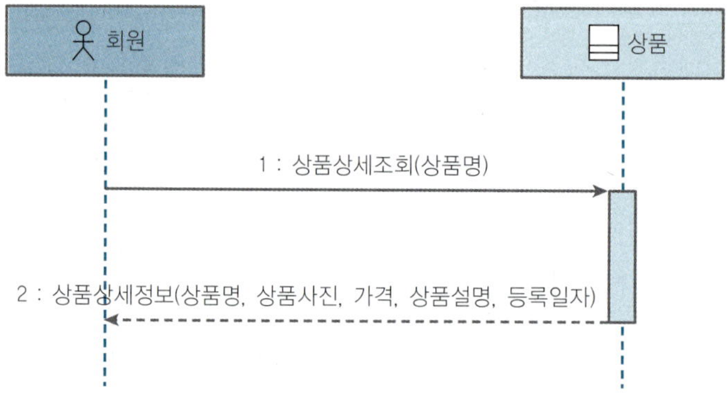

:: 그림 11 – 12 | 시퀀스 다이어그램 3

장바구니상품담기 유스케이스

장바구니상품담기 유스케이스(UC-M01) 시나리오를 알아보자. 상품의 상세정보를 조회한 후 회원은 구매하고자 하는 상품을 장바구니에 담을 수 있다. 회원은 장바구니에 상품을 담기 위해서 구매하고자 하는 해당 상품의 수량을 입력한다. 수량을 입력하고 장바구니담기를 실행하면, 회원ID, 상품명, 수량정보가 '장바구니' 클래스로 전달되고 '장바구니' 클래스는 해당 정보를 저장한다(회원ID와 상품명 정보는 어떤 회원이 어떤 상품을 장바구니에 저장하였는가를 알기 위한 정보이다). 이러한 역할을 수행하는 오퍼레이션이 '장바구니' 클래스의 '장바구니에상품담기'이다.

시스템은 장바구니에 담긴 상품들의 목록을 사용자에게 보여준다. 장바구니에 저장된 상품들의 정보를 회원에게 보여주기 위해서는 상품의 정보가 필요한데, 이 정보는 '상품' 클래스에 저장되어 있다. 이들 정보를 회원에게 보여주기 위해 장바구니에 저장되어 있는 정보를 '상품' 클래스에 전송한다. 전송되는 정보는 상품명이다. '상품' 클래스는 이들 정보를 전달받은 뒤, 장바구니상품목록(상품명, 수량, 가격)을 반환값으로서 회원에게 보여준다. 이러한 역할

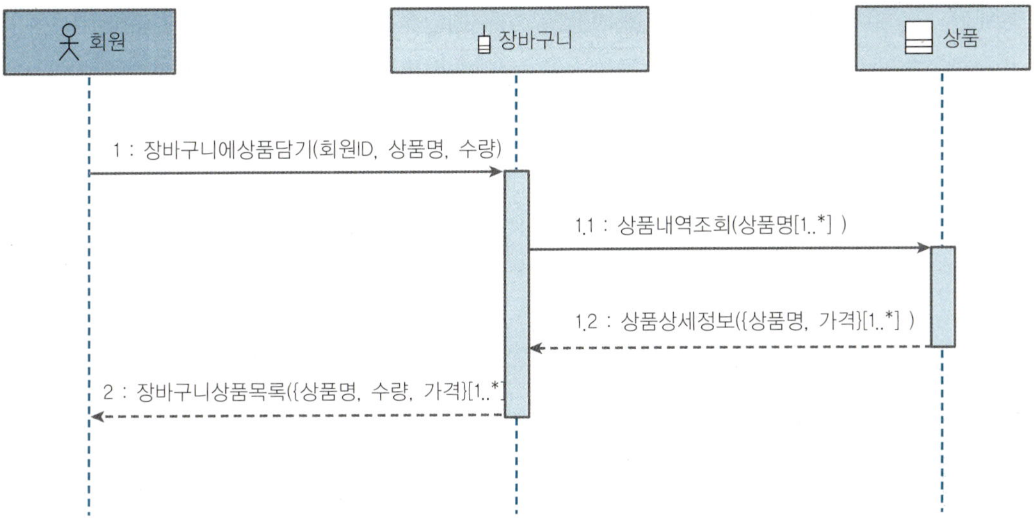

:: 그림 11 – 13 | 시퀀스 다이어그램 4

을 수행하는 '상품' 클래스의 오퍼레이션을 '상품내역조회'로 식별한다.

지금까지 설명한 내용을 시퀀스 다이어그램으로 나타내면 그림 11–13과 같다.

그림 11–13의 시퀀스 다이어그램을 통해 '장바구니' 클래스의 '장바구니에상품담기' 오퍼레이션, '상품' 클래스의 '상품내역조회' 오퍼레이션이 유도되었다.

상품주문 유스케이스(UC-M03)

회원은 원하는 상품을 장바구니에 담은 후 상품을 주문할 수 있다. 상품을 주문하기 위해서는 구입하고자 하는 상품이 장바구니에 담긴 상태여야 한다. 장바구니에 상품을 담은 후 상품주문을 진행한다. 회원은 주문하고자 하는 상품을 장바구니에 담고, 장바구니에 담겨 있는 상품들 중에서 주문하고자 하는 상품(들)을 선택한다. 시스템은 회원이 선택한 상품목록과 주문총액을 보여주고, 주문정보를 입력받기 위한 화면을 보여준다.

주문등록 과정에서 회원은 배송정보(수령인이름, 배송지주소, 배송지연락처)를 입력해야 한다(2번 흐름). 배송정보를 모두 입력한 후 주문등록을 요청하면 회원ID, 주문총액, 수령인이름, 배송지주소, 배송지연락처 정보가 '주문' 클래스로 전달된다(회원ID는 해당 주문이 어느 회원과 관계된 것인지를 나타내기 위해 전달된다). 회원의 주문등록 요청에 따라 주문정보의 저장을 수행하는 오퍼레이션이 도출될 수 있으며, 이름은 '주문등록'으로 정한다. 주문등록 오퍼레이션은 회원으로부터 전달된 정보 외에도 주문번호와 주문일자를 생성하여 함께 저장한다.

시스템은 해당 주문에 포함된 상품들을 함께 기록, 관리해야 한다. 정적 분석에서 이러한 정보를 저장하기 위해 주문과 상품의 관계를 바탕으로 '주문내역'이라는 연관 클래스를 도출하였다. '주문내역' 클래스는 주문과 상품의 연관 관계를 나타내기 위해 생성되었으며 주문번호, 상품명, 수량을 속성으로 갖는다. 위의 세 가지 정보를 매개변수로 갖는 오퍼레이션을 '주문내역저장'으로 정하도록 한다.

선택한 상품을 주문내역에 저장한 후 선택된 상품은 장바구니에서 삭제되어야 한다. 이 오퍼레이션은 '장바구니주문상품삭제'로 명명하며, 매개변수는 주문내역 저장 시 전달된 회원 ID, 상품명들이 된다.

지금까지 설명한 모든 과정을 시퀀스 다이어그램으로 표현하면 그림 11-14와 같다.

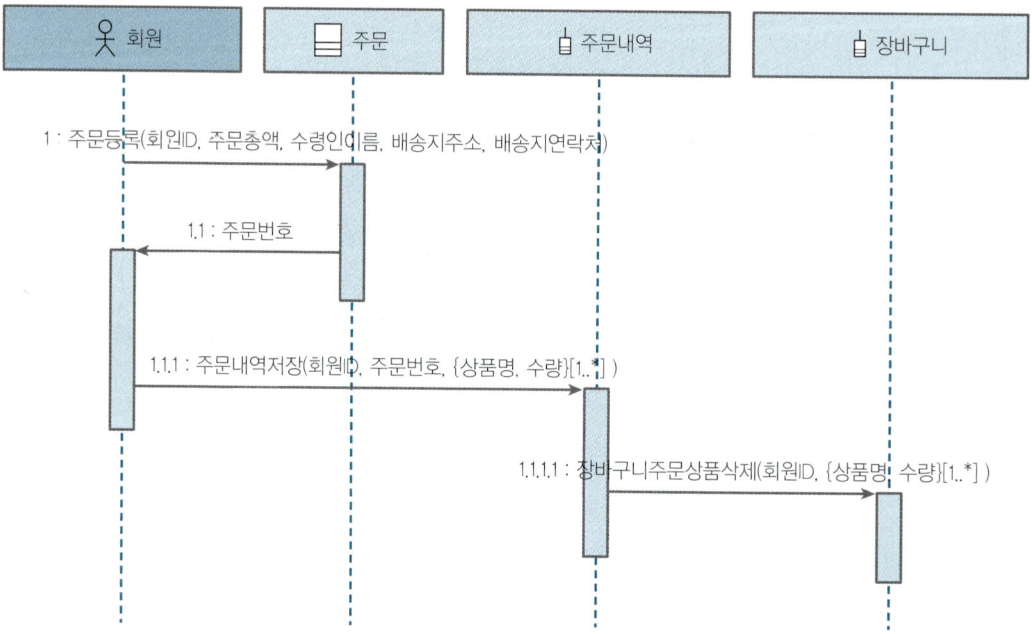

:: 그림 11 – 14 | 시퀀스 다이어그램 5

그림 11-14의 시퀀스 다이어그램을 통해 '주문' 클래스의 '주문등록' 오퍼레이션, '주문내역' 클래스의 '주문내역저장' 오퍼레이션, '장바구니' 클래스의 '장바구니주문상품삭제'가 유도되었다.

주문결제 유스케이스(UC-M04)

주문등록이 이루어진 후 주문에 대한 결제가 이루어진다. 주문결제 유스케이스 시나리오는 신용카드결제를 선택하는 경우와 온라인입금을 선택하는 경우로 나누어 생각해 보자. 주문결제 유스케이스의 시나리오를 간단히 요약하면 다음과 같다.

신용카드

1. 결제방식('신용카드결제'와 '온라인입금')을 선택할 수 있는 화면이 나타난다.
2. 결제방식으로 '신용카드결제'를 선택한다.
3. 신용카드정보(신용카드사, 신용카드번호, 유효기간, 비밀번호, 할부기간) 입력 화면을 보여준다.
4. 신용카드정보를 입력하고 '결제' 기능을 실행한다.
5. 신용카드정보를 신용카드 인증 회사에 보내 결제 승인을 요청한다.
6. 신용카드 인증 회사는 신용카드정보를 확인하고 주문총액만큼 결제 승인 처리를 수행한다.
7. 승인이 성공된 경우, 결제정보(결제방식, 결제상태, 승인번호, 신용카드사, 신용카드번호, 주문번호, 승인일자)를 저장한다. 결제 상태는 '입금완료'로 저장된다.
8. 주문이 완료되었음을 회원에게 알린다.

온라인입금

1. 결제방식('신용카드결제'와 '온라인입금')을 선택할 수 있는 화면이 나타난다.
2. '온라인입금'을 선택한다.
3. 거래 은행별로 하나의 입금 가능 계좌를 보여주고 고객은 입금하고자 하는 계좌를 선택한다.
4. 온라인입금정보(입금자성명, 입금예정일)를 입력할 수 있는 화면을 보여준다.
5. 온라인입금정보를 입력하고 결제를 신청한다.
6. 결제정보(결제방식, 입금자성명, 입금은행, 입금예정일, 주문번호, 결제상태)를 저장한다. 결제 상태는 '입금대기'로 저장된다.

주문결제 시나리오에서 회원이 결제방식으로 신용카드결제를 선택한 경우에 대해서 살펴보자. 회원은 신용카드결제를 위해 카드정보를 입력한 후, 신용카드 인증 회사에 직접 결제 요청을 한다. 요청된 결제 기능은 신용카드 인증 회사에서 수행하기 때문에 시스템 내부 클래스의 오퍼레이션으로 도출하지는 않는다. 결제 요청을 할 때 신용카드 인증 회사에 어떤 정보를 전달할 것인지 이미 표준으로 정해져 있을 가능성이 높고, 시스템을 개발하기 전 정확하게 식별할 필요가 있다. 시나리오를 보면 신용카드에 대한 기본 정보(신용카드사, 신용카드번호, 유효기간, 비밀번호, 할부기간)와 주문번호, 주문총액 정보가 전달되어야 한다고 기술되어 있다. 주문번호는 추후 어떤 주문에 대한 결제인지를 구분하기 위해 사용된다. 여기에 부가적으로 쇼핑몰과 신용카드 인증 회사 사이의 연결 관계를 나타내는 인터페이스 정보가 전달되어야 한다. 인터페이스 정보는 쇼핑몰ID로서 쇼핑몰과 신용카드 인증 회사가 계약을 맺을 때 신용카드 인증 회사가 발급해 주는 정보이다.

신용카드 인증 회사는 요청된 결제 건을 처리한 후 그 결과를 시스템에 전달한다. 결제에 대한 승인이 성공되었을 경우 승인결과가 시스템으로 통보된다. 통보된 승인결과를 시스템에 저장할 때 '신용카드결제' 클래스의 '승인결과저장' 오퍼레이션이 사용된다. '승인결과저장' 오퍼레이션의 매개변수는 신용카드사, 신용카드번호, 승인번호, 승인일자, 주문번호이다. 승인결과를 저장하는 과정에서 결제 상태가 '입금완료'로 변경된다.

회원이 결제방식으로 온라인입금을 선택한 경우, 온라인입금과 관련된 정보(입금자성명, 입금예정일)를 입력하고 결제 신청을 수행한다(5번 흐름). 온라인입금에 대한 결제 신청은 '온라인입금결제' 클래스의 오퍼레이션으로 도출되었다. 이때 도출된 오퍼레이션 이름을 '온라인입금결제신청'이라 하자. 이 오퍼레이션은 회원이 입력한 온라인입금 관련 정보와 주문번호를 저장하고, 결제상태를 '입금대기'로 초기화하는 기능을 수행한다.

지금까지 설명한 주문 결제 과정을 시퀀스 다이어그램으로 표현하면 그림 11-15와 같다. 참고로 신용카드 인증 회사는 인터넷 쇼핑몰 시스템의 외부에 존재하는 객체이므로 회원과 같이 행위자로 표현되었다.

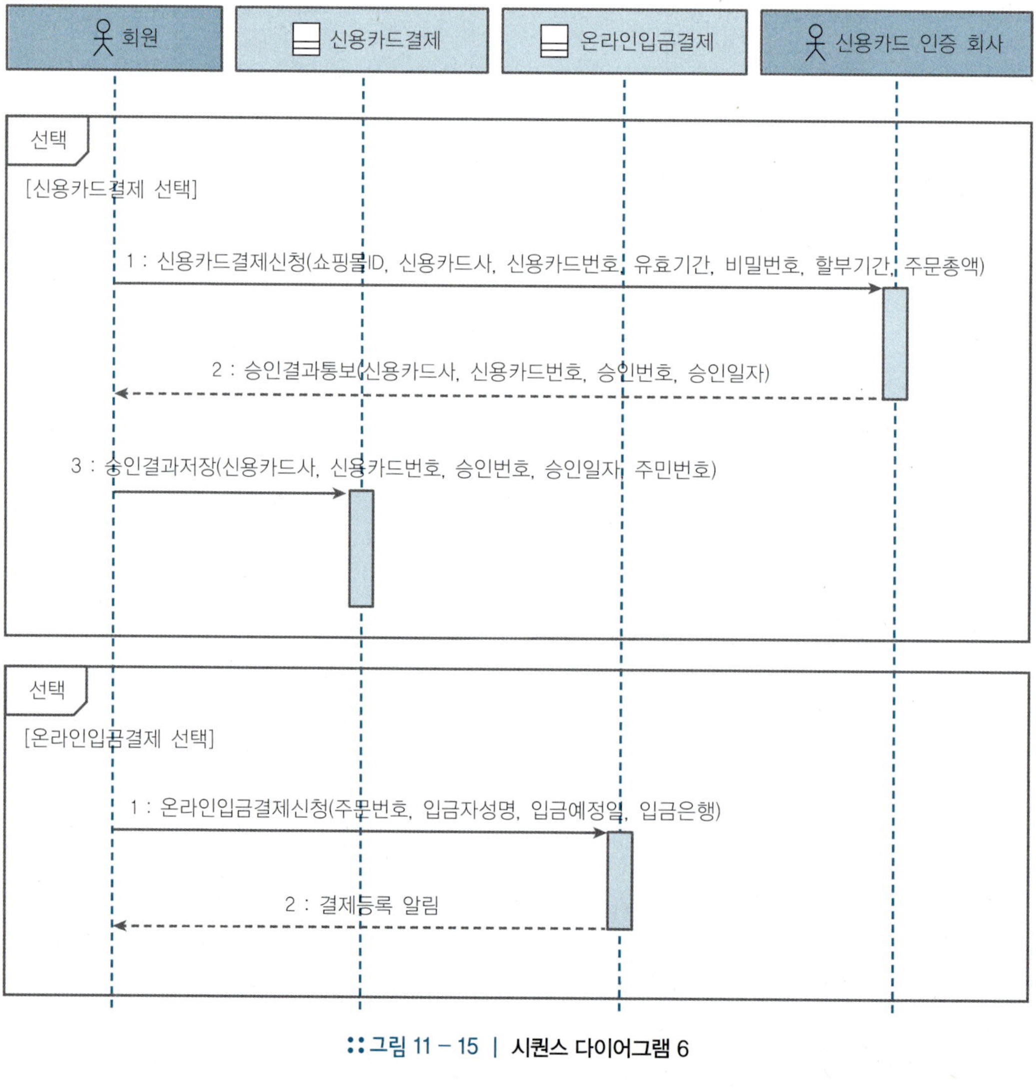

:: 그림 11 – 15 | 시퀀스 다이어그램 6

그림 11-15의 시퀀스 다이어그램을 통해 '신용카드결제' 클래스의 '승인결과저장' 오퍼레이션, '온라인입금결제' 클래스의 '온라인입금결제신청' 오퍼레이션이 식별되었다.

온라인입금처리 유스케이스

1. 관리자는 통장에 기록된 입금내역을 확인하여 입금자성명과 금액을 알아낸다.
2. 입금자성명을 입력하고 '조회' 기능을 실행한다.
3. 결제방식이 '온라인입금'이고 결제상태가 '입금대기'인 주문정보 중에서 입금자성명이 관리자가 입력한 검색 조건과 일치하는 주문의 목록을 최근 것부터 보여준다. 목록에는 입금자성명, 입금은행, 입금예정일, 주문총액이 나타난다.
4. 입금이 확인된 주문에 대해 '결제완료' 기능을 실행한다.
5. 관리자가 선택한 주문 항목에 대해 결제상태를 '입금완료'로 저장하고, 해당 주문에 대한 송장정보(회원이름, 수령인이름, 배송지주소, 배송지연락처, 상품명, 가격, 수량)를 출력한다.

온라인입금처리는 관리자가 온라인입금으로 주문된 항목에 대해서 결제 처리를 수행하는 유스케이스이다. 관리자는 자신이 관리하는 계좌로 입금이 되었다는 사실을 확인한 후, 쇼핑몰 시스템을 통해 결제 처리를 수행한다. 시나리오 1번 흐름은 시스템의 기능과 무관하게 관리자가 입금 여부를 확인하는 작업이다. 2~3번 흐름에서 관리자는 입금자성명을 이용하여 결제와 관련된 정보를 조회한다. '온라인입금결제' 클래스에 전달되는 이 조회 요청은 '온라인입금자조회' 오퍼레이션으로 도출되었다.

'온라인입금자조회' 오퍼레이션은 결제 상태가 '입금대기'인 주문(들)의 정보를 반환한다. 이는 결제 처리할 주문과 주문총액을 확인하기 위해서이다. 주문정보를 가져오기 위한 이 요청은 '주문' 클래스의 '주문정보조회' 오퍼레이션이 되었다. 주문번호를 이용하여 '주문' 클래스에서 관련된 주문정보를 알아낸다. 알아낸 주문정보는 '주문정보조회' 오퍼레이션의 반환값이 되어 '온라인입금결제' 클래스로 전송된다. 전달된 주문정보(주문총액)는 '온라인입금결제' 클래스에 존재하는 결제정보(입금자성명, 입금은행, 입금예정일)와 함께 관리자에게 보여진다.

관리자는 조회된 주문 항목 가운데 입금자성명과 주문총액이 입금된 내역과 일치하는 것을 확인한 후 결제완료실행을 수행한다. '결제완료실행'이 '온라인입금결제' 클래스의 오퍼레이션으로 도출되었다. 이때 결제상태는 '입금완료'로 변환하고, 주문번호를 이용하여 송장정보를 출력한다(시나리오의 5번 흐름). 이때 '주문' 클래스는 주문번호를 매개변수로 갖는 오퍼레이션을 갖게 되며, 이 오퍼레이션의 이름은 '온라인입금주문내역조회'라고 정한다.

시나리오의 4번 흐름을 보면 관리자에게 전달되는 송장정보는 회원이름, 수령인이름, 배송지주소, 배송지연락처, 상품명, 가격, 수량이다. 회원이름은 '회원' 클래스의 속성이며, 수령인이름, 배송지주소, 배송지연락처는 '주문' 클래스가 갖고 있는 속성이다. 또한 상품명, 상품가격, 수량정보는 '상품' 클래스의 속성이다. 먼저 주문 번호를 이용하여 주문내역을 조회한다('주문내역' 클래스의 '주문내역조회' 오퍼레이션). 주문내역을 알아내기 위해 주문 수량과 주문한 상품들의 정보를 알아내야 한다. 주문된 상품들의 목록은 주문번호를 이용하여 '주문내역' 클래스와 '상품' 클래스의 관계에서 알아낼 수 있지만, 각각의 상품정보는 알아낼 수 없다. 주문번호와 관계를 맺고 있는 각 상품들의 정보를 조회하기 위하여 '상품' 클래스의 '상품내역조회' 오퍼레이션이 사용된다. 이 오퍼레이션은 장바구니상품담기 유스케이스 시나리오에서 이미 나타난 오퍼레이션이다. 이때 사용되는 매개변수는 상품목록(상품명[1..*])이며 반환값은 주문상품정보({상품명, 가격}[1..*])이다.

주문된 상품들의 목록과 '주문상품목록조회' 오퍼레이션을 통해 알아낸 주문상품정보가 '주문내역조회' 오퍼레이션의 반환값인 주문내역({상품명, 가격, 수량}[1..*])이 된다. 주문내역에 회원의 정보(회원의 이름)와 배송지에 관한 정보(수령인이름, 배송지주소, 배송지연락처)를 더하면 송장출력에 필요한 정보가 완성된다. 배송지에 관한 정보는 '주문' 클래스의 속성으로 존재하지만 회원의 정보는 '회원' 클래스에 존재한다.

회원의 정보를 얻기 위해 '회원' 클래스의 '회원정보조회' 오퍼레이션을 이용한다. '회원정보조회' 오퍼레이션의 매개변수는 회원ID이다. '회원정보조회' 오퍼레이션의 반환값은 회원의 이름이 된다. 회원의 정보까지 얻었다면 지금까지 알아낸 모든 정보(이름, 수령인이름, 배송지주소, 배송지연락처, {상품명, 가격, 수량}[1..*])를 송장으로 출력한다.

지금까지 설명한 온라인입금처리과정을 시퀀스 다이어그램으로 작성한 결과는 그림 11-16과 같다.

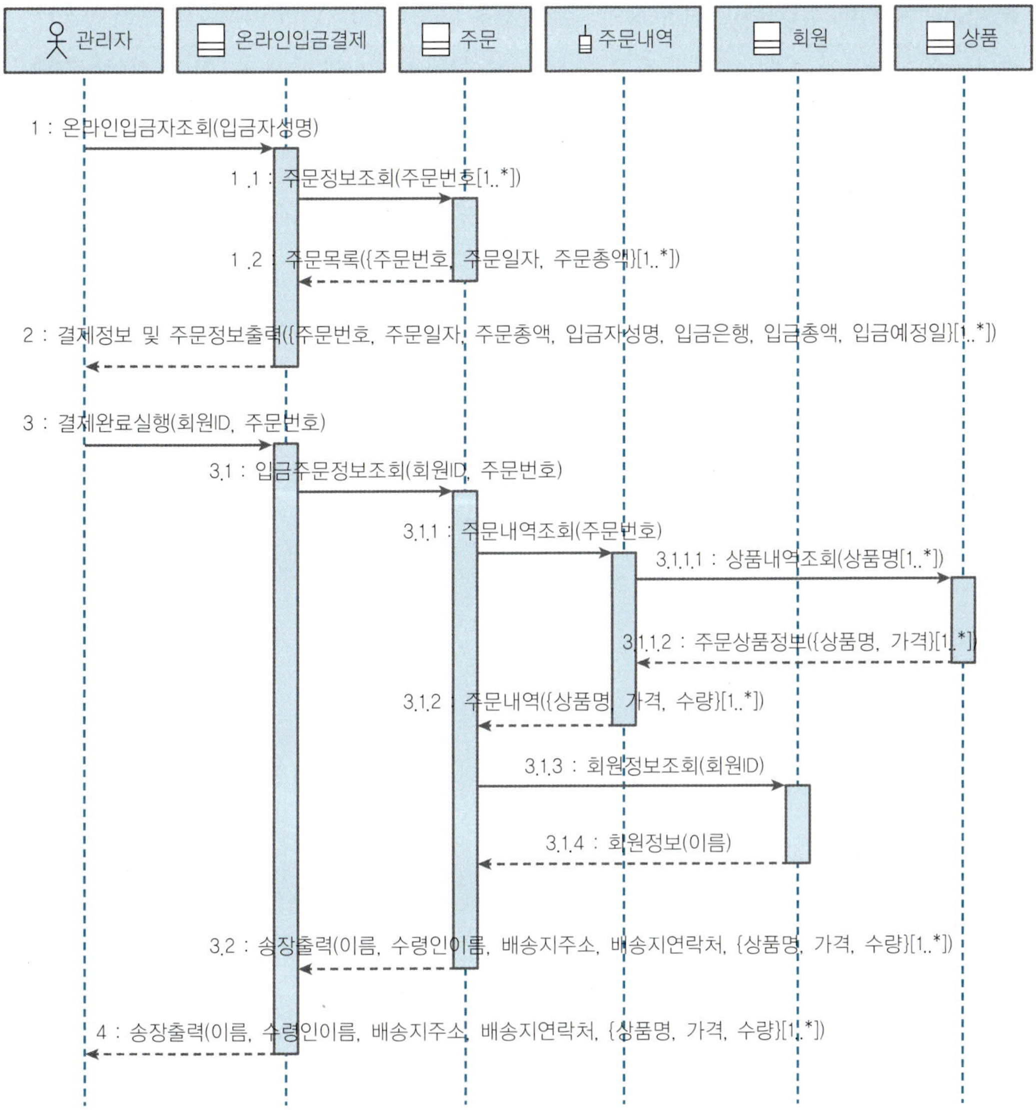

:: 그림 11 – 16 | 시퀀스 다이어그램 7

위 시퀀스 다이어그램을 통해 '온라인입금결제' 클래스의 '온라인입금자조회' 및 '결제완료실행' 오퍼레이션, '주문' 클래스의 '주문정보조회' 및 '입금주문정보조회' 오퍼레이션, '주문내역' 클래스의 '주문내역조회' 오퍼레이션, '회원' 클래스의 '회원정보조회' 오퍼레이션, '상품' 클래스의 '주문상품목록조회' 오퍼레이션이 유도되었다.

지금까지 유스케이스 시나리오를 바탕으로 시퀀스 다이어그램을 작성하는 과정에 대하여 설명하였다. 시퀀스 다이어그램을 통해 각 클래스가 가질 수 있는 오퍼레이션과 오퍼레이션의 매개변수에 대한 정보가 도출되었다. 예를 들어, 보여준 일곱 개의 시퀀스 다이어그램들은 아주 개념적인 수준에서 클래스들의 상호작용을 표현하였다. 만약 클래스 내부적으로 수행하는 부가적인 오퍼레이션이 존재할 수 있다면, 해당 클래스에 대한 액티비티 다이어그램을 작성해 보는 것이 좋다.

6 액티비티 다이어그램

액티비티 다이어그램(activity diagram)은 클래스 내에서 이벤트를 처리하는 논리적인 과정을 정확히 이해하기 위해 사용되는 다이어그램으로, 복잡한 프로세스의 처리과정을 이해하거나 클래스의 추가적인 오퍼레이션을 식별하는 데 사용된다.

액티비티 다이어그램을 작성하는 일반적인 경우를 크게 두 가지로 나눌 수 있는데, 각각 다음과 같다.

(1) 유스케이스 분석 지원

각 유스케이스에서 어떤 활동들이 일어나고 활동들 간 어떠한 의존 관계가 존재하는지 이해하는 데 도움을 줄 수 있다. 액티비티 다이어그램을 작성하면 유스케이스 실행과 관련된 활동들의 흐름과 구조를 쉽게 파악할 수 있으며 유스케이스 실행의 흐름을 나타낸다는 점에서 유스케이스 시나리오와 같은 목적으로 작성된다.

(2) 복잡한 알고리즘의 표현

특정 객체가 가지는 오퍼레이션이 내부적으로 복잡한 구조로 이루어져 있을 때 액티비티 다이어그램을 사용하여 표현할 수 있다. 이 경우 액티비티 다이어그램은 플로차트와 크게 다를 것이 없다. 일반적으로 객체의 오퍼레이션을 찾아내기 위해 시퀀스 다이어그램이 사용되는데, 오퍼레이션에 대해 시퀀스 다이어그램으로 충분히 설명하기 어려운 부분들은 액티비티 다이어그램을 사용하여 표현하는 것이 가능하다.

그렇다면 액티비티 다이어그램은 어떠한 방식으로 오퍼레이션을 도출하는 것일까? 액티비티 다이어그램은 그것을 구성하는 활동 하나하나가 개별 오퍼레이션이 될 수 있다. 시퀀스 다이어그램에서 도출한 오퍼레이션이 내부적으로 복잡한 로직을 담고 있으며, 그 안에서 더 작은 규모의 오퍼레이션이 도출될 가능성이 있다면 액티비티 다이어그램을 작성해 보는 것이 좋다. 액티비티 다이어그램은 오퍼레이션 안에서 이루어지는 여러 로직들을 활동으로 표현함으로써, 잠재적이고 새로운 오퍼레이션을 도출할 수 있도록 한다.

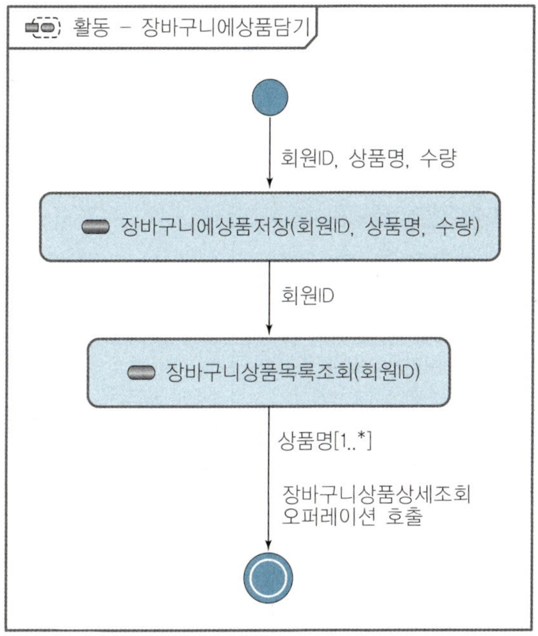

:: 그림 11 – 17 | 액티비티 다이어그램 1

예를 들어, 그림 11–17의 액티비티 다이어그램은 장바구니상품담기 유스케이스에 대한 시퀀스 다이어그램 모델링 과정에서 도출한 '장바구니에상품담기' 오퍼레이션의 내부 로직을 표현한 것이다. '장바구니에상품담기' 오퍼레이션의 로직을 살펴보면, 사용자가 장바구니에 담고 싶어 하는 상품을 우선 '장바구니' 클래스에 저장한다. 이때 '장바구니에상품저장' 오퍼레이션을 발견할 수 있다. 장바구니에 상품을 저장한 다음 사용자의 장바구니에 저장되어 있는 상품목록을 알아내기 위한 오퍼레이션인 '장바구니상품목록조회'가 인식되었다.

이 오퍼레이션들은 '장바구니' 클래스 내부에서 호출되는 오퍼레이션이므로 전용 함수(private member function)가 될 것이다. 물론 위의 활동은 별도의 오퍼레이션으로 정의되지 않고 '장바구니에상품담기' 오퍼레이션 내부에서 구현될 수도 있다. 액티비티 다이어그램에 포함된 활동들을 오퍼레이션으로 식별할지, 아니면 해당 오퍼레이션의 내부에 구현될 로직으로 표현할지는 분석가나 설계자의 선택에 의해 결정된다.

또 다른 예를 살펴보도록 하자. 앞서 유스케이스 모델링에서 나타내었던 상품등록 유스케이스(UC-A05)를 살펴보자. 대안 흐름에 '1. 쇼핑몰의 전체카테고리를 조회한다.'라는 문장이 존재한다. 시스템의 전체카테고리를 조회하는 역할을 수행하는 '전체카테고리조회' 오퍼레이션을 식별했다고 가정해 보자. 그림 11–18 액티비티 다이어그램은 '전체카테고리조회' 오퍼레이션의 내부를 나타낸 것이다.

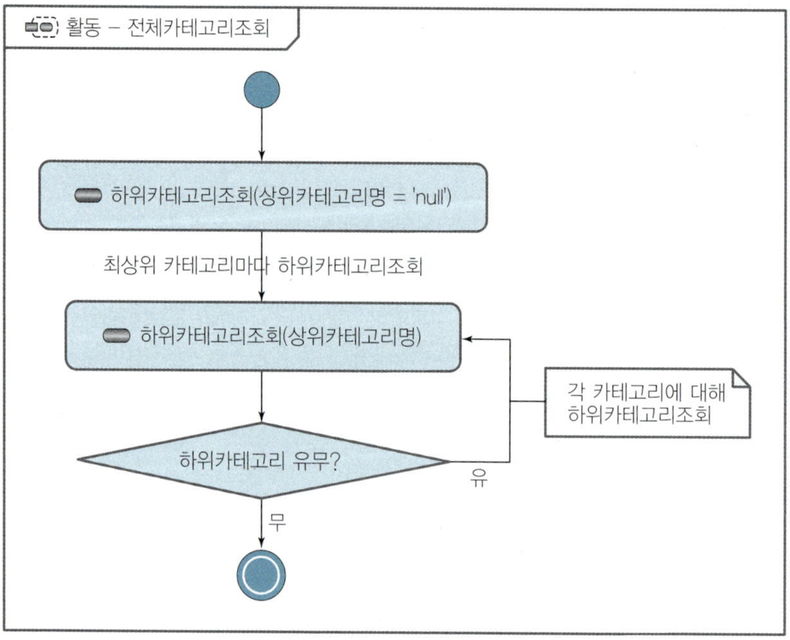

:: 그림 11 – 18 | 액티비티 다이어그램 2

전체카테고리를 조회하기 위해서는 먼저 상위카테고리가 'null'인 최상위 카테고리들을 찾아낸다. 이후 각 카테고리의 하위카테고리를 반복적으로 찾아내는 모습이 액티비티 다이어그램으로 표시되었다.

7 UML 모델의 분석 프로세스

행위자들을 밝히는 것부터 시작하여 지금까지 객체지향 분석을 수행한 진행과정을 다시 한 번 살펴보자. 우선 다양한 이해관계자들을 규명하여 행위자로 나타내었다. 행위자는 시스템 밖에서 시스템을 바라보는 사용자이며 외부 객체라고 부르기도 하고, 이들에게 보이는 시스템의 모습을 외부 관점(external views)이라 부른다.

각 행위자의 시스템을 사용하는 용도와 목적에 따라 사용 사례가 정의된다. 이를 유스케이스라 부르며, 시스템이 가지는 최상위 수준의 기능이다. 유스케이스를 밝히는 것은 시스템을 블랙박스로 놓고 수행하는 기능 모델링에 해당한다. 유스케이스 시나리오는 각 유스케이스에 대하여 행위자와 시스템 사이의 사건 흐름과 과정을 나타내어 상호작용을 밝힌다. 이 과정은 시스템을 블랙박스로 놓고 수행하는 동적 모델링 작업이다. 다음으로 유스케이스 시나리오를 통해 행위자와 시스템이 주고받는 정보들을 찾아낼 수 있다. 이 정보들은 시스템 내부에 저장되고 관리되어야 하는 데이터들이다. 이 과정은 시스템을 블랙박스로 놓고 수행하는 정보 모델링 작업이라 할 수 있다.

블랙박스 분석이 이루어진 다음 시스템 내부의 모습을 이해하기 위해 화이트박스 분석이 이루어진다. 우선 앞에서 밝혀진 정보를 활용하여 시스템 내부에 존재해야 하는 클래스를 찾아내고 클래스들 사이의 관계, 클래스의 속성을 찾아낸다. 그 결과를 클래스 다이어그램에 나타낸 것은 시스템을 화이트박스로 보고 정보 모델링을 수행한 것이다.

밝혀진 클래스를 바탕으로 시스템 내부의 객체들이 상호작용하는 과정을 조사하는 것이 시퀀스 다이어그램이다. 유스케이스 시나리오가 시스템을 블랙박스로 보고 작성한 동적 모델이라면, 시퀀스 다이어그램은 유스케이스 시나리오를 내부로 확장하여 시스템을 화이트박스로 보고 수행한 동적 모델이다.

시퀀스 다이어그램을 통해 밝혀진 객체들 사이의 이벤트에 대한 논리적 처리과정이 존재하거나, 업무 프로세스 내의 상호작용에 대한 추가적인 이해가 필요할 경우 액티비티 다이어그램을 작성할 수 있다. 액티비티 다이어그램은 시스템을 화이트박스로 보고 수행한 기능 모델이라 할 수 있다.

이와 같이 블랙박스 분석에 3가지 관점의 모델링이 기능 모델링, 동적 모델링, 정보 모델링 순으로 적용되었고, 이후 화이트박스 분석과정에 3가지 관점의 모델링이 역순으로 진행되었다. 객체지향 분석과정이 UML 기법의 6단계를 거쳐 진행된 모습이 그림 10-2(UML의 V 프로세스)로 표현되어 있다. 그림 10-2에서 볼 수 있듯이 유스케이스 모델링은 하향식 접근방식을 적용한 반면 화이트박스 분석과정은 상향식 접근방식이 적용되어 객체지향 분석 기법은 하향식과 상향식이 모두 적용된 혼합식 모델링 기법이라 할 수 있다.

8 모델의 통합

동적 분석에서 작성한 시퀀스 다이어그램을 통해 얻어진 이벤트들은 클래스 다이어그램에 오퍼레이션으로 반영된다. 다른 객체에 의해 호출되는 오퍼레이션은 공용 함수(public member function)로서 호출된 클래스에 포함된다. 공용(public)이란 클래스를 참조할 수 있는 곳이라면 어디서든지 호출이 가능한 것을 의미한다. 전문적인 CASE 도구들은 시퀀스 다이어그램을 작성하면서 도출된 오퍼레이션들을 자동으로 클래스 다이어그램에 반영해 주기 때문에 분석가의 수고를 덜어 준다. 동적 분석의 결과로 도출된 오퍼레이션들이 정적 분석의 결과물인 클래스 다이어그램에 반영되면, 비로소 완전한 분석 단계의 클래스 다이어그램이 만들어진다. 그림 11-19는 이번 장에서 설명한 여섯 개의 유스케이스에 대한 동적 분석의 결과가 클래스 다이어그램에 반영된 모습을 보여준다.

그림 11-19 클래스 다이어그램에는 여섯 개의 유스케이스의 동적 분석의 결과뿐만 아니

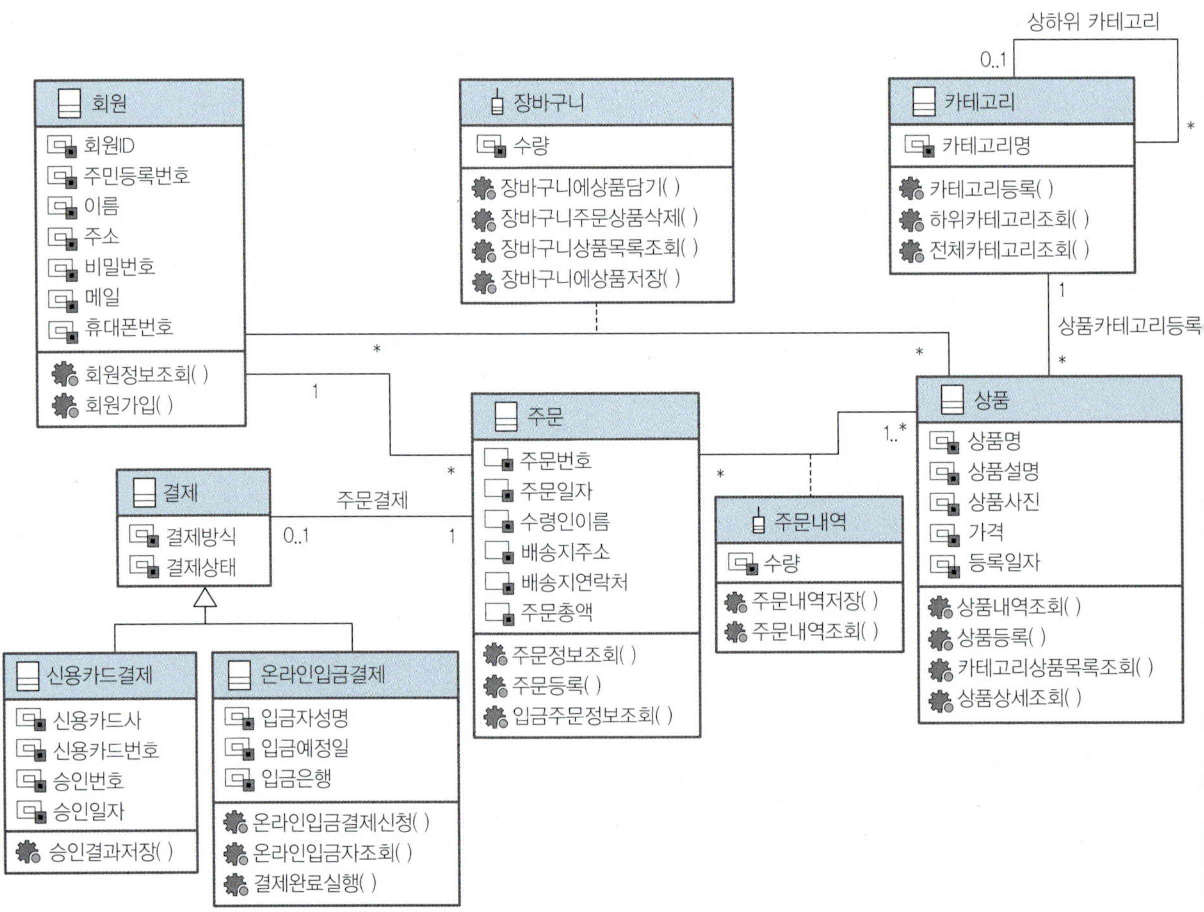

:: 그림 11 – 19 | **통합된 클래스 다이어그램**

라 앞에서 설명하였던 두 개의 액티비티에 나타난 활동들을 모두 별도의 오퍼레이션으로 구별하여 나타내었다. 앞에서 설명한 시퀀스 다이어그램과 액티비티 다이어그램에 나타나지 않은 오퍼레이션도 존재한다. '회원' 클래스의 '회원가입' 오퍼레이션, '카테고리' 클래스의 '카테고리등록' 오퍼레이션, '상품' 클래스의 '상품등록' 오퍼레이션은 각각 회원가입 유스케이스(UC-C01), 카테고리등록 유스케이스(UC-M02), 상품등록 유스케이스(UC-M05)에서 발견한 오퍼레이션들이다. 실제로 각각의 유스케이스에서 오퍼레이션을 식별하는 과정은 생략하지만 여러분들은 직접 시퀀스 다이어그램을 작성해 보고 오퍼레이션을 유도해 보기 바란다.

정보 모델링(클래스 다이어그램)과 동적 모델링(시퀀스 다이어그램과 액티비티 다이어그램)을 완료하여 각 클래스의 속성과 오퍼레이션이 표기된 클래스 다이어그램을 얻었다. 클래스의 속성과 오퍼레이션이 어떻게 유도되었는지 분석과정을 통해 설명하였으나, 속성과 오퍼레이션에 대해 보다 상세한 정보가 추가로 기술되어야 한다. 이러한 정보는 각 속성과 오퍼레이션이 갖는 의미와 역할을 구체적이고 상세하게 설명함으로써 향후 설계 및 구현 단계에서 유용하게 사용할 수 있다. 예를 들어, 프로그래머는 코딩 시에 클래스의 구조 내에서 속성이 어떤 값을 가질 수 있는지 그리고 기본적으로 그 속성이 어떤 의미를 갖는지 등을 이해해야 한다. 구현하고자 하는 오퍼레이션에 대해서도 그 오퍼레이션이 어떠한 목적으로 만들어져야 하는지, 가시성은 무엇이며 어떤 클래스에 의해서 호출되는지, 파라미터는 어떻게 정의되어야 하는지, 반환값은 무엇인지 등에 대해서 이해할 수 있어야 한다. 이러한 정보를 모두 모아놓은 것을 자료 사전(data dictionary)이라고 한다.

다음은 자료 사전에 기록되는 각 클래스 세부 명세의 예이다.

상품 클래스에 대한 세부 명세

1. 클래스명 : 상품
2. 개요 : 인터넷 쇼핑몰에서 판매되는 상품의 정보를 담고 있는 클래스
3. 속성 정의

속성명	가시성	자료형	크기	널 허용	기본값	설명
상품명	Private	String	200	Not Null	N/A	상품의 이름이자 상품 객체의 식별자
상품설명	Private	String	4000	Not Null	N/A	상품에 대한 상세정보
상품사진	Private	Image	5000	Not Null	N/A	상품의 사진
가격	Private	Integer	20	Not Null	N/A	상품의 가격
등록일	Private	Date	8	Not Null	N/A	상품을 온라인 쇼핑몰 시스템에 등록한 날짜

4. 오퍼레이션 정의

오퍼레이션명	가시성	매개변수	반환값	설명
상품내역조회	public	상품명[1..*]	{상품명, 가격}[1..*]	상품명에 해당하는 상품들의 정보를 조회하는 기능
상품등록	public	상품명, 상품설명, 상품사진, 가격, 등록일	Boolean	상품을 온라인 쇼핑몰에 신규 등록하는 기능. 등록일은 시스템에 의해 자동 생성
카테고리상품목록조회	public	카테고리명	{상품명, 가격}[1..*]	특정 카테고리에 포함된 상품들의 목록을 조회하는 기능
상품상세조회	public	상품명	상품명, 상품사진, 가격, 상품설명, 등록일	특정 상품의 상세정보를 조회하는 기능

5. 관계 정보

이름	유형	관련 클래스	다중성(multiplicity)	
카테고리	양방향 연관	상품카테고리등록	상품(*)–카테고리(1)	상품이 속한 카테고리와의 관계를 나타낸다.
회원	연관 클래스	장바구니	상품(*)–회원(*)	회원은 여러 개의 상품을 장바구니에 담을 수 있으며, 상품은 여러 회원에 의해 장바구니에 담길 수 있다.
주문	연관 클래스	주문내역	상품(1..*)–주문(*)	상품은 여러 주문에 속할 수 있으며, 주문은 여러 개의 상품을 포함할 수 있다.

요 약 SOFTWARE ENGINEERING

이 장에서는 유스케이스 기법과 UML(Unified Modeling Language)을 이용하여 인터넷 쇼핑몰 프로젝트의 객체지향 분석과정을 살펴보았다.

유스케이스 모델링은 시스템을 사용하는 행위자를 식별한 뒤에 각각의 행위자가 시스템을 사용하는 구체적인 예(사례)를 찾아 유스케이스로 식별하고 상세화하는 과정을 통해 블랙박스 수준의 기능 모델링, 동적 모델링, 정보 모델링을 수행한다.

이후 시스템의 내부를 분석하는 과정에 3가지 관점의 모델링이 역순으로 진행된다. 정보 모델링을 통해 클래스와 클래스의 데이터들이 밝혀지고, 동적 모델링을 통해 얻은 이벤트와 기능 모델링을 통해 밝혀진 함수들이 오퍼레이션으로 반영된다.

결국 이러한 분석과정을 통해 객체지향이 추구하는 데이터와 오퍼레이션의 통합이 이루어진다.

참고 문헌

[Booch 1999] Grady Booch, James Rumbaugh & Ivar Jacobson 공저, 임춘봉 · 신인철 · 심재철 공역, 『UML 사용자 지침서』, 인터비전, 1999.

[Eriksson 1997] Hans–Erik Eriksson, Magnus Penker, *UML Toolkit*, WILEY, 1997.

[권기태 2008] Ian Sommerville 저, 권기태 역, 『소프트웨어 공학』, 홍릉과학출판사, 2008.

[장연세 2008] 장연세, 『UML기반 시스템 분석설계』, 이한출판사, 2008.

[고석하 2007] 고석하, 홍정유, 『소프트웨어 프로젝트 관리』, 생능출판사, 2007.

[Schach 2005] Stephen R. Schach 저, 유해영 역, 『객체지향 소프트웨어공학』, ITC, 2005.

연습문제

객관식 문제

01 유스케이스 모델이 프로젝트 관리자에게 제공하는 이익과 거리가 먼 것은?

① 일정과 예산을 추정하는 데 도움을 준다.
② 시스템 아키텍처의 골격을 제공한다.
③ 프로젝트의 요구사항과 범위를 파악하는 데 도움을 준다.
④ 프로젝트 진척 상황을 추적하는 데 도움을 준다.

02 유스케이스 모델이 사용자(고객)에게 제공하는 이익과 거리가 먼 것은?

① 고객과 시스템 개발자 사이에 의사소통을 위한 도구로서 활용한다.
② 프로젝트의 요구사항과 범위를 파악하는 데 도움을 준다.
③ 프로젝트 진척 상황을 추적하는 데 도움을 준다.
④ 고객의 적극적인 참여를 유도할 수 있다.

03 유스케이스 기법에 대한 설명과 거리가 먼 것은?

① 시스템의 외부 사용자(external entity)를 찾아내고 이를 행위자 또는 액터(actor)라고 부른다.
② 각 행위자의 시스템에 대한 용도인 유스케이스(use case)를 식별한다.
③ 각 유스케이스에 대하여 유스케이스 시나리오를 작성한다.
④ 배경도(context diagram)를 작성한다.

04 유스케이스 기법에 대한 설명과 거리가 먼 것은?

① 유스케이스 기법은 시스템 내부의 모습을 분석하는 도구이다.
② 유스케이스는 시스템의 최상위 기능에 해당한다.
③ 유스케이스 시나리오는 동적 모델링에 해당한다.
④ 유스케이스 기법을 사용하면 다양한 이해관계자를 개발 프로세스에 참여시킬 수 있다.

05 다음은 UML의 어떤 다이어그램에 대한 설명인가?

시스템의 정적인 정보 구조를 나타내는 정보 모델로서, 해당 객체의 특성을 나타내는 여러 가지 속성들을 포함한다.

① 상태 변화도(state transition) 다이어그램
② 클래스(class) 다이어그램
③ 액티비티(activity) 다이어그램
④ 시퀀스(sequence) 다이어그램

06 다음은 UML의 어떤 다이어그램에 대한 설명인가?

> 객체 간 상호작용을 통해 클래스의 오퍼레이션을 도출할 수 있고, 상호작용 과정에서 어떠한 데이터들이 송수신되는지 밝힐 수 있다.

① 상태 변화도(state transition) 다이어그램
② 클래스(class) 다이어그램
③ 액티비티(activity) 다이어그램
④ 시퀀스(sequence) 다이어그램

07 다음은 UML의 어떤 다이어그램에 대한 설명인가?

> 클래스 내에서 이벤트를 처리하는 논리적인 과정을 정확히 이해하기 위해 사용되는 다이어그램으로, 복잡한 프로세스의 처리과정을 이해하거나 클래스의 추가적인 오퍼레이션을 식별하는 데 사용된다.

① 상태 변화도(state transition) 다이어그램
② 클래스(class) 다이어그램
③ 액티비티(activity) 다이어그램
④ 시퀀스(sequence) 다이어그램

08 UML 모델의 프로세스 과정에 적용된 다이어그램의 순서가 맞는 것은?

> (A) 클래스(class) 다이어그램
> (B) 액티비티(activity) 다이어그램
> (C) 시퀀스(sequence) 다이어그램

① (A), (B), (C)
② (B), (A), (C)
③ (A), (C), (B)
④ (C), (A), (B)

09 UML 모델의 프로세스에 대한 설명으로 잘못된 것은?

① 유스케이스를 밝히는 것은 시스템을 블랙박스로 놓고 수행하는 기능 모델링에 해당한다.

② 유스케이스 시나리오는 각 유스케이스에 대하여 행위자와 시스템 사이의 사건 흐름과 과정을 나타내어 상호작용을 밝힌다.

③ 클래스 다이어그램에 나타낸 것은 시스템을 화이트박스로 보고 정보 모델링을 수행한 것이다.

④ 밝혀진 클래스를 바탕으로 시스템 내부의 객체들이 상호작용하는 과정을 조사하는 것이 액티비티 다이어그램이다.

10 UML로 객체지향 시스템을 모델링하려고 할 때 생성되는 다이어그램이 아닌 것은?

① 액티비티 다이어그램(activity diagram)

② 클래스 다이어그램(class diagram)

③ 시퀀스 다이어그램(sequence diagram)

④ 자료 흐름도(data flow diagram)

11 UML을 이용한 객체지향 분석의 모델링(modeling)에 해당하지 않은 것은?

① functinal modeling

② information(object) modeling

③ relational modeling

④ dynamic modeling

주관식 문제

01 행위자(actor)와 유스케이스를 프로젝트 관리 관점의 지식 영역과 연관지어 설명하라.

02 유스케이스 모델링 과정을 요구사항 분석의 3가지 관점(기능, 동적, 정보)과 매핑하여 설명하라.

03 현금자동인출기(ATM)를 다음 순서에 의해 유스케이스 모델링하라.

(1) 문제 설명서(5줄 이내)

(2) 행위자와 유스케이스 도출

(3) '현금인출'에 대한 유스케이스 시나리오 작성

04 UML모델링 과정을 요구사항 분석의 3가지 관점(기능, 동적, 정보)과 연관지어 설명하라.

05 다음은 ATM의 현금 인출 시나리오에 대한 시퀀스 다이어그램의 예이다. 이를 바탕으로 현금자동지급기의 상태 변화도를 그려라.

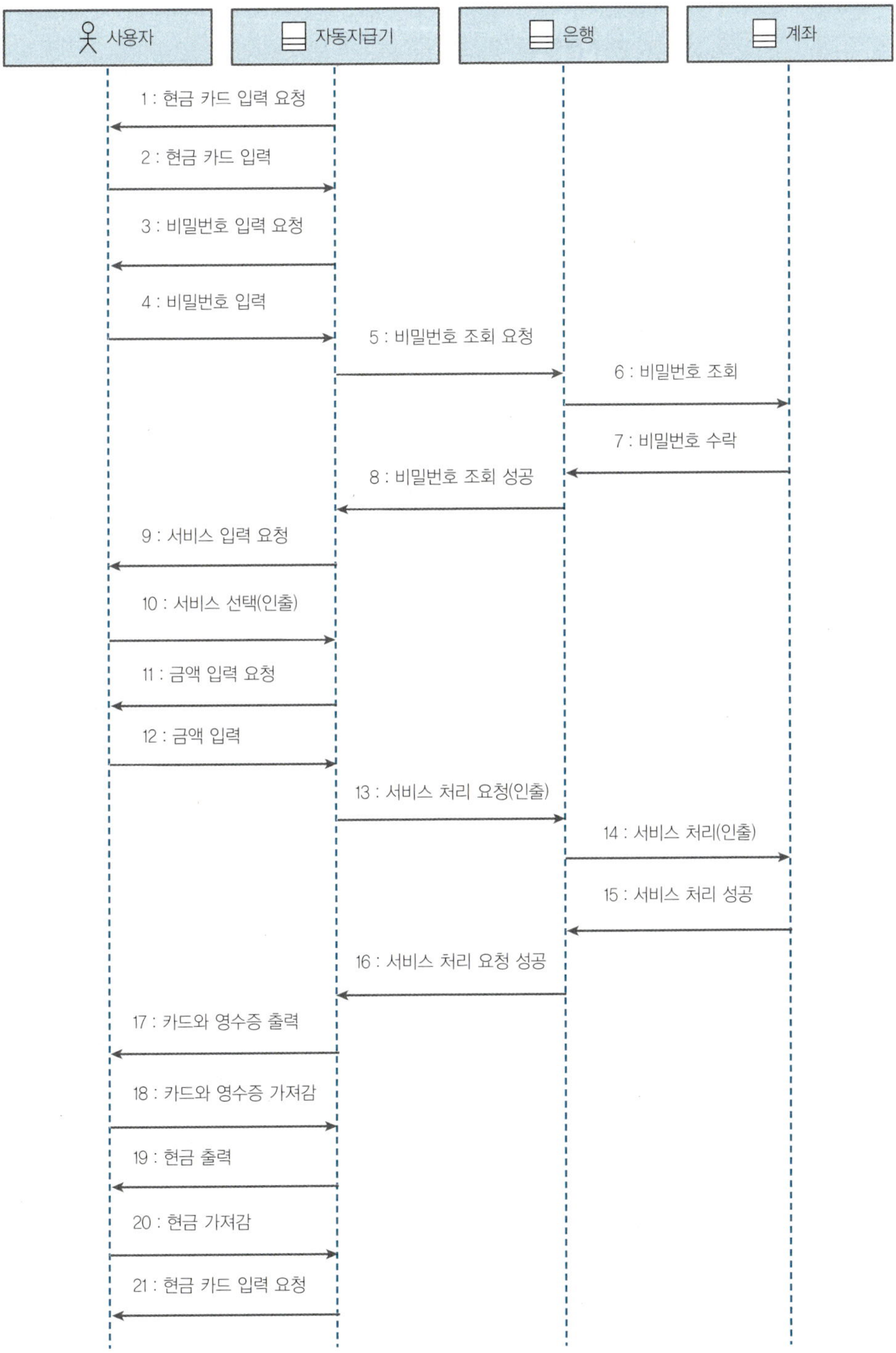

06 **현금자동인출기(ATM)를 다음 순서에 의해 유스케이스 모델링하라.**

(1) 문제 설명서 (5줄 이내)

(2) 행위자와 유스케이스 도출

(3) "현금인출"에 대한 유스케이스 시나리오 작성

(4) 객체(정보) 모델링(class diagram)

(5) "현금인출"을 중심으로 동적 모델링(sequence diagram)

(6) "현금인출"에 대한 use-case 시나리오를 바탕으로 ATM의 상태 변화도 작성

(7) "현금인출"을 중심으로 기능 모델링 또는 activity diagram

객관식 문제 정답 1. ② 2. ③ 3. ④ 4. ① 5. ② 6. ④ 7. ③ 8. ③ 9. ④ 10. ④ 11. ③

Part

SOFTWARE 4 ENGINEERING

소프트웨어 설계

소프트웨어 설계(디자인)는 소프트웨어의 품질과 밀접한 관계를 가지고 있다. 요구사항 분석에 대한 노력도 좋은 설계를 위한 과정이라 볼 수 있다. 품질에 드는 비용의 효과적인 절감 방안을 말할 때 종종 '지렛대의 효과'를 이용해 설명한다. "1온스를 들여 예방을 하면 치료에 드는 1파운드를 절약할 수 있다(An ounce of prevention is worth a pound of cure)."는 말도 있듯이 분석 및 설계 단계에서 예방 활동을 강화할수록 소프트웨어의 실패 비용을 크게 줄일 수 있다. 이를 위해 '처음 만들 때 바로 만드는 것(make it right the first time)'에 대한 중요성을 인식하고 효과적인 품질 개선 노력을 해나가야 한다.

Chapter

12 소프트웨어 설계 기법

이 장에서는 요구사항 분석 다음에 이루어지는 소프트웨어 설계과정을 소개하고 설계의 관리적 · 기술적 측면을 관찰한다. 설계의 기본 원리인 추상화, 정보 은닉, 단계적 정제, 모듈화 및 구조화에 대하여 다룬다. 또한 높은 품질의 소프트웨어를 얻기 위해 설계 단계에서 고려해야 하는 소프트웨어 구성 요소의 특징들인 기능적 독립성, 응집도, 결합도, 이해도, 적응도 등에 대하여 살펴본다.

Chapter

12 / 소프트웨어 설계 기법

학습목표

1. 설계의 관리적 측면을 설명하고 단계를 기술한다.
2. 설계의 기술적 측면에서 이루어지는 4가지 활동을 기술한다.
3. 설계 시 고려되어야 하는 기본 원칙들을 기술한다.
4. 응집도를 정의하고 응집도 스팩트럼을 기술한다.
5. 결합도를 정의하고 결합도 스팩트럼을 기술한다.
6. 기능적 독립성, 응집도, 결합도 사이의 관계를 설명한다.

설계(디자인) 단계에서는 요구사항 분석과정에서 밝혀진 사용자 요구사항을 어떻게 소프트웨어의 모습으로 나타낼 것인가에 대해서 초점을 맞춘다. 요구사항 분석 단계에서는 응용 분야의 관점, 사용자 관점에서 시스템을 기술한 반면, 설계 단계에서는 소프트웨어의 관점, 엔지니어의 관점에서 시스템을 기술한다. 따라서 설계 단계는 사용자의 요구사항을 소프트웨어의 표현으로 바꾸는 단계라 할 수 있다. 설계는 일반적으로 개발 단계라 일컬어지는 설계, 프로그래밍, 시험 중 첫 번째 과정이며, 요구사항이 물리적으로 실현 가능하도록 구체적인 방법을 정한다.

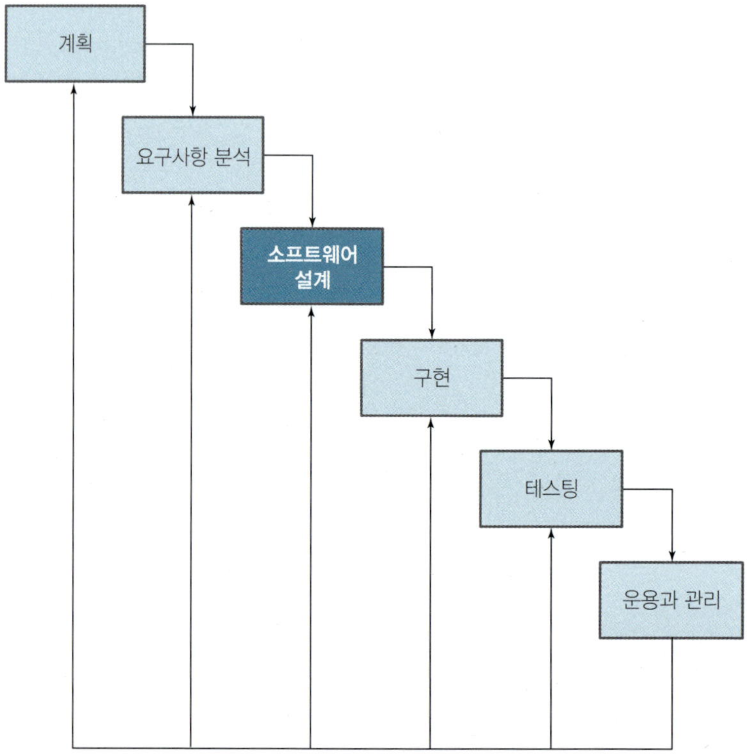

:: 그림 12 – 1 | 소프트웨어 설계

또한 시스템의 목표를 확립하는 과정이 요구사항 분석과정인 반면, 확립된 목표를 달성하는 가장 이상적인 길을 선택하는 과정이 설계 단계이다. 즉, 요구사항을 분석하는 과정이 개념적(conceptual)인 것이라면, 개발과정은 물리적(physical)인 것이라 할 수 있다. 일반적으로 시스템은 두 번 만들어진다고 볼 수 있다. 일차적으로 개념적으로 정의되어 그 모습이 만들어지며, 그 다음 이차적으로 물리적인 개발에 의해 완성된다. 요구사항을 달성하기 위한 설계방법들 사이에도 득실(得失)을 나타내는 상충 관계(trade-off)가 있으며, 설계 시 이들의 장단점을 비교하여 최선의 길을 선택하게 된다.

이 장에서는 소프트웨어 설계과정을 소개하고 설계의 관리적 · 기술적 측면을 관찰해 본다. 또한 설계의 기본 원리인 추상화, 정보 은닉, 단계적 정제, 모듈화 및 구조화에 대하여 살펴본다. 다음으로 높은 품질의 소프트웨어를 얻기 위해 설계 단계에서 고려되어야 하는 소프트웨어 구성 요소의 특징들인 기능적 독립성, 응집도, 결합도, 이해도, 적응도 등을 다룬다.

1 소프트웨어 설계 개요

시스템을 구현하기 위해 시스템을 여러 서브시스템(subsystem)으로 나누고 서브시스템의 요소를 하드웨어와 소프트웨어로 할당하는 것을 시스템 설계(system design)라고 한다. 시스템 설계는 설계의 첫 단계로 시스템 전체의 구조를 결정하며, 구체적인 설계에 들어가기 전에 이루어진다. 반면, 소프트웨어 설계는 소프트웨어에 할당된 서브시스템을 설계하는 과정이다.

분석 단계에서 밝혀진 요구사항은 설계를 위한 골격을 제공하는 것이고, 설계는 그 위에 살을 붙여가는 과정이라 볼 수 있다. 요구사항 분석 시 요구사항을 해결하기 위해 최소한 한 가지의 해결 방안은 가지고 있어야 하며, 가능하면 여러 해결방법을 찾아내고 그것을 평가하는 것이 필요하다. 소프트웨어 설계자는 여러 해결방법 중 수행 시간, 기억장치 및 다른 비용과 자원들을 최소화할 수 있는 방법을 선택하게 된다.

설계는 다분히 창의적인 과정으로 재능과 감(感)을 필요로 한다. 설계는 요구사항 분석과 마찬가지로 책에서 금방 배울 수 있는 성질의 것이 아니며, 좋은 설계를 하기 위해서 설계자는 날카로운 안목을 기르기 위해 많은 훈련과 경험을 쌓아야 한다.

엔지니어링 과정은 가장 높은 추상화 단계(문제 기술 단계)에서 가장 낮은 추상화 단계(프로그래밍 단계)로 가는 단계적 정제(refinement) 과정이라 볼 수 있다. 설계과정에서는 여러 단계에 거쳐 시스템의 추상화 수준을 낮출 수 있다. 즉, 설계과정은 초기 설계 단계에서 나타나는 시스템의 추상적인 모습을 계속 정제하여 구체적인 설계 모습이 나올 수 있도록 상세화시키는 과정이다.

소프트웨어의 품질은 우수한 설계에서 출발한다. 또한 우수한 설계는 소프트웨어의 유지보수를 원활히 하기 위하여 절대적으로 필요하다. 설계가 제대로 되지 않은 시스템을 구축하게 되면 추후에 변경이 매우 어렵고, 약간의 수정만 가하여도 견디지 못하고 쓰러지게 되는 현상이 발생한다.

(a) 설계가 잘되어 있을 때 (b) 설계가 잘못되어 있을 때

:: 그림 12 – 2 | **설계의 중요성**

설계의 산출물은 요구사항을 어떻게 구현할 것인가를 기술하여 놓은 문서이며, 이를 설계 문서(design document)라 한다. 건축 공학이나 소프트웨어 공학 모두 설계 단계의 산출물은 설계 도면이며, 설계도는 건축물이나 소프트웨어 시스템에 크나 큰 영향을 미친다. 이 장에서는 소프트웨어 설계에 대한 기본적인 개념을 조사하고, 다양한 요구사항 분석방법으로부터 소프트웨어 설계로의 변형이 어떻게 이루어지는지를 살펴본다.

2 소프트웨어 설계 활동

설계는 관리적인 관점에서 크게 두 단계로 나눌 수 있다. 첫 번째 단계인 기본 설계(preliminary design) 단계에서는 소프트웨어 시스템의 구조와 데이터를 규명하며 사용자 인터페이스를 정의한다. 그 이후에 이루어지는 상세 설계(detailed design) 단계에서는 각 모듈의 구체적인 알고리즘에 초점을 맞춘다. 기본 설계는 상위 설계(high level design)라고 부르기도 한다. 기본 설계에서 상세 설계로 진행하면서 시스템의 추상화 수준을 낮춘다. 이들 각 설계과정의 산출물은 설계 문서이며, 기본 설계과정의 산출물을 기본 설계 문서, 상세 설계과정의 산출물을 상세 설계 문서라 부른다. 설계과정이 진행될수록 문서에 더 구체적인 내용이 추가되어 설계과정의 최종 산출물은 시스템 구현을 위한 기초로 사용된다.

설계의 기술적 관점

설계는 기술적인 관점에서 크게 4가지 활동, 즉 데이터 설계, 구조 설계, 프러시저 설계, 사용자 인터페이스 설계로 나눌 수 있다. 각 설계 활동은 다음과 같다.

(1) 데이터 설계

요구사항 분석 단계의 정보 모델링에서 밝혀진 정보를 이용하여 자료 구조와 데이터베이스를 설계한다. 데이터 설계(data design)는 소프트웨어 시스템의 기초 공사를 하는 것에 비유될 수 있으며, 설계 단계에서 우선적으로 이루어지는 것이 바람직하다. 구조 설계 및 모듈들의 기능은 데이터로부터 얻어진다고 해도 과언이 아니다. 시스템에 요구되는 정보에 대한 명확한 이해와 표현은 소프트웨어의 품질에 큰 영향을 미치며, 소프트웨어가 성공적으로 개발되기 위해 필수적이다.

(2) 구조 설계

기능 모델링과 동적 모델링에 나타난 결과를 이용하여 프로그램 구조상에 있는 각 구성 요소(모듈)들 사이의 관계를 기술한다. 구조 설계(architectural design)의 주목적은 모듈화된 프로그램 구조를 개발하는 것이며, 모듈 사이의 제어 및 인터페이스를 나타내는 것이다.

(3) 프러시저 설계

각 모듈의 내부를 구체적으로 밝히고 어떤 알고리즘을 사용할지 결정한다. 프러시저 설계(procedural design)는 데이터와 프로그램 구조가 설정된 후 이루어진다. 각 모듈에 대한 설계는 짧은 프로그램을 만드는 것과 유사하다. 프러시저에 대한 명세는 자연어인 한글이나 영어로 표현할 수 있으며, 순서도(flowchart), N-S 차트, 프로그램 설계 언어(PDL : Program Design Language) 등을 사용할 수 있다.

(4) 사용자 인터페이스 설계

사용자가 시스템의 기능에 접근할 수 있도록 하는 사용자 인터페이스를 설계(user interface design)한다. 인터페이스에 정의되어 있는 것을 만족시키기 위해 시스템의 기능 분할이 필요하다고 생각할 수 있으며, 인터페이스 설계는 구조 설계 이전에 수행하는 것이 바람직하다.

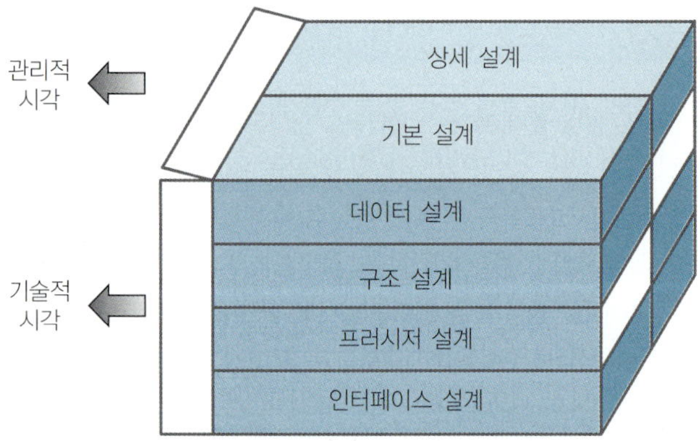

:: 그림 12 – 3 | **소프트웨어 설계의 기술적 측면과 관리적 측면**

그림 12–3은 설계에 대한 관리적 시각과 기술적 시각의 관계를 보여주고 있다. 기본 설계에서는 데이터 설계, 구조 설계, 인터페이스 설계를 다루며, 상세 설계 단계에서는 데이터 설계, 프러시저 설계, 인터페이스 설계가 다루어질 수 있음을 보여주고 있다.

훌륭한 설계를 의미하는 평가 기준은 많이 있다. 그중에서도 기존의 프로그램을 쉽게 수정하고 새로운 기능을 쉽게 추가시킬 수 있는 특성은 중요한 평가 기준으로 사용할 수 있다. 이를 위해서는 설계 결과가 다른 사람들에게 쉽게 이해될 수 있어야 하며, 시스템에 수정이 요구되었을 때 그 영향이 최소화되어야 한다. 설계 단계에서 요구되는 일반적인 가이드라인은 다음과 같다.

- 설계는 소프트웨어 구성 요소들(흔히 모듈이라고 부름) 사이에 효과적인 제어를 가능하게 하는 계층 구조를 가져야 한다.
- 설계는 논리적으로 분할되어 모듈화(modular)되어야 한다. 일반적으로 기능에 의한 모듈화가 이루어지며 설계는 모듈들 사이의 계층 구조를 보여준다.
- 모듈들 사이 또는 외부 환경과의 인터페이스가 최소화되도록 설계되어야 한다. 이는 모듈 내부의 응집도는 높아야 하고, 모듈들 사이의 결합도와 인터페이스는 최소화될 수 있도록 설계되어야 하는 것을 의미한다.
- 분석과정에서 나타난 결과를 활용하여 설계가 이루어져야 한다. 설계는 요구사항 분석 과정의 연장선상에서 보아야 하며, 요구사항을 실현하기 위해 분석의 결과에 살을 붙여 나가는 과정이다.

설계의 관리적 관점

설계 단계의 주요 산출물인 설계 문서에는 요구사항 명세서에 기술되어 있는 시스템의 요구사항을 만족할 수 있도록 기술적인 해답을 제시하여야 한다. 일반적으로 큰 시스템을 만들 때 설계과정을 효과적으로 관리하기 위해 기본 설계와 상세 설계로 그 과정을 이분화시키기도 한다. 기본 설계는 설계에 대한 경험이 많은 엔지니어가 하는 것이 일반적이며, 기본 설계가 이루어지면 상세 설계는 각 개발자가 분담하여 수행한다.

기본 설계 단계에서 우선 고려될 수 있는 것이 데이터에 대한 설계이다. 기본 설계에서는 시스템에 필요한 정보(또는 객체)를 자료 구조와 데이터베이스 설계에 반영한다. 또한 이 단계에서 사용자 인터페이스를 설계하는 것이 바람직하다. 사용자 인터페이스는 사용자가 시스템의 기능과 성능을 알 수 있는 창구 역할을 수행한다. 사용자의 요구사항에 대한 중요성이 점점 증가하고 있고, 따라서 이를 반영해야 하는 사용자 인터페이스에 대한 관심 또한 높아지고 있다. 특히, 사용자에게 정보를 제공하고 기능을 만족시키기 위해 시스템 구조가 정립된다는 관점이 널리 퍼져가고 있다. 따라서 올바른 엔지니어링을 위해 시스템 구조가 설계되기 이전에 사용자 인터페이스를 설계하는 것이 바람직하다. 특히, 사용자와의 상호 교류가 많은 시스템의 경우에는 시스템 구조를 설정하기 이전에 사용자 인터페이스를 만들어 사용자들의 의견을 들어 보는 것이 매우 중요하다.

또한 기본 설계에서는 사용자의 요구사항을 만족시킬 수 있도록 시스템의 구조를 설정하여야 한다. 문제를 해결하기 위해서는 시스템을 분할하는 것이 바람직하다. 시스템을 분할하여 생각하면 복잡한 문제도 해결하기 쉽다. 기능을 분할하거나 사용자 인터페이스를 논리적으로 분할하면 보다 쉬운 해결방법을 찾을 수 있다.

서브시스템은 일반적으로 자료와 제어 구조를 포함하며, 독립적으로 기능을 수행할 수 있고 컴파일될 수 있는 프로그램 구성 요소를 일컫는다. 또한 서브시스템은 어떠한 서비스를 제공하는가에 의해 구별된다. 여기서 서비스는 공통적인 목표를 제공하기 위해 필요한 기능들의 모임이다. 입출력 처리, 그림 그리기, 연산을 수행하는 것 등도 그 예가 될 수 있다.

서브시스템들 사이의 인터페이스는 정보의 흐름과 상호작용하는 유형을 지정하나 내부적으로 서브시스템 및 인터페이스가 어떻게 구현되는지는 명시하지 않는다. 서브시스템은 연관된 모듈들의 집합으로 시스템을 추상화하는 데 사용되는 용어이다. 서브시스템은 데이터를 추상화하거나 동시적으로 작동하는 프로세스를 의미하기도 하며, 시스템의 기능을 분할하기 위해 사용한다. 객체지향 시스템에서는 시스템의 기본 구성 요소가 객체(또는 클래스)로 대체되며, 객체들의 모임을 서브시스템이라 부른다.

서브시스템은 시스템의 구조상에서 상위 레벨에서의 분할을 의미한다. 일반적으로 시스템 설계자(디자이너)는 문제를 서브시스템으로 분할하고 추후 여러 개발자 및 디자이너들이 서로 다른 서브시스템을 독립적으로 개발할 수 있도록 한다. 이러한 분할과정의 명확성은 서로 다른 개발자들에 의해 개발될 서브시스템들이 추후 원만히 통합되어 전체 시스템이 작동될 수 있도록 하기 위해서이다. 기본 설계 단계에서는 시스템 개발 후 통합이 원만히 이루어질 수 있도록 시스템의 구조와 서브시스템들 사이의 인터페이스가 명확히 정의되어야 한다.

모듈은 시스템의 기본 단위로 실행 코드, 자료 구조 및 다른 모듈들과의 인터페이스로 구성되어 있다. 앞에서도 강조한 바와 같이 모듈은 응집력을 가지고 있어야 하며, 독립적인 기능을 수행하고 다른 모듈과의 결합(인터페이스)이 최소화되어야 한다. 기본 설계 단계에서 구체적인 모듈들이 정의되는 것이 바람직하나 하위 계층의 모듈은 상세 설계 단계에서 정의될 수도 있다. 기본 설계에서는 모듈을 블랙박스(black box)로 보고 모듈의 입력과 출력을 고려하며 모듈이 어떻게(how to) 수행되는지는 고려하지 않는 것이 일반적이다.

기본 설계가 이루어진 다음 상세 설계 단계에서는 각 서브시스템에 대한 하부 구조가 정의되어 서브시스템을 구성하고 있는 하위 모듈들과 이들 사이의 인터페이스가 정의된다. 물론 기본 설계에서 모든 모듈들이 정의되어 있다면 더욱 다행스러운 일이다. 또한 상세 설계에서는 각 모듈의 실제적인 내부 구조가 설계된다. 즉, 각 모듈에 대한 구체적인 알고리즘이 완성되어 프로그램이 만들어지기 전의 모든 기술적인 준비가 완료된다.

3 설계의 고려사항

소프트웨어 설계에는 몇 가지 기본 원리들이 있다. 소프트웨어 설계는 품질에 직접적인 영향을 미치며, 다음 단계인 구현, 시험 및 유지보수와 밀접한 관계가 있다. 우수한 소프트웨어를 얻기 위해 체계적인 설계 기법이 적용되어야 하며 이를 위한 기본적인 개념이 필요하다. 마이클 잭슨(M. A. Jackson)은 "컴퓨터 엔지니어(프로그래머 포함)의 지혜는 작동하는 프로그램을 얻는 것과 올바르게 만드는 것의 차이점을 깨닫는 것에서 시작한다."라고 말했다.

소프트웨어도 개발과 운용, 유지보수를 효과적으로 행하기 위해 구성 요소(모듈, 엔터티 등)들로 분할(partition)되며, 분할된 구성 요소들은 유기적인 관계를 맺고 있다. 또한 이들 요소들은 각기 서로 다른 기능을 수행하는 독립성(independence)을 가지고 있어야 한다. 구성 요소의 독립성은 최소의 비용이 소요되는 시스템을 만들기 위해 요구되는 사항이다. 구성 요소들은 관리할 수 있도록 작아야 하며, 분리시켜 수정하거나 해결할 수 있어야 한다. 설계는 시스템을 구성 요소들로 잘 분할하여 구성하는 작업이라 할 수 있다.

분할에서 추구하는 중요한 원칙은 이렇다. "서로 연관되어 있는 부분들은 같은 구성 요소에 있어야 하며, 서로 연관성이 없는 부분들은 연관성이 없는 구성 요소들에 할당되어야 한다." 이러한 원칙이 지켜진 시스템이 만들어질 때 개발 및 유지보수가 용이해 최소의 비용이 들어간다. 이러한 설계 원칙을 지원하는 기본 원리인 추상화, 정보 은닉, 단계적 정제, 모듈화 및 구조화 개념에 대하여 살펴보자.

추상화

추상화(abstraction)는 엔지니어링 전 과정에서 이루어지는 중요한 원리이다. 설계 단계에서 흔히 쓰는 추상화들은 제어(control) 추상화, 과정(procedural) 추상화 및 데이터(data) 추상화가 있다. 설계과정에서 이런 추상화 메커니즘을 적절히 이용한다면 구조적이고 단계적으로 설계를 해 나갈 수 있다.

제어 추상화란 프로그래밍에서 쓰이는 제어 구조를 추상화하는 것이다. 프로그래밍에서 쓰이고 있는 제어 구조 중 순서적 구조, 조건 제어 구조(conditional control structure), 순환 제어 구조는 기본적인 구조이고 영역에 따라 특수한 제어 구조가 있을 수도 있다. 예를 들면, 세마포(semaphore)를 이용하여 동기화하는 구조는 운영체제의 설계에서 흔히 쓰는 제어 구조이다.

두 개의 변수의 값을 교환하는 제어 구조를 살펴보면 다음과 같다.

```
temp := value1;
value1 := value2;
value2 := temp;
```

이런 순서적 제어 구조를 다음과 같이 추상화할 수 있다.

```
value1 <-> value2;
```

이런 추상화 메커니즘은 상세한 순서적 제어 구조의 내부 정보를 감추었지만 설계 단계에서의 명세 수준으로는 충분하며 이를 이용하여 다음 단계에서 쉽게 코딩할 수 있다.

다음으로 설계 단계에서 어떤 회사의 모든 사업부에 대해 필요한 처리를 하는 순환 제어 구조를 다음과 같이 추상화할 수 있다.

```
for (회사의 모든 사업부) do
 ...
end for
```

이러한 순환 제어 구조를 추상화시키면 회사의 각 사업부에 어떻게 접근하는가에 대해서는 언급하지 않아도 된다.

과정 추상화란 어떤 기능을 수행하는 과정을 추상화하는 것이다. 프로그래밍 언어들은 과정 추상화 기능을 모두 제공하고 있는데, C 언어에서의 함수, FORTRAN 언어에서의 subroutine은 과정 추상화 메커니즘이다. 설계 단계에서 방정식

$$a_1x+b_1y=c_1$$
$$a_2x+b_2y=c_2$$

의 해를 구하는 과정을 과정 추상화로 표시하면 다음과 같다.

solve_equation(equationType equ)

데이디 추상화도 제어 추상화 또는 과정 추상화와 같이 상세 정보를 감추는 것이다. 데이터의 상세 정보란 데이터를 표시하는 구조이다. 예를 들면, array 또는 linked list로 데이터를 표시할 수 있는데, 이런 자료 구조에 대한 정보를 상세 정보라고 할 수 있다.

```
const int MAXSIZE = 100;

class stack {
private:
  char stack_value[MAXSIZE];
  int top;
public:
  stack( ){top = 0;};
  void push(char);
  char pop( );
};

void stack::push(char x)
{
if (top+1 == MAXSIZE)
  error(“stack is full”);
 else
  stack_value[++top] = x;
}
```

```
char stack::pop( )
{
if (top == 0) {
  error(“stack is empty”);
  return NULL;
 }
 else
  return stack_value[top--];
}

void main( )
{
stack st1;
char x, y;

st1.push(‘a’);
st1.push(‘b’);
x = st1.pop( );
y = st1.pop( );
cout <<x <<y <<endl;
}
```

:: 그림 12 – 4 | 데이터 추상화를 이용한 스택

예를 들어, 스택(stack) 데이터 구조를 설계한다고 하자. 스택을 설계하려면 스택에 삽입되는 원소를 저장할 수 있는 자료 구조가 필요하다. 그러나 데이터 추상화란 이런 상세한 내부 구조를 무시하고 추상화하는 것이다. 따라서 스택을 사용하는 외부 모듈들은 스택 데이터의 내부 구조에 직접 접근할 수 없다. 데이터 추상화를 위해 추상 데이터에 접근할 수 있는 오퍼레이션을 반드시 제공하여야 한다. C++의 클래스는 데이터를 추상화할 수 있는 메커니즘이다. 그림 12-4는 스택을 C++로 구현한 모습이다. 주 프로그램(main program)에서 스택을 이용할 수 있지만 스택의 내부 정보에는 접근할 수 없고 반드시 스택이 제공하는 push, pop 등 오퍼레이션을 통하여 스택 데이터에 접근할 수 있다.

정보 은닉

정보 은닉(information hiding)이란 필요하지 않은 정보는 접근할 수 없도록 하여, 한 모듈 또는 하부 시스템이 다른 모듈의 구현에 영향을 받지 않게 설계되는 것을 의미한다. 즉, 소프트웨어 설계 단계에서 채택되는 설계 전략(design strategy)을 지역화(localize)하여 설계 전략에 변경이 발생하는 경우 그 영향이 최소한의 모듈에만 미치도록 하는 것이다. 모듈은 외부와의 인터페이스에 의해 정의되며, 모듈의 내부 구조나 진행과정을 포함하는 상세 정보는 타 모듈에 감추어져 있다. 정보 은닉은 모듈들 사이의 독립성을 유지시키며, 모듈 내부의 자료 구조나 수행방법이 변경되더라도 그 모듈에서 제공하는 인터페이스(오퍼레이션)를 사용하는 외부 모듈은 영향을 받지 않도록 한다.

정보 은닉은 소프트웨어의 구조를 설계하는 방법이라 볼 수 있다. 정보 은닉은 단지 하나의 모듈을 설계하는 방법이기보다는 소프트웨어의 전체적 구조를 설계하는 전략이다. 설계에서 은닉되어야 할 기본 정보로는 다음과 같은 것들이 있다.

- 상세한 데이터 구조
- 하드웨어 디바이스를 제어하는 부분
- 특정한 환경에 의존하는 부분(예를 들면, 특수한 운영체제에 의존하는 부분 또는 특정한 DBMS에 의존하는 부분 등)
- 물리적 코드(예를 들면, IP 주소, 문자 코드 등)

다음과 같이 스택을 배열(array)로 설계하였다고 하자. 스택은 push, pop의 오퍼레이션이 필요하며, 의미상 스택 중간의 자료를 지우거나 바꾸는 것이 허용되지 않는다. 그림 12-5 (a)의 프로그램은 정보 은닉이 되어 있고, 그림 12-5 (b)의 프로그램은 정보 은닉이 되어 있지 않다.

그 이유를 살펴보면 그림 12-5 (b)는 다음과 같은 관점에서 정보 은닉이 되어 있지 않다. 첫째, 스택을 사용하는 모듈(여기서는 main 모듈)이 어떤 데이터 타입을 이용하여 스택을 정의하였는지 알아야 한다. Struct로 스택을 정의하고 오퍼레이션의 변수 타입은 stack*으로 되었기 때문에 스택을 사용하기 전에 new stack을 실행하고, 이후 삭제(delete) 오퍼레이션을 실행하여 메모리를 회복(release)하여야 한다. 둘째, 스택을 사용하는 모듈이 스택 데이터 타입의 내부 구조를 알고 있어야 한다. 스택 데이터 타입에서 top 변수가 스택의 현재 top 위치에 있는 원소의 색인(index)을 가지고 있기 때문에 top 변수를 이용하여 스택에 접근할 수 있다. 즉, 그림 12-5 (b)에 있는 다음과 같은 실행문이 내부 구조에 직접 접근한다.

st1->top = 0 또는 y = st1->stack_value[st1->top - 1]

스택의 자료 구조가 변경되지 않을 경우 이런 프로그램은 무리가 없을 수 있지만 스택의 자료 구조가 변경될 가능성이 있다면 이런 프로그램은 바람직하지 않다. 스택의 자료 구조가 linked list로 변경되면 자료 구조를 직접 참조하는 주 프로그램의 수정이 불가피하다. 더욱이 프로그램의 많은 모듈이 이런 스택을 사용하였을 경우 프로그램의 많은 부분을 수정하여야만 한다.

만약 정보 은닉이 되어 있는 그림 12-5 (a)의 경우 스택 자료 구조는 외부에서 직접 접근하지 않고, 오직 스택을 다루는 오퍼레이션(create_stack, push, pop, top_element, destroy_stack 등)에 의해서만 접근할 수 있다. 이 경우 스택의 자료 구조에 변경이 발생하였다 하더라도 스택을 다루는 오퍼레이션의 수정은 불가피하나, 그 외의 다른 모듈들의 수정은 요구되지 않는다.

```
#define MAXSIZE 100;

struct STACK {
  char stack_value[MAXSIZE];
  int top;
};

typedef struct STACK stack;

void create_stack(stack aStack)
{
  aStack = new STACK;
  aStack->top = 0;
}

void push(stack aStack, char x)
{
  if (aStack->top+1 == MAXSIZE)
   error("stack is full");
  else
   aStack->stack_value[++aStack->
top] = x;
}

char pop(stack aStack)
{
  if (aStack->top == 0) {
   error("stack is empty");
   return NULL;
}
  else
     return aStack->stack value
[aStack->top--];
}
```

```
char top_element(stack aStack)
{
  if (aStack->top == 0) {
   error("stack is empty");
   return NULL;
  }
 else
   return aStack->stack_ value[aStack->
top - 1];
}

void destroy_stack(stack aStack)
{
 delete aStack;
}


void main( )
{
stack st1;
char x, y;

create_stack(st1);
push(st1, 'a');
push(st1, 'b');

x = pop(st1);
y = top_element(st1);

destroy_stack(st1);
printf("%c , %c\n", x, y);
}
```

:: 그림 12 – 5 (a) | 정보 은닉을 이용한 스택

```
#define MAXSIZE 100;

typedef struct {
  char stack_value[MAXSIZE];
  int top;
} stack;

void push(stack* aStack, char x)
{
  if (aStack->top+1 == MAXSIZE)
   error("stack is full");
  else
   aStack->stack_value[++aStack->top] = x;
}
char pop(stack* aStack)
{
if (aStack->top == 0) {
   error("stack is empty");
   return NULL;
 }
  else
   return aStack->stack_value[aStack->top--];
}
```

```
void main( )
{
stack* st1;
char x, y;

st1 = new stack;
st1->top = 0;
push(st1, 'a');
push(st1, 'b');

x = pop(st1);
y = st1->stack_value[st1->
top - 1];

delete st1;
printf("%c , %c\n", x, y);
}
```

:: 그림 12 – 5 (b) | **정보 은닉이 정확히 되지 않은 스택**

그림 12–5 (a)에서 개념적으로 정보 은닉에 대하여 설명하였지만 스택을 이용하는 모듈에서 직접 스택 타입의 내부 구조에 접근할 수 있다. 그 이유는 C 프로그래밍 언어에서 정보 은닉 메커니즘을 제공하지 않기 때문이다. 지금 많은 프로그래밍 언어에서(예를 들면, C++, Ada, Modula-2, Object-Pascal 등) 이런 정보 은닉 메커니즘을 제공하고 있으며, 이를 이용하여 컴파일 타임에 정보 은닉이 된 모듈의 내부 구조에 접근하지 못하도록 금지하고 있다. 그림 12–4에서 설계된 스택은 C++ 언어의 정보 은닉 메커니즘(즉, 클래스)을 이용하고 있다. 그러나 이 예에서 보듯이 정보 은닉은 반드시 정보 은닉 메커니즘을 갖추고 있는 프로그래밍 언어를 이용해야만 가능한 것은 아니고 소프트웨어를 설계하는 기본적인 원칙이라 할 수 있다.

시스템 설계에 있어 정보 은닉 개념은 구성 요소 간의 독립성을 유지시켜 준다는 점에서 중요하다. 모듈 서로 간의 내부 구조를 감추고(추상화), 서로의 내부 구조를 알 필요가 없이 오직 정해진 인터페이스로만 서로 소통한다. 만약 한 모듈에 수정이 요구되는 경우 모듈 내부의 자료 구조와 이에 접근하는 동작들에만 수정을 국한시킴으로써, 변화에 쉽게 적응할 수 있고 유지보수를 용이하게 해나갈 수 있게 하는 기반을 제공한다.

객체지향 개발방법의 중요한 개념 중의 하나인 캡슐화(encapsulation)는 정보 은닉을 통한 추상화, 독립성 향상을 얻을 수 있는 방법이다. 객체지향 언어인 C++는 캡슐화를 지원하는 기능이 언어에 포함되어 있다.

단계적 정제

단계적 정제(stepwise refinement)는 하향식 설계방법에 주로 사용되며, 기본 설계 단계에서 나타나는 프로그램의 구조에서 점차 모듈에 대한 세부사항으로 내려가며 구체화된다. 정제 과정에서 추상화의 수준은 낮아지며 각 기능이 분해되어 해결 방안을 제시하게 된다. 정제는 많은 노력을 들이는 과정이며, 세부적인 묘사를 가능하게 함으로써 시스템의 구현을 가능하게 한다.

앞에서 언급한 2가지 설계 단계인 기본 설계나 상세 설계는 높은 추상화 단계에서 낮은 추상화 단계로 가는 단계적 정제과정이며, 문제 기술에서 요구사항 분석, 설계, 프로그래밍으로 이어지는 엔지니어링의 흐름도 단계적 정제과정이라 볼 수 있다.

일반적으로 큰 시스템을 상세화하면서 계층적인 배열을 두어 서로의 종속 관계를 표시하는 것을 레벨화(leveling) 또는 계층화라 한다. 하향식(top-down) 기법인 구조적 분석 기법, 구조적 설계 기법은 표현의 정도를 구분하고 읽기 쉽게 하기 위해 레벨화를 하고 있다. 큰 시스템을 만들기 위해서 분할의 개념은 필수적이며, 이때 요구되는 개념이 레벨화이다.

모듈화

모든 공학 분야에서 시스템을 구성 요소로 나누어 접근하는 경우가 대부분이다. 소프트웨어의 경우 이 구성 요소를 대표하는 것이 모듈(module)이라 할 수 있다. 소프트웨어의 모듈은 프로그래밍 언어로 표현하면 흔히 서브루틴(subroutine), 프러시저(procedure), 함수(function) 등으로 불린다. 시스템을 모듈화(modularity)할 때는 하향식 접근 방법을 사용하여 기능 단위로 쪼개어 나가는 것이 일반적이며, 이 경우 모듈들 사이의 제어 계층이 나타나게 된다.

모듈화는 시스템을 지능적(intelligently)으로 관리할 수 있도록 하며, 복잡도(complexity)의 문제를 해결한다. 즉, 크고 복잡한 문제를 해결하기 위해 문제를 작은 단위인 모듈로 분할하여 정복(divide and conquer)한다. 모듈화는 시스템의 유지보수와 수정을 용이하게 한다. 그러나 모듈의 수가 증가하면 상대적으로 각 모듈의 크기는 감소하며 모듈들 사이의 상호 교류가 증가하여 시스템의 성능이 떨어지고 과부하(overload) 현상이 나타난다.

프로그램 구조화

소프트웨어 시스템의 구조화는 분할과정에 의해 얻어질 수 있으며, 이는 앞에서 언급한 분할하여 정복하는 개념과 연관되어 있다. 분할과정은 앞의 요구사항 분석과정에서 일차로 이루어졌으며, 설계 단계에서 더욱 세분화되어 나타난다.

시스템을 어떻게 분할할 것인가는 간단한 문제가 아니며 어떻게 분할하면 좋은지에 대한 완벽한 가이드라인은 없다. 그러나 시스템의 특성을 파악하여 기존 시스템들의 경험과 가이드라인을 활용할 수 있다. 기존 시스템들을 살펴보면 시스템의 특성에 따라 몇 가지의 구조적인 틀이 있다. 이러한 틀을 이용하면 유사한 특성을 가진 시스템을 만들고자 할 때 노력과 시간을 절약할 수 있다.

구조적 분석 기법의 프로세스들은 시스템의 기능을 분할하여 정복할 때 사용하였으며, 원시 기능들(functional primitives) 사이의 계층 구조가 나타나지 않는다. 설계의 구조화 과정을 거치며 프로세스들 사이의 관계가 계층 구조의 모습을 띠게 되며, 제어 계층을 가진 프로그램 구조(program structure)로 변화된다. 그림 12-6, 12-7은 이러한 구조화 작업을 설명하고 있다.

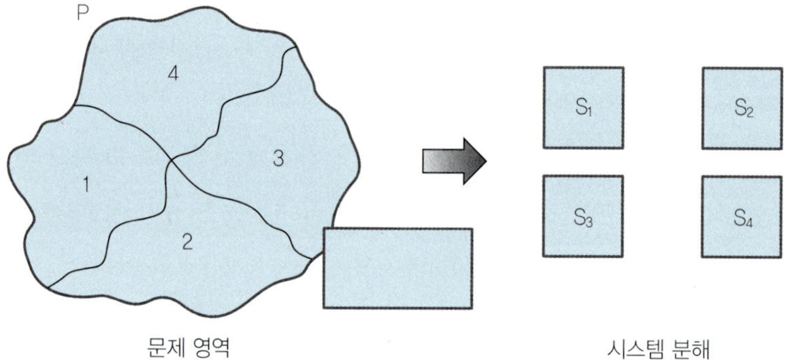

:: 그림 12 – 6 | **문제 영역 분해**

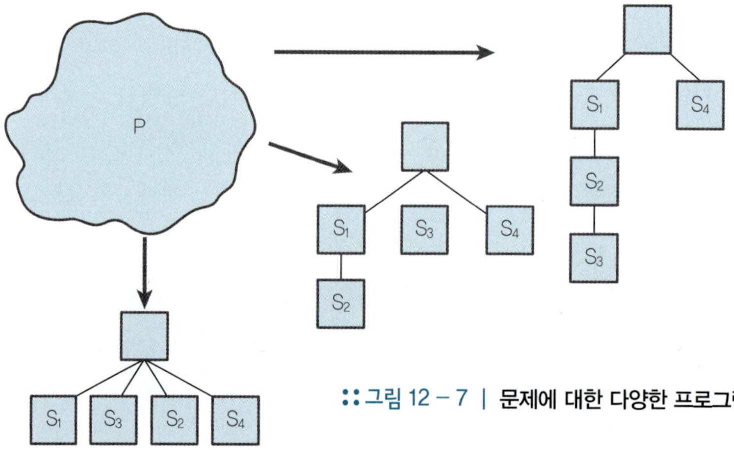

:: 그림 12 – 7 | **문제에 대한 다양한 프로그램 구조화**

제어 계층을 가진 프로그램 구조는 프로그램 요소인 모듈들 사이의 계층적 체계를 나타내며 트리(tree)와 유사한 그림으로 표시된다. 사각형은 모듈을 나타내며 모듈들 사이의 선은 제어 관계를 나타낸다. 프로그램 구조를 측정하고 나타내는 데 사용하는 용어는 다음과 같다.

- 깊이(depth) : 제어 단계의 수
- 넓이(width) : 제어의 전체적인 폭
- 팬-아웃(fan-out) : 한 모듈이 직접 불러 제어하는 하위 계층 모듈 수
- 팬-인(fan-in) : 주어진 모듈을 직접 불러 제어하는 상위 조정 모듈 수

이를 그림으로 설명하면 그림 12-8과 같다.

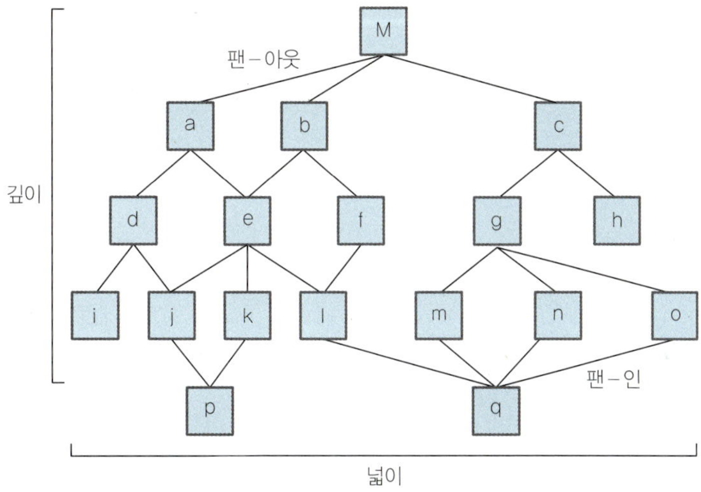

:: 그림 12-8 | 구조의 용어

프로그램의 구조가 만들어진 다음 각 모듈에 대한 구체적인 절차를 규명한다. 이는 앞에서 말한 단계적 정제과정이라 볼 수 있다. 그림 12-9는 프로그램 구조와 모듈의 세부적인 작업 절차를 표시하는 순서도(flowchart)와의 관계를 표시하고 있다.

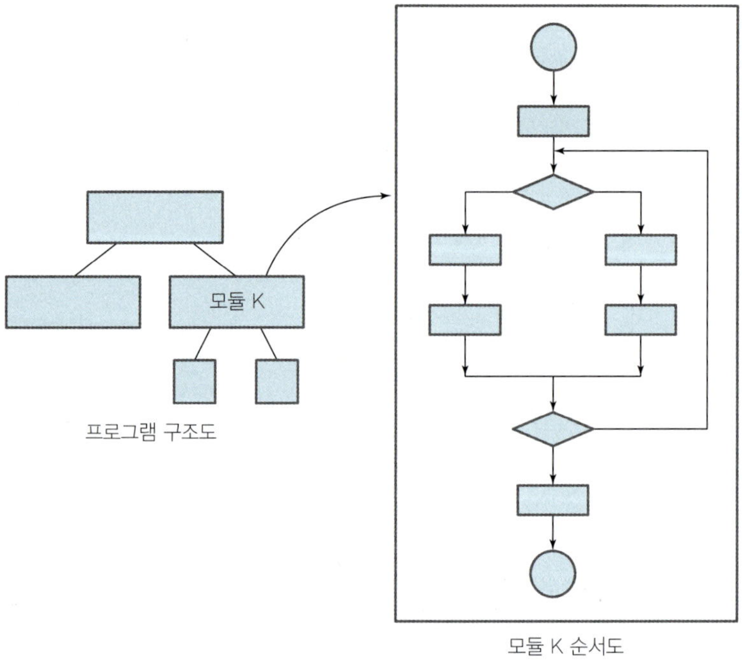

:: 그림 12 – 9 | **구조 도표와 순서도**

정확하게 어떤 모습을 가진 시스템 구조가 이상적인지 말할 수는 없지만 일반적으로 회교 사원의 꼭대기에 있는 모스크(Mosque) 모양의 시스템이 바람직하다고 알려져 있다. 이러한 모스크 모양은 시스템 상위 구조에서는 높은 팬-아웃이 이루어지고 하위 구조에서는 높은 팬-인이 이루어질 때 가능하다. 그림 12-10은 모스크 모양의 이상적인 시스템 구조를 나타내고 있다.

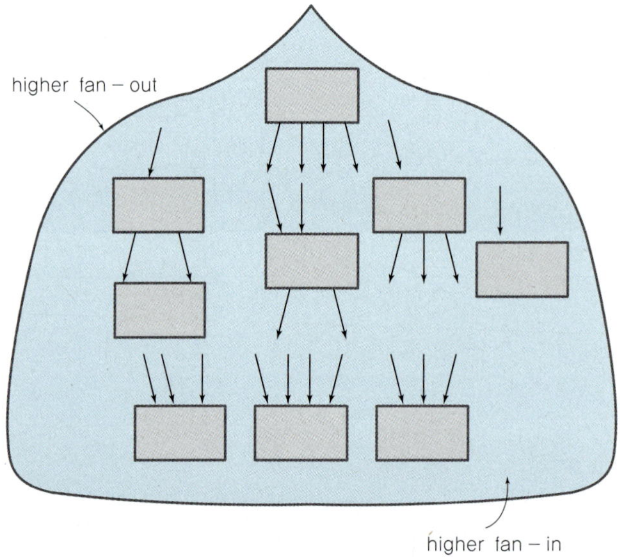

:: 그림 12 – 10 | **모스크 시스템 구조**

프로그램 구조가 건축물의 구조물에 해당한다면 데이터 구조는 건축물의 기초 공사에 해당한다. 데이터들 사이의 관계를 나타내는 데이터 구조는 시간이 변함에 따라 잘 변하지 않는 속성을 가지고 있으며, 시스템의 핵심 부분으로 인식되고 있다. 예를 들어, 분석과정에서 정보를 분석하기 위해 사용된 ER 모델은 데이터 구조를 나타낼 수 있는 논리적 근거를 제공한다.

데이터베이스 설계는 일반적으로 관계형 구조(relational structure), 계층 구조(hierarchical structure), 네트워크 구조(network structure)의 3가지 구조를 가지고 있다.

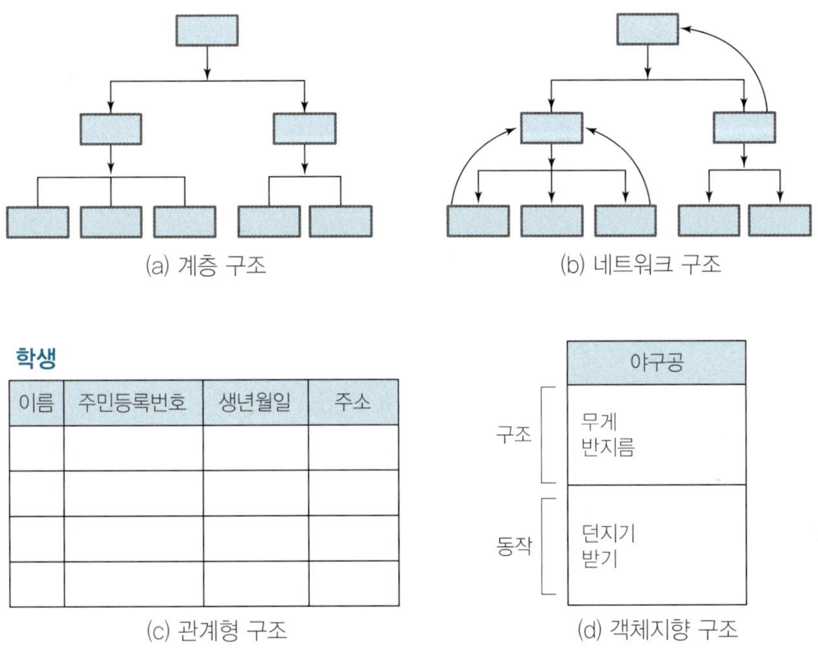

:: 그림 12 – 11 | 데이터베이스 설계 구조

4 설계의 품질 요소

좋은 설계를 명확히 정의하기란 쉽지가 않다. 좋은 설계는 효율적으로 프로그램을 할 수 있는 설계라 할 수도 있고, 소프트웨어의 진화 문제를 잘 해결할 수 있도록 변화에 쉽게 적응할 수 있는 설계라 할 수도 있다. 좋은 설계가 이루어졌다고 인식되기 위해서는 설계 결과인 설계 문서가 읽기 쉽고 이해하기 쉽게 만들어져야 하며, 시스템에 변화가 주어졌을 때 그 영향이 국소화(local)되어야 한다.

이러한 조건을 만족하기 위해 모듈들은 서로 독립적이어야 하고, 각 구성 요소는 내부의 응집력이 높아야 한다. 또한 모듈들 사이의 연결을 나타내는 결합도는 최소화되어야 한다. 모듈들 사이의 결합도가 약할수록 모듈의 독립성이 증가하고, 새로운 환경에 적응할 수 있는 적응력이 증가한다.

기능적 독립성, 응집도를 극대화하고 모듈들 사이의 결합도를 줄이는 것이 유지보수를 쉽게 할 수 있는 우수한 설계의 원칙이라 할 수 있다. 객체지향 설계 기법도 결국 독립성과 응집도를 최대화할 수 있어 설계의 품질을 높여 주는 설계방법이다.

이 절에서는 설계 단계에서 품질에 영향을 미치는 요소들인 모듈의 독립성, 응집도, 결합도, 이해도, 적응도 등에 대하여 살펴본다.

독립성

우리 개인이 효과적인 인생을 살기 위해서는 주도적이며 목표 의식이 뚜렷해야 한다. 이는 우리가 남에게 의지하지 않고 독립성(independence)을 가져야 된다는 것을 의미한다. 홀로 선다는 것은 곧 성숙함을 의미하며 다른 사람과 좋은 인간관계를 이루는 기초가 된다. 우리 자신의 성품이 독립적이 될 때 다른 사람과의 관계를 풍부하고 지속적이며 생산적인 것으로 만들 수 있다. 이때야 비로소 상호 이익을 추구하는 상호 의존적인 관계가 될 수 있다.

소프트웨어도 예외가 아니다. 소프트웨어의 경우에도 이를 구성하고 있는 요소들이 독립성을 가지고 기능을 수행할 때 성숙된 모습을 나타낸다. 이때 구성 요소들 사이의 관계도 상호 이익을 추구할 수 있는 관계가 될 자격이 생긴다. 소프트웨어 구성 요소의 기능적 독립성은 모듈화 과정과 정보 은닉 개념에서 나타나는 부산물이다. 각 모듈이 하나의 기능만을 수행하며 다른 모듈들과의 상호 교류와 결합을 최소화시킬 때 모듈의 기능적 독립성은 극대화될 수 있다.

모듈의 독립성을 측정하기 위하여 스티븐스(W. Stevens), 마이어스(G. Myers), 콘스탄틴(L. Constantine)은 결합도와 응집도라는 개념을 제시하였다[STE 74]. 모듈의 독립성을 높이려면 모듈 간의 결합도는 낮아야 하고 모듈의 응집도는 높아야 한다.

응집도

응집도(cohesion)는 모듈 내부가 얼마나 단단히 뭉쳐져 있는가를 나타내는 성숙도의 측정치이다. 즉, 모듈 내의 각 구성 요소들이 공통의 목적을 달성하기 위하여 서로 얼마나 관련이 있는지 연관 정도를 나타내는 것이다. 응집도는 모듈 안의 구성 요소들이 어울리는 정도를 나타내며, 구성 요소들을 묶어 주는 시멘트(cement)이다. 또한 응집도는 모듈이 하나의 임무를 수행하는 정도를 나타내는 것으로 모듈의 독립성을 측정하는 또 다른 척도이다. 모듈의 응집도를 높이면 모듈 사이의 낮은 결합도를 얻을 수 있으며, 이와 반대로 낮은 응집도는 높은 결합도를 발생시킬 수 있다. 소프트웨어를 설계할 때 모듈들은 높은 응집도를 갖고, 모듈들 사이의 결합도를 낮게 하는 것이 바람직하다.

요던(E. Yourdon)과 콘스탄틴(L. Constantine)이 분류한 여러 종류의 응집도를 보면 그림 12-12와 같다. 스펙트럼(spectrum)의 7가지 색깔처럼 응집도를 7가지로 분류하였으며, 응집도는 낮은 것부터 기술하였다.

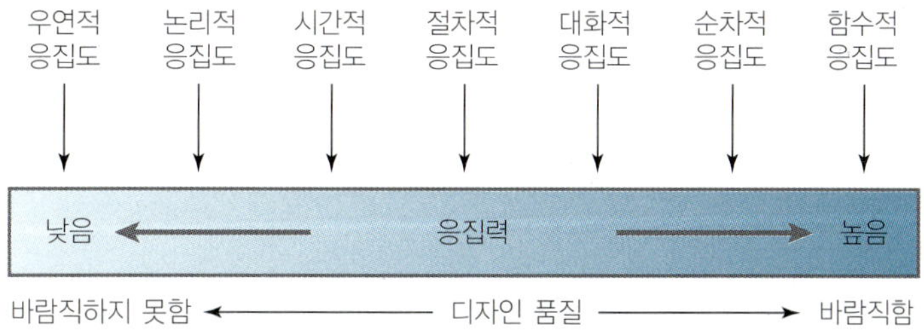

:: 그림 12 - 12 | 응집도 스펙트럼(cohesion spectrum)

(1) 우연적 응집도

모듈 내의 구성 요소들이 뚜렷한 연결성을 가지고 있지 않다. 극한적인 예로서 임의로 20줄씩 잘라 모듈을 만들었을 때 우연적인 응집도밖에 기대할 수 없다. 실제로 프로그램 설계에서 이러한 방법을 사용할 사람은 거의 없다.

설계에서는 특정한 기능을 모듈로 설계하여 여러 모듈에서 직접 호출하여 사용하게 하는 것이 일반적이다. 그러나 뚜렷한 의미나 기능은 없지만 여러 모듈에 유사한 명령문들이 중복되어 있는 경우에 단지 중복되는 부분을 줄이려고 이를 묶어 모듈을 설계하였다면 이런 모듈은 우연적 응집도(coincidental cohesion)를 갖게 된다.

(2) 논리적 응집도

모듈 내의 구성 요소들이 논리적으로 연관된 임무나 비슷한 기능(예를 들어, 입출력, 오류 처리 기능)들을 수행한다. 설계 시 논리적으로 연관된 임무나 비슷한 기능을 묶어 한 모듈을 구성하게 된다. 그 이유는 서로 다른 기능이라고 하지만 적지 않은 부분이 중복되기 때문이다. 그러나 만약 여러 기능 중 어느 한 기능에 변경이 발생했을 때 모듈의 수정이 필요하다. 또한 다른 임무를 수행하는 부분과 연관성이 복잡하여 수정이 매우 어렵고 부작용(side effect)이 발생하기 쉽다. 한편, 논리적 응집도(logical cohesion)를 가진 모듈은 해당 호출 모듈과 제어 결합도를 가진다.

(3) 시간적 응집도

모듈 내 구성 요소들이 서로 다른 기능을 같은 시간대에 함께 실행하는 경우이다. 초기화 모듈은 흔히 볼 수 있는 시간적 응집도(temporal cohesion) 모듈이다. 예를 들면, 초기화 모듈 Init_Variables는 변수에 대한 초기화 작업을 수행하는 시간적 응집 모듈이며, 각 변수들에 대한 초기화는 서로 연관성이 없다. 시간적 응집도를 가진 모듈도 여러 가지 임무를 수행하지만 같은 시간대에 실행한다는 점에서 이런 응집도는 우연적 응집도 또는 논리적 응집도 모듈보다 응집도가 높다.

그러나 이런 모듈은 다음과 같은 결점을 가지고 있다. 첫째, 다른 모듈들은 시간적 응집도를 가진 모듈이 이미 수행되었다는 것을 가정하고 있으며, 만약 이런 수행 순서가 정확하지 않으면 오류가 발생하며 이런 오류를 찾는 것은 쉽지 않다. 둘째, 모듈들의 수행 순서가 간접적으로 나타나기 때문에 프로그램을 이해하기 어렵다. 셋째, 설계 변경으로 인하여 시간적 응집도 모듈 내의 부분적 구성 요소들이 같은 시간대에 실행되지 않을 경우 본 모듈은 물론 이와 연관되어 있는 모듈도 수정되어야 한다. 설계에서 초기화 모듈은 흔히 이용되지만 이와 다른 시간적 응집 모듈은 가능하면 피하는 것이 바람직하다.

(4) 절차적 응집도

모듈 내 구성 요소들이 연관성이 있고, 특정 순서에 의해 수행되어야 하는 경우에 절차적 응집도(procedural cohesion)를 가진다. 소프트웨어 설계에서 모듈화의 원칙에 따라 흔히 복잡하고 '큰' 프로세스를 간단하고 '작은' 모듈로 분할한다. 설계 단계에서 모듈화에 이용되는 기본 정보는 프로세스가 수행되는 절차적 요구와 처리하려는 데이터이다. 프로세스의 절차적인 요구 조건에 따라 모듈을 설계할 경우 모듈이 단지 절차의 한 부분이라는 이유로 설계되었다면 응집도가 낮은 절차적 응집도만을 가진 모듈이 될 수 있다.

(5) 대화적 응집도

모듈이 여러 가지 기능을 수행하며 모듈 내 구성 요소들이 같은 입력 자료를 이용하거나 동일 출력 데이터를 만들어 내는 경우가 이에 해당한다. 절차적 응집도는 오직 프로세스 절차만 고려하여 얻은 모듈이지만 대화적 응집도(communicational cohesion)는 모듈화에서 프로세스 절차와 데이터를 동시에 고려하여 모듈화된 것으로서 해결하려는 문제와 많은 연관성을 가지고 있어 절차적 응집도보다 높은 응집도를 가지고 있다고 볼 수 있다.

(6) 순차적 응집도

모듈 내 한 구성 요소의 출력이 다른 구성 요소의 입력이 되는 경우가 순차적 응집도(sequential cohesion)에 해당한다. 순차적 응집도를 갖는 모듈은 여러 기능을 수행하는 요소들을 가지고 있고, 이런 요소들은 데이터 흐름과 밀접한 연관을 가지고 있다. 순차적 응집도를 갖는 모듈은 대화적 응집도를 가지고 있는 모듈보다 응집도가 높으며 해결하려는 문제에 대하여 요소들 사이의 연관성이 보다 잘 내포되어 있다.

(7) 함수적 응집도

함수적 응집도(functional cohesion)는 한 기능을 수행하기 위해 각 구성 요소들이 필요한 경우이다. 이런 모듈 내부 요소들은 가장 밀접히 연관되어 있고, 또한 높은 응집도를 갖고 있다. 이런 모듈은 오직 하나의 기능을 수행함으로써 이해하기가 쉽고 수정하기도 쉽다. 한 모듈 안에 여러 기능을 합쳐 놓으면 오류를 일으킬 가능성이 증가하며, 시험하기도 어렵다. 이는 앞의 기능이 변경되었을 때 뒤의 기능에 영향을 주게 되며, 오류가 확산될 가능성이 커지기 때문이다.

결합도

결합도(coupling)는 모듈 사이의 상호 연관성의 복잡도를 일컫는다. 모듈들 사이의 상호 교류가 많고 서로의 의존이 깊을수록 모듈들 사이의 결합도는 높아진다. 특히, 인터페이스가 정확히 설정되어 있지 않거나 기능이 정확히 나누어져 있지 않을 때 불필요한 인터페이스가 나타나 모듈 사이의 의존도는 높아지고 결합도는 증가한다.

결합도는 프로그램 요소들 사이의 상호 연관성을 표시하는 방법이며, 모듈의 독립성 및 응집도와 밀접한 관계를 가지고 있다. 만약 두 모듈이 서로 옆에 있건 없건 완벽하게 기능을 수행하는 경우라면 이들은 서로 완전히 독립적이라 할 수 있으며 이는 서로 상호 교류가 전혀 없음을 의미한다.

결합도가 높을수록 한 모듈의 변화가 다른 모듈에도 영향을 주어 파문 효과(ripple effect)를 일으킨다. 파문 효과가 클수록 시스템을 유지보수하기 어렵다. 파문 효과는 하나에 영향이 생겼을 때 다른 많은 것에 영향을 끼치는 것이다.

따라서 소프트웨어 설계 시 가능한 한 최하위의 결합도를 갖게 시스템을 설계하는 것이 이상적이다. 모듈들이 변수를 공유하여 사용하거나 제어 정보를 교류하는 경우 모듈 사이의 결합도가 증가한다. 결합도를 낮추기 위해서는 정보를 모듈 안에 가두고, 다른 모듈과의 데이터 상호 교류가 필요한 경우 매개변수(parameter)를 통하여 정보를 교환하여야 한다. 우리가 프로그래밍을 배우면서 가능하면 전역변수(global variable)를 사용하지 않고 매개변수를 사용하는 것도 이러한 이유(결합도를 낮추자) 때문이다.

결합도에 영향을 미치는 4가지 요소는 결합도를 증가시키거나 감소시킬 수 있게 해주며 이들 4가지 요소는 다음과 같다.

① 모듈들 사이의 연결 유형 : 모듈들 사이의 연결은 한 모듈 안에 있는 요소가 다른 모듈에 의해 참조될 때 발생한다. 이들 참조 요소는 모듈들의 경계인 인터페이스를 정의하는 데 사용된다. TV를 비디오 플레이어와 연결시킬 때 플러그를 소켓에 넣어 상호 교류를 가능하게 한다. 이때 플러그와 소켓은 두 모듈(TV와 비디오 플레이어)을 연결시켜 데이터가 흘러갈 수 있도록 한다.

② 인터페이스의 복잡도 : 각 인터페이스는 모듈들의 연결을 위해 꼭 필요한 정보만을 표시하여 복잡도가 최소화될 수 있도록 만들어야 한다. 복잡도가 최소화된 구조는 모듈들 사이의 상호 연결의 수와 데이터와 제어 흐름을 위한 인터페이스의 수가 가장 작음을 의미한다.

③ 정보 흐름의 유형 : 모듈들 사이에 교류되는 정보의 유형에는 크게 데이터와 제어 신호가 있다. 데이터는 프로그램에 의해 계산되고 새로운 데이터를 생성하거나 이를 변형시키는 데 사용된다. 제어는 계산에 직접 사용되지 않는 대신 계산의 순서나 조건을 나타낸다. 데이터를 교류하고 있는 모듈들 사이의 결합도는 제어 신호를 교류하고 있는 모듈들 사이의 결합도보다 약하다.

④ 바인딩 시간 : 모듈 사이의 연결을 묶는 때를 바인딩 시간(binding time)이라 하며, 컴파일(compiling)할 때, 로딩(loading)할 때, 실행(execution)할 때 등이 있다. 실행 시간에 바인딩되면 로딩 시간에 바인딩된 것보다 결합도가 약하며, 로딩 시간에 바인딩되면 컴파일 시간에 바인딩된 것보다 결합도가 약하다. 이는 프로그램 매개변수의 값이 나중에 고정될수록 요구사항의 변경을 쉽게 수용할 수 있기 때문이다.

결합도는 서로 다른 모듈들 사이의 상호 교류의 강도를 나타내며, 모듈의 독립성을 나타내는 척도가 되기도 한다. 요던과 콘스탄틴이 분류한 여러 종류의 결합도를 보면 그림 12-13과 같다. 스펙트럼(spectrum)의 7가지 색깔처럼 결합도를 7가지로 분류하였으며, 결합도가 낮은 것부터 기술하였다.

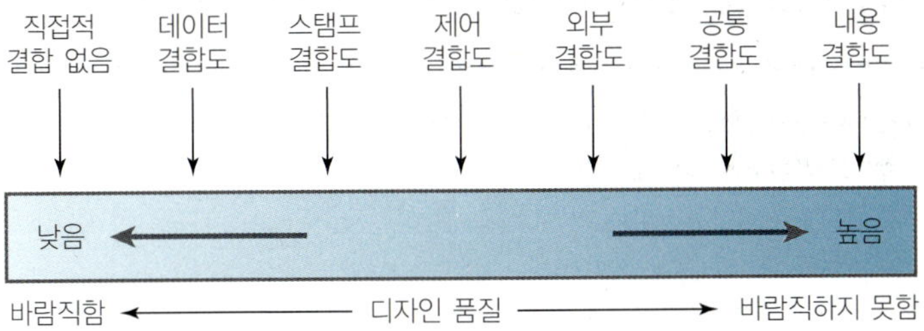

:: 그림 12 – 13 | 모듈 사이의 결합도 스펙트럼(coupling spectrum)

(1) 직접적 결합 없음

서로 독립적이고 상호 교류가 없는 경우이거나, 두 모듈이 다른 모듈에 속해 있어 직접적으로 연결되어 있지 않을 때(no direct coupling)이다. 모듈 Read_char와 Print_char는 Read_and_Print 모듈에 속하며 직접적인 결합은 없다.

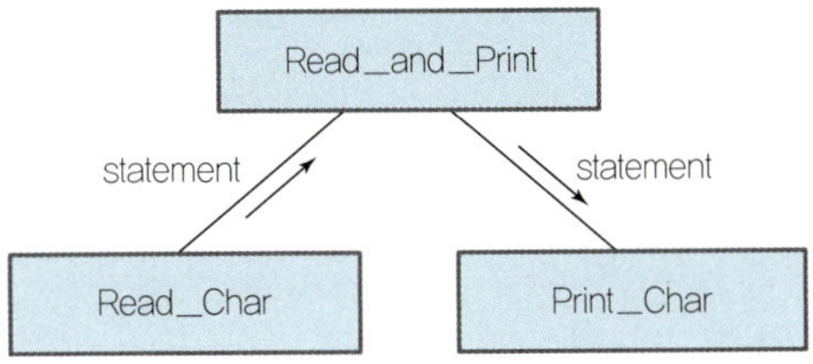

(2) 데이터 결합도

데이터 결합도(data coupling)는 한 모듈이 간단한 데이터들을 매개변수를 통해 다른 모듈과 주고받는 경우이다. 예를 들어, Read_and_Print 모듈과 Print_char 모듈은 데이터 결합을 하고 있다.

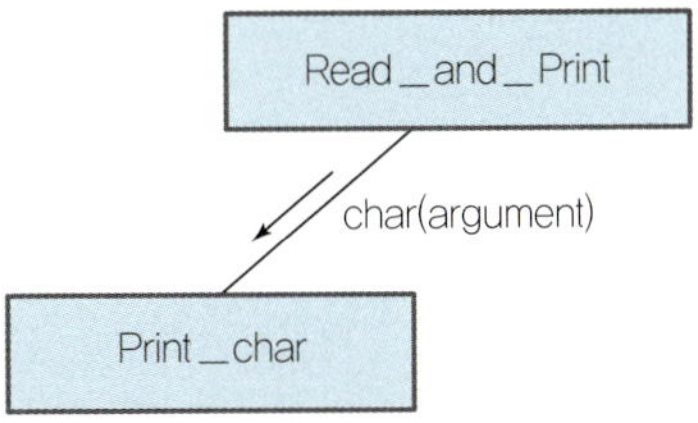

(3) 스탬프 결합도

스탬프 결합도(stamp coupling)는 레코드 또는 배열과 같은 복잡한 데이터 구조를 모듈 인터페이스를 통해 주고받는 경우이다. 스탬프 결합도에서 호출 모듈과 피호출 모듈 간에 데이터 교환에서 사용되는 자료 구조를 공통으로 쓰고 있기에 이런 자료 구조에 대한 정보를 알아야 한다. 만약 이런 자료 구조에 변경이 일어나면 이 두 모듈에 대한 수정은 불가피하다. 때문에 스탬프 결합도는 데이터 결합도보다 높다. 예를 들어, 프로그래밍 언어 또는 라이브러리에서 string이라는 데이터 타입을 제공하고 Read_and_Print 모듈에서 배열을 쓰지 않고 string 타입을 쓰려고 하려면 Read_Statement 모듈과 Print_Statement 모듈의 인터페이스는 물론 모듈 내부에 대한 수정이 불가피하다.

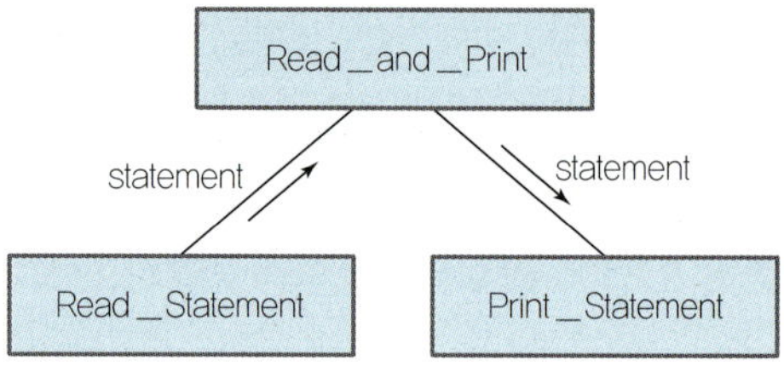

(4) 제어 결합도

제어 결합도(control coupling)는 모듈 사이에 제어 신호를 주고받아 다른 모듈의 행위를 변경할 수 있는 경우이다. 이때 제어 신호(flag)가 하부 모듈에 전달되어 그 행위를 결정한다. 데이터를 교류하는 것보다 제어 신호를 교류하는 경우 모듈들 사이의 결합도가 높다.

File_Manager 모듈과 Read_Write_File 모듈은 is_reading 제어 정보를 교류하여 제어 결합을 하고 있다. 제어 정보를 교류한다는 것은 File_Manager 모듈이 Read_Write_File 모듈의 내부 구조를 어느 정도 알고 있다는 것이다. Read_Write_File 모듈은 is_reading의 값에 따라 파일을 읽는 작업 또는 파일을 쓰는 작업을 한다. 정보 은닉의 원리에 의하면 모듈의 설계에서 설계 전략을 외부에 은닉하여야 하며, 모듈 내부에 변경이 발생하였다 해도 다른 모듈에 영향을 주지 않아야 한다. 그러나 만약 Read_Write_File 모듈에 변경이 발생하여 Read_File과 Write_File로 나누려 할 때 File_Manager에까지 영향을 주며 File_Manager도 수정되어야 한다.

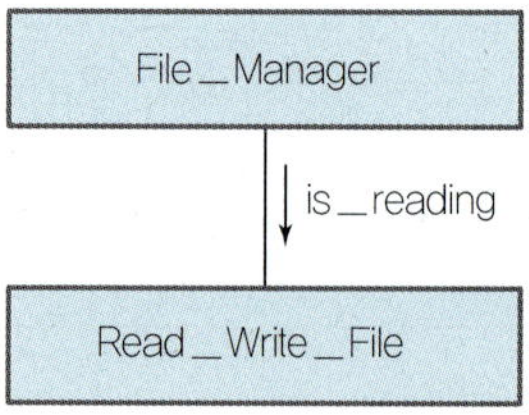

(5) 외부 결합도

외부 결합도(external coupling)는 입출력의 경우 모듈이 특수한 하드웨어에 결합되어 있거나, 통신 프로토콜, 운영체제(O/S), 컴파일러 등과 같은 소프트웨어 이외의 다른 시스템 구성 요소와 결합되어 있는 경우이다. 모듈이 컴파일러의 비표준 선택 사양에 의해 컴파일되는 경우(컴파일러 결합)나 표준화되어 있지 않은 O/S 기능을 사용하는 모듈의 경우(예를 들어, 문서화되어 있지 않은 MS-DOS 기능)가 이에 해당한다.

(6) 공통 결합도

모듈들이 간단한 타입을 가지고 있는 전역변수(global variable)를 사용하는 경우 이 모듈들 사이에 공통 결합도(common coupling) 를 가지고 있다고 한다. Fortran의 COMMON 블록도 이에 해당한다. 공통 결합은 다음과 같은 결점이 있다. 첫째, 변숫값의 초기화 시기를 각 모듈이 미리 알고 있어야 한다. 둘째, 전역변수는 모듈 사이에 정보를 교환하는 데 사용된다. 그러나 이런 정보는 간접적으로 교환되기 때문에 정보를 공유하는 모듈들은 수행과정을 '약속'하여야 하며, 이런 '약속'이 변경될 경우 공통 결합으로 연결된 모든 모듈을 수정하여야 한다. 셋째, 이런 방법으로 설계된 소프트웨어는 국소화(localize)되지 못하고 정보 은닉 또한 되어 있지 않기 때문에 읽거나 이해하기 어렵다. 공통 결합도는 높은 결합도로서 설계 시 전혀 이용하지 않는 것이 바람직하고 필요하면 조심하여 사용하여야 한다.

(7) 내용 결합도

내용 결합도(content coupling)는 한 모듈이 다른 모듈 내부에 있는 데이터나 제어 신호를 사용하는 경우이거나, 다른 모듈의 중간에 뛰어 들어가는(branching) 경우이다. 모듈들이 서로 상대방의 내부 정보를 직접 이용한다는 것은 모듈화가 잘되어 있지 않다는 것이며 소프트웨어의 설계에서 극소수 상황을 제외하고는 이런 연결은 피해야 한다.

현재 우리가 쓰고 있는 고급 프로그래밍 언어(high level programming language)는 이런 결합을 모듈들의 관계에서 지원하지 않는다. 예를 들면, 한 모듈에서 GOTO 문으로 다른 모듈 내부에 들어갈 수 없고, 타 모듈 내부에서 정의된 변수도 이용할 수 없다. 그러나 FORTRAN 언어의 경우 ENTRY 문을 이용하여 다른 모듈의 내부에 직접 접근할 수 있으며, 프로그램의 성능을 고려하여 어샘블리 언어를 이용하여 내부 결합도를 가진 모듈을 설계할 수도 있다.

이해도

프로그램 요소의 동작을 이해하지 않고는 프로그램을 만들기도 어렵거니와 유지보수 단계에서 고쳐나가기도 어렵다. 프로그램 및 문서의 이해도는 다른 프로그램 요소나 정보를 참조하지 않고 이해할 수 있는 용이성이다. 시스템의 응집도가 높을수록 프로그램 요소들을 쉽게 이해할 수 있으며 고쳐나가기 쉽다.

이해도(understandability)는 다음과 같은 요소들과 관계된다.

첫째, 구조적으로 소프트웨어를 설계하여야 한다. 시스템은 서브시스템으로 구성되고 각 서브시스템은 독립성이 높아야 한다.

둘째, 서브시스템을 구성하는 모듈 간의 독립성을 높여야 한다. 모듈들은 서로 낮은 결합도를 가지고 있어야 하며, 정보 은닉이 잘되어 서로 참조하는 정보를 될수록 줄여야 한다.

셋째, 프로그램 이해의 전제는 프로그램을 읽는 것이기 때문에 프로그램을 읽기 쉽게 작성하여야 한다. 프로그램 구조, 모듈 및 변수 이름, 모듈의 복잡성 등은 프로그램을 쉽게 읽는 정도(readability)에 많은 영향을 준다.

넷째, 설계 및 코드 문서는 정확하고 완전하여야 한다. 부정확한 문서는 프로그램 이해에 도움을 주지 못할 뿐만 아니라 더욱 어렵게 한다. 문서가 없거나 불완전하면 코드에 의해서만 프로그램을 이해하여야 하기 때문에 프로그램을 이해하기가 어렵다.

적응도

소프트웨어를 개발하였던 원래의 환경은 변화(예를 들어, CPU 등의 하드웨어)가 일어날 수 있으며, 이를 적절히 반영하기 위해서 적응도(adaptability)가 높은 설계가 이루어져야 한다. 하드웨어의 경우 1~2년을 주기로 새로운 기종이 발표되고 있고 급격한 변화가 계속되고 있다. 새로운 환경에 적절히 대응할 수 있도록 소프트웨어를 변경시킬 수 있는 용이성을 적응도라 한다. 소프트웨어의 유지보수가 용이하게 이루어지기 위해서는 새로운 환경에 쉽게 적응할 수 있는 시스템을 만들어야 한다.

또한 환경 독립성을 높여 수정되어야 할 부분을 지역화하여 적은 부분을 수정하고 쉽게 새로운 환경에 적응할 수 있도록 하여야 한다. 소프트웨어는 다른 소프트웨어의 기능을 사용할 수 있고(예를 들면, 운영체제, DBMS 등) 특정된 컴퓨터 장치도 사용할 수 있는데, 이런 환경과 연관된 부분을 지역화하여 이해도를 높이고 이식성(portability)도 높여야 한다.

요 약 SOFTWARE ENGINEERING

소프트웨어 설계는 소프트웨어 개발의 핵심이다. 사용자 요구사항 분석도 안정감 있는 시스템을 설계하기 위한 준비과정이라 볼 수 있다. 요구사항에 대하여 보다 잘 이해할수록 보다 이상적인 설계가 가능하다.

좋은 설계를 명확히 정의하기란 쉽지 않다. 좋은 설계는 효율적으로 프로그램을 할 수 있는 설계라 할 수도 있고, 소프트웨어의 진화 문제를 잘 해결할 수 있도록 만들어져 변화에 쉽게 적응할 수 있는 설계라 할 수도 있다. 이러한 조건을 만족하기 위해 모듈들은 서로 독립적이어야 하고, 각 구성 요소는 내부의 응집력이 높아야 한다. 또한 모듈들 사이의 연결을 나타내는 결합도는 최소화되어야 한다. 모듈들 사이의 결합도가 약할수록 모듈의 독립성이 증가하고, 새로운 환경에 적응할 수 있는 적응력이 증가한다. 결국 기능적 독립성, 응집도를 극대화하고 모듈들 사이의 결합도를 줄이는 것이 유지보수를 쉽게 할 수 있는 우수한 설계의 원칙이라 할 수 있다.

설계의 중요 활동으로는 데이터 설계, 구조 설계, 절차 설계, 인터페이스 설계가 있다. 관리적 측면에서 살펴보면 크게 기본 설계와 상세 설계의 두 가지로 나누어진다. 기본 설계 단계에서는 데이터베이스에 대한 설계, 구조에 대한 설계가 이루어지며 상세 설계에서는 각 모듈에 대한 구체적인 알고리즘이 완성된다.

소프트웨어의 품질은 설계에서 시작한다. 기업의 시험 기법이 아무리 우수하다 하더라도 품질을 향상시키는데 한계가 있으며, 오류가 프로그래밍에 들어가지 않도록 그 이전 단계인 분석, 설계 단계에서 걸러 주는 것이 최선의 방법이다. 설계 단계를 서둘러 끝내는 것은 바람직하지 않고, 충분한 시간과 노력을 투자할 만한 가치가 있으며, 그 결과는 소프트웨어의 품질로 나타난다.

참고 문헌

[COV 94] Covey S., 『성공하는 사람들의 7가지 습관』, 김영사, 1994.

[DEM 79] Demarco, T., *Structured Analysis and System Specification*, Yourdon Press, 1979.

[ELM 94] Elmasri, R., Navathe S., *Fundamentals of Database Systems*, Benjamin/Cunnings, 1994.

[Gam 95] Gamma, E., Helm R., Johnson R. & Vlissides J., *Design Pattern: Elements of Reusable Object-Oriented Software*, Addison-Wesley Publishing Company, Inc., 1995.

[HOR 76] Horowitz, E. & Sahni, S., *Fundamentals of Data Structures*, Computer Science Press, 1976.

[JAC 75] Jackson, M. A., *Principles of Program Design*, Academic Press, New York, 1975.

[MY N90] Mynatt, B., *Software Engineering with Student Project Guidance*, Prentice Hall, 1990.

[PRE 97] Pressman, R., *Software Engineering : A Practitioner's Approach*, McGraw-Hill, 1997.

[STE 74] Stevens, W., Myers G. & Constantine L., "Structured Design", IBM System Journal, vol.13, no.2, 1974, pp. 115-139.

[WEI 71] Weinberg, G., *The Psychology of Computer Programming*, Computer Science Press, 1971.

[YOU 79] Yourdon, E. & Constantine L., *Structured Design*, Yourdon Press, 1979.

연습문제

객관식 문제

01 소프트웨어 설계 시 고려사항으로 거리가 먼 것은?

① 전체적이고 포괄적인 구조를 설계한 후 차례로 세분화하여 구체화시켜 나간다.
② 요구사항을 모두 추적할 수 있어야 하고 유지보수가 용이해야 한다.
③ 모듈은 독립적인 기능을 갖도록 설계해야 한다.
④ 모듈 간의 결합도를 높이고 모듈의 응집도를 낮춘다.

02 일반적으로 소프트웨어 상세 설계 단계에서 취해야 할 주요 작업 내용은?

① 소프트웨어 시스템의 구조 정의
② 시스템 개발 계획 및 요구 기능의 정의
③ 각 모듈의 제어 구조 및 알고리즘 구성
④ 각 프로그램에 대한 코딩 및 부분 테스트

03 소프트웨어 설계 시 가이드라인으로 사용되는 것이 아닌 것은?

① 모듈들 사이에 효과적인 제어를 가능하게 하는 계층 구조를 가져야 한다.
② 설계는 논리적으로 분할되어 모듈화(modular)되어야 한다.
③ 모듈들 사이 또는 외부 환경과의 인터페이스가 최소화되도록 설계되어야 한다.
④ 모듈 내부의 응집도는 낮아야 하고, 모듈들 사이의 결합도와 인터페이스는 최대화되어야 한다.

04 기본 설계에 대한 설명이 아닌 것은?

① 기본 설계 단계에서 모듈의 내부 구조를 설계하는 것이 바람직하다.
② 사용자의 요구사항을 만족시킬 수 있도록 시스템의 구조를 결정한다.
③ 기본 설계에서는 시스템에 필요한 정보를 자료 구조와 데이터베이스 설계에 반영한다.
④ 설계에 대한 경험이 많은 엔지니어가 하는 것이 일반적이다.

05 객체지향 개념에서 연관된 데이터와 함수를 함께 묶어 외부와 경계를 만들고 필요한 인터페이스만을 밖으로 드러내는 과정을 무엇이라고 하는가?

① 상속(inheritance)　② 캡슐화(encapsulation)
③ 다형성(polymorphism)　④ 동적 바인딩(dynamic binding)

06 바람직한 설계 지침이 아닌 것은?

① 모듈의 기능을 예측할 수 있도록 정의한다.

② 두 모듈 간의 상호 의존도를 강하게 한다.

③ 모듈의 독립성을 고려한다.

④ 적당한 모듈의 크기를 유지한다.

07 소프트웨어 설계에 대한 설명이 아닌 것은?

① 시스템을 여러 서브시스템(subsystem)으로 나누는 단계이다.

② 시스템 전체의 구조를 결정한다.

③ 고객과 함께 응용 분야의 관점에서 시스템을 분할한다.

④ 여러 해결방법 중 수행 시간, 기억장치 및 다른 비용과 자원들을 최소화할 수 있는 방법을 선택한다.

08 추상화(abstraction)에 대한 설명으로 적당하지 않은 것은?

① 추상화는 엔지니어링 전 과정에서 이루어지는 중요한 원리이다.

② 엔지니어링이란 추상화가 높은 단계에서 낮은 단계로 이동되는 과정이다.

③ 설계과정에서도 높은 추상화 단계에서 낮은 추상화 단계로 나아가며, 이를 위해 단계적인 정제(refinement)가 이루어진다.

④ 기본 설계에서 상세 설계로 나아가면 추상화의 수준은 높아지고, 원시 코드가 생성될 때 추상화는 최상위의 수준이 된다.

09 정보 은닉(information hiding)에 대한 설명과 거리가 먼 것은?

① 정보 은닉이란 필요하지 않은 정보는 접근할 수 없도록 하여, 한 모듈 또는 하부 시스템이 다른 모듈의 구현에 영향을 받지 않게 설계되는 것을 의미한다.

② 설계 전략에 변경이 발생하는 경우 그 영향이 최소한의 모듈들에만 미치도록 하는 것이다.

③ 모듈들 사이의 결합도를 높여 주며 신뢰도를 향상시킬 수 있는 기법이다.

④ 모듈들 사이의 독립성을 유지시켜 주는 기법이다.

10 설계 시 이루어지는 단계적 정제(stepwise refinement) 과정과 거리가 먼 것은?

① 기본 설계 단계에서 나타나는 프로그램의 구조에서 점차 모듈에 대한 세부사항으로 내려가며 구체화된다.

② 정제과정에서 추상화의 수준은 낮아지며 각 기능은 분해되어 해결 방안을 제시하게 된다.

③ 정제는 많은 노력을 들이는 과정이며, 세부적인 묘사를 가능하게 함으로써 시스템의 구현을 가능하게 한다.

④ 낮은 추상화 단계에서 높은 추상화 단계로 가는 단계적 정제과정이다.

11 **설계 과정에서 이루어지는 모듈화(modularity)와 거리가 먼 것은?**

① 모든 공학 분야에서 시스템을 구성 요소로 나누어 접근하는 경우가 대부분이다.

② 모듈화는 시스템의 유지보수와 수정을 어렵게 한다.

③ 소프트웨어의 경우 구성 요소를 대표하는 것이 모듈(module)이다.

④ 모듈의 수가 증가하면 상대적으로 각 모듈의 크기는 감소하며 모듈들 사이의 상호 교류가 증가하여, 시스템의 성능이 떨어지고 과부하(overload) 현상이 나타난다.

12 **뚜렷한 연관성을 갖지 않은 기능 요소로 구성되는 경우에 해당하는 것은?**

① coincidental cohesion ② functional cohesion

③ sequential cohesion ④ logical cohesion

13 **응집도의 종류 중 한 기능을 수행하기 위해 각 구성 요소들이 필요한 경우이며, 모듈 내부 요소들은 가장 밀접히 연관되어 있고, 또한 높은 응집도를 가지고 있는 경우에 해당하는 것은?**

① coincidental cohesion ② functional cohesion

③ sequential cohesion ④ logical cohesion

14 **요구사항 분석 단계에서 작성된 자료 흐름도(data flow diagram)를 변환하여 프로그램 구조도(structure chart)로 변환하는 지침으로 옳지 않은 것은?**

① 모듈들은 가능한 한 약하게 결합되어야 한다.

② 모듈 내의 요소들은 강력하게 응집되어야 한다.

③ 모듈들이 공통 결합도를 유지할 때 좋은 구조도가 유도된다.

④ 모듈 내의 요소들이 기능 응집도(functional cohesion)를 유지하면 좋은 구조도가 유도된다.

15 **소프트웨어의 분할 단위인 모듈(module)에 대한 설명으로 옳은 것은?**

① 모듈의 독립성을 높여 주기 위해 응집도(cohesion)를 낮추고 결합도는 최대가 되도록 한다.

② 모듈 간의 연관성이 높아지면 모듈의 독립성은 저하되며 모듈 간의 결합도(coupling)는 최소가 된다.

③ 복잡도를 줄이기 위해 모듈의 독립성이 강조되고 있으며, 모듈의 독립성 척도로서 결합도는 고려 대상이 아니다.

④ 모듈의 결합도는 자료 결합도(data coupling)로, 응집도는 기능적 응집도(functional cohesion)로 하는 것이 이상적이다.

16 한 모듈 내의 각 구성 요소들이 어울리는 정도를 나타내며, 공통의 목적을 달성하기 위하여 얼마나 단단히 구성 요소들이 뭉쳐져 있는가를 나타내는 성숙도의 측정치는?

① 결합도(coupling) ② 응집도(cohesion)
③ 구조도(structure) ④ 독립성(independence)

17 소프트웨어 설계 품질을 평가하는 방법으로 결합도와 응집도가 사용된다. 다음 중 이상적인 설계 품질은?

① 높은 모듈 내부 응집도와 모듈들 사이의 높은 결합도
② 낮은 모듈 내부 응집도와 모듈들 사이의 낮은 결합도
③ 높은 모듈 내부 응집도와 모듈들 사이의 낮은 결합도
④ 낮은 모듈 내부 응집도와 모듈들 사이의 높은 결합도

18 모듈들 사이의 결합도에 영향을 미치는 요소가 <u>아닌</u> 것은?

① 모듈의 상태 변화 ② 인터페이스의 복잡도
③ 바인딩(binding) 시간 ④ 모듈들 사이의 연결 유형

19 소프트웨어 설계(software design)는 소프트웨어 공학 프로세스의 핵심 기술이다. 다음 중 소프트웨어 설계 단계에서 수행되는 활동이 <u>아닌</u> 것은?

① 테스트 설계(testing design)
② 사용자 인터페이스 설계(interface design)
③ 프러시저 설계(procedural design)
④ 아키텍처 설계(architectural design)

20 기본 설계(preliminary design) 시 이루어지는 활동이 <u>아닌</u> 것은?

① 데이터 설계(data design)
② 구조 설계(architectural design)
③ 프러시저 설계(procedural design)
④ 사용자 인터페이스 설계(user interface design)

21 각 모듈의 내부를 구체적으로 밝히며 어떤 알고리즘을 사용할지 결정하는 설계 활동은?

① 프러시저 설계(procedural design)
② 구조 설계(architectural design)
③ 데이터 설계(data design)
④ 사용자 인터페이스 설계(user interface design)

22 **객체지향 개념에 대한 설명 중 옳지 않은 것은?**

① 객체 인스턴스(instance)란 한 클래스(class)의 모든 속성들을 상속받고, 자신의 속성과 오퍼레이션을 추가하여 만든 서브클래스(subclass)이다.

② 캡슐화(encapsulation)는 정보 은닉을 통해 추상화, 독립성 향상을 얻을 수 있는 방법이다.

③ 상속(inheritance)은 객체지향 개념의 특성이나, 다중 상속(multiple inheritance)이 적용된 경우 개발 및 유지보수에 어려움이 따를 수 있다.

④ 다형성(polymorphism)과 동적 바인딩(dynamic binding)은 유지보수에 부정적인 영향을 줄 수 있다.

23 **정보 은닉을 통한 추상화, 독립성 향상을 얻을 수 있는 방법은?**

① instance ② polymorphism

③ inheritance ④ encapsulation

24 **설계 기법에서 캡슐화(encapsulation)에 대한 설명으로 옳지 않은 것은?**

① 캡슐화하면 재사용이 용이해진다.

② 모듈 간 인터페이스가 단순해진다.

③ 캡슐화를 하면 결합도가 높아진다.

④ 내부를 감추어 변경에 대한 파급 효과가 줄어든다.

25 **모듈들이 간단한 타입을 가지고 있는 전역변수(global variable)를 사용하는 경우 이 모듈들 사이에 같은 결합도는?**

① 공통 결합도 ② 외부 결합도

③ 내용 결합도 ④ 스탬프 결합도

주관식 문제

01 **다음 개념을 설명하라.**

(1) 추상화

(2) 모듈화

(3) 정보 은닉

(4) 결합도

(5) 응집도

02 자판기의 요구사항 명세서와 설계 문서(구조 도표 및 모듈 문서)를 보고 요구사항 상호 참조 테이블을 만들어라.

03 프로그래밍 경험에 비추어 볼 때 프로그램의 수정이 어려웠던 이유가 무엇인지 논하라.

04 프로그램을 만들 때 설계를 한다고 생각하는가? 설계와 코딩의 근본적인 차이점은 무엇인가?

05 소프트웨어 설계를 기술적인 측면과 관리적인 측면으로 나누어 항목별, 단계별로 설명하라.

06 제안서, 요구사항 분석과정, 설계과정을 추상화(abstraction) 관점에서 논하라. 자판기를 예로 하여 추상화 수준을 구별하라.

07 응집도는 프로그램의 이해도와 밀접한 관계를 가진 프로그램 구성 요소의 특성 중 하나이다. 이해도를 증가시키기 위해 요구되는 다른 특성을 2가지만 들어라.

08 주위에 있는 시스템이나 장비 중 블랙박스로 생각되어 사용되는 것이 있는가? 이 경우 얻어지는 장점과 문제점은 무엇인가?

09 시스템의 적응도를 향상시키기 위해 요구되는 프로그램 구성 요소가 가져야 하는 특성을 3가지만 들어라.

10 사회의 변화로 소프트웨어의 변화가 야기된 예를 들어 보라.

11 음료수 자판기의 기본 설계와 상세 설계를 하여라.

12 자료 구조(data structure)의 변화가 알고리즘에 변화를 요구할 때 정보 은닉을 통하여 개선할 수 있는 경우와 없는 경우의 예를 한 가지씩 들어라.

13 정보 은닉과 모듈의 독립성 개념 간의 관계를 논하라.

14 서로 다른 개발자들에 의해 개발될 서브시스템들이 추후 원만히 통합되어 작동할 수 있도록 하기 위해 기본 설계 단계, 상세 설계 단계에서 요구되는 것은 무엇인가?

15 **다음 모듈 간에는 어떤 결합도가 있는가를 판단하고 그 이유를 설명하라.**

(1)
```
void f(int no) {
    ...
    g(no, 'A');
    ...
    }
```
모듈 f와 g의 결합도는?

(2)
```
struct line {
        int x1, y1;
        int x2, y2;
        ...
  };

  void f(int offset) {
    struct line aLine;
    int length;
    ...
    length = calculate_length(aLine);
    ...
  }
```
모듈 f와 calculate_length의 결합도는?

(3) 문제 (2)의 프로그램을 다음과 같이 변경할 때 모듈 f와 calculate_length의 결합도는?

```
  struct line {
        int x1, y1;
        int x2, y2;
        ...
  } aLine;

  void f(int offset) {
    int length;

        한 직선을 생성하고 그 정보를 aLine 변수에 저장한다.
        ...
        length = calculate_length();
        ...
}
```

(4)
```
void f(...) {
        ...
        g(TRUE);
        ...
    }

    void g(BOOL is_reading) {
      ...
      if (is_reading){
        do reading;
      }
      else{
        do printing;
      };
    }
```
모듈 f와 g의 결합도는?

(5)
```
struct student {
      ...
    } aStudent;

    void f( ) {
            string errMsg;
            make student information to the global variable "aStudent";
            if ( !save_student_info(errMsg) )
              display error message;
      }

      BOOL save_student_info(string& errMsg) {
            try {
              save student information to the file;
              return TRUE;
            }
            catch(...) {
              errMsg = "An error occured when writing student file";
              return FALSE;
            }
    }
```
모듈 f와 save_student_info의 결합도는?

16 **다음 임무를 수행하는 모듈이 어떤 응집도를 갖고 있는가를 판단하고 그 이유를 설명하라.**

(1) 회사 정보를 회사 이름 순서로 정렬하여 그 결과를 파일에 저장한다.

(2) 회사 정보를 파일에서 읽거나 파일에 저장한다.

(3) 회사 정보를 회사 대표 이름 순으로 정렬한다.

(4) 여러 프로그램 모듈에서 v1, v2, v3 변수를 전역변수로 쓰고 있다고 하자. 이 변수들에 대한 초기화 임무를 수행하는 모듈

(5) 회사원들의 정보를 파라미터로 입력하고 연봉이 제일 높은 사원과 제일 낮은 사원을 찾는다.

(6) 어떤 임무를 수행하는 과정을 프로그램 순서도(flowchart)로 그린다. 이 전체 임무를 하나의 모듈로 수행하려면 모듈이 너무 크다고 판단되어 몇 절차를 순서도에서 선택하여 해당된 모듈로 설계하였다고 하자. 이렇게 얻어진 모듈들의 응집도는?

(7) 삼각형의 세 변의 길이를 읽어 들여 세 각의 크기를 계산하고 각 변의 길의의 합을 구한다.

17 **소프트웨어 구성 요소를 모듈로 보는 것과 객체로 보는 것의 차이점을 다음 관점에서 비교하여 설명하라.**

(1) 응집도

(2) 이해도

(3) 유지보수성

(4) 시스템의 구조

객관식 문제 정답 1. ④ 2. ③ 3. ④ 4. ① 5. ② 6. ② 7. ③ 8. ④ 9. ③ 10. ④ 11. ② 12. ① 13. ② 14. ③ 15. ④ 16. ② 17. ③ 18. ① 19. ① 20. ③ 21. ① 22. ① 23. ④ 24. ③ 25. ①

Chapter

13 자료 흐름 중심 설계와 데이터베이스 설계

기능 모델링 기법인 구조적 분석(structured analysis)의 결과를 구조적 설계(structured design)로 옮기는 과정을 자료 흐름 중심 설계 기법이라 한다. 이 장에서는 시스템의 기능을 논리적으로 분할하여 모듈화하고, 위에서 아래로 정제하여 나아가는 하향식(top-down)으로 시스템을 세분화하는 과정에 대하여 살펴본다. 또한 정보 모델링의 결과를 관계형 데이터베이스로 매핑하는 과정을 설명한다.

Chapter 13

자료 흐름 중심 설계와 데이터베이스 설계

학습목표

1. 구조적 분석과 구조적 설계의 차이점은 무엇인지 알아본다.
2. 구조적 분석과 구조적 설계에서 사용하는 도구의 차이점을 설명한다.
3. 정보 흐름의 유형을 설명한다.
4. 변환 흐름 중심 설계과정을 기술한다.
5. 트랜잭션 흐름 중심 설계과정을 기술한다.
6. ER 모델에서 관계형 모델로의 매핑과정을 기술한다.
7. 매핑 제약 조건은 무엇인지 설명한다.

프로그램 구조가 건축물의 구조물에 해당한다면 데이터베이스 구조는 건축물의 기초 공사에 해당한다. 이 장에서는 구조적 분석(structured analysis)의 결과를 프로그램 구조로 바꾸는 구조적 설계(structured design) 과정을 살펴본다. 또한 정보 모델링 기법인 ER 모델(Entity-Relationship model) 또는 객체지향 분석의 결과인 클래스 다이어그램(class diagram)을 데이터베이스 설계(database design)에 사용되는 대표적 모델인 관계형 데이터베이스(relational database)로 옮기는 과정과 가이드라인을 살펴본다.

1 자료 흐름 중심 설계

앞에서 다루었던 구조적 분석(structured analysis)은 자료 흐름 중심의 분석이며, 이 결과를 구조적 설계(structured design)로 옮기는 과정을 자료 흐름 중심 설계 기법이라 한다. 구조적 방법을 적용하는 경우 설계 초기 단계에서 시스템을 논리적으로 분할하여 모듈화하고, 위에서 아래로 정제하여 하향식(top-down)으로 세분화하는 작업이 이루어진다.

구조적 분석 기법이 논리적인 관점에서 자료 흐름과 기능을 기술한다고 하면, 구조적 설계에서 사용하는 구조 도표(structure chart)는 소프트웨어의 구조와 설계를 구체적으로 보여준다. 구조적 분석의 결과인 자료 흐름과 기능을 자료 흐름 프로그램 구조로 전환시키는 것이 구조적 설계의 핵심사항이라 할 수 있다.

자료 흐름 중심 설계 개요

일반적으로 구조적 설계(structured design)라고도 불리는 자료 흐름 중심 설계(DFD : Data

Flow-oriented Design)는 기능을 수행하는 프로세스, 자료 흐름, 자료 저장소, 외부 객체 등으로 구성되어 있다. 그림 13-1은 자판기 요구사항의 일부로서, 고객으로부터 동전을 받고 고객이 넣은 현재의 금액을 증가시키는 모습을 보여주고 있다.

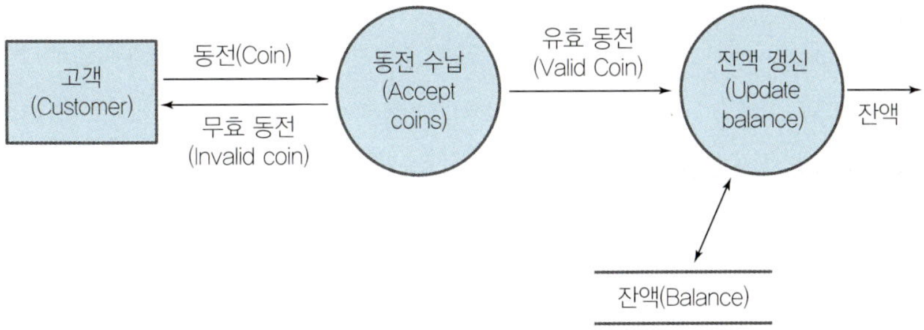

:: 그림 13 – 1 | 동전을 받아 잔액을 갱신

구조적 설계를 위한 입력은 DFD에 기초한 요구사항 명세서이다. 구조적 설계는 DFD에 포함되어 있는 정보를 프로그램 구조의 모습을 가진 설계로 전이하는 데 요구되는 가이드라인과 법칙들을 제공하고 있다. 프로그램 구조는 소프트웨어 모듈들 사이의 제어를 보여주는 계층적인 구조를 가지고 있다.

프로그램 구조는 서로 연결되어 있는 소프트웨어 모듈들로 구성되어 있다. 또한 프로그램 구조는 호출하는(calling) 모듈과 호출되는(called) 모듈 사이의 관계를 나타낸다. 그림 13-2는 모듈 A가 모듈 B와 모듈 C를 불러내는 프로그램 구조를 보여주고 있다.

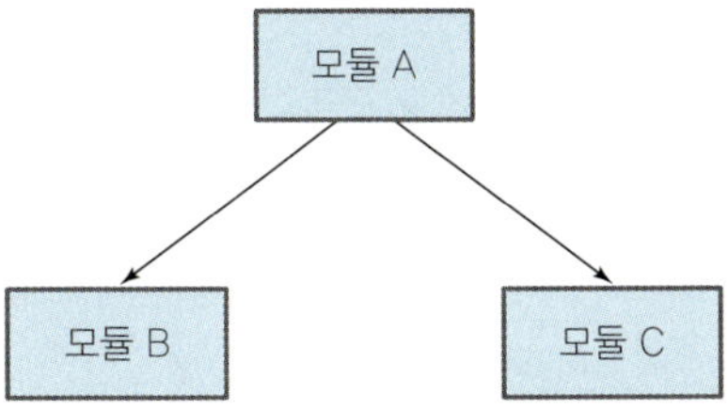

:: 그림 13 – 2 | 간단한 프로그램 구조

구조 도표는 프로그램 구조를 나타내는 데 많이 사용하는 표기법이다. 실제로 구조 도표는 프로그램 구조를 나타내는 것은 물론 다른 내용들도 포함하고 있다. 구조 도표는 모듈들 사이의 자료와 제어의 흐름을 보여주며, 반복(iteration), 선택(selection)과 같은 프로그램 제어 구조를 나타낸다.

구조 도표의 표기법

구조 도표(structure chart)는 모듈 간의 자료와 제어 정보의 교환, 주요 루프, 의사 결정 등을 보여 주며, 설계 단계에서 모듈 체계와 모듈들 사이의 상호 교류 내용을 나타내는 모델이다. 또한 구조적 설계(architectural design)의 결과를 나타내는 데 사용되며, 소프트웨어 시스템이 상호 유기적인 관계를 가지고 작용하는 기능들로 분할된 모습을 보여준다.

구조 도표에서 사각형은 모듈을 나타내며, 오각형으로 표시된 것은 다른 페이지로 연결(off-page connector)되어 있는 모듈을 나타낸다. 또한 모듈 사이의 정보 흐름은 작은 원이 있는 화살표로 표시되어 있으며, 속이 하얀 것은 데이터 흐름(data flow)을 나타내고 속이 까만 것은 제어 흐름(control flow)을 나타낸다.

구조 도표에서 데이터 흐름과 제어 흐름의 구별은 다음과 같다. 데이터는 계산에 사용되어 새로운 데이터를 생성하거나 이를 변형시키는 데 사용된다. 그러나 제어는 계산에 직접 사용되지 않는 대신 계산의 순서나 조건을 나타낸다. 프로그래밍에서 흔히 사용하는 플래그(flag)는 'ON', 'OFF'의 값을 가지며 조건의 발생을 암시하거나 경계를 구분하기 위해 사용하는 제어 신호이다.

그림 13-3은 구조 도표에서 흔히 쓰는 일반적 기호들을 보여주고 있다. 사각형은 모듈을 나타내며 모듈을 연결하는 선은 모듈 간의 호출 관계를 나타낸다. 예를 들어, 모듈 A는 모듈 B, C, D를 호출하며 모듈 B, C, D는 모듈 A에서 호출된다. 모듈 C는 모듈 E와 F를 호출하며 모듈 E와 F는 모듈 C에서 호출된다.

또한 마름모꼴은 조건에 따라 모듈을 호출하는 선택적인 호출을 나타내며 모듈 C 아래의 곡선 화살표 기호는 반복적 호출을 나타낸다. 즉, 모듈 A는 어떤 조건에 따라 모듈 C, D를 호출할 수도 있고 호출하지 않을 수도 있다. 모듈 C는 모듈 E와 F를 여러 번 반복적으로 호출한다. 단, 상위 모듈이 여러 하위 모듈을 호출할 때 그림상의 모듈 위치는 모듈들의 호출 순서를 나타내지 않는다.

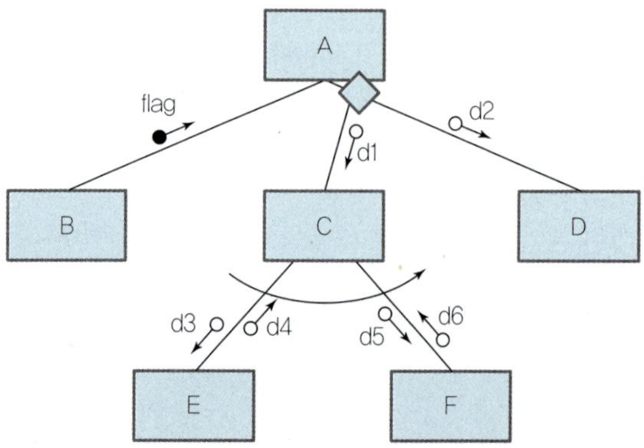

:: 그림 13－3 | 구조 도표의 기호

정보 흐름의 유형

자료 흐름도는 시스템의 자료 흐름과 자료 처리 기능을 보여준다. 프로세스의 동작을 자세히 살펴보면 크게 두 가지의 유형으로 나누어 볼 수 있다. 첫째로 입력(input)을 받고 가공 처리한 후 새로운 결과물(output)을 만들어 내는 프로세스를 들 수 있다. 두 번째로 입력을 받고 입력 값에 의해 결정을 내린 후 입력과 관계없는 결과물을 출력하는 경우이다. 이러한 두 가지 유형의 프로세스에는 중요한 차이점을 발견할 수 있다.

첫 번째의 경우는 입력을 가공 처리하는 기능을 수행하며 출력물은 입력을 정제한 것이라 볼 수 있다. 예를 들어, 정렬되어 있지 않은 고객들의 정보를 받고 이름 순서에 의한 정렬을 수행하는 기능이 있는 경우를 생각해 보자. 입력은 정렬되지 않은 고객들에 관한 정보이고, 출력은 고객의 이름에 의해 가나다 순으로 정렬된 정보이다.

두 번째 경우 프로세스는 주어진 입력에 의해 결정을 내리며 서로 다른 처리 동작을 수행하여 출력물을 생성하는 것이다. 예를 들어, 이차방정식의 일반식을 $y=ax^2+bx+c$로 하고 그 계수들을 입력하여 이차방정식을 푸는 프로세스를 생각해 보자. 계수 a가 0이면 이차방정식은 실제로 일차방정식으로 되었기 때문에 일차방정식을 구하는 방법으로 해를 구해야 하며, 계수 a가 0이 아니면 이차방정식을 구하는 방법으로 해를 구한다. 이런 경우 조건에 따라(즉, 계수 a의 값이 0인가 하는 조건) 상이한 처리를 시행한다.

자료 흐름도를 자세히 들여다보면 일반적으로 시스템이 이들 두 가지 중 하나의 모습을 띠고 있다. 앞에서 설명한 바와 같이 이들 두 경우 정보 흐름 유형은 사뭇 다르다. 첫 번째 경우에는 정보 흐름의 유형을 변환 흐름(transform flow)이라 부르고, 두 번째의 경우는 트랜잭션 흐름(transaction flow)이라 부른다.

구조적 설계는 요구사항 명세서를 설계 문서로 바꾸는 데 필요한 가이드라인을 제시하고 있다. 이러한 변환은 시스템의 정보 흐름 유형에 의하여 결정된다. 따라서 시스템을 크게 변환 기초(transform based), 트랜잭션 기초(transaction based)라는 두 가지 종류로 나눌 수 있다. 분석에서 설계로 이동하며 요구사항 명세서에 나타나 있는 이들 두 가지 유형의 특성을 이용하여 설계 문서를 만든다.

구조적 분석의 결과인 자료 흐름과 기능을 자료 흐름 프로그램 구조로 전환시키는 것은 다음과 같은 단계를 거치며 순차적으로 이루어진다.

① 우선 요구사항 분석에서 나온 결과를 검토하고 필요하면 수정한다.
② 자료 흐름의 유형을 조사한다. 자료 흐름 유형은 변환 흐름(transform flow)과 트랜잭션 흐름(transaction flow)이 있다.

③ 자료 흐름의 유형에 따라 흐름의 경계를 정한다.

④ 자료 흐름도를 프로그램 구조로 매핑시킨다.

⑤ 분할하여 제어 계층(control hierarchy) 구조를 정의한다. 상위 레벨부터 분할하여 하위 레벨로 내려가는 하향식 접근방법을 사용한다.

⑥ 결과를 설계의 가이드라인과 시스템의 특성을 고려하여 다듬는다.

자료 흐름도의 각 프로세스는 구조 도표의 모듈(또는 모듈들)로 될 가능성이 매우 높으며, 이 경우 각 정보 흐름은 모듈들 사이의 매개변수로 나타난다. 다음 절부터는 자료 흐름도에서 시스템의 특성에 따라 구조 도표로 전환되는 모습을 살펴본다.

변환 흐름 중심 설계

변환 흐름 중심 설계(transform flow-oriented design)는 정보를 받아들여 가공 처리한 후 그 결과를 외부 세계에 출력하는 시스템을 이에 합당한 컴퓨터 구조로 매핑시키는 기법이다. 이 기법은 시스템을 구성 요소들로 분할시키며 기본적인 기능을 수행하는 모듈들과 모듈들 사이의 계층 구조를 생성한다.

우선 간단한 예로서 그림 13-4와 같은 자료 흐름도가 있다고 하자. 이 그림은 변환 흐름 중심 시스템의 전형적인 특징을 보여준다. 왼쪽으로부터 시스템의 입력이 들어오고 가운데의 프로세스는 이를 가공 처리하며, 오른쪽의 프로세스는 가공 처리된 정보를 변형시켜 오른쪽으로 내보낸다.

:: 그림 13 – 4 | 변환 흐름 중심 시스템

이렇게 시스템을 크게 세 가지로 나누어 입력을 담당하는 프로세스들을 묶은 것을 입력 흐름(incoming flow), 입력된 정보를 가공 처리하는 프로세스들을 묶어 변환 중심(transform center), 가공 처리된 정보를 출력하는 프로세스들의 묶음을 출력 흐름(outgoing flow)이라 한다.

구조적 설계 기법은 변환 중심의 요구사항 명세서를 이에 합당한 프로그램 구조로 전환시킬 수 있는 가이드라인과 이러한 전환이 순차적으로 진행되기 위해 필요한 단계를 제시하고 있다. 우선 이 단계들을 살펴보자.

(1) 1단계 : 요구사항 명세서로부터 정제된 자료 흐름도를 만든다

구조적 기법에서 요구사항 명세서는 균형을 이루며 계층적인 구조를 띤 자료 흐름도의 집합이다. 최상위 계층의 자료 흐름도인 '배경도'와 '다이어그램 0'은 구체적인 정보 흐름을 나타내기 어려우며, 각각의 하위 계층 자료 흐름도는 구체적인 정보 흐름을 나타내나 한정된 부분의 내용만을 포함하고 있다.

따라서 시스템 전체의 정보 흐름을 파악하기 위해 상위 계층으로부터 하위 계층으로 내려가며 하위 계층의 자료 흐름도들을 상위 계층의 자료 흐름도에 합하여 하나의 자료 흐름도를 만든다. 이 경우 충분히 구체적인 단계까지 내려가 자료 흐름의 유형을 판단한다. 이때 자료 저장소와 외부 객체의 연결은 생략할 수 있다.

(2) 2단계 : 자료 흐름의 유형을 조사한다

앞 단계에서 나온 자료 흐름도는 시스템 전반에 관하여 구체적으로 기록되어 있으므로 자료 흐름의 주된 정보 흐름 유형을 판단할 수 있다. 자료 흐름도가 변환 흐름 특성을 갖는지, 아니면 트랜잭션 흐름을 갖는지 결정한다. 만약 자료 흐름도가 그림 13-4와 같은 모습을 가진 경우에는 변환 흐름 유형을 가졌다고 판단된다. 이 경우 중앙 부분이 시스템의 변환 중심을 나타낸다. 만약 자료 흐름도가 이와 같이 변환 흐름을 주요 특성으로 가지고 있으면 다음 단계들을 적용하여 프로그램 구조를 만든다.

(3) 3단계 : 입력 경계와 출력 경계를 정한다

입력 경계와 출력 경계를 명시함으로써 변환 중심을 고립시킬 수 있다. 이 단계는 다음과 같이 세 가지 세부 단계로 구성되어 있다.

1단계는 입력 흐름과 관계되는 버블들을 규명한다. 이는 시스템의 외부 객체로부터 자료 흐름을 추적하여 외부와 연결된 모습을 조사하여 규명할 수 있다. 그림 13-5를 보면 '회전수 접수'만이 시스템의 외부 객체와 연결되어 있으나 '회전수 접수'와 '거리 계산' 버블 모두 입력 흐름에 속한다고 볼 수 있다.

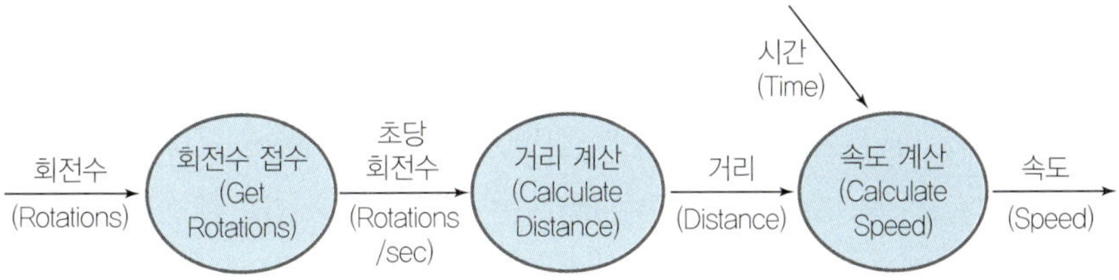

:: 그림 13 – 5 | 입력 버블들

2단계는 출력 흐름과 관계되는 버블들을 규명한다. 시스템의 내부 버블로부터 외부 객체로 이동하는 자료 흐름을 추적하여 규명할 수 있다.

3단계는 입력 흐름에 속한 버블과 출력 흐름에 속한 버블들을 규명한다. 이로써 시스템이 3개의 영역(입력 흐름, 변환 중심, 출력 흐름)으로 분리되었다.

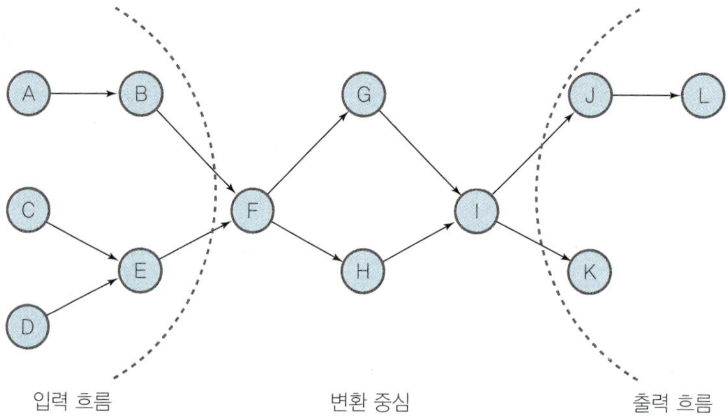

:: 그림 13 – 6 | 자료 흐름도의 입력 출력 경계

(4) 4단계 : 최상위 수준에서 자료 흐름 중심 프로그램 구조를 개발한다

이제 자료 흐름 중심의 프로그램 구조를 만들기 시작한다. 이 과정은 '최상위 수준의 세분화(first level factoring)'라 불리며, 세분화는 분할(partition)을 의미한다. 이러한 분할은 소프트웨어 설계에서 프로그램 구조를 만들기 위해 이용되어 왔다. 이때 상위 계층의 모듈은 시스템의 기능을 수행하지 않고, 다만 이러한 기능이 하위 계층 모듈에 의해 수행될 수 있도록 분류하고 이관하는 일을 담당하도록 설계한다.

변환 흐름 중심의 자료 흐름도에서 최상위의 프로그램 구조를 만들면 다음 3가지의 구성요소를 발견할 수 있다.

- 입력을 처리하는 입력 제어 모듈
- 변환을 처리하는 변환 제어 모듈
- 출력을 처리하는 출력 제어 모듈

시스템의 복잡도에 따라 제어 모듈의 수가 변할 수 있으며 변환 중심의 복잡도에 따라 변환을 처리하는 제어 모듈의 수가 결정될 수 있다. 변환에 기초한 간단한 프로그램 구조가 그림 13-7에 나타나 있다.

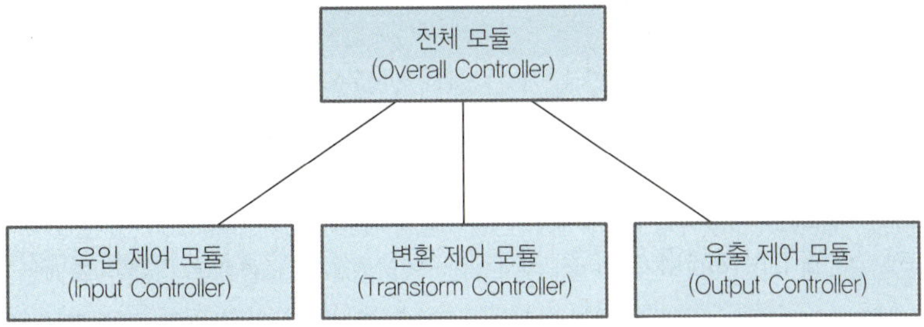

:: 그림 13 – 7 | 변환 흐름에 기초한 상위 수준 프로그램 구조

(5) 5단계 : 자료 흐름도를 프로그램 구조로 전환한다(두 번째 수준의 세분화)

상위 수준의 프로그램 구조가 만들어진 다음 시스템의 모든 기능이 포함될 수 있는 구조를 만들기 위한 정제 작업이 이루어진다. 이 과정은 계속적인 세분화 과정을 거쳐 이루어진다. 이 과정은 두 번째 수준의 세분화(second level factoring)라 불리기도 한다. 이는 최상위 수준의 세분화가 이루어진 다음 각 제어 모듈(입력 제어 모듈, 변환 제어 모듈, 출력 제어 모듈)에 대한 세분화를 수행하는 것이다.

그림 13–8을 보면 입력 흐름의 세분화는 변환 중심과의 경계로부터 외부 입력을 받아들이는 방향으로 나아가며 추가적인 세분화와 매핑이 이루어진다. 세분화는 프로그램 구조의 상위 계층 모듈을 먼저 정의하고 아래로 내려가며, 자료 흐름도에서는 변환 중심과의 경계로부터 왼쪽으로 진행된다. 자료 흐름도의 버블은 일반적으로 프로그램 구조의 모듈과 일대일로 매핑된다. 경우에 따라서 한 버블은 두 개 이상의 모듈로 매핑될 수 있고, 두 개 이상의 버블들이 한 모듈로 결합되어 표현될 수도 있다.

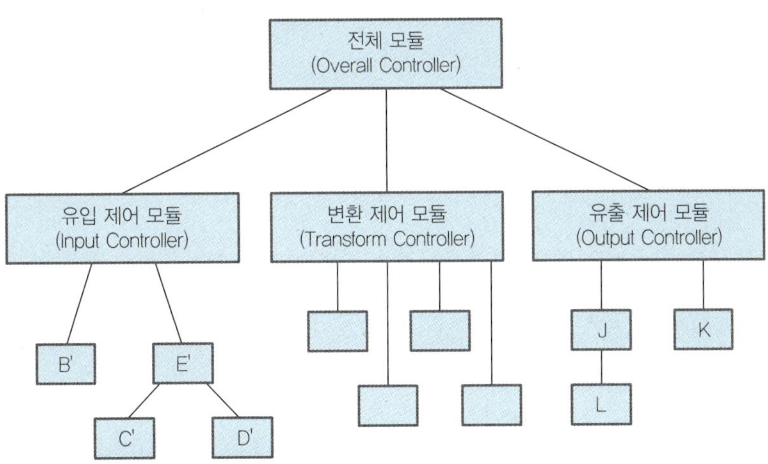

:: 그림 13 – 8 | 두 번째 수준의 세분화

(6) 6단계 : 프로그램 구조를 정제한다

앞에서도 언급하였듯이 지금까지의 단계에 의해 만들어진 프로그램 구조가 최종 결과물은 아니다. 최초로 프로그램 구조가 만들어진 후 이를 정제하기 위한 작업이 수행된다. 이는 모듈의 응집도가 올라가고 결합도가 최소화될 수 있도록 변화시키는 것을 포함한다. 정제과정에서 어떤 모듈을 제거시키거나 새로운 모듈을 추가시킬 수 있다. 이러한 노력은 앞으로 다가올 구현, 시험, 유지보수 단계에서 어려움을 줄일 수 있는 방향으로 모듈을 세분화하거나 통합하는 것을 의미한다.

트랜잭션 흐름 중심 설계

대부분의 시스템이 전체적인 관점에서 보면 변환 흐름 중심이지만, 세부적인 경우를 들여다보면 많은 경우 트랜잭션(transaction flow) 흐름 중심 설계가 프로그램 구조를 만드는 데 사용될 수 있다. 트랜잭션이란 자료나 제어 시그널 등이 어떠한 행위를 유발시키는 것을 말한다.

트랜잭션 흐름에 의한 설계는 들어온 입력을 여러 갈래의 출력 흐름으로 쪼갤 수 있는 경우에 가능하다. 트랜잭션은 입력값을 평가하고 그 결과에 따라 여러 출력 경로 중 하나를 따라 흘러간다. 이 경우 정보 흐름의 중심을 트랜잭션 중심(transaction centre)이라고 한다. 그림 13-9는 이러한 특성을 나타내고 있으며 버블 T는 트랜잭션 중심이다.

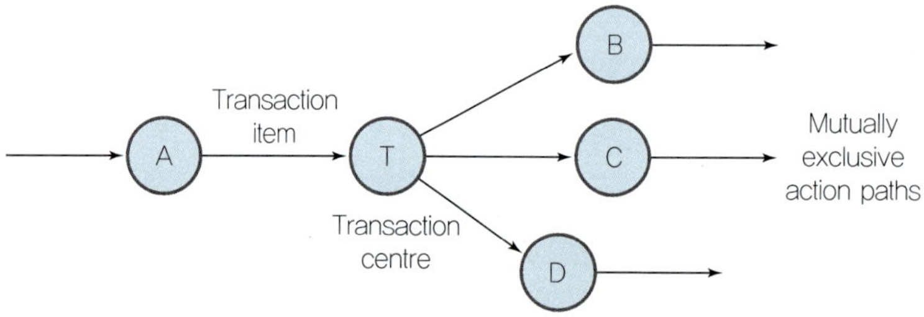

:: 그림 13 – 9 | 트랜잭션 흐름

트랜잭션 흐름은 시스템의 중앙 변환에서 많이 나타나며, 입력 흐름과 출력 흐름에서도 발견된다. 자료 흐름도에는 변환 흐름과 트랙잭션 흐름 모두 나타날 수 있다. 많은 상업적인 응용 분야에서 이러한 트랜잭션 흐름을 쉽게 발견할 수 있다. 예를 들어, 현금자동인출기(ATM)를 생각해 보자. 고객이 현금 인출, 잔고 조회, 통장 이전 중 하나를 선택하는 것도 이러한 트랜잭션에 기초한 것이라 볼 수 있다.

구조적 설계 기법은 트랜잭션 중심의 요구사항 명세서를 이에 합당한 프로그램 구조로 전환시킬 수 있는 가이드라인과 이러한 전환이 순차적으로 진행되기 위해 필요한 단계를 제시하고 있다. 우선 이 단계들을 살펴보자.

(1) 1단계 : 요구사항 명세서로부터 하나의 자료 흐름도를 만든다

이 단계는 앞의 변환 흐름 중심과 유사하다.

(2) 2단계 : 자료 흐름도가 트랜잭션 흐름을 갖는지 결정한다

앞 단계에서 나온 자료 흐름도는 시스템 전반에 관하여 구체적으로 기록되어 있으므로 자료 흐름의 주된 정보 흐름 유형을 판단할 수 있다. 만약 자료 흐름도가 그림 13-9와 같은 모습을 가진 경우 트랜잭션 흐름 유형을 가졌다고 판단된다.

(3) 3단계 : 트랜잭션 중심과 동작 경로를 파악한다

만약 자료 흐름도가 트랜잭션 흐름을 가지고 있는 경우 트랜잭션 중심이 어디에 있는가를 규명하는 일이 선행되어야 한다. 트랜잭션 중심은 트랜잭션을 입력으로 받아들여 여러 출력 버블로 연결되어 있는 모습을 한 버블이다. 따라서 트랜잭션 중심은 하나의 입력 경로와 여러 출력 경로를 가지고 있다. 각 동작 경로(action path, 출력 경로)는 여러 버블로 구성될 수 있으며, 변환 흐름이나 트랜잭션 흐름을 가질 수 있다.

그림 13-10에서 Controller 기능의 입력으로 들어온 트랜잭션 항목은 3가지의 동작 경로 중 어느 것을 택할 것인가를 결정하는 데 사용된다. 만약 가격을 바꾸라는 요청이 들어오면 가격 변경(Change price) 기능을 수행하는 경로를 선택할 것이다.

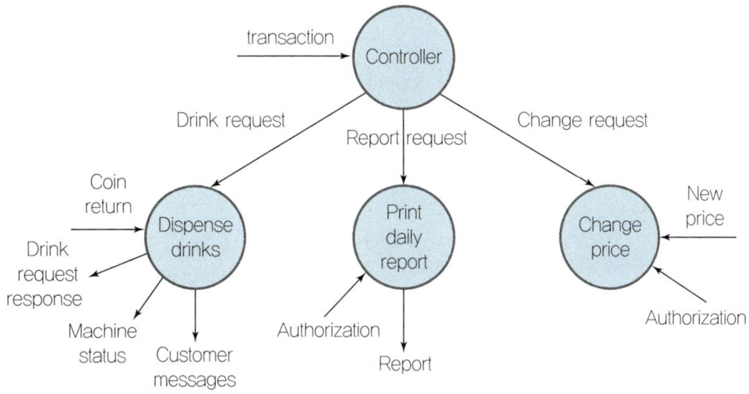

:: 그림 13 - 10 | 트랜잭션 흐름에 기초한 자판기

(4) 4단계 : 트랜잭션 흐름 프로그램 구조를 개발한다

이 단계에서는 트랜잭션에 기초한 프로그램 구조를 만든다. 이러한 트랜잭션 흐름 중심 설계 또한 성공적인 시스템들에 대한 사례와 경험을 바탕으로 만들어졌다. 이 구조는 세 가지 구성 요소로 이루어져 있다.

- 트랜잭션 중심으로 작용하는 모듈
- 입력을 받아들이는 모듈
- 각 동작 경로에 해당하는 하나 이상의 모듈

트랜잭션에 기초한 프로그램 구조는 그림 13-11에 나타나 있다. 그림 13-12는 자료 흐름도로부터 트랜잭션에 기초한 프로그램 구조를 보여주고 있다.

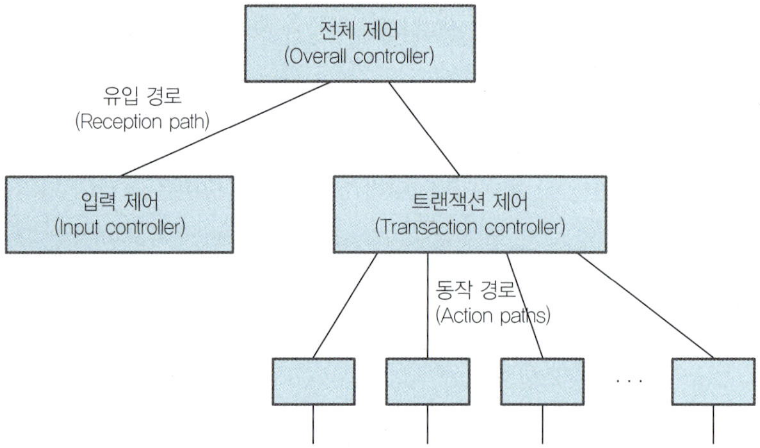

:: 그림 13 – 11 | 트랜잭션에 기초한 프로그램 구조

(5) 5단계 : 자료 흐름도를 프로그램 구조로 매핑시킨다

트랜잭션에 기초한 최초의 프로그램 구조가 만들어지고 난 후, 입력 제어와 각 동작 경로를 세분화하여 나갈 수 있다. 결국 두 번째 수준 세분화라 할 수 있다. 각 경로마다 새로이 프로그램 구조를 만들어 나가는 것이라 볼 수 있으며 각 동작 경로와 입력 제어가 변환 흐름 또는 트랜잭션 흐름 중 어느 특징을 가지고 있는가를 결정한다.

동작 경로가 변환 흐름을 가지고 있다고 하면 입력, 출력, 변환 중심의 경계를 정하게 된다. 또한 변환 흐름에 적용될 수 있는 단계들이 적용된다. 만약 동작 경로가 트랜잭션 흐름을 가지고 있다고 하면 트랜잭션 중심과 동작 경로가 규명되고 트랜잭션 흐름에 필요한 단계들이 적용된다.

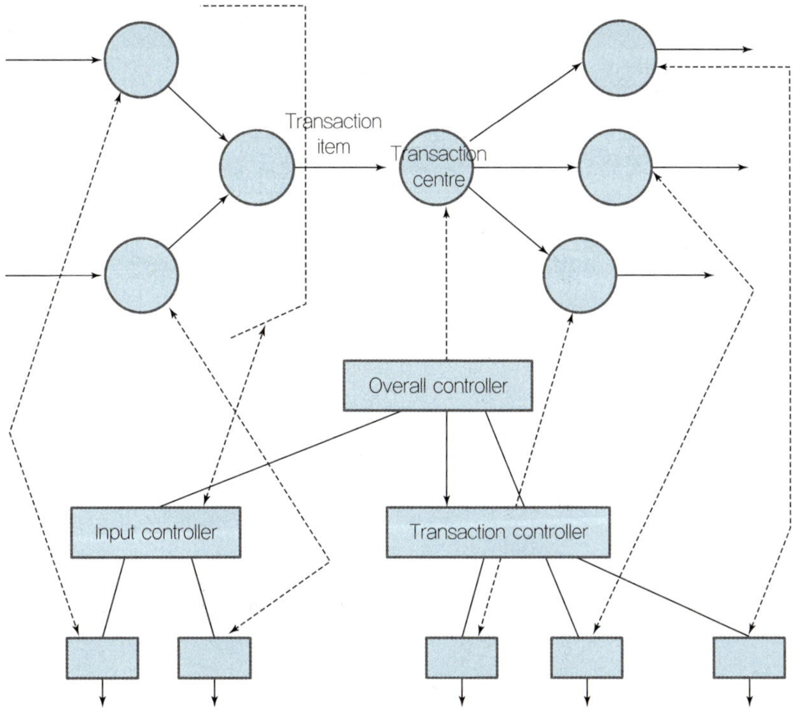

:: 그림 13 – 12 | 자료 흐름도로부터 트랜잭션에 기초한 프로그램 구조로 매핑

(6) 6단계 : 프로그램 구조를 정제한다

이 단계는 앞의 변환 흐름에 기초한 프로그램 구조 정제 단계와 유사하다. 변환 흐름에 기초한 프로그램 구조가 정제되어야 하는 것과 마찬가지로 트랜잭션에 기초한 프로그램 구조도 정제되어야 한다. 프로그램 구조는 낮은 결합도와 높은 응집도를 얻을 수 있도록 세분화되어야 하며, 구현과 시험이 용이하도록 프로그램 구조 정제 과정에서 세분화되어야 한다.

설계 초기 단계에서는 프로그램 구조를 세분화하는 데 초점을 맞춘다. 변환 흐름 중심이나 트랜잭션 중심의 설계는 설계의 초기 단계인 기본 설계 단계에서 프로그램 구조를 세분화하기 위해 사용한다. 이러한 설계방법은 기계적으로 이루어지나 설계 단계에서 고려해야 하는 많은 요소들이 무시되어 있다. 결국 많은 경우 최적화가 필요하고, 이를 위해 환경과 응용 분야에 대한 지식을 최대한 활용하여야 한다.

2 데이터베이스 설계

정보 모델링의 결과인 ER 모델(Entity-Relationship model) 또는 UML의 클래스 다이어그램(class diagram)을 관계형 데이터베이스(relational database)로 옮기는 과정과 가이드라인을 살펴본다. 정보 모델링의 결과는 추상화(abstraction)되어 있으며, 설계 단계에서 데이터의 구체적인 구현에 관한 세부사항이 추가됨으로써 실제 데이터베이스 관리 시스템에 매핑될 수 있다.

관계형 모델

관계형 모델은 테이블을 이용하여 나타낸다. 각 테이블은 릴레이션(relation)이라 불리며, 테이블의 각 행은 투플(tuple)이라 불린다. 각 투플은 연관된 데이터 값들의 모임으로 실세계의 엔티티 또는 관계를 나타낸다.

ER 모델과 관계형 모델은 유사한 구조를 갖는다. ER 모델의 엔티티 타입과 관계 타입은 관계형 모델의 테이블로 쉽게 매핑될 수 있으며, 테이블의 각 행은 ER 모델의 엔티티(객체) 또는 관계를 나타낸다. 각 테이블은 여러 속성(attribute)들의 모임으로 정의되며, 테이블 열(column) 머리 부분에 표시된다. 이는 ER 모델에서 사용하였던 엔티티 또는 관계의 속성과 같다. 테이블의 속성은 각 투플에 속한 값의 의미를 해석하는 데 사용된다. 관계형 모델에서는 테이블과 테이블 사이의 관계를 설정하기 위해 여러 종류의 제약 조건을 사용하고 있다.

ER 모델에서 관계형 모델로의 매핑

이 절에서는 ER 모델로 정보에 대한 분석이 이루어진 후 관계형 모델로 전환이 이루어지는 과정에 대하여 살펴본다. 앞에서 언급한 바와 같이 ER 모델에서 관계형 모델로의 매핑은 쉽게 자동적으로 이루어지는 부분이 많다. 전환을 위해 필요한 가이드라인과 단계는 다음과 같다. 예로는, 정보 모델링에서 다룬 대학교 ER 모델을 사용하였다.

그림 13-13에는 그림의 간편함을 위해 엔티티 타입과 관계 타입에 속한 속성들을 표현하지 않았으며, 구체적인 정보는 자료 사전(data dictionary)에 저장된다. 자료 사전에는 엔티티 타입, 관계 타입, 속성 등에 관한 정의와 제약 조건 등이 기록된다.

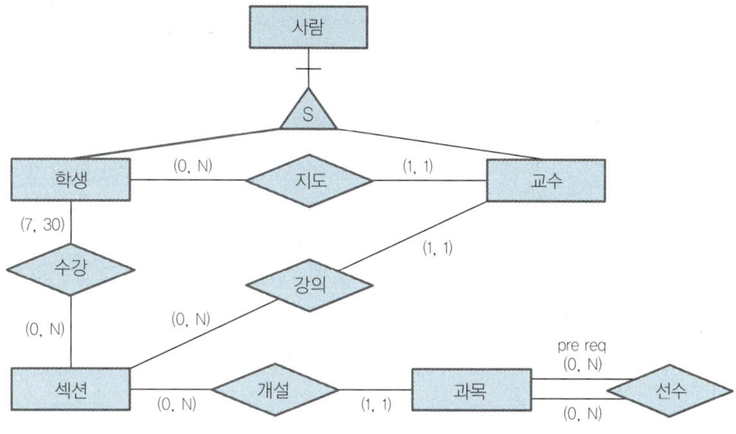

:: 그림 13 – 13 | 대학교 ER 모델

(1) 1단계

ER 모델의 각 엔티티 타입에 대해 하나의 테이블을 만들고, 엔티티 타입의 속성들을 테이블의 속성으로 포함시킨다. 엔티티 타입의 주 키(primary key)는 테이블의 주 키가 된다. 만약 여러 속성이 모여 키가 되는 경우 성능을 향상시키거나 메모리를 줄이기 위해 시스템이 생성하는 키를 주 키로 사용할 수도 있다. 이러한 키를 시스템 생성 키(system generated key) 또는 대리키(surrogate key)라 부르기도 한다. 그림 13–13의 대학교 ER 모델을 1단계 가이드라인을 사용하여 생성한 테이블은 그림 13–14와 같다.

사람

<u>주민등록번호</u>	이름	주소	전화번호

학생

<u>주민등록번호</u>	학번	학년	전공

교수

<u>주민등록번호</u>	전공분야

섹션

<u>섹션번호</u>	학기	연도

과목

<u>과목번호</u>	과목이름	과목학점수	과목수준

:: 그림 13 – 14 | 대학교 관계형 테이블 1

(2) 2단계

두 엔티티 타입이 이차(binary) 관계 타입으로 일대일 대응 관계를 가지고 있는 경우, 이 관계 타입은 두 엔티티 타입 중 하나에 포함될 수 있다. 만약 참여 제약 조건이 필수(mandatory)인 엔티티 타입이 있으면 필수인 엔티티 타입에 포함시키는 것이 일반적이다.

예를 들어, 관계 타입 매니지와 엔티티 타입 부서를 통합하여, 그림 13-15와 같이 매니지 관계에 선택적으로 참여하고 있는 직원의 주 키를 필수적으로 참여하고 있는 부서에 외래 키(부서관리자)로 포함시킨다.

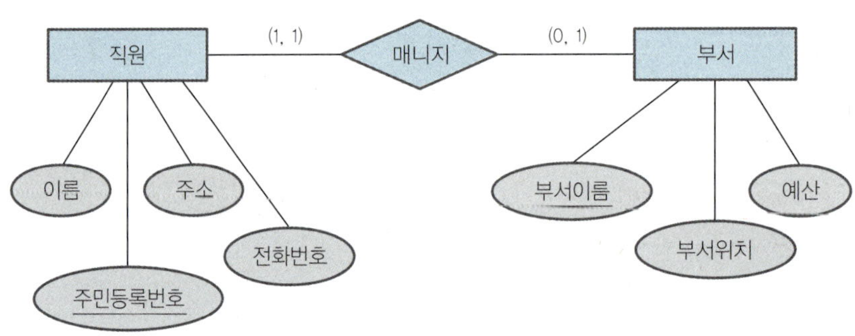

직원

주민등록번호	이름	주소	전화번호

부서 (외래 키: 부서관리자)

부서이름	부서위치	예산	부서관리자

:: 그림 13 – 15 | 직원과 부서

만약 두 엔티티 타입이 모두 필수적으로 참여하고 있는 경우 두 엔티티 타입과 관계 타입을 하나의 테이블로 묶어 나타낼 수도 있다. 두 엔티티 타입이 다른 관계 타입에 참여하지 않을 때 이렇게 합치는 것이 가능하다. 예를 들어, 그룹과 회장이라는 두 엔티티 타입은 소유라는 관계 타입을 통하여 필수적으로 일대일 매핑을 이루고 있으며, 필요하면 이들을 묶어 한 테이블에 나타낼 수 있다.

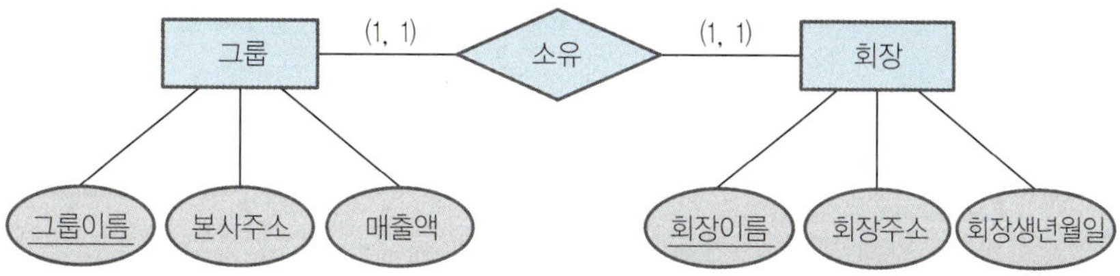

그룹

그룹이름	본사주소	매출액	회장이름	회장주소	회장생년월일

:: 그림 13 – 16 | 그룹과 회장

(3) 3단계

두 엔티티 사이의 관계가 일대다 매핑의 경우에도 일(1-side)로 참여하는 엔티티 타입의 테이블에 관계 타입을 묶어 나타내며, 다수(N-side)로 참여하는 엔티티 타입의 주 키를 외래 키로 포함시킬 수 있다. 만약 학생은 오직 한 교수로부터 지도를 받고, 한 교수는 여러 학생을 지도할 수 있는 관계를 생각해 보자. 학생과 교수라는 엔티티 타입 사이의 지도라는 관계 타입에는 일대다 매핑 제약 조건이 있다. 이때 교수의 키를 학생 테이블의 외래 키로 포함시켜 (예를 들어, 지도교수) 교수와 학생 사이의 관계를 나타낼 수 있다. 그림 13–13의 대학교 ER 모델을 3단계 가이드라인을 사용하여 생성한 테이블은 다음과 같다.

학생

주민등록번호	학번	학년	전공	지도교수 (외래 키)

섹션

섹션번호	학기	연도	강의교수	과목 (외래 키)

(4) 4단계

두 엔티티 타입 사이에 다대다(many to many) 관계가 있는 경우, 관계 타입을 위해 독립적인 테이블 S를 만든다. 참여 엔티티 타입의 주 키들은 S에 외래 키로 포함시킨다. 일반적으로 참여 엔티티 타입의 주 키들을 합친 것이 S의 주 키가 된다. 만약 관계 타입에 속한 속성이 있는 경우 S의 속성이 된다. 관계형 모델에서 각 투플의 속성은 오직 한 개의 값만을 가지고 있으므로, 다대다 관계를 앞의 3단계 가이드라인에서와 같이 엔티티 타입을 나타내는 테이블에 외래 키로 포함시켜 나타낼 수 없다. 이러한 가이드라인을 이용하여 그림 13–13 대학교 ER 모델에서 생성된 테이블은 다음과 같다.

수강

주민등록번호	**섹션번호**	학점

선수

과목번호	**선수과목번호**

(5) 5단계

만약 관계 타입의 차수가 3차 이상인 경우 새로운 테이블 S를 만든다. 참여 엔티티 타입의 주 키들은 S에 외래 키로 포함시킨다. 이때 참여 엔티티 타입의 주 키들이 합쳐져 S의 주 키가 된다. 또한 관계 타입에 속한 속성들이 있으면 S에 속성으로 포함시킨다.

(6) 6단계

ER 모델에서는 엔티티 타입 사이의 계층적 구조를 나타낼 수 있다. 일반화(generalization)는 엔티티 타입 사이에 유사성이 존재할 때 이를 모아 새로운 상위 클래스를 정의하는 것이다. 예를 들어, 학생과 교수라는 두 엔티티 타입은 키와 다른 속성들을 공유하고 있다. 상위 클래스와 하위 클래스에 나타나 있는 정보를 관계형 테이블로 매핑시키는 방법으로는 다음과 같은 4가지 경우 중 하나를 선택할 수 있다.

① 선택 1

상위 클래스에 해당하는 테이블을 만들고 이 테이블에 상위 클래스의 주 키를 포함한 모든 속성을 포함시킨다. 또한 각 하위 클래스마다 테이블을 만들고 주 키를 포함한 하위 클래스의 모든 속성을 포함시킨다. 이때 상위 클래스의 주 키와 하위 클래스의 주 키는 같다. 이러한 데이터베이스 설계는 하나의 정보를 알아내기 위해 두 테이블을 참조하여야 하므로 성능 면에서 문제를 일으킬 수 있다.

사람

주민등록번호	이름	주소	전화번호

학생

주민등록번호	학번	학년	전공

교수

주민등록번호	전공분야

② 선택 2

각 하위 클래스에 대해 테이블을 만들고, 각 테이블에 상위 클래스의 모든 속성을 포함시킨다. 즉, 상위 클래스의 모든 속성은 하위 클래스에 상속되어 나타나며, 상위 클래스를 위한 테이블은 따로 존재하지 않는다. 다음 그림은 상위 클래스의 속성을 학생, 교수 테이블에 포함시키고 있다.

학생

주민등록번호	이름	주소	전화번호	학번	학년	전공

교수

주민등록번호	이름	주소	전화번호	전공분야

이러한 선택은 해체, 전체 특수화의 경우에만 가능하다. 만약 상위 클래스에 속한 엔티티가 하위 클래스에 존재하지 않는 경우(예를 들어, 교직원), 상위 클래스에만 속한 엔티티는 표현될 수 없어 이러한 데이터베이스 설계는 가능하지 않다. 한편, 중복 특수화의 경우 학생이며 교수인 엔티티가 존재할 수 있고, 한 사람에 대한 정보가 두 테이블에 중복되어 있는 문제점을 가지고 있다. 또한 어느 서브클래스에 속한 엔티티인지 모르는 경우 모든 테이블을 조사해야 한다는 단점을 가지고 있다.

③ 선택 3

하위 클래스를 모두 합하여 하나의 테이블로 나타낸다. 물론 상위 클래스의 속성들도 이 테이블에 포함시킨다. 하위 클래스들 사이에 해체(disjoint) 조건이 있어 상위 클래스에 있는 한 엔티티가 여러 하위 클래스에 존재할 수 없는 경우, 새로운 속성 t를 추가하여 각 투플이 어느 하위 클래스에 속한 것인지를 구별한다. 예를 들어, 교수와 학생의 경우 타입이라는 속성을 추가하여 각 투플이 어디에 속한 것인지를 구별하는 데 사용하고 있다.

사람

주민등록번호	이름	주소	전화번호	학번	학년	전공	전공분야	타입

④ 선택 4

3번째 선택과 마찬가지로 하위 클래스를 모두 합하여 하나의 테이블로 나타낸다. 물론 이 테이블에 상위 클래스의 속성들도 포함시킨다. 하위 클래스들 사이에 중복(overlapping) 조건이 있어 상위 클래스에 있는 한 엔티티가 여러 하위 클래스에 존재할 수 있는 경우, 새로운 속성들 t_1, t_2, t_3 …, t_m을 추가하여 각 투플이 어느 하위 클래스에 속한 것인지를 구별한다. 여기서 m은 하위 클래스의 수를 나타내며, t_i는 0 또는 1의 논릿값(boolean)을 가져 각 투플이 서브 클래스 s_i에 속한지를 구별하는 데 사용한다.

사람

주민등록번호	이름	주소	전화번호	학번	학년	전공	전공분야	타입 1	타입 2

중복 특수화의 경우 이러한 선택이 가능하며, 서브클래스의 수만큼 논릿값을 가지는 타입의 수를 만든다. 각 t_i는 {0, 1}의 값을 가져 한 투플이 각 서브클래스의 멤버임을 표시한다. 이렇게 여러 타입 속성을 만드는 대신 한 타입 속성에 서브클래스의 수만큼 비트 열을 두어 해결할 수도 있다. 그림 13-13의 ER 모델로부터 관계형 모델로의 매핑한 예가 그림 13-17에 나타나 있다.

사람

주민등록번호	이름	주소	전화번호

학생

				외래 키
주민등록번호	학번	학년	전공	지도교수

교수

주민등록번호	전공분야

섹션

			외래 키	외래 키
섹션번호	학기	연도	강의교수	과목

과목

과목번호	과목이름	과목학점수	과목수준

수강

주민등록번호	섹션번호	학점

선수

과목번호	선수과목번호

:: 그림 13 – 17 | 대학교 관계형 테이블 2

요 약 SOFTWARE ENGINEERING

구조적 설계는 광범위한 응용 분야에 적용되어 왔다. 이 기법은 거의 모든 분야에 적용될 수 있을 정도로 일반적인 방법이다. 구조적 설계는 구조적 분석 기법으로 만들어진 요구사항 명세를 체계적인 설계로 전환할 수 있도록 지원해 주는 기법이다. 구조적 설계는 자료 흐름도로 표시되어 있는 요구사항을 구조 도표로 표시하는 프로그램 구조로 전환한다.

구조적 설계는 시스템의 두 가지 유형에 따라 요구사항을 설계로 매핑할 수 있는 단계와 가이드라인을 제시하고 있다. 이들 두 가지 정보 유형의 흐름은 본질적으로 다르므로 이를 기초로 한 프로그램 구조도 서로 다르다. 그러나 각 프로그램 구조의 유형은 자료 흐름도의 유형과 밀접한 관계를 가지고 있으며, 요구사항 분석의 정보 처리 유형이 설계 단계에서도 보존된다고 볼 수 있다.

관계형 데이터베이스로의 설계는 정보 모델링의 결과인 엔티티(객체), 엔티티의 속성, 엔티티 사이의 연관성을 관계형 데이터베이스의 기본 구조인 테이블로 매핑하여 이루어진다. ER 모델에서 관계형 모델로의 매핑은 쉽게 자동적으로 이루어지는 부분이 많으며, 전환을 위해 필요한 가이드라인과 단계가 제시되어 있다.

참고 문헌

[PRE 97] Pressman R., *Software Engineering: A Practitioners Approach*, 4th edition, McGraw Hill International, 1997.

[DEM 79] Demarco T., *Structured Analysis and System Specification*, Yourdon Press, 1979.

[ELM 94] Elmasri, R., Navathe S., *Fundamentals of Database Systems*, Benjamin/Cunnings, 1994.

[SOM 92] Sommerville I., *Software Engineering*, Addison-Wesley, 4th edition, 1992.

[YOU 79] Yourdon E. & Constantine L., *Structured Design : Fundamentals of a Discipline of Computer Program and Systems Design*, Yourdon Press, 1979.

[YOU 89] Yourdon E., *Modern Structured Analysis*, Yourdon Press, 1989.

연습문제

객관식 문제

01 **소프트웨어 설계 표기법에서 구조 도표(structure chart)의 설명으로 옳지 않은 것은?**

① 자료의 흐름을 파악할 수 있다.

② 알고리즘 형식이다.

③ 계층 구조를 문서화한다.

④ 반복/선택의 표시가 가능하다.

02 **구조적 설계(자료 흐름 중심 설계)에 대한 설명이 아닌 것은?**

① 입력은 DFD에 기초한 요구사항 명세서이다.

② 프로그램 구조는 소프트웨어 모듈들 사이의 제어를 보여 주는 계층적인 구조를 가지고 있다.

③ 프로그램 구조는 서로 연결되어 있는 소프트웨어 모듈들로 구성되어 있다. 또한 프로그램 구조는 호출하는(calling) 모듈과 호출되는(called) 모듈 사이의 관계를 나타낸다.

④ 순서도(flow chart)를 이용하여 모듈 간의 자료와 제어 정보의 교환, 주요 루프, 의사 결정 등을 보여준다.

03 **구조적 설계(자료 흐름 중심 설계)에 대한 설명이 아닌 것은?**

① 자료 흐름도로 표시되어 있는 요구사항을 구조 도표로 표시하는 프로그램 구조로 전환한다.

② 사건 추적도에서 상태 변화도를 유도한다.

③ 일반적으로 두 가지 유형의 정보 흐름이 있으며 변환 흐름과 트랜잭션 흐름이라 불린다.

④ 분석에서 설계로의 전환은 요구사항 명세서에 표시되어 있는 정보 흐름의 유형을 판단하여 이루어진다.

04 **구조적 설계(자료 흐름 중심 설계) 시 자료 흐름 유형인 변환 흐름 중심 설계(transform flow-oriented design)에 대한 설명이 아닌 것은?**

① 변환 흐름 중심 설계는 정보를 받아들여 가공 처리한 후 그 결과를 외부 세계에 출력하는 시스템을 이에 합당한 컴퓨터 구조로 매핑시키는 기법이다.

② 이 기법은 시스템을 구성 요소들로 분할시키며 기본적인 기능을 수행하는 모듈들과 모듈들 사이의 계층 구조를 생성한다.

③ 들어온 입력을 여러 갈래의 출력 흐름으로 쪼갤 수 있는 경우에 가능하다.

④ 입력 흐름(incoming flow), 변환 중심(transform center), 출력 흐름(outgoing flow)의 3가지 종류가 있다.

05 구조적 설계(자료 흐름 중심 설계) 시 자료 흐름 유형인 트랜잭션 흐름 중심 설계에 대한 설명이 아닌 것은?

① 이 기법은 시스템을 구성 요소들로 분할시키며 기본적인 기능을 수행하는 모듈들과 모듈들 사이의 계층 구조를 생성한다.

② 트랜잭션이란 자료나 제어 시그널 등이 어떠한 행위를 유발시키는 것을 말한다.

③ 들어온 입력을 여러 갈래의 출력 흐름으로 쪼갤 수 있는 경우에 가능하다.

④ 트랜잭션 중심과 동작 경로(action path)를 파악한다.

06 데이터 추상화 3단계(the three schema architecture)가 아닌 것은?

① 외부 관점(external views) ② 개념적 단계(conceptual schema)

③ 물리적 단계(physical schema) ④ SQL

07 데이터 추상화 3단계의 개념적 단계에 해당하는 것은?

① 요구사항 분석 ② 설계

③ 프로그래밍 ④ 테스트

08 데이터 추상화 3단계의 외부 관점(external views)에 해당하는 것은?

① 테스트 ② 설계

③ 유스케이스 ④ 프로그래밍

09 데이터의 중복성(data redundancy)에 대한 설명으로 적합하지 않은 것은?

① 데이터의 불필요한 중복성을 줄이고 정보의 검색이 용이하도록 테이블들을 정의하는 일이 중요하다.

② 데이터의 중복은 물리적인 구현 단계에서 전혀 발생하지 않도록 제어해야 한다.

③ 논리적인 관점에서 보면 데이터는 오직 한 번만 저장되어야 한다.

④ 데이터의 중복성은 많은 이상(異狀: anomaly) 문제를 야기시킨다.

10 데이터베이스 설계의 제1정규형(1NF : first Normal Form)에 대한 설명이 아닌 것은?

① 테이블의 각 속성이 모든 키에 대하여 완전 함수 종속적이다.

② 테이블의 각 속성들이 쪼개질 수 없는 값(atomic value)을 가진다.

③ 각 투플의 속성이 이의 도메인으로부터 오직 하나의 값만을 가진다.

④ 1NF이 아닌 경우 관계형 데이터베이스에서 제공하는 기본 오퍼레이션을 사용할 수 없다.

11 데이터베이스 설계의 제2정규형(2NF : second Normal Form)을 설명할 때 사용하는 표현에 해당하는 것은?

① 중복을 허용하지 않는 정규형이다.

② 키가 아닌 각 속성이 모든 키에 대하여 완전 함수 종속(full functional dependency)된다.

③ 테이블의 각 속성들이 쪼개질 수 없는 값(atomic value)을 가진다.

④ 키가 아닌 속성들이 어떤 키에도 이행적으로(transitively) 종속되지 않는다.

12 데이터베이스 설계의 제3정규형(3NF : third Normal Form)을 설명할 때 사용하는 표현에 해당하는 것은?

① 중복을 허용하지 않는 정규형이다.

② 키가 아닌 각 속성이 모든 키에 대하여 완전 함수 종속(full functional dependency)된다.

③ 테이블의 각 속성들이 쪼개질 수 없는 값(atomic value)을 가진다.

④ 키가 아닌 속성들이 어떤 키에도 이행적으로(transitively) 종속되지 않는다.

13 관계형 데이터베이스에서 뷰(view)에 대한 설명으로 틀린 것은?

① 사용자에게 보이거나 연산을 위해 만들어지는 가상 테이블(virtual table)이다.

② 뷰는 실제 존재하는 테이블로부터 연산을 수행하여 그 결과를 보여주는 것이며, 사용자는 뷰를 통하여 실제 데이터베이스에 접근한다.

③ 사용자의 요구사항을 나타내기 위해 뷰를 정의하고, 이를 개념적 스키마와 매핑하는 과정이 필요하다.

④ 대부분의 경우 뷰를 통해 데이터를 검색하며, 뷰에 대한 검색 질의는 많은 제약을 받는다.

주관식 문제

01 어떤 자료 흐름이든지 변환 분석 방법으로 소프트웨어를 설계할 수 있다고 주장하는 설계자들도 있다. 만약 트랜잭션 흐름을 변환 분석 방법으로 프로그램을 설계한다면 프로그램 아키텍처에 어떤 영향을 줄 것인가를 살펴보라.

02 다음 시스템들의 high level 자료 흐름도를 그려라. 어느 시스템이 변환 흐름 유형을 가지고 있고, 어느 시스템이 트랜잭션 흐름 유형을 가지고 있는지를 설명하고 해당된 구조 도표로 설계

결과를 표시하라.

(1) 컴파일러

(2) 운영체제의 Job에 대한 처리

(3) 항공권 예약 시스템

(4) 프로세스 제어 시스템

03 선형 방정식을 푸는 문제를 DFD로 상세히 표시하고 프로그램을 유도하라.

04 익숙한 소프트웨어 또는 프로그램 영역을 선택하여 DFD를 그리고 프로그램 구조를 유도하라.

05 구조적 설계 기법을 이용하여 다음 DFD에서 프로그램 구조를 유도하라. 그림에서 전체를 변환 흐름으로 보고 출력 부분을 트랜잭션 흐름으로 처리하며 중간 트랜잭션을 또 변환 흐름으로 처리한다.

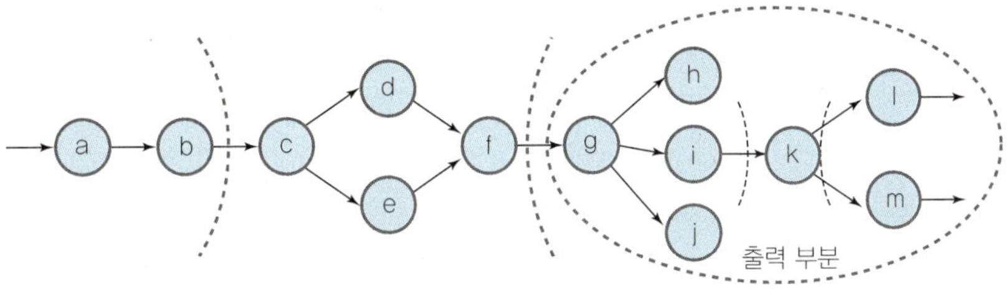

06 데이터베이스의 추상화 3단계(three schema architecture)를 설명하라. 또한 이 단계들을 소프트웨어 공학에서의 엔지니어링 라이프 사이클과 비교 설명하고, three schema architecture의 각 단계에서 수행되어야 하는 임무 및 산출물에 대하여 논하라.

07 다음 용어들을 정의하고 프로그래밍 언어와 객체지향 방법론에서 사용하는 이에 해당하는 용어를 기술하라.

(1) 엔티티

(2) 엔티티 타입

(3) 관계

(4) 관계 타입

(5) 속성

08 데이터베이스 설계과정에서 논리적인 단계와 물리적인 단계의 역할과 차이점은 무엇인지 설명하라.

09 다음의 문제 설명으로부터 ER 모델을 만들고 관계형 데이터베이스로 전환하라.

> 비행장 데이터베이스는 비행기, 비행기 소유주, 비행장 직원, 비행기를 운전하는 비행사에 대한 정보를 저장하려 한다.
>
> 각 비행기는 등록 번호, 비행기 유형, 소유주, 격납고의 정보를 가진다. 비행기 소유주는 회사에 있거나 개인일 수 있다. 회사의 경우 이름, 주소, 전화번호를 관리해야 하며 개인인 경우 주민등록번호, 이름, 주소, 전화번호를 관리한다.
>
> 비행기의 유형은 모델명, 용량, 무게 등의 정보를 가지며 격납고는 번호, 위치, 용량을 알 수 있어야 한다. 각 비행사는 앞에서 언급된 개인의 정보 이외에 비행 면허 번호와 제약 조건을 가지고 있으며 정해진 비행기 유형만을 운전할 수 있다. 비행장 직원들에 대한 정보는 앞에서 언급된 개인의 정보 이외에 직급과 월급에 관한 것을 포함한다.

객관식 문제 정답 1. ② 2. ④ 3. ② 4. ③ 5. ① 6. ④ 7. ① 8. ③ 9. ② 10. ① 11. ② 12. ④ 13. ④

Chapter

14 디자인 패턴

소프트웨어 디자인 패턴은 소프트웨어를 설계할 때 특정 상황에서 자주 사용하는 패턴을 정형화한 것이며, 좋은 소프트웨어 설계를 위한 개발자들의 경험적 산물이다. 디자인 패턴은 분명하고 정확하게 기술된 문제에 대하여 증명된 해결안이라고 할 수 있다. 특정 상황에 적합한 디자인 패턴을 사용함으로써 만들려고 하는 애플리케이션의 설계가 보다 향상될 수 있다. 디자인 패턴은 소프트웨어 코드의 품질을 향상시켜 결과적으로 소프트웨어의 재사용성을 높이는 데 그 목적이 있다.

Chapter

14 / 디자인 패턴

학습목표

1. 소프트웨어 디자인 패턴을 분류한다.
2. 디자인 패턴의 활용 목적을 이해한다.
3. 리팩토링과 디자인 패턴의 관계를 설명한다.
4. '다형성'과 '동적 바인딩'을 설명한다.
5. Singleton Pattern, Façade Pattern, Strategy Pattern, Factory Method Pattern, Adapter Pattern을 설명한다.

패턴이란 자주 발생되는 문제들을 해결하고자 할 때 일정하게 반복되는 솔루션이다. 패턴의 정의에서 보듯 일정한 형태나 양식이 반복적으로 나타날 때 우리는 "패턴이 있다."라고 말한다. 이러한 패턴은 음악, 수학, 미술, 건축 등 다양한 분야에서 문제 해결의 도구로 사용되는가 하면 창조의 원천이 된다(Robert Root-Bernstein 2007). 가장 위대한 수학자 중 한 사람인 칼 프리드리히 가우스(Carl Friedrich Gauss)는 어렸을 때부터 수학의 패턴을 찾아내는 천재성을 보였다. 초등학교 때 선생님이 내준 1부터 100까지의 수를 전부 더하라는 숙제를 받고 불과 몇 초 만에 정답을 제출했다고 한다. 가우스는 1에서 100까지 연속되는 숫자에서 100부터 역순으로 그 숫자의 순서에 해당하는 수를 더하면 합이 항상 101이 되는 패턴을 인식했다.

1+100=101
2 +99=101
⋮
50+51=101

따라서
101×50 = 5,050

모기장이나 야구장에 설치한 촘촘한 그물망을 보다 보면 종종 물결무늬가 나타나는 현상을 볼 수 있다. 이렇게 두 개 이상의 주기적인 패턴(periodic pattern)이 겹쳐져 생기는 간섭무늬(interference fringe)를 무아레 패턴(moire pattern : '물결무늬'라는 프랑스어에서 유래하였다. 주기적인 무늬가 겹쳐서 생기는 원래의 격자무늬보다 크게 나타나는 무늬이다)이라고 한다.

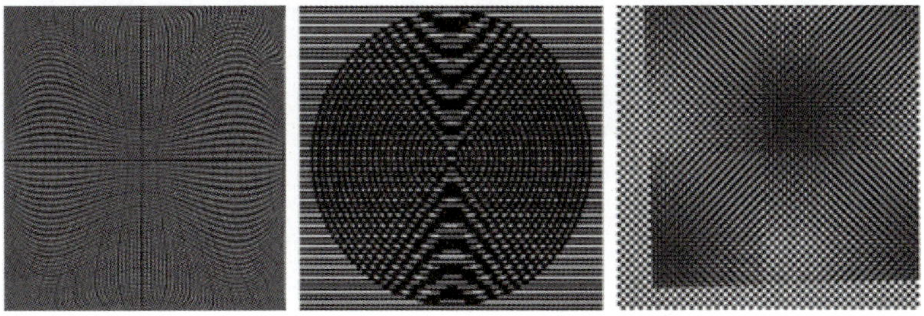

:: 그림 14 - 1 | 다양한 무아레 패턴

무아레 패턴은 그림을 스캔할 때 화질을 떨어뜨리는 원인이 되고, 컬러 인쇄 시 인쇄물에 나타나 문제를 일으키기도 한다. 하지만 과학 분야에 응용되어 철이나 결정체를 검사하기 위해 광학 그리드로 사용되는데, 이를 통해서 쉽게 응력선(應力線 : 응력은 외력이 재료에 작용할 때 그 내부에 생기는 저항력이며 응력선은 응력의 작용 방향을 이은 선을 말한다)을 볼 수 있어 규칙적인 패턴을 갖춘 물체, 이를테면 직물에서부터 철망, 벽돌 구조물 같은 것들의 표면에 생긴 불규칙성을 감지하는 데 사용된다(Robert Root-Bernstein 2007). 의학에서는 무아레 패턴을 이용해 척추 이상을 파악하기도 한다.

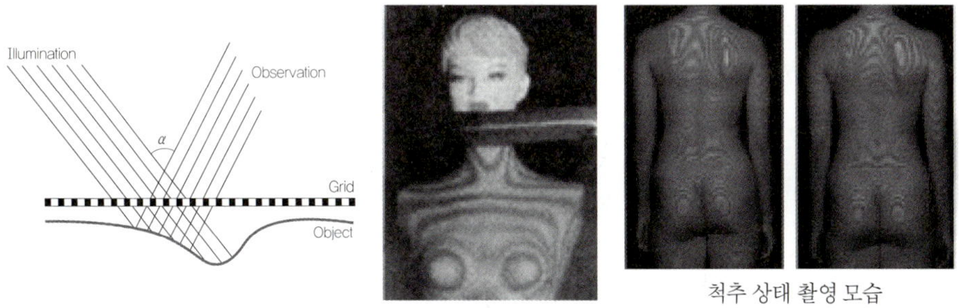

척추 상태 촬영 모습

:: 그림 14 - 2 | 무아레 패턴을 응용한 형상 측정 원리

그림 14-2의 '척추 상태 촬영 모습' 사진을 보면 왼쪽은 척추에 이상이 생겼음을, 오른쪽은 정상적인 모습임을 쉽게 확인할 수 있다. 이는 무아레 패턴 원리를 이용해 등에 빛을 비추어 줄무늬 그림자를 만들고 등에 나타난 그림자를 다시 줄무늬를 통해 봄으로써 등고선 모양의 무아레 패턴을 만들어 그 사람의 척추 상태를 확인한 것이다[유재원 2005].

그 밖에도 레오나르도 다 빈치(Leonardo Da Vinci)는 주변의 산과 강, 바위, 나무 등에 나타난 패턴을 통해 새로운 생각을 내놓고, 바흐는 음악 속에 두 개의 다른 선율이나 주제를 대비시키는 대위법을 쓴 자리바꿈 기법 패턴을 이용해 아름다운 곡을 작곡하였다고 한다.

이처럼 다양한 분야에서 사용되는 패턴은 소프트웨어 설계 분야에도 존재한다. 프로그램의 큰 구조를 설계할 때, 사용자가 원하는 사용자 인터페이스를 언제든 바꿀 수 있는 프로그램을 만들 때, 프로그램에서 수시로 알고리즘을 바꿀 수 있도록 만들어야 하는 경우 등 다양한 설계 상황에 맞는 패턴들이 존재한다. 따라서 가우스가 수의 패턴을 인식해 빠르게 1부터 100까지의 합을 구했던 것처럼, 소프트웨어 설계에서도 다양한 패턴을 숙지하면 적은 노력으로 좋은 구조의 소프트웨어를 설계할 수 있다.

1 소프트웨어 디자인 패턴이란 무엇인가

소프트웨어 디자인 패턴은 건축가인 알렉산더(Christopher Alexander)의 두 대표작 《A Timeless Way of Building》과 《A Pattern Language》에서 기원을 찾을 수 있다. 알렉산더는 이 두 권의 책을 통해 건축물의 설계에서 빈번하게 발생하는 동일한 설계 내용이 있기 때문에, 이런 것들을 하나의 패턴으로 보고 다른 건축물 설게에 재사용하면 문제 해결에 대한 고민을 반복하지 않고 100만 번 이상 재사용할 수 있다고 주장하였다. 알렉산더의 아이디어에서 영감을 얻은 켄트 벡(Kent Beck)과 워드 커닝햄(Ward Cunningham)은 1987년 OOPSLA-87에서 "Using Pattern Languages for Object Oriented Programs"를 발표했다. 여기서 벡과 커닝햄은 스몰토크(Smalltalk) 개발자들이 쉽게 익힐 수 있는 다섯 개의 패턴을 발표했다.

그러나 디자인 패턴이 객체지향 프로그래머에게 크게 영향을 미치게 된 계기는 《디자인 패턴(Design Patterns)》이 출간되면서부터이다. 이 책에서 GoF(Gang of Four의 약자로 《디자인 패턴》의 저자들 Erich Gamma, Richard Helm, Ralph Johnson, Jone Vlissides 네 사람을 말한다)는 객체지향 설계를 위한 Strategy 패턴, Adapter 패턴과 같은 23개의 패턴을 기술하였다. 이를 토대로 객체지향 분석/설계, 도메인 설계, 프로세스 조직/설계, 사용자 인터페이스 설계와 같은 다양한 분야에서 패턴과 패턴 언어에 대한 논문과 책들이 출간되었고, 객체지향 소프트웨어 개발에서 디자인 패턴이 폭넓게 사용되기 시작하였다.

디자인 패턴이 무엇인가라는 질문에 대한 답을 얻기 위해 패턴 대가들의 정의를 살펴보자. GoF는 "특정한 상황에서 일반적 설계 문제를 해결하기 위해 상호 교류하는 수정 가능한 객체와 클래스들에 대한 설명이다."라고 정의하였다. 또 라만(C. Larman)은 "숙련된 객체지향 개발자 및 기타 소프트웨어 개발자는 소프트웨어 개발의 가이드라인이 되는 일반적인 원칙들과 관용적인 해결책들의 레퍼토리(repertoire)를 구축한다. 패턴(pattern)은 이러한 원칙들과 관용적 해결책들이 문제와 해결책을 기술하는 구조적인 형태로 체계화되고 명명된 것이다."라고 정의하였다([Larman 2005]. 즉, 소프트웨어 디자인 패턴은 소프트웨어를 설계할 때 특정 상황에서 자주 사용하는 패턴을 정형화한 것이며, 좋은 소프트웨어 설계를 위한 개발자들의 경험적 산물이라 할 수 있다. 이 경험적 산물은 최적화된 알고리즘 코드일 수도 있고 클래스나 모듈들의 좋은 구조로 정의되기도 한다.

이러한 소프트웨어 디자인 패턴의 특징은 다음과 같다. 첫째로 경험을 통하여 얻을 수 있다. 둘째로 특정한 형식을 갖고 체계적으로 작성되는 것이 일반적이다. 마지막으로, 패턴에는 각기 다른 추상화 수준이 존재하며 계속적으로 진화한다. 또한 디자인 패턴은 소프트웨어 설계 시 개발자들에게 추천 지침(best practice)으로 제공될 수 있다. 추천 지침은 개발자들이 설계를 빠르고 정확하게(실수가 없도록)할 수 있도록 도와주어 소프트웨어의 품질을 높일 수 있다. 이는 디자인 패턴을 사용하는 가장 큰 장점 중 하나이다. 디자인 패턴의 장점을 조금 더 소개하면 다음과 같다.

첫 번째, 디자인 패턴은 의사소통에 도움을 준다. 디자인 패턴을 알고 있는 설계자들은 특정 문제에 대해 공통적으로 알고 있는 패턴을 이용해 해결책에 대한 논의를 할 수 있기 때문에 보다 원활하게 의사소통을 할 수 있다.

두 번째, 검증된 지식인 패턴을 사용하면 높은 완성도의 디자인을 빠른 시간에 만들어 낼 수 있기 때문에 소프트웨어 개발 비용을 줄일 수 있어서 경제적이다. 또한 코드의 수준을 한 단계 높여 주고 적은 수의 클래스로 원하는 목적을 달성할 수 있는 환경이 제공된다.

세 번째, 좋은 설계나 아키텍처가 패턴이라는 이름으로 명명되어 있어 개발자는 그 패턴의 이름만으로도 그 소프트웨어의 구조를 알 수 있다. 이를 바탕으로 이전의 소프트웨어 개발에서 사용한 설계나 구조를 쉽게 이해할 수 있고, 새로운 소프트웨어로 빠르게 적용할 수 있어 소프트웨어 재사용을 용이하게 한다.

2 디자인 패턴의 기술 형식

알렉산더의 패턴 기술 형식은 '패턴의 이름', '특정 상황(context)과 그 상황에서 반복적으로 발생하는 건축물에 대한 영향력', '문제점(problem)', '해결책(solution)', '다른 패턴들과의 관계', '해결책이 적용된 다이어그램'과 같은 내용을 포함한다.

알렉산더의 패턴 기술 형식을 알아보기 위해 그의 저서 《패턴 언어(A Pattern Language)》에 기술되어 있는 'Dressing Room'(침실 옆에 딸린 옷 방으로 옷을 보관하고 갈아입을 수 있는 방을 말한다) 패턴을 소개한다.

알렉산더의 패턴 기술 형식을 보면 먼저 'Dressing Room'이라는 이름을 명명하여 패턴을 쉽게 참조할 수 있도록 하고, Dressing Room이 필요한 상황을 '만약 침대가 적절한 위치에 배치되었다면…'으로 기술하고 있다. 또한 옷을 갈아입는 활동이 '다른 활동을 방해할 수 있다'는 문제점을 제시한다. 때문에 '침대와 욕실 사이에 개인용 또는 공용으로 옷을 갈아입을

알렉산더의 패턴 기술 형식

- 패턴 이름

  Dressing Room

- 특정 상황

  침대가 적절한 위치에 배치되었다면, 의복을 수납하기 위한 옷장과 옷을 갈아입는 장소로 사용할 공간에 대해 세심한 주의를 기울여야 한다.

- 문제점

  옷을 입거나 벗는 행위, 옷을 수납하는 행위, 옷을 주변에 걸어놓는 행위는 대규모의 복잡한 활동의 일부가 되어야 할 필요가 전혀 없다. 이는 자기만족적이며 다른 활동을 방해할 뿐이므로, 또 다른 기능 없이 이러한 활동에만 집중할 수 있는 공간이 필요하다.

- 해결책

  개인용 또는 공용으로 모두가 사용할 수 있는 Dressing Room을 침대와 욕실 사이에 설치한다. 지름이 최소한 6피트(약 2m) 정도의 열린 공간을 가질 수 있을 만큼 넓어야 하며, 직선 6피트 정도의 의류 수납 공간과 6피트 길이의 선반, 그리고 두세 개의 서랍장과 거울이 배치되어야 한다.

- Dressing Room의 구조도

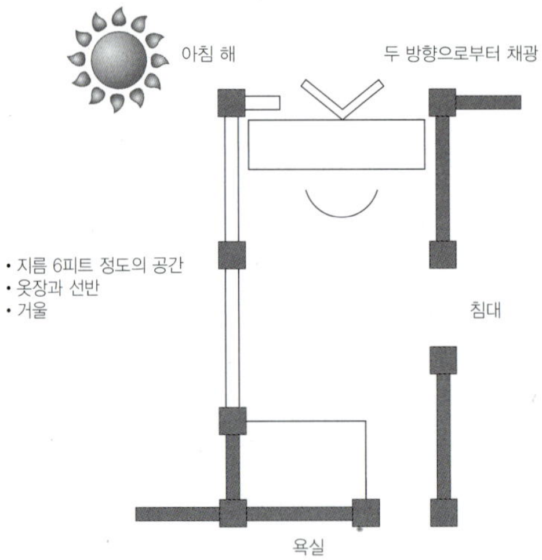

수 있는 Dressing Room을 설치한다'라는 해결책을 제시하고, 방의 구체적인 크기 및 내부에 필요한 옷장, 선반 또는 거울에 대해서 기술하고 있다. 마지막으로 Dressing Room에서의 창문 위치, 거울 위치, 서랍장 위치 등을 알 수 있는 구조도를 제공하여 누구라도 쉽게 패턴을 참조하여 설계할 수 있도록 하였다.

디자인 패턴의 기술은 '패턴의 이름', '의도', '동기', '활용성', '구조'의 형식으로 전개되어 알렉산더의 기술 형식과 비슷한 점을 갖는다. 소프트웨어 디자인 패턴을 처음으로 기술한 《디자인 패턴》(GoF, 1996)에서 사용했던 형식을 바탕으로 패턴의 기술 형식을 정리하면 다음과 같다.

- 패턴 이름과 분류(pattern name and classification) : 패턴의 이름은 패턴 자체의 내용을 효과적으로 전달할 수 있어야 한다. 패턴의 이름은 설계의 어휘로 이용되기 때문에 좋은 이름은 패턴의 생명이다.
- 의도(intent) : 이 패턴은 무엇을 하며, 어떤 의도로 작성되었는지, 무슨 문제를 해결하는지 간단히 기술한다.
- 다른 이름(also known as) : 위의 공식적인 이름 외에 잘 알려진 다른 이름
- 동기(motivation) : 이 패턴이 해결해야 하는 디자인 문제와 그것을 해결하기 위해 클래스와 객체들이 어떻게 사용되는지에 대해 시나리오 형식으로 기술한다. 동기는 설계 문제를 제시하고, 패턴 안에서 클래스나 객체 구조가 어떻게 문제를 해결하는지 설명하는 일종의 시나리오이다. 이 시나리오는 패턴에 대한 좀 더 추상화된 설명을 이해할 수 있게 도와준다.
- 활용성(applicability) : 디자인 패턴을 어떤 상황에 적용할 수 있는가? 패턴이 문제로 삼는 잘못된 설계의 예는 무엇인가? 이 상황을 어떻게 파악할 수 있는가?
- 구조(structure) : 구조를 표현할 수 있는 표기법(UML, Object Modeling Techniques 등)을 이용해 패턴에서 정의할 클래스를 모델링한다. 요청과 객체들 간의 협력 관계의 순서를 표현하기 위해 상호작용 다이어그램을 이용한다.
- 참여 객체(participants) : 패턴을 구성하고 책임을 수행하는 클래스나 객체들
- 협력방법(collaborations) : 참여 클래스와 객체들이 작업을 수행하기 위해서 어떻게 협력하는지 관계를 정의한다.
- 결과(consequences) : 패턴이 목적을 달성하기 위해 어떤 면을 해결하는지 설명하고, 패턴을 이용한 결과는 무엇이고 장단점은 무엇인가, 시스템의 어떤 부분을 독립적으로 다양화할 수 있겠는가를 기술한다.
- 구현(implementation) : 패턴을 구현할 때 주의해야 할 함정, 힌트, 기법 등은 무엇인가? 특정 언어에 국한된 특이사항은 무엇인가?
- 예제 코드(sample code) : 실제로 C++이나 Smalltalk, JAVA 등을 이용해서 패턴을 어떻게 구현할 수 있는가를 보여 주는 코드이다.
- 잘 알려진 사용 예(known uses) : 실제 시스템에서 볼 수 있는 패턴들의 예로 서로 다른 영역으로부터 두 가지 이상의 예를 제공한다.
- 관련 패턴(related patterns) : 이 패턴과 관련된 다른 패턴들을 기술하고 중요한 차이점들은 무엇인지, 어떤 다른 패턴에 이 패턴이 사용될 수 있는지를 기술한다.

3 GoF의 패턴 분류

새로운 소프트웨어를 개발할 때마다 대부분의 개발자는 어떤 클래스를 만들고 어느 시점에 객체를 생성하여 사용하고 소멸시킬지, 데이터를 어떠한 방식으로 관리하고 처리할지, 소프트웨어를 구성하는 모듈을 어떻게 나누고 그 구조를 설계할지에 대한 고민을 하게 된다. 디자인 패턴의 분류는 위와 같이 반복되는 특정 상황에서 적절한 패턴을 쉽게 찾아 사용할 수 있도록 패턴을 정리해 놓은 것이다.

GoF의 패턴 분류는 가장 잘 알려진 분류법이다. GoF는 디자인 패턴을 '목적(purpose)'과 '범위(scope)'로 분류했다. '목적'은 패턴이 무엇을 하는지 정의하는 것으로 '생성', '구조', '행위' 중의 한 가지 목적을 갖는다. '생성' 패턴은 객체의 생성과정에 관여하는 것이고 '구조' 패턴은 클래스나 객체의 합성에 관한 패턴들이다. '행위' 패턴은 클래스나 객체들이 상호작용하는 방법과 책임을 분산하는 방법을 정의한 것이다.

'범위'는 패턴을 주로 클래스에 적용하는지 아니면 객체에 적용하는지에 따라 구분된다. 클래스 패턴은 클래스들과 하위 클래스들 간의 관련성을 다루는 패턴이다. 관련성은 주로 상속이며 컴파일 시점에 정적으로 결정된다. 객체 패턴은 객체 관련성을 다루는 것으로 런타임 시에 동적으로 변경할 수 있다.

:: 표 14－1 | GoF의 패턴 분류

범위＼목적	생성	구조	행위
클래스	Factory Method	Adapter	• Interpreter • Template Method
객체	• Abstraction Factory • Builder • Prototype • Singleton	• Adapter • Bridge • Composite • Decorator • Façade • Proxy	• Chain of Responsibility • Command • Iterator • Mediator • Memento • Flyweight • Observer • State • Strategy • Visitor

4 디자인 패턴 활용

디자인 패턴은 분명하고 정확하게 기술된 문제에 대하여 많은 경험을 통해 증명된 해결안이라고 할 수 있다. 그러므로 디자인 패턴을 정확히 알고 있다면 반복적으로 발생하는 문제들에 불필요한 고민을 하지 않고 곧바로 요구사항에 맞는 설계를 할 수 있다. 또한 특정 상황에 적합한 디자인 패턴을 사용함으로써 만들려고 하는 애플리케이션의 설계가 보다 향상될 수 있다. 다시 말해, 오랜 개발 경험이 없어도 디자인 패턴을 정확히 알고 있다면 고수준의 소프트웨어 설계를 할 수 있다.

패턴이 어떻게 활용되는지 알아보기 위해 표 14-2와 같은 인쇄 관리 프로그램 개발을 예로 들어 살펴보자.

:: 표 14-2 | 인쇄 관리 프로그램 개발 요구사항

- 목표 : 인쇄 관리 프로그램 개발
- 요구사항

  프로그램은 윈도우 OS에서 동작하는 인쇄 관리 프로그램이다. 문서 프로그램이나 이미지 관리 프로그램에서 인쇄를 요청하면 그 요청을 받아 지정된 프린터기로 인쇄 페이지를 전달하는 프로그램이다. 이때 프린터기는 프로그램으로부터 한 번에 한 페이지씩 받아 인쇄를 수행한다. 때문에 인쇄 관리 프로그램은 여러 인쇄 페이지가 있을 경우 한 번에 한 페이지씩 프린터기로 전송해야 한다. 또한 프린터기는 여러 종류가 연결되어 있을 수 있고, 사용자가 지정한 프린터기를 통해 인쇄되어야 한다.

표 14-2의 요구사항을 만족하는 프로그램을 만드는 방법은 다양하다. “모로 가도 서울만 가면 된다.”라는 속담처럼 프로그램의 설계 구조가 어떻든, 좋은 코드이든 나쁜 코드이든, 개발 시간이 얼마나 걸리든 요구사항에 맞게 프로그램을 만들 수 있다. 그러나 대부분의 현실은 요구사항에 개발 완료 시간이 주어지고, 주어진 시간 안에 일정한 품질을 요구하고 있어 설계자나 개발 관리자는 이런 제약된 상황 속에서 성공적인 소프트웨어 개발을 위한 검증된 설계방법을 찾는다.

인쇄 관리 프로그램 요구사항 중 “인쇄 관리 프로그램은 여러 인쇄 페이지가 있을 경우 한 번에 한 페이지씩 프린터기로 전송해야 한다.”라는 요구에 대해 생각해 보자. 한 번에 한 페이지씩 프린터기로 보내면서, 여러 프로그램에서 요청한 페이지들이 섞여서 인쇄되지 않도록 하기 위해서는 오직 하나의 인쇄 관리 역할자가 여러 프로그램들의 인쇄 요청을 구분하여 받고, 요청받은 순서대로 지정한 프린터기로 한 페이지씩 요청하도록 만드는 방법이 필요하다. 다시 말해, 인쇄 관리 역할자인 인쇄 관리 클래스는 인쇄 관리 소프트웨어 내에서 오직 하나의 인스턴스(객체)를 제공하여 프린터기로 인쇄 데이터를 전송할 수 있도록 설계하는 방법이 가장 적절하다. 이런 경우 오직 하나의 인스턴스만을 생성해야 하는 상황을 해결해 줄 기본틀을 제공하는 Singleton 패턴을 적용하여 요구사항을 만족하는 소프트웨어를 설계할 수 있다.

더 나아가 모든 인쇄 요청을 단일 창구인 인쇄 관리 클래스를 통해 접수하고 원하는 프린터기로 인쇄 요청을 하는 구조를 생각해 보자. 이를 통해 요청 프로그램들과 각 프린터 사이의 직접적인 교류를 차단하면 두 시스템 사이의 내부를 감추고 외부 인터페이스를 통해 상호작용함으로써 결합도를 낮출 수 있는 단순 구조를 만들 수 있다. 그림 14-3의 'Printer Manager'의 경우처럼 하나의 외부 인터페이스 인스턴스로 내부 구조를 연결하는 방법을 제공하는 기법인 Façade 패턴을 활용하면 보다 쉽게 구조를 설계할 수 있을 것이다. 그런데 초보 프로그래머들이 오직 하나의 인스턴스를 만들어야 한다거나 구조적으로 하나의 외부 인터페이스를 제공하는 설계를 한다는 것이 결코 쉽지 않다. 하지만 디자인 패턴을 공부했다면 '오직 하나의 인스턴스만을 만들어 관리하는 방법'으로 Singleton 패턴을 사용하면 된다는 것과 '하나의 인스턴스로 하위 구조를 연결하기 위한 방법'으로 Façade 패턴을 사용하면 된다는 것을 알 수 있을 것이다.

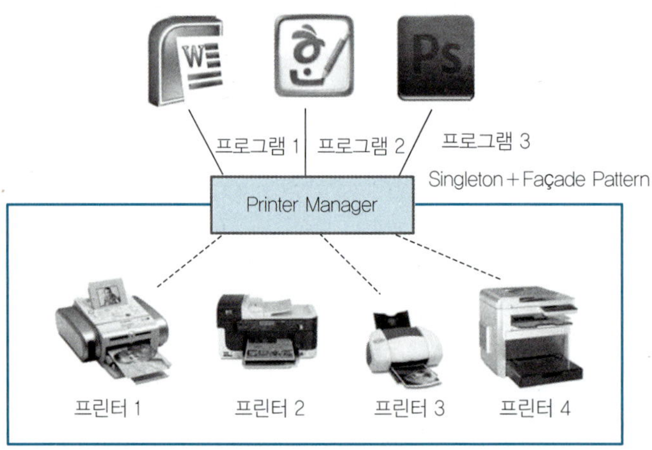

:: 그림 14 – 3 | 인쇄 관리 프로그램 구조도

디자인 패턴은 '좋은 소프트웨어 설계를 위한 개발자들의 경험적 산물'이라 했다. 인쇄 관리프로그램의 예에서 보듯 디자인 패턴을 배우는 일은 초보 개발자가 세계적인 개발자들이 수십 년 간의 개발 경험에서 얻은 가장 좋은 설계방법을 며칠에서 불과 몇 분의 공부로 익혀 코드에 적용할 수 있는 효율적인 프로그램 공부라 할 수 있다.

다음은 앞에서 언급한 Singleton 패턴을 만드는 규칙이다. Singleton 클래스의 원리를 정확히 알지 못해도 아래 규칙을 보면 쉽게 오직 하나의 인스턴스를 갖는 인쇄 관리 클래스(PrinterManager)를 만들어 사용할 수 있을 것이다.

Singleton 패턴 작성 규칙

```
// 싱글톤 패턴은 클래스의 인스턴스가 오직 하나임을 보장하며 이 인스턴스에 접근할 수 있는 방법을
제공한다.
public class Singleton { // 1. 싱글톤 패턴으로 만들 클래스의 이름을 지정한다(예 : Singleton).


    // 2. Private 접근 제한자를 갖는 자기 자신의 타입의 static 멤버 변수를 선언한다.
    private static Singleton instance;

    // 3. Private 접근 제한자를 갖는 기본 생성자를 만들어 외부에서 인스턴스를 생성할 수 없도록 한다.
    private Singleton( ) {
    }

    // 4. Singleton 객체를 반환하는 static getInstance() 메소드를 생성한다.
    public static Singleton getInstatnce( ) {
        if(instance==null) { // 4.1 Singleton 인스턴스가 생성되어 있지 않으면 생성하도록 한다.
                             // Singleton 인스턴스가 있다면 더 이상 인스턴스를 생성하지 않는다.
            instance = new Singleton( ); // 4.2 싱글톤 인스턴스를 생성한다.
        }
        return instance; // 5. 현재 생성된 싱글톤 인스턴스를 반환한다.
    }
}
```

오직 하나의 인스턴스를 갖는 PrinterManager

```
public class PrinterManager {

    private static PrinterManager instance;

    private PrinterManager () {

    }

    public static PrinterManager getInstatnce( ) {
        if(instance==null) {
            instance = new PrinterManager ( );
        }

        return instance;
    }
}
```

이처럼 디자인 패턴은 경험이 많은 개발자들의 검증된 설계 지식을 초보자들도 실제 상황에 바로 적용할 수 있는 좋은 지침이 된다. GoF는 23가지의 디자인 패턴을 소개하고 그 실례를 기술하였다. 부록에서 GoF의 디자인 패턴 중 일부를 소개하여 여러분이 다양한 디자인 패턴을 쉽게 익힐 수 있도록 하였다.

5 패턴을 이해하기 위한 지식 '다형성'과 '동적 바인딩'

객체지향의 특징 중 하나는 상속과 다형성(polymorphism)이다. 폴리모피즘이라고도 불리는 다형성은 같은 오퍼레이션이 다른 클래스에서 다르게 동작하는 것을 말하며, 하나의 함수 이름이나 연산자가 여러 목적으로 사용될 수 있는 것을 의미한다. 객체지향에서의 다형성은 주로 상속 관계에서 사용되어 상위 클래스에 정의된 하나의 오퍼레이션에 대해 각 하위 클래스가 가지고 있는 고유한 방법으로 응답할 수 있도록 유연성을 제공한다. 다형성은 상위 클래스를 통하여 하위 클래스의 메소드를 호출할 수 있도록 하는 개념이다.

메시지를 보내는 측에서는 단지 상위 클래스의 오퍼레이션을 호출하며, 이때 객체가 어떤 타입(하위 클래스)인지 알 필요가 없고, 실행 시간(run time)에 객체의 타입에 따라서 자동적으로 하위 클래스의 적합한 동작이 결정된다. 실행 시간에 하위 클래스의 객체를 통해 동작이 정해지는 것을 동적 바인딩(run-time binding)이라 한다. 다형성과 동적 바인딩은 디자인 패턴을 이해하기 위한 필수 개념이라 할 수 있다. 특히, GoF의 디자인 패턴 분류에서 '범위' 분류 중 '객체'에 적용하는 패턴들은 대부분 다형성과 동적 바인딩을 다루는 패턴들이다. 이번 절에서 다형성과 동적 바인딩을 좀 더 자세히 살펴본다.

상위 클래스는 하위 클래스에게 모든 속성과 기능을 상속시키고, 필요하면 하위 클래스가 상속된 것을 자신의 특성에 맞게 재정의(override)하여 사용하도록 하는 것이 다형성이다. 다형성은 같은 부모 밑의 다른 자식들에게 논리적으로 동일한 메시지(동일한 이름과 동일한 파라미터 타입, 동일한 파라미터 개수를 갖는 메시지)를 주었을 때 물리적으로 다르게 행동하는 것을 의미한다. 즉, 상위 클래스만 알고 있는 상태에서 컴파일되며, 하위 클래스에 대한 결정은 실행 시간에 동적 바인딩을 통해 이루어진다.

다형성을 통해 저마다의 기능을 가진 하위 클래스를 자유롭게 정의할 수 있으며, 새로운 하위 클래스가 기존 코드의 변경 없이 쉽게 추가될 수 있다. 공통적인 속성과 오퍼레이션을 상위 클래스에 정의하고 상속하게 함으로써 디자인과 코드의 중복성을 줄이고 객체지향의 장점을 극대화할 수 있다. 이를 바탕으로 응집도는 높고 결합도는 낮으며, 유연하고 확장성이 높은 소프트웨어를 개발할 수 있다.

예를 들어, 'File'이라는 클래스는 'print'라는 오퍼레이션을 가질 수 있다. 파일의 종류에 따라 하위 클래스인 ASCII files, binary files의 'print' 오퍼레이션은 논리적으로는 같지만 다른 코드로 구현된다. 만약 picture files가 새로운 클래스로 추가된다면 'File' 클래스의 하위 클래스로 정의하고, 필요하면 자신의 'print' 오퍼레이션을 추가하면 된다. 다형성과 동적 바인딩의 개념을 보다 자세히 설명하기 위해 다음과 같이 대중교통 수단을 이용하는 상황을 예로 들어 보자.

대중교통 수단 이용 시나리오

우리가 대중교통을 이용할 때 어떤 교통수단을 이용하겠다고 미리 정하지 못하고 상황에 따라 결정해야 하는 경우들이 있다. 예를 들어, 버스를 타고 싶으나 20분 이상 오래 기다려야 한다면 비싼 요금을 내고 택시로 이동할 수 있다. 버스와 택시를 이용할 때 사용하는 교통카드는 동일하며, 버스와 택시의 이용 요금은 다음과 같이 적용된다고 가정하자.

- 버스 이용 요금 : 버스 이용 요금은 이동 거리에 상관없이 1,200원이다.
- 택시 이용 요금 : 2km까지는 기본 요금 2,500원이며, 2km 이후부터는 1km당 700원의 추가 요금이 발생한다.

승객이 이용하는 교통수단에 따라서 요금이 산정되는 방식이 다르며, 이는 고객의 선택에 따라 달라진다. 승객이 어떤 교통수단을 이용하느냐에 따라 이용 요금을 계산하는 객체가 결정되며, 이는 실행 시간에 결정(바인딩)되는 동적 바인딩의 경우이다.

이러한 동적 바인딩은 다형성의 개념을 이용하여 구현할 수 있다. 즉, 대중교통이라는 상위 클래스를 정의하고, 이 상위 클래스에 대중교통의 이용 요금을 계산하는 추상 메소드(abstract method)를 선언한다. 버스 클래스와 택시 클래스는 대중교통이라는 상위 클래스를 상속받는 하위 클래스로 정의하며, 각각의 클래스에 이용 요금을 계산하는 메소드를 재정의(overriding)한다. 재정의되는 메소드는 상위 클래스의 추상 메소드와 시그니처가 동일하며, 메소드의 몸체 부분만 달라진다. 즉, 인터페이스의 형태(파라미터의 타입, 개수, 순서)가 같아야 하는 것을 의미한다. 이러한 상속 구조를 설계하면, 상위 클래스의 인스턴스가 하위 클래스의 인스턴스를 가리킬 수 있게 되며, 결과적으로 상위 클래스의 인스턴스를 통해 하위 클래스에 정의된 메소드를 호출할 수 있게 된다. 이것이 다형성의 개념이다. 다형성의 개념이 적용된 클래스 구조에서, 어떤 하위 클래스의 객체를 호출할지는 실행 시간에 결정되어(동적 바인딩) 이루어진다.

동적 바인딩이 이루어지도록 프로그램이 구현되면 향후 '지하철'이라는 새로운 하위 클래스를 추가해야 되는 경우 클라이언트 모듈(하위 클래스의 기능을 요청하는 대상)은 여전히 상위 클래스의 인터페이스만 알고 있으면 된다. 즉, 하위 클래스의 기능이 어떻게 구현되었는지 여부는 알 필요가 없으며, 하위 클래스의 기능을 요청할 때 상위 클래스의 인터페이스를 통해 요청하면 되는 것이다. 이것은 전체적인 클래스 구조의 결합도를 떨어뜨리고 응집도를 높이는 결과를 가져오며, 결과적으로 더욱 효과적인 유지보수를 가능하게 한다. 뿐만 아니라 실행 시간에 하위 클래스의 인스턴스가 결정되기 때문에 보다 유연한 프로그래밍이 가능하다.

앞의 시나리오를 통해 대중교통을 상위 클래스로, 버스와 택시를 하위 클래스로 식별한 후, 그 구조를 나타내면 그림 14-4와 같다.

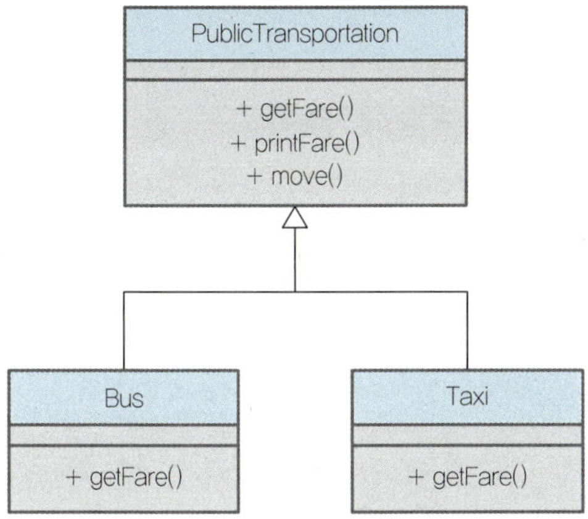

:: 그림 14 – 4 | 대중교통 수단의 상속 구조

대중교통을 나타내는 PublicTransportation 클래스는 세 개의 메소드를 정의한다. 그중 요금 계산 기능을 수행하는 getFare( ) 메소드는 추상 메소드로 정의하여 하위 클래스인 Bus와 Taxi가 재정의할 수 있도록 한다. 요금을 출력하는 printFare( )와 교통수단의 이동을 나타내는 move( ) 메소드는 PublicTransportation 클래스에서 구현하여 하위 클래스들이 그대로 상속받도록 한다. 그림 14–4의 각 클래스들을 코드로 구현하면 다음과 같다.

PublicTransportation.java

```
package nonpattern;

public abstract class PublicTransportation {

    int basicFare;

    abstract int getFare(int distance);

    public void printFare(int distance) {
        System.out.println("요금은" + getFare(distance) + "원입니다.");
    }

    public void move( ) {
        System.out.println("이동 중입니다.");
    }
}
```

Bus.java

```
package nonpattern;

public class Bus extends PublicTransportation {

    Bus( ) {
        basicFare = 1200;
    }

    int getFare(int distance) {
        return basicFare;
    }
}
```

Taxi.java

```
package nonpattern;

public class Taxi extends PublicTransportation {


    Taxi( ) {
        basicFare = 2500;
    }

    int getFare(int distance) {
        int additionFare = 0;

        if(distance > 2) {
            additionFare = (distance-2)*700;
        }
        return basicFare + additionFare;
    }
}
```

Test.java

```
package nonpattern;
import java.util.*;

public class Test {

    public static void main(String args[ ]) {

        int remainTime = 0;
        remainTime = (int)(Math.random( )*30) +1;
        System.out.println("버스 도착까지 남은 시간: "+remainTime+"분");
        if(remainTime > 20) {
            System.out.println("택시 이용");
            Taxi t = new Taxi( );
            simulation(t);
        }
        else {
            System.out.println("버스 이용");
            Bus b = new Bus( );
            simulation(b);
        }
    }

    private static void simulation(PublicTransportation p) {

        int distance = 0;
        Scanner scan = new Scanner(System.in);
        System.out.println("목적지까지의 거리는?");
        distance = scan.nextInt( );
        p.printFare(distance);
        scan.close( );
    }
}
```

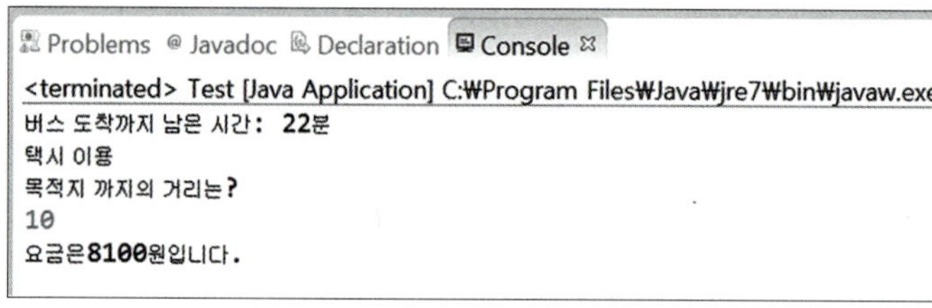

:: 그림 14 – 5 | 실행결과

Test 클래스는 클라이언트 관점에서 대중교통을 이용하는 상황을 구현한 것이다. 버스 도착 시간이 20분 이상 소요되는 경우, 택시 객체가 생성되고, 그 객체의 참조변수 t를 Simulation( ) 메소드의 인자로 전달한다. Simulation( ) 메소드는 PublicTransportation 클래스 타입의 형식 인자를 파라미터로 포함하고 있는데, PublicTransportation 타입의 참조변수로 Taxi 클래스 타입의 객체를 참조하게 된다. Simulation( ) 메소드 내부를 보면 'p.printFare(distance);'라는 문장이 있는데, 상위 클래스인 PublicTransportaion의 객체 참조변수로 Taxi 클래스의 printFare( ) 메소드를 호출하게 된다. 이런 과정은 Bus 객체를 생성하는 경우도 마찬가지로 적용된다.

이렇게 서브 객체가 실행 시간에 결정되는 동적 바인딩의 경우 앞서 설명한 다형성의 개념이 적용된 것이며, 실행 시간에 Bus와 Taxi 가운데 하나의 객체가 동적으로 선택 생성되는 결과를 낳는다.

6 패턴의 남용

논어에 과유불급(過猶不及)이라는 말이 있다. 그 뜻은 '정도를 지나침은 미치지 못함과 같다'는 뜻이다. 과유불급은 소프트웨어 개발에서도 항상 고려해야 할 말이다. 우리가 패턴을 배웠다고 해서 패턴을 사용하지 말아야 할 곳까지 패턴을 사용하면 필요 이상으로 설계가 복잡해질 수 있다. 또한 무분별한 패턴 사용으로 인해 유지보수가 어려운 소프트웨어가 만들어질 수도 있다. 때문에 패턴을 남용하지 않기 위해서는 패턴에 대해 정확히 이해하고, 소프트웨어의 기능이나 규모에 따라 패턴을 유연하게 사용할 수 있는 설계 능력을 갖추어야 한다.

다음은 패턴 남용의 예이다. "Hello Design Pattern"이라는 메시지를 출력하라는 과제가 주어졌다고 하자. 대부분은 main 메소드 내에 "Hello Design Pattern" 문자열을 출력하는 한 줄 정도의 코드를 추가했을 것이다. 그러나 패턴 중독자(pattern holic)는 어떠한 상황에서도 디자인 패턴을 적용하려고 한다. 다음 예의 코드를 살펴보면 디자인 패턴을 이용해 메시지를 출력할 수 있는 Singleton 클래스를 만들고, Singleton 객체를 이용해 "Hello Design

Pattern"을 출력하고 있다. 이는 '앞뜰에 놓을 강아지집에 고층 빌딩에 사용하는 내진 설계를 적용'한 상황처럼 필요 이상으로 구현을 복잡하게 한 패턴 중독의 예이다.

패턴 중독 예(JAVA)

```
/*
 * # 문제 : Hello World 문자열을 출력하라
 */
package Singleton;


public class Singleton {


    private static Singleton instance;

    private Singleton( ) {

    }

    // Singleton 객체는 getInstance( ) 메소드를 통해서만 객체가 생성된다.
    public static Singleton getInstatnce( ) {
        if(instance==null) {
            instance = new Singleton( );
        }

        return instance;
    }

    public void printMessage(String msg) {
        System.out.println(msg);
    }

}

/*
 * #2 Hello World를 출력하는 프로그램
 */
package Singleton;

public class HelloWorld {

    /**
     * @param args
     */
    public static void main(String[] args) {
        // TODO Auto-generated method stub
        Singleton singleton = Singleton.getInstatnce( );

        singleton. printMessage("Hello World");
    }

}
```

요약 SOFTWARE ENGINEERING

소프트웨어 디자인 패턴은 GoF의 《디자인 패턴》에서 소개한 23개 패턴 이외에도 다양하게 존재한다. 모든 디자인 패턴을 익힐 수는 없지만 디자인 패턴의 원리를 알고 GoF가 소개한 패턴들을 익힌다면 선배 개발자나 동료들과 객체지향 소프트웨어를 설계할 때 의사소통이 쉬워지고, 완성도 높은 소프트웨어 설계를 빠르게 수행할 수 있으며, 기존에 만들어진 객체지향 소프트웨어의 구조를 쉽게 파악할 수 있는 역량을 갖게 될 것이다.

디자인 패턴은 과거의 경험을 통해 검증된 해결책을 적용하여 소프트웨어 코드의 품질을 향상시키기 위한 것이며, 결과적으로 소프트웨어의 재사용성을 높이는 데 그 목적이 있다. 소프트웨어의 재사용성을 높이기 위한 또 다른 활동으로 모듈의 인터페이스는 변경하지 않으면서 프로그램 내부 구조를 개선하는 리팩토링(refactoring : 외부에서 본 프로그램의 동작은 변하지 않고 프로그램 내부의 구조를 개선하는 작업)이 있다. 디자인 패턴이 설계 단계에서 패턴을 적용함으로써 소프트웨어의 구조적 완성도를 높이기 위한 활동인 데 반해, 리팩토링은 이미 완성된 코드를 수정함으로써 동일한 목표를 추구하는 활동이다. 즉, 두 활동은 소프트웨어 개발 주기상에서 이루어지는 시점에서 차이가 있다.

디자인 패턴들 중 Singleton Pattern, Façade Pattern, Strategy Pattern, Factory Method Pattern, Adapter Pattern의 예는 부록에 설명되어 있다.

참고 문헌

[Gamma 95] Gamma E., Richard Helm, Ralph Johnson & John Vlissides, *Design Patterns : Elements of Reusable Object-Oriented Software*, Indianapolis, Addison Wesley, 1995.

[Gamma 2002] Gamma E., Richard Helm, Ralph Johnson & John Vlissides 저, 김정아 역, 『GoF의 디자인 패턴』, Addison Wesley, 2002.

[고석하 2003] 고석하, 『객체지향과 UML 중심의 비즈니스 분석과 설계』, 대영사, 2003.

[정세찬 2004] 정세찬, 『GoF 디자인 패턴! 이렇게 활용한다: C++로 배우는 패턴의 이해와 활용』, 한빛미디어, 2004.

[유재원 2005] 유재원, 강영준, "무아레현상을 응용한 형상측정법", 한국정밀공학회지, 제22권 제4호, 2005.

[Holu 2006] Holub, A. 저, 송치형 편역, 『Holub on Patterns - 실전코드로 배우는 실용주의 패턴』, 사이텍미디어, 2006.

[Larman 2005] Larman, C. 저, 김수동 역, 『UML과 패턴 적용: Applying UML and Patterns』, 제3판, 홍릉과학출판사, 2005.

[Bernstein 2012] Robert Root Bernstein, Michele Root Bernstein 저, 박종성 역, 『생각의 탄생』, 에코의서재, 2012.

[Gamma 95] E. Gamma, R. Helm, R. Johnson & J. Vlissides, *Design Patterns: Elements of Reusable Object-Oriented Software*, Addison-Wesley, 1995.

[Fowler 2000] M. Fowler, *Refactoring: Improving the Design of Existing Code*, Addison-Wesley, 2000.

[Alexander 97] Alexander, C., S. Ishakawa, M. Silverstain, M. Jacobson, L. Filksdahl King & S. Ange, *A Pattern Language: Towns, Buildings, Construction*, New York : Oxford University Press, 1997.

[Alur 2004] Alur D., John Crupi & Dan Malks 저, 김종오 역, 『Core J2EE Patterns: Best Practices and Design Strategies』, 피어슨 에듀케이션 코리아, 2004.

[Beck 87] Beck, K. & Ward Cunningham, "Using Pattern Languages for Object-Oriented Programs", Technical Report CR-87-43, Tektronix, inc, 1987.

연습문제

객관식 문제

01 소프트웨어 디자인 패턴의 특징이 아닌 것은?

① 개발 경험을 통하여 얻을 수 있다.
② 특정한 형식을 갖고 체계적으로 작성되는 것이 일반적이다.
③ 패턴에는 각기 다른 추상화 수준이 존재하며 계속적으로 진화한다.
④ 디자인 패턴은 요구사항 분석 시 사용자의 요구사항을 밝히는 데 도움을 준다.

02 소프트웨어 디자인 패턴에 대한 설명이 아닌 것은?

① 소프트웨어 디자인 패턴은 소프트웨어를 설계할 때 특정 상황에서 자주 사용하는 패턴을 정형화한 것이다.
② 디자인 패턴은 분명하고 정확하게 기술된 문제에 대하여 증명된 해결안이라고 할 수 있다.
③ 특정 상황에 적합한 디자인 패턴을 사용함으로써 만들려고 하는 애플리케이션의 설계가 보다 향상될 수 있다.
④ 디자인 패턴은 재사용성을 높이나 품질과는 관계가 없다.

03 다음 중 팩토리 패턴(Factory Pattern)을 적용하는 이유로 적절한 것은?

① 시스템의 복잡성을 줄이기 위해 서브시스템을 구조화하고 서브시스템으로의 접근을 하나의 객체로 제공하는 패턴이다.
② Factory Method Pattern은 객체를 생성하기 위한 인터페이스를 정의하지만, 어떤 클래스의 인스턴스를 생성할지에 대한 결정은 하위 클래스에서 이루어지도록 인스턴스 생성의 책임을 미룬다.
③ 다양한 알고리즘이 존재할 때 이들 각각을 하나의 클래스로 캡슐화하여 알고리즘을 대체가 가능하도록 한다.
④ 하나의 클래스가 오직 하나의 실체를 갖도록 하고 전역에서 그것을 접근할 수 있게 한다.

04 다음 중 Strategy Pattern에 대한 설명으로 적절한 것은?

① Strategy 패턴은 다양한 알고리즘이 존재할 때 이들 각각을 하나의 클래스로 캡슐화하여 알고리즘을 대체가 가능하도록 한다.
② 시스템의 복잡성을 줄이기 위해 서브시스템을 구조화하고 서브시스템으로의 접근을 하나의 객체로 제공하는 패턴이다.
③ 하나의 클래스가 오직 하나의 실체를 갖도록 하고 전역에서 그것을 접근할 수 있게 한다.

④ 서로 다른 표현방법을 가진 복잡한 객체를 생성하는 데 같은 생성과정을 쓸 수 있도록 생성방법과 표현방법을 분리해 준다.

05 다음 패턴 중 다형성과 동적 바인딩의 개념이 적용된 패턴은?

① Strategy Pattern ② Singleton Pattern

③ Façade Pattern ④ Factory Method Pattern

06 객체지향 기법에서 흔히 사용하는 폴리모피즘(polymorphism)에 대한 설명에 해당하는 것은?

① 상위 클래스의 속성과 오퍼레이션을 하위 클래스가 물려받는 것을 말한다.

② 데이터와 데이터를 조작하는 연산을 하나로 묶는 것을 말한다.

③ 클래스로부터 만들어지는 하나의 인스턴스를 의미한다.

④ 같은 오퍼레이션이 다른 클래스에서 다르게 동작하는 것을 말한다.

07 동적 바인딩(run-time binding)에 대한 설명으로 옳은 것은?

① 상위 클래스의 속성과 오퍼레이션을 하위 클래스가 물려받는 것을 말한다.

② 실행 시간에 객체의 타입에 따라서 자동적으로 하위 클래스의 적합한 동작이 결정된다.

③ 클래스로부터 만들어지는 하나의 인스턴스를 의미한다.

④ 컴파일 시점에서 포인터 변수의 자료형에 의해서 호출될 함수가 결정되는 것을 의미한다.

08 다음 설명에 해당하는 객체지향 기법의 특징은?

- 같은 오퍼레이션이 다른 클래스에서 다르게 동작하는 것을 말하며, 하나의 함수 이름이나 연산자가 여러 목적으로 사용될 수 있는 것을 의미한다.
- 주로 객체지향에서의 상속 관계에서 사용되어 상위 클래스에 정의된 하나의 오퍼레이션에 대해 각 하위 클래스가 가지고 있는 고유한 방법으로 응답할 수 있도록 유연성을 제공한다.

① 추상화 ② 캡슐화

③ 다형성 ④ 상속성

09 디자인 패턴을 이용한 소프트웨어의 재사용으로 얻어지는 이익이 아닌 것은?

① 개발 프로세스를 무시할 수 있다.

② 소프트웨어 코드의 품질을 향상시킨다.

③ 개발자들 사이의 의사소통을 원활하게 한다.

④ 소프트웨어의 품질과 생산성을 향상시킬 수 있다.

주관식 문제

01 다음 A, B, C, D, E 빈칸을 채워라.

> 'GoF'는 디자인 패턴을 '(A)'과 '(B)'로 분류하였다. (A)은 패턴이 무엇을 하는지 정의하는 것으로 (C), (D), (E) 중의 한 가지 목적을 갖는다. (C) 패턴은 객체의 생성 과정에 관여하는 것이고, (D) 패턴은 클래스나 객체의 합성에 관한 패턴들이다. (E) 패턴은 클래스나 객체들이 상호작용하는 방법과 책임을 분산하는 방법을 정의한다. (B)는 패턴을 주로 클래스에 적용하는지 아니면 객체에 적용하는지에 따라 구분된다. 클래스 패턴은 클래스들과 하위 클래스들 간의 관련성을 다루는 패턴이다. 관련성은 주로 상속이며 컴파일 시점에 정적으로 결정된다. 객체 패턴은 객체 관련성을 다루는 것으로 런타임 시에 동적으로 변경할 수 있다.

02 다형성과 동적 바인딩의 의미 및 장점을 기술하라.

03 아래 자바 코드를 보고 Test 클래스의 실행 결과를 써라. (이 문제는 싱글톤 패턴을 이해했는지 확인하기 위한 문제이다)

```
// 싱글톤 패턴을 사용한 클래스
publicclassSCounter {

    private static SCounter_instance;

    private int count = 0;

    private SCounter( ) {
        count=0;
    }

    static SCounter getInstance( ) {
        if(_instance==null) {
```

```
                _instance = new SCounter( );
        }
        return _instance;
    }

    public int getCount( ) {
            // 숫자를 증가시킨 뒤 결괏값을 반환함
            count++;
            return count;
    }

}

// 싱글톤 패턴을 사용하지 않은 클래스
public class CCounter {

    private int count = 0;

    public CCounter( ) {
        count=0;
    }

    public int getCount( ) {
            // 숫자를 증가시킨 뒤 결괏값을 반환함
            count++;
            return count;
    }
}

// 테스트 클래스
public class Test {

        public static void main(String[] args) {

        SCounter sc1 = SCounter.getInstance( );
        SCounter sc2 = SCounter.getInstance( );
        SCounter sc3 = SCounter.getInstance( );
```

```
        CCounter cc1 = new CCounter( );
        CCounter cc2 = new CCounter( );
        CCounter cc3 = new CCounter( );

        // 1. 싱글톤 패턴을 사용한 결과
        System.out.println("sc1의 count = "+sc1.getCount( ));
        System.out.println("sc2의 count = "+sc2.getCount( ));
        System.out.println("sc3의 count = "+sc3.getCount( ));
        System.out.println( );
        // 2. 싱글톤 패턴이 사용되지 않은 결과
        System.out.println("cc1의 count = "+cc1.getCount( ));
        System.out.println("cc2의 count = "+cc2.getCount( ));
        System.out.println("cc3의 count = "+cc3.getCount( ));


    }
}
```

객관식 문제 정답 1. ④ 2. ④ 3. ② 4. ① 5. ① 6. ④ 7. ② 8. ③ 9. ①

Chapter

15 사용자 인터페이스 설계와 상세 설계

사람과 컴퓨터 사이의 대화 통로인 사용자 인터페이스는 사용자 중심으로 만들어져야 한다. 사용자 인터페이스를 설계하려면 우선 인간의 심리적인 요소를 알아야 하고, 사용자의 인터페이스에 대한 요구를 파악해야만 한다.

상세 설계는 기본 설계에서 유도된 모듈 또는 오퍼레이션들에 대해 내부 알고리즘을 설계하는 것이다. 상세 설계는 모듈 또는 오퍼레이션의 내부 구조를 설계하는 것이기 때문에 가상 코드(pseudocode) 또는 순서도(flowchart)를 이용하여 표현한다.

Chapter

15 / 사용자 인터페이스 설계와 상세 설계

학습목표

1. 사용자 인터페이스를 정의한다.
2. 사용자 인터페이스 설계 시 고려되는 기본 설계 지침을 설명한다.
3. 그래픽 사용자 인터페이스(GUI)의 특징을 설명한다.
4. 상세 설계 활동을 설명한다.
5. 상세 설계 시 활용되는 표기법을 설명한다.
6. 순서도가 요구사항 분석이나 기본 설계에 활용되지 못하는 이유를 설명한다.

1 사용자 인터페이스 설계

컴퓨터를 사용하는 것은 특별한 일이 아니며 일상생활이 되고 있다. 또한 스마트폰의 보급이 빠르게 확산됨에 따라 과거의 정형화된 컴퓨터의 형태뿐만 아니라 다양한 형태로 언제 어디서나 누구나 쉽게 컴퓨터를 활용하고 있다. 이러한 환경에서 컴퓨터와의 대화가 별 생각을 하지 않고도 직관적으로 이루어질 수 있어야 하며, 그 흐름이 직접적이며 명쾌해야 한다. 사용자와 쉽게 대화할 수 있도록 사람과 컴퓨터 사이의 인터페이스(HCI : Human-Computer Interface)를 설계해야만 한다.

인터페이스(interface)란 원래 단어의 구성이 의미하는 대로 두 물체 사이에(inter) 서로 접촉(face)하는 부분을 말한다. 두 객체가 서로 다르면 다를수록 서로 간에 잘 정의되어 있는 인터페이스가 요구된다. 인터페이스는 누가 누구에게 무엇을 하는지 말해 준다. 문의 손잡이는 사람과 문과의 인터페이스라 할 수 있다. 비록 문의 기능은 세계 어디를 가나 대동소이하나 문의 손잡이는 문화에 따라 다르고, 세월이 흐르며 보다 쉽게 문을 사용할 수 있도록 변화되어 왔다.

어떠한 시스템이든지 기능을 수행하는 면과 인터페이스를 담당하는 두 부분으로 나눌 수 있다. 소프트웨어 설계도 소프트웨어의 설계를 작동하는 부분에 대한 설계와 사용자와 교류하는 부분에 대한 설계로 나눌 수 있다. 컴퓨터를 작동하는 부분에 대한 설계를 내부 설계라 하고, 사용자와 교류하는 부분에 대한 설계를 외부 설계라 할 수 있다. 이 두 부분의 설계는 동등한 중요성을 가지고 있으며, 어느 한 부분을 경시하여도 안 된다.

사용자 관점으로 본다면 사용자 인터페이스는 사용자와 컴퓨터 간의 대화방식, 즉 사용자에 대한 소프트웨어의 입력 및 출력 언어이다. 사용자 인터페이스의 정의에 따라 사용자 인터페이스 설계는 다음과 같은 점에 중점을 두어 진행되어야 한다.

- 사용자 인터페이스는 사용자를 위한 것이기 때문에 사용자를 중심으로 설계되어야 한다.
- 입력방식이 간편하고, 사용자 습성에 맞아야 하며, 기억하기 쉬워야 한다.
- 출력방식이 이해하기 쉽고 친절하여야 한다.
- 사용자 인터페이스의 '입력 및 출력 언어'를 사용자가 쉽게 배울 수 있어야 한다.

소프트웨어 개발 라이프 사이클에서 보면 사용자 인터페이스에 대한 조사는 요구사항 분석 단계에서부터 이루어질 수 있다. 요구사항 분석과정에서 사용자들의 관심이 되는 데이터를 정의해야 하며, 사용자들이 입력하는 정보와 시스템이 출력하는 정보가 정의된다. 그러나 대개 구체적인 사용자 인터페이스에 대한 정의는 설계의 초기 단계인 기본 설계과정에서 이루어진다. 사용자 인터페이스는 메뉴 구조, 각 화면의 모양과 데이터, 필요한 버튼 등을 포함한다.

소프트웨어의 경우에도 사용자와 접촉하는 부분인 사용자 인터페이스에 많은 변화가 있어 왔다. 특히, 사용자가 편리하게 소프트웨어를 활용할 수 있도록 변화되어 왔으며, 윈도우를 이용한 사용자 인터페이스가 보편화되었다. 마이크로소프트의 제품이나 성공적인 소프트웨어들을 살펴보면 성공하는 이유가 보다 편리한 사용자 인터페이스를 제공하는 데 있다는 것을 쉽게 찾아볼 수 있다.

이 장에서는 어떠한 종류의 사용자 인터페이스를 설계하든 요구되는 기본적인 사용자 인터페이스 설계 원칙을 살펴보고, 현재 많이 사용하고 있는 그래픽 사용자 인터페이스(GUI : Graphical User Interface)에 대하여 알아본다.

인터페이스 개발과정

사용자 인터페이스와 사용자의 요구사항은 매우 밀접한 관계가 있다. 사용자가 무엇을 얻을 것인가를 결정하는 것이 요구사항 분석이므로 사용자가 보아야 할 데이터, 상태의 변화, 기능 수행 등을 포함하는 사용자의 요구사항이 사용자 인터페이스에 모두 반영되어야 한다. 따라서 사용자 인터페이스에 대한 논의는 요구사항 분석 단계에서부터 이루어지는 것이 보통이다.

일반적으로 분석이 끝난 후 기본 설계과정에서 사용자 인터페이스와 소프트웨어 구조가 설계된다. 특히, 사용자와의 상호작용이 많은 시스템의 경우 사용자에게 어떻게 보이는지, 어떻게 반응하는지는 소프트웨어 내부 구조를 생각하기 이전에 고려되어야 하는 중요한 문제이다. 기존의 접근방법은 시스템의 기본 구조를 설계한 후 사용자 인터페이스를 설계하는 방식을 취했으나, 이제 많은 시스템의 경우 사용자 인터페이스를 설계한 후 프로그램 구조를 설계하는 접근방법을 취하고 있다.

사용자 인터페이스에 대한 구체적인 설명은 사용자 안내서(user guide)에 기록된다. 사용자 안내서에는 시스템의 목적, 메뉴 구조와 화면, 주요 기능, 구조, 다른 소프트웨어 및 하드웨어와의 인터페이스 등이 기술된다. 스크린에 대한 설명으로는 메뉴, 스크린 종류, 스크린 형식, 데이터를 선택하거나 입력하는 방식 등을 포함하며, 사용자가 임무를 수행하는 것과 시스템의 태스크, 스크린, 명령어 사이에 연관성을 알 수 있도록 참조 기능(cross reference)을 제공한다.

인적 요소

사용자 인터페이스를 잘 설계하려면 사용자, 즉 인간에 대한 분석이 필요하다. 사용자 인터페이스가 중요하게 생각되지 않았던 시기에 소프트웨어의 설계자는 인적 요소에 별로 큰 관심을 두지 않았다. 또한 사용자는 시간과 노력을 들인다면 어떤 시스템이라도 배우고 사용할 수 있다고 생각하였다. 그러나 우리의 경험을 살펴보더라도 새로운 소프트웨어 시스템을 배우고 사용하기가 결코 쉽지만은 않다.

어떤 방법으로 사용자 인터페이스를 설계하면 좋은 시스템이 될 수 있을까? 사람은 눈과 머리가 협동하여 일을 수행한다. 따라서 우선 인간의 심리학적인 요소를 알아야 하고, 사용자의 인터페이스에 대한 요구를 알아야만 한다. 나이, 성, 직업, 교육, 문화, 피부 색깔 등에 따라 전형적인 특성이 있을 수 있다. 좋은 사용자 인터페이스를 만들기 위해서는 인적 요소(human factor)를 살펴보고, 사물에 대한 인간의 인식방법, 시각적인 지각 능력, 연역 또는 귀납적인 추론 능력, 인간 사회와 조직 등을 연구하여야 한다.

인식 모델

인식 모델에서 우선 인간이 정보 처리를 어떤 방법으로 수행하는지를 밝혀, 사용자의 인식 모델을 설계하여야 한다. 일반적으로 인식(cognition)이란 사물을 이해하고 지식을 얻는 과정이다. 또한 인식은 이해 · 기억 · 추리 · 기능의 파악, 새로운 아이디어의 창출 등을 말한다. HCI의 주요한 목적은 인간과 컴퓨터 간의 지식 교환방법을 제시하여, 인간이 컴퓨터와 대화하는 모습을 밝혀내고 개선방법을 제시하는 것이다.

그림 15-1은 인간이 정보를 처리하는 과정을 보여주고 있다. 첫 번째 단계에서는 외부 환경에서 정보를 받아들여 이를 해석하여(encoding) 내부 표현(internal representation)으로 변환시킨다. 두 번째 단계에서는 정보의 내부 표현과 인간 두뇌에 저장되어 있는 정보를 비교한다. 세 번째 단계에서는 입력 정보에 대해 어떤 응답을 할 것인지 결정한다. 네 번째 단계에서는 응답할 것을 정리하여 필요한 반응을 한다. 이 모델은 정보가 한쪽 방향으로만 흐르고 순차

적으로 처리되며, 각 단계는 '처리 시간이 필요하다는 것'을 가정하고 있다.

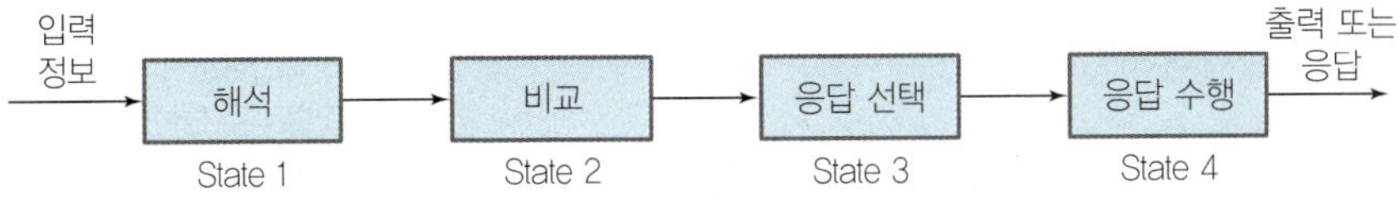

:: 그림 15 – 1 | 인간이 정보를 처리하는 단계

그림 15–1의 모델에 기억장치와 관심(attention) 부분을 추가하여 만든 것이 그림 15–2에 제시되어 있는 확장 모델이다. 이 확장 모델은 다음과 같은 관점에서 인식을 바라보고 있다.

- 인지 프로세스(perceptual processor)가 어떤 방법으로 정보를 지각하는가?
- 정보가 어떻게 관심의 대상이 되는가?
- 정보가 어떻게 처리되고 저장되는가?

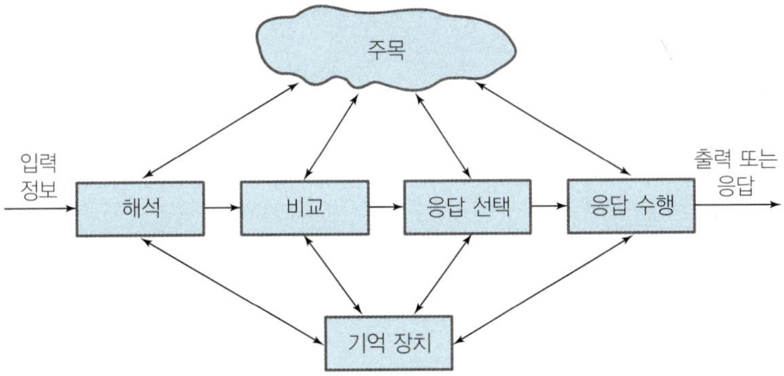

:: 그림 15 – 2 | 정보 처리의 확장 모델

사회적 · 조직적 요소

인간이 사물을 인식하는 과정은 대체로 비슷하지만 정보에 대한 이해는 사회적 환경을 바탕으로 한다. 사회 환경에서 배우고, 듣고, 본 모든 정보가 두뇌에 저장되어 있고 또한 이를 바탕으로 인식을 수행한다. 문화의 차이로 인해 사용자 인터페이스에 대한 요구도 다를 수 있다. 예를 들어, 문화의 차이로 붉은 색깔에 대한 이해와 반응은 서로 다르다. 따라서 사용자 인터페이스의 설계에서 사회적 환경 및 습관에 대한 요소를 최대한으로 활용하여야 한다.

인간은 사회 환경에서 같은 문화를 가지고 있다고 하지만 각기 다른 조직에서 다양한 임무를 수행하며 컴퓨터에 대한 이해도도 다르다. 사용자 인터페이스를 설계하며 다음과 같은 점에서 조직적 요소를 고려하여야 한다.

- 조직에서 수행하고 있는 업무를 기반으로 하여야 한다.
- 사용자가 조직에서 수행하는 역할은 다양하므로 역할을 고려하여 사용자 인터페이스를 설계하여야 한다.
- 사용자의 기술 수준에 따라 사용자 인터페이스를 설계하여야 한다.

사용자 인터페이스 방식

음악을 연주할 수 있는 악기는 다양하다. 그러나 완벽한 악기는 없고 악기마다 특징이 있다. 작곡가들은 다양한 악기의 특징을 활용하여 아름다운 교향악을 작곡하여 인간에게 정신적 식량을 마련해 주고 있다. 사용자 인터페이스에도 다양한 스타일이 있고, 이런 여러 가지 스타일을 잘 활용해야만 좋은 인터페이스를 설계할 수 있다. 아름다운 음악을 만드는 것이 작곡가의 임무인 것처럼 좋은 인터페이스를 설계하는 것은 소프트웨어 설계자의 책임이다. 이 절에서는 흔히 볼 수 있는 사용자 인터페이스 스타일을 살펴본다.

(1) 명령어

명령어(command language)는 컴퓨터 시스템이 도입된 초기에 널리 이용된 사용자 인터페이스 형태였다. 명령어에 의해 작동하는 시스템의 경우 사용자는 키보드로 명령어를 컴퓨터에 입력하여 컴퓨터와 대화하고 교류한다. 컴퓨터 시스템의 동작마다 특정한 명령어를 제공하며, 같은 종류의 동작을 세분화하기 위하여 다양한 선택사항을 제공한다. 사용자는 명령어 이름 및 선택사항으로 명령어를 구성, 입력하여 필요한 기능을 수행할 수 있다.

예를 들면, UNIX 시스템은 다음과 같은 명령어를 제공한다.

cat	파일 내용을 디스플레이 또는 인쇄한다.
cd, chdir	작업 목록을 변경한다.
chmod	파일 또는 목록의 접근 허가(access permission)를 변경한다.
cp	파일을 복사한다.
ls	목록 내용을 디스플레이한다.
rm	파일을 지운다.
rmdir	목록을 지운다.

앞의 명령어 중에서 chmod 명령의 선택사항을 살펴보면 다음과 같다.

r 읽기 접근
w 쓰기 접근
x 수행 접근
u 사용자(소유자)
g 그룹
o 이외
a 전부

소유자 이외에 현재 목록에 있는 모든 파일에 대하여 읽기 허가와 쓰기 허가를 수행하는 UNIX 명령어는 다음과 같다.

```
chmod o-r, o-w *
```

명령어는 사용자가 강력하고 빠른 방식으로 컴퓨터와 대화할 수 있는 메커니즘이다. 그러나 사용자들이 명령어를 기억하기는 어렵다. 명령어는 작은 기능을 가지고 있는 (서브)시스템에 적합하며, 컴퓨터를 잘 알고 있는 기술자 또는 전문가에게 적합하다.

(2) 메뉴지향 시스템

메뉴란 항목(item)으로 구성된 것이며, 사용자는 메뉴에서 항목을 선택하는 방법으로 필요한 기능을 수행한다. 메뉴지향 시스템(menu-driven system)은 현재 널리 사용되고 있다. 사용자는 메뉴의 각 항목을 기억할 필요가 없으며, 각 항목이 어떤 기능을 수행하는가를 판정할 수만 있으면 메뉴 시스템을 사용할 수 있다. 사용자가 메뉴 시스템에서 항목을 선택하여 필요한 기능을 수행하기 때문에 키보드 입력이 필요 없고, 명령 입력에서 발생하는 오류도 없앨 수 있다. 메뉴 시스템은 다양한 메뉴 항목을 제공한다. 설계자는 이런 다양한 메뉴 형식을 활용하여 좋은 인터페이스를 설계할 수 있다.

① 풀 스크린 메뉴

풀 스크린 메뉴(full screen menu)란 메뉴가 스크린 전부를 차지하고 사용자는 메뉴 항목을 반드시 선택해야만 다음 기능을 수행할 수 있다. 다음은 제품 설계 개발 과정을 자동화하는 PDM(Product Data Management) 시스템의 메뉴를 보여주고 있다.

1 – 시스템 관리
2 – 부품 관리
3 – 제품 구조 관리
4 – 기술 문서 관리
5 – 도면 관리
6 – 요청서 관리
7 – 과제 정보 관리
8 – 전자 메일 및 전자 결제
9 – 도움말
10 – 시스템 끝

위의 선택사항에서 해당 항목을 선택하여 필요한 기능을 수행한다. 이러한 메뉴 시스템은 메뉴 시스템의 초기 형태로서, 명령어보다 사용하기 쉽지만 메뉴 선택에 많은 시간을 들여야 한다. 이러한 메뉴 시스템은 시스템을 자주 사용하는 사용자에게 적합하지 않다.

② drop–down 메뉴

많은 양의 메뉴를 제공하는 시스템에서 종목별로 메뉴를 조직하여 drop–down 메뉴를 설계하면 풀 스크린에서 발생하는 낮은 효율성을 극복할 수 있다. 지금 그래픽 사용자 인터페이스(GUI)에서 이런 drop–down 메뉴를 설계할 수 있는 메커니즘을 제공하고 있다.

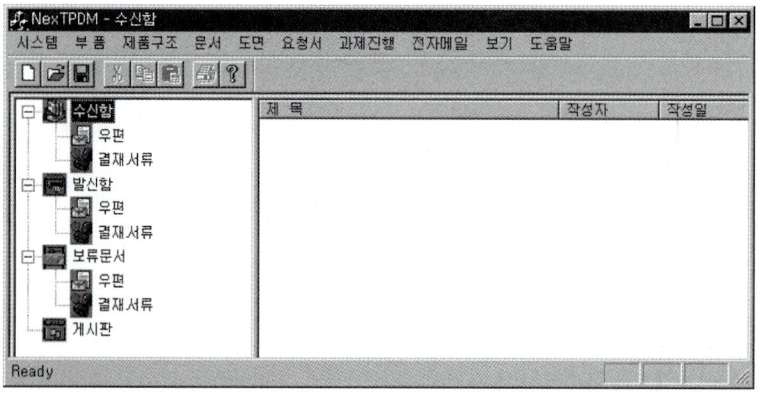

:: 그림 15 – 3 | PDM 시스템의 drop–down 메뉴

③ pop–up 메뉴

많은 메뉴가 필요하고 스크린에 적당한 공간이 없으면 pop–up 메뉴를 설계하여 스크린

공간을 활용할 수 있으며, 사용자에게도 편리함을 제공한다. 화면 위치에 따라 다양한 pop-up 메뉴를 설계할 수 있으며, 이런 pop-up 메뉴는 현재 화면 위치와 직접적인 관계를 가지고 있어 사용하기 쉽다. 예를 들어, 그림 15-4는 Windows 95 탐색기에서 제공하는 pop-up 메뉴이다.

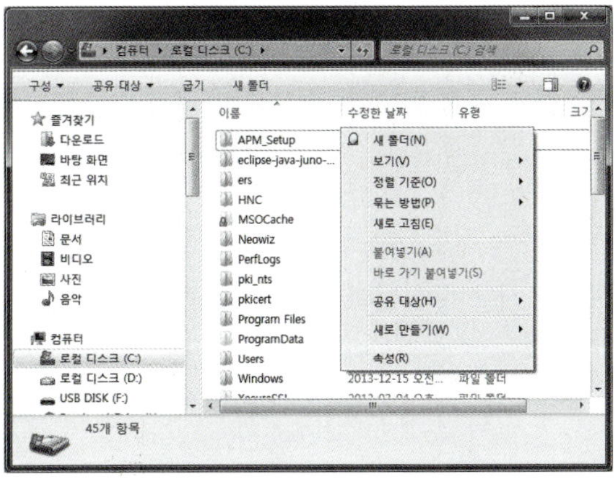

:: 그림 15 - 4 | pop-up 메뉴

④ push-button 메뉴

사용자 인터페이스에서 자주 쓰는 메뉴를 직접 선택할 수 있는 push-button 메뉴로 설계하면 사용하기 편리하다. push-button 메뉴의 이름을 문자로 표시할 수도 있고, 그림으로 표시할 수도 있다. 그림 15-5에 표시된 암호 등록 화면에서 '확인'과 '취소'는 push-button 메뉴로 설계되었다.

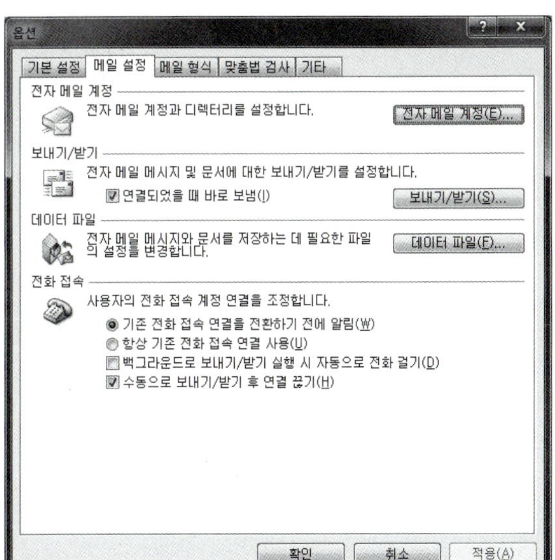

:: 그림 15 - 5 | push-button, radio-button, check-box 메뉴

⑤ radio-button 메뉴

사용자 인터페이스의 설계에서 기능과 연관된 선택사항을 메뉴 형식으로 설계할 수 있다. 선택사항은 배타적(exclusive)인 경우도 있고, 아닌 경우도 있다. 배타적 선택이란 여러 선택사항에서 단 하나의 선택사항만 선택할 수 있는 경우를 말하며, 이런 경우 radio-button 메뉴를 이용할 수 있다. 예를 들어, 그림 15-5에서 사용자의 전화 접속 계정 연결과 관련된 설정을 radio-button 메뉴로 선택할 수 있다.

⑥ check-box 메뉴

check-box 메뉴를 이용하여 선택사항에서 비배타적으로 선택할 수 있는 사항을 설계할 수 있다. 비배타적 선택이란 사용자가 선택 가능한 사항에서 동시에 여러 가지 사항을 선택할 수 있다는 것이다. 예를 들어, 그림 15-5의 계정 연결 설정에서 '자동으로 전화 걸기'와 '수동으로 보내기/받기 후 연결 끊기' 옵션을 두 가지 비배타적인 선택사항으로 하여 check-box 메뉴로 설정할 수 있다.

(3) 서식 기입

많은 양의 데이터를 입력하는 경우에 서식 기입(form fill-in)식 사용자 인터페이스를 사용할 수 있다. 서식 기입식 인터페이스는 입력하려는 정보에 따라 다양한 필드(field)를 제공한다. 사용자는 필드에 해당 정보를 직접 입력할 수 있으며, 필드마다 필드 이름을 가지고 있어 직관적이며 일상 업무에서 사용하고 있는 서식과 유사하여 사용하기 쉽다. 따라서 수동 작업과 큰 차이가 없어 배우기 쉽다. 서식 기입식 인터페이스는 초보자에게 좋으며, 동시에 많은 정보를 입력하는 경우에도 적합하다. 예를 들어, 그림 15-6은 서식 기입식 인터페이스를 이용한 사용자 정보 관리 화면을 보여주고 있다.

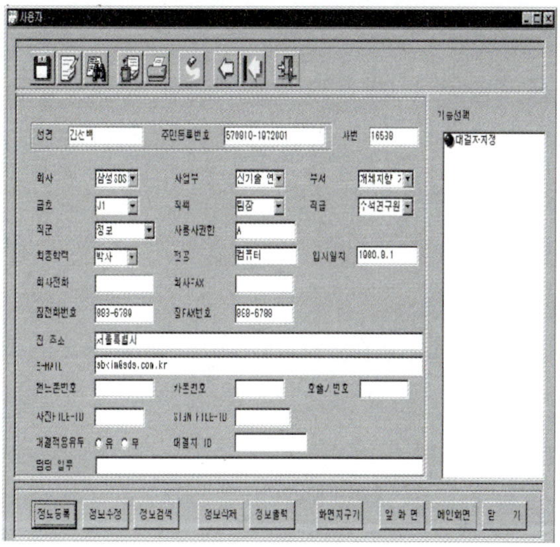

:: 그림 15 – 6 | 서식 입력을 이용한 사용자 인터페이스

인터페이스 설계 지침

시스템의 모든 사용자 인터페이스는 일관성이 있어야 한다. 사용자 인터페이스가 일관성을 유지하기 위해서 개발 이전에 사용자 인터페이스에 대한 표준안을 만들어야 하며, 개발 후에도 이를 점검하여 오류를 수정하여야 한다.

사용자 인터페이스에서 요구되는 일반적인 지침으로는 다음과 같은 것이 있다.

- 인터페이스는 일관성 있게 설계하라.
- 의미 있는 피드백을 제공하라.
- 파괴적인 행동을 하고자 할 때 이를 확인하라.
- 사용자가 취한 대부분의 행동에 대하여 원상태로 되돌아갈 수 있도록 허용하라.
- 행동들 사이에 기억해야 할 정보의 양을 줄여라.
- 대화, 움직임, 생각의 효율성을 추구하라.
- 실수에 관대하라.
- 기능에 따라 활동을 분할하고 화면을 배치하라.
- 문맥-의존(context sensitive) 도움말 기능을 제공하라.
- 간단한 동사와 명령어를 사용하라.
- 불필요한 입력은 제외시켜라.

객체지향 사용자 인터페이스

사용자 인터페이스에 윈도우를 사용하는 경우 다양한 이점을 얻을 수 있다. 다른 종류의 정보들이 동시에 보일 수 있으며, 사용자들이 화면을 교환하며 볼 수 있다. 따라서 사용자들이 풀다운(pull-down) 메뉴를 이용하여 많은 태스크를 수행할 수 있다. 또한 입력하는 양을 줄여줄 뿐만 아니라 시스템과의 상호 교류를 보다 효율적으로 수행할 수 있도록 지원한다.

객체지향 개념은 이러한 윈도우 프로그램에 많은 도움을 주고 있다. 개발자들은 이미 존재하고 있는 HCI 모듈과 라이브러리 객체들을 이용하여 인터페이스를 빠르게 만들 수 있다. 이를 통해 사용자 인터페이스에 대한 표준을 얻을 수 있고, 프로그램을 재사용하는 것은 물론 인터페이스 품질을 향상시켜 왔다.

객체지향 기법을 이용한 사용자 인터페이스 구현 도구들은 사용자 인터페이스를 설계하고 구현하는 데 많은 도움을 주고 있으며, 이를 통해 보다 효율적인 시스템 개발이 이루어지고 있다. 많은 시스템 개발에 있어 사용자의 요구사항을 빠르게 검증할 수 있는 프로토타입 기법이 채택되고 있다. 프로토타입을 빨리 만들 수 있는 제작 도구들이 개발되었으며, 이를 사용자 인터페이스 제작 도구(user-interface toolkit) 또는 사용자 인터페이스 개발 시스템(UIDS : user-interface development system)이라 부른다. 사용자 인터페이스 제작 도구와 객체지향 개발 기술의 발전에 힘입어 빠르게 응용 시스템을 개발(RAD : Rapid Application Development)하려는 노력이 많이 시도되고 있다.

윈도우 환경에서 수행되는 응용 프로그램을 개발하는 것은 쉽지 않다. 윈도우를 이루는 자세한 부분에 대한 정의와 제어, 마우스에 의한 입력 등 그래픽 사용자 인터페이스를 작성하는 데 많은 시간과 노력이 들어간다. 객체지향 프로그래밍 기술에 힘입어 윈도우의 이벤트 중심 프로그래밍을 지원하는 스크립트 타입의 언어들이 많이 사용되고 있다. Visual C, Visual Basic, PowerBuilder 등이 여기에 속한다.

사용자 인터페이스 제작 도구 중의 하나인 Visual C++를 예로 살펴보자. Visual C++는 MS 사의 Window 시스템(Windows, Windows/NT)에서 애플리케이션을 개발할 수 있는 도구이다. Visual C++는 객체지향 프로그램 언어 C++를 기반으로 GUI의 설계를 지원한다. Visual C++는 애플리케이션을 쉽게 개발하기 위하여 MFC(Microsoft Foundation Class) 애플리케이션 프레임워크를 제공한다.

MFC에서는 객체지향 기법으로 GUI를 설계할 수 있는 기본 틀을 제공하며, 이를 프레임워크(framework)라 한다. 프레임워크를 사용하는 이유는 무엇일까? 큰 프로젝트를 시작하는 프로그래머라면 누구나 자신이 만들 소프트웨어에 대하여 나름대로의 구조를 설계한다. 각 프로그래머마다 구조가 다르다는 점 때문에 팀에 새로 들어오는 개발자는 그 구조를 익히느라 어려움을 겪어야 하는 것이 큰 문제로 작용한다.

2 상세 설계

기본 설계 단계에서는 소프트웨어의 구조에 대한 설계에 초점을 맞추었다. 상세 설계(detailed design)의 임무는 소프트웨어 구조의 설계에서 유도된 모듈 또는 오퍼레이션들에 대해 알고리즘을 설계하는 것이다. 알고리즘에 대한 설계는 모듈 또는 오퍼레이션의 내부 구조를 설계하는 것이기 때문에 특정 프로그래밍 언어를 사용하지 않고 제어 추상화를 이용하여 알고리즘을 표현한다.

알고리즘에 대한 표기방법은 그래픽 표기방법과 가상 코드 표기방법이 있다. 이 장에서는 알고리즘의 표기방법을 소개하고, 알고리즘을 설계하는 구조적 프로그래밍 방법을 소개한다.

상세 설계의 표기법

알고리즘의 구조를 정확하고 읽기 쉽게 표현하기 위하여 프로그램 언어보다 추상도가 높은 알고리즘의 표기법이 필요하다. 알고리즘을 표현하는 일반적인 기법인 순서도(flowchart), N–S 도표, 프로그램 설계 언어(PDL) 등에 대하여 살펴본다.

(1) 순서도

순서도는 그래픽 요소로 알고리즘의 제어 흐름을 표시하는 그래픽 도구이며, 프로그램 설계에서 널리 사용되고 있는 알고리즘 표기방법이다. 순서도는 간단하여 배우기가 쉽다. 순서도의 기본 요소는 직사각형, 다이아몬드 및 화살표로 구성되어 있다. 직사각형은 처리를 표시하고, 다이아몬드는 조건 분기를 표시하며, 화살표는 제어 흐름 방향을 표시한다. 이 세 가지 기본 요소로 프로그램의 순서 구조, 조건 분기 구조 및 순환 구조를 표시할 수 있다.

그림 15–7은 순서도로 표시된 프로그램의 제어 구조이다. 순서적 구조는 처리들이 화살표의 순서에 따라 순서적으로 수행되는 것을 표시한다. 그림 15–7의 순서 구조에서 '처리 1'이 수행된 다음 '처리 2'가 수행된다. if then else 구조에서 조건의 결과에 의해 then 부분 또는 else 부분을 처리한다. 그림 15–7의 if then else 구조에서 조건이 만족되면 '처리 1'을 수행하고 아니면 '처리 2'를 수행한다. 프로그램에서 조건은 참(true) 또는 거짓(false)이 아니고 여러 결과를 가질 수도 있다. 이런 조건에 의한 제어 구조는 case 구조로 표현할 수 있다.

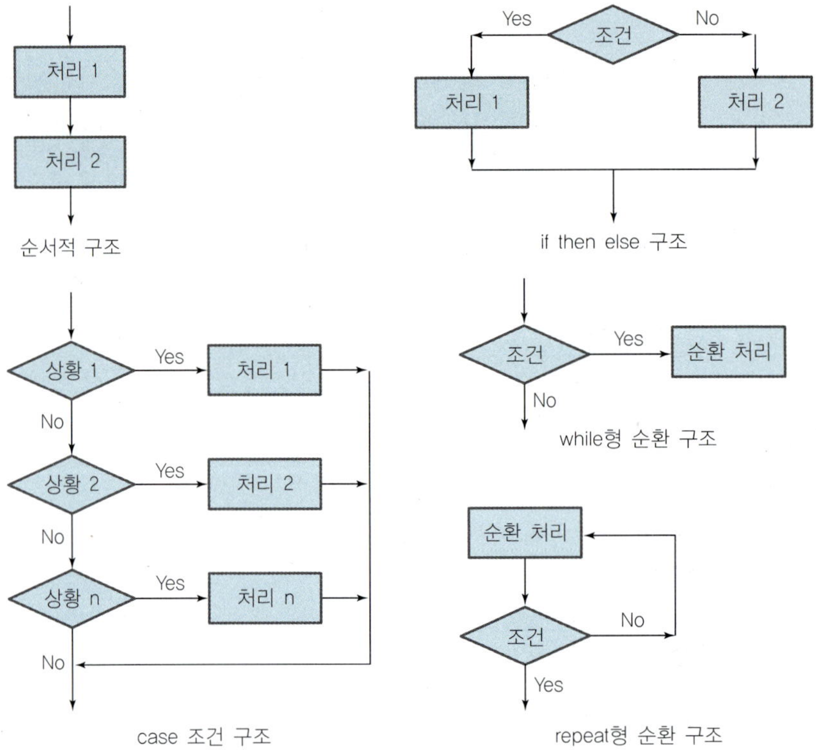

:: 그림 15 – 7 | **순서도 구조**

그림 15–7의 case 조건 구조에서 조건 결과가 '상황 1', '상황 2', …, '상황 n'인가에 따라 '처리 1', '처리 2', …, '처리 n'을 선택하여 수행한다. 순환 구조는 기본적으로 while형과 repeat형으로 나눌 수 있다. while형 순환 구조에서는 우선 순환 조건을 검증하고 조건이 만족되면

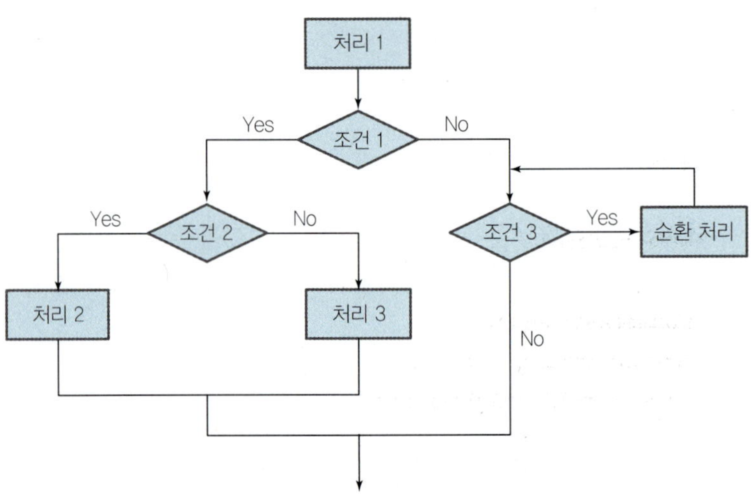

:: 그림 15 – 8 | **통합된 순서도**

순환 처리를 수행한다. repeat형 순환 구조에서는 우선 순환 처리를 수행한 다음 완료 조건을 검증하여 조건이 만족되면 순환을 종료한다. 그림 15-7의 기본 제어 구조를 이용하여 보다 복잡한 제어 구조를 만들 수 있다.

그림 15-8의 순서도는 기본적으로 두 가지의 처리 부분으로 구성되어 있고, 두 번째 '처리'는 조건 분기 구조를 가지고 있다. 조건 분기 구조의 then 부분은 역시 조건 분기 구조로, else 부분은 while형 순환 구조로 구성되어 있다.

순서도의 장점은 간단하고 표현력이 높다는 것이다. 구조적으로 순서도를 작성하면 읽기 쉽고 이해도가 높은 프로그램 구조를 생성할 수 있다. 그러나 순서도의 기본 요소를 이용하다 보면 구조적이 되지 못하고 복잡한 프로그램 구조를 생성할 수 있다. 예를 들면, 순서도를 이용한 프로그램 구조에서 무제한으로 goto 문을 사용할 수도 있다. 따라서 순서도는 간단한 모듈의 내부 구조나 오퍼레이션을 나타내는 데는 적합하나 복잡한 시스템의 구조를 설명하는 데는 부적합하다.

(2) N-S 도표

N-S 도표는 순서도의 비구조적인 단점을 극복하고자 나시(Nassi, I), 슈나이더만(Shneiderman, B)이 제안하고[NAS 73] 채핀(Chapin, N)이 발전시킨[CHA 74] 그래픽 프로그램 표기법이다. N-S 도표는 Nassi-Shneiderman 도표 또는 Chapin 도표라고도 불린다. N-S

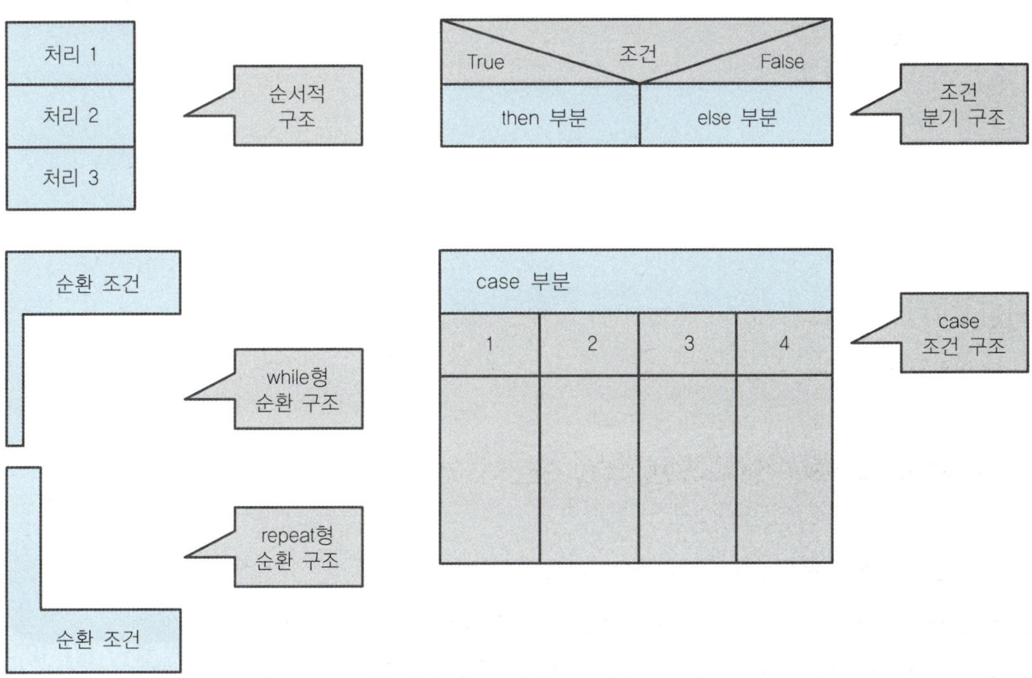

:: 그림 15 - 9 | N-S 도표의 기본 요소

도표는 순서적 구조, 조건 분기 구조, 순환 구조 등 기본적인 요소에 대한 표시방법을 제공한다. 그림 15-9는 N-S 도표가 제공하는 기본 요소들이다.

N-S 도표의 특징으로는 다음과 같은 4가지를 들 수 있다.

- 프로그램의 기본 제어 구조를 서로 다른 도표로 표시하여 쉽게 읽고 이해할 수 있다.
- 프로그램의 구조를 구조적으로 작성해야만 한다.
- 임의로 goto 문을 작성할 수 없고, N-S 도표가 제공하는 요소들만 사용할 수 있다.
- 순환(recursion) 제어 구조를 쉽게 표시할 수 있다.

프로그램 설계 언어

프로그램 설계 언어(PDL : Program Design Language)는 가상 코드(pseudocode)의 일종이다. PDL은 고급 프로그램 언어의 제어 구조와 사연 언어(예를 늘면, 한국어 또는 영어)를 통합하여 사용할 수 있는 알고리즘 표기 언어이다.

PDL은 고급 프로그램 언어의 많은 특징을 가지고 있기 때문에 구조적으로 보면 고급 언어와 매우 유사하다. 그러나 프로그램 제어 또는 데이터 타입의 정의에서 자연 언어를 사용할 수 있기 때문에 직접 컴파일할 수 없고 설계 명세 언어로만 사용한다. PDL '프로그램'은 알고리즘의 구조를 정확히 표현하기 때문에 자동적으로 다른 그래프 표기법(예를 들면, 순서도 또는 N-S 도표)으로 변환할 수 있다.

고급 언어의 제어 구조가 서로 다른 것과 마찬가지로 PDL도 여러 가지 표기법이 있다. 개발 팀에서 자체적으로 필요한 PDL을 설계할 수도 있는데, 기본적으로 다음과 같은 조건을 만족하여야 한다.

- 키워드 및 제어 구조는 미리 정의하여야 하다.
- 처리에 대한 설명은 자연 언어를 사용할 수 있다.
- 데이터 타입에 대한 정의를 내릴 수 있는 기능을 갖추어야 하며, 사용될 고급 언어로 정의할 수 있는 모든 타입을 설명할 수 있어야 한다.
- 모듈 정의 기능을 제공해야 하며, 모듈 간에 서로 호출이 가능해야 한다.

예를 들면, 이차방정식을 구하는 알고리즘을 PDL/C++로 다음과 같이 표시할 수 있다.

```
void solveEquation(long a, long b, long c)
{
  if (이차방정식이 실수 해가 있음){
 두 실수 해를 구한다.
  }
  else{
 두 복소수 해를 구한다.
  }
  이차방정식의 해를 프린트한다.
}
```

구조적 프로그래밍

구조적 프로그래밍은 1960년대부터 제안되었고, 현재 소프트웨어 개발에서 널리 이용되고 있다. 1960년대에 들어서 프로그램의 규모가 커짐으로 인해 프로그램에 대한 이해도 및 수정도에 많은 관심을 갖게 되었다.

구조적 프로그래밍이란 쉽게 읽을 수 있고 이해도가 높고 수정이 용이한 프로그램을 작성하는 방법이다. 1970년대에 와서 여러 구조적 프로그래밍 방법론이 제안되었다. 그 예로 단계적 정제(stepwise refinement) 방법, JSP(Jackson Structured Programming) 등을 들 수 있다.

요 약 SOFTWARE ENGINEERING

컴퓨터의 사용이 늘어나면서 사용자 인터페이스의 중요성이 날로 커지고 있다. 특히, 많은 시스템이 대화형으로 만들어지고 있어 사용자에 대한 인적 요소들과 인터페이스 기술에 대한 이해가 요구되고 있다. 인터페이스를 설계하기 위해서는 우선 인간의 심리적인 요소를 알아야 하고, 사용자의 인터페이스에 대한 요구를 알아야만 한다.

기본 설계의 주요 임무는 소프트웨어의 구조를 설계하는 것인 반면 상세 설계의 임무는 모듈 및 오퍼레이션의 알고리즘을 설계하는 것이다. 상세 설계에서 구조적 프로그래밍 방법을 이용하여 읽기 쉽고 이해도 및 수정도가 높은 알고리즘을 설계할 수 있다.

참고 문헌

[BAS 91] Bass, L., *Developing Software for the User Interface*, Addison-Wesley, 1991.

[BAR 93] Barfield, A. L., *The User Interface: Concepts and Design*, Addison-Wesley, 1993.

[CA I75] Caine, S. & Gordon, K., "PDL-A Tool for Software Design", in Proc., Natl. Computer Conference, AFIPS Press, 1975, pp. 271-276.

[EBE 94] Eberts, R. E., *User Interface Design*, Prentice Hall, 1994.

[GOL 83] Goldberg, A. & Robson, D., *Smalltalk-80: The Language and Its Implementation*, Addison-Wesley, 1983.

[HEL 88] Helander, M. (ed), *The Handbook of Human-Computer Interaction*, North-Holland, 1988.

[KRU 96] Kruglinski, D. J., *Inside Visual C++ 4*, Microsoft Press, 1996.

[LAU 90] Laurel, *The Art of Human-Computer Interface Design*, Addision-Wesley, 1990

[LEE 94] Lee, G., *Object-Oriented GUI Application Development*, Prentice Hall, 1994.

[NAS 73] Nassi, I. & Shneiderman, B., "Flowchart Techniques for Structured Programming", SIGPLAN Notices, ACM, Aug. 1973.

[PRE 94] Preece, J. et al., *Human-Computer Interaction*, Addion-Wesley, 1994.

연습문제

객관식 문제

01 소프트웨어 사용자 인터페이스에 대한 설명으로 적합하지 않은 것은?

① 소프트웨어 개발 라이프 사이클에서 보면 사용자 인터페이스에 대한 조사는 요구사항 분석 단계에서부터 이루어질 수 있다.

② 요구사항 분석과정에서 사용자들의 관심이 되는 데이터를 정의해야 한다.

③ 사용자 인터페이스에 사용자들이 입력하는 정보와 시스템이 출력하는 정보가 정의된다.

④ 구체적인 사용자 인터페이스에 대한 정의는 프로그래밍 과정에서 이루어지는 것이 일반적이다.

02 소프트웨어 사용자 인터페이스에 대한 설명으로 적합하지 않은 것은?

① 사용자 인터페이스는 메뉴 구조, 각 스크린의 모양과 데이터, 필요한 버튼 등을 포함한다.

② 시스템의 기본 구조를 설계한 후 사용자 인터페이스를 설계하는 것이 일반적이다.

③ 사용자와 쉽게 대화할 수 있도록 사람과 컴퓨터 사이의 인터페이스를 설계해야만 한다.

④ 사용자 인터페이스는 그래픽스에 기초하고 있으며 사람 중심으로 만들어야 한다.

03 소프트웨어 사용자 인터페이스에 대한 설명으로 적합하지 않은 것은?

① 사용자 인터페이스를 잘 설계하려면 사용자, 즉 인간에 대한 분석이 필요하다.

② 우선 인간의 심리적인 요소를 알아야 하고, 사용자의 인터페이스에 대한 요구를 알아야만 한다.

③ 좋은 사용자 인터페이스를 만들기 위해서 인간의 사물에 대한 인식방법, 시각적인 지각 능력, 연역 또는 귀납적인 추론 능력, 인간 사회와 조직 등을 연구하여야 한다.

④ 모든 기술 수준의 사용자에게 동일한 사용자 인터페이스를 설계하여야 한다.

04 사용자 인터페이스 설계 지침이 아닌 것은?

① 인터페이스는 일관성 있게 설계되어야 한다.

② 의미 있는 피드백을 제공하여야 한다.

③ 행동들 사이에 기억해야 할 정보의 양을 늘려야 한다.

④ 사용자가 취한 대부분의 행동에 대하여 원상태로 되돌아갈 수 있도록 허용해야 한다.

05 상세 설계(detailed design) 단계의 활동이 아닌 것은?

① 모듈 또는 오퍼레이션들에 대해 알고리즘을 설계하는 것이다.
② 제어 추상화를 이용하여 알고리즘을 표현하는 것이다.
③ 소프트웨어의 구조를 설계하는 것이다.
④ 순서도 등의 그래픽 표기방법을 사용하는 것이다.

06 상세 설계 단계에서 알고리즘을 표현하는 일반적인 기법이 아닌 것은?

① 순서도(flowchart)
② 자료 흐름도(DFD)
③ N–S(Nassi-Shneiderman) 도표
④ 프로그램 설계 언어(PDL)

07 순서도(flowchart)에 대한 설명으로 적합하지 않은 것은?

① 순서도는 그래픽 요소로 알고리즘의 제어 흐름을 표시하는 그래픽 도구이다.
② 요구사항 분석 단계에서 기능 분석에 사용된다.
③ 프로그램의 순서 구조, 조건 분기 구조 및 순환 구조를 표시할 수 있다.
④ 순서도의 기본 요소는 직사각형, 다이아몬드 및 화살표로 구성되어 있다.

08 프로그램 설계 언어(PDL)에 대한 설명으로 적합하지 않은 것은?

① 가상 코드(pseudocode)라고도 한다.
② PDL은 고급 프로그램 언어의 제어 구조와 자연 언어를 통합하여 사용할 수 있는 알고리즘 표기 언어이다.
③ 그래픽 요소로 알고리즘의 제어 흐름을 표시하는 그래픽 도구이다.
④ PDL은 고급 프로그램 언어의 많은 특징을 가지고 있다.
④ 원시 프로세스들 사이의 정보 흐름을 설명하는 것이다.

주관식 문제

01 사용자 인터페이스 설계 지침의 원천은 심리학과 개발 경험이다. 자신의 경험을 기초로 서식 기입식 인터페이스 설계에 대하여 네 개의 설계 지침을 만들어라.

02 소프트웨어에 대한 자기의 사용 경험에서 가장 나빴던 인터페이스에 대해 서술하고, 그것을 이 장에 도입된 개념으로 비평하라.

03 소프트웨어에 대한 자기의 사용 경험에서 가장 좋았던 인터페이스에 대해 서술하고, 그것을 이 장에 도입된 개념으로 설명하라.

04 Hypertext에 대해 조사하고 도움말 설계에서 어떻게 효과적으로 사용되는지에 대해 기술하라.

05 사용자 인터페이스의 설계에서 인적 요소에 대한 연구 논문 또는 서적을 조사하여 3, 4페이지 분량으로 종합하라.

06 만약 사용자가 'Enter' 키를 눌러야 하는데, 'Esc'를 눌러 시스템이 중단되었다고 하자. 이 경우 사용자는 개발자를 원망하게 되고 개발자는 사용자가 잘못 버튼을 누른 것이 그 원인이라고 생각한다. 이 경우 프로그램 수행 시 오류는 누구의 잘못인지 기술하라.

07 소프트웨어 A에서 사용자 인터페이스의 전체 기능의 응답 시간은 2초 내외이다. 소프트웨어 B에서 사용자 인터페이스의 70% 기능의 응답 시간은 1초 내외이고, 30% 기능의 응답 시간은 3초 내외라고 하면 어느 사용자 인터페이스가 사용자에게 더욱 적합하겠는가?

08 Visual C++ 또는 Delphi로 객체지향적인 사용자 인터페이스를 개발할 수 있다. 그러나 개발 언어를 제외하고 두 개발 도구로 개발된 코드 구조는 서로 다르다. 같은 GUI에 대해 Visual C++와 Delphi로 생성된 두 가지 코드 구조를 비교하고 어느 것이 더 객체지향적인가를 설명하라.

09 단계적 정제방법으로 이차방정식의 해를 구하는 알고리즘을 설계하고 N–S 도표와 PDL로 알고리즘을 표시하라.

10 단계적 정제방법으로 선형방정식의 해를 구하는 알고리즘을 작성하고 N–S 도표와 PDL로 알고리즘을 표시하라.

11 익숙한 프로그램 언어를 기초로 해당 PDL을 설계하라(예를 들면, PDL/C).

12 학생들을 성적순으로 정렬하는 프로세스에 대한 모듈 문서를 작성하라.

객관식 문제 정답 1. ④ 2. ② 3. ④ 4. ③ 5. ③ 6. ② 7. ② 8. ③

Part

SOFTWARE **5** ENGINEERING

프로그래밍, 테스트, 유지보수

가끔은 엉뚱한 눈으로 사물을 바라보자. 창조적 상상력은 미래 사회에 필요한 원동력이다. 권위에 얽매이지 말고 새로운 무엇을 보려는 노력이 필요하며, 기존의 것들을 부정해 보는 시도도 발전을 위해 필요하다. 이제 우리도 기존의 많은 고정관념에서 벗어나 자유스럽게 행동하고, 새로운 질서를 확립하는 선구자적인 역할을 수행해보면 어떨까?

미국의 벨 연구소 정문에 서 있는 전화 발명가 알렉산더 그레이엄 벨 흉상 아래에는 다음과 같은 문구가 적혀 있다.

"가끔 일상적인 궤도와 관습에서 벗어나 어렵고 험난한 길을 택해 보라. 그리하면 종전에는 전혀 볼 수 없었던 그 무엇인가를 발견할 수 있을 것이다(Leave the beaten track occasionally and dive into the woods. You will be certain to find something that you have never seen before!)."

Chapter

16 프로그래밍과 코드 검사

코딩은 설계 문서에 나타난 결과를 구체화시켜 컴퓨터가 이해할 수 있는 언어의 모습, 즉 프로그래밍 언어로 바꾸는 것이다. 코드 검사는 만들어진 코드에 관한 결함 및 요구사항과 표준에 따라 프로그래밍이 이루어졌는지 조사하는 것이다.

1. 프로그래밍 2. 코드 검사

Chapter

16 / 프로그래밍과 코드 검사

학습목표

1. 프로그래밍 언어를 세대별(1~4세대)로 기술한다.
2. 프로그래밍 표준과 가이드라인을 설명한다.
3. 코드의 문서화란 무엇을 의미하는지 알아본다.
4. 코드 검사를 정의하고 그 목적을 설명한다.
5. 코드 검사는 언제 수행하는지 알아본다.
6. 검사 팀의 역할을 기술한다.
7. 코드 검사의 오류 항목을 분류한다.

이 장에서는 코딩(coding)이라고도 부르는 프로그래밍 원리를 살펴보고 작성된 코드가 견고하게 작성되있는지 검시하는 코드 검사에 대하여 살펴본다. 프로그래밍은 설계 문서에 나타난 결과를 구체화시켜 컴퓨터가 이해할 수 있는 언어의 모습, 즉 프로그래밍 언어로 바꾸는 것이다. 프로그램을 일관성 있고 명확하게 하기 위해 프로그램 표준과 가이드라인이 수립되어야 하고, 프로그램이 무엇을 수행하고 어떻게 동작하는지 독자가 이해할 수 있도록 프로그램을 문서화하는 과정이 필요하다.

코드 검사는 높은 품질의 소프트웨어를 얻기 위한 품질 보증 활동 중의 하나이다. 코드 검사는 소프트웨어 개발과정에서 요구되는 공식 기술 검토 중의 하나로 코드에 대한 시험 이전에 이루어지며, 검사 팀이 만들어져 코드에 관한 결함 및 요구사항과 표준에 따라 프로그래밍이 이루어졌는지 조사하는 것이다. 코드 검사는 최소한도의 인원으로 수행되어야 하며, 검사 팀은 낭독자, 사회자, 검사자, 기록자 및 코드를 작성한 저자로 역할을 분담한다.

1 프로그래밍

소프트웨어 개발과정으로 본다면 프로그래밍은 설계의 연장이라 볼 수 있다. 상세 설계가 끝난 후 프로그래밍(코딩)에 들어가며, 프로그래밍은 설계 문서에 나타난 결과를 더욱 구체화시켜 컴퓨터가 이해할 수 있는 모습으로 바꾸는 것이다. 물론 컴퓨터가 이해할 수 있는 모습으로 변환한다는 것은 컴퓨터가 이해할 수 있는 언어로 표현한다는 뜻이며, 컴퓨터가 이해할 수 있는 언어를 프로그래밍 언어라고 한다.

코딩은 설계의 자연스러운 결과이며, 설계가 제대로 이루어지면 프로그래밍은 기계적으로 이루어진다고 볼 수 있다. 결국 프로그래밍은 설계로부터 부수적으로 얻어지는 산출물이다.

앞에서도 언급한 바와 같이 프로그래밍에 투여하는 노력과 비용은 전체 개발과정에서 들이는 노력과 비용의 20% 정도로 알려져 있으며, 이 비용에는 각 모듈을 시험하는 단위 시험 비용까지 포함되어 있다.

프로그래밍 언어 개요

프로그래밍 언어는 인간과 컴퓨터 사이의 통신 또는 대화 수단으로 사용되는 컴퓨터 언어이다. 인간이 나라마다 다른 언어를 사용하는 것처럼 컴퓨터 언어도 매우 다양하다. 지금까지 수백 종의 프로그래밍 언어가 개발되어 사용되어 왔다. 현재도 기계어, 어셈블리어, 고급 언어 등 다양한 언어들이 사용되고 있다.

소프트웨어 공학 자체가 다른 공학에 비해 인간 공학적인 측면이 강한 것처럼 프로그래밍도 각 개인에 따라 그 결과가 많이 다르다. 프로그래밍 언어는 소프트웨어 품질과 유지보수에 많은 영향을 미치며, 우리가 생각하는 방법에도 영향을 미친다.

프로그래밍 언어는 1세대부터 4세대까지로 나누어 볼 수 있다. 1세대 언어는 기계어 또는 어셈블리 언어를 일컬으며 1950년대 전후에 만들어졌다. 2세대 언어로는 1950년대 후반에 등장한 최초의 고급 언어인 FORTRAN, COBOL 등을 들 수 있다. 구조적 프로그래밍을 지원하는 언어인 C, C++ 등은 3세대 언어이다. 4세대 언어라고 불리는 언어들은 수행하는 과정을 프로그래밍하기보다는 의도하는 결과물을 선언해 주기만 하면 되는 비절차 언어들(non-procedural languages)이다. 비절차 언어들로는 관계형 데이터베이스의 질의어인 SQL(Structured Query Language), PROLOG 등을 들 수 있다.

프로그래밍 표준

개발자는 코드 표준 및 절차를 준수하여 프로그램을 작성함으로써 작업을 일관성 있고 명확하게 할 수 있다. 또한 표준에 따라 설계된 코드는 프로그램의 특정 부분의 오류를 찾아내거나 변경하기도 용이하다. 이는 프로그램의 어느 부분이 어떤 기능을 수행하는지를 명확하게 해주기 때문이다.

코드는 간결하고 명확하며 이해하기 쉽도록 쓰여야 한다. 단순하고 명확한 프로그램을 작성하기 위한 절대적인 가이드라인은 없다. 그러나 프로그램에 대한 가이드라인과 표준을 제시하는 것은 프로그램에 대한 관리를 용이하게 하고 생산성을 높이려는 데 그 목적이 있다.

(1) 코드의 문서화

프로그램이 무엇을 수행하고 어떻게 동작하는지 독자가 이해할 수 있게 작성한 일련의 기술서를 프로그램 문서화라고 한다. 직접적으로 코드와 관련된 기술서를 내부 문서화라 하고 그 외의 모든 것은 외부 문서화라 한다. 내부 문서화는 프로그램의 특성, 데이터 구조, 알고리즘, 제어 구조 등의 요약 정보를 기술하고 이러한 정보를 프로그램의 소스 코드를 읽는 사람에게 직접적으로 제공한다. 프로그램 내부에 포함되는 문서 형태를 주석문(comments)이라 한다. 주석문은 한국어나 영어 등 우리가 사용하는 언어를 이용하여 기술한다. 주석문은 프로그램을 이해하고 유지보수하는 데 도움을 주며 개발자 및 고객과의 대화 수단으로 사용된다. 주석문을 어느 정도 만들어야 하는지, 어느 위치에 작성해야 하는지에 대한 명확한 가이드라인은 없다. 그러나 주석문에는 다음과 같은 내용이 포함되는 것이 바람직하다.

1. 모듈의 목적을 기술하는 목적문
2. 인터페이스에 대한 기술
   (1) 호출 표본
   (2) 모든 인수에 대한 설명
   (3) 모든 종속 모듈 목록
3. 중요 변수들과 이들의 사용 한계, 제한 등을 포함하는 중요 정보들
4. 개발 역사
   (1) 모듈 설계자(author)의 이름
   (2) 검토자의 이름과 검토 날짜
   (3) 수정 일자와 수정에 대한 설명

주석문을 만들 때 이용할 수 있는 가이드라인은 다음과 같다.

- 변수, 구조체, 함수 등은 그 의미를 알기 쉬운 이름을 사용하거나 주석을 통하여 선언 시 그 목적을 분명히 알 수 있도록 해야 한다. 다른 데이터에 같은 이름을 사용하거나, 같은 데이터에 다른 이름을 사용하면 안 된다.
- 주석은 코드와 명확히 구분되어 눈에 잘 띄어야 한다. 주석과 코드는 공백이나 '/', 또는 특별한 문자를 사용하여 잘 구별되도록 해야 한다.
- 주석은 코드에 대한 정확한 설명을 해야 하나, 명백한 코드에 대한 재설명은 필요 없다. 지나친 주석은 프로그램에 대한 이해를 더욱 어렵게 한다. 코드가 바뀌면 주석 역시 바뀌어야 한다.
- 함수의 이름과 그 인자 사이에 연관 관계를 명확히 해야 한다. 함수 이름과 유사하거나 관계 깊은 인수 이름을 사용하는 것도 좋은 방법이다.

- 함수의 인자는 선언 시 인자에 대한 설명(주석)이 있어야 한다.
- 쉽게 이해되지 않는 논리식이나 자료 구조에 대한 설명(주석)이 있어야 한다. 복잡한 자료 구조는 설명 없이는 이해하기가 무척 어렵다. 그러므로 가장 중요한 요점을 평이하게 설명해야 한다.

(2) 코드의 간결성

코드는 읽고 이해하기 쉬워야 한다. 프로그램의 명확성은 얼마나 잘 설계되었느냐에 따라 좌우된다. 높은 응집력을 가진 모듈의 경우 간결하고 읽기 쉽다. 코드의 간결성을 유지하기 위해 사용되는 지침과 가이드라인은 다음과 같다.

- 공백을 이용하여 실행문 그룹과 주석을 명확히 구분한다. 편집의 편의를 위해 탭 키를 일관성 있게 사용한다.
- 복잡한 논리식과 산술식은 괄호와 줄맞추기(indentation)를 통해 명확하게 표현하고, 상호 관련이 있는 것 사이에는 밑줄을 그어 표현한다.
- 두 개의 피연산자를 갖는 산술 연산자나 논리 연산자의 경우에는 연산자와 피연산자 사이를 한 칸 띄운다.
- 단일 피연산자를 갖는 연산자와 피연산자 사이에는 공백이 있어서는 안 된다.
- 함수 이름과 시작하는 괄호 사이에는 공백이 있어서는 안 된다.
- 예약어(reserved keyword) 뒤에는 공백을 넣는다.
- 한 줄에 오직 한 문장만 코딩한다.
- 빈 줄을 사용하여 선언부와 구현부를 구별한다.
- 중괄호를 사용하는 방법에는 두 가지 방법이 있다. 제어문과 같은 줄에 쓰는 방법과 다음 줄에 쓰는 방법이 있다. 프로그래머는 같은 소스 파일 내에서 두 가지 방법을 혼용하지만 않는다면 어떤 방식을 사용해도 상관없다.
- 복잡하고 긴 복합 문장으로 이루어진 제어문 블록이나 함수 블록의 처음과 끝을 명확히 알 수 있어야 한다.
- 내장된 함수와 매크로를 사용한다. 불필요하게 사용자 정의 함수(기능이 중복되는)를 만들지 않도록 내장 함수나 매크로의 기능을 익힌다.
- 호환성을 극대화하기 위해 C의 비표준적인 특성을 사용하지 않는다.
- C 문법을 재정의하기 위해서 전처리기(preprocessor)를 사용하지 않는다.
- 구조체 멤버에 접근할 때 포인터(*)가 필요하지 않다면 사용하지 않는다(예를 들어, 가능하면 '->' 연산자를 이용하는 대신 '.' 연산자를 이용한다).
- 잘 알려진 한도 값(예를 들어, 버퍼 크기)의 경우, 모듈의 시작 부분에 선언하는 것이 바람직하다.

- 전역변수나 상수 정의를 할 경우 찾기 쉽도록 코딩한다. 선언부와 구현부를 분리하고, 많은 양의 변수나 상수를 정의할 경우 알파벳 순서대로 한다.

(3) 코드의 명확성

코드는 논리적인 흐름에 따라 만들어져야 하며 논리적인 면에서 이해하기 쉽도록 쓰여야 한다. 코드의 명확성을 유지하기 위해 사용되는 지침과 가이드라인은 다음과 같다.

- 조건문에는 반드시 예외 사항까지도 처리되어야 한다.
- 함수를 만들 때는 함수의 길이가 너무 길거나 지나치게 짧지는 않은가, 인자의 수가 지나치게 많지는 않은가, 그 함수의 목적이 충분히 범용적이고 명확한 목적을 가지고 있는가, 또 효율적인 해결책이 될 수 있는가 등을 고려해야 한다.
- 다음과 같은 구성은 피해야 한다.

```
if(condition)
  ; /* ie. a null statement */
  else
statement;
```

이러한 문장은 다음과 같이 바꿔야 한다.

```
if (!condition)
    statement
```

- 단순한 코드의 반복을 피하고 코드를 간단히 하기 위해 프로그램에 알맞는 프로그램 구조와 자료 구조를 선택한다(즉, 자주 반복되는 공통된 코드는 함수를 만들어 추상화하여 사용하고, 같은 성질의 데이터는 sc1, sc2, sc3, sc4, … 대신에 score[10] 같은 배열을 사용한다).
- '#define'에 의해 정의된 상수는 대문자로 쓰고, 불분명한 상수는 '#define'을 사용하여 정의한다.
- 동적으로 변하는 자료를 사용하지 말고 sizeof 연산자나 #define된 상수를 사용하여 자료 크기를 미리 정한다.
- 비정적인(nonstatic) 변수가 NULL이나 0으로 초기화되어 있다고 생각하지 않는다.
- 효율성을 높이기 위한 해결책을 만들었다면 코드를 바꾸기 전에 time command를 사용하고 그 코드의 시간 복잡도(time complexity)를 측정한다. 그리고 그 효율적인 해결책을 문서화한다.

- '?:' 연산자를 주의 깊게 사용한다. 가능하다면 if.... then.... else....를 사용하는 것이 명확하다.
- 다중 출구를 갖는 loop를 주의해서 사용한다. break statement가 loop 종결 조건에 합해질 수 있는가를 생각한다.
- continue statement를 주의해서 사용한다. continue statement에 의해 실행되지 않는 어떤 코드를 실행하기 위해 if statement를 사용할 수 있는가를 생각한다.
- 공동으로 사용되는 변수를 분리해서 사용하지 말고 구조체를 이용한다.

```
struct tn {
   char npa[4];
   char nnx[5];
    };
```

이렇게 관리하는 것이 서로 다른 변수를 사용하는 것보다 loop 등에서 편리하게 이용된다.

- 정적인 함수를 사용하고, 전역변수(global variable)는 피해야 한다. 이렇게 함으로써 작성된 함수나 변수가 다른 목적으로 다른 프로그램에서 이용될 때 유용하게 쓰일 수 있다. 변수의 범위를 제한해 두는 것도 좋은 프로그래밍 방법이다.

2 코드 검사

소프트웨어 공학의 기본 개념은 검사(inspection)에 기초하고 있으며, 검사는 품질 문제를 개인에 의지하지 않고 조직적으로 해결하려는 노력이라 볼 수 있다. 코드 검사(code inspection)는 소프트웨어의 오류를 발견하여 제거함으로써 높은 품질의 소프트웨어를 얻기 위한 활동 중의 하나이며, 프로그램을 만든 후 이에 대한 검사를 수행하는 것이다.

코드 검사는 소프트웨어 개발과정에서 요구되는 공식 기술 검토 중의 하나로 코드에 대한 시험 이전에 이루어지며, 이를 위한 검사 팀(inspection team)이 만들어져 코드에 관한 결함과 요구사항과 표준에 따라 프로그래밍이 이루어졌는지 조사하는 것이다. 코드 검사는 단위 시험(unit test) 이전이나 이후에 이루어진다. 코드 검사는 공식적인 기술 검토인 만큼 잘 정의되어 있는 순서와 방법에 의해 이루어져야 하며 조심스럽게 진행된다.

코드 검사의 주요 목표는 오류를 걸러내는 것뿐만 아니라 여러 사람들이 다른 사람이 만든 프로그램에 대한 지식을 공유하고, 함께 좋은 품질의 시스템을 개발한다는 공감대를 형성하는 데 기여한다. 또한 프로그램 스타일을 표준화할 수 있으며, 코드가 개발과정에서 나오는 문서로서 인식될 수 있게 한다.

코드 검사의 목적은 앞의 여러 공식기술검토회와 마찬가지로 오류를 적은 비용을 들여 신속히 찾아낼 수 있도록 하며, 유지보수 비용을 줄일 수 있도록 하는 데 있다. 이를 통해 소프트웨어의 품질을 높일 수도 있고, 추후 유지보수에 필요한 사람들을 미리 훈련시켜 놓는다는 이점도 있다. 코드 검사를 수행하는 것은 프로그램 개발도 개인이 아니라 조직에 의해 이루어진다는 것을 보여준다고 할 수 있다.

코드 검사를 성공적으로 수행하기 위해 이를 수행하는 구성원은 코드 검사에 요구되는 훈련과 교육을 받아야 한다. 코드 검사를 위해 사전에 각 참여자의 역할이 주어진다. 참여자들은 검사할 코드에 대해 미리 조사해야 하며 검사 결과는 품질 관리와 추후 관리를 위해 문서로 기록되어야 한다.

코드에 대한 검사는 프로젝트와 관계가 있는 동료 프로그래머들에 의해 수행되는 것이 일반적이며, 관리자들이 참석하지 않는 것이 바람직하다. 코드에 대한 검사는 기술적인 면에 대한 검사이므로, 관리자가 참석하면 분위기가 자칫 기술적인 면에서 벗어나 정치적으로 흐르기 쉽다. 코드 검사는 신중하게 이루어져야 하며 코드 자체에 대한 기술적인 검토만 이루어져야 한다.

코드 검사는 공식기술검토회 중의 하나로 인식된다. 따라서 검사를 위한 체계적인 틀이 만들어져야 하고 참여자는 이를 숙지하여 검사에 임해야 한다. 여기서 공식이란 의미는 검사에 참여하는 것이 필수적이며, 참여자들은 미리 검사할 내용에 대한 준비를 사전에 해야 하는 것을 의미한다. 사전에 준비를 한다는 것은 시간의 낭비 없이 각자의 임무가 효율적으로 수행되어야 하기 때문이다. 또한 참여자는 코드 검사에 대한 훈련을 받고 검사에 임해야 한다. 또한 검사의 수준이 일정해야 하며 검사를 진행하는 사회자가 있고, 그 결과가 기록자에 의해 기록되어야 한다.

따라서 코드 검사를 위한 계획이 수립되어야 하고, 그 결과가 통계적인 자료로 수집되어 관리자에게 보고되어야 한다. 코드 검사를 계획하는 단계에서 검사에 참여할 참여자와 이들의 역할이 정의된다. 관리자는 이 보고서를 개인을 평가하는 데 사용하지 않는 것이 바람직하다.

코드 검사 계획

새로 만들어지는 코드는 검사 대상이 된다. 또한 새로운 기능이 추가되거나 많은 변화가 가해진 코드 역시 검사 대상이 된다. 일반적으로 코드 검사의 필요성이 느껴지면 이를 수행할 수 있다. 코드를 만든 프로그래머가 코드 검사 조정자(code inspection coordinator) 및 참여자들에게 사전에 코드를 복사하여 배포하고, 참여자들의 역할, 시간 및 장소를 기록한 회의 통지서를 함께 보낸다. 일반적으로 이러한 문서는 최소한 회의 시작 3일 전에 참여자들에게 전달되어야 하며 필요하면 참여자들에게 간단히 코드에 대한 내용을 설명할 수 있다. 또한 검사할 코드의 번호, 코드의 목적을 기술한 주석도 포함해야 한다.

검사해야 할 코드가 결정되면 코드를 만든 사람은 코드 검사 조정자에게 통보한다. 조정자와 코드를 만든 저자가 검사할 팀을 선정하며, 코드 검사는 최소한도의 인원으로 수행되어야 한다. 검사 팀은 4~7명이 적당하며, 낭독자(reader), 사회자(moderator), 검사자(inspector), 기록자(recorder)와 프로그램을 만든 저자(author)로 역할을 분담한다. 물론 모든 참여자들이 검사자의 역할도 수행한다. 검사 팀은 코드가 어떤 일을 수행해야 하는지 알 필요가 있는 개발자, 시험자 등을 포함한다. 조정자는 검사를 수행하는 사람들의 임무가 고르게 분산될 수 있도록 하여야 하며, 한 사람이 항상 같은 역할을 수행하지 않도록 하여야 한다.

코드 검사 진행

앞에서 언급한 바와 같이 코드 검사는 공식적인 기술 검토이므로 다른 사람이 대신하여 하는 것은 바람직하지 않다. 참여자들은 검토회를 하기 이전 코드를 읽고 의문점과 문제점을 파악하여야 한다. 코드 검사는 오류를 지적하는 것이지 그 해결방법을 찾으려는 것이 아니며, 최소한도의 시간이 소요되도록 한다. 사회자는 문제점이 제기되면 이를 빨리 해결하도록 조정하여야 한다. 검토회가 종료될 때 문제의 수준에 따라 사회자와 팀원들은 재검토가 필요한지 결정한다. 코드에 대한 검사는 많은 노력과 에너지가 소요되는 일이다. 검사 팀의 역할은 다음과 같이 나눌 수 있다.

- 저자(author) : 코드를 만든 사람으로 코드에 대한 정보를 제공하고 문제점에 대한 답변을 할 수 있다.
- 사회자(moderator) : 코드 검사를 진행하는 의장이며, 코드 검사에서 중심 역할을 수행한다. 사회자는 제시간에 검토가 이루어질 수 있도록 준비하며, 검토 시작 시 각자의 역할에 대해 언급한다. 회의가 빨리 진행되도록 속도를 조절하며, 문제점이 발생했을 때 어떻게 처리할 것인가를 결정한다.
- 낭독자(reader) : 코드를 한 줄씩 또는 한 절씩 읽어 나가며 이를 해석한다.
- 기록자(recorder) : 검토 도중 문제점이나 오류를 기록하며, 이를 요약하여 회의록을 만들고 그 결과를 배포한다.
- 검사자(inspector) : 검사자는 사전에 코드에 대해 구체적으로 검사하고 검토회 진행 중에도 이를 수행한다.

코드 검사는 일반적으로 4~5명이 팀이 되어 수행할 수 있다. 시간을 절약해야 하는 경우라면 일대일(one-to-one) 검사도 생각해 볼 수 있다. 코드 검사를 통해 코드가 적합한지, 또는 코드를 수정하여 재검사할지를 결정한다. 기능, 논리 등의 오류는 중대한 오류로 생각될 수 있으며, 중대한 오류의 수와 이들이 미치는 영향 등을 고려하여 재검사가 필요한지 결정한다. 기존의 프로그램을 변경하는 경우에는 중대한 변화가 발생했을 경우(약 50% 이상의 변경)에 코드 검사를 수행한다.

다른 사람이 만든 코드를 검토하는 것은 매우 민감한 사항이다. 코드 검토를 통해 업무의 상승 효과를 얻을 수 있도록 해야 한다. 이를 위해 코드 검토는 기술적인 것(코드)에만 국한되어야 하며, 조심스럽게 진행되어야 한다. 코드 이외의 다른 것(예를 들어, 개인적인 문제 등)에 대해 언급해서는 안 되며, 짧게 진행되어야 한다. 또한 검토가 끝난 후 검토한 내용에 대해 다시 거론하는 것은 바람직하지 않다.

코드 검사 오류 항목

코드검사를 수행하며 오류가 발견되면 오류 목록에 기록한다. 오류 목록에는 코드 줄 번호, 오류에 대한 기술, 오류 유형과 오류 종류, 오류의 수가 기록된다. 코드의 오류에 대한 유형(type)은 다음과 같이 나눌 수 있다.

- 데이터 오류(DA : data error) : 데이터를 다루는 데 발생하는 오류로 데이터 유형 정의, 변수 선언, 매개변수에서 나타나는 오류이다.
- 문서 오류(DC : documentation error) : 프로그램 구성 요소인 선언 부분, 서브루틴, 모듈에 대한 적합하지 않은 주석, 잘못되었거나 불필요한 주석을 의미한다.
- 기능 오류(FN : function error) : 서브루틴이나 블록이 잘못된 것(what)을 수행하는 오류이다.
- 논리 오류(LO : logic error) : 서브루틴이나 블록이 수행하는 방법(how)이 잘못되어 있는 오류이다.
- 성능 오류(PF : performance error) : 프로그램을 수행하며 요구되는 효율성(성능)을 만족시키지 못하는 오류이다.
- 표준 오류(ST : standard error) : 과정이나 표현이 표준에 의해 이루어지지 않은 경우이다.
- 기타 오류(OT : other error) : 문법적인 오류, 사람의 개성이 포함된 경우 등 앞의 유형으로 설명하기 힘든 불투명하고 애매모호한 오류를 나타낸다.

각 오류에 대한 종류(class)로는 다음과 같은 것이 있다.

- 실종(M : Missing) : 구성 요소 안에 있어야 할 것들이 없음으로써 생기는 오류
- 실수(W : Wrong) : 구성 요소 안에 있으나 잘못이 발견된 오류
- 불필요(E : Extra) : 요구되는 것 이상으로 필요 없는 것이 들어간 오류

오류에 대한 통계에는 이러한 오류 유형과 오류의 종류가 모아진다. 오류 기록 일지에는 다음과 같은 양식이 사용될 수 있으며, 코드 검사를 통한 오류 목록의 예는 다음과 같다.

Page 1 of 1

PDM-INSPECTION ERROR LIST

Project : PDM System : PC Date : 2/24/98

Unit : XCOpcCubToSpec. e, XCOpcCubToSpec. h

Page and Line #	Error Description	
209-238	Extra unnecessary code	FN E 1
441,447,449	Second & Third arguments in	DA W 1
509,547,553		
561,567,716	memset function are reversed	
757,1210,1222,1267		
855,875	if buff I=Y, #888-#909 is	LO M 1
	executed without proper data	
	structure	
1635	AUX MAIN	
2256	currList=0	DC W 1
2356	currUsoc=1	LO M 1
2494	surrTintt duplicated	LO W 1
2696	if(fc>=5) and delete	LO E 1
2704	"If (fldlencbuff) > s)" statement	
2819-2826	Unnecessary	FN E 1
2833-2840		
2845-2852		
2855-2885	if logic changed	LO W 1
2894	if (rc<7)	LO E 1
2934-2952	map it to a config file	FN E 1
2995, 3021, 3025	delete free	DA W 1

:: 그림 16 – 1 | 코드 검사 오류 기록 일지의 예

코드 검사 사후 검토

코드 저자는 코드 검사에서 나타난 오류와 문제점을 수정하여 이를 코드 검사 사회자에게 검사를 받는다. 이는 추후에 새로 나타나는 오류를 줄이고 더 이상의 오류가 발생하지 않도록 하는 데 그 목적이 있다.

일반적으로 코드 검사의 결과를 관리자들이 개인의 업무 수행 능력에 대한 평가로 사용하는 것은 바람직하지 않다. 그 이유는 코드 검사가 적은 비용으로 보다 자유스러운 분위기 속에서 이루어질 수 있도록 하기 위해서이다. 이는 시험의 결과가 프로그래머의 업무 수행 능력을 평가하는 데 사용되어야 하는 것과 대조되는 면이라 할 수 있다.

요 약 SOFTWARE ENGINEERING

프로그래밍은 설계의 결과를 더욱 구체화시켜 컴퓨터가 이해할 수 있는 모습으로 바꾸는 것이다. 상세 설계가 끝난 후 프로그래밍(코딩)에 들어가며, 프로그래밍은 설계 문서에 나타난 결과를 더욱 구체화시켜 컴퓨터가 이해할 수 있는 모습으로 바꾼다. 물론 컴퓨터가 이해할 수 있는 모습은 컴퓨터가 이해할 수 있는 언어로 표현한다는 뜻이며, 컴퓨터가 이해할 수 있는 언어를 프로그래밍 언어라고 한다.

공학적인 관점에서 볼 때 프로그래밍은 설계로부터 부수적으로 얻어지는 산출물이다. 엔지니어링은 높은 추상화 단계에서 낮은 추상화 단계로 단계를 밟아 내려가는 것이며, 프로그램은 엔지니어링 과정에서 가장 낮은 단계의 결과물이라 할 수 있다.

코드 검사(code inspection)는 높은 품질의 소프트웨어를 얻기 위한 품질 보증 활동 중의 하나이다. 코드 검사는 소프트웨어 개발과정에서 요구되는 공식 기술 검토 중의 하나로 코드에 대한 시험 이전에 이루어지며, 이를 위한 검사 팀(inspection team)이 만들어져 코드에 관한 결함 및 요구사항과 표준에 따라 프로그래밍이 이루어졌는지 조사한다.

코드 검사는 공식적인 기술 검토회 중의 하나이다. 따라서 검사를 위한 체계적인 틀이 만들어져야 하고 참여자는 이를 숙지하여 검사에 임해야 한다. 이를 위해 코드 검사를 위한 계획이 수립되고, 코드 검사 결과는 통계적인 자료로 수집되어 관리자에게 보고되어야 한다. 코드 검사는 소프트웨어 품질 보증을 위한 활동 중의 하나로 그 효용성이 여러 사례를 통해 입증되고 있다.

참고 문헌

[EBE 93] Ebenau, R., *Software Inspection Process*, McGraw-Hill, Inc., 1993.

[GHE 91] Chezzi, C., Jazayeri, M. & Mandrioli, D., *Fundamentals of Software Engineering*, Prentice Hall, 1991.

[MYN 90] Mynatt, B., *Software Engineering with Student Project Guidance*, Prentice Hall, 1990.

[PRE 92] Pressman, R., *Software Engineering: A Practioner's Approach*, McGraw-Hill, 1992.

[SOM 92] Sommerville, I., *Software Engineering*, Addison Wesley, 1992.

[WEI 71] Weinberg, G., *The Psychology of Computer Programming*, Van Nostrand Reinhold, 1971.

연습문제

객관식 문제

01 소프트웨어 개발과정에서 구현(implementation)에 대한 설명으로 가장 적절한 것은?

① 요구사항 분석과정 중 모아진 요구사항을 설계 문서에 옮기는 것이다.

② 시스템이 무슨 기능을 수행하는지에 대한 시스템의 목표 기술이다.

③ 프로그래밍 또는 코딩이라고 불리며, 설계 문서가 컴퓨터가 알 수 있는 모습으로 변환되는 과정이다.

④ 시스템이나 소프트웨어 요구사항을 정의하는 과정이다.

02 소프트웨어 개발과정에서 프로그래밍에 대한 설명으로 적합하지 않은 것은?

① 설계의 연장이라 볼 수 있다.

② 프로그래밍은 설계 문서에 나타난 결과를 더욱 구체화시켜 컴퓨터가 이해할 수 있는 모습으로 바꾸는 것이다.

③ 코딩은 설계의 자연스러운 결과이며, 설계가 제대로 이루어지면 프로그래밍은 기계적으로 이루어진다고 볼 수 있다.

④ 개발 단계 중 가장 많은 비용과 노력이 필요하다.

03 프로그래밍 언어에 대한 설명으로 적합하지 않은 것은?

① 프로그래밍 언어는 소프트웨어 품질과 유지보수에 영향을 미치지 않는다.

② 인간과 컴퓨터 사이의 통신 또는 대화 수단이다.

③ 프로그래밍 언어는 매우 다양하다.

④ 컴퓨터가 이해할 수 있는 언어이다.

04 프로그래밍 언어에 대한 설명으로 적합하지 않은 것은?

① 1세대 언어는 기계어 또는 어셈블리 언어를 일컬으며 1950년대 전후에 만들어졌다.

② 2세대 언어로는 1950년대 후반에 등장한 최초의 고급 언어인 FORTRAN, COBOL 등을 들 수 있다.

③ 구조적 프로그래밍을 지원하는 언어인 ALGOL, PASCAL, Smalltalk, C, C++ 등은 3세대 언어라고 부른다.

④ 4세대 언어라고 불리는 언어들은 절차 언어(procedural languages)들이다.

05 **프로그래밍 언어 중 비절차 언어들(non-procedural languages)에 대한 설명으로 적합하지 않은 것은?**

① 수행하는 과정을 프로그래밍하기보다는 의도하는 결과물을 선언해 주기만 하면 된다.

② 비절차 언어들로는 Java, C++ 등을 들 수 있다.

③ 추상화 수준을 높일 수 있고 쉽게 프로그래밍할 수 있다는 장점이 있다.

④ 비절차 언어를 사용하면 구체적인 알고리즘을 명시할 필요가 없다.

06 **프로그래밍에 대한 설명으로 적합하지 않은 것은?**

① 모든 사람의 프로그래밍 스타일은 같다.

② 좋은 프로그래밍 스타일이 어떤 것이라고 정의하는 것은 쉽지 않다.

③ 좋은 프로그램이란 일반적으로 단순하고 명확하여 그 내용을 쉽게 파악할 수 있도록 만들어진 것을 일컫는다.

④ 코드는 간결하고 명확하며 이해하기 쉽도록 쓰여야 한다.

07 **프로그램에 대한 가이드라인과 표준의 용도가 아닌 것은?**

① 프로그램에 대한 관리를 용이하게 하고 생산성을 높이려는 데 그 목적이 있다.

② 프로그램이 만들어진 후 설계 문서를 참조하지 않고도 모듈의 기능을 쉽게 이해할 수 있어야 한다.

③ 변수 이름, 레이블 이름을 정할 때도 직접적이며 정직한 이름을 사용해야 한다.

④ 프로그램 내부의 주석문(comments)을 생략한다.

08 **공식기술검토회(formal technical review)에 대한 설명 중 옳지 않은 것은?**

① 잘 정의되어 있는 순서와 방법에 의해 이루어져야 하며, 참가자의 수를 제한한다.

② 의제를 제한하지 않고 폭넓게 진행한다.

③ 체계적인 틀 속에서 사전에 치밀하게 준비하여 조심스럽게 진행한다.

④ 문제 영역을 확실히 표현한다.

09 **공식기술검토회에 대한 설명 중 옳지 않은 것은?**

① 공식기술검토회는 동료 검토(peer review)로 국한해야 한다.

② 한 개인의 결정보다는 참여자들의 지혜를 모아 최선의 길을 선택하는 것이 바람직하다.

③ 공식기술검토회를 갖기 전 참여자들에게 문서가 배달되어 충분한 사전 검토를 할 수 있도록 해야 한다.

④ 공정과정의 산출물에 대한 공식적인 검토과정이 필요하다.

10 코드 검사(code inspection)에 대한 바른 설명이 아닌 것은?

① 코드 검사는 동료 검토(peer review)로 국한한다.
② 코드 검사는 공식 기술 검토(formal technical review) 중 하나이다.
③ 코드 검사를 위한 체계적인 틀이 만들어져야 하고 참여자는 이를 숙지하여 검사에 임해야 한다.
④ 스폰서가 코드 검사에 참여하는 것은 필수이다.

11 요구사항 명세서에 대한 공식적인 기술 검토에 대한 설명이 아닌 것은?

① 검토회를 통해 시스템의 목표에 대한 최종 합의점을 도출한다.
② 동료 검토(peer review) 중 하나이다.
③ 합의점에 도달되면 사용자 측과 개발 팀이 서명한다.
④ 사전에 요구사항 명세서가 참여자들에게 배달되어 충분한 사전 검토를 할 수 있도록 해야 한다.

12 코드 검사에 대한 바른 설명이 아닌 것은?

① 코드에 관한 결함과 요구사항과 표준에 따라 프로그래밍이 이루어졌는지 조사하는 것이다.
② 소프트웨어의 오류를 발견하여 제거함으로써 높은 품질의 소프트웨어를 얻기 위한 활동이다.
③ 프로그램을 만든 후 이에 대한 검사를 수행하는 것이다.
④ 코드 검사는 공식적인 기술 검토는 아니며 동료들이 수행한다.

13 코드 검사의 효과가 아닌 것은?

① 여러 사람들이 다른 사람이 만든 프로그램에 대한 지식을 공유할 수 있다.
② 적은 투자 비용으로 높은 효과를 기대할 수 있다.
③ 함께 좋은 품질의 시스템을 개발한다는 공감대를 형성할 수 있다.
④ 프로그램 스타일을 표준화할 수 있다.

14 서브루틴이나 블록이 잘못된 것(what)을 수행하는 코드의 오류 유형(type)은?

① 데이터 오류(DA : data error)
② 문서 오류(DC : documentation error)
③ 기능 오류(FN : function error)
④ 표준 오류(ST : standard error)

15 코드 검사에 대한 가이드라인이 아닌 것은?

① 검토의 목적은 문제의 발견임을 잊지 말고 논쟁하여 해결하라.

② 검토를 위한 시간과 자원을 할당하여 일정을 세우고 유지하라.

③ 산출자를 검토하지 말고 산출물을 검토하라.

④ 참가자의 수를 제한하고 사전 준비를 하라.

주관식 문제

01 '오직 컴퓨터만이 프로그램을 읽을 줄 알면 되는가?', '컴퓨터 프로그램은 컴퓨터를 위해 만들어졌는가?'에 대하여 토의해 보라.

02 프로그래밍도 일종의 작문이라 볼 수 있다. 좋은 글을 쓰는 데 요구되는 조건을 생각하여 좋은 프로그램에서 요구되는 요소들을 기술하라.

객관식 문제 정답 1. ③ 2. ④ 3. ① 4. ④ 5. ② 6. ① 7. ④ 8. ② 9. ① 10. ④ 11. ② 12. ④ 13. ② 14. ③ 15. ①

Chapter

17 소프트웨어 테스트

소프트웨어 테스트는 품질을 확보하고 결함을 찾아내기 위해 수행되는 일련의 작업으로 개발된 소프트웨어의 품질에 대한 평가와 품질 향상을 위한 수정 작업 등을 포함한다. 이 장에서는 테스트 프로세스와 개발 단계와의 관계, 테스트 방법 및 테스트 설계 기법, 테스트 프로세스를 소개하고 있다. 테스트에 대한 계획, 테스트 데이터를 준비하는 테스트 설계, 테스트 실행 및 테스트 평가과정에서 테스트 문서의 작성 사례를 제시하고 있다.

Chapter

17 / 소프트웨어 테스트

학습목표

1. 소프트웨어 테스트를 정의하고 그 목적을 설명한다.
2. 테스트 프로세스와 개발 프로세스를 매핑한 V모델을 설명한다.
3. 블랙박스 테스트와 화이트박스 테스트 기법을 설명한다.
4. 사용자에 의해 진행되는 인수 테스트(acceptance testing)의 단계를 설명한다.
5. 소프트웨어 테스트 프로세스를 설명하고 각 단계별로 작성되어야 하는 문서를 기술한다.
6. 테스트 종료 기준을 제시한다.

소프트웨어 테스트(또는 시험이라 부름)는 소프트웨어의 품질을 확보하고 결함을 찾아내기 위해 수행되는 일련의 작업으로 개발된 소프트웨어의 품질에 대한 평가와 품질 향상을 위한 수정 작업 등을 포함한다. 이러한 소프트웨어 테스트는 주요 이해당사자(stakeholder)들에게 테스트 대상 제품 또는 서비스의 품질에 관한 정보를 제공하는 조사과정으로 이해할 수 있다.

1960년대 이후 다양한 경험이 축적되면서 소프트웨어의 결함을 발견하고 제거하는 것이 중요하다는 것을 인식하기 시작하였다. 이러한 소프트웨어 테스트와 디버깅을 구별한 것은 1979년 글랜포드 J. 마이어스에 의해서였다. 이후 많은 연구에서 소프트웨어 테스트에 대해 정의하였으며, 대표적으로 IEEE 표준에서는 소프트웨어 테스트를 다음과 같이 정의하고 있다[IEEESA-729].

> "소프트웨어 테스트는 수동이나 자동으로 시스템을 시험 동작시키고 평가하는 작업으로 명시된 요구를 잘 만족하는지, 즉 예상된 결과와 실제 결과와의 차이를 인식하기 위한 목적을 가진다."

이러한 소프트웨어 테스트를 위해 개발자는 물론, 사용자, 독립적인 테스터 등 다양한 이해당사자들이 참여한다. 소프트웨어에 대한 테스트는 소프트웨어 품질 보증을 위한 마지막 단계이며, 품질 보증을 위한 마지막 보루라 할 수 있다. 이 단계에서 수정되지 않은 오류는 사용자가 사용하며 발견되어 수정하는 데 많은 비용이 소요된다. 테스트가 제대로 수행되지 않았을 때 소요되는 비용과 품질 저하, 고객의 불만족 등이 잘 계획된 철저한 테스트가 얼마나 중요한 것인가를 설명해 주고 있다.

소프트웨어 프로젝트를 수행하는 데 있어 평균 40%의 노력과 비용이 테스트에 소요되는 것으로 알려져 있다. 이 장에서는 소프트웨어 테스트가 어떻게 이루어지는지 살펴보고, 테스트의 기본 개념과 목적, 테스트 기법 및 테스트 절차에 대하여 알아본다.

1 소프트웨어 테스트 개요 및 목적

소프트웨어를 개발하는 데 있어 실수와 오류를 범할 가능성은 매우 높다. 테스트는 개발자(또는 사용자까지도 포함)가 자신의 불완전함과 실수를 가정하는 데서 출발한다. 인간은 완벽한 의사소통 능력을 가지고 있지 못하며, 스스로 완전하지도 않다. 결국 소프트웨어를 개발하는 과정에서 사람의 실수가 포함될 가능성이 매우 높다. 테스트는 인간의 불완전성을 극복하고 높은 품질의 제품을 만들기 위한 노력이라 할 수 있다.

테스트는 시스템이 정해진 요구사항을 만족하는지, 예상했던 것과 실제의 모습이 어떤 차이가 있는지 검사하고 평가하는 일련의 활동이다. 테스트를 통해 프로그램에 결함이 없다는 것을 보여줄 수는 없으며, 다만 테스트의 결과 결함이 나타났다는 것만을 보여줄 수 있다. 테스트 결과 결함이 발견되지 않았다 하더라도 이는 소프트웨어에 결함이 없다는 것을 의미하지는 않는다.

모든 가능한 데이터를 사용하여 모든 경우의 수에 대하여 완벽히 테스트하는 것이 불가능하다는 사실은 이미 잘 알려져 있다. 결국 선택된 데이터를 기초로 테스트가 이루어지며, 높은 확률로 오류를 찾아낼 수 있도록 좋은 시험 사례, 즉 테스트 케이스(test case)를 만들어야 한다. 기존에 발견되지 않은 오류를 많이 발견할 수 있는 테스트 케이스가 좋은 테스트 케이스이며, 기존에 발견되지 않은 오류를 발견하는 것이 성공적인 테스트이다. 테스트는 주어진 프로그램에 대해 가장 적은 양의 테스트 데이터를 사용하여 가장 많이 프로그램 오류를 잡아내는 것이 그 목적이라 할 수 있다. 이를 위해 최소한도의 비용과 노력을 들여 높은 확률로 오류를 찾아낼 수 있도록 테스트 케이스를 설계해야 한다.

소프트웨어 테스트 목적은 다음과 같이 요약될 수 있다[ISTQB 2005].

(1) 일반적인 소프트웨어 테스트 목적

- 소프트웨어 내에 존재하는 오류 발견
- 소프트웨어 요구사항에 충족하는지 확인
- 소프트웨어 명세에 충족하는지 확인
- 소프트웨어 출시 이후 발생할 수 있는 결함 예방

(2) 소프트웨어 테스트의 부가적 목적

- 소프트웨어 품질에 대한 자신감(confidence) 획득과 정보 확인
- 비즈니스 리스크를 감소시킬 수 있도록 정보에 근거한(well-informed) 조언 제공

- 개발 프로세스 점검 및 이슈 제공
- 시스템과 소프트웨어가 적절히 동작함을 확인

2 소프트웨어 개발 프로세스와 테스트

소프트웨어 테스트 작업의 유형과 프로세스는 소프트웨어 개발 단계와 밀접한 관계가 있다. 테스트 작업이 소프트웨어에 포함된 단순한 코드상의 오류만을 찾는 작업이 아니라 요구분석에서의 오류, 설계 또는 모듈 인터페이스의 오류 등 개발 단계의 작업들에 대한 테스트를 포함하므로 개발 프로세스와 연계하여 생각할 필요가 있다. 테스트 프로세스를 개발 프로세스와 잘 매핑하여 정의한 라이프 사이클이 바로 V모델이다[Kevin 1991]. V모델은 폭포수 모델에 시스템 검증과 테스트 작업을 강조한 것이다.

V모델(V-model)은 소프트웨어 개발 프로세스로 폭포수 모델의 확장된 형태 중 하나로 볼 수 있다. 아래 방향으로 선형적으로 내려가면서 요구사항 분석, 설계(기본 설계, 상세 설계), 구현으로 진행되는 폭포수 모델에 품질 보증을 위한 일련의 테스트 과정이 추가되었다. 이 프로세스는 그림 17-1과 같이 코딩 단계에서 위쪽으로 꺾여서 알파벳 V자 모양으로 진행된다. V모델은 개발 생명주기의 각 단계와 그에 상응하는 소프트웨어 테스트 각 단계의 관계를 보여준다. V모델은 소프트웨어 개발의 각 단계마다 이루어진 활동과 각 단계의 활동에 대한 확인 및 검증 작업이 테스트 단계에 어떻게 적용되어야 하는가를 보여주는 모델이다.

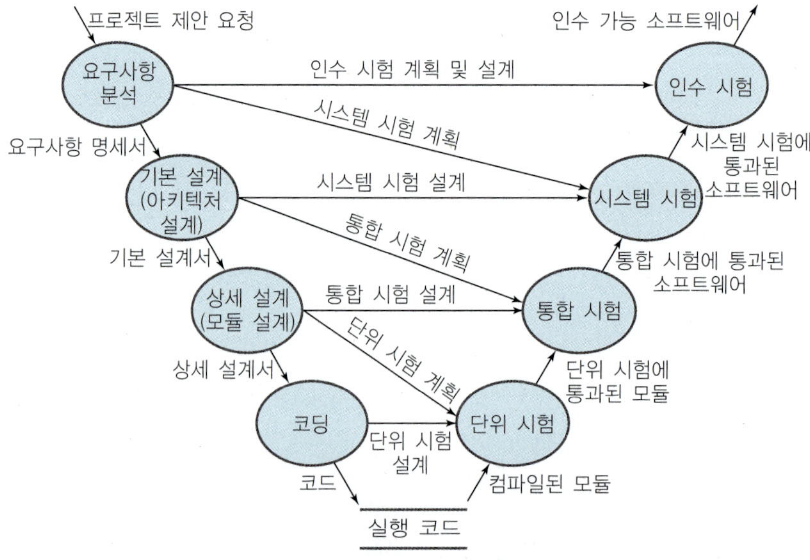

:: 그림 17-1 | V모델

V모델의 화살표는 각 테스트 단계가 어떤 개발 업무에 대하여 적용되는지, 개발이 진행되며 어떤 테스트를 위한 준비 활동을 시작할 수 있는지 가시화하여 보여주고 있다. V모델을 바탕으로 테스트를 위한 준비 활동(예를 들어, 테스트 설계)을 코딩 이후가 아닌 프로젝트 각 개발 단계마다 병렬로 수행하면 전체적으로 많은 양의 프로젝트 비용과 시간을 줄일 수 있다.

요구사항 분석

V모델에서의 요구사항 분석 단계는 개발될 시스템에 대한 요구사항과 사용자의 필요를 분석하는 과정이다. 요구사항 분석의 결과를 바탕으로 시험 계획(시스템 시험, 인수 시험)을 수립한다. 즉, 소프트웨어가 사용자의 요구사항을 정확하게 실행하는가를 확인하는 인수 시험(acceptance test)과 시스템의 목적에 부합되는가를 확인하는 시스템 시험을 계획한다.

인수 및 시스템 시험 계획서는 요구사항 명세서의 기능 요구사항 목록과 유스케이스 시나리오, 추적성 분석의 결과(추적성 매트릭스 등) 들을 참조하여 작성한다. 소프트웨어가 다른 하드웨어 또는 컴포넌트와 통합하여 연동할 경우 시스템 시험을 통해 시스템 환경하에서 소프트웨어가 모든 기능적인 요구사항을 준수하는지 확인할 수 있도록 계획한다.

기본 설계

기본 설계 문서는 일반적인 시스템 아키텍처 구성과 메뉴 구조, 자료 구조 등을 기술한다. 아키텍처를 설계함으로써 구현될 모든 모듈 항목과 그 간략한 기능을 정의하고, 모듈 간의 인터페이스, 관계, 의존성을 기술하며, 필요한 데이터베이스 테이블, 아키텍처 다이어그램, 적용 기술 내역이 문서화된다.

아키텍처 설계가 이루어지면 소프트웨어의 내부 모듈의 구성, 그리고 그들 사이의 상호작용에 대한 요소를 테스트 대상으로 추출하고 연동방법에 따른 통합 테스트를 설계한다. 통합 시험에 요구되는 시험 설계, 시험 사례, 시험 절차가 작성될 수 있도록 시험을 계획한다. 시스템 테스트를 위한 문서도 이 단계에서 준비될 수 있다. 예를 들어, 외부의 시스템과 연동하는 시스템의 경우 연동 기능과 방법을 토대로 시스템 테스트 환경과 테스트 케이스를 구축한다.

상세 설계

상세 설계 단계는 기본 설계 단계에서 정의된 모듈 항목을 더 세분하여 각각의 모듈에 대한 상세 알고리즘을 작성하며, 이를 이용하여 프로그래머들이 코딩을 시작할 수 있도록 준비한다. 이 단계에서 작성될 설계 문서에는 각 모듈의 모든 인터페이스 상세사항을 작성한다.

또한 각 모듈의 에러 코드와 메시지, 각 모듈의 입력과 출력, 필요할 경우 모듈에서 사용하는 데이터베이스 테이블의 구조와 요소별 타입과 크기 또한 기술한다. 이 단계에서 각각의 단위 모듈에 대한 단위 테스트를 위한 케이스와 절차가 설계된다.

3 V모델 소프트웨어 테스트 단계

앞에서 이루어진 개발 활동과 소프트웨어 테스트 프로세스는 밀접한 관계가 있다. 일반적으로 테스트 프로세스는 단위 테스트, 통합 테스트, 시스템 테스트, 인수 테스트 순으로 이루어진다. 단위 테스트는 프로그램의 기본 단위인 모듈에 대한 테스트를 의미하며 코딩에 대한 검사가 수행된다. 통합 테스트는 모듈들을 통합하며 설계 오류를 발견하기 위해 이루어진다. 시스템 테스트는 소프트웨어와 다른 시스템 요소들이 조화를 이루어 기능을 만족하는지 점검하는 시험이다. 마지막으로 이루어지는 인수 테스트는 소프트웨어가 고객의 요구사항을 만족하는지 확인하는 작업이며 고객의 참여가 필수적으로 요구된다.

단위 테스트

단위 테스트(unit testing)는 프로그램의 기본 단위인 모듈에 대한 테스트를 의미한다. 상세 설계에서의 모듈에 대한 설계 지침을 기반으로 모듈의 중요한 경로와 경곗값을 테스트해야 한다. V모델 방식의 소프트웨어 개발에서 단위 테스트는 테스트 프로세스의 첫 단계이다. 단위 테스트 시에는 에러를 줄이기 위한 의도로 작성된 코드에 대한 분석을 진행한다. 또한 코드가 효율적으로 작성되었는지, 프로젝트 내에 합의된 코딩 표준을 준수하고 있는지도 검증한다. 이러한 과정은 모듈 내부 구조에 대한 조사를 수행하는 화이트박스 테스트(white-box test)이다.

단위 테스트의 목적은 모듈이 제대로 구현되었는지 테스트하는 것으로 모듈이 어떤 작업을 수행하는지를 나타낸 설계 문서를 근거로 작성된 테스트 케이스를 이용한다. 프로그래머가 자신이 만든 코드를 검사하고 문제가 없다고 판단되면 모듈을 블랙박스로 놓고 외부 관점의 테스트를 수행한다.

단위 테스트는 대부분 비공식적으로 다루어 프로그래머에게 일임하는 경우가 많다. 단위 테스트를 프로젝트의 공식적인 절차로 다룰 경우에는 테스트 계획에 무엇을 테스트하며 어떤 경과를 예상하고 있는지 작성하여 설계자와 프로그래머가 사인한 후 테스트 케이스를 수행한다. 단위 테스트에서 각 모듈에 대해 인터페이스, 지역 자료 구조, 경계 조건, 제어 흐름 및 오류 처리 등 다양한 면을 확인하여야 한다. 예를 들어, 인터페이스에 대한 테스트에서 다음과 같은 점들을 확인하여 오류를 발견할 수 있다.

- 입력변수의 개수가 정확한지 확인한다.
- 입력변수의 타입이 정확한지 확인하다.
- 변수의 단위가 정확하고 호출 모듈과 호출되는 모듈에서 일치하는지 확인한다.
- 입력변수의 순서가 정확한지 확인한다.
- 읽기 전용인 입력변수가 모듈 내부에서 변경되었는지 확인한다.
- 모듈 간 전역변수에 대해 정확히 사용하고 있는지 확인한다.
- 라이브러리 모듈에 대한 호출에서 입력변수가 정확한지 확인한다.
- 파일에 대한 사용방법이 정확한지 확인한다.

또한 지역 자료 구조의 테스트에서 다음과 같은 점들을 확인하여 오류를 발견할 수 있다.

- 부정확하거나 일치하지 않는 타입이 존재하는지 확인한다.
- 변수에 대한 초기화가 부정확하거나 부정확한 디폴트 값을 사용하였는지 확인한다.
- 변수 이름이 부정확하게 타이핑되었거나 컴파일러에 의해 잘리지 않았는지 확인한다.
- 불일치한 데이터 타입을 이용하였는지 확인한다.
- 수식의 계산에서 언더플로 또는 오버플로가 발생하지 않았는지 확인한다.

마지막으로 오류 처리에 대한 테스트에서 다음과 같은 점들을 확인하여 오류를 발견할 수 있다.

- 오류 메시지가 이해하기 쉬운지 확인한다.
- 오류 처리가 오류 클래스와 일치하지 않는지 확인한다.
- 오류 처리 전에 원하지 않는 시스템 개입이 일어나지 않고, 오류 조건이 정상 처리과정에 반영되는지 확인한다.
- 예외 처리가 정확한지 확인한다.
- 오류에 대한 서술이 오류 위치를 찾는 데 필요한 충분한 정보를 제공하는지 확인한다.

단위 테스트에서 모듈은 독립적인 프로그램이 아니기 때문에 드라이버(driver) 모듈 또는 스터브(stub) 모듈을 설계하여야 한다. 드라이버 모듈이란 테스트하려는 모듈을 호출하는 모듈로 이 모듈은 테스트 모듈에 데이터를 보내주고, 결과를 출력(또는 확인)하는 역할을 수행하는 주 모듈(main program)의 역할을 수행한다.

스터브 모듈이란 테스트하려는 모듈이 호출하는 가상 모듈이다. 스터브 모듈은 적은 데이터 처리를 수행하거나 고정된 결과를 돌려준다. 그러나 어떤 모듈에 대한 테스트에서 이런 간단한 스터브 모듈로서는 완전한 테스트를 수행할 수 없다. 예를 들어, 테스트하려는 모듈 A는 모듈 B의 결과에 따라 다른 제어 흐름을 수행한다면 고정된 결과를 돌려주는 스터브 모듈 B는 모듈 A의 제어 흐름을 완전히 테스트할 수 없다. 일반적으로 스터브 모듈에 대한 설계는 드라이버 모듈에 대한 설계보다 어렵다.

드라이버 모듈과 스터브 모듈의 설계에는 많은 인력과 비용이 요구되며 테스트 비용이 많이 든다는 단점이 있다. 따라서 단위 테스트에서 중요한 모듈만 컴퓨터를 사용하여 테스트하는 경우가 많다.

통합 테스트

단위 테스트를 충분히 수행한다 하여도 모든 설계 오류를 발견할 수는 없다. 여러 모듈이 통합되어 완전한 프로그램을 구성하며 모듈 간에 영향을 미친다. 모듈 각각이 완전하게 보여도 이들 모듈을 통합하면 서로 불일치하여 발생하는 오류, 전역변수에 대한 부정확한 사용, 한 모듈에서의 작은 오차가 여러 모듈에서 축적되어 큰 문제를 유발하는 등 여러 가지 오류들이 발생할 수 있다. 결국 모듈들을 통합한 후 프로그램에 대한 테스트를 반드시 수행하여야 하는데 이를 통합 테스트(integration testing)라고 한다.

따라서 통합 테스트 단계에서는 각각의 모듈들을 통합하여, 통합된 컴포넌트 간의 인터페이스와 상호작용상의 오류를 발견하는 작업을 수행하며, 블랙박스 테스트(black-box test)를 통해 확인한다. 이때 기본 설계 단계에서 준비된 테스트 케이스를 사용하여 진행되며, 일반적으로 개발자가 진행한다.

통합 테스트에서 비점진적으로(non-incremental) 프로그램을 통합하여 테스트를 수행하려는 경향이 많다. 비점진적 통합이란 모듈을 한 번에 전부 통합하는 것을 말한다. 비점진적으로 프로그램을 테스트하면 오류를 발견한 후 오류 위치를 확정하기 매우 어렵다. 때문에 통합 테스트에서 우선 일부분 모듈을 통합하여 테스트한 후 또 다른 일부분 모듈을 통합시켜 통합 테스트를 수행하는 점진적 방법으로 모듈을 통합하여 전체 모듈이 모두 통합될 때까지 통합 테스트를 수행하는 것이 바람직하다. 이런 테스트 방법을 점진적(incremental) 통합 테스트라고 한다. 점진적 통합 테스트에서는 하향식 통합 테스트 또는 상향식 통합 테스트 방법을 이용할 수 있다.

하향식 통합은 프로그램 제어 구조에서 상위 모듈부터 통합하는 것을 말한다. 하향식 통합은 깊이우선(depth-first)과 넓이우선(breadth-first) 방법으로 나눌 수 있다. 그림 17-2는 깊이우

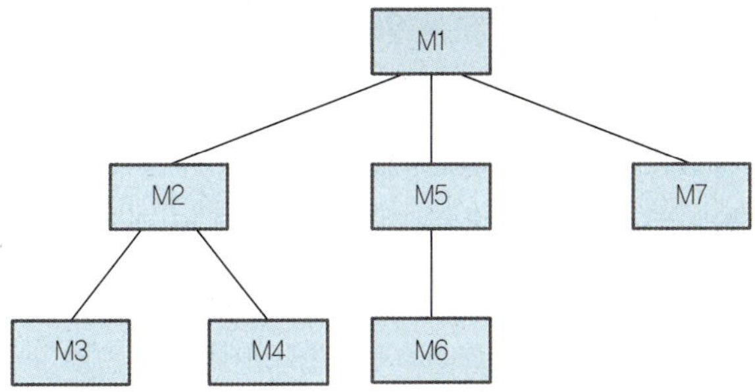

:: 그림 17 – 2 | 깊이우선 통합

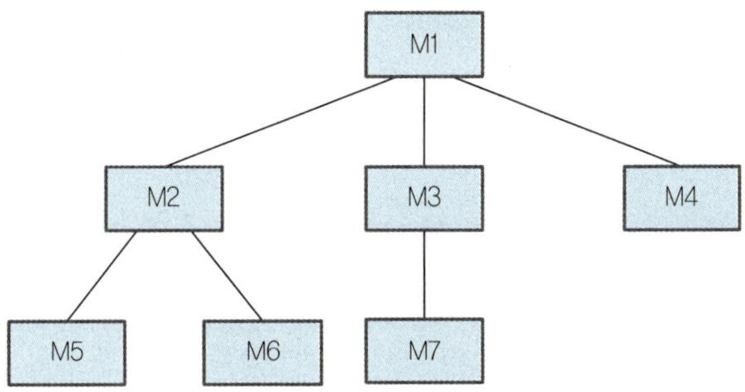

:: 그림 17 – 3 | 넓이우선 통합

선 방법으로 통합되는 모습을 보여주고, 그림 17–3은 넓이우선 방법으로 통합되는 모습을 보여주고 있다. 모듈의 번호는 통합 테스트가 이루어지는 순서를 나타낸다.

깊이우선 통합의 기본 원칙은 한 모듈을 선택한 후 우선 그 모듈의 하위 모듈을 통합하는 것이다. 예를 들어, 그림 17–2에서 주 모듈 M1의 하위 모듈 M2를 선택하여 통합 테스트한 후, 다음 통합될 모듈은 M3 또는 M4 모듈이다. 모듈 M5와 M7은 다음에 통합이 이루어진다. 넓이우선 통합의 기본 원칙은 한 모듈의 바로 아래에 있는 하위 모듈을 전부 통합한 후 그 밑에 있는 모듈들을 통합하는 것이다. 결국 그림 17–2와 그림 17–3에 나타난 두 구조의 모듈 통합 순서는 M1, M2, M3, M4, M5, M6, M7이 될 수 있다.

하향식 통합의 기본 절차는 다음과 같다.

① 주 모듈을 드라이버 모듈로 한다.
② 깊이우선 또는 넓이우선 방법을 이용하여 하나의 하위 모듈을 선택하여 통합하고 테스트한다.
③ 모든 모듈이 통합되어 테스트될 때까지 두 번째 단계를 반복한다.

하향식 통합의 단점은 스터브 모듈을 설계해야 한다는 것이고, 스터브 모듈이 쉽게 설계될 수 없다는 점이다. 또한 스터브를 넣어 테스트하는 경우 스터브는 제한된 기능만을 수행하여 중요한 데이터들을 넣어 실험하지 못하는 한계점을 가지고 있다.

상향식 통합은 하위 모듈로부터 점진적으로 통합하는 것을 말한다. 그림 17-4는 상향식 방법으로 모듈을 통합하는 모습을 보여준다. 그림 17-4에서 M1과 M2 모듈을 먼저 모듈 M3에 통합하여 테스트하고, 다음 M4를 M5에 통합하여 테스트한다. 추후 M3, M5 및 M6을 M7에 통합하여 테스트를 수행한다.

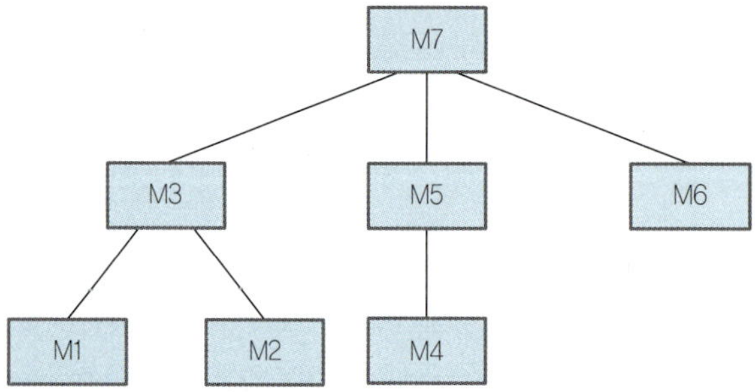

:: 그림 17 – 4 | 상향식 통합

상향식 통합의 기본 절차는 다음과 같다.

① 드라이버 모듈을 설계하여 하위 모듈과 결합시켜 테스트한다. 모듈의 묶음을 클러스터(cluster)라고도 부른다. 예를 들어, 그림 17-4에서 드라이버 모듈을 설계하여 모듈 M1과 M2를 통합하여 테스트한다.

② 드라이버 모듈을 실제 모듈로 대체하고 한층 더 높은 드라이버 모듈을 설계하여 더 큰 클러스터로 통합하여 테스트한다.

③ 전부 모듈이 통합되어 테스트될 때까지 두 번째 단계를 반복한다.

상향식 통합 테스트의 장점은 드라이버 모듈의 설계가 상대적으로 쉬우며 여러 팀이 동시에 테스트를 수행할 수 있다는 점이다. 단점으로는 프로그램 전체의 윤곽을 통합 테스트 최후 단계에서 볼 수 있다는 점이다. 프로그램의 전체적 윤곽을 초기에 볼 수 없으면 고객의 요구사항과 위배되는 '큰' 오류를 일찍 발견할 수 없다.

통합 테스트에서 부분적으로 통합된 시스템에 새로운 모듈을 추가할 때마다 새로 구성된 통합 시스템에는 변화가 발생한다. 즉, 새로 추가된 모듈이 기존 모듈과 상호작용하며 서로 영향을 주게 되고, 기존 테스트에서 발생하지 않았던 오류가 발생할 수 있다. 따라서 기존 테스트를 다시 수행할 필요성이 있다. 이러한 기존 테스트 케이스로 재시험하는 과정을 회귀 테스트(regression test)라 한다. 회귀 테스트의 목적은 시스템에 변화가 발생하였을 경우 변화된 부분이 기존 시스템에 부작용을 일으키지 않는지를 조사하는 것이다.

통합 테스트를 수행하면 테스트 케이스는 늘어나고 회귀 테스트의 부담도 커진다. 실제로 새로운 모듈을 기존 시스템에 첨가할 때마다 기존의 전체 테스트 케이스를 재수행할 수는 없다. 회귀 테스트에서 다음과 같은 면을 고려하여 테스트 케이스를 선정한다.

- 소프트웨어의 전체 기능을 수행할 수 있는 대표적인 테스트 케이스를 재수행한다.
- 새로운 모듈에 의해 영향을 받을 수 있는 기능에 대하여 회귀 테스트를 수행한다.
- 변경된 소프트웨어 구성 요소에 대해 집중적으로 회귀 테스트를 수행한다.

시스템 테스트

소프트웨어는 컴퓨터를 기반으로 하는 시스템 중의 한 요소일 뿐이다. 따라서 소프트웨어와 다른 시스템 요소(예를 들면, 하드웨어, 정보 및 다른 소프트웨어 등)들과 통합하여야 하며, 모든 요소들이 적절히 조화를 이루어 시스템의 기능을 만족하는지 확인하는 시스템 테스트(system testing)를 수행하여야 한다.

시스템 테스트에서는 실제 구현된 시스템과 계획된 사양(specifications)을 서로 비교하는 작업이 수행된다. 시스템 테스트는 모듈이 통합된 후 시작한다. 모든 모듈을 통합한 후에, 시스템 레벨의 오류들이 이 테스트 단계를 통해 발견될 수 있다. 시스템 테스트 작업에서는 시스템의 기능을 시험 확인하고 시스템의 성능이나 기능에 제한이 없는지 확인한다. 시스템 테스트는 개발자와 다른 독립된 테스트 팀에 의해 수행된다.

시스템 테스트는 단위 테스트보다 공식적인 프로세스로 무엇을 테스트하였는지 그리고 어떤 결과가 나왔는지 기록하고 보관할 필요가 있다. 시스템 테스트에서 발견되는 오류는 단지 개발된 소프트웨어의 오류가 아니고 다른 시스템 요소의 오류일 수도 있다. 때문에 시스템 테스트는 소프트웨어 공학의 범위에 속하지 않는다고 볼 수도 있다. 그러나 소프트웨어 공학에서 이용하고 있는 많은 테스트 기법이 시스템 테스트에도 적용될 수 있다. 이 절에서는 시스템 테스트에서 흔히 이용되는 테스트 종류를 간단히 소개하려 한다.

(1) 복구 테스트

많은 컴퓨터를 기반으로 하는 시스템은 복구 기능을 갖추어야 한다. 즉, 고장 발생 시 시스템은 지정된 시간 내에 복구되어야 하며, 경우에 따라서는 결함 허용(fault tolerant) 기능을 이용하여 고장이 발생하여도 시스템이 정상적으로 작동하여야 한다. 복구 테스트(recovery testing)란 여러 가지 방법으로 소프트웨어를 '고장'나게 하여 시스템의 복구 능력을 확인하는 시스템 테스트이다.

(2) 보안 테스트

컴퓨터를 기반으로 하는 시스템은 어느 정도의 보안 기능을 갖추어야 한다. 즉, 역할에 따라 시스템 사용자들은 지정된 기능만 사용할 수 있어야 하며 이를 위해 지정된 정보에만 접근할 수 있도록 하여야 한다. 또한 보안 테스트(security testing)란 시스템의 보안 기능이 시스템에 대한 '불법 침입자'의 침입을 막을 수 있는지 확인하는 시스템 테스트이다.

(3) 스트레스 테스트

스트레스 테스트(stress testing)는 비정상적인 상태에서 소프트웨어의 기능과 성능을 테스트하는 것을 말한다. 예를 들어, 시스템이 정상적으로 처리하는 파일 크기가 1MB라고 할 때 파일 크기가 10MB 또는 100MB인 극한 상황을 만들고 소프트웨어의 기능과 성능을 테스트하여 그 결과를 확인한다.

(4) 성능 테스트

예를 들어, 학생에 대한 정보를 검색하려고 할 때 시스템이 2초 이내에 반응하여야 하나 5초 이상이 걸린다고 하면 사용자의 업무 능력을 감퇴시킨다. 성능 테스트(performance testing)란 시스템이 통합된 상태에서 시스템의 수행 성능에 대한 테스트이다. 성능에 대한 테스트는 초기 단계인 단위 테스트에서부터 시작되지만 진정한 성능 테스트는 모든 시스템의 구성 요소를 통합하고 충분한 데이터를 입력한 후에만 가능하다.

인수 테스트

개발된 소프트웨어가 고객의 요구사항을 만족하는지 조사하는 시험을 확인 테스트(validation testing)라고 한다. 확인 테스트는 개발자, 독립적인 테스터(ITG : Independent Testing Group) 및 사용자가 수행한다. 사용자가 수행하는 확인 테스트를 인수 테스트(acceptance testing)라 한다. 인수 테스트는 개발된 소프트웨어가 사용자의 요구에 만족하는지 검증하는 목적으로 수행되고, 요구사항 분석 단계에서 도출된 시스템의 사양(specification)이나 계약을 만족하는지 확인한다. 이러한 인수 테스트는 시스템 테스트가 완료된 후 시작한다. 인수 테스트의 목적은 사용자에게 소프트웨어가 개발되어 사용될 준비가 되었다는 확신을 주기 위한 것이다. 따라서 테스트 케이스나 시나리오는 비즈니스 트랜잭션의 일부가 되는 것을 선택한다.

인수 테스트는 고객 요구사항 만족 여부를 검증하는 것이기 때문에 고객이 참여하는 것은 기본적이다. 사용자가 수행하는 검증 테스트를 α–테스트와 β–테스트로 나눌 수 있다. α–테스트란 사용자가 개발 환경에 와서 테스트하는 것을 말한다. α-테스트는 개발자의 통제하에서 수행되고, 이때 개발자는 사용자의 어깨너머로 테스트 과정을 지켜보게 된다. 오류는 사용자 또는 개발자에 의해 기록된다. α-테스트를 위한 소프트웨어를 α버전이라 부른다.

α-테스트가 성공적으로 이루어지면 β-테스트가 이루어진다. β-테스트란 개발자 팀이 소프트웨어를 사용자에게 배포하여, 사용자가 자신의 컴퓨터 환경 또는 실제 상황에서 수행하는 테스트를 말한다. β-테스트를 위해 특정 사용자를 선택할 수 있으며, 다수의 사용자가 β-테스트를 수행할 수도 있다. β-테스트의 경우 개발자는 소프트웨어의 설치, 컴퓨터 환경, 사용 순서 및 방법을 직접적으로 제어할 수 없다. 따라서 β-테스트는 사용자가 소프트웨어를 실제 상황에 이용해 보는 최초의 사용 과정이다. β-테스트는 물에 흠뻑 적셔 본다는 뜻에서 담금(soaking)이라는 용어를 사용하기도 한다. β-테스트를 수행하는 동안 개발 팀은 고객에게 소프트웨어를 배포할 준비를 한다. 여러분도 비록 β-테스트 수행자는 아니지만 β버전 소프트웨어를 사용한 경험이 많이 있을 것이다.

4 소프트웨어 테스트 방법 및 테스트 설계 기법

소프트웨어 테스트 방법은 전통적으로 블랙박스 테스트(black-box test)와 화이트박스 테스트(white-box test)로 나뉜다. 블랙박스 테스트는 테스트하고자 하는 소프트웨어의 내부는 고려하지 않고 주어진 입력에 요구되는 결과가 나오는가를 테스트하는 기법인 반면, 화이트박스 테스트는 프로그램의 내부 구조를 참조하여 테스트를 수행하는 것이다. 이들은 테스트 과정에서 서로 상호 보완적인 역할을 수행한다.

블랙박스 테스트

블랙박스 테스트는 프로그램을 블랙박스로 취급하여 내부 구조를 참조하지 않고 주어진 입력에 요구되는 결과가 나오는가를 확인하는 방법이다. 따라서 소프트웨어의 내부 구조나 프로그래밍의 구체적인 지식이 없이 수행하는 것이 가능하다. 다만, 프로그램이 무슨 일을 수행하는가를 나타내는 설계 명세서 또는 요구사항 명세서를 참조하여 이루어질 수 있다. 블랙박스 테스트는 기능(function) 테스트 또는 명세서에 기초한(specification-based) 테스트라 부르기도 한다. 일반적으로 블랙박스 테스트는 프로그램과 외부와의 인터페이스에 대해서 테스트가 이루어진다.

:: 그림 17 – 5 | 블랙박스 테스트

이 테스트는 프로그램의 기능에 대해 초점을 맞추며, 주어진 입력값들의 조합에 의해 요구되는 결과가 나오는가를 점검하는 것이다. 테스트를 수행하는 사람은 테스트 대상의 정확한 입력과 그에 따른 정확한 출력을 인지하고 테스트를 수행한다. 이러한 블랙박스 테스트의 테스트 케이스를 도출하는 방법은 다음과 같이 널리 알려져 있다.

:: 표 17 – 1 | 테스트 케이스 도출 기법

구분	설명
동등 분할 (equivalence partitioning)	테스트 대상의 입출력값을 특정 클래스로 분할한 후 각각의 클래스로부터 대푯값을 추출하여 테스트 케이스를 생성하고 테스트 데이디의 범주를 식별하는 기법
경곗값 분석 (boundary value analysis)	동등 분할 기법을 확장시킨 것으로 분할된 클래스의 경계에 대한 값들까지 검사하는 기법
페어와이즈 조합 (pairwise combination)	입력값 조합의 경우의 수를 줄이기 위해 두 입력값의 조합을 통해 테스트 케이스를 도출하는 기법으로, 모든 경우의 수를 테스트하지 않고 2개 요소의 모든 조합을 확인할 수 있도록 테스트 케이스를 생성
상태 전이 (finite state machine based testing)	상태 전이도를 기반으로 상태 전이 테이블을 도출하고 각각의 전이 시나리오로부터 테스트 케이스를 도출하는 기법
인과 그래프 (cause-effect diagram)	입력 데이터 간 관계가 출력에 영향을 미치는 상황을 체계적으로 분석하여 테스트 케이스를 도출하는 기법
결정 테이블 (decision table)	의사 결정의 여러 조합을 정하는 행위나 결과를 식별함으로써 시스템의 예상되는 행위를 파악하여 테스트 케이스를 도출하는 기법

이 절에서는 블랙박스 테스트를 위해 가장 많이 사용되는 동등 분할 기법과 경곗값 분석 기법을 살펴본다.

(1) 동등 분할

동등 분할(equivalence partitioning)은 블랙박스 테스트 방법으로서 테스트에서 발견할 수 있는 오류 종류에 따라 프로그램의 입력 데이터를 분류하여 테스트 케이스를 설계하는 것이다. 소프트웨어의 설계와 코딩 방법 및 원칙에 따라 같은 입력 조건을 만족하는 데이터는 같은 종류의 오류를 발견할 수 있다고 가정할 수 있다. 예를 들면, 이차방정식 $ax^2+bx+c=0$의 해를 구하는 프로그램의 세 계수는 이 프로그램의 입력 데이터이다. 입력된 계수의 값에 따라 프로그램은 다양한 처리를 하나 많은 입력 데이터는 같은 클래스에 속한다.

세 계수의 값이 a=1, b=2, c=1 또는 a=1, b=−4, c=4이면 방정식이 완전제곱식이라 같은 두 실수해를 갖고 있기 때문에 첫 번째 입력값(a=1, b=2, c=1)이 오류를 발견할 수 있다면 두 번째 입력값(a=1, b=-4, c=4)에서도 역시 같은 오류를 발견할 수 있다. 또한 첫 번째 입력값에서 오류를 발견하지 못하면 두 번째 입력값을 가지고도 역시 아무런 오류를 발견할 수 없다고 가정할 수 있다. 따라서 테스트의 일반적인 관점에서 보면 이런 테스트 데이터는 같은 부류에 속하며 이를 클래스라고 부른다. 프로그램의 입력 조건을 기초로 입력 데이터를 동등 분할하면 각 클래스에서 '대표' 데이터만 테스트 케이스로 선정하여 테스트 비용을 줄일 수 있다.

다음과 같은 지침에 따라 동등 분할을 할 수 있다.

1. 입력 조건이 값의 범위를 지정하면 한 유효 클래스와 두 무효 클래스를 정의한다. 예를 들어, 사람의 나이를 나타내는 Age의 값이 0 이상 120 이하라고 하면 범위를 3가지로 분류하여, 유효 클래스 0 <= Age <= 120, 무효 클래스 Age <0, Age >120으로 분할할 수 있다.

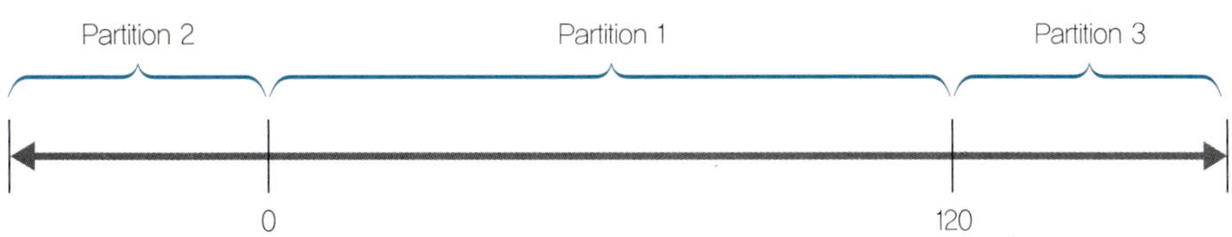

동등 분할 사례 1

2. 입력 조건이 특정치(예를 들어, 값 1)를 요구하면 지침 1의 경우와 마찬가지로 한 유효 클래스와 두 무효 클래스를 정의할 수 있다.

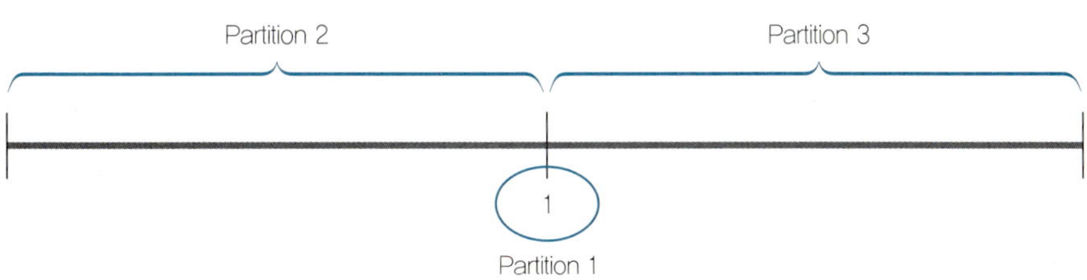

동등 분할 사례 2

3. 입력 조건이 집합의 구성 원소들을 지정하였다면 한 유효 클래스와 한 무효 클래스를 정의할 수 있다. 예를 들어, 연구원의 학위는 {학부, 석사, 박사}라고 한다면 유효 클래스는 {학부, 석사, 박사}이고, 무효 클래스는 이들이 아닌 모든 문자 배열로 구성된다. 이때 학부, 석사, 박사가 서로 다른 실행 결과를 갖는다면 각각은 서로 다른 클래스로 나뉠 수 있다

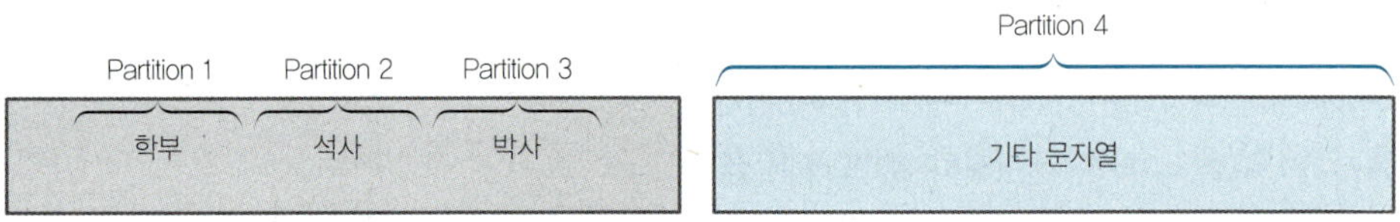

동등 분할 사례 3

4. 입력 조건이 Boolean이면 한 유효 클래스와 한 무효 클래스를 정의한다. 예를 들어, 우편번호가 없는 경우에 대한 처리가 가능하지 않는 경우 우편번호가 있으면 유효 클래스에 속하고, 우편번호가 없으면 무효 클래스에 속한다.

동등 분할 사례 4

예를 들어, 삼각형의 유형을 판정하는 프로그램에 대한 테스트를 살펴보자. 이 프로그램은 삼각형의 세 변의 길이를 입력하여, 이 세 변으로 구성할 수 있는 삼각형의 유형을 판정한다. 즉, 일반 삼각형, 이등변삼각형, 정삼각형이라는 것을 알려준다. 입력값에 따라 이 프로그램은 다양한 동작을 수행한다. 입력 조건에 의해 다음과 같은 클래스를 정의할 수 있다.

- 일반 삼각형을 구성하는 입력
- 이등변삼각형을 구성하는 입력
- 정삼각형을 구성하는 입력

유효 클래스의 정의로부터 다양한 무효 상황을 구분하여 각 상황마다 각각 클래스를 정의하면 프로그램 오류를 쉽게 발견할 가능성이 높다. 예를 들면, 위의 삼각형 판정 프로그램의 테스트에서 다음과 같은 무효 클래스, 즉 삼각형이 불가능(삼각형을 구성할 수 없음)한 경우를 더욱 세분화하여 정의할 수 있다.

- 세 '변'의 값이 다양한 상황, 예를 들면 1, 4, 6. (일반 삼각형인가?)
- 두 '변'의 값이 같은 상황, 예를 들면 2, 2, 6. (이등변삼각형인가?)
- 세 '변'의 값이 같은 상황, 예를 들면 −2, −2, −2. (정삼각형인가?)

(2) 경곗값 분석

프로그램의 설계 및 개발에서 입력 조건의 경곗값 처리에 대하여 실수할 가능성이 높으며, 또한 경곗값 주위의 입력값을 테스트 데이터로 하면 오류를 발견할 가능성이 높아진다. 이런 상황의 테스트 케이스를 설계하기 위하여 경곗값 분석(boundary value analysis)이라는 기법이 제안되었다. 이러한 테스트 케이스 설계 방법의 주요한 아이디어는 입력 조건을 분석하여 경곗값 주위에서 테스트 데이터를 선택하는 것이다.

경곗값 분석 기법은 동등 분할 방법을 보충할 수 있는 테스트 케이스 설계 기법이다. 각 클래스에서 테스트 데이터를 선정할 때 임의로 선택하는 것이 아니라 이 클래스에 속하는 '변두리' 데이터를 선정할 수 있다. 예를 들면, 다음과 같은 경우의 경곗값을 생각해 볼 수 있다.

- 일요일과 월요일의 경계
- 1월과 12월의 새해의 경계
- 30(또는 31)일 월의 경계
- 16비트 정숫값에서 32767과 32768 사이의 경계
- 두 자리 연도로 표기하던 기법에서 2000년 1월 1일로 전환할 때
- 한 개의 문자로만 이루어진 문자열과 최대한의 길이를 가지고 있는 문자열의 길이의 경계
- 배열의 인덱스의 최솟값과 최댓값의 경계

경곗값 분석 기법은 입력 조건을 적용하는 데 이용할 수 있을 뿐만 아니라 출력 조건을 적용하는 데 이용할 수도 있다.

다음과 같은 지침에 따라 경곗값 분석을 수행할 수 있다.

- 입력 조건이 a부터 b까지라는 값의 범위를 지정하면 a, b, a보다 조금 작은 값, a보다 조금 큰 값, b보다 조금 작은 값, b보다 조금 큰 값을 테스트 데이터로 선정한다.
- 입력 조건이 몇 개의 값을 지정하고 있으면 이런 값들의 최솟값, 최댓값, 최솟값 또는 최댓값보다 좀 작거나 큰 값들을 테스트 데이터로 선정한다.
- 지침 1과 2를 출력 조건에 적용하여 테스트 데이터를 설계한다.
- 만약 프로그램의 내부 자료 구조가 경곗값을 지정하고 있다면 경곗값 분석을 사용하여 이런 자료 구조 경계 위치를 테스트할 수 있다. 예를 들면, 프로그램이 한 번에 처리할 수 있는 데이터 개수가 150개를 초과하지 않아야 한다는 조건이 있으면 입력이 149개, 150개 및 151개인 상황을 테스트하여 경계 상황을 처리할 때 발생할 수 있는 오류를 발견할 수 있다.

예를 들어, 동등 분할의 지침 1에 나타난 Age의 경우 0 <= Age <= 120의 값을 갖는다. 경곗값 분석 기법을 통해 테스트 케이스 및 테스트 데이터를 도출하는 경우 다음과 같은 값을 찾을 수 있다.

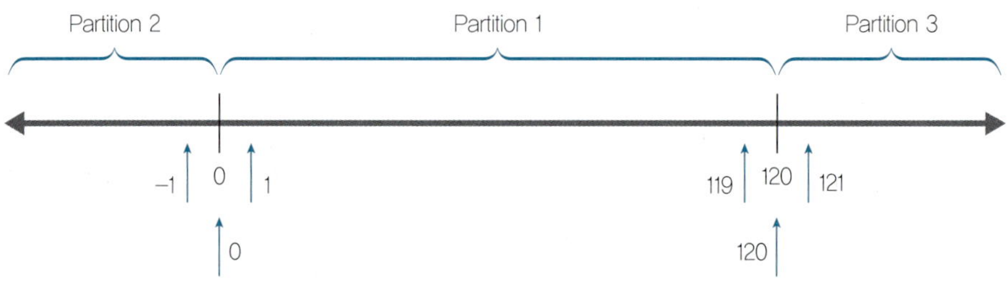

:: 그림 17 – 6 | 경곗값 분석 사례

따라서 정상적인 동작을 유발하는 유효 클래스에서 찾을 수 있는 값인 {0, 1, 119, 120}을 테스트하는 것과 무효 클래스의 {−1, 121}을 테스트하는 것으로 동등 분할 기법의 대푯값을 테스트함과 동시에 주로 오류를 유발하는 경곗값을 모두 테스트할 수 있다.

화이트박스 테스트

화이트박스 테스트 접근방법은 테스트 케이스를 주로 프로그램 로직이나 코드 구조에서 선택한다. 이는 블랙박스 테스트 방법에서 소프트웨어 컴포넌트(또는 서비스, 모듈)의 기능을 중심으로 테스트 케이스를 생성하는 것과 달리 내부 코드의 동작방식에 대한 테스트를 수행한다. 이러한 방법은 기존의 전자 회로의 테스트(in-circuit testing)와 유사하다. 전자 회로를 시험할 때 모든 스위치를 작동시켜 on, off에 의한 기능이 제대로 수행되는지 확인한다. 이 테스트는 프로그램 내부의 구성을 테스트하는 것이며, 프로그램 내부 구조에 대한 조사를 기초로 테스트 계획이 이루어진다. 따라서 이 테스트는 프로그램을 참조하여 이루어지며, 구조(structural) 테스트 또는 코드에 기초한(code-based) 테스트라 불린다.

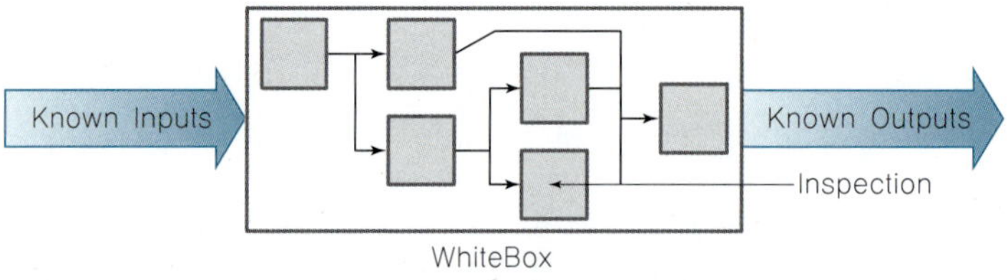

:: 그림 17 – 7 | 화이트박스 테스트

철저한 화이트박스 테스트는 많은 오류를 제거시켜 주나 모든 가능한 모든 테스트 케이스의 생성은 가능하지 않다. 예를 들어, nested 순환 구조를 가진 프로그램에서 각 순환이 입력 조건에 의하여 1~20번 수행되고 내부 순환이 네 개의 if-then-else 실행문을 갖고 있다고 하자. 이 프로그램의 실행 가능한 경로 수는 10^{14}이고 고성능 컴퓨터를 사용하여도 모든 경로에 대한 테스트는 사실상 가능하지 않다. 따라서 화이트박스 테스트를 수행함에 있어 적절한 검증 기준(coverage)을 선정하고 이를 만족할 수 있도록 테스트 케이스를 설계하는 것이 매우 중요하다. 일반적으로 화이트박스 테스트 검증 기준으로 사용되는 방법은 다음과 같다.

:: 표 17-2 | **화이트박스 테스트 검증 기준**

구분	설명
모든 실행문 커버리지 (statement coverage)	프로그램을 구성하는 소스 코드의 모든 실행문이 적어도 한 번씩 수행될 수 있도록 테스트 케이스를 설계
분기/결정 커버리지 (branch/decision coverage)	프로그램 내 결정문의 true/false가 적어도 한 번씩 수행될 수 있도록 테스트 케이스를 설계
조건 커버리지 (condition coverage)	프로그램 내의 결정문을 결정하는 조건의 true/false가 적어도 한 번씩 수행될 수 있도록 테스트 케이스를 설계
변경 조건/결정 검증 기준 (MC/DC: Modified Condition/ Decision Coverage)	분기를 결정하는 각 개별 조건식이 다른 개별 조건식에 영향을 받지 않고 전체 조건식의 결과에 독립적으로 영향을 주도록 조건/결정 검증 기준을 향상시킨 방법
다중 조건 (multiple condition coverage)	프로그램 내의 결정문을 결정하는 조건의 true/false의 모든 조합이 수행될 수 있도록 테스트 케이스를 설계
기본 경로 테스트 (basis path test)	분기/결정 커버리지와 유사한 방법으로 프로그램의 실행 흐름을 기준으로 테스트 케이스를 설계
자료 흐름 테스트 (data flow test)	프로그램 내의 데이터 흐름을 분석하고 데이터 흐름을 중심으로 테스트 케이스를 설계(all-defined, all-used, all defined-used path)

화이트박스 테스트는 각 모듈 안의 동작을 자세히 관찰하는 테스트 방법이다. 블랙박스 테스트만 가지고 프로그램의 모든 오류를 잡아낼 수 있을 것 같은데, 왜 화이트박스 테스트가 필요한가에 대하여 궁금하게 생각할 수 있다. 프로그램의 오류를 걸러내기 위해 화이트박스 테스트가 필요한 이유는 다음과 같다.

- 블랙박스 테스트만 가지고는 프로그램의 모든 실행문이 실제로 실행되는지 알 수 없다. 이는 모듈이 사용하고 있는 모든 변수와 상수, 서브루틴의 실행을 포함한다. 만약 실행되지 않는 코드가 있는 경우 이를 이해하기 어려우며 유지보수하기 힘들다. 또한 프로그램의 완전성에 대해 확신하기 어렵다.
- 블랙박스 테스트만 가지고는 부작용(side effect)을 예측하기 어렵다. 모듈이 실행되어 전

역변수의 값을 변하게 하는 것도 이러한 부작용의 예이다. 이러한 부작용은 일반적으로 모듈의 응집도가 약해 발생할 수 있다.

- 화이트박스 테스트로 프로그램 내에 불필요한 기능이 있는 경우 이를 찾아낼 수 있다.
- 화이트박스 테스트로 프로그램에 오자(type error)가 있는 경우 이를 찾아낼 수 있다. 이러한 오류는 코드 검사에서도 찾아낼 수 있다.

(1) 문장 검증 기준

문장 검증 기준(statement coverage)은 추출된 테스트 케이스들이 테스트하려는 프로그램의 문장을 적어도 한 번씩 실행해 보는 것이다[ROP 94]. 프로그램 내의 모든 문장들을 적어도 한 번씩 방문하여 테스트한다면 100%의 문장 검증 기준을 만족한 것이라 할 수 있다. 이러한 문장 검증 기준을 만족하기 위해서 각 실행 가능한 문장의 실행을 검사하는 것은 코드의 품질과 이해도를 위해 요구된다. 만약 수행이 안 되는 실행문이 있을 경우 제삼자는 이 프로그램을 읽고 이해하기 어렵게 된다. 또한 프로그래머 자신이 만든 프로그램에 대한 확신을 갖기 위해서도 필요하다.

이 문장 검증 기준의 목적은 모든 수행 가능한 문장들이 단 한 번이라도 실행되도록 테스트 케이스를 만들고, 요구되는 결과가 나오는지 검증해 보는 것이다. 이러한 기법을 이용하여 모든 실행문이 수행된 것을 보이기 위해 모든 조건에 대한 수행 결과를 나타낼 수 있도록 입력과 출력 데이터를 제공하여야 한다. 따라서 모든 조건문을 자세히 살펴보고 조건에 대한 테스트를 수행한다. 조건에 필요한 값을 찾아내고, 그 조건이 참이 되었을 때 실행되는 실행문과 조건이 거짓이 되었을 때의 실행문을 조사한다. 예를 들어, 다음과 같은 조건문을 생각해 보자.

```
…
if NUM DIVISIBLE BY 2 then
    print('EVEN NUMBER')
else
    print('ODD NUMBER')
endif
```

이 경우 조건문이 참이 되는 'NUM'의 값을 제공하여 '참' 부분에 대한 시험을 하고, 조건문이 '거짓'이 되는 'NUM'의 값을 제공하여 거짓 부분에 대한 테스트 케이스를 만들어야 한다. 각 조건에 대한 입력과 그 결과를 나타내기 위해 테이블을 사용하는 것이 바람직하다. 예를 들어, 앞의 조건문에 대한 테이블은 그림 17-8과 같고, 실제 테스트 결과 모든 문장이 적어도 한 번씩 수행됨을 확인할 수 있다.

입력 NUM	기대 결과
2	'EVEN NUMBER'
3	'ODD NUMBER'

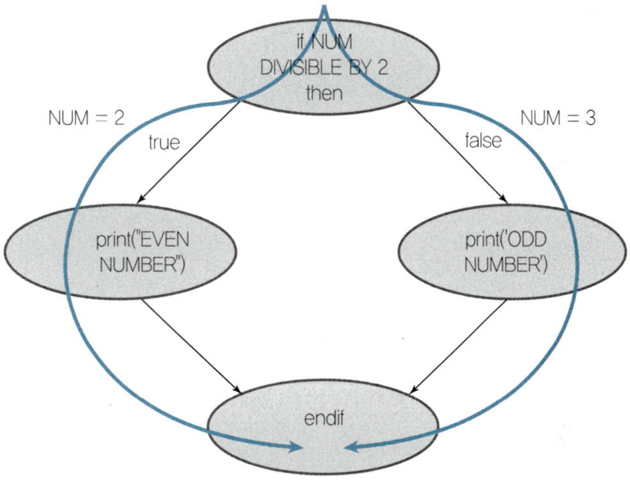

:: 그림 17-8 | 문장 검증 기준 사례

(2) 분기 검증 기준

분기 검증 기준(branch coverage)이란 작성된 테스트 케이스의 집합에 의해 프로그램의 모든 분기 조건을 점검할 수 있는 것을 말한다. 적어도 한 번씩 프로그램 내의 모든 분기 조건을 테스트한다면 100%의 해당 테스트를 수행한 것이다. 예를 들어, 다음과 같은 프로그램을 생각해 보자.

```
…
if (x 〉3 and y = 2) then
   z := 1;
endif;
if (x = 4 or z 〉3) then
   z := z + 1;
endif;
```

앞서 설명한 문장 검증 기준에 따른 테스트는 가장 기본적인 요구이지만 조건문에 대한 검사는 매우 미약하다. 예를 들어, (x=4, y=2, z=3)이라는 테스트 케이스는 다음 프로그램에 대한 모든 실행문에 대한 조사를 만족한다.

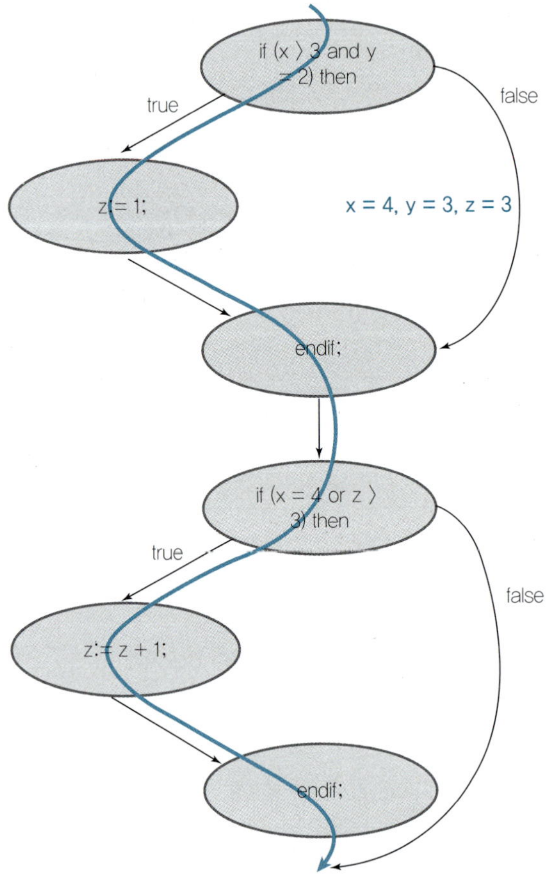

:: 그림 17 – 9 | 분기 검증 기준 사례 1

그러나 만약 처음 조건문이 (x 〉3 or y = 2)와 같이 잘못 프로그램되어 있어도 위의 모든 실행문에 대한 조사를 만족시키는 테스트 케이스는 이러한 오류를 발견하지 못한다. 따라서 문장 검증 기준보다 강력한 테스트 수행이 요구된다.

문장 검증 기준에 대한 이런 단점을 해결하기 위하여 분기 검증 기준(branch testing)을 이용할 수 있다. 분기 검증 기준이란 충분한 테스트 케이스를 설계하여 프로그램의 모든 조건을 만족하는 상황과 만족하지 않는 상황을 검증하는 것이다. 예를 들어, 위의 프로그램에서 조건 (x 〉3 and y = 2)가 참인 상황 및 거짓인 상황, (x = 4 or z 〉3)이 참인 상황 및 거짓인 상황을 검증하여야 한다. 다음 테스트 케이스를 보여주는 테이블은 분기 검증 기준을 만족한다. 즉, 두 조건문의 조건이 참인 상황 및 거짓인 상황을 모두 테스트할 수 있다. 따라서 첫 번째 조건이 (x 〉3 or y = 2)로 잘못 프로그램되어 있는 경우 이런 오류를 발견할 수 있다. 즉, 다음의 시험 사례를 적용한 두 번째 입력값의 결과가 z는 2가 될 것이며, 이는 기대 결과와 맞지 않는다.

입력			기대 결과
x	y	z	
5	2	3	z = 1
4	3	3	z = 4

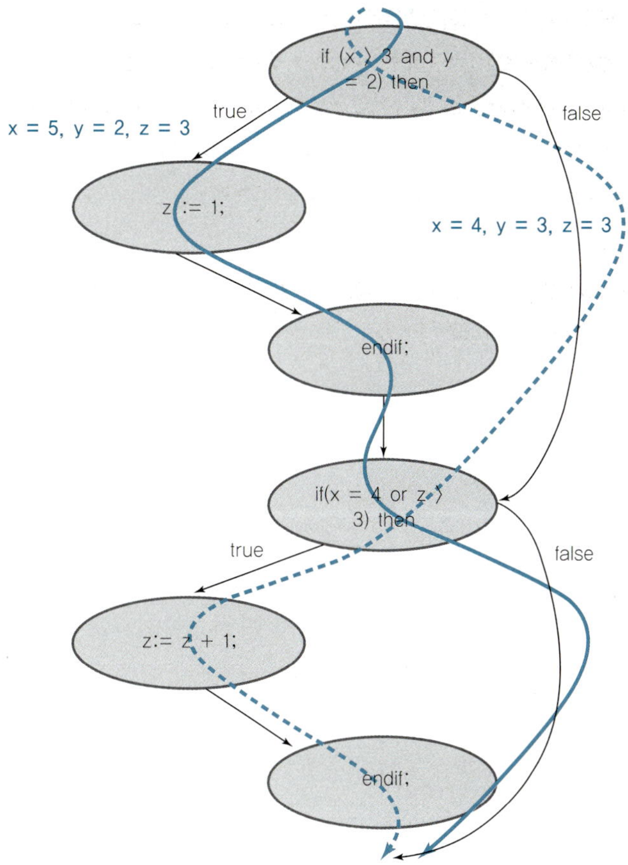

:: 그림 17 – 10 | 분기 검증 기준 사례 2

분기 검증 기준은 모든 조건이 참인 경우와 거짓인 경우만을 조사하기 때문에 프로그램의 모든 실행문을 수행하여야 한다는 조건을 만족시킨다. 따라서 분기 검증 기준 조건을 만족한다면 문장 검증 기준에 대한 수행 요구도 만족한다. 문장 검증 기준은 모든 실행문 수행에 대한 조사보다 우월하지만 단점도 있다. 예를 들어, 위의 테스트 케이스는 두 번째 조건에서 z 〉3이라는 것을 시험하지 않았다. 즉, 식 z 〉3에 오류가 있다 하여도 이를 발견할 수 없다는 한계점이 있다.

(3) 조건 검증 기준

조건 검증 기준(condition coverage)이란 충분한 테스트 케이스를 설계하여 조건문의 모든 조건식을 만족하는 경우와 만족하지 않는 경우를 테스트하는 것이다. 분기 검증 기준은 조건문을 만족하는 경우와 만족하지 않는 경우로 나누어 테스트를 수행하나 조건 검증 기준은 조건문의 조건식을 구체적으로 세분화하여 테스트를 수행한다. 예를 들어, 앞의 프로그램에서 네 개의 조건식을 만족하는 경우와 만족하지 않는 경우를 테스트하여야 한다. 즉, 다음 경우들을 모두 검사하여야 한다.

(1) x 〉3, x 〈= 3
(2) y = 2, y 〈 〉2
(3) x = 4, x 〈 〉4
(4) z 〉3, z 〈= 3

다음 테이블에서 설계된 테스트 케이스는 조건 검증 기준에 대한 요구를 만족한다.

입력			기대 결과
x	y	z	
4	2	3	z = 1
5	3	3	z = 3

조건 검증 기준은 많은 경우에 분기점 조사에 대한 요구를 만족한다. 예를 들어, 위의 처음 테스트 케이스를 이용하면 (x 〉3 and y = 2)와 (x = 4 or z 〉3)이 모두 참이고, 두 번째 테스트 케이스를 이용하면 (x 〉3 and y = 2)와 (x = 4 or z 〉3)이 모두 거짓이다. 그러나 만약 다음과 같은 테스트 케이스를 설계하였다 하면 조건 조사는 만족되지만 분기점 조사는 만족되지 않는다.

입력			기대 결과
x	y	z	
5	2	3	z = 1
5	3	3	z = 3

즉, 처음 테스트 케이스를 이용하면 (x 〉3 and y = 2)와 (x = 4 or z 〉3)이 참이고, 두 번째 시험 사례를 이용하면 (x 〉3 and y = 2)가 거짓이고 (x = 4 or z 〉3)은 참이다. 이런 시험에서 (x = 4 or z 〉3)이 거짓이 되는 경우를 검사하지 않고 있다.

(4) 조건/결정 검증 기준

조건/결정 검증 기준(condition/decision coverage)은 전체 조건식의 결과가 참 한 번, 거짓 한 번을 갖도록 각 개별 조건식을 조합하여 테스트 케이스를 설계하는 방법이다. 이때 각 개별 조건식도 참 한 번, 거짓 한 번을 모두 갖도록 개별 조건식을 조합하는 것으로 결정 검증 기준과 조건 검증 기준을 포함하는 검증 기준이다. 이는 분기 검증 기준의 장점과 조건 검증 기준의 장점을 결합하여 분기점과 조건 복합 조사라고 불리는 테스트 케이스를 설계할 수 있다. 분기점과 조건 복합 조사란 충분한 테스트 케이스를 설계하여 분기 검증 기준과 조건 검증 기준 요구를 모두 만족시키는 테스트 케이스 생성 방법이다.

(5) 다중 조건 검증 기준

다중 조건 검증 기준(multiple condition coverage)은 분기의 결정 포인트 내에 있는 모든 개별 조건식의 모든 가능한 논리적인 조합을 고려한 가장 강력한 검증 기준을 의미한다. 그러나 모든 개별 조건식의 모든 조합의 경우의 수를 고려한 방법이므로 테스트 케이스 양이 매우 방대해져 출시 전에 반드시 100% 결함을 제거해야 하는 제품 테스트에 주로 사용된다. 결정 포인트와 이를 구성하고 있는 모든 개별 조건식에서 발생할 수 있는 결함을 찾기 위해서는 최소한 전체 조건식의 값이 참과 거짓을 모두 한 번씩 가지며, 결정 포인트를 구성하고 있는 모든 각 개별 조건식이 참과 거짓 값을 모두 한 번씩 갖는 것은 물론, 각 개별 조건식은 결정 포인트의 결괏값에 독립적인 영향을 주도록 조합을 구성해야 한다. 예를 들어, 다음과 같은 문장을 생각해 보자.

$$D = (A<B) \text{ OR } (A>C)$$

위의 식은 $A<B$와 $A>C$ 두 가지 단순 조건으로 구성되며, 단순 조건의 가능한 조합은 다음의 표와 같이 총 4가지로 나타난다.

입력		기대 결과
$A<B$	$A>C$	
TRUE	TRUE	D=TRUE
TRUE	FALSE	D=TRUE
FALSE	TRUE	D=TRUE
FALSE	FALSE	D=FALSE

이때 위의 모든 조합을 테스트하기 위한 테스트 케이스는 다음과 같이 도출할 수 있다.

입력			기대 결과
A	B	C	
2	3	1	D=TRUE
2	1	3	D=TRUE
2	3	5	D=TRUE
2	1	5	D=FALSE

(6) 변경 조건/결정 검증 기준

변경 조건/결정 검증 기준(MC : Modified Condition/DC : Decision Coverage)은 각 개별 조건식이 다른 개별 조건식에 영향을 받지 않고 전체 조건식의 결과에 독립적으로 영향을 주도록 함으로써 조건/결정 검증 기준을 향상시킨 것으로 결정 검증 기준, 조건/결정 검증 기준보다 강력하다. 반면, 다중 조건 검증 기준보다는 커버하는 테스트의 범위는 좁지만 그 효과가 좋기 때문에 현재 많은 분야에서 널리 사용되고 있다. 변경 조건/결정 검증 기준의 결정 테이블을 만들기 위해 접근하는 방법은 아래와 같다.

- 프로그램에 있는 모든 결정 포인트 내의 전체 조건식은 적어도 한 번 모든 가능한 결괏값(참, 거짓)을 취한다.
- 프로그램에 있는 결정 포인트 내의 모든 개별 조건식은 적어도 한 번 모든 가능한 결괏값(참, 거짓)을 취한다.
- 결정 포인트에 있는 각각의 개별 조건식은 다른 개별 조건식에 영향을 받지 않고 그 결정 포인트의 결괏값에 독립적으로 영향을 준다.

예를 들어, 제어문에 다음과 같은 조건식이 기술되어 있다고 생각하자.

```
if(A OR B) then ...
```

위 조건문에서 개별 조건식으로 제시된 것은 A와 B의 값이다. 위의 지침에 따라 각각의 개별 조건식이 참과 거짓이 적어도 한 번씩 테스트될 수 있고, 결정 포인트의 결괏값이 참과 거짓이 적어도 한 번씩 테스트될 수 있도록 테스트 케이스를 선정한다.

입력		기대 결과
A	B	
1	0	TRUE
0	1	TRUE
0	0	FALSE

또 다른 예로 다음과 같은 조건문을 생각해 보자.

```
if(A AND B AND C) then ...
```

이 경우도 마찬가지로 각 개별 조건식의 참과 거짓 값이 적어도 한번, 그리고 전체 조건식의 값이 참과 거짓이 적어도 한 번씩 나타날 수 있도록 테스트 케이스를 정의한다.

입력			기대 결과
A	B	C	
1	1	1	TRUE
0	1	1	FALSE
1	0	1	FALSE
1	1	0	FALSE

이와 같이 변경 조건/결정 검증 기준은 조건 검증 기준과 분기 결정 기준에서 나타날 수 있는 문제를 모두 해결할 수 있으며, 다중 조건 검증 기준에 비해 적은 수의 테스트 케이스를 이용해 테스트할 수 있다. 일반적으로 다중 조건 검증 기준의 경우 내부 조건의 개수에 따라 2^n개의 테스트 케이스를 요구하지만 변경 조건/결정 검증 기준의 경우 n+1개의 테스트 케이스를 요구한다.

(7) 검증 기준 사이의 관계 및 테스트 설계 방법

앞서 설명한 다양한 검증 기준은 다음과 같은 커버리지를 갖는다. 문장 검증 기준은 가장 최소한의 테스트를 지원하며, 다중 조건 검증 기준은 가장 넓은 범위의 테스트 수행을 가능하게 한다. 따라서 엄격한 테스트 수행이 필요한 소프트웨어일수록 보다 넓은 범위의 테스트 수행이 필요하다. 그러나 최근 항공 분야의 DO-178B나 자동차 분야의 ISO/DIS 26262와 같은 안전 우선(safety-critical) 소프트웨어 분야에서 변경 조건/결정 검증 기준을 만족할 수 있도록 테스트하는 것을 권고하고 있다.

그리고 이러한 검증 기준을 만족하도록 테스트 케이스를 작성하기 위해서는 다음과 같은 절차를 따른다.

- 흐름도를 작성하기 위한 소스 코드 분석
- 흐름도로부터 테스트할 적용 범위에 대해 테스트 경로 계획
- 각 경로에 대해 테스트 조건들 평가
- 각 조건들에 대한 입력값과 출력값 예상

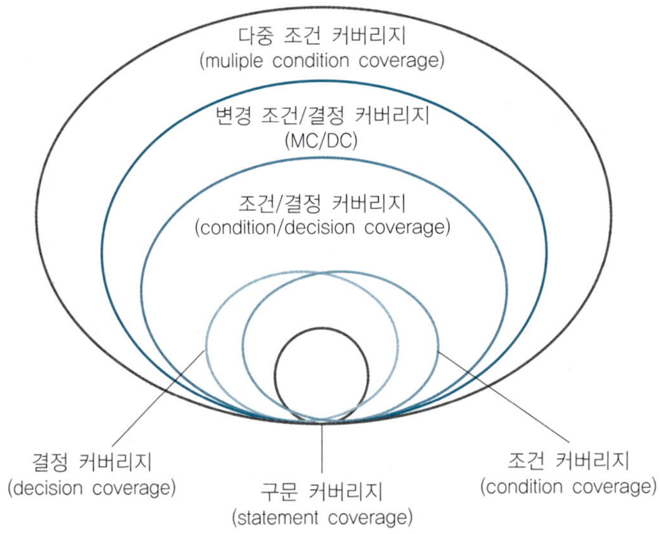

:: 그림 17 – 11 | **검증 기준 사이의 관계**

5 소프트웨어 테스트 프로세스

앞서 설명한 개발 각 단계에서의 테스트에 대해 어떻게 수행할 것인지 계획을 세우고, 이를 문서화하는 노력이 요구된다. 테스트 프로세스는 테스트의 목표를 수립하는 계획 단계, 결함을 검출하기 위해 효과적인 테스트 데이터를 준비하는 테스트 설계 단계, 소프트웨어에 입력하여 결과를 얻어내는 테스트 실행 단계, 테스트에서 얻어진 결과를 분석하고 기록하는 평가 단계 등 총 4가지 프로세스로 구성된다. 그림 17–12는 소프트웨어 테스트 프로세스를 도식화한 것이다.

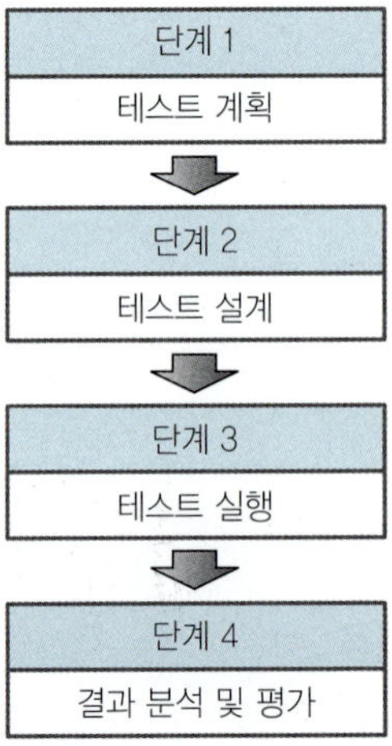

:: 그림 17 – 12 | **소프트웨어 테스트 프로세스**

이 절에서는 소프트웨어 테스트 프로세스의 각 단계에 대한 설명과 각 단계에서 요구되는 산출물에 대해 설명한다.

테스트 계획

테스트 계획(test plan)은 프로젝트 계획서, 요구사항 명세서를 바탕으로 테스트의 목표를 수립하고, 테스트 대상 및 범위를 선정하는 활동이다. 효율적인 테스트를 위한 전략, 일정 등을 포함한 테스트 계획서를 작성한다. 테스트 활동 전체에 대한 최상위 테스트 계획서(master test plan)는 프로젝트의 개발 생명주기 내에서 각 단계별로 적절한 테스트 활동을 통해 오류 검출 및 추적을 할 수 있도록 계획을 세우는 전체적인 테스트 지침 문서이다. 최상위 테스트 계획서를 작성하는 목적은 포괄적인 테스트 계획과 여러 테스트 단계를 관리하기 위해서이다. 이 문서를 통해 각각의 테스트 단계에 이루고자 하는 목적과 테스트를 수행하는 데 소요되는 노력(시간과 자원)을 정의하며, 각 단계 간의 연관성을 밝힌다. 또한 품질 보증 계획에 따라 각 단계에서 충족해야 할 목표를 제시한다.

각 테스트 단계별(예를 들어, 단위 테스트, 통합 테스트, 시스템 테스트, 인수 테스트)로 테스트를 수행할 범위, 접근방법, 소요되는 자원과 테스트 활동의 일정을 기술한 문서를 단계별 테스트 계획서(level test plan) 또는 테스트 계획서라 한다. 테스트 계획서는 테스트와 관계된 활동들에 대한 일정, 자원, 범위, 접근방법 등을 기술한다. 또한 테스트할 항목, 기능, 테스트의 임무 등을 규명하며, 임무를 수행할 사람들을 지정하고 테스트 계획서가 가질 수 있는 문제점을 기술한다.

테스트 계획서 양식[IEEE 829]과 인터넷 쇼핑몰을 예로 작성한 인수 테스트 계획서가 부록에 첨부되어 있다.

테스트 설계

테스트에 사용할 특정한 입력값을 테스트 케이스라 부른다. 테스트에 필요한 최적의 입력값을 찾아내는 것을 테스트 케이스 설계 또는 간단히 테스트 설계(test design)라고 한다. 훌륭한 테스트 설계는 적은 수의 테스트 케이스를 사용하여 오류를 검출할 확률이 높도록 구성하는 것이다. 물론 테스트를 제대로 수행하기 위해 명세서가 반드시 있어야 하고, 의도한 내용이 명세서에 빠짐없이 반영되어야 하며, 개발자가 명세서 내용을 정확히 코드에 반영할 수 있어야 한다[권용래 2010].

각 테스트 단계별로 이루어지는 테스트 케이스 설계는 우선 어떤 테스트 기법을 선정하여 시험할 입력값을 얻을지 정하고, 이를 바탕으로 테스트할 입력값(테스트 케이스)을 도출하고,

테스트 절차 및 환경을 구축한다.

테스트 설계 단계의 주요 산출물인 IEEE Standard for Software Test Documentation(IEEE std 829-1998)에서 권고하는 테스트 설계서(Test Design Specification), 테스트 케이스 명세서(Test Case Specification), 테스트 절차서(Test Procedure Specification)를 작성한다.

(1) 테스트 설계서

테스트 설계서는 테스트를 수행하기 위한 접근방법, 테스트 케이스 설계 기법을 정의하기 위해 작성한다. 예를 들어, 블랙박스 테스트에 적용 가능한 동등 분할, 경곗값 분석, 상태 전이, 인과 그래프 등의 기법 중에서 테스트 목적에 최대한 부합하는 기법을 선택하고 그 이유를 밝힌다. 또한 이 설계 문서에 따라 테스트될 기능과 관련된 다른 테스트를 정의한다. 테스트 설계서는 설계 문서 식별자, 테스트 대상 특성, 세부 접근방법, 테스트 식별 및 특성의 성공/실패 기준의 5개 항목으로 목차를 구성하고, 이 항목들을 순서대로 나열하도록 규정하고 있다.

테스트 설계서 양식과 인터넷 쇼핑몰을 예로 작성한 인수 테스트 설계서가 부록에 첨부되어 있다.

(2) 테스트 케이스 명세서

테스트 케이스 명세서는 테스트 설계서에서 정의된 테스트 설계 기법을 이용하여 테스트 케이스를 도출하여 정의하는 문서이며, 테스트를 수행할 때 사용할 테스트 대상 시스템으로의 입력과 시스템으로부터의 출력을 정의한다. 테스트 케이스 명세서는 테스트 설계서에 기술된 테스트 케이스의 조건에 대한 상세 케이스를 명시하는 데 목적이 있다.

테스트 케이스 명세서 양식과 인터넷 쇼핑몰을 예로 작성한 인수 테스트 케이스 명세서가 부록에 첨부되어 있다.

(3) 테스트 절차서

테스트 절차서는 테스트 케이스를 수행하는 절차에 대해 기술한다. 테스트 케이스를 사용하여 테스트를 진행할 때 따라야 할 절차를 기술하며, 테스트를 수행할 때 필요한 시스템의 기능을 실행하기 위해 알아야 할 사항을 포함한다.

테스트 절차서 양식과 인터넷 쇼핑몰을 예로 작성한 인수 테스트 절차서가 부록에 첨부되어 있다. 이는 IEEE 829에서 정의한 테스트 절차서의 구성과 인터넷 쇼핑몰 인수 테스트의 절차를 예로 작성한 것이다.

테스트 실행

테스트 실행(test execution) 단계는 테스트 계획 단계에서의 계획서와 테스트 설계 단계에서의 테스트 케이스 설계서, 테스트 절차서를 기반으로 구현된 소프트웨어를 구동시켜 테스트를 실시하는 단계이다. 이 단계에서는 실제 테스트를 수행하고 그 결과를 기록한 테스트 상황 기록 문서를 생성한다.

테스트 상황 기록

테스트를 수행하며 발생하는 사항을 시간대별로 기록한다. 자동화된 도구를 사용해 작성된 로그를 활용하기도 한다.

테스트 상황 기록 양식과 인터넷 쇼핑몰을 예로 작성한 인수 테스트 상황 기록이 부록에 첨부되어 있다.

테스트 결과 분석 및 평가

테스트 활동의 결과와 얻어진 출력값을 분석하여 테스트 성공 여부에 대하여 평가하고 권고사항을 작성하는 등 테스트 결과 분석 및 평가(test result analysis and evaluation)를 한다. 프로젝트에서 정의한 각각의 테스트 단계에 대한 테스트 보고서를 작성해야 한다(예를 들어 단위 테스트 보고서, 인수 테스트 보고서). 테스트 보고서에는 다음과 같은 내용이 포함된다.

(1) 테스트 사건 보고서

테스트 절차를 수행하는 동안 발생한 사건 중에서, 더 조사할 필요가 있는 사건을 기록한다. 이상 상황이 발생한 날짜와 시각, 이상 상황에 대한 설명과 영향, 그리고 얼마나 긴급하게 처리해야 하는지 평가한 내용을 포함한다.

테스트 사건 보고서 양식과 인터넷 쇼핑몰을 예로 작성한 인수 테스트 사건 보고서가 부록에 첨부되어 있다.

(2) 테스트 요약 보고서

테스트 활동을 수행한 결과를 요약한다. 또한 결과에 따른 평가와 권고사항을 기록하기도 한다. 테스트 수행 결과와 테스트 계획에 따르지 않은 부분에 대한 설명, 테스트 결과를 측정하는 데 사용된 방법과 그 결과를 기술한다.

테스트 요약 보고서 양식과 인터넷 쇼핑몰을 예로 작성한 인수 테스트 요약 보고서가 부록에 첨부되어 있다.

6 테스트 종료

소프트웨어 테스트를 수행하는 과정에서 '완벽한' 테스트란 있을 수 없다. 프로그램이 갖는 모든 조건에 대해 테스트하는 것이 불가능하다는 것과 소프트웨어에 내재되어 있는 모든 오류를 발견하기 어렵다는 사실은 이미 잘 알려져 있다. 그렇다면 소프트웨어 테스트의 완료 기준은 무엇일까? 언제까지, 그리고 어디까지 테스트를 수행하는 것이 옳은지에 대해서 많은 고민을 해야 한다. 일반적으로 소프트웨어의 테스트 완료 기준은 다음과 같은 관점에서 검토하고 설정할 필요가 있다.

(1) 테스트 기간에 따른 기준

소프트웨어를 개발/테스트하는 데에 있어 언제나 기간과 예산은 한정적이다. 테스트의 종료 기준을 설정하는 데 있어 가장 손쉬운 방법은 일정 기간이 종료된 이후에 테스트를 종료하는 것이다. 주어진 기간 동안 최대한 많은 오류를 발견하여 수정하고, 종료일 이후에는 더 이상 테스트를 수행하지 않는다. 그러나 주어진 시간 내에 오류를 발견하지 못할 경우 또는 충분한 테스트가 수행되지 않을 경우 배포 이후 심각한 문제를 일으킬 수 있다.

(2) 테스트 작업량에 의한 기준

소프트웨어 테스트에 필요한 작업량을 설정하고 이를 초과할 경우 테스트를 종료하는 방법이다. 이는 단순히 일정 시간 동안 테스트하는 것이 아니고 실제 작업량에 기초하여 종료 기준을 설정하는 방법이다. 예를 들어, 테스트 케이스별 작업량을 설정하고, 모든 테스트 케이스에 대한 테스트가 완료될 경우 종료하는 방법이다. 그러나 이 경우 오류가 있건 없건 작업이 종료되는 기준이 되기 때문에 많은 오류를 포함할 수 있다.

(3) 발견되는 오류가 감소하는 데 따른 기준

특정 소프트웨어에 대해 지속적으로 테스트를 수행하다 보면 발견되는 오류의 수는 점차 줄어갈 것이다. 이 종료 기준은 발견되는 특정 기간 동안 발견되는 오류의 추이를 분석하여 그 수가 설정된 범위보다 작아질 경우 테스트를 종료하는 방법이다.

(4) 테스트 케이스의 수에 의한 기준

이 기준은 테스트 준비 및 설계 단계에서 설정된 테스트 항목 수, 테스트 케이스에 대한 테스트를 수행하고 오류가 없을 때 종료하는 방법이다. 일반적으로 블랙박스 테스트 기법을 적용할 때 많이 이용하는 종료 기준이다. 설계된 테스트 케이스에 대해 모두 테스트를 수행하고 오류가 없음을 확인했을 때 테스트가 종료되기 때문에 예측 가능한 오류를 모두 수정했다고 생각할 수 있다.

(5) 테스트 커버리지에 의한 기준

테스트 커버리지(test coverage)란 테스트가 수행된 정도를 나타내는 것이다. 앞서 설명한 화이트박스 테스트 케이스 생성 방법이다. 테스트 커버리지로 종결 기준을 설정할 경우 특정 테스트 커버리지 값을 예측하고, 그 기준치를 초과한 경우 테스트를 종료한다. 예를 들어, 문장 검증 기준으로 테스트 케이스를 설계하고, 커버리지 값을 80%로 설정한 경우 80% 이상의 소스 코드 문장에 대해 테스트가 완료된 경우 테스트를 종료한다.

소프트웨어 테스트 종결 기준은 위에서 설명한 다섯 가지 이외에도 여러 가지로 설정할 수 있다. 그러나 다양한 이해당사자들이 오류가 없을 것이라 생각할 수 있도록 충분히 테스트되었음을 보장할 수 있어야 할 것이다. 따라서 충분히 테스트되었다는 것을 정량적으로 설명할 수 있는 테스트 케이스 수 또는 테스트 커버리지에 의한 기준으로 종료 기준을 설정하는 것이 바람직할 것이다.

요 약 SOFTWARE ENGINEERING

테스트는 소프트웨어에 숨겨 있는 오류를 발견하는 과정이며, 소프트웨어의 품질을 보증할 수 있는 최후의 보루이다. 소프트웨어 개발은 공학적으로 단계를 두어 개발되며, 각 단계마다 오류를 범할 수 있고, 오류 성질 및 종류도 서로 다르다. 이런 오류를 충분히 발견하고 수정하기 위하여 테스트 역시 단계적으로 수행하여야 한다.

소프트웨어 테스트는 개발 프로세스에 맞추어 다각도에서 이루어져야 한다. 그러나 각 단계에서의 테스트는 주어진 테스트 프로세스에 맞추어 실시되어야 하며, 각 단계에서 충분히 문서화되어야 한다. 이러한 테스트 프로세스는 테스트의 준비, 설계, 실행, 결과 분석의 4단계로 이루어진다.

소프트웨어 테스트에서 가장 중요한 것은 테스트 케이스를 얼마나 잘 생성할 수 있느냐 하는 것이다. 테스트 케이스는 소프트웨어의 오류를 찾아낼 수 있는 경우를 따지고, 이를 얼마나 효과적으로 찾아낼 수 있는지 고려하여 작성되어야 한다. 일반적으로 블랙박스 테스트의 경우 동등 분할 기법과 경곗값 분석 기법을 통해 테스트 케이스를 생성한다. 화이트박스 테스트의 경우 내부 구조와 논리 구조에 따라 문장 결정 기준, 분기 결정 기준, 조건 결정 기준 등의 기준에 따라 테스트 케이스를 생성한다.

참고 문헌

[ISTQB 2005] "International Software Testing Qualifications Board", Certified Tester Foundation Level Syllabus, 2005.

[Gelperin 88] Gelperin, D. & B. Hetzel. "The Growth of Software Testing", 《CACM》 31 (6). ISSN 0001-0782, 1988.

[Myers 79] Myers. & Glenford J., *The Art of Software Testing*. John Wiley and Sons, 1979.

[IEEESA-729] "IEEE Standard Glossary of Software Engineering Terminology"

[Kevi 91] Kevin Forsberg & Harold Mooz, "The Relationship of System Engineering to the Project Cycle," in Proceedings of the First Annual Symposium of National Council on System Engineering, October 1991: 57-65.

[IEEE 829] "IEEE Standard for Software Test Documentation"(IEEE std 829-1998).

[권용래 2010] 권용래, 『소프트웨어 테스팅』, 생능출판사, 2010.

연습문제

객관식 문제

01 단계별 소프트웨어 테스트 진행 순서로 옳은 것은?

① 통합 테스트 → 단위 테스트 → 시스템 테스트
② 인수 테스트 → 시스템 테스트 → 단위 테스트
③ 단위 테스트 → 통합 테스트 → 시스템 테스트
④ 단위 테스트 → 인수 테스트 → 통합 테스트

02 소프트웨어 개발의 마지막 단계에서 인수 테스트를 수행하여 고객 요구사항 만족 여부를 검증하는 시험이다. 사용자가 개발 환경에 와서 테스트하는 인수 시험은?

① 회귀 시험(regression testing)
② 회복 시험(recovery testing)
③ 스트레스 시험(stress testing)
④ 알파 시험(alpha testing)

03 통합 테스트에서 부분적으로 통합된 시스템에 새로운 모듈을 추가할 때마다 새로 구성된 통합 시스템에는 변화가 발생한다. 즉, 새로 추가된 모듈이 기존 테스트에서 발생하지 않았던 오류가 발생할 수 있어 다시 수행하는 재시험 과정은?

① 회귀 시험(regression testing)
② 회복 시험(recovery testing)
③ 스트레스 시험(stress testing)
④ 알파 시험(alpha testing)

04 다음 중 검증 시험(validation test)과 거리가 먼 것은?

① 알파(alpha) 테스트
② 베타(beta) 테스트
③ 블랙박스(black-box) 테스트
④ 화이트박스(white-box) 테스트

05 블랙박스 테스트를 이용하여 발견할 수 있는 오류의 경우와 거리가 먼 것은?

① 비정상적인 자료를 입력해도 오류 처리를 수행하지 않는 경우
② 정상적인 입력에 원하는 결과가 나오지 않는 경우
③ 반복 조건을 만족하는데도 루프 내의 문장이 수행되지 않는 경우
④ 경곗값을 입력하여 요구된 출력 결과가 나오지 않는 경우

06 소프트웨어 테스트 중 화이트박스 테스트 기법이 아닌 것은?

① 조건 테스트 ② 모든 실행문 테스트
③ 동등 분할 테스트 ④ 분기점 테스트

07 소프트웨어 테스트 중 블랙박스 테스트 기법이 아닌 것은?

① 인과 그래프(cause-effect diagram)
② 모든 실행문 커버리지(statement coverage)
③ 동등 분할(equivalence partitioning)
④ 경곗값 분석(boundary value analysis)

08 확인 테스트(validation test) 중 베타 테스트(beta test)에 대한 설명으로 옳은 것은?

① 사용할 팀에서 개발 담당자가 테스트한다.
② 개발 팀과 사용할 고객이 공동으로 테스트한다.
③ 개발 팀에서 개발자가 테스트한다.
④ 사용자가 실제 업무 상황에서 직접 테스트한다.

09 모듈 내부의 구성을 테스트하는 것이며, 프로그램 내부 구조에 대한 조사를 기초로 테스트 계획이 이루어진다. 프로그램의 논리적인 구조를 커버(cover)하도록 주로 프로그램 로직이나 코드 구조에서 테스트 케이스를 설계하는 프로그램 테스트 방법은?

① 블랙박스 테스트 ② 화이트박스 테스트
③ 알파 테스트 ④ 베타 테스트

10 화이트박스 테스트 기법이 아닌 것은?

① 모든 실행문 커버리지 테스트(statement coverage test)
② 데이터 흐름 테스트(data flow test)
③ 기본 경로 테스트(basic path test)
④ 동등 분할 테스트(equivalence partitioning test)

11 결함을 검출하기 위해 효과적인 테스트 데이터를 준비하는 단계는?

① 테스트 계획 ② 테스트 설계 단계
③ 테스트 실행 단계 ④ 테스트 평가 단계

12 테스트 프로세스 중 테스트 계획 단계에서 수행하는 활동이 아닌 것은?

① 테스트의 목표를 수립한다.

② 테스트를 수행하는 데 소요되는 노력(시간과 자원)을 정의한다.

③ 어떤 테스트 기법을 선정하여 시험할 입력값을 얻을지 정한다.

④ 효율적인 테스트를 위한 전략, 일정 등을 파악한다.

13 테스트 케이스에 대한 설명으로 옳지 않은 것은?

① 테스트에 사용할 특정한 입력값을 테스트 케이스라 부른다.

② 테스트에 필요한 최적의 입력값을 찾아내는 것을 테스트 케이스 설계라 한다.

③ 훌륭한 테스트 설계는 적은 수의 테스트 케이스를 사용하여 오류를 검출할 확률이 높도록 구성하는 것이다.

④ 훌륭한 테스트는 명세서 없이 수행할 수 있어야 한다.

14 바람직한 테스트 설계 조건이 아닌 것은?

① 많은 수의 테스트 케이스를 사용하여 오류를 검출할 확률이 높도록 구성한다.

② 테스트를 제대로 수행하기 위해 명세서가 반드시 있어야 한다.

③ 의도한 내용이 명세서에 빠짐없이 반영되어야 한다.

④ 개발자가 명세서 내용을 정확히 코드에 반영할 수 있어야 한다.

주관식 문제

01 시험의 4단계를 기술하고 시험의 각 단계와 개발과정을 비교하여 설명하라.

02 검증과 확인의 차이점을 설명하고 그 예를 하나씩 들어라.

03 자판기의 요구사항 명세서와 설계 명세서를 비교하여 확인 행렬(verification matrix)을 만들어라.

04 삼각형의 세 변의 길이를 입력하여 삼각형 유형을 판정하는 프로그램을 설계하고, 화이트박스 테스트 기법으로 테스트 사례를 설계하라.

EXERCISE

05 이차방정식의 해를 구하는 프로그램은 이차방정식의 세 실수 타입 계수를 입력하여 해를 구하여 출력한다. 입력된 계수가 a=0, b=0, c=0인 경우 해가 무한개가 되고, 계수가 a=0, b=0, c=value(value 〈〉0)인 경우 해는 존재하지 않으며, 계수가 a=0, b=value(value 〈〉0)인 경우 일차방정식의 해를 구해야 한다. 계수 a가 0이 아닌 경우 실수 해 또는 복소수 해가 존재한다. 위의 요구사항에 따라 등가 분할 방법으로 테스트 사례를 설계하라.

06 보안 시험의 목적을 설명하라. 또한 "보안 기능이 완벽한 시스템에 대해 보안 시험은 꼭 실패할 것이다."라는 주장을 어떻게 이해해야 되는지 설명하라.

객관식 문제 정답 1. ③ 2. ④ 3. ① 4. ④ 5. ③ 6. ③ 7. ② 8. ④ 9. ② 10. ④ 11. ② 12. ③ 13. ④ 14. ①

Chapter

18 유지보수

소프트웨어가 진화하며 발생하는 변경은 피할 수 없는 문제이다. 소프트웨어가 최종 사용자에게 릴리즈된 후 개발하는 동안 발견하지 못한 잘못을 수정해야 하는 수정 유지보수, 환경의 변화에 맞추기 위해 시스템을 새 환경에 적응시키는 적응 유지보수, 고객의 새로운 요구 기능을 추가하는 완전 유지보수, 기존의 문서화 부족으로 생기는 어려움을 예측하고 미래의 시스템 관리를 위해 준비하는 예방 유지보수 등에 대하여 살펴본다.

1. 유지보수의 정의 2. 역공학과 재공학 3. 유지보수 절차와 조직

Chapter

18 / 유지보수

학습목표

1. 유지보수와 다른 개발 프로세스의 차이점은 무엇인지 살펴본다.
2. 유지보수 활동이 어려운 이유를 설명한다.
3. 유지보수 시 문서의 변경을 위한 절차와 방법은 무엇인지 알아본다.
4. 수정 유지보수, 적응 유지보수, 완전 유지보수, 예방 유지보수를 정의하고 각각의 예를 들어 본다.
5. 역공학과 재공학의 차이점을 설명한다.

소프트웨어의 경우 다른 시스템들과는 달리 개발하는 동안 또는 개발 후에도 많은 변경을 필요로 한다. 사용자로부터의 요구사항이 계속 변하며 개발하는 엔지니어도 기술적인 면에서의 변경을 필요로 한다. 건축물이나 공항 등은 한 번 만들어지면 별 변경 없이 계속 사용되는 것이 일반적이나, 소프트웨어의 경우는 사뭇 다르다. 따라서 소프트웨어는 계속적인 변경을 수용할 수 있도록 만들어져야 하며, 적응성과 확장성을 갖도록 설계되어야 한다.

소프트웨어 유지보수 단계는 개발 생명주기로 볼 때 고객에게 인수되어 설치 운용되는 단계이다. 개발과정이 1~2년이라고 한다면, 사용하는 기간은 평균 10~15년으로 알려져 있어 유지보수해야 하는 기간이 개발 기간보다 훨씬 길다. 소프트웨어를 개발하는 비용에 비해 개발된 소프트웨어를 유지보수하는 관리 비용이 더 많이 들어간다는 것은 잘 알려져 있으나, 개발하는 동안에는 이 사실이 과소평가되기 쉽다. 소프트웨어 시스템을 유지보수하는 데 드는 비용이 개발 비용의 2배라는 통계는 소프트웨어 유지보수의 중요성을 잘 설명해 주고 있다. 소프트웨어 유지보수에 들어가는 비용은 처음 만들 때 얼마나 체계적으로 만들었느냐에 반비례한다.

미리 유지보수를 염두에 두고 개발해 놓지 않으면 일반적으로 소프트웨어가 진화할 때 복잡도와 어려움은 증가한다. 그러나 현실은 한 소프트웨어 프로젝트가 끝나면 다른 프로젝트로 옮겨가는 경우가 대부분이며, 결국 유지보수는 다른 사람에 의해 이루어지는 경우가 대부분이다. 다른 사람이 만든 프로그램을 이해하여 고치는 것은 매우 힘들다. 따라서 한 줄의 코드를 유지보수하는 비용은 처음 개발할 때 드는 비용보다 훨씬 더 소요되는 것이다.

작동하는 프로그램은 프로젝트의 결과물 중의 하나이다. 개발 단계마다 나오는 문서는 중요한 결과물이다. 문서의 개발은 프로젝트의 다음 단계를 성공적으로 완수하기 위해 필요하며, 특히 유지보수를 위해 없어서는 안 될 중요한 요소이다. 소프트웨어의 기술력과 시스템의 생명력은 문서의 성공적 개발에 달려 있다 해도 과언이 아니다.

1 유지보수의 정의

시스템이 개발되면 고객에게 배달되어 사용된다. 제품의 유지보수는 고객에게 소프트웨어가 배달되어 사용되는 과정에서 발생하는 여러 변경사항에 대해 적응하는 활동이며 변화에 대비하는 과정이다. 소프트웨어 유지보수는 다음 4가지로 그 활동이 요약될 수 있다.

- 잘못된 것을 수정하는 수정 유지보수(corrective maintenance)
- 시스템을 새 환경에 적응시키는 적응 유지보수(adaptive maintenance)
- 새로운 기능을 추가하는 완전 유지보수(perfective maintenance)
- 미래의 시스템 관리를 위한 예방 유지보수(preventive maintenance)

프로그램이 사용자에게 배달되어 사용되는 동안에 오류가 발견되어 개발 팀에 보고된다. 이런 오류를 진단하고 수정하는 과정을 수정 유지보수라고 하며, 우리나라에서는 건축학에서 사용하는 하자보수라는 용어를 사용하기도 한다.

컴퓨터 하드웨어의 데이터 처리 및 저장 능력이 지난 30여 년간 급속도로 증가하고 있으며 이에 맞추어 소프트웨어의 개선이나 수정이 요구된다. 변경된 환경과 적절하게 조화를 이루도록 소프트웨어를 변경시키는 활동을 적응 유지보수라고 한다. 또한 하드웨어의 새로운 버전이 발표되면 이에 맞는 소프트웨어의 수정도 필요하게 되는데, 이것도 적응 유지보수의 예라 할 수 있다.

사용자는 소프트웨어를 사용하며 새로운 기능을 요구할 수 있다. 이는 시스템의 완벽성을 추구해 가는 유지보수로 완전 유지보수라 부른다. 많은 소프트웨어의 새로운 버전은 기존의 시스템보다 월등한 기능을 갖춘 것이 많으며, 소프트웨어의 버전을 높여 가는 것이나 업그레이드도 완전 유지보수에 해당한다. 유지보수에서 가장 많이 비용이 드는 부분은 완전 유지보수이며, 소프트웨어는 이를 위해 확장성과 유연성을 갖도록 설계되어야 한다.

네 번째 유지보수는 미래의 유지보수를 위해 준비하는 활동이며 이를 예방 유지보수라고 한다. 기존의 많은 소프트웨어는 체계적인 방법으로 개발되지 못하고, 문서화도 제대로 이루어져 있지 못한 경우가 흔하다. 이러한 시스템을 이해하고 유지보수를 원활히 할 수 있도록 준비하는 것은 예방 유지보수라고 할 수 있다. 예방 유지보수에는 역공학(reverse engineering)과 재공학(re-engineering)이 있다.

소프트웨어 시스템의 유지보수를 위해서는 시스템 변경에 의한 재요구 분석, 재설계, 재구현, 재시험이 필요하고 관련된 문서의 수정까지도 수반하기 때문에 체계적인 관리 기능이 필요하다.

2 역공학과 재공학

역공학은 원래 하드웨어에서 그 어원을 찾아볼 수 있다. 역공학은 다른 회사 제품의 설계와 제조 비밀을 알아내기 위해 제품을 펼쳐 놓고 이해하는 것에서부터 시작한다. 경쟁사 제품의 설계 및 제조하는 과정은 그 회사의 소유이며, 외부에 잘 알려져 있지 않은 것이 대부분이다. 소프트웨어 역공학도 이와 유사하나, 경쟁사의 제품이 아니라 자사가 만든 소프트웨어를 제대로 이해할 수 없어 수행하는 경우가 대부분이다. 즉, 자기 회사에서 만든 소프트웨어의 설계와 제조과정을 이해하지 못하고 있다. 그 대표적인 이유로는 코드만이 남아 있고 문서가 없어 어떻게 분석되고 설계되었는지 알 수 없기 때문이다.

소프트웨어의 역공학은 원시 코드를 이용하여 원시 코드 이상의 추상화된 표현으로 나타내는 것이며 코드를 분석하는 과정이다. 역공학을 통해 프로그램으로부터 프로그램 구조, 자료 구조, 모듈들 사이의 관계 등 상세한 설계 정보를 끌어낼 수 있다. 경우에 따라서는 역공학을 통해 프로그램으로부터 요구사항을 추출할 수 있으나 기계적으로 이루어지지는 않는 것이 일반적이다.

재공학은 새롭게 한다는 뜻이며, 기존 시스템을 이해하여 새로운 형태로 변경하는 것을 의미한다. 재공학을 통해 새로운 기능을 추가할 수도 있고 성능을 향상시킬 수도 있다. 재공학은 설계 정보를 끌어내는 것뿐만 아니라, 이 정보를 사용하여 보다 나은 시스템을 만드는 것을 의미한다. 변경하기 힘든 시스템을 재구성하여 변경이 용이한 시스템을 만들거나, 보다 나은 기능을 추가하는 것도 이에 포함된다. 기존의 소프트웨어에 대한 역공학을 수행하고, 구조 개선 등의 기술 처리를 통해서 컴포넌트를 추출하고, 이를 다시 새롭게 순공학으로 구현하는 것도 그 예가 될 수 있다.

역공학과 재공학을 잘하여 성공한 예들이 많이 있다. 기술이 부족한 나라에서 앞선 나라들을 쫓아가려면 남의 것을 연구하여 기술을 축적하는 수밖에는 없다. 일본은 남의 제품을 연구하여 더 좋은 상품을 내놓아 성공한 대표적인 나라이다. 우리나라의 경우 반도체 분야도 역공학으로 성공한 대표적인 예라 할 수 있다. 이제는 우리나라 반도체 기술도 세계적인 수준이 되었지만 초창기만 하여도 별로 축적된 기술이 없어 외국에 나가 있는 과학자들을 초빙하여 그들의 노하우를 이용하였다.

역공학과 재공학의 예는 경영학 분야에서도 쉽게 찾아볼 수 있다. 요사이 유행하는 기술혁신(renovation), BPR(Business Process Reengineering), 경영 혁신, 리엔지니어링이라는 용어도 재공학이라는 말과 마찬가지로 사용된다. 이들 기법은 조직이나 회사의 문제점을 파악하여 비효율적인 요소를 줄일 수 있도록 조직을 재구성하고, 구성 요소의 체질을 개선하는 것을 목표로 하고 있다.

비즈니스 프로세스도 결과를 성취하기 위해 잘 정의되어 있는 활동들의 집합이다. BPR은 조직의 혼돈을 피하고 실제 유용한 혁신적인 결과를 얻고자 근본적인 변경을 시도한다. 소프트웨어 프로세스 개선(SPI : Software Process Improvement)도 기존 소프트웨어 개발 프로세스를 식별 평가하여 개선된 프로세스를 만들고, 변화하는 환경에 적응하여 소프트웨어 개발 조직의 성숙도를 높여간다는 관점에서 BPR에 해당한다고 할 수 있다.

현재 프로그램의 설계를 이해하는 데 도움을 주는 역공학과 재공학 CASE 도구들이 많이 있다. 이 도구들을 이용하면 많은 역공학 작업을 자동화시킬 수 있으며, 이를 통해 프로그램을 재설계, 재분석할 수 있다.

3 유지보수 절차와 조직

유지보수를 위해 유지보수를 담당하는 독립된 조직이 있어야 하나, 많은 경우 그렇지 못하다. 독립된 유지보수 조직이 있는 경우 혼돈을 피할 수 있고, 유지보수 활동을 원활히 수행할 수 있다는 장점이 있다. 유지보수에 대한 요청은 공식적인 절차를 밟아 표준화된 방법으로 이루어져야 한다. 일반적으로 유지보수 요청은 유지보수 요청서(MRF : Modification Request Form) 또는 변경 요청서(change request)에 의해 이루어진다. 변경 요청 양식과 절차는 형상 관리에서 자세히 소개하고 있다.

유지보수 요청서가 접수되면 문제를 분석하고, 무엇이 수정 또는 향상되어야 하는가를 파악한다. 접수된 문제가 단순히 교육 또는 훈련에 의해 극복될 수 있는 경우도 있고, 사용자가 단순히 잘못된 명령어를 넣어 발생한 문제일 수도 있다. 만약 접수된 문제가 더 조사될 필요가 있다고 느껴지면 변경 조정 책임자에게 이를 보고한다.

변경 요청이 오류에 대한 것이라면 요청서에 오류가 발생된 입력 자료, 오류가 발생된 환경 등이 포함되어야 한다. 변경 요청이 적응이나 완전성을 기하기 위한 유지보수의 경우에는 간략한 변경 명세(change specification)가 포함된다. 변경 요청서는 유지보수 작업을 계획하는 데 사용되는 외부적인 문서라 할 수 있다. 유지보수를 수행하는 조직에서는 내부적으로 소프트웨어 변경 보고서(SCR : Software Change Report)를 만드는 데 다음과 같은 사항을 포함한다. 구체적인 유지보수 계획이 수립되기 전에 변경 조정 책임자에게 변경 보고서를 제출한다.

- 변경 요청을 수용하기 위해 요구되는 시간과 노력의 크기
- 요구되는 수정의 성질
- 요청의 우선순위 또는 문제의 심각도
- 수정 이후의 사후 자료 등

요 약 SOFTWARE ENGINEERING

소프트웨어 유지보수는 소프트웨어가 사용자에게 배달되어 사용되는 과정에서 발생하는 활동들을 의미하며, 개발과정의 순환이라 할 수 있다. 소프트웨어는 계속 변경을 요구하기 때문에 유지보수는 매우 중요하다. 유지보수 과정에서 변경을 감독하고 체계적인 문서 관리를 통해 소프트웨어 구성 요소들 사이의 불일치와 혼돈을 최소화시켜야 한다.

소프트웨어 유지보수는 4가지 유형을 가지고 있다. 프로그램이 사용자에게 배달되어 사용되는 동안에 오류가 발견되어 수정하는 것을 수정 유지보수라고 하며, 하자보수라는 용어를 사용하기도 한다. 적응 유지보수는 변경된 환경과 적절하게 조화를 이루도록 소프트웨어를 변경시키는 활동을 의미한다. 사용자는 소프트웨어를 사용하며 새로운 기능을 필요로 할 수 있다. 이는 시스템의 완벽성을 추구해 가는 유지보수로 완전 유지보수라 부른다. 네 번째 유지보수는 미래의 유지보수를 위해 준비하는 활동이며 이를 예방 유지보수라고 한다. 예방 유지보수에는 역공학(reverse engineering)과 재공학(re-engineering)이 있다.

참고 문헌

[KOP 66] Kopelman, R., *Managing Productivity in Organization*, McGraw-Hill, 1966.

[PRE 97] Pressman, R. S., *Software Engineering: A Practitioner's Approach*, 4th Edition, McGraw-Hill Companies, Inc., 1997.

[FIN 94] Finkelstein, A., Kramer J. & Nuseibeh, B., *Software Process Modelling and Technology*, Research Studies Press LTD, 1994.

[MEL 93] Melan, E., *Process Management: Methods for Improving Products and Service*, McGraw-Hill, 1993.

연습문제

객관식 문제

01 CASE 도구 중 존재하는 프로그램에 대한 프로그램 구조, 자료 모델, 구조도, 자료 사전 등 설계 문서를 생성하는 도구는?

① 역공학(reverse engineering) 도구

② 모델링 도구

③ 다이어그램 작성 도구

④ 사용자 인터페이스 도구

02 다음 설명에 해당하는 것은?

- 미래의 시스템 관리를 위해 예방적인 차원에서 변화에 대비하여 수행하는 것 또는 기존 시스템을 이용하여 보다 나은 시스템을 구축하고 새로운 기능을 추가하여 성능을 향상시킴
- 요사이 유행하는 기술 혁신(renovation), 경영 혁신 등이 있음

① 소프트웨어 재공학　　② 소프트웨어 분석

③ 소프트웨어 프로그래밍　　④ 소프트웨어 개발

03 소프트웨어 유지보수에 관련된 설명으로 옳지 <u>않은</u> 것은?

① 유지보수는 소프트웨어가 인수, 설치되어 고객이 사용하며 발생하는 모든 공학적 작업을 말한다.

② 유지보수는 원인에 따라 수정(corrective) 유지보수, 적응(adaptive) 유지보수, 완전(perfective) 유지보수, 예방(preventive) 유지보수 등이 있다.

③ 유지보수 시 문서의 변경을 위한 절차와 방법이 중요하다.

④ 소프트웨어 비용 중 유지보수 비용은 개발 비용보다 대개 적다.

04 프로그램으로부터 설계 및 분석 정보를 추출하는 활동은?

① 재공학(re-engineering)

② 역공학(reverse engineering)

③ 순공학(forward engineering)

④ 경영혁신(BPR : Business Process Reengineering)

05 유지보수의 종류 중 다음 설명에 해당하는 것은?

> 컴퓨터 하드웨어의 데이터 처리 및 저장 능력이 급속도로 증가하고 있으며 이에 맞추어 변경된 환경과 적절하게 조화를 이루도록 소프트웨어를 변경시키는 활동을 의미한다.

① preventive maintenance

② corrective maintenance

③ perfective maintenance

④ adaptive maintenance

06 소프트웨어 유지보수 작업의 목적으로 적합하지 않은 것은?

① 수정 보수　　② 환경 적응

③ 예방 보수　　④ 변경 통제

주관식 문제

01 수정 유지보수, 적응 유지보수, 완전 유지보수, 예방 유지보수의 예를 한 가지씩 들어라.

02 유지보수와 형상 관리의 차이점을 설명하라.

03 자신이 속한 조직이나 주변의 조직에서 고객의 요구 또는 불평이 접수되면 이를 어떻게 처리하는지 그 프로세스를 세분화하여 정의하라.

04 전자 결제 시스템에서 요청서의 처리과정을 모델링하라.

객관식 문제 정답 1. ① 2. ① 3. ④ 4. ② 5. ④ 6. ④

Part

SOFTWARE 6 ENGINEERING

프로젝트 관리 영역

우리가 효율적인 삶을 살아가기 위해서는 다양한 영역에 대한 관리 능력이 요구된다. 따라서 우리는 경제(돈) 관리, 건강 관리, 시간 관리, 정서 관리, 인간관계 관리, 위기관리 등 다양한 영역에 대한 철저한 준비를 하고 살아가야만 한다. 어느 한 영역에서 문제가 발생하면 다른 영역에도 영향을 미치고, 삶 전체가 흔들리기도 한다. 소프트웨어 프로젝트도 우리의 삶과 마찬가지로 다양한 영역(일정 관리, 원가 관리, 품질 관리, 범위 관리 등)에 대한 세밀한 계획을 세워 관리해 나갈 때 원하는 목표를 달성할 수 있다.

Chapter

19 품질 관리와 프로세스 개선

소프트웨어 개발방법론의 목적은 좋은 품질의 소프트웨어를 만들어 보다 나은 서비스를 사용자에게 제공할 수 있는 방법을 제시하는 것이다. 소프트웨어 개발 프로세스를 평가하여 문제점을 찾아내고 프로세스를 개선하는 활동은 소프트웨어의 품질을 향상시키고 개발 비용과 기간을 감소시킬 수 있다.

Chapter

19 품질 관리와 프로세스 개선

학습목표

1. 품질을 사용자 관점에서 정의한다.
2. 품질을 개발자(실무자) 관점에서 정의한다.
3. 품질 보증 활동을 설명한다.
4. 소프트웨어 품질 요소를 설명한다.
5. 프로세스 개선에 요구되는 활동을 정의한다.
6. CMMI 모델의 6가지 성숙도 레벨을 설명한다.
7. CMMI 모델의 각 성숙도 레벨에서 다루어야 하는 프로세스 영역(process area)을 설명한다.
8. CMMI 모델의 연속적 능력 모델과 단계적 성숙도 모델의 차이점을 설명한다.
9. ISO 9000 시리즈 품질 경영 시스템(quality management system)을 정의한다.
10. ISO 9001과 SPICE 모델의 차이점을 설명한다.

소프트웨어의 품질은 사용자의 입장에서 보고 평가되어야 한다. 품질은 개발 팀의 목적 그리고 사용자의 기대 및 요구와 깊은 관계가 있다. 따라서 소프트웨어 개발은 사용자 중심의 서비스 관점에서 출발하지 않고는 좋은 품질의 제품을 만들어 고객을 만족시키기가 어렵다. 소프트웨어 개발방법론의 목적도 좋은 품질의 소프트웨어를 만들어 보다 나은 서비스를 사용자에게 제공할 수 있는 방법을 제시하는 것이다.

소프트웨어 개발 프로세스는 다른 생산 라인과 달리 사람, 기술, 절차, 도구가 어우러져 복잡하며 많은 수의 활동을 포함한다. 현 프로세스를 평가하여 문제점을 찾아내고 프로세스를 개선하는 활동은 소프트웨어의 품질을 향상시키고 개발 비용과 기간을 감소시킬 수 있다. 프로세스 개선에 활용되는 대표적인 프레임워크인 CMMI, ISO 9001, SPICE 등에 대하여 살펴본다.

1 품질 관리

인간은 무엇인가를 만들게 되면서부터, 그들이 만든 산출물의 품질에 대하여 관심을 갖게 되었다. 따라서 품질 관리의 역사는 인류의 역사 그 자체만큼 오래되었다고 할 수 있다. 품질 관리 및 품질 보증은 제품을 만들어 내는 조직에서는 필수적인 활동이다.

소프트웨어의 품질이란 무엇인가? 소프트웨어 품질을 정의하는 것은 쉽지 않다. 소프트웨어 품질은 소프트웨어의 유용성(fitness for use)을 얻기 위해 갖추어야 하는 특성들의 집합이며, 소프트웨어가 사용자의 요구사항을 충족시키기 위하여 갖추어야 할 제반 특성을 의미한다. 소프트웨어의 품질도 다른 제품들과 마찬가지로 사용자의 입장에서 보고 평가되어야 한다. 소프트웨어의 품질은 개발 팀의 목적 그리고 사용자의 기대 및 요구와 깊은 관계가 있다.

품질은 마지막 테스팅에 의해 얻어지는 것이 아니다. 소프트웨어 품질도 공정과정마다 품질 여과(quality filtering)를 할 때 얻어질 수 있으며, 가장 효과적인 품질 여과방법은 각 공정과정마다 공식기술검토회(formal technical review)를 거치는 것이다. 공식적인 검토회는 품질 보증을 위하여 가장 중요한 요소 중의 하나라 할 수 있다.

성공한 기업들의 예를 보면 품질 관리는 누구든지 오류를 범할 수 있다는 것을 인정하는 데서 출발하였고, 고객의 만족을 증대시키기 위해 끊임없이 개선하는 과정을 중시함으로써 경쟁력 있는 기업 체질을 만들어 왔다는 것을 알 수 있다. 소프트웨어 품질 보증(SQA : Software Quality Assurance) 활동은 소프트웨어 개발 전 과정에 걸쳐 적용되는 품질 보호 활동이다. SQA는 사용자가 원하는 품질을 얻기 위해 생산자가 행하는 품질 관리 활동의 체계를 말하며, 품질이 소정의 수준에 있다는 것을 보증하는 것이다.

소프트웨어 품질 보증이란 '당연히 있어야 할 품질과 실현되는 품질을 일치시키는 노력이다'라고 할 수 있다. SQA는 소프트웨어를 개발할 때 과학적인 관리 기법을 적용하여 사용자가 요구하는 품질의 제품을 체계적이며 경제적으로 달성하려는 활동들의 집합이라 정의할 수 있다.

체계적인 품질 보증과 품질 관리는 1916년 벨(Bell) 연구소에 의해 최초로 소개되었고, 제조 업체에 급격히 확산되었다. 컴퓨터 초창기(1960년대)에 소프트웨어의 품질 보증이란 단순히 프로그래머의 책임이었다. 소프트웨어 개발의 품질 보증에 대한 표준은 1970년대 미군의 소프트웨어 용역 개발에서 소개되었고, 이러한 기준은 빠르게 상업용 소프트웨어 개발에도 적용되었다. 소프트웨어의 품질을 보증하기 위해서는 다음과 같은 작업이 이루어져야 한다.

- 소프트웨어 공정과정인 분석, 설계, 구현, 시험 단계에 적용될 수 있는 방법과 도구들이 확립되어야 한다. 또한 공정과정의 분리와 각 공정과정의 임무, 입력물, 산출물, 사용도구 등을 정의하여야 한다.
- 각 공정과정의 결과물에 대한 공식 기술 검토가 이루어져야 한다. 이탈리아의 어느 신사복 제조 회사는 옷을 만들 때 각 공정과정마다 품질 검증을 하여 5번의 검사과정을 거친다고 한다.
- 다단계 시험 전략이 필요하다. 소프트웨어 개발과정은 추상화 수준이 높은 단계에서 낮은 단계로 이동하는 것이라 볼 수 있으며 각기 다른 추상화 수준에 맞는 시험 전략이 필요하다. 각 프로그램 모듈에 대해 이루어지는 단위 시험, 설계에 중점을 둔 통합 시험, 요구사항에 초점을 맞춘 검증 시험, 다른 시스템 요소들과의 결합에 대한 검사를 수행

하는 시스템 시험 등이 있다.

- 소프트웨어 개발이란 문서화 과정이라 볼 수 있으며, 각 공정과정마다 문서는 가장 핵심적인 산출물이다. 이러한 문서를 관리하는 절차에 변경이 발생했을 때 이를 적절히 통제할 수 있는 절차가 확립되어야 한다. 예를 들면, 프로그램에 대한 변경이 설계 명세서나 요구사항 명세서에 반영되지 않았을 때 부작용이 발생하고 유지보수에 어려움을 겪는 것은 당연하다.
- 기록 유지와 보고(record keeping and reporting)가 체계적으로 이루어져야 한다. 각 기술검토회의 결과는 기록되어야 한다. 또한 변경 요청이 발생하면 이를 문서화하고 평가하며 승인하는 과정이 필요하다. 변경 제어를 효율적으로 관리하기 위해 기록을 유지하고 보고해야 한다.
- 개발 표준의 확립이 필요하다. 소프트웨어 개발과정에서 적용되는 형식 표준과 프러시저가 각 회사마다 다르다. 품질 보증을 위해 각 회사마다 자체적으로 표준을 정하고 SQA 그룹은 이를 확인한다.
- 체계적인 관리를 위해 품질과 진행과정에 대한 측정이 필요하다. 소프트웨어의 경우 정량적으로 품질을 정확히 측정하는 것을 기대하기 어렵다. 정량적인 측정은 불완전하기 때문에 간접적인 지표로서 사용된다.

소프트웨어 품질 정의

소프트웨어의 품질에 대한 많은 정의가 있다. 품질은 '사용자(고객) 만족', '사용하기에 적합함', '규격에 맞음' 등 다양하게 정의할 수 있다. 품질은 구체적으로 명시되어 있는 기능 및 성능을 만족해야 하고, 직업적(professional)으로 만들어지는 소프트웨어에 기대되는 사용자의 요구 수준을 만족시키는 것이다. 이를 위해 개발과정, 기법, 도구 등을 포함하는 개발 표준이 확립되어 있어야 한다.

'사용자가 만족할 수 있는 품질의 소프트웨어를 가장 경제적으로 만드는 것'이 소프트웨어 공학 및 품질 관리의 목표로 인식되어 왔다. 이러한 목표를 효과적으로 수행하기 위해서는 먼저 품질 비용(quality cost)에 대한 올바른 평가가 이루어져야 한다. 품질 비용은 '제품이나 서비스의 품질과 관련하여 발생하는 비용'으로 정의할 수 있으며, 보통 예방 비용(prevention cost), 평가 비용(appraisal cost), 실패 비용(failure cost) 등 3가지 범주로 구분한다.

예방 비용은 불량의 예방을 위하여 설계나 개발 단계에서 지출되는 비용을 말하며, 평가 비용은 완성품 등의 품질을 측정, 평가 및 감사하는 데 드는 비용을 말한다. 실패 비용은 제품이 규격을 만족시키지 못함으로 인해 발생하는 비용으로 사용자가 사용하기 이전에 발견되는 경우와 사용자에게 전달된 후 발견되는 경우로 구분한다.

소프트웨어 공학의 목표는 소프트웨어의 품질과 밀접한 관계를 가지고 있다. 요구사항 분석, 설계, 체계적인 방법론의 적용 등은 실패 비용을 최소화하기 위한 과정이라 볼 수 있다. 품질에 드는 비용의 효과적인 절감 방안을 말할 때 종종 '지렛대의 효과'로서 설명한다. "1온스를 들여 예방을 하면 치료에 드는 1파운드를 절약할 수 있다(An ounce of prevention is worth a pound of cure)."는 말도 있듯이 예방 활동을 강화할수록 소프트웨어의 실패 비용을 크게 줄일 수 있다. 이를 위해 '처음 만들 때 바로 만드는 것(make it right the first time)'에 대한 중요성을 인식하고 효과적인 품질 개선 노력을 해나가야 한다.

품질은 사용자의 요구사항을 얼마나 충족시켰는가에 의해 결정되며, 이를 판정하기 위해 요구사항 명세서는 구체적이며 명확하게 기술되어야 한다. 요구사항 명세서는 사용자에게 필요하고 중요한 기능이 명시되어야 하고, 만들어진 시스템은 사용자의 기대를 충족시켜야 한다.

품질은 고객과 밀접한 관계가 있다. 고객이 각 공정과정을 이해하고 감독하는 것도 필요하다. 고객이 내용을 모르고 좋은 품질의 제품을 개발자가 알아서 잘 만들어 달라고 할 수만은 없다. 고객 만족은 고객이 내용을 잘 알 때 가능하다. 결국 사용자와 개발자의 시너지가 창출되어야만 높은 품질의 소프트웨어를 얻을 수 있다.

소프트웨어 품질 요소

소프트웨어의 유용성 및 사용 목적을 달성하는 데 필요한 성질을 소프트웨어의 품질 요소라 한다. 소프트웨어도 일반적인 제품에서 필요로 하는 품질 요소가 적용될 수 있고, 특히 소프트웨어가 가지고 있는 특성상 특정 품질 요소가 추가될 수 있다. 일반적으로 품질은 소프트웨어의 운용에서 나타나는 특성, 소프트웨어의 수정에서 요구되는 특성, 새로운 환경에 대한 적응성의 3가지 중요한 측면에서 관찰될 수 있다.

소프트웨어의 운용에서 나타나는 특징을 기술하는 품질 요소로는 요구사항 명세서에 맞게 만들어졌는지를 나타내는 정확성(correctness), 소프트웨어의 실패 정도를 나타내는 신뢰성(reliability), 기능을 수행하는 데 요구되는 시간과 자원, 코드의 양을 나타내는 효율성(efficiency), 프로그램 및 운용 절차를 배우고 사용하는 데 요구되는 노력과 시간을 나타내는 유용성(usablility), 인가되지 않은 접근을 통제할 수 있는 정도를 나타내는 무결성(integrity) 등을 포함한다.

:: 표 19-1 | 소프트웨어 품질 요소

구분	품질 요소	정의
운용 측면	정확성(correctness)	사용자의 요구사항을 만족시키는 정도
	신뢰성(reliability)	기능상의 장애 없이 의도한 임무를 수행하여야 하는 요구 수준
	효율성(efficiency)	프로그램을 수행하는 데 요구되는 자원과 코드량의 최적화 정도
	확장성(expandability)	시스템에 새로운 기능이나 데이터를 추가할 수 있는 능력
	유용성(usability)	프로그램을 배우고 작동하는 것을 배우는 데 요구되는 능력
	무결성(integrity)	허가받지 않은 사람이 소프트웨어나 자료에 접근할 수 없도록 통제할 수 있는 능력
수정 측면	유지보수성(maintainability)	프로그램의 오류를 발견하고 수정하는 데 요구되는 노력의 정도
	이식성(portability)	한 환경에서 다른 환경으로 옮겨 사용하는 데 요구되는 노력의 정도
적응 측면	시험성(testability)	의도한 기능을 수행하는지 검사하는 데 요구되는 노력의 정도
	재사용성(reusability)	소프트웨어의 일부분을 다른 시스템에서 재사용할 수 있는 정도
	상호 운영성(interoperability)	다른 시스템에 결합시키는 데 요구되는 노력을 나타내는 정도
	유연성(flexibility)	소프트웨어를 수정하기 위해 요구되는 노력의 정도

소프트웨어의 중요한 특징으로는 요구사항이 계속 변할 수 있다는 점이며, 한 번 만들어진 시스템도 변화를 수용할 수 있도록 유연성과 적응력이 있어야 한다는 것이다. 소프트웨어의 수정은 확장이나 변경을 포함하고 있다. 소프트웨어의 수정에 요구되는 특성으로는 노력의 정도를 나타내는 유연성(flexibility), 시험을 쉽게 할 수 있는지를 나타내는 시험성(testability), 유지보수에 요구되는 노력을 나타내는 유지보수성(maintainability) 등을 포함한다.

새로운 환경에 적응하는 데 필요한 특성을 나타내는 품질 요소로는 새로운 환경에 적응하는 데 요구되는 노력을 나타내는 이식성(portability), 프로그램 또는 프로그램 일부가 다른 시스템에서도 사용될 수 있는 정도를 나타내는 재사용성(reusability), 다른 시스템에 결합시키는 데 요구되는 노력을 나타내는 상호 운영성(interoperability) 등이 있다. 이외에도 소프트웨어 품질을 나타내는 여러 요소들이 표 19-1에 기록되어 있다.

이렇게 원하는 시스템의 품질, 품질 요소의 상대적인 중요성, 품질의 측정 및 검증방법 등을 요구사항 명세서에 명시할 수 있다. 예를 들어, 의료 시스템, 원자력 발전소의 제어 시스템이나 인공위성 제어 시스템의 경우 신뢰도는 매우 중요한 품질 요소가 되며 이를 측정할 수 있는 기준이 마련되어야 한다.

품질 관리 프로세스

프로젝트의 품질 관리는 프로젝트의 요구사항이 만족될 수 있도록 프로젝트 관리자와 수행자들이 품질 정책, 품질 목표, 품질 책임을 수립하고 수행해 나가는 프로세스와 활동을 포함한다. 품질 관리 활동은 다음 3가지 주요 프로세스로 설명된다.

- 품질 계획 수립 : 프로젝트 및 소프트웨어에 대한 품질 요구사항을 식별하고 어떻게 이들을 만족시킬 것인가 결정하는 활동이다.
- 품질 보증 수행 : 프로젝트 및 소프트웨어에 대한 품질 요구사항을 충족시키기 위해 계획된 품질 보증 활동을 수행하는 것이다.
- 품질 통제 : 품질 활동이 표준과 계획에 의해 준수되었는지 감시하고 성과를 평가하여 필요한 변경 권고안을 제시한다.

(1) 품질 계획 수립

품질이란 요구사항을 만족시켜 고객 만족을 이끌어 내는 것이다. 품질 계획(quality planning)은 프로젝트 및 소프트웨어의 품질 기준을 수립하는 것이며, 품질 요구사항 및 표준을 식별하고 품질을 준수해 나갈 방법을 문서화하는 프로세스이다. 품질 계획은 프로젝트 계획 단계에서 이루어지며, 다른 프로젝트 계획 수립 활동과 병행하여 수행된다. 예를 들어, 품질 계획은 범위, 원가, 일정에 영향을 미쳐 상세한 리스크 분석이 필요할 수도 있다.

품질 계획은 주어진 예산과 일정으로 프로젝트의 범위와 제품 범위를 파악하고 품질에 영향을 미칠 수 있는 리스크를 식별하여 이루어진다. 특히, 이해관계자의 추상적인 품질 요구사항과 범위를 명확히 정의하여 품질 관리 활동이 인수 기준과 조건을 충족시킬 수 있어야 한다. 품질 계획을 위해 비용-이익 분석(cost-benefit analysis), 벤치마킹, 품질 비용(예방 비용, 평가 비용, 실패 비용) 기법 등이 활용된다. 품질 계획 프로세스의 결과물은 품질 보증을 수행할 방법을 설명하는 품질 보증 계획서(quality assurance plan)이다. 부록에 인터넷 쇼핑몰 프로젝트의 품질 보증 계획서가 수록되어 있다.

(2) 품질 보증 수행

품질 보증(QA : Quality Assurance)은 프로젝트 수행 활동이 품질 표준에 적합하다는 것을 보장하는 것이며, 이를 위해 계획되고 체계화된 품질 활동을 적용하여 평가하고 지속적으로 개선해 나가는 활동이 수행된다. 품질 보증 수행(perform quality assurance)은 프로젝트가 실행되며 품질 요구사항과 품질 표준을 사용하고 있는지 확인하는 프로세스이다. 품질 보증 수행은 프로젝트 활동이 프로젝트 정책 및 절차를 따르고 있는지 판별하는 품질 감사(audit), 경험한 문제와 제약을 밝히고 필요한 개선사항을 식별 조사하는 프로세스 분석(process analysis)을 통해 이루어진다.

또한 프로세스의 효율과 효과를 개선하는 조치가 품질 보증 활동을 통해 이루어진다. 시정 조치 또는 예방 조치를 취하거나 결함 수정을 위한 권고사항도 포함된다. 조직의 프로세스 개선을 통해 품질 개선이 이루어질 수 있다. 필요하면 프로젝트 관리 계획서, 품질 관리 계획서, 원가 관리 계획서, 일정 관리 계획서 등 문서의 변경을 요청하여 갱신할 수 있다.

품질 보증은 프로세스를 준수하여 우수한 품질의 소프트웨어를 제공할 가능성을 높이겠다는 것이다. 아무리 품질 보증 활동을 체계적으로 한다 하여도 소프트웨어의 품질을 보장할 수는 없다. 즉, 품질 보증은 소프트웨어에 대한 품질 보증이 아니라 프로젝트의 프로세스가 적합하게 이루어졌다는 것을 보이는 것이다.

(3) 품질 통제

품질 통제(QC : Quality Control)는 프로젝트 각 단계의 실행 결과인 산출물(인도물)이 품질 표준에 부합하는지 감시하고 불만족스러운 경우 그 원인을 제거하기 위한 방안을 마련한다. 품질 보증 활동이 프로젝트 관리 프로세스에 초점을 맞추어 개선해야 할 부분을 찾는 것인 데 반해 품질 통제는 프로세스 결과물의 품질에 초점을 맞추어 관리하는 것을 의미한다.

일반적으로 품질 통제는 품질 통제 부서에서 수행하며, 고객에게 오류가 전달되는 것을 방지하기 위한 검사(inspection)를 포함한다. 불만족스러운 결과물에 대하여 불량 원인을 식별하여 부적합을 제거하고 필요하면 재작업(rework)을 통해 결과물을 요구사항에 일치하도록 조치한다. 품질 통제는 프로젝트 전반에 걸쳐 수행되어야 한다.

품질 표준

최근 들어 소프트웨어의 품질 문제가 생산성보다 더 핵심적인 과제로 떠오르고 있어, 시스템 개발에 있어 생산성과 품질은 거의 동일한 수준으로 중요시되고 있다. 소프트웨어를 생산하는 조직이 좋은 품질의 제품을 생산하기 위하여 갖추어야 할 기본 사항을 준수하는지에 대한 보증을 소프트웨어를 구입하는 기관에서 요구하는 경향이 점차 늘어 가고 있다. 구입자들은 구입하는 시스템이 요구되는 기능을 만족하는지, 제대로 구현이 이루어졌는지, 시험이 제대로 되었는지에 대한 검증을 요구하고 있다. 이를 위해 다양한 공급자가 설계, 개발, 생산, 설치 및 서비스에 있어서 규정된 요구사항에 대한 적합성을 구입자에게 보증해야 할 때 다양한 품질 경영 시스템이 사용된다.

따라서 제품이나 서비스의 개발과정과 효과성을 공급자(개발자)나 구매자(고객)와는 다른 독립적인 제3자가 보증하는 인증 제도가 전 세계적으로 받아들여지고 있다. 이러한 인증 제도는 새로운 것이 아니며 이미 다른 분야에서 많이 시행되고 있다. 예를 들어, 정부나 공공기

관을 중심으로 건강, 환경 등에 관한 규제 조항을 만들고, 식품, 의약품, 공산품 등에 적합성(conformance)을 인정해 주고 있다. 공산품의 경우 지금은 정부 조직 개편에 따라 폐지되었지만 정부의 산하기관이었던 공업진흥청에서 주도적으로 관리해 왔으며, 우리가 잘 알고 있는 KS(Korean Industrial Standards) 인증도 그 대표적인 예이다.

검토 기법

기술 검토는 소프트웨어 개발과정에서 나타나는 결함을 초기에 발견하여 여과(filtering)하고 제품의 품질을 높이기 위해 수행한다. 기술 검토의 목적은 다음 단계로 넘어가기 전에 결함을 수정하여 개발 비용을 최소화하려는 것이다. 이러한 검토과정을 공식화하여 각 산출물을 검토하는 것이 바람직하다.

기술 검토는 비공식적으로 수행하는 것과 공식적인 검토가 있을 수 있다. 비공식적인 검토는 격식을 차리지 않고 진행되며, 회의의 참석이 필수적으로 요구되지 않는다. 또한 참여자들이 사전에 준비를 하지 않아도 되며 회의록이 만들어지지 않아도 된다. 그러나 공식적인 기술 검토는 형식에 맞추어 진행되며 회의 참석이 필수적으로 요구된다. 참여자들은 사전에 문서를 읽거나 검토에 필요한 사항을 준비해야 한다.

공식 기술 검토는 개발자와 사용자 또는 개발자들이 모여서 프로젝트 진행 기간 중 산출되는 문서인 요구사항 명세서, 설계 명세서, 프로젝트 계획서 등을 검토하여 산출물의 오류를 발견하기 위한 공식적인 활동이다. 공식 기술 검토는 소프트웨어 개발 실무자들이 수행하는 소프트웨어 품질 보증 활동이다.

공식기술검토회는 문서와 밀접한 관계를 가진 적은 수의 사람들이 모여 수행하는 것이 바람직하다. 검토가 이루어지기 전 검토에 대한 준비가 있어야 하며, 문서가 미리 배포되어 검토에 참여하는 사람은 문서를 미리 읽고 문제점이나 의문점을 준비하여야 한다. 일반적으로 일주일이나 열흘 전에 문서를 보내 충분한 검토가 이루어질 수 있도록 하는 것이 바람직하다. 일반적으로 참여 인원은 3~5명이 적당하다. 검토회 시간도 2시간을 넘기지 않는 것이 바람직하다.

공식 기술 검토 시 검토자는 논의되었던 모든 쟁점들을 사실대로 기록하여야 한다. 이를 요약하여 검토가 끝난 후 검토 요약 보고서를 만든다. 검토 요약 보고서(review summary report)에는 검토된 내용, 검토 참여자, 검토 결과와 결론 등을 포함하여 참여자는 물론 관심이 있는 사람들에게 배포한다. 만약 추가로 조사되어야 하는 부분이 있으면 행동 항목(action item) 리스트를 만든다.

앞의 코드 검사에서도 언급하였듯이 공식기술검토회는 매우 조심스럽게 진행되어야 한다. 검토 시 지침으로는 다음과 같은 것이 있다.

- 산출자를 검토하지 말고 산출물을 검토하라.
- 검토를 위한 시간과 자원을 할당하여 일정을 세우고 이를 유지하라.
- 검토의 목적은 문제의 발견임을 잊지 말고 논쟁과 반박을 삼가라.
- 참가자의 수를 제한하고 사전 준비를 하라.
- 칠판 등을 이용하여 검토자의 의견을 기록하라.

한편, 비공식적인 모임에서 기술적인 내용을 검토할 수도 있다. 자판기 주위에 앉아 커피를 마시며 기술적인 검토를 할 수도 있다. 기록을 남기지 않는 모임은 비공식적인 것에 속한다. 그러나 프로젝트의 효율적인 관리와 기술적인 오류를 여과하기 위해서는 공식기술검토회가 절대적으로 필요하다.

소프트웨어 측정

소프트웨어를 측정하는 일은 소프트웨어 공학에서 다루어야 하는 매우 중요한 부분 중의 하나이다. 개발에 소요되는 자원, 기간, 품질 등의 측정 없이는 여러 기법, 도구, 방법론 등에 대한 평가를 내릴 수 없다. 또한 측정 없이 프로젝트의 상태를 파악할 수 없고, 프로젝트가 어디로 가고 있는지 알 수 없다. 올바른 측정은 산출물의 품질, 인력의 생산성, 도구의 효과 등을 객관적으로 평가할 수 있는 기준을 제공한다.

소프트웨어의 생산성, 품질, 사업의 특성 등에 관한 자료를 수치로 표시하는 것을 소프트웨어 척도(metrics)라고 한다. 소프트웨어뿐만 아니라 다른 공학에서도 측정의 결과를 나타내는 척도는 기본적이며 중요하다. 소프트웨어는 눈에 보이지 않아 특성상 이를 측정하는 것과 그 결과를 척도로 나타내는 것이 대단히 어렵다. 소프트웨어 공학의 발전이 느린 이유 중 하나도 이와 같은 공학적인 방식을 잘 활용하지 못하는 데 있다. 불행히도 아직도 많은 소프트웨어 관리자 및 개발자들이 소프트웨어 척도를 활용하고 그 실용성을 느낄 수 있는 단계에 와 있지 못하다.

소프트웨어 척도에는 여러 정의가 있을 수 있고 측정의 결과를 나타내는 것뿐만 아니라 이를 뒷받침하는 이론과 모델이 필요하다. 소프트웨어의 품질을 측정하는 방법 중에 품질 항목을 세분화하여 계량적으로 수치화하는 방법이 있다. 보안 시스템이나 원자력 발전소의 제어 시스템 등의 경우에 엄격한 품질 척도가 요구된다. 그러나 품질 기준들이 정확한 품질 측정과 품질 척도를 가지고 있는 것은 아니며 이를 수량적으로 나타내기가 쉽지 않다. 또한 응용 분야에 따라 품질 항목이 차지하는 중요도에 따라 상대적인 우선순위를 정하여 이를 적용하는 것이 바람직하다.

2 소프트웨어 프로세스 개선

소프트웨어 개발은 일반 기계 중심의 체계적인 생산 라인과 달리 사람, 기술, 절차, 도구가 어우러지는 생산 라인을 가지고 있어 개발 프로세스를 정형화하기 어렵고, 지속적이고 안정적인 접근이 어려워 혼란 속에서 많은 시행착오를 겪는다. 소프트웨어의 품질은 소프트웨어를 개발하고 관리하는 데 필요한 절차와 지침이 규정된 프로세스에 크게 좌우되므로, 이러한 프로세스를 개선하는 활동은 개발 생산성을 향상시키고 좋은 품질의 소프트웨어를 적시에 고객에게 인도할 수 있는 바탕을 제공한다.

이러한 사실을 반영하듯, 소프트웨어 프로젝트 관리 분야에서도 품질과 생산성에 중요한 영향을 주는 3대 요소로 사람(people), 문제(problem)와 더불어 프로세스(process)를 뽑고 있다. 프로젝트에서 수행한 프로세스가 적절치 못해 프로젝트가 실패한 사례를 쉽게 찾을 수 있다. 소프트웨어 개발 프로세스는 적절한 비용으로 고품질의 소프트웨어를 얻고자 하는 소프트웨어 개발 조직의 목표를 달성하기 위해 사용되는 자원(resources), 활동(activities), 방법(methods), 실무 지침(practices)을 규정한 체계이다.

소프트웨어 프로세스 개선(SPI : Software Process Improvement)은 기존의 프로세스를 점검하여 문제점을 찾아내고, 프로세스를 개선하여 제품의 품질을 향상시키거나 비용과 일정을 단축시키는 데 그 목적이 있다. 프로세스의 개선은 성공하거나 실패한 프로젝트로부터 얻은 경험을 활용하여 수행된다. 지난 경험에서 실패 사례를 식별하여 그 원인을 찾아 예방하고, 성공 사례는 지속적으로 유지하고 활용해야 한다는 삶의 기본적인 지혜를 반영한 것이다.

소프트웨어 프로젝트의 성공 여부가 사람이나 팀의 역량에 의해 좌우되기보다는 시스템 또는 프로세스의 통제에 의해 결과를 잘 예측할 수 있도록 만들어야 한다. 이를 바탕으로 프로세스를 수행하여 얻은 결과치인 프로세스 수행 성능(software process performance)을 높여야 한다. 즉, 프로세스 수행 성능이 개선되기 위해서는 프로세스 개선을 통해 프로세스의 성숙도를 높여야 한다. 프로세스가 잘 갖추어진 조직은 구성원의 만족도가 높고, 업무 처리 프로세스가 명확하며 계획적이고, 그 결과를 충분히 예측하기 쉽다.

소프트웨어 개발 프로세스는 복잡하며 많은 수의 활동을 포함한다. 프로세스 개선을 위해 기존 프로세스를 이해해야 하며, 프로세스를 평가하여 문제점을 찾아 원인을 파악해야 한다. 그런 후 프로세스를 변경하여 소프트웨어의 품질을 향상시키거나 개발 비용과 기간을 감소시켜야 한다.

프로세스 개선을 위해서는 프로세스 측정이 우선 이루어져야 한다. 예를 들어, 현재 수행하고 있는 소프트웨어 테스트 단계에 소요되는 비용인 시간과 자원을 측정한다. 이때 테스트 비용 대비 테스트에서 발견된 오류의 숫자나 제품의 품질에 대한 측정이 필요하다. 이를 바탕으로 테스트에 필요한 시간이나 자원의 두 요소 모두를 감소시키는 방향으로 프로세스 개선이 이루어져야 한다. 이때 물론 소프트웨어 품질의 개선 또는 현상 유지가 전제되어야 한다.

다음으로 프로세스 측정치를 바탕으로 프로세스를 분석 평가한다. 평가는 현 프로세스를 적용하는 과정에서 나타나는 장점과 단점을 밝혀 장점을 살리고, 이론과 실무의 격차, 부족한 부분을 검토 분석한다. 예를 들어, 테스트 데이터를 준비하였는데 테스트 데이터에 대한 검토가 공식적으로 이루어지지 않아 테스트 실행과정에서 테스트 데이터의 오류가 발견되어 전체 테스트 일정이 지연된 사실을 확인하였다면 이 문제에 대한 평가가 이루어져야 한다.

프로세스에 대한 분석 평가를 바탕으로 프로세스 개선 목표를 세우고 기존 프로세스를 변경한다. 프로세스 변경은 새로운 프로세스 활동 도입, 기존 프로세스 활동들의 순서 변경, 새로운 책임과 역할 부여 등을 포함한다.

소프트웨어 프로세스 개선을 이루기 위해 상급 관리자(최고 경영자)의 지원과 리더십이 필수적으로 요구된다. 또한 지속적인 소프트웨어 프로세스 개선이 이루어지기 위해서는 조직 전체 인원의 참가가 필요하다. 프로세스 개선은 소프트웨어 프로젝트의 성공과 제품의 품질 향상을 위해 계속적으로 이루어지는 과정이며, 지속적인 노력과 지원이 이루어지지 않으면 소프트웨어 프로세스 개선은 중도에 포기될 수밖에 없다.

소프트웨어의 성공적인 수행 및 품질에 대한 고객의 요구가 증대됨에 따라 이러한 현실을 반영하기 위해 소프트웨어 프로세스의 성숙도를 몇 가지 레벨로 정의하고, 각 레벨에서 조직의 프로세스가 갖추어야 할 특성을 정의한 프로세스 프레임워크(framework)가 개발되었다. 이제 현재 대표적으로 가장 널리 사용되고 있는 CMMI, ISO 9001, SPICE 모델에 대하여 살펴보자.

3 CMMI

CMM(Capability Maturity Model for Software)은 카네기멜론 대학교(Carnegie Mellon University)의 소프트웨어 공학 연구소(SEI : Software Engineering Institute)에서 1991년 개발한 소프트웨어를 위한 프로세스 개선 성숙도 모델이다. 1980년대 후반 미국 국방성(DoD : Department of Defense)은 카네기멜론 대학교의 SEI에 국방성의 소프트웨어 납품업자들이 소프트웨어의 효율과 품질을 높일 수 있는 방법을 찾아내도록 의뢰하였고, 그 결과 CMM 모델이 개발되었다.

CMM은 소프트웨어 제품 개발에 필수적인 프로세스들의 모범적인 실무 지침(practice)을 제시하고 기준을 제공한다. 이를 바탕으로 각 조직은 표준 프로세스를 각자의 환경과 특성에 맞게 구축한다. 표준 프로세스는 프로젝트를 수행하는 데 꼭 필요한 설명서 또는 가이드라인이며, 여행 중 길을 찾아주는 지도나 내비게이션과 같은 존재이다.

또한 조직의 프로세스 성숙도를 높이기 위한 지속적인 노력이 필요한데, CMM은 성숙도를 5단계로 나누어 점증적으로 프로세스를 개선 발전하도록 유도하는 로드맵을 제시하고 있다. CMM 모델이 가지고 있는 성숙도에 대한 기본적인 틀(프레임워크)이 국방 프로젝트뿐만 아니라 민간 SW 개발업체에서도 인정을 받으면서 널리 활용되기 시작하였다.

CMMI(Capability Maturity Model Integration)는 SW 영역에 한정한 CMM 모델을 확장하여 하드웨어, 시스템과 소프트웨어 영역을 통합하여 제품과 서비스 개발에 적용 가능하도록 만든 프로세스 개선 성숙도 모델이다. CMMI는 개발 조직의 성숙도를 가장 낮은 레벨 0에서 가장 높은 레벨 5까지 초기, 관리, 정의, 정량적 관리, 최적화 등의 여섯 단계로 구별하고 있다. 각 성숙 단계에 대한 목적이 주어지고 그 목적을 달성하기 위해 각 레벨마다 성숙도를 성취하기 위해 만족시켜야 하는 요구사항인 프로세스 영역(PA : Process Area)이 지정된다.

수능 시험을 준비할 때에도 언어 영역, 수리 영역, 외국어 영역 등이 있다. 영역(Area)이란 분야, 범위, 과목이라는 의미로도 이해할 수 있다. 프로세스 영역은 조직이 프로젝트를 성공적으로 수행하기 위해 요구되는 관리 분야, 과목이라고 할 수 있다. 소프트웨어 개발 프로젝트를 수행하며 가장 기본적으로 요구되는 관리 분야로는 '프로젝트 계획 수립', '요구사항 관리' 등을 들 수 있다.

CMMI 모델은 프로젝트를 성공적으로 수행하기 위해 요구되는 4가지 프로세스 카테고리(범주)인 프로젝트 관리(project management), 프로세스 관리(process management), 엔지니어링(engineering), 지원 프로세스(support)를 지원하고 있으며, 이들 프로세스 그룹은 총 22개의 프로세스 영역으로 구성되어 있다.

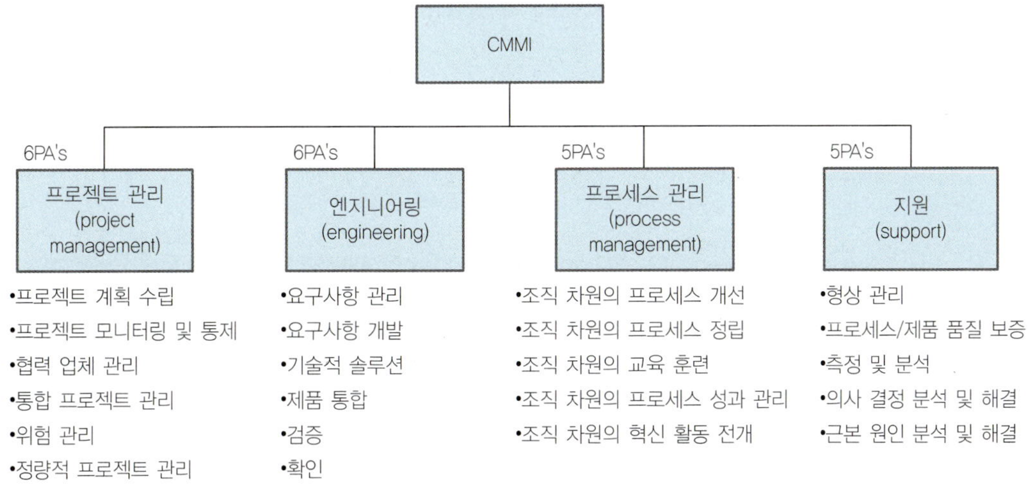

:: 그림 19 - 1 | 4가지 지식 범주와 22개의 프로세스 영역

CMMI 성숙도 레벨 6단계

프로세스 개선이 검증된 일련의 단계를 통해 점진적으로 이루어지며, 각각의 단계는 다음 단계의 기반이 된다. 프로세스 또는 조직 단위의 성숙도를 측정하기 위해서 각 프로세스 영역의 목적에 적합한 주요 행동 지침이 검토되어야 하며 원칙적으로 하위 성숙 단계를 모두 만족해야만 그 다음 단계의 성숙도를 평가할 수 있다. CMMI 평가 지침서는 목적, 주요 프로세스 영역, 주요 행동 지침에 대한 자세한 가이드라인을 제공한다[Chrissis 2008]. 여러분의 이해를 돕기 위해 수능 시험을 준비하는 학생을 예로 각 레벨의 성숙도를 우선 설명하겠다.

:: 표 19 – 2 | CMMI 성숙도 레벨 6단계

레벨	초점	주요 프로세스 영역	결과
0 incomplete (불완전함)	불완전 (개인에 의존)		위험
1 performed (수행됨)	기본적 프로세스 존재		
2 managed (관리됨)	프로젝트 관리	• 요구사항 관리 • 프로젝트 계획 수립 • 프로젝트 모니터링 및 통제 • 협력 업체 관리 • 측정 및 분석 • 프로세스/제품 품질 보증 • 형상 관리	↕
3 defined (정의됨)	엔지니어링 프로세스 표준화	• 요구사항 개발 • 기술적 솔루션 • 제품 통합 • 검증 • 확인 • 조직 차원의 프로세스 개선 • 조직 차원의 프로세스 정립 • 조직 차원의 교육 훈련 • 통합 프로젝트 관리 • 위험 관리 • 의사 결정 분석 및 해결	
4 quantitatively managed (정량적으로 관리됨)	정량적 관리	• 조직 차원의 프로세스 성과 관리 • 정량적 프로젝트 관리	
5 optimizing (최적화됨)	지속적인 프로세스 개선	• 조직 차원의 혁신 활동 전개 • 근본 원인 분석 및 해결	생산성과 품질

(1) 레벨 0 incomplete : 불완전

공부할 때 계획 없이 공부하는 학생이 있다고 하자. 매일 몇 시간씩 공부를 하겠다거나, 각 과목에 대하여 어떻게 시간을 나누어 공부할지, 자신의 부족한 과목이 무엇인지 모르는 경우 레벨 0 성숙도 수준이다. 이 학생의 경우 친구 만나는 것이 공부하는 것보다 우선순위가 높을 가능성이 있다. 공부하는 시간도 일정하지 않고 공부한 결과에 대한 예측이 어렵다.

적용되는 가이드라인이나 소프트웨어 개발 프로세스가 거의 없는 상태로 프로젝트를 수행하며, 개인의 역량에 따라 프로젝트의 성공과 실패가 좌우된다. 프로젝트의 목표나 계획이 수립되지 않은 상태에서 프로젝트를 진행하고, 안정적인 프로세스가 거의 없거나 거의 사용되지 않으며 임시방편으로 눈앞의 당면 문제를 해결하는 식으로 일단 수행하고 본다. 프로젝트의 성공 여부가 프로젝트 관리자나 개인의 노력에 의존하게 되어 프로젝트 수행 결과를 예측하기 어렵다.

(2) 레벨 1 performed : 수행됨

학생이 공부를 해야겠다는 목표를 세우고 책상에 앉아 열심히 공부를 하나 목표가 구체적이지 못하고 매일 진도 관리, 성취도 관리를 못하는 경우이다. 효율적인 공부를 하는지 판단할 수 없다. 공부를 열심히 하는 것 같은데, 기대만큼 성적이 잘 나오지 않는 경우가 이에 해당한다.

프로젝트의 정의와 목표를 세우고 시작하며, 기본적인 프로세스가 존재하고 결과물을 내기 위한 기본적인 실무가 수행된다. 이 단계에서도 프로세스 준수는 프로젝트 관리자 또는 개인에 달려 있어 일부 프로세스는 비안정적이고 일관성이 부족하며, 프로젝트 관리자의 능력에 따라 그 프로젝트의 성공 여부가 달려 있다.

체계적인 관리가 이루어지지 않아 프로젝트를 수행하며 요구사항 관리에 어려움이 있고, 전반적인 프로젝트 관리(일정 및 예산 수립 등)에 문제점이 대두된다. 업무 진척도를 예측/측정할 수 없으며, 의사소통에 어려움이 발생하고 팀워크가 잘 이루어지지 않는다.

(3) 레벨 2 managed : 관리됨

학생이 공부 계획을 세우고 계획에 맞추어 시간 관리, 진도 관리를 하며 자신의 상태를 점검하는 경우 레벨 2 성숙도의 학생이다. 매일 진도표를 체크하고 자신이 배운 것, 모르는 것을 파악하여 관리한다. 만약 진도가 늦어지면 시간 관리가 잘못되었는지 점검하고 친구 만나는 시간을 줄인다. 계획된 공부방법을 준수했는지 평가하고, 부모님과 공부 진행상태를 상담한다.

관리되는 프로세스는 방침에 의해 계획되고 실행되는 수행 프로세스(레벨 1)이다. 기본적인 프로세스 구축에 의해 프로젝트가 관리되고 적용되어 비용, 일정, 기능에 대한 추적이 가능하며, 프로젝트 목표를 달성하도록 프로젝트 관리 실행 지침이 확립되어 있다. 고객의 요구사항이 문서화되어 관리되고, 프로젝트 계획이 과거의 경험과 데이터에 의해 작성되며 수행된다. 업무를 모니터링하고 검토하여 적합성을 평가한다. 문제가 발생했을 때 인식되고 시정된다. 프로젝트 계획과 프로젝트 실적을 비교하여 프로젝트 진척 관리가 이루어진다. 특정 프로세스하에서 프로젝트가 통제되고 조직은 프로세스에 대한 어느 정도의 훈련이 되어 있다. 또한 기존 유사 성공 사례를 응용하여 반복적으로 사용한다. 품질 보증 활동이 수반되고 프로젝트 계획/수행/통제/평가가 이루어지나 시간 압박에 시달리는 것이 일반적이다. 레벨 2에서 적용되는 프로세스 영역(PA)은 다음과 같다.

- 요구사항 관리(requirements management)
- 프로젝트 계획 수립(project planning)
- 프로젝트 모니터링 및 통제(project monitoring & control)
- 협력 업체 관리(supplier agreement management)
- 측정 및 분석(measurement & analysis)
- 프로세스/제품 품질 보증(process & product quality assurance)
- 형상 관리(configuration management)

(4) 레벨 3 defined : 정의됨

레벨 3 성숙도의 학생은 레벨 2에서 요구되는 성숙도를 갖춘 것은 물론 자신만의 공부방법을 가지고 있다. 각 과목의 특성을 파악하여 자신의 공부방법을 적용하고 평가하여 효과적인 학습을 위한 개선점을 찾아낸다. 예를 들어, 모르는 영어 단어는 단어장에 따로 기록하여 중점적으로 관리하고, 영어 단어는 아침에 일어나 머리가 맑을 때 외우며, 점심 식사 후 수학 문제를 풀면 졸음을 방지할 수 있다는 것을 파악하여 시간 관리에 활용한다.

레벨 2에서는 프로젝트를 위한 프로세스가 존재한다면 레벨 3에서는 조직을 위한 표준 프로세스가 존재한다. 모든 프로젝트는 조직의 표준 프로세스를 활용하여 수행하는 상태이며, 프로젝트의 상황에 맞게 조정하고 승인을 받아 사용한다. 표준화된 개발방법론을 바탕으로 최선의 모범 수행 활동(best practice), 경험, 자산이 공유된다. 조직의 표준 프로세스를 확립하고 프로젝트가 통제되며 평가되어 주기적으로 프로세스 개선이 이루어진다. 레벨 3에서 적용되는 프로세스 영역은 다음과 같다.

- 요구사항 개발(requirements development)
- 기술적 솔루션(technical solution)

- 제품 통합(product integration)
- 검증(verification)
- 확인(validation)
- 조직 차원의 프로세스 개선(organization process focus)
- 조직 차원의 프로세스 정립(organization process definition)
- 조직 차원의 교육 훈련(organization training)
- 통합 프로젝트 관리(integrated project management)
- 위험 관리(risk management)
- 의사 결정 분석 및 해결(decision analysis & resolusion)

(5) 레벨 4 quantitatively managed : 정량적으로 관리됨

레벨 4 성숙도의 학생은 레벨 3에서 요구되는 성숙도를 갖춘 것은 물론 학습 성과에 대한 정량적 목표(예를 들어, 100문제 중 3문제 이내로 틀리기)를 수립한다. TOEIC 점수가 800점이던 것을 900점으로 올리기 위해 매일 단어 10개씩 외우기, 듣기 30분, 문제 풀이 10쪽 등을 실천하고 모르는 문제, 틀린 문제들을 중점 관리한다. 자신이 아는 것과 모르는 것을 확실히 구별하여 모르는 것을 중점적으로 관리한다. 학생이 자신의 학업 상태를 아주 잘 아는 성숙한 경우에 해당한다.

소프트웨어 프로세스와 소프트웨어 품질에 대한 특성 정보가 정량적으로 수집되어 프로젝트의 계획 수립과 예측이 정량적으로 가능해진다. 조직은 프로세스 데이터베이스를 구축하여 각 프로젝트에서 측정된 결과를 일괄적으로 수집하고 분석하여 품질 평가를 위한 기준으로 삼는다. 프로젝트의 성과물의 품질을 정량적으로 이해하며 목표 달성을 위한 계획을 확립하고(품질 목표 설정) 실시하여 품질 목표를 달성한다. 프로젝트 활동이 정량적으로 관리 통제되고 성과 예측이 가능한 조직이다.

정량적 기법을 활용하여 핵심 프로세스를 통제하는 상태이며, 프로세스를 수행하는 인력이 정량적 통제에 직접 참여하고 통계적 예측력을 확보하고 있다. 프로젝트 관리와 조직 관리가 정량적으로 이루어진다. 레벨 4에서 적용되는 프로세스 영역은 다음과 같다.

- 조직 차원의 프로세스 성과 관리(prganizational process performance)
- 정량적 프로젝트 관리(quantitative project management)

(6) 레벨 5 optimizing : 최적화

레벨 5 성숙도의 학생은 레벨 4에서 요구되는 성숙도를 갖춘 것은 물론 자신의 부족한 부분을 찾아내고 지속적으로 자신의 공부방법을 개선한다. 시험, 연습 문제 풀이 등을 통해 점수에 대한 피드백을 받고, 자신이 틀린 원인을 찾고 다시는 실수하지 않기 위해 공부방법을 개선하거나 예방책을 마련한다. 예를 들어, 외웠던 영어 단어를 쉽게 잊어버렸다면 단어가 포함된 문장을 함께 외우도록 한다. 자신의 부족함을 알고 계속 학습방법을 고쳐 간다면 실수를 예방하고 학생이 가진 능력을 최고로 발휘하여 최적의 성과를 이룰 수 있다.

정량화된 프로세스 특성 정보를 이용하여 프로세스 개선 및 최적화 활동이 가능하다. 이 레벨에서는 지속적인 개선에 치중한다. 조직적으로 최적화된 프로세스를 적용하여 다시 피드백을 받아 개선하는 상위 단계이다. 지속적인 개선 활동이 정착화되고 최적의 관리로 프로젝트가 수행되는 조직이다.

사업 목표에 맞추어 프로세스를 변경, 적응하도록 프로세스를 정량적으로 관리하는 상태이며, 점진적이며 혁신적인 방법으로 프로세스 성과 한계를 지속적으로 개선한다. 정량적인 프로세스 개선 목표를 수립하고 프로세스 개선을 위해 조직 전체에 적절하게 역할을 부여하며, 연속적인 개선 사이클을 정착하여 운영한다. 프로젝트 관리와 조직 관리에 최적화를 이룩한다. 레벨 5에서 적용되는 프로세스 영역은 다음과 같다.

- 조직 차원의 혁신 활동 전개(organization innovation & deployment)
- 근본 원인 분석 및 해결(casual analysis & resolution)

프로세스 영역

각 프로세스 영역(PA : Process Area)은 그 영역을 개선하기 위해 만족시켜야 하는 목표와 목표를 이룰 수 있는 실행 지침들의 모임이며 여러 구성 요소(component)로 되어 있다. 즉, 각 PA는 특정 목표(SG : Specific Goals)를 가지고 있고, 목표를 이루기 위해 반드시 시행해야 하는 활동인 특정 수행 지침(SP : Specific Practices)이 정의된다. 각 SG는 프로세스 영역이 만족시켜야 하는 유일한 특성이며 프로세스 영역이 만족되었는지 결정하는 평가 기준이다. SP는 SG를 이루기 위해 요구되는 중요 수행 활동이다. SP를 통해 얻어지는 작업 결과를 대표적인 작업 산출물(typical work products)이라 하며, SP를 실행시키기 위한 가이드라인을 하부 지침(subpractices)이라 한다.

각 프로세스 영역을 만족시키기 위한 일반 목표(GG : Generic Goals)와 일반 수행 지침(GP : Generic Practices)이 있다. GG는 성숙도 레벨 중 원하는 단계의 능력 수준을 달성하기 위해 요구되며, GP는 그 목표를 달성하기 위한 실무 지침이다. 예를 들어, 레벨 4는 해당 PA에 요구되는 목표(SG)와 활동(SP)들이 정량적으로 측정되며 통제 가능한 성숙도이다. 조직이 '요구사항 관리'라는 PA에 대하여 레벨 4의 성숙도를 갖기 위해서 '정량적인 관리 프로세스를 규정한다'라는 레벨 4의 일반 목표(GG 4)를 만족시켜야 한다. 이를 위해 '정량적인 목표를 수립해야 하고(GP 4.1)', 정량적인 품질을 확립하기 위해 '서브프로세스의 성능을 안정화시킨다(GP 4.2)'는 활동이 수행되어야 한다. 결국 정량적으로 관리되고 측정된다는 같은 목표가 여러 PA에 사용될 수 있어 일반 목표라 불리게 되었다.

CMMI는 각 PA에 대한 목표 설명(purpose statements), 기본 개념을 설명하는 초기 메모(introductory notes), 연관된 프로세스 영역(related process area)에 대한 정보도 제공한다. 그림 19-2는 프로세스 영역과 이를 구성하는 요소들의 관계를 표현한 모델이다. 필수(required) 구성 요소는 조직이 각 프로세스 영역을 만족하기 위해 달성해야 하는 목표이고, 기대(expected) 구성 요소는 필수 구성 요소를 달성하기 위해 실행해야 하는 가이드라인이며, 유용(informative) 구성 요소는 각 프로세스 영역에 대한 필수 구성 요소와 기대 구성 요소에 쉽게 접근할 수 있도록 도움을 주는 상세 설명이다. [Chrissis 2008]은 각 프로세스 영역의 모든 구성 요소들에 대한 설명을 자세히 제공하고 있다.

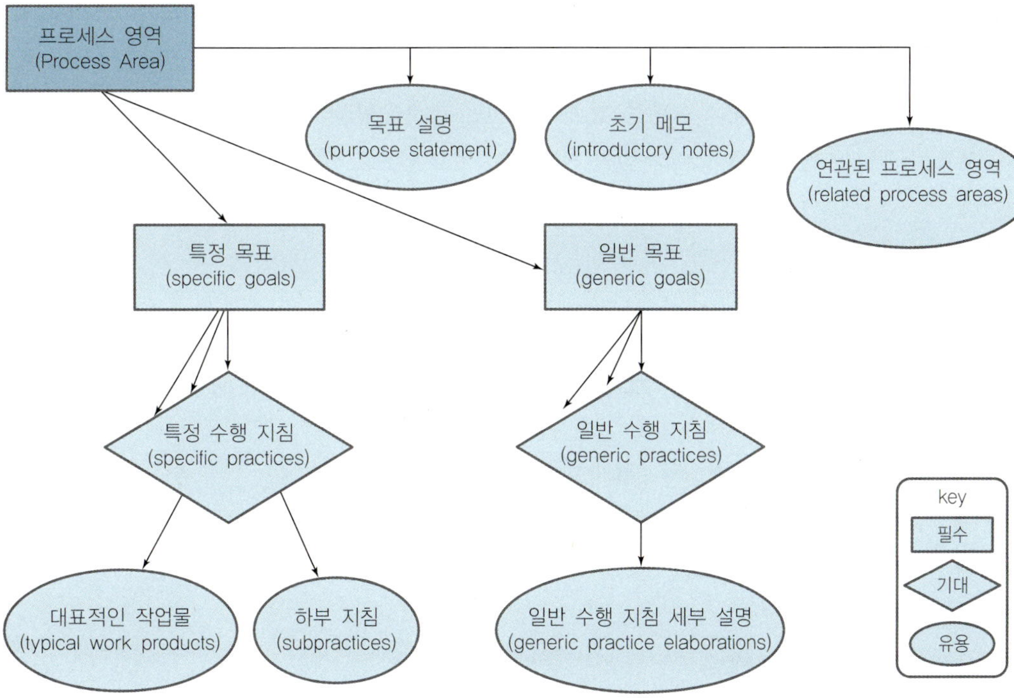

:: 그림 19 – 2 | CMMI 모델 컴포넌트

CMMI 모델을 대학 입학 시험을 준비하는 학생의 학업 능력과 성숙도에 적용해 보자. 학생은 과목 영역별로(영어, 수학, 과학, 제2외국어 등) 목표를 세워 공부할 것이다. 영어 영역(PA)에서 TOEIC 점수 관리를 목표로 한다고 가정해 보자. TOEIC 점수 관리는 어휘력 향상(SG 1)과

듣기 능력 향상(SG 2) 등의 특정 목표(SG)로 구성되어 있고, 각 특정 목표를 이루기 위한 수행 지침(SP)이 규명된다. 어휘력 향상(SG 1)을 위해 새로운 단어를 찾아 기록하고(SP 1.1), 찾은 단어를 외운다(SP 1.2)라는 SP가 있을 수 있다. SP 1.1의 대표적인 작업 산출물은 단어장에 기록할 새로운 단어를 선정하는 기준, 새로운 단어 목록 등이 될 수 있다. SP 1.1의 하부 지침으로는 문장과 함께 새로운 단어 기록하기, 동의어와 반의어 기록하기 등이 있을 수 있다. 수학 영역의 경우 수학 공식 외우기, 공식 유도하기 등도 특정 목표(SG)가 될 수 있다.

한편, 영어, 수학, 과학 등 모든 영역에 공통적으로 적용되어야 하는 일반 목표(GG)가 있다. 일반 목표는 어떤 영역의 공부를 하든 동일하게 적용될 수 있는 공부방법, 환경 구축(장소, 시간) 등을 포함한다. 학생의 공부방법 성숙도도 레벨에 따라 단순히 공부를 수행한다, 공부를 계획하고 관리한다, 정의된 공부방법에 따라 수행하고 개선점을 찾는다, 정량적 목표를 수립하고 관리한다, 자신의 부족한 부분을 찾아내고 지속적으로 자신의 공부방법을 개선한다 등으로 차등화하여 설명할 수 있다. 공부를 하지 않은 학생의 경우 레벨 0에 해당한다. 성숙도 레벨마다 GG가 정의되어 있고, 이를 이루기 위한 일반 지침(GP)이 지정된다. 예를 들어, 관리된 공부방법을 규정하여(GG 2) 공부하는 레벨 2 성숙도의 경우 공부하는 방법을 계획하고(GP 2.1), 규정된 공부방법을 준수했는지 평가하며(GP 2.2), 부모님과 상태를 검토해야(GP 2.3) 한다. 레벨 2 수준의 학생은 성숙도가 높은 공부방법을 선택하였기 때문에 기본적인 공부를 수행하는 레벨 1 학생보다 훨씬 잠재력이 높고 앞으로 성적이 올라갈 것을 기대할 수 있다.

언어 영역 목표(PA) : TOEIC 점수 관리하기

SG 1 어휘력 향상
- SP 1.1 새로운 단어를 찾아 기록한다.
- SP 1.2 찾은 단어 문장과 함께 외운다.
- SP 1.3 일주일마다 새로운 단어를 외우고 있는지 자체 평가한다.

SG 2 듣기 능력 향상
- SP 2.1 매일 듣기 연습

GG 1 기본적인 공부를 수행한다. (레벨 1 : performed)

GG 2 관리된 공부방법을 규정한다. (레벨 2 : managed)
- GP 2.1 공부하는 방법을 계획한다.
- GP 2.2 규정된 공부방법을 준수했는지 평가한다.
- GP 2.3 부모님과 상태를 검토한다.

국어 · 영어 · 수학 영역은 대학 입학을 위해 기본적으로 관리되어야 하는 영역이고(예를 들어, 레벨 2), 과학 영역은 상위권 대학에서 요구하는 과목이며(예를 들어, 레벨 3), 제2외국어 영역은 최상위 대학에서 요구하는 영역(예를 들어, 레벨 4)이라 생각할 수 있다. 만약 우리나라 학생들이 CMMI 모델을 자신의 학습방법에 적용한다면 자신의 능력을 점검하고 부족한 영역을 찾아내며 공부방법을 개선하여 도약할 수 있는 바탕을 만들 수 있지 않을까 기대해 본다.

CMMI 레벨 2('관리' 단계) 성숙도는 '요구사항 관리(requirements management)' PA를 포함하는 7개의 PA를 만족스럽게 수행할 때 얻어질 수 있다. '엔지니어링' 지식 영역에 속하는 '요구사항 관리' PA의 특정 목표(SG 1)는 요구사항을 관리하고 프로젝트 계획 및 작업 산출물들과의 불일치가 규명되는 것이다. 이 목표를 위해 프로젝트를 수행하며 요구사항 분석과 요구사항 명세서 작성, 요구사항 변경이 기준선을 통해 통제되며 올바르게 관리되어야 한다. 즉, '요구사항 관리' PA의 특정 목표를 이루기 위해 요구사항이 수집, 문서화(이해 획득), 검토되어 초기 기준선을 설정(인가 획득)하며, 요구사항 변경이 발생했을 때 체계적으로 변경 관리를 수행하여(변경 관리) 프로젝트에 미치는 영향을 최소화할 수 있도록 요구사항 추적 가능성이 분석되어야(추적성 유지)하며, 불일치가 발견됐을 때 효과적으로 수정(불일치 규명)되어야 한다. 즉, '요구사항 관리' PA의 특정 목표를 이루기 위해 요구되는 5가지의 특정 수행 지침(SP)은 다음과 같다.

SP 1.1 요구사항에 대한 이해 획득
SP 1.2 요구사항에 대한 인가 획득
SP 1.3 요구사항 변경 관리
SP 1.4 요구사항에 대한 양방향 추적성 유지
SP 1.5 프로젝트 수행과 요구사항의 불일치 규명

첫 번째 SP인 '요구사항에 대한 이해 획득'을 위해 요구사항에 대한 의미를 요구사항을 제공한 공급자와 함께 이해해야 한다. 그 결과 얻어지는 대표적인 작업 산출물은 다음과 같다.

- 적절한 요구사항 제공자를 구별하기 위한 기준 리스트
- 요구사항의 평가와 수용에 대한 기준
- 기준에 대해 분석한 결과
- 제공자가 동의한 요구사항들의 집합

첫 번째 SP인 '요구사항에 대한 이해 획득'의 가이드라인이 되는 하부 지침은 다음과 같다.

> 평가와 수용 기준은 다음과 같은 내용을 포함한다. (예시)
>
> - 정확하고 적절하게 표현되어야 한다.
> - 그 자체로 완전해야 한다.
> - 요구사항들 사이에서 서로 일관성이 있어야 한다.
> - 유일하게 식별되어야 한다.
> - 구현하기에 적합해야 한다.
> - 검증 가능(시험 가능)해야 한다.
> - 추적 가능해야 한다.

- 적절한 요구사항 제공자를 구별하기 위한 기준을 수립한다.
- 요구사항의 평가와 수용을 위한 목표 기준을 수립한다. 평가 및 수용 기준이 부족한 경우 정확하지 않은 검증, 재작업에 많은 비용 소모 또는 고객의 거부가 발생할 수 있다.
- 수립된 기준을 만족하는지 확인하기 위해 요구사항을 분석한다.
- 요구사항 제공자와 함께 요구사항을 이해하여 프로젝트 참여 인원들이 요구사항에 집중할 수 있도록 한다.

특정 성숙도 수준을 달성하기 위해 그 수준을 위한 일반 목표와 일반 수행 지침이 달성되어야 한다. '요구사항 관리' PA의 일반 목표(GG)와 일반 수행 지침(GP)은 다음과 같이 제시된다. GG 2 '관리된 프로세스를 규정한다.'는 조직이 '요구사항 관리' PA에 대하여 레벨 2 성숙도를 얻기 위해 규정에 의해 요구사항이 관리되어야 한다는 의미이며, GP 2.1 '조직적인 정책을 수립한다.'는 요구사항 관리 프로세스가 계획되고 수행되기 위해 조직적인 정책이 마련되어야 한다는 뜻이다. 다음에 기술되어 있는 GG와 GP는 일반적으로 다른 PA에도 똑같이 적용된다[Chrissis 2008].

GG 1 특정 목적을 달성한다. (레벨 1 : performed)

GP 1.1 기본적인 실무를 수행한다.

GG 2 관리된 프로세스를 규정한다. (레벨 2 : managed)

GP 2.1 조직적인 정책을 수립한다.

GP 2.2 프로세스를 계획한다.

GP 2.3 자원을 제공한다.

GP 2.4 책임을 할당한다.

GP 2.5 사람들을 훈련한다.

GP 2.6 형상을 관리한다.

GP 2.7 관련 이해관계자를 식별하고 포함시킨다.

GP 2.8 프로세스를 감시하고 통제한다.

GP 2.9 객관적으로 규칙의 엄수를 평가한다.

GP 2.10 고위 경영층과 상태를 검토한다.

GG 3 정의된 프로세스를 규정한다. (레벨 3 : defined)

GP 3.1 정의된 프로세스를 수집한다.

GP 3.2 개선 정보를 수집한다.

GG 4 정량적인 관리 프로세스를 규정한다. (레벨 4 : quantitatively managed)

GP 4.1 프로세스에 대한 정량적 목적을 수립한다.

GP 4.2 서브프로세스의 성능을 안정화시킨다.

GG 5 최적화된 프로세스를 규정한다. (레벨 5 : optimized)

GP 5.1 지속적인 프로세스 개선을 보증한다.

GP 5.2 발생하는 문제의 주 원인을 찾아 교정한다.

CMMI의 평가방법

CMMI는 두 가지 평가방법이 있으며, 능력(capability) 모델과 성숙도(maturity) 모델에 의해 평가된다. 이들 모델들의 표현 형태는 다르지만 궁극적으로 추구하는 바는 같다. 프로세스 개선을 원하든 레벨 획득을 원하든 양쪽 표현은 궁극적으로 동일한 결과를 가져다 줄 수 있도록 개발되었다.

(1) 능력 모델

능력 모델(capability model)은 조직의 각 프로세스 영역별로 능력 수준을 보여 주는 모델이며, 각 프로세스 영역에 대하여 레벨 0부터 5까지 능력 평가 수준을 부여한다. 일반적으로 조직은 각 프로세스 영역의 성숙도 수준이 서로 다르며, 이 모델은 특정 프로세스 영역의 개선이 요구되는 경우 유연하게 접근할 수 있다.

앞의 대학입시 예에서 영어 영역은 레벨 4, 수학은 레벨 3으로 평가되었다면 수학에 더 자원을 투입하여 능력을 향상시킬 수 있다. 능력 모델은 조직의 각 프로세스 영역 능력을 표현하고, 프로세스 영역 전체를 연속적 표현방법(continuous representation)으로 나타내어 조직이 단기간에 개선을 원하거나 목표 달성에 꼭 필요하다고 판단되는 프로세스 영역을 선택하여 집중 관리할 수 있도록 지원한다. 또한 특정 프로세스 영역을 기준으로 조직 간의 비교 평가가 가능하다. 예를 들어, 안전성이 중요시되는 미사일 소프트웨어 개발의 경우 요구사항 관리 PA에 초점을 맞추는 반면 웹 개발 기업은 협력 업체 관리 PA에 더욱 관심을 갖는다.

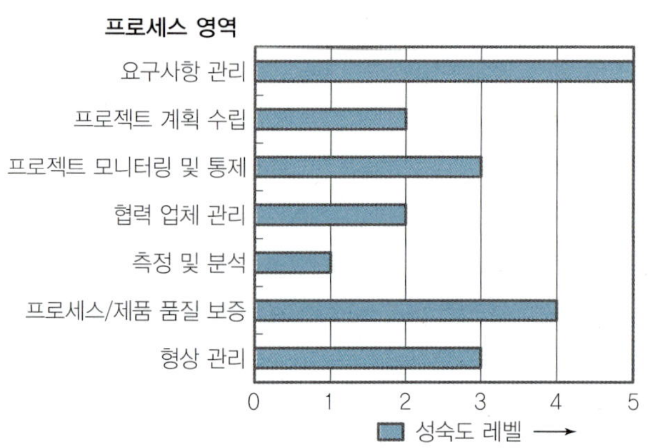

:: 그림 19 – 3 | 연속적 능력 모델

(2) 성숙도 모델

성숙도 모델(maturity model)의 경우 각 레벨에 충족되어야 하는 PA가 정의되어 있다. 조직의 성숙도는 각 레벨 해당 PA 집합의 성숙도와 관계된다. 각 레벨에서 요구되는 모든 PA의 성숙도가 만족되면 다음 단계의 성숙도로 넘어갈 수 있다. 레벨 2의 경우 7가지 PA가 정의되어 있어 이 모든 PA에 대하여 일반 목표 2단계(GG 2)를 만족시키면 레벨 2 성숙도를 가진 조직이라 평가된다. 레벨 3의 경우 성숙도 레벨 2의 7가지 PA와 추가로 요구되는 성숙도 레벨 3의 11가지 PA 모두가 일반 목표 3단계(GG 2)를 만족시키면 레벨 3 성숙도를 갖는다는 의미이다. 이러한 단계식 구성으로 인해 성숙도 모델은 단계적 표현방법(staged representation)이라 한다.

성숙도 모델은 한 번에 한 단계씩 프로세스 개선을 할 수 있도록 체계적이고 구조적인 틀을 제공하고 조직을 위한 개선 경로를 분명히 제시한다. 예를 들어, 레벨 2 조직이 레벨 3으로 성숙도를 높이려면 18가지 프로세스 영역(레벨 2의 7가지와 레벨 3의 11가지)의 해당 레벨 일반 목표(GG)인 'GG 3에 정의된 프로세스를 규정한다.'를 모두 만족시켜야 한다. 프로세스 개선을 어디에서부터 시작해야 할지, 어떤 프로세스를 개선해야 할지 잘 모른다면 단계적 모델을 사용하는 것이 좋다. 대부분의 기업들이 성숙도 모델을 선택하고 있다. 성숙도 모델은 조직 간의 수준 비교가 가능한 반면 능력 모델은 영역별로 조직의 성숙도 평가가 가능하여 더 자유롭고 융통성 있는 평가가 가능하다.

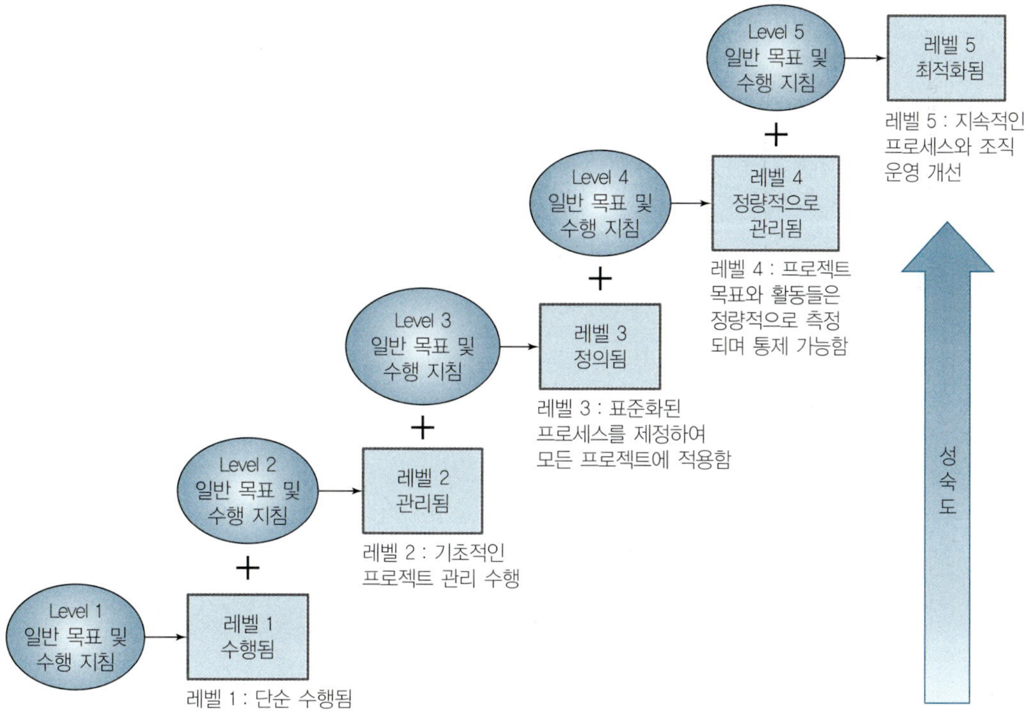

:: 그림 19 – 4 | **단계적 성숙도 모델**

CMMI를 도입하면 프로젝트와 서비스 품질이 개인의 역량에 따라 좌우되지 않고, 프로세스를 표준화하여 제품 또는 서비스 공급에 필요한 업무 수행 능력, 품질 및 납기 준수 등의 개선 효과를 상당히 얻을 수 있다. 업무 처리 프로세스가 명확해져 의사소통 오류와 의사 결정 오류를 예방할 수 있고 이해관계자들과의 협업이 용이하며, 실시간 현장 모니터링이 가능하여 신속한 위험 관리를 할 수 있다. 또한 프로젝트 목표 및 계획을 정량적으로 수립할 수 있고 유효한 예측이 가능하여 최종 목표 달성을 충분히 예측할 수 있다. 향후 개선이 필요한 역량 개선으로 제품과 서비스에 대한 높은 품질 확보가 가능하여 기업 경쟁력 강화에 기여할 수 있다.

CMMI 인증 평가(appraisal)는 조직의 모델 대비 프로세스 적용 수준(성숙도) 판단을 통해 개선사항을 도출하고 조직 내부의 지속적인 개선 방향을 제시하기 위해 시행된다. 보통 내 · 외부 심사위원으로 구성된 심사 팀이 2개월의 심사 기간을 거친다. 개발 참여자와의 인터뷰, 개발과정에서 생성된 산출물 검토, 표준 프로세스 검토를 수행하여 조직 내부의 개선 사항 도출에 중점을 둔다.

전 세계 많은 기업들은 조직의 프로젝트 수행 능력 향상을 위해 CMMI를 적용하고 있으며, 국내 · 외에서 최근 프로젝트 참여나 제품 공급을 위한 전제 조건으로 제시되는 경우가 늘어나면서 IT 서비스 기업은 물론 많은 제조, 금융권 기업 등이 CMMI 인증 획득을 추진하고 있는 추세이다. 국내에서도 많은 업체들이 CMMI 인증을 획득하였으나 사업 수주에 필요한 절차로 인지할 뿐 실제 소프트웨어 프로세스 개선과 품질 개선에 활용하지 못한다는 지적도 있다.

4 ISO 9001

품질 경영이란 품질을 위해 조직을 지휘하고 관리하는 활동이다. 경영 시스템은 방침 및 목표를 수립하고 그 목표를 달성하기 위한 시스템이다. 품질 경영 시스템(quality management system) 또는 품질 시스템(quality system)은 품질을 통한 시장 경쟁 우위의 확보에 중점을 두고, 조직을 지휘하고 관리하는 경영 시스템이다. 품질 경영 시스템에 대한 요구사항은 범용성이 있어 제공 제품의 종류에 관계없이 어느 산업 분야 또는 경제 분야의 조직에도 적용할 수 있다.

품질 경영 시스템은 개발되는 제품과 서비스의 품질을 보증하여 품질 목표를 만족할 수 있는 문서화된 프로세스를 가진다. 품질 경영 시스템은 품질 목표와 방침을 정하고, 이를 달성하기 위해 필요한 인적 · 물적 자원을 확보하며, 프로세스를 정하여 실행하고, 그 결과를 분석 검토함으로써 품질 목표를 향한 지속적인 피드백이 이루어질 수 있도록 지원하는 경영 시스템이다.

품질 경영은 품질에 관한 전략적 계획 수립(품질 계획), 품질 활동 운용 및 평가(품질 관리), 고객이 요구하는 품질이 충분히 만족되고 있는 것을 보증하기 위해 생산자가 하는 체계적인 활동(품질 보증), 제품과 서비스의 지속적인 품질 향상(품질 개선)을 추진한다. 품질 경영은 특히 고객 중심, 고객 만족, 고객의 요구사항 충족을 통해 시장 변화에 능동적으로 대응하고 가치 창조 능력을 높이는 효과를 얻을 수 있다.

국제표준화기구(ISO : International Organization for Standardization)는 국제 표준을 개발하고 발행하는 세계적인 연합체이다. 표준은 사물의 정도를 정하는 기준이나 목표, 또는 다른 것의 규범이 되는 준칙이나 규칙이라 정의되어 있다. ISO는 기술 국제 규격을 개발하여 안전하고 깨끗한 제품 및 서비스를 개발, 제조, 공급하는 데 기여하고 있다. ISO는 비정부기구(NGO : Non-Governmental Organization)이며 국제 표준을 개발하고 통일하는 세계에서 가장 큰 단체이다. 중앙 본부는 스위스 제네바에 위치하고 있으며, 1947년 설립되었다.

과거에는 ISO 9000 시리즈의 9001, 9002, 9003 표준을 통해 품질 경영 시스템에 대한 요구사항을 제시하였다. 이 시리즈는 계약에 의해 제품이나 서비스를 구매 조달을 할 때 구입자 측이 공급자 측에 요구하는 품질 시스템 요구사항(공급자에 대한 품질 경영 및 품질 보증의 국제 규격)을 규정한 것으로 선택과 적용방법에 따라 9001~9003의 3단계로 이루어져 있다. 현재는 ISO 9000 시리즈가 ISO 9001 패밀리 시리즈로 통합되어 ISO 9001 패밀리 시리즈(ISO 9001-2008)를 따르면 된다.

이러한 품질 경영 표준 규격과 인증 시스템이 도입된 이유를 다음과 같이 생각해 볼 수 있다. 우선 공급자가 구매자의 요구사항을 만족시키는 제품이나 서비스를 제공하기 위해 노력하고 있지만 구매자로서는 염려되는 사항이 많게 마련이다. 결국 제3자인 품질 경영 시스템 인증 기관이 구매자를 대신하여 국제적 통용 기준이며 공통의 척도인 ISO 9001 패밀리 시리즈 규격에 따라 공급자의 품질 경영 시스템이나 품질 보증 활동을 심사하고 인증해 줌으로써, 공급자는 업무의 복잡성을 피하고 시간이나 경비 절약 효과를 얻을 수 있으며, 구매자들은 객관적인 신뢰감을 얻을 수 있다.

소프트웨어를 개발하는 조직이 ISO 9001 규격의 요구사항에 따른 품질 경영 시스템의 수립, 문서화, 실행 및 유지, 지속적인 효과 개선을 수행할 때 ISO 9001 표준을 따른다고 할 수 있다. 제품에 대한 인증인 한국산업규격(KS : Korean Industrial Standards)이 제품의 해당 규격에의 적합성, 즉 제품이 규정된 품질과 안전 요건의 충족을 증명하는 것이라면, 품질 경영 시스템 인증은 제품이나 서비스를 제공하는 공급자의 전반적인 품질 보증 능력을 심사하여 인정해 주는 제도이다.

프로세스 접근방법

조직이 효과적으로 기능하기 위해서는 서로 연관되고 상호작용하는 수많은 활동을 파악하고 관리해야 한다. 관리되는 활동은 입력물과 출력물(또는 산출물)이 있는 프로세스라 볼 수 있다. 요구되는 프로세스를 파악하고 프로세스 간의 상호작용을 명확히 이해하는 것은 모든 프로젝트 관리 활동의 기본이라 할 수 있다.

ISO 9001 표준은 품질 경영 시스템을 개발, 수행, 개선할 때 프로세스에 기반한 접근방법을 채택하도록 권장하고 있다. 이는 PMBOK에서 프로젝트 관리를 프로세스에 기초하여 접근한 것과 같은 이치이다. 그러나 ISO 9001 표준은 정형화된 품질 프로세스(품질 관리, 품질 개선 등)를 제시하지 않고 특정 프로세스를 제한하지도 않는다. 다만, ISO 9001이 적용되는 조직의 품질 경영 시스템에 요구되는 프로세스를 파악하고 관리해야 함을 강조하고 있다. 이를 위해 프로세스가 명확히 정의되어 있는지, 책임이 할당되어 있는지, 절차가 실행 및 유지되고 있는지, 요구된 결과를 달성하는 데 효과적인지 평가해야 한다. ISO 9001 표준은 프로세스 간의 상호작용을 명확히 하고 운영 관리하도록 요구하고 있는데, 이를 '프로세스 접근방법(process approach)'이라 부른다.

품질 관리의 대표적인 활동 중 하나인 '고객의 피드백 및 불만 처리' 프로세스를 예로 살펴보자. 이 프로세스는 '고객과의 관계'라는 큰 프로세스에 속한 하나의 프로세스이다. 고객이 불만을 제기하면 고객의 불만을 접수하고 기록해야 한다. 담당자는 불만사항의 원인을 파악하고 조치 여부를 결정하며 영향을 분석한다. 다음으로 고객 불만을 처리 계획을 세워 고객 불만을 처리하고 결과 보고서를 작성한다. 조직은 주기적으로 불만사항 원인 보고서를 작성하여 불만사항의 원인을 분석하고 피드백받아 재발을 방지하도록 사후 관리한다. 고객 불만 처리 프로세스는 앞의 4가지 활동으로 이루어져 있으며, 이를 4가지 서브프로세스로 세분화하여 나타낼 수 있다. 각 서브프로세스의 업무 수행 절차, 담당자, 산출물, 관리 기준은 다음 절의 품질 절차서에 구체적으로 소개되어 있다.

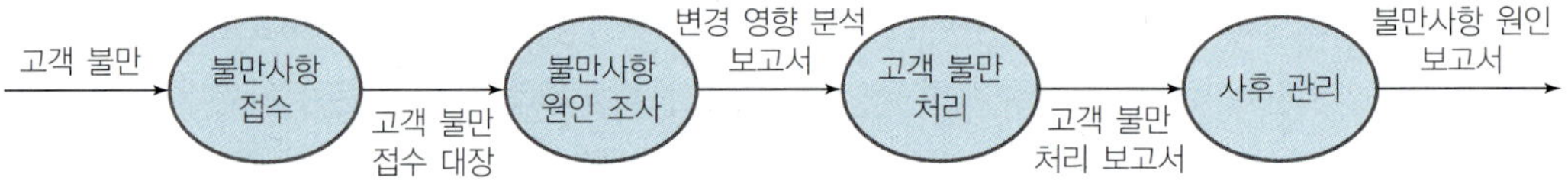

:: 그림 19 – 5 | 고객의 피드백 및 불만 처리 프로세스

문서화 요구사항

소프트웨어 프로젝트의 경우 문서는 소프트웨어와 소프트웨어 프로세스를 표현하는 유일한 방법이다. 문서는 소프트웨어의 모습(형상)이라 해도 과언이 아니다. ISO 9001 표준은 문서화된 품질 경영 시스템(documented quality system)을 요구하고 있다. 이 요구는 문서화된 품질 방침 및 목표, 문서화된 활동과정 및 절차, 프로세스의 운영과 관리를 위해 요구되는 문서화 등을 포함한다.

문서의 작성은 그 자체가 목적이 아니지만, 가치를 부가하는 활동이다. 문서는 문제 발생 시 객관적 증거를 제공하고 추적을 가능하게 한다. 문서는 품질 경영 시스템의 유효성 및 적절성이 지속되고 있다는 것을 평가하는 유일한 수단이다.

프로젝트를 수행하면서 다양한 문서들이 만들어진다. 이러한 문서들은 이해하기 쉽게 일관성 있는 구조와 표현, 식별 형식을 가지고 있어야 한다. 문서는 특정 프로세스의 결과물이므로 프로세스를 정의하는 것은 문서 개발에 포함되는 절차, 도구, 기법을 설정하는 것을 의미한다. 문서가 고객에게 인도되거나 공식적인 문서인 경우 정형화된 품질 프로세스가 채택되어 문서 작성, 문서 검토, 문서 승인, 문서 배포 등의 프로세스를 거치게 된다. 문서의 변경이 요구되는 경우에도 잘 정의된 절차와 표준에 의해 갱신이 이루어져야 한다.

품질 경영 시스템의 문서화 정도는 조직의 규모, 프로세스의 복잡도와 상호작용 등에 따라 다르게 적용되며, 어떠한 문서가 문서 관리 대상에 포함될 것인가 파악되어야 한다. 품질 경영 시스템에서 관리되어야 하는 문서의 예는 다음과 같다.

- 품질 방침 및 품질 목표를 기술한 품질 계획서
- 조직의 품질 경영 시스템 운용을 위한 정보를 조직의 내외에 제공하는 품질 매뉴얼
- 품질에 영향을 미치는 문서 관리, 심사, 시정 조치 등의 프로세스를 문서화한 절차서
- 시방서, 설계 도면 등의 기술 문서
- 검토 기록, 심사 기록, 시정(또는 예방) 조치 결과 기록 등의 기록 문서

품질 방침(quality policy)은 품질 경영 시스템이 앞으로 나가야 할 방향과 계획을 의미하며 '지속적인 품질 보장으로 시장 개척과 성장을 이루자', '동종 업계 기술 선두 기업을 유지하자' 등을 예로 들 수 있고, 품질 목표(quality objectives)는 품질 방침을 이루는 실행 기준으로 '제조 불량률 1% 이내', '고객 만족도 20% 향상' 등 측정이 가능해야 하고 품질 방침과 일관성이 있어야 한다.

품질 매뉴얼(quality manual)은 조직의 품질 방침과 품질 경영 시스템을 기술한 가장 상위 문서이며, 품질 방침, 품질 경영 책임과 조직, 문서화 요구사항, 품질을 위한 자원 관리, 품질 모니터링 및 측정, 고객과의 관계, 품질 평가 및 개선 등에 대하여 대내외에 소개하는 문서이다. 품질 매뉴얼은 품질 정책, 품질 원칙에 대한 조직 내 의사소통 수단이며, 품질 경영 시스템 인증 심사의 기초가 된다. 이 매뉴얼에 설명된 세부적인 업무 내용은 해당 품질 절차서(quality procedure)에 구체화되어 기술된다. 절차서는 품질과 관련된 업무를 기술한 문서(문서화된 절차)로서 품질 매뉴얼을 실행하기 위한 세부 문서이며, 정형화된 양식에 따라 관리되어야 한다.

기록 문서는 품질 경영 시스템의 요구사항에 적합하도록 품질 경영 시스템이 효과적으로 운영되었다는 증거를 제시하기 위해 작성되고 유지되어야 한다. 기록의 식별, 보관, 검색, 처분을 포함하는 기록물 관리를 위해 문서화된 절차가 수립되어야 한다. 요구사항 명세서에 대한 검토회를 수행하고 작성되는 검토 기록, 고객 불만 처리 결과 기록, 변경 관리 및 요구되는 조치 결과 기록, 내부 감사 기록 등 다양한 기록 문서가 존재한다.

다음은 품질 매뉴얼의 중요 관리 대상 중 하나인 '고객과의 관계(customer-relation)'의 한 항목인 '고객의 피드백 및 불만 처리(customer feedback and complaints)' 프로세스이다. 이 프로세스는 품질 경영 시스템 도입을 목적으로 작성되었다.

고객의 피드백 및 불만 처리

- 판매 지원팀은 고객의 피드백과 불만사항을 접수받아 기록하고 처리해야 할 책임이 있다. 고객과의 대화 내용은 개인의 전화 장부, 주문 이력, 고객 접촉 기록부에 기록된다. 발생한 불만사항은 다른 고객에게는 공개하지 않는 것을 원칙으로 한다.
- 고객의 피드백과 불만사항은 추적과 개선 평가가 용이하도록 분류되어 관리된다. 각 불평에 대하여 연관된 기능을 수행하는 회사의 내외 기관에게 알려 소통하도록 한다. 고객 서비스 또는 품질 관리 담당자는 불만 해결 또는 예방 조치를 이떻게 수행할지 내부적으로 결정한다. 불만사항에 대한 조치가 완료되면 고객의 피드백을 접수하고 추후 발생 가능한 불만사항을 예측하여 이에 대비한다.
- 품질 절차서 06-02-05에 고객의 피드백과 불만사항을 어떻게 접수하여 진행하고 반응해야 하는지 구체적으로 기록되어 있다.

다음은 품질 매뉴얼을 바탕으로 품질 절차서에 기록된 '피드백 및 불만 처리' 프로세스 절차의 예이다.

06-02-05 고객의 피드백 및 불만 처리

1. 고객 불만사항 접수
   - 업무 수행 절차
     1.1. 고객의 불만사항을 문서, 구두, 전자 매체 등의 다양한 방법으로 접수한다.
     1.2 담당자는 접수된 불만사항을 검토하고 확인한 뒤 접수 대장에 기록한다.
   - 담당자 : 소비자 전문 상담사
   - 산출물 : 고객 불만 접수 대장
   - 관리 기준 : 불만사항 파악 여부, 불만사항의 심각도 파악, 고객 불만 접수 기록 여부

2. 원인 조사/대책 수립
   - 업무 수행 절차

2.1 불만사항의 원인을 파악하고 분석한다.

2.2 원인 파악된 후 조치 여부, 처리 기한, 불만 처리자 등을 고려하여 대책을 수립한다.

• 담당자 : 불만 관리자

• 산출물 : 변경 영향 분석 보고서

• 관리 기준 : 문제의 원인 분석, 문제의 심각도 파악

3. 고객 불만 처리

• 업무 수행 절차

3.1 불만 처리자는 접수된 문제의 해결을 위한 계획을 수립한다.

3.2 수립된 계획에 따라 문제를 해결한다.

3.3 불만 처리자는 문제 처리 후 결과를 기록한다.

3.4 문제 해결 후, 처리한 과정 및 처리 결과를 기록하여 고객에게 통보한다.

3.5 고객이 제출된 결과를 진행과정과 비교하여 확인한다.

3.6 고객 불만 처리 보고서를 작성한다.

• 담당자 : 불만 처리자

• 산출물 : 변경 조치 계획서, 변경 조치 결과 보고서, 고객 불만 처리 보고서

• 관리 기준 : 고객의 불만 처리 결과 여부, 고객에게 결과 보고 확인 여부, 문서 작성 여부

4. 사후 관리

• 업무 수행 절차

4.1 고객에게 불만사항이 제대로 처리되었고, 만족스러웠는지 확인한다.

4.2 매 분기마다 불만사항을 집계하여 원인 분석 및 원인 보고서를 작성한다.

4.3 불만사항 원인 보고서를 피드백하여 불만 처리 프로세스를 개선한다.

• 담당자 : 불만 관리자

• 산출물 : 불만사항 원인 보고서

• 관리 기준 : 고객의 불만사항 처리 결과 확인, 불만사항의 원인 분석 및 피드백

ISO 9001 인증

ISO 9001은 ISO에서 제정한 품질 경영 시스템에 관한 국제 규격 중 고객에게 제공되는 제품, 서비스 체계가 규정된 요구사항을 만족하고 지속적으로 유지, 관리되고 있음을 인증해 주는 제도이다. ISO 9001은 제품의 품질 요구사항을 규정하지 않는다. 제품에 대한 인증은 KS(Korean Standard) 마크처럼 제품이 규정된 품질과 안전 요건을 충족시켰다는 특별한 표시를 해 정부가 품질을 보증하는 것임에 반해, 품질 경영 시스템 인증은 구매자에게 제품이나

서비스를 제공하는 공급자의 전반적인 품질 보증 능력을 심사하여 인정해 주는 제도이다.

ISO 9001을 수용하고자 하는 동기는 다양하다. 고객 만족과 기업의 신뢰성 향상, 제품이나 서비스의 품질을 향상시킬 목적으로 인증을 얻고자 하면 바람직하다. 인증을 위한 노력을 통해 고객이 인정할 수 있는 품질 경영 시스템을 구축하여 이익을 추구할 수 있고 고객의 요구사항이 만족될 것이라는 신뢰를 구축할 수 있다. 경영 자원을 효율적으로 이용할 수 있고 고객에 대한 신뢰감 향상으로 마케팅 능력을 향상시킬 수도 있다. 구성원들의 품질 의식 제고 및 생활화, 일관성 있는 업무 수행으로 품질 경쟁력을 확보하고 대외 이미지를 향상시킬 수 있다.

품질 경영 시스템을 성공적으로 이끌기 위해 체계적이고 투명한 경영이 이루어져야 한다. 성과를 지속적으로 개선하기 위해 모든 이해관계자의 욕구가 반영된 품질 경영 시스템이 실행되고 그 결과로 원하는 품질을 얻을 수 있다. ISO 9001은 다음 8가지 품질 경영 원칙을 중심으로 구성되었다[유영준 2001].

- 고객 중심 : 조직은 고객에 의존한다. 고객의 요구사항을 충족시켜야 한다.
- 리더십 : 리더십은 조직의 목적과 방향의 통일성을 제공하고 동기를 부여한다.
- 전원 참여 : 모든 계층의 구성원들이 전적으로 참여하여야 한다.
- 프로세스 접근방법 : 모든 활동이 입력/출력이 있는 하나의 프로세스로 관리될 때 보다 효율적으로 목표를 달성할 수 있다.
- 경영에 대한 시스템 접근방식 : 서로 관계되는 프로세스들의 상호작용 및 의존성을 시스템으로 식별하고 이해하면 통합 및 조정이 가능하다.
- 지속적 개선 : 지속적인 개선을 조직의 영구적인 목표로 설정하고 측정, 평가, 목표 수립이 이루어진다.
- 의사 결정에 대한 사실적 접근 : 신뢰할 수 있는 데이터와 정보 분석을 기초로 한 의사 결정이 이루어져야 한다.
- 상호 이익이 되는 공급자 관계 : 조직(ISO 9001이 적용되는 단위)과 공급자는 독립적이며 상호 이익이 되는 균형 잡힌 관계가 되어야 한다.

ISO 인증 준비과정은 5단계로 이루어져 있다. 1단계는 진단 단계로 조직에서 ISO 인증을 담당할 추진 팀을 구성하고 정보 수집, 품질 방침 및 목표 설정, 마스터 플랜(master plan)을 작성한다. 2단계는 추진 팀을 교육시키는 단계로 요건 해설 및 기본 교육, 문서 작성법 교육이 이루어진다. 3단계는 품질 경영 시스템 개발 단계로 기존 사용 문서 점검, 신규 문서 작성, 품질 방침 및 목표 수립, 문서 작성 및 검토, 문서 승인 등이 이루어진다. 4단계 품질 시스템 실행 단계는 전 부서 문서 배포, 시스템 운영방법 교육 및 실행, 문서를 빨리 찾을 수 있도록 파일링 시스템 구축이 이루어진다. 5단계 최종 점검 및 심사 단계는 내부 품질 감사 실시, 경영자 검토 실시, 문제점 점검 및 개선, 심사 수행 및 사후 관리 등이 이루어진다.

5 SPICE 모델

SPICE(Software Process Improvement and Capability dEtermination) 모델은 소프트웨어 분야에 특화시켜 소프트웨어 프로세스 성숙도 평가를 위해 ISO에서 1995년에 지정한 소프트웨어 프로세스 심사 표준이자 인증 규격(ISO/IEC 15504)이다. SPICE는 ISO 9001(또는 9000-3)을 도입해도 해결하지 못하고 있는 소프트웨어 분야 특성과 프로세스적인 면을 개선하고자 하는 필요성이 대두되어 CMMI, ISO 9001 등의 장점을 수용하고 통합한 평가 모델이다.

SPICE는 CMMI와 많은 아이디어를 공유하고 유사한 평가 모델을 제시하는데, 프로세스 능력 단계도 레벨 0에서 레벨 5로 구성되어 있다. SPICE 모델은 5개의 프로세스 카테고리(범주)와 29개의 프로세스 영역으로 이루어져 있다. 다음은 SPICE의 5가지 프로세스 범주이다.

- CUSTOMER–SUPPLIER(고객-공급자 프로세스 범주) : 소프트웨어를 개발하여 고객에게 제공하고, 소프트웨어를 정확하게 운용하고 사용하도록 지원하기 위한 프로세스로 구성되어 있다. 예를 들어, 요구사항 도출, 고객 인수, 발주, 공급, 운영, 공급자 선정 등이 이 범주에 속한다.
- ENGINEERING(엔지니어링 프로세스 범주) : 시스템과 소프트웨어 제품을 개발하는 모든 프로세스, 즉 요구사항 분석(명세화), 설계, 구현, 테스트 등이 이 범주에 속한다.
- SUPPORT(지원 프로세스 범주) : 소프트웨어 개발 생명주기를 지원하는 보호(umbrella) 프로세스로 구성되어 있다. 예를 들어, 형상 관리, 검증, 확인 등으로 구성되어 있다.
- MANAGEMENT(관리 프로세스 범주) : 일반적인 소프트웨어 생명주기에서 요구되는 프로젝트 관리 활동으로 구성되어 있다. 프로젝트 관리, 품질 관리, 위기 관리 등이 이 범주에 속한다.
- ORGANIZATION(조직 프로세스 범주) : 조직이 목표를 수립하고 목표를 달성하는 데 도움을 주는 프로세스로 구성되어 있다. 예를 들어, 프로세스 정의, 심사, 개선, 인적자원 관리 등이 이 범주에 속한다.

SPICE 심사는 조직을 대상으로 이루어진다. 사업 목적과 관련된 일부 프로세스 영역들만 선택하여 심사받을 수 있다. SPICE의 프로세스 능력 수준은 6단계(레벨 0~레벨 5)로 구성되어 있으며, CMMI의 레벨 6단계와 유사하다. 프로세스 능력 수준은 각 레벨별 프로세스 속성(PA : Process Attributes)을 측정함으로써 결정된다.

각 프로세스 영역의 능력 수준은 각 레벨별 PA에 의해 결정된다. 예를 들면, 대상 프로세스 영역이 레벨 1인지를 결정하기 위해서는 PA 1.1에 의한 등급(rating)을 충족시켜야만 한다. 능력 수준 레벨 1을 받는 데 실패한 프로세스는 레벨 0에 해당한다. 표 19-3에서 보는 바와 같이 레벨 2에서 레벨 5까지는 각각 두 개의 PA를 갖는다.

각각의 PA는 정의된 속성의 실행 정도에 따라서 F(Fully : 86~100%), L(Largely : 51~85%), P(Partially : 16~50%), N(Not achieved : 0~15%) 등의 4가지 등급으로 측정된다. 한 프로세스 영역 능력 수준 레벨 k를 평가받기 위해서는 그 하위 레벨의 모든 PA들이 최고 등급인 F 등급을 받아야 하고, 레벨 k의 PA들은 F 또는 L까지 만족해야 한다. 예를 들어, 하나의 프로세스가 레벨 3의 평가를 받기 위해서는 PA 1.1, PA 2.1, PA 2.2는 F 등급을, PA 3.1과 PA 3.2는 F나 L 등급을 받아야만 한다.

SPICE는 각 프로세스 영역에 대한 평가에 활용될 뿐만 아니라 5가지 프로세스 범주(카테고

:: 표 19 – 3 | 각 레벨별 측정 관점

단계	측정 관점
레벨 0 : incomplete (불완전 단계)	프로세스가 구현되지 않거나 프로세스 활동이 목표를 달성하지 못함 incomplete process
레벨 1 : performed (수행 단계)	해당 프로세스의 목적은 달성하지만 계획되거나 추적되지 않음 PA 1.1 process performance attribute : 프로세스의 정의된 outcomes 달성
레벨 2 : managed (관리 단계)	프로세스 수행이 계획, 관리되어 산출물이 규정된 표준과 요구에 부합 PA 2.1 performance management attribute : 프로세스의 관리(계획, 모니터링, 조정) PA 2.2 work product management attribute : 프로세스 산출물의 관리(식별, 정의, 문서화, 검토)
레벨 3 : established (확립 단계)	표준으로 정의된 프로세스를 사용하여 계획되고 관리 PA 3.1 process definition attribute : 표준 프로세스 정의 PA 3.2 process resource attribute : 프로세스 자원 규명, 제공
레벨 4 : predictable (예측 단계)	표준 프로세스 능력을 정량적으로 측정, 이해, 관리할 수 있는 능력을 발휘하여 품질의 정량적 관리 가능 PA 4.1 process measurement attribute : 프로세스 측정 PA 4.2 process control attribute : 프로세스 제어
레벨 5 : optimizing (최적화 단계)	프로세스가 지속적으로 개선되고 최적화됨 PA 5.1 process change attribute : 프로세스 변경 측정, 평가 PA 5.2 continuous improvement attribute : 지속적인 개선

리)의 능력에 대한 개별 평가를 받을 수 있어 각 프로세스 범주에 대하여 레벨 0부터 5까지 능력 평가 수준을 부여할 수도 있다. 예를 들어, 어떤 조직이 고객-공급자 범주는 레벨 3(확립 단계), 엔지니어링 범주는 레벨 4(예측 단계)의 평가를 받을 수도 있다. 일반적으로 조직의 각 프로세스 범주의 성숙도 수준이 서로 다르며, 이 모델은 특정 프로세스 범주의 개선이 요구되는 경우 유연하게 소규모로 접근할 수 있다.

SPICE는 프로세스 평가 시에 프로세스에 대한 조직의 특성을 스스로 평가, 개선점을 파악할 수 있도록 제안되었다. SPICE는 소프트웨어 개발, 관리, 고객 지원, 품질 및 유지보수 등 다양한 영역을 포함하고 있다. 국내에서도 한국 SPICE(KSPICE) 위원회가 설립되어 소프트웨어 프로세스 심사 및 컨설팅, 정보 기술 프로젝트 품질 보증, 품질 및 프로세스 전문가 양성 등의 활동이 본격화되면서 정부 지원 아래 심사위원 양성과 SPICE 적용의 확장이 예상되고 있다. 현재 국내에서는 SPICE보다 CMMI를 더 많이 활용하고 있는 상태이나, 향후에는 CMMI와 더불어 프로세스 차원의 지속적인 개선을 위한 접근 방안 수립이 기대되고 있다.

요 약 SOFTWARE ENGINEERING

이제 소프트웨어의 품질 문제는 생산성보다도 더 핵심적인 현안으로 떠오르고 있어, 개발의 생산성과 거의 동등하게 중요시되고 있다. 품질 향상의 필요성과 전 세계적인 경쟁에 능동적으로 대처하기 위해 소프트웨어 개발 회사들은 품질 향상을 위해 다양한 기법들을 도입하고 있다.

소프트웨어 개발 프로세스는 눈에 보이지 않는 무형의 제품을 만드는 과정이기에 다른 제조 분야보다 복잡하고 정형화되어 있지 않다. 체계적인 절차와 방법이 적용되지 않으면 효과적으로 고품질의 소프트웨어를 개발할 수 없다는 것이 많은 실제 경험에서 얻어진 교훈이다. 결국 대부분의 소프트웨어 개발 조직은 소프트웨어 개발 프로세스를 개선시킴으로써 소프트웨어 개발의 무질서를 극복하고 효율성을 높여 고품질의 소프트웨어를 얻고자 하는 노력을 지속하고 있다.

개선은 자신의 환경을 이해하는 것에서 출발하며, 경험에 의해 지속적으로 진행되어야 한다. 대표적인 프로세스 프레임워크인 CMMI, ISO 9001, 소프트웨어 프로세스 심사에 관한 국제 표준인 SPICE(ISO/IEC 15504)가 국내에서도 적용 범위를 넓혀 가고 있다.

참고 문헌

[CHA 78] Charbonneau, H. & Webster, G., *Industrial Quality Control*, Prentice-Hall, 1978.

[Chrissis 2007] Mary Beth Chrissis, Mike Konrad & Sandy Shrum, *CMMI*, Second Edition, Addison Wesley, 2007.

[MAR 93] Shepperd M., *Software Engineering Metrics Volume 1: Measures and Validations*, McGraw Hill, 1993.

[구자항 2001] 구자항, 고명훈, 황병호, 허정준, 『품질경영시스템과 ISO 9001: 2000 실무』, 기전연구사, 2001.

[송태국 2002] Pankaj Jalotw 저, 송태국, 이비즈온 SEPG 공역, 『CMM 이해』, Addison-Wesley, 2002.

[유영준 2001] 유영준, 『신ISO 9000 품질경영시스템』, 미래경영기술컨설팅, 2001.

연습문제

객관식 문제

01 품질에 대한 정의와 거리가 먼 것은?

① 사용자(고객) 만족　② 사용하기에 적합함
③ 사용자의 요구 수준　④ 규격에 맞음

02 '제품이나 서비스의 품질과 관련하여 발생하는 비용'인 품질 비용 중 '지렛대의 효과' 로 설명되는 것은?

① 예방 비용(prevention cost)
② 평가 비용(appraisal cost)
③ 실패 비용(failure cost)
④ 유지보수 비용(maintenance cost)

03 '제품이나 서비스의 품질과 관련하여 발생하는 비용'인 품질 비용 중 요구사항 분석, 설계 시 체계적인 방법론 적용 등은 어떤 비용을 줄이기 위한 노력인가?

① 예방 비용(prevention cost)
② 평가 비용(appraisal cost)
③ 실패 비용(failure cost)
④ 리엔지니어링 비용(re-engineering cost)

04 소프트웨어 품질 목표 중 새로운 요구사항을 받아들이고 기존 시스템을 수정하기 위해 요구되는 노력의 정도를 의미하는 것은?

① reliability　② flexibility
③ integrity　④ efficiency

05 소프트웨어 품질 관리 요소로서 품질 목표의 항목과 거리가 먼 것은?

① 유연성　② 확장성
③ 재사용성　④ 의존성

06 **소프트웨어 품질 관리 활동에 대한 설명으로 적합하지 않은 것은?**

① 소프트웨어 품질도 공정과정마다 품질 여과(quality filtering)를 할 때 얻어질 수 있다.

② 품질 관리는 누구든지 오류를 범할 수 있다는 것을 인정하는 데서 출발한다.

③ 소프트웨어 품질 보증(SQA : Software Quality Assurance) 활동은 개발 마지막 단계인 테스트 과정에 적용되는 품질 보호 활동이다.

④ 소프트웨어 품질 보증이란 당연히 있어야 할 품질과 실현되는 품질을 일치시키는 노력이다.

07 **소프트웨어 품질 관리 활동에 대한 설명으로 적합하지 않은 것은?**

① 각 공정과정의 결과물에 대한 공식 기술 검토가 이루어져야 한다.

② 기본적인 실무를 수행한다.

③ 기록 유지와 보고(record keeping and reporting)가 체계적으로 이루어져야 한다.

④ 다단계 시험 전략이 필요하다.

08 **소프트웨어를 측정하는 활동에 대한 설명으로 적합하지 않은 것은?**

① 소프트웨어 공학에서 다루어야 하는 매우 중요한 부분 중의 하나이다.

② 올바른 측정은 산출물의 품질, 인력의 생산성, 도구의 효과 등을 객관적으로 평가할 수 있는 기준을 제공한다.

③ 소프트웨어 사업의 특성에 관한 자료를 수치로 표시하는 것을 소프트웨어 척도(metrics)라고 한다.

④ 소프트웨어는 눈에 보이지 않아 생산성, 품질 등에 관한 자료를 측정할 수 없다.

09 **다음에서 품질 방침(quality policy)이 아닌 것은?**

① 지속적인 품질 보장으로 시장 개척과 성장을 이루자.

② 동종 업계 기술 선두 기업을 유지하자.

③ 고객 불만 제로(zero)를 달성하자.

④ ISO 9001 규격을 만족시켜 고객 만족을 이루어 나가자.

10 **다음에서 품질 목표(quality objectives)에 해당되지 않은 것은?**

① 제조 불량률 1% 이내

② 고객 만족도 20% 향상

③ 고객에 대한 납기 달성 100%

④ ISO 9001 규격을 만족시켜 고객 만족을 이루어 나가자.

11 **소프트웨어 개발 프로세스에 대한 설명으로 합당하지 않은 것은?**

① 프로세스란 적절한 비용으로 고품질의 소프트웨어를 얻고자 하는 소프트웨어 개발 조직의 목표를 달성하기 위해 사용되는 자원(resources), 활동(activities), 방법(methods), 실무 지침(practices)을 일컫는다.

② 프로세스란 입력을 받아 출력으로 변환시키기 위한 활동을 의미한다.

③ 프로세스란 사건을 받아들여 처리하는 상태를 의미한다.

④ 일반적으로 한 프로세스의 출력은 다음 프로세스의 입력이 된다.

12 **소프트웨어 프로세스 개선에 대한 설명으로 합당하지 않은 것은?**

① 소프트웨어 프로세스 개선은 기존의 프로세스를 점검하여 프로세스의 문제점을 찾아내고, 프로세스를 개선하여 제품의 품질을 향상시키거나 비용과 일정을 단축시키는 데 그 목적이 있다.

② 소프트웨어 프로세스의 개선은 더 좋은 품질의 소프트웨어를 보장한다.

③ 프로세스의 개선은 성공하거나 실패한 프로젝트로부터 얻은 경험을 기초로 하여 얻어진다.

④ 현재의 프로세스를 이해해야 하며, 프로세스를 평가하여 문제점을 찾아내고, 프로세스를 변경하는 것이다.

13 **소프트웨어 프로세스 개선을 위해 필수적으로 요구되는 것이 아닌 것은?**

① 현재의 프로세스에 대한 이해

② 프로세스가 소프트웨어의 품질에 중요하다는 인식

③ 현재 수행하고 있는 프로세스에 소요되는 시간과 자원 측정

④ 노력과 비용의 추가 지원

14 **CMMI(Capacity Maturity Model Integration) 성숙도 모델에 대한 바른 설명이 아닌 것은?**

① 카네기멜론 대학교(Carnegie Mellon University)의 소프트웨어 공학 연구소(SEI : Software Engineering Institute)에서 개발한 모델이다.

② 조직의 프로세스에 대한 측정과 평가가 능력(capability) 수준과 성숙도(maturity) 수준의 합으로 평가하는 모델이다.

③ CMMI는 정형화된 품질 프로세스(품질 관리, 품질 개선 등)를 제시하지 않고 특정 프로세스를 제한하지도 않는다.

④ 미국 국방성이 발주하는 SW 프로젝트의 성공 가능성을 높이고 위험을 최소화하기 위하여 입찰자들에 대한 능력(성숙도)의 심사를 목적으로 개발되었다.

15 ISO 9000 패밀리 품질 경영 시스템(quality management system)에 대한 설명이 바르지 않은 것은?

① 품질을 통한 시장 경쟁 우위의 확보에 중점을 두고, 조직을 지휘하고 관리하는 경영 시스템이다.

② 품질 경영 시스템에 대한 요구사항은 범용성이 있어 제공 제품의 종류에 관계없이 어느 산업 분야 또는 경제 분야의 조직에도 적용할 수 있다.

③ 품질 경영 시스템은 개발되는 제품과 서비스의 품질을 보증하여 품질 목표를 만족할 수 있는 문서화된 프로세스를 가진다.

④ 품질 경영 시스템은 단기간에 이익을 얻을 수 있도록 구축되어야 한다.

16 ISO 9000 패밀리 품질 경영 시스템의 품질 경영 원칙이 아닌 것은?

① 고객 중심 ② 구성원들의 분류화

③ 프로세스 접근방법 ④ 지속적 개선

17 CMMI 모델이 다루는 프로세스 카테고리(범주)가 아닌 것은?

① 프로젝트 관리(project management)

② 조직(organization)

③ 프로세스 관리(process management)

④ 엔지니어링(engineering)

18 CMMI의 레벨 2(managed : 관리됨) 성숙도에 속하는 프로세스 영역(process area)이 아닌 것은?

① 요구사항 관리(requirements management)

② 프로젝트 계획 수립(project planning)

③ 위험 관리(risk management)

④ 프로젝트 모니터링 및 통제(project monitoring & control)

19 CMMI의 레벨 5(optimizing : 최적화) 성숙도에만 요구되는 프로세스 영역은?

① 근본 원인 분석 및 해결(casual analysis & resolution)

② 위험 관리(risk management)

③ 정량적 프로젝트 관리(quantitative project management)

④ 프로젝트 모니터링 및 통제(project monitoring & control)

20 CMMI의 레벨 3(defined : 정의됨) 성숙도에 요구되는 프로세스 영역은?

① 근본 원인 분석 및 해결(casual analysis & resolution)

② 위험 관리(risk management)

③ 조직 차원의 프로세스 성과 관리(organizational process performance)

④ 정량적 프로젝트 관리(quantitative project management)

21 ISO 9000 시리즈(9001, 9002, 9003 등)에 대한 설명으로 적합하지 않은 것은?

① 계약에 의해 구매 조달을 할 때 구입자 측이 공급자 측에 요구하는 품질 시스템 요구 사항(공급자에 대한 품질 경영 및 품질 보증의 국제 규격)을 규정한 것이다.

② 요구사항 분석, 설계, 개발에서 제품 설치, 유지보수까지 전 개발과정을 대상으로 한 것이 ISO 9001 표준이다.

③ 자체 생산 시설을 보유하지 않고 대부분의 부품을 외부로부터 들여와 단순 조립만 하는 사업장(제조자) 또는 생산 공정이 거의 자동화된 사업장의 경우 제품의 최종 검사 및 시험만을 담당하는 ISO 9002 표준을 채택한다.

④ 소프트웨어 개발은 설계, 개발, 유지보수 등 전 과정을 포함하므로 ISO 9001 표준을 따른다.

22 SPICE(Software Process Improvement and Capability dEtermination) 모델에 대한 올바른 설명이 아닌 것은?

① 소프트웨어 분야에 특화시켜 소프트웨어 프로세스 성숙도 평가를 위해 ISO에서 1995년에 지정한 소프트웨어 프로세스 심사 표준이자 인증 규격(ISO/IEC 15504)이다.

② SPICE는 CMMI와 많은 아이디어를 공유하고 유사한 평가 모델을 제시하며, 프로세스 능력 단계도 레벨 0에서 레벨 4로 구성되어 있다.

③ SPICE는 ISO 9001(또는 9000-3)을 도입해도 해결하지 못하고 있는 소프트웨어 분야 특성과 프로세스적인 면을 개선하고자 하는 필요성이 대두되어 CMMI, ISO 9001 등의 장점을 수용하고 통합한 평가 모델이다.

④ SPICE는 정형화된 품질 프로세스를 제시하지 않아 소프트웨어 개발과 같은 복잡한 엔지니어링에 적용할 수 있는 실천적 방안을 제시하지 못한다는 단점을 가지고 있다.

23 SPICE 모델의 프로세스 범주가 아닌 것은?

① CUSTOMER-SUPPLIER(고객−공급자 프로세스 범주)

② MANAGEMENT(관리 프로세스 범주)

③ PROCESS MANAGEMENT(프로세스 관리 범주)

④ SUPPORT(지원 프로세스 범주)

EXERCISE

24 미국 카네기멜론 대학교의 소프트웨어 공학 연구소(SEI)는 조직의 능력을 평가하는 방법으로 CMMI를 제안하였다. CMMI는 단계적 모델과 연속적 모델로 구분된다. 다음 중 CMMI의 단계적 표현 모델을 권장하기에 가장 적합한 상황은?

① 조직을 위한 분명한 개선 경로를 제시해야 하는 경우

② 조직의 필요와 고객의 요구에 따라 개선하기 위한 프로세스 영역을 선택하는 경우

③ 고객 고충 해결 프로세스 개선에 관심을 갖고 적용하고자 하는 경우

④ 조직이 단기간에 개선을 원하거나 목표 달성에 꼭 필요하다고 판단되는 프로세스 영역을 선택하여 집중 관리해야 하는 경우

25 미국 카네기멜론 대학교의 소프트웨어 공학 연구소(SEI)는 조직의 능력을 평가하는 방법으로 CMMI를 제안하였다. CMMI는 단계적 표현과 연속적 표현으로 구분된다. 다음 중 CMMI의 연속적 표현 모델에 가장 적합한 환경은?

① 프로세스 개선을 어디에서부터 시작해야 할지, 어떤 프로세스를 개선해야 할지 잘 모르는 경우

② 조직 간의 수준 비교를 원하는 경우

③ 영역별로 조직의 성숙도 평가가 필요한 경우

④ 조직을 위한 분명한 개선 경로를 제시해야 하는 경우

주관식 문제

01 파리의 지하철은 승객이 가장 적게 걷도록 설계되었다고 한다. 승객의 편이와 안전 중심으로 설계되었음을 알 수 있는 대목이다. 우리의 지하철은 어떤 철학 위에서 만들어졌는가를 생각해 보고 품질을 평가해 보라(신도림역에서 하루에 40만 명이 오르내리며 가만히 서 있어도 밀려서 움직이는 모습을 보며 엄청난 사고의 위험을 느끼게 된다. 품질을 생각하지 않고, 고객을 생각하지 않고 만든 결과이다. 결국 우리가 겪는 고통을 생각해 보면 새삼 품질과 설계의 중요성이 느껴진다).

02 얼마 전 정부에서 세계에 우리나라 이미지를 높이는 방안으로 우리나라를 대표하는 로고(logo) 타입을 만들려고 한다는 소식을 들었다. '한국인의 시각' 대신 '보다 보편적인 세계인의 시각'을 중심으로 외국인의 의견을 들을 예정이라고 했다. 우리나라의 로고 타입은 외국인이 볼 것이고 이 경우 외국인이 고객이 된다. 고객 관점의 패러다임 전환을 엿볼 수 있다. 한국인의 시각에서 세계인의 시각으로 바뀌어야 할 것들이 무엇이 있는지 생각해 보라.

03 주위에서 고객 중심으로 전환되어야 할 서비스들이 어떤 것이 있는지 3가지만 들어 보라.

04 품질을 정의하고 품질을 향상시키기 위한 사용자(고객), 엔지니어, 관리자의 역할과 수행해야 하는 임무에 대하여 논하라.

05 품질의 문제로 자신 또는 회사의 이미지를 높인 경우와 이미지를 손상시킨 예를 들어라.

06 시스템을 개발하면서 품질을 향상시킬 수 있는 방안이 무엇인가 논하라.

07 시스템의 품질과 관계된, 기능이 아닌 요구사항(non-functional requirements)의 예를 2가지만 들어라. 기능이 아닌 요구사항에 대한 정의는 앞의 요구사항 명세서 문서 양식에 기록되어 있다.

08 텔레비전의 품질을 평가할 수 있는 사람들을(역할에 따라) 정의하고, 이들의 관점에서 텔레비전의 품질을 평가하라.

09 CMMI 모델의 성숙도 레벨 2(관리 단계)에서 다루어야 하는 프로세스 영역(process area)을 설명하라.

10 고객의 요구사항을 효과적으로 다루는 것은 시스템과 소프트웨어를 개발하는 관리자와 실무자에게 가장 큰 도전이며 성공적인 프로젝트 수행을 위한 필수적인 요소이다. 우선 프로젝트 초기에 요구사항을 수집하고 분석하여 요구사항 명세서(SRS : Software Requirements Specification)를 만드는 활동이 요구된다. 이후 요구사항에 대한 변경이 요구되면 요구사항 변경을 관리해야 하며, 요구사항 변경 관리는 프로젝트 전 과정을 통해 이루어진다. 이러한 '요구사항 관리(requirements management)' 프로세스 영역(process area)의 특정 목표(SG)를 설명하고 이를 이루기 위한 특정 수행 지침(SP)을 기술하라.

11 CMMI 모델의 연속적 능력 모델과 단계적 성숙도 모델의 차이점을 설명하라.

12 ISO 9000 시리즈의 품질 경영 시스템(quality management system)을 정의하고 이를 달성하기 위한 접근방법을 설명하라.

객관식 문제 정답 1. ③ 2. ① 3. ③ 4. ② 5. ④ 6. ③ 7. ② 8. ④ 9. ③ 10. ④ 11. ③ 12. ② 13. ④ 14. ③ 15. ④ 16. ② 17. ② 18. ③ 19. ① 20. ② 21. ③ 22. ② 23. ③ 24. ① 25. ③

Chapter

20 소프트웨어 형상 관리

소프트웨어의 형상은 개발과정에서 생산되는 문서이며, 소프트웨어 형상 관리는 소프트웨어 형상에 가해지는 변경을 제어하고 관리하는 것을 말한다. 소프트웨어 형상 관리는 소프트웨어 개발 라이프 사이클 전반에 걸쳐 적용되는 변경 보호 활동이다. 형상 관리는 변경이 요구되면 변경 원인 파악, 변경 통제, 변경 수행, 변경 통보 등을 적절히 수행하여 프로젝트가 혼동에 빠지는 것을 막는 활동이다.

Chapter

20 / 소프트웨어 형상 관리

학습목표

1. 소프트웨어 형상을 정의하고 형상 관리를 설명한다.
2. 문서의 동결은 왜 필요한지 알아본다.
3. 기준선 문서란 무엇인지 살펴본다.
4. 변경 통제 프로세스를 설명한다.
5. 변경 요청서와 변경 승인 요청서의 차이점은 무엇인지 알아본다.
6. 형상통제위원회(CCB : Configuration Control Board)의 활동을 기술한다.
7. 형상 관리 계획에 포함되어야 하는 항목을 기술한다.

형상(configuration)이란 단어는 일상에서 별로 사용하지 않는 용어라 일반인들에게 어렵게 느껴진다. 형상(形象)이란 사물이 생긴 모양(form) 또는 이미지(image)를 의미한다. 성경의 창세기에 "하나님이 자기 형상 곧 하나님의 형상대로 사람을 창조하시되"라는 말이 나온다. 즉, 하나님의 모습, 하나님의 이미지대로 인간을 창조하셨다는 의미일 것이다.

그럼 소프트웨어의 형상은 어떤 모습일까? 눈에 보이지 않는 무형의 결과물인 소프트웨어의 모습을 설명하기가 쉽지 않다. 그러나 소프트웨어 개발 각 단계(또는 프로세스)마다 소프트웨어의 모습을 반영한 문서 산출물을 생산하게 되므로 결국 소프트웨어의 형상은 개발과정에서 생산되는 산출물인 문서로 설명되고 이해될 수 있다. 소프트웨어의 형상 관리는 바로 이러한 소프트웨어의 형상인 각 개발 단계의 산출물을 관리하는 모든 활동이라 할 수 있다.

소프트웨어 개발에 있어 나타나는 근본적인 특징은 사용자로부터의 요구사항이 계속하여 변한다는 점이며 엔지니어들 또한 기술적인 면에서의 수정이 필요하다. 변경은 개발과정에서뿐만 아니라 개발된 소프트웨어를 인도한 후 유지보수를 하는 과정에서도 발생한다. 제품을 개발하거나 유지보수하는 과정에서 변경(change)을 통제하는 절차는 소프트웨어 개발과정의 산출물들을 관리하고 고품질의 소프트웨어를 얻기 위해 매우 중요하다. 특히, 대형 프로젝트의 경우 변경이 통제되지 않는다면 거꾸로 변경이 우리를 억압하고 심각한 혼동 상태를 야기시킨다.

소프트웨어 형상 관리(SCM : Software Configuration Management)는 소프트웨어의 개발 및 유지보수 과정에서 발생하는 각종 결과물(문서, 프로그램, 하드웨어)들에 대한 계획, 개발, 운용 등을 종합하여 시스템의 형상(모습)을 만들고, 이에 대한 변경을 체계적으로 관리, 추적 및 제어하기 위한 활동이다.

소프트웨어 형상 관리는 시스템에 발생하는 변경을 추적하여 시스템의 현재 상황을 알고 이를 감독 제어하기 위한 기능을 포함하고 있다. 변경 요청이 들어오면 이를 기록, 보고하여 그 진행사항과 결과를 추적할 수 있도록 하여 변경이 보고되지 않거나 적절히 통제되지 않을 때 발생할 수 있는 혼동을 방지하여야 한다.

소프트웨어 형상 관리는 엔지니어링의 각 단계에서 산출물인 문서들이 만들어지면 이를 고정시키는 과정을 요구한다. 예를 들어, 설계 단계에 들어가기 전에 요구사항을 동결(freezing)하여 유일한 버전으로 정의하는 일은 프로젝트 관리상 필요하다. 날아다니는 목표를 잡는 것보다 고정되어 있는 목표를 잡는 일이 쉬운 것과 같은 이치이다. 문서의 동결은 변경을 제어하려는 형상 관리의 일부이다. 공식적인 검토 및 합의가 끝나 동결된(서명되어 공식적으로 승인된) 문서를 기준선 문서(baselined document)라고 부르며, 기준선 문서는 개발을 위한 기준이 되고, 공식적인 변경 절차를 통해서만 변경될 수 있다. 기준선 문서의 동결 일자는 프로젝트 이정표의 계획대로 진행되었는지 점검하는 프로젝트 진행 상태 측정 기준이 된다.

형상 관리 항목인 문서들의 동결은 일반적으로 공식기술검토회를 통해 합의한 상황에서 서명함으로써 얻어진다. 문서에 대한 기술적 검토를 거쳐 이해 당사자들이 서명하여 승인되면 형상 관리 담당자는 기준선 문서로 공식화될 형상 항목을 데이터베이스나 정의된 저장소(repository)에 보관한다. 형상 관리 담당자는 전반적인 형상 관리 업무를 수행하고 형상 항목을 관리하는 책임을 갖는다. 소프트웨어 개발 초창기에는 종이로 된 문서를 파일 캐비닛에 보관하였고, 그 이후 각 회사의 '중앙 문서 관리 보관소'에 공식적으로 보관하였으며, 지금은 많은 조직에서 자동화된 형상 관리 도구를 사용하여 서버에 저장한다. 기준선 문서의 확립은 소프트웨어를 개발하며 수행해야 할 일정에 중요한 기준을 제공한다.

문서가 동결되기 전까지 문서 작성자는 자신이 만드는 문서에 대해 수정할 수 있는 권한을 가지고, 문서의 변경이 개인의 작업 공간에서 비공식적으로 이루어질 수 있다. 그러나 문서가 동결된 후 기준선 문서의 변경은 공식적인 절차에 의해 이루어져야 하며, 변경에 영향을 받는 고객 및 개발자의 동의가 필요하다.

소프트웨어 형상 관리는 소프트웨어의 품질 보증을 위한 중요한 기본 요소 중 하나이다. 소프트웨어 형상 관리의 기본 개념은 다른 제품을 만들 때도 그대로 적용될 수 있다. 하드웨어나 자동차를 만든다고 하면 문서 대신 설계 도면이 형상 항목으로 인식된다. 결국 형상 관리란 제품 개발과정에서 요구되는 일반적인 관리 절차이며, 도면과 문서를 포함한 기술 문서를 체계적으로 관리하고 공유하기 위한 틀이라고 할 수 있다.

종합해 보면, 소프트웨어 형상 관리는 네 가지 활동인 형상 식별, 형상 통제, 형상 보고 및 형상 감사와 검토로 구분된다. 즉, 관리되어야 하는 문서를 찾아내고(형상 식별), 문서가 함부로 변경되지 못하도록 제어하며(형상 통제), 문서를 이해관계자에게 보고하고(형상 보고), 문서가 적합하게 만들어졌는지 확인(형상 감사와 검토)하는 행위로서 문서의 변경 관리로 요약될 수 있다.

1 형상 항목 정의

소프트웨어 개발 프로세스의 각 단계(일반적으로 액티비티)마다 산출물이 만들어지고 이에 대한 동결이 이루어진다. 형상 관리의 최소 단위는 형상 항목으로서 소프트웨어 또는 하드웨어 요소의 집합으로 구성된다. 소프트웨어 형상 항목(SCI : Software Configuration Item)은 형상 관리 대상이 되는 단위로서 작업 산출물을 의미하며, 소프트웨어 요소의 집합으로 형상 관리의 목표물이 된다. 소프트웨어 형상 항목은 소프트웨어 개발 및 관리 프로세스 각 단계의 결과물로 만들어지며, 서로 구별되고 이름이 붙여져 관리되어야 하는 기본 단위이다.

형상 항목은 프로젝트의 복잡도와 크기에 따라 다양하다. 일반적으로 형상 항목은 계약 시 제안서에 직접 언급된 단계별 산출물 항목이다. 프로젝트 계획 시, 형상 관리 대상이 되는 작업 산출물을 식별하여 형상 항목으로 선정해야 하는데, 형상 항목은 각 단계의 산출물 전체 또는 일부분이 될 수 있다. 형상 관리의 목표물에는 다음의 예시와 같은 형상 항목들이 포함될 수 있다.

- 시스템 명세서
- 소프트웨어 프로젝트 계획서
- 소프트웨어 요구사항 명세서
- 예비 사용자 매뉴얼(preliminary user manual)
- 설계 문서
- 원시 코드 목록
- (1) 시험 계획과 절차
  (2) 시험 사례와 기록된 결과
- 운영과 설치 매뉴얼
- 실행 가능한 프로그램

2 형상 항목 식별

제어해야 하는 소프트웨어 항목과 각 항목의 버전을 식별하기 위한 규칙은 프로젝트 수준에서 계획 단계에서 미리 마련되어 있어야 한다. 형상 항목 식별(identifying configuration items)은 소프트웨어 개발과정에서 만들어지는 산출물들을 파악하고 각각의 형상 항목을 유일하게 식별하며 추적성을 제공하여 접근 가능하도록 만드는 일이다. 프로젝트 계획 단계에서 형상 항목을 찾아내고, 형상 항목과 그 버전이 어떻게 명명(이름 부여)되어 구별될 것인지 서술하고, 형상 항목을 정의 · 추적 · 저장 및 검색하기 위해 수행되는 활동을 기록하여야 한다. 이를 위해 소프트웨어 형상 관리 계획(SCMP : Software Configuration Management Plan) 문서에 형상 항목을 식별하여 기술하는 것이 일반적이다.

SCMP는 각 형상 항목에 유일한 식별자를 부여하기 위한 식별 시스템을 명시하여야 한다. 또한 각각의 다른 버전이 어떻게 유일하게 식별될 것인지를 기술하여야 한다. 식별방법은 명명 규칙과 버전 번호 및 문자를 포함할 수 있다.

3 형상 통제

기준선 문서가 된 형상 항목에 대한 수정은 일반적으로 이와 연관된 모든 당사자들이 동의한 후에 이루어져야 하며 이를 위해 승인 절차가 필요하다. 이는 적절한 승인 절차를 거쳐야만 데이터베이스에 저장되어 있거나 보관되어 있는 문서를 수정할 수 있는 권한을 갖는 것을 의미하며, 이를 접근 제어(access control)라 한다. 또한 두 사람이 동시에 같은 문서를 변경하지 못하도록 제어하는 기능도 필요하며, 이를 동기화 제어(synchronization control)라 부른다.

형상 통제(configuration control)는 기준선이 된 형상 항목에 대한 변경을 요청, 평가, 승인(또는 반려, 연기)하는 절차를 기술하고 실행하는 활동이다. 형상 통제는 프로젝트가 진행되며 활동의 결과로 생성되는 산출물에 대한 승인이 이루어지는 신규 형상 항목 등록과 이미 베이스라인이 되어 존재하는 형상 항목의 변경을 제어하는 변경 통제로 나누어 생각할 수 있다.

신규 형상 항목 등록

신규로 만들어진 형상 항목의 경우 신규 등록 요청서를 작성하여 새로운 문서(형상 항목)를 등록하게 된 사유를 밝히고 신규 등록 요청서에 문서를 첨부하여 승인을 받아야 한다. 이 승인과정은 일반적으로 공식기술검토회를 거쳐 합의점을 도출한 후 이루어진다. 이때 신규 등록 요청서는 새로 생성된 문서를 기준선이 마련된 형상 항목으로 등록하겠다는 것을 요청하는 문서이며, 승인을 통해 초기 승인 버전(최초 기준선 문서)이 만들어진다.

예를 들어, 요구사항 명세서 작성이 완료되면 분석가, 사용자, 개발자 등이 모여 공식기술검토회를 진행하고 합의점에 도달하면 이해 당사자들이 서명하고 최종 승인자의 승인을 받는다. 승인이 이루어진 형상 항목을 형상 관리 서버나 저장소에 등록(반영)하는 것을 체크인(check-in)한다고 한다. 체크인이라는 용어는 호텔에서 성명 등을 장부에 적고 키를 받아 투숙하는 절차를 의미하기도 하는데, 소프트웨어 형상 관리에서는 형상 관리 서버에 기준선 문서가 된 형상 항목이 저장되는 것을 의미한다.

신규 등록 요청서에 기록해야 하는 정보는 다음을 포함한다.

- 형상 항목의 이름과 버전
- 요청자의 이름과 조직
- 요청 일자
- 문서에 대한 설명

변경 통제

변경 통제(change control)는 기준선이 된 형상 항목에 대한 변경을 요청, 평가, 승인(또는 반려, 연기)하는 절차를 기술하고 실행하는 활동이다. 변경 통제는 형상 항목의 변경 요구를 검토 및 승인하여 적절한 통제를 구현하는 것이며, 변경 통제 내용은 변경 요구사항 관리, 변경 제어 관리, 참여 구성원(개발자, 관리자, 외주 업체 등)에 대한 변경 통제 및 지원을 포함한다.

그림 20-1은 변경 통제 절차 및 단계를 간략히 그려 놓은 것이다. 변경 통제는 기준선이 되어 있는 형상 항목들에 대한 변경을 요청, 평가, 승인(또는 비승인), 변경 실행 단계를 추적하고 문서화하는 것을 나타낸 것이다.

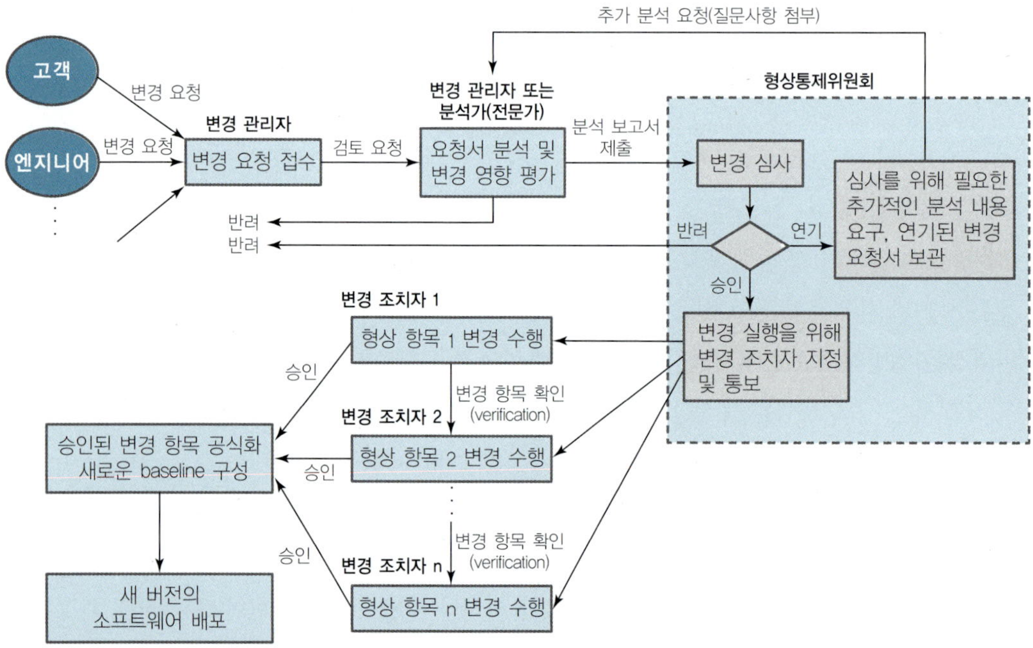

:: 그림 20-1 | 변경 통제 프로세스

(1) 변경 요청 접수

변경에 대한 필요성은 고객이나 내부 엔지니어에 의해 제기될 수 있으며, 변경 요청서(CRF : Change Request Form)는 변경을 원하는 변경 발기인(고객이나 개발자)에 의해 작성된다. 변경 관리자는 접수된 변경 요청을 관리 추적하는 담당자이다. 변경 관리자는 접수된 변경 요청 내용을 확인하고, 명확하게 불필요하다고 판단되는 변경 요청에 대해서는 반려(거절) 결정을 내린 후 변경 요청자에게 반려 사유를 알린다. 변경 관리자는 변경 요청 이력 관리를 위해 변경 요청 접수부터 변경 사후 결과 통보까지의 모든 업무를 변경 관리 대장에 기록한다. 변경 관리자는 접수된 모든 변경 요청에 대해 번호를 부여하고, 필요한 항목을 기록한다. 제안된 변경을 위해 변경 요청자의 이름과 조직, 요청 일자, 문제가 발생한 형상 항목들의 이름과 버전, 변경 내용, 변경 필요성, 심각도 등이 변경 요청서에 포함되어야 한다. 반려된 경우에는 변경 관리가 종료된다. 개발 도중 형상 항목들에 문제가 발생하여 변경이 요구되는 경우 형상 항목들의 이름과 버전이 포함된다. 표 20-1은 변경 요청서의 예이다.

:: 표 20-1 | 변경 요청서

〈변경 발기인 정보〉

이름	홍길동	연락처	042-xxx-xxxx
e-mail	gdhong@naver.com	소속	쇼핑몰 관리자

〈변경 관련〉

변경 요청서 제목	실시간 계좌 이체 기능 추가 구현을 위한 변경 요청서
변경 요청일	2012-07-18
변경 요청 사유	현재 온라인 입금은 무통장 입금 방식만 허용하고 있음 무통장 입금은 별도의 인터넷 뱅킹 시스템이나 ATM 기기 등을 이용해야 하므로 다소 번거로움이 있음 실시간 계좌 이체 기능이 제공된다면, 고객들이 보다 편리하게 실시간으로 결제를 진행할 수 있고, 관리자가 따로 온라인 입금 처리를 수행하지 않아도 되기 때문에 고객과 관리자 모두에게 향상된 편의성을 제공할 수 있음
변경 우선 사항	□긴급 ■높음 □보통 □낮음

〈형상(변경) 관리 담당자〉

이름	김도움	연락처	042-xxx-xxxx
e-mail	help_kim@naver.com	소속	Service Desk Team

〈변경 분석 및 평가 담당자〉

이름	이수정	연락처	042-xxx-xxxx
e-mail	crystal@naver.com	소속	품질 관리팀

(2) 변경 요청의 평가

변경 관리자는 우선 접수된 변경 요청에 대한 기술적인 타당성, 부작용, 시스템의 기능 및 형상 관리 항목들에 끼치는 영향, 수정에 소요되는 기간 및 비용 등을 평가한다. 필요하면 변경 관리자는 변경 요청에 대한 기술 검토와 자문을 위해 적합한 전문가 또는 관련된 사람들을 선정하고, 기술 검토를 의뢰할 부서를 지정하여 기술 검토를 의뢰한다. 일반적으로 문제가 발생한 시스템을 잘 알고 있는 전문가(또는 분석가)에게 변경 요청서에 대한 분석을 의뢰하여 변경에 대한 타당성, 변경의 범위와 영향을 분석한다. 앞에서 설명한 것처럼 제기된 문제점이 시스템의 결함 때문이 아니라 사용자가 기능이나 올바른 사용법을 인지하지 못해 제기된 경우 교육을 통해 해결하고 해당 변경 요청은 반려(기각)된다. 또 변경 요청이 타당하지 않거나 이미 고려되고 있는 것이라면 변경은 반려되고, 변경 요청을 제출한 당사자에게 그 결과와 이유를 알려주어야 한다.

변경 요청이 접수되었을 때 변경 요청을 검토, 승인 또는 거절하기 위해 형상 항목의 변경으로 영향을 받는 사람들로 형상통제위원회(CCB : Configuration Control Board)를 구성한다. 변경이 필요하다고 판단되는 경우 기술 검토를 의뢰받은 분석가는 수정 후 시스템이 어떻게 작동할지와 변경 시 요구되는 비용, 기대 효과 등 분석 결과(변경 영향 분석서)를 형상 관리 담당자에게 보고한다. 분석 결과는 프로젝트 관리자, 고객, 형상 관리 담당자 등으로 구성된 형상통제위원회가 공유할 수 있도록 한다.

CCB는 형상 항목에 어떤 변화가 일어나야 하는지, 어떤 변화 요청이 거절되어야 하는지 등을 결정하는 조직이다. CCB는 개인 또는 그룹일 수 있으며 어떤 변경 요청을 승인/거절할 것인가를 평가하고, 올바른 방법으로 적합한 변경이 이루어지도록 확인하는 임무를 가진 사람들의 모임으로 이루어져 있다. CCB 구성원들은 제품 출시 일정, 마케팅 전략, 시스템의 품질에 미칠 영향 등 시스템 전반에 걸친 문제를 고려하여 변경을 승인할 것인지 결정한다.

CCB의 구성원 중 의장(chairman)이 있어야 한다. 프로젝트 관리자 또는 형상 관리 그룹의 책임자(CMO : Configuration Management Officer)가 CCB의 의장이 될 가능성이 높다. CCB 의장은 변경 요청에 대한 승인/미승인을 최종적으로 결정하는 위치에 있다. 만약 변경 사유가 만족스럽지 못하여 변경이 거절되면 변경을 요구한 변경 요청자에게 그 사실을 통보한다. 변경 요청을 연기(defer)해야 할 경우 CCB 의장은 심사를 위해 추가로 요구되는 분석 내용을 요구하고, 연기된 변경 요청서는 추후 논의를 위해 보관하고, 변경 요청자에게 그 결과를 통지한다.

(3) 변경의 승인 또는 반려

변경 요청이 타당하다면 형상 관리 담당자는 형상통제위원회를 소집하여 변경에 대한 평가와 비용 검토 작업을 수행한다. 형상통제위원회는 제안된 변경의 범위의 타당성, 타 시스템 및 다른 구성 요소에 미치는 영향, 추가 소요 비용, 혜택 및 위험 평가를 수행하여 제안된 변경을 수행할 것인지 결정한다.

변경이 승인되면 형상 관리 담당자는 프로젝트 관리자와 협의하여 형상 변경 심의 결과를 기초로 변경 조치자를 선정하고, 변경 요청 내역을 통보한다. 변경의 효과, 투입되는 자원, 파급 효과 등을 평가하여 변경 요청을 반려해야 할 경우 변경 발기자에게 반려 사실 및 반려 이유를 전달한다. 표 20-2는 변경 승인 요청서의 예이다.

:: 표 20 – 2 | 변경 승인 요청서

〈변경 발기인 정보〉

이름	홍길동	연락처	042-xxx-xxxx
e-mail	gdhong@naver.com	소속	쇼핑몰 관리자

〈변경 관련〉

변경 요청서 번호	RFC-20120718-002
변경 요청서 제목	실시간 계좌 이체 기능 추가 구현을 위한 변경 요청서
변경 요청일	2012-07-18
변경 사유	현재 온라인 입금은 무통장 입금 방식만 허용하고 있음 실시간 계좌 이체 기능이 제공된다면, 고객들이 보다 편리하게 실시간으로 결제를 진행할 수 있고, 관리자가 따로 온라인 입금 처리를 수행하지 않아도 되기 때문에 향상된 편의성을 제공할 수 있음
변경 내용 기술	1. 실시간 계좌 이체 모듈은 가장 많이 사용되고 있는 'KG 이니시스' 사의 제품을 사용하도록 한다. 기존 모듈 변경을 최소화할 수 있으며, 간단한 설치 및 연동과정을 통해 실시간 계좌 이체 기능을 완성한다. 2. 결제방식 추가에 따른 개발 문서의 변경이 불가피하다. 새로운 결제 기능에 대한 정보 구조 및 처리과정의 변화를 명시하기 위한 모델링 작업이 추가적으로 요구된다.
변경 기대 효과	쇼핑몰을 사용하는 고객들이 온라인 입금방식을 통해 결제하고자 하는 경우 보다 편리한 결제를 진행할 수 있다. 쇼핑몰 관리자 역시 입금 여부를 일일이 확인하고 처리하는 번거로움을 줄일 수 있다. 실시간 계좌 이체를 통해 입금이 완료되면 해당 사항이 관리자에게 자동으로 통보되고, 결제 정보 또한 자동 갱신되므로 전반적인 업무 효율성이 증대될 수 있다.

변경 영향	개발 일정	총 3일(모듈 설치 및 연동 테스트, 운용 환경 실제 적용)
	개발 비용	• 인건비 - 초급 기술자 1인 : 162,862원 × 1인 × 3일 = 488,586원 - 고급 기술자 1인 : 251,772원 × 1인 × 2일 = 503,544원 • 모듈 구입비(초기 등록비) = 200,000원 • 모듈 유지비(1년) = 200,000원 총 개발 비용 : 1,392,130원
	개발 인력	3명(요구사항 분석 및 설계 담당자, 개발자 각 1명)

변경 영향	변경 대상 형상 항목	1. 요구사항 명세서(rev 1.0) 2. 설계 명세서(rev 1.3) 3. 소스 코드 - Order module(view 계층) 내 Order.jsp - dao module(WEB-INF 계층) 내 Order.dao
변경 우선사항		□긴급 ■높음 □보통 □낮음

〈변경 대상 형상 항목 목록〉

변경 대상 항목	요구사항 명세서(rev 1.0)	변경 조치자	김철수	소속	개발 1팀
	설계 명세서(rev 1.3)	변경 조치자	이영희	소속	개발 1팀
	Order module	변경 조치자	박영수	소속	개발 1팀
	dao module	변경 조치자	박영수	소속	개발 1팀

〈결재 정보〉

변경 승인 여부	■승인 □반려 □연기
결재자 의견	개발 일정과 인력에 대한 부담이 적으며, 개발 비용 또한 고객의 편의 요구사항 대비 적절한 수준에서 책정되었다고 판단, 변경을 승인함
결재일	2012-07-18
결재자 서명	김수현 (서명) 이용대 (서명) 박상원 (서명)

(4) 변경의 실행 및 승인

형상 관리 담당자는 변경 대상 형상 항목의 최신 버전을 형상 관리 서버나 저장소에서 체크아웃(check-out)하여 변경 조치자에게 전달한다. 형상 항목의 최신 버전을 형상 관리 서버나 저장소에서 자신의 개발 환경으로 가져오는(획득하는) 행위를 체크아웃한다고 한다. 체크아웃은 호텔 등에서 숙박료를 정산하고 방을 비우는 절차로 형상 관리 서버에서 변경 대상 형상 항목이 변경 실행을 위해 나온 것을 의미한다.

변경 조치자는 체크아웃된 형상 항목을 '소프트웨어 형상 변경 조치 계획서'에 따라 자신의 개발 환경에서 변경한다. 이 계획서는 변경을 수행하기 이전 변경 조치자가 변경에 요구되는 일정, 자원 등을 기록한 문서이다. 변경이 완료되면 변경 조치자는 소프트웨어 형상 관리 계획서(SCMP)에 기초하여 변경된 형상 항목에 대한 변경 추적성을 유지할 수 있도록 개정 이력 등을 기술하고, 새로운 버전 번호를 부여한다. 체크아웃된 형상 항목에 대한 수정 작업이 완료되면 검토 및 승인 절차를 거친 후 형상 관리 서버에 다시 등록되어(체크인) 관리되며, 이러한 일련의 과정은 정해진 절차에 따라 이루어져야 한다.

변경 조치자는 변경 요청상의 내용에 대해 모든 수정 작업이 완료되면 형상 관리 담당자에게 '소프트웨어 형상 변경 조치 결과서'를 작성하여 보고하고 이해 당사자들의 검토를 받는다. 변경 조치자는 자신이 변경한 내용에 대하여 문서 내에 개정 이력 등을 기록하고, 형상 관리 담당자는 해당 내용을 정리하여 향후 변경 이력 관리에 활용한다. 변경의 경우도 신규 형상 항목 승인의 경우와 마찬가지로 이해 당사자들이 서명하고 최종 승인자의 승인을 받는다.

최종 승인이 이루어진 형상 항목은 조직의 중앙 문서 관리 사무소에 보관되거나 운영 서버 데이터베이스에 저장되어 최신 버전으로 공식화된다(체크인). 체크인 결과 해당 형상 항목은 새로이 기준선이 설정되어 동결되며 리비전(revision)이 증가하게 된다. 형상 관리 담당자는 최신 버전으로 공식화된 형상 항목에 대한 상태 및 내역을 소프트웨어 개발 조직 구성원 및 관련 조직 구성원에게 알린다. 형상 관리 담당자는 변경 조치 결과를 소프트웨어 형상 관리 대장에 기록하고, 변경 조치 결과를 변경 요청자에게 통보한다.

4 형상 상태 기록 및 보고

형상 변경에 관해 기록하고 관리하는 것을 형상 상태 기록(configuration status accounting)이라 하고, 형상 항목의 상태가 바뀔 때마다 이해 당사자가 그 결과를 알 수 있도록 조치하는 것을 형상 상태 보고(configuration status reporting)라 한다. 형상 상태 기록은 형상 관리를 수행하며 (1) 무슨 일(사건)이 있었는지, (2) 누가 수행했는지, (3) 언제 일어났는지, (4) 다른 것에 어떤 영향을 미쳤는지를 기록하는 작업이다. 형상 상태 기록의 원칙은 소프트웨어 개발에 관련된 중요 사건은 반드시 기록하고, 소프트웨어 개발 중 수집된 모든 사건에 대한 완벽한 데이터베이스 관리를 수행하며, 소프트웨어 개발과정에 대한 완벽한 보고서를 작성하여 배포하는 것이다.

형상 상태 보고는 형상 항목에 대한 상태가 바뀔 때마다 소프트웨어 개발자 또는 관련 부서가 변경 정보를 쉽게 얻을 수 있도록 조치하는 것이다. 예를 들어, 요청된 변경이 형상통제 위원회에 의해 승인되거나, 형상 감사가 행해진 결과 등을 웹사이트나 온라인 데이터베이스에 올려 관리자나 실무자들이 중요한 변경을 쉽게 인식할 수 있도록 형상 상태 보고는 주기적으로 작성된다.

5 형상 감사 및 검토

형상 관리 계획서에 나와 있는 변경 관리 프로세스가 적용되어 변경이 적절하게 이루어졌는가를 감독하고 검사하는 것을 소프트웨어 형상 감사(configuration audit)라 하며, 이를 위해 기술적인 검토가 필요하다.

형상 감사는 형상 항목에 대한 기능 및 성능 요구사항이 만족되었음을 검사 시험한 기록을 조사하며, 구현되고 시험된 제품이 기능적 요구사항을 만족하는 것을 확인하는 과정이다. 형상 감사는 소프트웨어와 함께 배달될 문서들(형상 항목들)이 논리적으로 일관성을 확보하고 있는가를 확인한다. 또한 소프트웨어를 개발하며 변경, 기록, 보고하는 과정에서 제시되어 있는 변경 통제 절차에 따라 적절하게 형상 관리가 이루어졌는지 평가한다. 형상 감사를 위해 형상 감사의 목적, 감사 대상 형상 항목, 감사 일정과 절차, 감사 참가자, 승인 기준과 승인 시 발생할 구체적인 조치 등이 문서화되어 있어야 한다.

형상 감사 권한을 가진 담당자는 소프트웨어 제품의 완전성을 점검하며 문제가 발생하면 문제를 시정하는 것은 물론 문제의 근본 원인을 찾아내어 같은 문제가 다시 발생하지 않도록 조치해야 한다. 담당자는 형상 항목이 올바른 버전들로 통합되어 있는지, 문서가 최신 버전인지 확인한다. 필요하면 시정 조치를 요청하고 형상 감사 결과 보고서를 작성한다. 형상 감사는 개발 경험자보다는 소프트웨어 이해도가 높은 감리사 및 전문가 집단에 의해 수행되는 것이 일반적이다.

6 형상 관리 계획 표준

앞에서 기술한 바와 같이 형상 관리는 품질 보증을 위해 필수적인 요소이다. 형상 관리를 체계적으로 수행하기 위해 형상 관리 계획이 수립되어야 하며, 형상 관리 계획은 형상 관리를 체계적으로 하기 위해 요구되는 표준과 절차를 기술한다. 형상 관리 계획은 프로젝트 개발 초기인 계획 단계에서 이루어진다.

형상 관리 계획은 형상 개체를 식별하기 위해 요구되는 형상 항목 식별 활동, 형상 관리 활동을 달성하기 위한 책임과 권한을 가지는 사람 선정 또는 형상통제위원회(CCB) 활동 정의, 변경 제어와 버전 관리를 위해 요구되는 형상 관리 수행 절차와 표준 정의, 형상 관리에 사용되는 도구와 프로세스 명시, 형상 베이스라인 설정 계획, 형상 감사 계획 수립을 포함한다.

IEEE에서 제공하는 기술 표준 규격 문서인 소프트웨어 형상 관리 계획(SCMP : Software Configuration Management Plans, IEEE Std 828-1998)과 국내 정보통신기술협회(TTA : Telecommunications Technology Association)에서 제공하는 소프트웨어 형상 관리 계획 표준(Standard for Software Configuration Management Plans, TTA.IE-828)은 형상 관리 계획서의 전체 구성과 내용을 기술하며, 이 표준은 대부분의 소프트웨어 프로젝트에 적용 가능하다. 형상 관리 계획서 작성 시 이러한 표준의 형식과 목차를 정확히 따르는 포맷(format) 준수와 표준을 다시 정리하여 따르는 내용 준수가 있다.

인터넷 쇼핑몰 프로젝트를 예로 형상 관리 계획서를 작성하여 부록에 소개하고 있으니 활용해 보기 바란다.

요 약 SOFTWARE ENGINEERING

소프트웨어의 형상은 소프트웨어 개발 프로세스의 결과물인 문서(산출물)들로 이루어져 있다. 기준선이 이루어진 문서들에 대한 체계적인 관리를 수행하는 것을 형상 관리라 하며, 네 가지 기능, 즉 형상 식별, 형상 통제, 형상 보고 및 형상 감사와 검토로 이루어져 있다.

소프트웨어 형상 관리는 소프트웨어 개발 라이프 사이클 전 과정에 적용되는 변경 관리 활동이다. 형상 관리는 소프트웨어가 개발되는 동안은 물론 고객에게 배달되어 사용되는 전 과정에 걸쳐 변경 요구를 관리하고 시스템의 수정을 제어 관리한다. 변경 제어 활동은 변경 요구로 시작하여 변경에 대한 구체적인 추진 계획을 수립한 후 수정이 요구되는 형상 항목에 대한 변경을 수행함으로써 이루어진다.

소프트웨어의 형상 관리는 효율적인 소프트웨어 프로젝트 진행과 유지보수 관리를 위해 반드시 필요한 활동이며, 효율적인 형상 관리를 위해 적절한 조직 구성 및 지속적인 관리가 필요하다. 이를 위해 자동화된 형상 관리 도구를 사용할 필요가 있으며, 현재 형상 관리 자동화 및 원시 코드 관리 등을 지원하기 위한 도구로 Inter solve PVCS, Source Safe, Rational Clear Case 등이 있다.

EXERCISE

연습문제

객관식 문제

01 프로젝트 관리 측면에서 형상 관리의 용도가 아닌 것은?

① 프로젝트 범위 관리 및 자원 관리
② 프로젝트의 체계적이고 효율적인 관리 기준 제공
③ 프로젝트의 원활한 통제 가능
④ 프로젝트에 대한 가시성과 추적성 보장

02 소프트웨어 개발 측면에서 형상 관리의 용도가 아닌 것은?

① 소프트웨어의 무절제한 변경 예방
② 빠른 소프트웨어 개발
③ 소프트웨어 변경에 따른 부작용 최소화
④ 소프트웨어의 유연한 외주 관리를 가능하게 함

03 형상통제위원회(CCB : Configuration Control Board)의 임무가 아닌 것은?

① CCB는 형상 항목의 변경 작업 실행
② CCB 구성원들은 제품 출시 일정, 마케팅 전략, 시스템의 품질에 미칠 영향 등 시스템 전반에 걸친 문제를 고려하여 변경을 승인할 것인지 결정
③ 올바른 방법으로 적합한 변경이 이루어지도록 확인하는 임무를 가진 사람들의 모임
④ CCB의 기본 기능은 변경을 관리하고 제어

04 형상통제위원회에 의해 변경이 승인 또는 반려되면 수행하는 작업이 아닌 것은?

① 형상 관리 담당자는 변경 대상 형상 항목의 최신 버전을 형상 관리 서버나 저장소에서 체크아웃(check-out)하여 변경 조치자에게 전달한다.
② 형상 관리 담당자는 프로젝트 관리자와 협의하여 형상 변경 심의 결과를 기초로 변경 조치자를 선정하고, 변경 요청 내역을 통보한다.
③ 변경의 효과, 투입되는 자원, 파급 효과 등을 평가하여 변경 요청을 반려해야 할 경우 변경 발기자에게 반려 사실 및 반려 이유를 전달한다.
④ 변경 관리자는 변경 요청에 대한 기술적인 타당성, 부작용, 시스템의 기능 및 형상 관리 항목들에 끼치는 영향, 수정에 소요되는 기간 및 비용 등을 평가한다.

05 변경 요청에 대한 기술적인 타당성, 부작용, 시스템의 기능 및 형상 관리 항목들에 끼치는 영향, 수정에 소요되는 기간 및 비용 등을 평가하는 조직은?

① 형상통제위원회 ② 형상 감사팀
③ 형상 관리 담당자 ④ 프로젝트 관리자

06 형상 항목의 승인이 이루어진 형상 항목을 형상 관리 서버나 저장소에 등록(반영)하는 것을 일컫는 용어는?

① 체크아웃(check-out) ② 형상 감사(audit)
③ 형상 보고(reporting) ④ 체크인(check-in)

07 형상 관리 계획에 포함되는 내용이 아닌 것은?

① 형상 관리 활동을 달성하기 위한 책임과 권한을 가지는 사람 선정
② 프로젝트의 복잡도와 크기 규명
③ 변경 제어와 버전 관리를 위해 요구되는 형상 관리 수행 절차와 표준 정의
④ 형상 관리에 사용되는 도구와 프로세스 명시

08 소프트웨어 형상 관리의 대상으로 거리가 먼 것은?

① 소스 레벨과 수행 형태인 컴퓨터 프로그램
② 숙련자와 사용자를 목표로 한 소프트웨어 시스템을 서술하는 문서
③ 시스템 개발 비용
④ 설계 문서 내에 포함된 자료 구조

09 소프트웨어 형상 관리(SCM : Software Configuration Management)에 대한 설명으로 가장 적합한 것은?

① 사용자의 요구사항을 올바르게 이해하도록 관리하는 활동이다.
② 작업 산출물을 정해진 시간 내에 작성하도록 관리하는 활동이다.
③ 이해된 요구사항을 소프트웨어에 제대로 반영하여 올바르게 제품을 만들어 갈 수 있도록 보장하는 관리 활동이다.
④ 소프트웨어의 산출물을 확인하고 소프트웨어의 변경을 통제하는 일련의 관리 활동이다.

10 소프트웨어에 대한 변경이 요구되면 변경 원인 파악, 변경 통제, 변경 수행, 변경 통보 등을 적절히 수행하여 프로젝트가 혼동에 빠지는 것을 막는 보호 활동은?

① 형상 관리 ② 위험 관리
③ 유지보수 관리 ④ 프로젝트 관리

11 소프트웨어 형상 관리의 의미로 가장 적절한 것은?

① 비용과 일정을 효율적으로 관리하는 것
② 개발과정의 문서화 및 변경사항을 관리하는 것
③ 고객의 요구사항이 올바르게 이해될 수 있도록 관리하는 것
④ 소프트웨어의 개발 범위를 올바르게 이해하는 것

주관식 문제

01 소프트웨어의 형상을 정의하라.

02 형상 항목을 설명하고 그 예를 들어라.

03 문서의 baseline(기준선 문서)에 대하여 설명하고, 기준선이 왜 필요한지 그 이유를 설명하라.

04 형상 항목의 변경 통제 과정에 대하여 flowchart를 이용하여 기술하라.

05 버전(version), 리비전(revision), 릴리즈(release)의 차이점을 설명하라.

객관식 문제 정답 1. ① 2. ② 3. ① 4. ④ 5. ① 6. ④ 7. ② 8. ③ 9. ④ 10. ① 11. ②

Chapter

21 소프트웨어 검증 및 확인

개발 중인 소프트웨어가 고객의 요구를 만족시키고 요구사항 명세서에 기록되어 있는 기능을 수행할 수 있도록 보장해야 한다. 소프트웨어의 확인 및 검증은 소프트웨어 산출물들의 관계를 추적하여 고객에게 올바른 제품을 제공하기 위한 관리 활동이다. 확인 및 검증은 요구사항 검토에서 시작하여 개발 라이프 사이클 전 과정에 걸쳐 진행된다.

Chapter 21

소프트웨어 검증 및 확인

학습목표

1. 소프트웨어의 확인 및 검증의 차이점을 이해한다.
2. 소프트웨어의 확인은 어느 단계에서 진행되며, 그 기법은 무엇인지 살펴본다.
3. 소프트웨어의 검증은 어느 단계에서 진행되며, 그 기법은 무엇인지 살펴본다.
4. 개발 라이프 사이클 단계별로 진행되는 확인 및 검증 활동을 기술한다.
5. 소프트웨어의 확인 및 검증 계획에 포함되어야 할 항목은 무엇인지 설명한다.

소프트웨어 개발 프로세스는 여러 단계를 거쳐 이루어진다. 소프트웨어 개발과정에서 요구사항과 그로부터 파생되는 다른 산출물들의 관계를 관리하는 능력으로 추적성(traceability)을 정의한다. 추적성은 시스템 개발 프로세스 내 서로 다른 단계의 요구사항들 사이에 연관관계를 제공하는 기술이다. 예를 들어, 요구사항 분석 단계에서 밝혀진 고객의 요구가 다음 단계 결과물인 설계 문서에 올바로 반영되어 있는지 확인하는 것도 대표적인 추적 활동이다.

원하는 소프트웨어를 만들기 위해 우선 사용자의 요구사항을 정확히 이해해야 하며, 이해된 사용자의 요구사항을 소프트웨어에 제대로 반영하여 구현해야 한다. 사용자의 요구사항을 올바르게 이해하는 과정을 확인(validation)이라 하며, 확인은 고객의 요구사항을 요구사항 명세서에 올바로 반영했는지, 소프트웨어가 고객의 요구사항을 만족하는지 점검, 평가하는 것을 포함한다.

한편, 이해된 요구사항을 소프트웨어에 제대로 반영하여 올바르게 제품을 만들어 갈 수 있도록 보장하는 활동을 검증(verification)이라 한다. 검증은 소프트웨어가 요구사항 명세서와 일치하는지 점검하는 것이다. 이를 위해 요구사항 분석 결과가 설계에 올바로 반영되어야 하고, 설계 결과가 구현에 올바로 반영되어야 한다. 즉, 확인이란 소프트웨어가 고객의 기대와 요구사항을 만족시킬 수 있도록 보장하는 활동이고, 검증이란 소프트웨어가 지정된 기능을 정확히 수행할 수 있도록 단계별 점검을 통하여 추적하는 활동이다.

소프트웨어 확인 및 검증(V&V : Validation and Verification)은 개발 대상 소프트웨어가 사용자 요구사항을 만족할 수 있도록 개발 생명주기 전반에 걸쳐 수행되는 분석과 점검 프로세스이며, 중요한 프로젝트 관리 활동 중 하나이다. 확인과 검증이 종종 의미적으로 혼동을 일으키지만 둘의 개념은 서로 다르다. 보엠(Barry Boehm)은 확인과 검증을 다음과 같이 비교 설명하고 있다.

- 확인 : 올바른 제품을 만들고 있는가?(Are we building the right product?)

• 검증 : 제품을 올바르게 만들고 있는가?(Are we building the product right?)

여기서 올바른 제품이란 사용자의 요구사항을 만족하는 제품을 의미하며 이를 위해 사용자의 요구사항을 올바로 이해하는 일이 선행되어야 한다. 제품을 올바르게 만들고 있는가의 문제는 주어진 요구사항, 즉 스팩(specification)대로 개발하고 있느냐를 점검하는 일이다.

따라서 확인이란 첫 번째 창조인 요구사항 분석이 올바르게 이루어졌는지 점검하는 일이며, 검증이란 두 번째 창조인 개발이 올바르게 이루어지고 있는지 점검하는 일이다. 고객의 요구사항을 정확히 밝혀내는 확인 작업은 요구사항을 분석(analysis)하고 이를 문서화하여 명세서(specification)를 작성하여 이루어지며, 추후 만약 요구사항의 변경이 발생하면 변경을 적절히 관리하는 것(change management)을 포함한다. 밝혀진 고객의 요구사항이 소프트웨어에 적절히 반영되었는지의 여부를 점검하는 검증 작업은 요구사항을 설계, 구현, 시험 단계까지 추적성 관리(traceability management)를 통해 이루어진다. 확인 및 검증은 만들어질 시스템이 가지고 있는 위험 요소를 초기에 발견할 수 있도록 하고, 신뢰성과 유지보수성 및 확장성을 얻을 수 있도록 하는 데 그 목적이 있다.

1 확인

고객의 요구사항을 관리하는 2가지 주요 활동은 요구사항을 수집하고 분석하여 요구사항 명세서(SRS : Software Requirements Specification)를 만들고, 이후 변경이 요구되면 요구사항 변경을 관리하는 일이다. 요구사항 명세서를 만드는 활동이 프로젝트 초기에 이루어지는 반면 요구사항 변경 관리는 프로젝트 전 과정을 통해 이루어진다.

ANSI/IEEE에 따르면 확인(validation)은 '개발과정 중이나 종료 시점에서 시스템 또는 소프트웨어가 고객의 요구사항들을 만족하는지 여부를 평가하는 프로세스'라고 정의하고 있다. 따라서 확인은 개발 프로세스의 처음과 말미에 주로 수행되는(end-to-end) 점검 활동이라고 볼 수 있다.

프로젝트 초기 고객의 요구사항 확인을 위해 사용되는 여러 기법이 있으며 시제품 개발(prototyping), 기술적 검토(technical review), 시뮬레이션(simulation) 등을 포함한다. 시제품 개발은 개발자와 사용자가 필요로 하는 시스템에 대한 올바른 시각을 가지고 있는지 검사하기 위해 시스템의 초기 버전을 만들어 시험해 보는 것이다. 소프트웨어 개발 시 개발 초기 고객의 요구사항을 잘 모르거나 확신하지 못하는 경우가 흔하며 이때 시제품은 고객의 요구사항을 점검하는 의사소통 방법으로 사용된다.

소프트웨어의 기술적 검토는 개발 프로세스의 여러 지점에 적용되며 결함과 오류를 발견하여 제거하는 데 사용된다. 기술적 검토는 프로젝트의 문서인 요구사항 명세서, 설계 문서, 소스 코드, 프로젝트 계획서 등 작업 산출물들을 결점 없이 깨끗하게 하기 위해 다른 사람이 점검하는 것이다. 요구사항 명세서에 대한 기술 검토는 소프트웨어 프로젝트의 대표적인 기술 검토로 많은 노력이 요구되는 중요한 작업이다.

시뮬레이션은 복잡한 문제나 사회 현상을 해석하고 해결하기 위하여 실제와 비슷한 모형을 만들어 모의적으로 실험하여 그 특성을 파악하는 일이다. 실제로 모형을 만들어 실험하는 물리적 시뮬레이션을 '모의 실험'이라 한다. 또한 시뮬레이션은 개발에 들어가기 전에 만들고자 하는 소프트웨어를 모형화하여 가상으로 수행시켜 봄으로써 기능 이외의 요구사항이 완전하고 일관성이 있는지, 논리적으로 모순은 없는지, 주어진 시간 내에 작동하는지 등 실제 상황에서의 결과를 예측하기 위해 시스템을 모델링해 보는 것이다.

한편, 프로젝트 후반부에 수행하는 확인 기법으로 확인 시험(validation testing)이 있다. 확인 시험은 만들어진 소프트웨어가 정말 고객이 원하는 것인지, 고객의 요구사항을 만족하는지 입증하는 시험이다. 요구사항 명세서는 확인 시험의 기준을 제공한다. 확인 시험은 소프트웨어가 모든 기능적 요구사항을 만족하는지, 성능 요구를 충족시키는지, 문서는 제대로 만들어졌는지, 비기능적 요구사항(에러 복구, 호환성 등)들을 만족시키는지 총체적인 점검을 수행하는 것이다. 확인 시험은 소프트웨어가 처리하는 실제 데이터를 사용하여 프로그램을 실행하며 이루어진다.

자판기를 예로 다음과 같은 요구사항을 생각해 보자.

- 고객이 원하는 음료수에 대해 버튼을 누를 때, 자판기는 음료수를 제공한다.
- 음료수가 제공된 후, 자판기는 현재 총액에서 음료수의 가격을 빼고 수정된 총액을 보여준다.
- 고객은 잔돈 회수 버튼을 누르고 자판기는 금액 표시란에 보여진 총액과 같은 금액을 되돌려 준다.

이 요구사항 명세서를 보면 만약 음료수 가격을 빼고 난 금액이 최저 음료수 가격보다 적은 경우에도 고객이 잔돈 회수 버튼을 눌러야 되는지 명확하지 않다. 이 경우 사용자가 잔돈 회수 버튼을 누르지 않고도 잔돈 반환을 원하는 경우가 일반적이며, 확인 결과 만약 잔돈이 반환되지 않으면 이의 수정을 요구할 수 있다. 사용자가 만들어진 시제품을 사용해 보고 이러한 문제점을 지적하여 수정하는 것은 요구사항을 확인하는 예라 볼 수 있다.

대부분 시스템의 요구사항을 기술하는 데 우리가 일상적으로 사용하는 완성된 문장으로 기술할 수 있으나 많은 상업용 자료 처리 시스템의 경우 기능들이 트랜잭션에 기초한 경우가 많으며, 이런 경우 요구사항을 모아 테이블 형태로 기술하여 이를 쉽게 확인해 볼 수 있다. 표 21-1은 자판기의 요구사항을 쉽게 확인할 수 있도록 테이블 형태로 만든 것이다.

:: 표 21-1 | 확인 테이블

입력 조건	Choice mode ok	1	1	1
	Drink available	1		0
	Balance enough	1	0	
결과	Drink served	1		
	No drink			1
	Amount less		1	
	Invalid choice			
프로세스 번호		1.3.4.5 (give drink)	1.1 (display amount less)	1.6 (display no drink)

각 항목의 '1'은 조건이 만족됨을 나타내고, '0'은 조건을 만족하지 않음을 나타낸다. 맨 밑 행의 번호는 요구사항 명세서에 기록되어 있는 기능 번호 또는 프로세스 번호를 의미한다. 이러한 테이블 형태의 확인방법은 매우 유용하다. 시스템의 요구 조건이 모순 없이 완전한가를 검사하여 시스템의 요구사항에 대한 높은 신뢰도를 가질 수 있다. 이러한 요구사항 규명 문서는 요구사항 명세서의 문서 양식인 확인 기준(validation criteria)에 기록될 수 있다.

2 검증

검증(verification)은 소프트웨어가 요구사항 명세서에 정의되어 있는 특정 기능을 정확히 구현했는지 점검하는 활동이다. 검증은 이를 위해 개발 주기상에서 현 단계의 산출물이 바로 이전 단계의 산출물과 일치하는가를 검사하는 과정이다. 즉, 사용자가 원하는 대로 소프트웨어가 제대로 만들어지고 있는지, 요구사항 명세서에 기술되어 있는 사용자 요구사항대로 시스템이 동작하는지 검사하는 것이다.

검증을 지원하기 위한 가장 간단한 방법은 요구사항 항목에서 설계 항목으로, 설계 항목에서 코드 항목으로, 코드 항목에서 테스트 케이스로 매핑하는 것이다. 검증은 주로 설계, 구현, 시험 단계에서 이루어지며, 시스템 개발의 각 단계에서 그 이전 단계의 결과를 올바르게 반영하고 있는지, 전 단계에서 정해진 사양과 일치하는지 검토함으로써 시스템이 정확히 구축되는지 추적하는 활동이다.

검증을 위한 추적에는 전방향 추적(forward tracing)과 역방향 추적(backward tracing)의 두 유형이 있다. 전방향 추적은 특정 요구사항에 대해 라이프 사이클 각 단계의 산출물의 추적 항목을 추적하는 것이며, 역방향 추적은 다양한 단계의 산출물의 추적 항목으로부터 요구사항 출처까지 추적하는 것이다. 전방향 추적은 소프트웨어가 요구사항을 만족하도록 개발되기 위해 반드시 필요하고, 역방향 추적은 변경이 요구되어 재시험하는 과정인 회귀 테스트(regression test) 등을 수행할 때 유용하다. 요구사항에 대하여 전방향 추적과 역방향 추적이 모두 가능하도록 양방향 추적성(bidirectional traceability)을 유지하는 것이 요구되며, 요구사항 변경에 대한 영향 평가를 수행할 때 특히 필요하다.

표 21-2는 설계의 결과가 요구사항 명세서의 요구 조건을 만족하는지 조사하기 위해 사용하는 검증 행렬(verification matrix)이다. 검증 행렬은 2차원의 테이블을 사용하여, 행에는 기능 번호 또는 프로세스 번호를 사용하고 열에는 모듈 이름을 사용한다. 이를 통해 요구사항 명세서의 기능과 설계 문서의 모듈을 매핑시킴으로써 요구사항의 추적을 용이하게 한다. 요구사항이 변경되었을 때 검증 행렬에 포함된 정보는 변경으로 인한 영향을 분석 평가하기 위해 사용될 수 있다.

:: 표 21-2 | 검증 행렬

모듈 / 기능	accept coin return	accept coins	get new-price	check & update status	check & update balance	update price	give drink	print report	return coin
get daily report								×	
change price			×			×			
return coins	×								×
accept coins		×			×				
check & update status				×					
check & update balance					×				
serve drink		×		×	×		×		

결국 검증은 요구사항에 대한 추적성 관리(traceability management)라 할 수 있으며, 분석 이후 단계에서 생성되는 산출물의 단위 요소('추적 항목'이라고도 부름)에 대하여 요구사항의 출

처까지 추적할 수 있는 것을 목표로 한다. 이러한 추적 활동은 '최종 버전의 소프트웨어가 고객의 요구사항을 만족해야 한다'는 프로젝트 목표를 달성하는 데 중요하다[CMM 2002].

3 개발 라이프 사이클과 V&V

V&V 관리 활동은 모든 소프트웨어 개발 라이프 사이클에 걸쳐 수행되며, 소프트웨어 결과물과 개발 프로세스에 대하여 객관적인 평가를 수행한다. 이 평가는 각 라이프 사이클 단계에 대한 요구사항(타당성, 완전성, 정확성, 일관성)이 충족되었는지 점검하는 것이며, 각 라이프 사이클 단계의 종료를 심사하고 다음 라이프 사이클 단계들을 착수시키기 위한 기반을 제공한다. V&V 관리는 프로젝트 개발 라이프 사이클 각 단계별로 수행해야 하는 V&V 작업을 규명하고, V&V 계획을 수립하여 소프트웨어 검증 및 확인 계획서(SVVP : Software Verification and Validation Plan)를 작성하는 것에서 출발한다. SVVP에서 수립한 계획대로 각 개발 라이프 사이클 단계에서 V&V 활동을 수행하고 그 결과를 문서화한다. V&V 관리 활동은 형상 관리, 품질 보증 등 다른 지원(보호) 프로세스와 조화를 이룰 수 있도록 수행되어야 한다.

다음은 개발 팀이 수행하는 각 라이프 사이클 단계별 V&V 관리 활동에 대하여 살펴보자.

계획 단계 V&V

소프트웨어 개발 라이프 사이클 초기 단계인 계획 단계에서 V&V 계획이 수립되어야 한다. V&V 계획은 검사와 시험에 관한 표준과 절차를 확립하고, 검사와 시험 계획을 수립한다. 계획 단계의 V&V 활동은 프로젝트 계획 문서들(예를 들어, 프로젝트 관리 계획서, 품질 관리 계획서 등)에 대한 평가, 초기 요구사항에 대한 평가, 추적 가능성 분석 등도 포함한다.

계획 단계의 V&V 관리 활동의 주목적은 V&V 프로세스를 확립하고 V&V 관리 계획을 수립하여 SVVP를 작성하는 것이다. 계획 이후 각 라이프 사이클 단계의 V&V 활동과 작업의 결과는 V&V 작업 보고서에 기술되고, 소프트웨어 개발 라이프 사이클이 종료될 때 중간 단계의 작업 보고서를 통합하여 V&V 최종 보고서가 작성된다.

요구사항 분석 단계 V&V

요구사항 분석 단계에서 고객의 요구사항이 도출 · 평가 · 분석되며, 이러한 과정에서 고객들은 도출된 요구사항들이 자신들이 제시한 필요와 적절하게 대응되는지 여부를 판단한다. 요구사항 분석 V&V 활동은 요구사항의 타당성, 완전성, 정확성, 시험 가능성과 일관성을 보장하기 위한 작업들로 구성되며, 소프트웨어 요구사항이 정확하게 정의되고 문서화되었는지를 확인한다.

요구사항 분석 V&V 활동은 소프트웨어 요구사항 평가, 소프트웨어 요구사항 추적성 분석, 인터페이스 분석, 시험 계획 생성(시스템 시험, 수락 시험) 작업을 포함한다.

(1) 소프트웨어 요구사항 평가

고객으로부터 유발된 요구사항들과 SRS(Software Requirement Specification : 요구사항 명세서)에 문서화된 요구사항들이 고객의 필요를 정확하게 반영하고 완벽하게 작성된 것인지 검증하고 확인하는 것이다. 이를 위해 프로젝트 관리자, 분석가, 개발자, 테스터, 품질 보증 팀 구성원, 고객 대표 그룹 구성원들이 모여 SRS에 대한 공식기술검토회를 진행한다. 프로젝트 관리자는 공식기술검토회의 일정 등 전반적인 행사 계획을 총괄 관리한다.

(2) 소프트웨어 요구사항 추적성 분석

SRS가 완벽하게 개념 문서(제안 요청서, 제안서 등)에 명시된 가능성을 모두 만족하는가를 알아본다. 개념 문서에 포함된 사용자의 필요를 SRS가 만족시키는지 확인하며, 요구사항이 이후의 개발 단계를 통해 추적 가능하도록 SRS를 구조화한다. 개념 문서로부터 또는 이후의 개발 단계 산출물로부터 추적이 불가능한 요구사항이 없도록 한다.

(3) 인터페이스 분석

SRS의 인터페이스 정의 부분을 통해 밝혀진 모든 외부 인터페이스들(유저 인터페이스, 타 시스템과의 인터페이스 등)과 소프트웨어 기능들 사이의 관계가 완벽하고 정확하게 명시되는지를 점검한다. 필요하면 화면 구조를 미리 프로토타이핑하여 고객이 원하는 기능이 제대로 반영되었는지 확인한다.

(4) 시험 계획 생성(시스템 시험, 수락 시험)

소프트웨어가 시스템의 목적에 부합되는가를 확인할 수 있도록 시스템 시험과 수락 시험(acceptance test)을 계획한다. 시스템 및 수락 시험 계획서는 기능 요구사항 목록과 유스케이스 시나리오, 추적성 분석의 결과(추적성 매트릭스 등)들을 참조하여 작성한다. 소프트웨어가 다른 하드웨어 또는 컴포넌트와 통합하여 연동할 경우 시스템 시험을 통해 시스템 환경하에서 소프트웨어가 모든 기능적인 요구사항을 준수하는지 확인할 수 있도록 계획한다.

설계 단계 V&V

설계 단계에서 SRS를 바탕으로 소프트웨어 아키텍처, 소프트웨어 구성 요소(모듈 또는 클래스), 사용자 인터페이스, 데이터베이스에 대한 설계가 이루어진다. 설계 V&V는 설계 문서가 요구사항에 맞게 작성되었는지를 검증하는 데 초점을 맞춘다. 즉, 요구사항 분석 단계에서 정의한 사용자의 요구(논리 모델)가 소프트웨어의 모습인 설계 모델(물리 모델)로 발전되는 과정에서 누락되거나 매핑이 잘못 이루어진 요소가 없는지 확인한다.

(1) 추적성 분석

설계 문서(설계 클래스 다이어그램, 화면 정의서, 관계형 데이터베이스 테이블, 설계 시퀀스 다이어그램 등)가 SRS의 요구사항을 올바로 반영하여 작성되었는지 검사한다. SRS와 설계 문서 간의 양방향 추적이 이루어지는지 확인할 수 있도록 한다. 객체지향 기법을 사용한 경우 SRS의 유스케이스와 클래스 다이어그램은 설계 단계에서 화면 클래스, 로직 클래스, 데이터 접근 클래스, 관계형 데이터베이스의 테이블 등과 관련을 맺을 수 있다.

(2) 소프트웨어 설계 평가

설계 문서의 내용들이 계획된 아키텍처 스타일과 설계방법론을 준수하고 있는지, SRS의 논리 모델과 일관성을 유지하고 있는지 확인한다. 또한 소프트웨어 아키텍처를 구성하고 있는 주요 모듈들과 그들 간의 관계가 적절히 기술되었는지 확인한다. 특히, 요구사항 분석 단계에서 작성된 클래스 다이어그램과 시퀀스 다이어그램이 설계 단계에서 작성된 상세 클래스 명세서와 시퀀스 다이어그램으로 적절히 변경되었는지 확인한다.

(3) 시험 계획 생성(단위 시험, 통합 시험)

소프트웨어 구성 요소(예를 들어, 클래스)들이 정확하게 구성 요소 요구사항을 구현하고 있는지 검증하기 위해 단위 시험(구성 요소 시험이라고도 함)을 계획한다. 구성 요소들이 설계 요구사항에 부합하고, 구성 요소의 경계와 인터페이스, 오류 조건하에서 올바로 작동하는지 측정한다. 더불어 설계 요구사항과 단위 시험에 요구되는 시험 설계, 시험 사례, 시험 절차, 실행 결과를 추적할 수 있도록 단위 시험을 계획한다. 또한 소프트웨어를 구성하는 모듈들(클래스 또는 컴포넌트)이 제대로 통합되어 소프트웨어의 요구사항을 만족하는지 여부를 확인하기 위해 통합 시험을 계획한다.

(4) 시험 설계 생성(단위 시험, 통합 시험, 수락 시험, 시스템 시험)

구성 요소, 통합, 시스템, 수락 시험에 대한 시험 설계 명세서를 작성한다. 각 시험 설계 명세서에는 시험되어야 하는 특성, 접근방법, 시험 식별자, 성공/실패 기준 등과 같은 핵심 내용이 포함되어야 한다. 시험 설계에서 식별된 시험 사례와 시험의 대상이 되는 특성(기능 요구사항, 비기능 요구사항) 사이의 추적이 이루어지는지 여부를 분석할 필요가 있다. 이를 위해 앞에서 작성한 추적성 매트릭스를 확장하도록 한다.

구현 V&V

구현 단계에서 V&V 작업들은 코드가 설계 문서와 코딩 표준을 얼마나 준수하는지 확인한다. 구현 단계에서의 V&V의 목적은 소스 코드의 품질을 결정하는 것이다. 구현 단계의 V&V 활동은 추적성 분석, 원시 코드 및 원시 코드 문서 평가, 인터페이스 분석, 소스 코드 문서화 평가, 시험 사례 생성(구성 요소 시험, 통합 시험, 시스템 시험, 수락 시험), 시험 절차 생성(구성 요소 시험, 통합 시험, 시스템 시험, 수락 시험), 구성 요소 시험 실행 작업을 포함한다.

(1) 추적성 분석

설계 문서와 소스 코드 사이의 관계를 추적한다. 소스 코드에서 설계 구성 요소(화면 클래스, 설계 클래스)들에 이르기까지 추적성 분석의 목표는 설계와 소스 코드 사이에서 발생할 수 있는 불일치성을 식별하는 것이다. 설계 명세서의 구성 요소들과 소스 코드 사이의 양방향 추적 결과를 기록하기 위해 추적성 매트릭스를 작성한다. 화면 클래스나 설계 클래스가 실제 어떤 소스 코드 파일로 매핑이 되는지 나타내야 하며, 구현과정에서 부득이하게 추가된 소스 코드에 대해서도 추적할 수 있도록 해야 한다.

(2) 원시 코드 및 원시 코드 문서 평가

작성된 소스 코드에 대해서 정확성, 일치성, 완전성, 타당성, 시험 가능성을 평가한다. 소스 코드로 개발된 소프트웨어 구성 요소들 내부 정보와 요소들 사이의 제어 흐름을 검사한다. 소스 코드와 관계된 문서들(사용자 매뉴얼, 운영 매뉴얼 등)의 내용이 소스 코드의 실제 실행과 일치하는지 여부를 평가한다. 소스 코드와 관계된 문서들을 평가할 때 문서가 사용자가 요구한 기능을 구현한 결과를 모두 설명하고 있는지, 색인, 표, 용어집, 형식 등이 정확한지 확인해야 한다.

(3) 인터페이스 분석

설계 단계에서 기술된 각 구성 요소들의 인터페이스 명세에 따라 소스 코드의 인터페이스를 분석한다. 소스 코드의 인터페이스 분석도 코드 검사 방법으로 수행되며, 인터페이스의 이름, 파라미터, 데이터 크기 등과 같은 내용이 설계 문서에 기술된 내용과 일치하는지 여부를 검사한다. 인터페이스 분석에서 발견될 수 있는 오류의 예는 다음과 같다.

- 정의되지 않고 참조된 소프트웨어 요소들
- 참조되지 않고 정의된 소프트웨어 요소들
- 잘못된 인수의 개수나 데이터 타입
- 제어 흐름의 불일치

(4) 시험 사례 생성(단위 시험, 통합 시험, 시스템 시험, 수락 시험)

단위 시험, 통합 시험, 시스템 시험, 수락 시험을 위한 시험 사례를 개발하고, 시험 계획 시 정의한 추적 관계에 대해서 분석한다. 시험 사례 생성의 목표는 구성 요소의 논리를 조사하고 에러, 생략된 것, 예상하지 않은 결과를 적발하는 시험 시나리오를 만드는 것이다. 시험 사례는 예상되는 입력, 출력에 사용되는 실제 값을 문서화한다. 시험 사례의 생성과 관계된 요구사항은 STP(Software Test Plan)를 참조하도록 한다.

(5) 시험 절차 생성(단위 시험, 통합 시험, 시스템 시험, 수락 시험)

단위 시험, 통합 시험, 시스템 시험, 수락 시험을 위한 절차를 개발한다. 시험 계획에 의해 요청된 추적을 진행한다. 시험 절차의 생성과 관련된 표준 및 지침은 IEEE Std 829-1983을 참고한다.

(6) 단위 시험 실행

구현 단계에서 개발된 각 소프트웨어 구성 요소들(모듈, 클래스 또는 컴포넌트)에 대해서 기능적, 기술적 요구사항의 만족도 여부를 평가한다. 단위 시험 절차에 따라서 단위 시험을 실행하고 시험 결과에 대하여 보고서를 작성한다.

시험 단계 V&V

시험 단계의 V&V 활동은 이전 단계에서 작성된 시험 사례 및 시험 절차를 기준으로 통합 시험, 시스템 시험, 수락 시험을 실행하여 소프트웨어의 요구사항이 만족되는지를 보장하는 것이다. 시험 단계의 검증 및 확인 활동은 추적성 분석, 수락 시험 절차 생성, 시험 실행(통합 시험, 시스템 시험, 수락 시험)을 포함한다.

- 추적성 분석 : 분석, 설계, 구현 단계에 걸쳐 생성된 시험 문서인 시험 계획, 시험 설계, 시험 사례, 시험 절차들 사이의 정확성과 완전성을 검증한다.
- 수락 시험 절차 생성 : 수락 시험 절차를 개발한다.
- 시험 실행 : 이전 단계에서 작성한 시험 사례 및 시험 절차를 기준으로 통합 시험, 시스템 시험, 수락 시험을 실행한다.

설치 및 점검 단계 V&V

소프트웨어가 정확하게 설치되고 운영되기 위해 요구되는 모든 소프트웨어 산출물이 운영 환경으로 통합되어 설치 패키지 안에 있는지 확인한다. 설치 및 점검 단계 V&V 활동은 설치 형상 감사, 설치 점검, V&V 최종 보고서 작성을 포함한다.

운영 및 유지보수 단계 V&V

소프트웨어를 운영 및 유지보수하며 개선을 위해 소프트웨어 산출물을 정정하거나, 변화하는 요구사항에 대해 반응하는 각종 활동들에 대해서 검증하고 확인한다. SVVP 개정, 제안된 변경 평가를 포함한다.

4 확인 및 검증 계획 수립

소프트웨어 확인 및 검증 계획(SVVP : Software V&V Plan)은 개발 프로세스 초기(계획 단계)에 수립되어 문서화되어야 한다. IEEE와 같은 국제 표준에서도 소프트웨어 프로젝트의 경우 확인 및 검증 활동의 중요성을 강조하고 있으며, V&V 관련 절차에 대한 가이드라인을 'IEEE Standard for Software Verification and Validation Plans(IEEE1012-1998)'를 통해 제시하고 있다. 국내에서는 한국정보통신기술협회(TTA)에서 '소프트웨어 검증 및 확인 표준(TTAS.IE-1012)'을 통해 V&V 가이드라인을 제시하고 있다.

인터넷 쇼핑몰 개발 프로젝트의 확인 및 검증 계획서를 이 책의 부록에 수록하고 있다.

요 약 SOFTWARE ENGINEERING

소프트웨어 개발은 여러 단계를 거쳐 이루어지며, 단계별 산출물들의 관계를 관리하는 추적 능력이 필수적으로 요구된다. 원하는 소프트웨어를 만들기 위해 우선 고객의 요구사항을 정확히 이해해야 하며(확인), 이해된 요구사항을 소프트웨어에 제대로 반영하여 구현해야 한다(검증).

소프트웨어 확인 및 검증은 소프트웨어가 사용자 요구사항을 만족할 수 있도록 개발 생명주기 전반에 걸쳐 수행되는 분석과 점검 프로세스이며, 중요한 프로젝트 관리 활동 중 하나이다. 확인 및 검증 활동도 개발 프로세스 초기에 계획이 수립되고 문서화되어 진행되어야 한다.

참고 문헌

[고석하 2007]	고석하, 홍정유, 『소프트웨어 프로젝트 관리』, 생능출판사, 2007.
[IEEE 1012a]	IEEE std 1012a-1998, IEEE Standard for Software Verification and Validation-Content Map to IEEE 12207.1
[TTAS 1012]	TTAS.IE-1012, 소프트웨어 검증 및 확인 표준
[IEEE 1012]	IEEE Std 1012-1986, IEEE Standard for Software Verification and Validation Plans
[TTAS 1059]	TTAS.IE 1059, 소프트웨어 검증 및 확인 계획서 지침
[IEEE 829]	IEEE82-2008, IEEE Standard for Software and System Test Documentation
[TTAS 829]	TTAS.IEEE-829, 소프트웨어 시험 문서화 표준
[CMM 2002]	Pankaj Jalote 저, 송태국, 이비즈온 SEPG 역, 『구현사례를 통한 CMM 이해』, Addition-Wesley, 2002.

연습문제

객관식 문제

01 **확인(validation)에 대한 타당한 설명은?**

① 사용자 관점을 점검하는 일
② 제품을 올바르게 만들고 있는가를 추적
③ 요구사항 분석 결과가 설계에 반영되도록 추적
④ 개발자 관점에서의 실수를 방지하려는 노력

02 **검증(verification)에 대한 바른 설명이 아닌 것은?**

① 이해된 요구사항을 소프트웨어에 제대로 반영하여 올바르게 제품을 만들어 갈 수 있도록 보장하는 활동
② 개발 프로세스의 처음과 말미에 주로 수행되는(end-to-end) 점검 활동
③ 소프트웨어가 지정된 기능을 정확히 수행할 수 있도록 단계별 점검을 통하여 추적하는 활동
④ 제품을 올바르게 만들고 있는가를 추적하는 활동

03 **프로젝트 초기 확인(validation)을 위해 사용되는 기법이 아닌 것은?**

① 시제품 개발(prototyping)
② 기술적인 검토(technical review)
③ 시뮬레이션(simulation)
④ 인수 시험(acceptance testing)

04 **소프트웨어 확인 및 검증(V&V : Validation and Verification) 계획 수립 시 가장 중요하게 고려해야 하는 것은?**

① 프로젝트 생명주기의 각 단계마다 수행되어야 하는 V&V 활동 정의
② 개발 대상 소프트웨어의 규모와 복잡도 정의
③ 고객의 요구사항에 대한 만족도 점검
④ 개발 조직의 업무 성숙도 및 품질 보증 점검

05 **소프트웨어 확인(validation) 기법으로 활용되는 것이 아닌 것은?**

① 공식기술검토회(formal technical review)　② 코드 검사(code inspection)
③ 프로토타이핑(prototyping)　④ 시뮬레이션(simulation)

06 소프트웨어 확인(validation)에 대한 타당한 설명으로 가장 적절한 것은?

① 비용과 일정을 효율적으로 관리하는 것

② 개발과정의 문서화 및 변경사항을 관리하는 것

③ 고객의 요구사항이 올바르게 이해될 수 있도록 관리하는 것

④ 소프트웨어의 개발 범위를 올바르게 이해하는 것

주관식 문제

01 확인(validation)과 검증(verification)을 정의하고 차이점을 설명하라.

02 소프트웨어 프로젝트의 경우 확인(validation)이 특히 어려운 과정인 이유를 설명하라.

03 검증과 확인에 사용되는 기법들을 설명하라.

04 검증과 확인 기법들이 소프트웨어 분석 및 각 개발과정에서 어떻게 적용되는지 단계별로 설명하라.

객관식 문제 정답 1. ① 2. ② 3. ④ 4. ① 5. ② 6. ③

Chapter

22 프로젝트 범위 · 원가 · 일정 관리

고객의 필요를 충족시키기 위해 프로젝트가 존재하며, 요구사항 관리(범위 관리)는 개발 라이프 사이클의 모든 과정에 영향을 미친다. 소프트웨어의 개발 비용 추정을 통해 원가를 예측할 수 있어야 한다. 합리적이고 타당한 공수 추정은 프로젝트 성공의 열쇠라 할 수 있다. 프로젝트 일정 관리는 프로젝트 계획 활동의 핵심사항 중 하나이다. 일정 관리는 프로젝트에 요구되는 활동과 활동 순서를 정의하고 각 활동에 요구되는 자원을 예측하여 각 활동에 요구되는 기간을 산정하는 과정을 통해 프로젝트 전체 일정을 개발하는 관리 활동이다.

Chapter

22 / 프로젝트 범위 · 원가 · 일정 관리

학습목표

1. 프로젝트 범위 관리의 5가지 활동을 기술한다.
2. 요구사항을 효과적으로 표현할 수 있는 기법을 설명한다.
3. 제품 범위와 프로젝트 범위의 차이점을 기술한다.
4. 제품 범위를 찾아내는 기법을 설명한다.
5. 프로젝트 범위를 찾아내는 기법을 설명한다.
6. 작업 분류 체계(WBS)에 대하여 설명한다.
7. 작업 패키지(work package)에 대하여 설명한다.
8. COCOMO 모델의 비용 추정 방법을 이해한다.
9. 기능 점수 모델의 점수 측정을 이해한다.
10. PERT/CPM 기법을 이용한 일정 개발 프로세스를 설명한다.
11. 주경로를 정의하고 주경로의 특징을 설명한다.
12. 간트 도표에 대하여 설명하고 장단점을 기술한다.

고객의 필요를 충족시키기 위해 프로젝트가 존재하며, 고객의 요구사항을 효과적으로 다루는 것은 프로젝트 범위 관리의 핵심 목표이다. 프로젝트 범위(scope) 관리는 프로젝트의 성공을 위해 해야 할 일과 하지 말아야 할 일의 경계를 정하는 일이다. 프로젝트 범위 관리는 프로젝트를 수행하기 위해 작고 관리하기 쉬운 크기의 독립적인 활동들을 찾아내고, 이들 사이의 연관 관계를 규명하는 활동이다.

소프트웨어의 개발 비용 추정이 부정확한 이유는 개발 초기 사용자의 요구사항이 애매하거나 부정확하여 소프트웨어의 크기를 측정하기 어렵기 때문이다. 원가 산정은 프로젝트 라이프 사이클 각 단계에서 얼마만큼의 비용이 투입될 것인가를 추산하여 프로젝트 전체에 요구되는 비용을 예상하는 활동이다.

일정 관리는 프로젝트에 요구되는 활동과 활동 순서를 정의하고 각 활동에 요구되는 자원을 예측하여 각 활동에 요구되는 기간을 산정하는 과정을 통해 프로젝트 전체 일정을 개발하는 관리 활동이다. 프로젝트에 소요되는 기간과 비용은 대부분 프로젝트의 성패를 판단하는 중요한 기준이며, 프로젝트 관리의 핵심사항이다.

1 프로젝트 범위 관리

프로젝트를 수행하다 보면 어디까지 일을 해야 하는지 의문이 들 때가 있다. "이것도 해야 하는가?"라고 질문을 할 때도 많다. 한편, 프로젝트 관리자나 팀원들이 해야 할 작업을 누락시키는 일이 종종 발생하기도 한다. 이는 프로젝트가 체계적으로 관리되지 못하고 있음을 의미하며 구체적으로 해야 할 일을 정의하지 않았을 경우 발생하는 문제이기도 하다. 실제로 요구사항 관리에 충분한 시간과 노력을 투자하지 않는 경우가 흔히 있으며, 프로젝트 실패의 근본적인 원인으로 나타난다.

범위와 관련하여 두 가지 개념, 제품 범위(product scope)와 프로젝트 범위(project scope)를 앞에서 언급한 바 있다. PMBOK 가이드에 따르면 제품 범위는 제품과 서비스 또는 프로젝트 결과물이 가지는 특징 및 기능이라 정의하고 있다. 한편, 프로젝트 범위는 지정된 특징 및 기능을 가진 결과물을 만들기 위해 수행해야 할 작업들까지 포괄하는 개념으로 정의한다.

제품 범위의 핵심은 고객이 원하는 요구사항을 규명하여 제공해야 할 기능과 제공하지 않아도 되는 기능을 분리시키는 일이다. 제품 범위는 이해관계자(actor)를 파악하여 분류하고, 각 이해관계자의 제품에 대한 용도 및 사용 목적(use case)을 규명하는 것에서 시작한다. 제품 범위를 밝히는 대표적인 방법이 유스케이스 활용 기법이다. 제품 범위에 대한 자세한 내용은 11장 유스케이스와 UML에서 자세히 다루었다.

한편, 프로젝트 범위는 원하는 제품을 만들기 위해 요구되는 작업들을 기능 중심으로 분할한다. 큰 프로젝트를 수행하기 위해 작고 관리하기 쉬운 크기의 활동으로 나누면 복잡도가 줄어든다. 두 문제가 합해졌을 때의 복잡성은 각 문제를 분리하여 처리했을 때의 복잡성보다 훨씬 큰 경우가 흔하다. 프로젝트 범위 관리도 나누어 정복하는(divide and conquer) 전략에서 출발하였으며, 활동들을 기능 중심으로 나누어 진행하면 독립적인 활동들을 찾아내고 이들 사이의 연관 관계를 규명할 수 있다.

프로젝트 범위 관리(scope management) 프로세스는 계획 단계에서 프로젝트에 포함시킬 사항과 제외시킬 사항을 정의하고 통제하는 활동이며 향후 프로젝트 관련 의사 결정을 위한 프로젝트 범위 기술서를 개발한다. 프로젝트 범위 관리 프로세스는 다음 5가지 하위 프로세스(활동)로 요약되며 각 활동은 입력물, 지원되는 도구 및 기법, 산출물로 설명될 수 있다(PMBOK).

- 요구사항 수집 : 어떤 프로젝트든 모두 계획된 시스템이 충족시켜야 할 요구사항들로부터 시작한다. 제품의 요구사항은 범위 관리의 기초 자료를 제공한다. 요구사항 수집은 프로젝트의 목표를 이루기 위해 이해관계자의 요구사항을 정의하고 문서화하는 활동이다. 고객의 요구를 이해하는 것에서 출발하여 요구사항의 분석, 분류, 우선순위 정함, 올바름을 검증하는 과정을 거친다.
- 범위 정의 : 프로젝트의 범위를 기술하는 활동으로서 도출된 제품의 요구사항을 중심으

로 프로젝트 범위 설명, 프로젝트 인도물(deliverable), 프로젝트 결과물에 대한 상세한 사용자 인수 기준을 정의해야 한다.

- 작업 분류체계(WBS) 작성 : WBS는 프로젝트 팀에서 프로젝트의 목표를 달성하기 위해 수행해야 할 작업을 인도물(또는 산출물) 중심으로 계층적으로 작성한 구조이다. WBS(Work Breakdown Structure)의 세부 단계로 내려갈수록 작업이 구체화된다. WBS에 포함되지 않은 작업은 프로젝트의 범위에 속하지 않은 것이다. 업무 범위를 명확히 해야 잦은 업무 변경(scope creep)을 예방할 수 있다. 다시 말하면, WBS는 프로젝트의 범위를 정의하는 인도물 지향의 계층도이다. WBS의 구성 요소에 대한 상세한 설명은 WBS 사전에 기록한다.
- 범위 검증(scope verification) : 프로젝트 범위 관련 산출물에 대하여 고객이나 스폰서 등 이해관계자가 검토하는 활동이며 이해관계자가 산출물을 공식적으로 인수하는 절차가 수반된다. 이때 산출물을 검수 확인하여 인수 기준을 충족하면 공식적으로 서명하고 인수한다. 공식적으로 서명된 범위 문서를 프로젝트 범위에 대한 기준선 문서(baselined document)라 한다.
- 범위 통제(scope control) : 프로젝트 범위에 대한 기준선 문서의 변경이 발생할 때 범위의 상태를 감시하고 변경을 통제하는 활동이다. 프로젝트를 수행하다 보면 변경은 피할 수 없는 경우가 흔하며 이때 변경 통제 활동이 필요하다.

프로젝트 범위 관리 프로세스는 프로젝트 라이프 사이클의 일부로 정의될 수 있으며 그 결과물은 공식 서명된 프로젝트 범위 기술서, WBS, WBS 사전이다. 이 산출물들은 프로젝트 전 생애 주기에 걸쳐 감시되고 통제된다. 프로젝트 관리자는 계획 단계에 WBS를 정의하고, 정의된 WBS에 대해 이해관계자의 정확한 이해와 합의를 도출하여 승인된 WBS를 작성하여야 한다.

특히, 프로젝트 관련 작업 분류체계인 WBS는 프로젝트의 전체 업무를 점차적으로 작은 업무로 쪼개 놓아(decomposition) 구체적으로 무엇을 할 것인가(what to do)를 세부적으로 나타낸 결과물이다. WBS는 프로젝트의 작업을 주요 단계 또는 인도물 중심으로 계층적으로 분할한 것으로 프로젝트의 범위를 정의, 개발하고 검증하는 도구이다. WBS는 프로젝트의 범위와 최종 산출물을 세부 요소로 분할한 작업 분류체계로 계층적 구조로 세분해 놓은 트리 형태의 계통도이다. 이 WBS는 프로젝트의 작업에 대한 일정, 요구되는 자원 등을 산정하는 기초 자료를 제공한다. WBS 작성은 프로젝트의 인도물과 프로젝트에서 요구되는 작업을 더 작고 관리 가능한 요소들로 세분하는 프로세스이다. WBS의 세부 단계가 내려갈수록 프로젝트의 작업은 더욱 상세하게 정의된다. 따라서 WBS에 나타나 있지 않으면 프로젝트의 범위에 포함되지 않는 것으로 판단되도록 하위 그룹 또는 수준으로 갈수록 상세하게 기술하는 것이 바람직하다.

WBS의 최하위 단위를 작업 패키지(work package)라 부른다. 작업 패키지는 한 사람 또는 한 팀으로 독립적으로 수행할 수 있는 일의 단위이다. 작업 패키지에서 수행하는 작업이란 노력 자체를 의미하기보다는 노력의 결과로 만들어지는 산출물을 가리킨다. WBS를 실무에 적용하는 경우 작업 패키지 단위로 관리하기 때문에 작업 패키지는 중복되지 않고 상호 배타적이며 개별의 합이 전체(MECE : Mutually Exclusive, Collectively Exhaustive)가 될 수 있도록 정의해야 한다. 즉, 작업들이 상호 배타적이면서 모였을 때는 완전히 전체를 이룰 수 있도록 명확하게 정의해야 한다. 최하위 수준의 모든 작업이 상위 작업과 연동되어 남겨지는 항목이 없어야 하며, 추가로 완료해야 할 작업도 없어야 하는 것을 100% 규칙이라고 한다. 이를 바탕으로 패키지에 요구되는 일정을 계획하고, 원가를 산정하며, 감시 및 통제를 수행할 수 있다. 작업을 상세한 수준으로 분할할수록 작업에 대한 계획, 관리 및 통제력이 향상된다. 그러나 지나치게 세분화하면 업무 생산성과 효율이 떨어지게 된다.

작업 패키지 수준은 WBS에서 최하위 단계의 수준이다. 전체 프로젝트 작업을 작업 패키지로 분할할 때 프로젝트에서 요구되는 모든 작업이 빠짐없이 정의되어야 하고 중복되지 않아야 한다. 작업 패키지는 다음과 같은 가이드라인이 적용되며, 각 작업 패키지는 다음과 같은 원칙에 의해 나누어진다.

- 범위, 일정, 원가 추정이 가능한 정도까지 분할한다.
- 성과, 진척사항/완료를 현실적으로 판단할 수 있는 측정 기준이 있어야 한다.
- 산출물이 식별되어야 한다.
- 담당자를 명확히 지정할 수 있으며, 소수의 인력(1~2명)이나 한 팀에서 수행할 수 있는 수준이어야 한다.

그림 22-1은 결혼을 준비하며 작성될 수 있는 WBS의 예이다. 여러분은 결혼 준비 작업 패키지에 위 가이드라인을 적용시켜 보기 바란다.

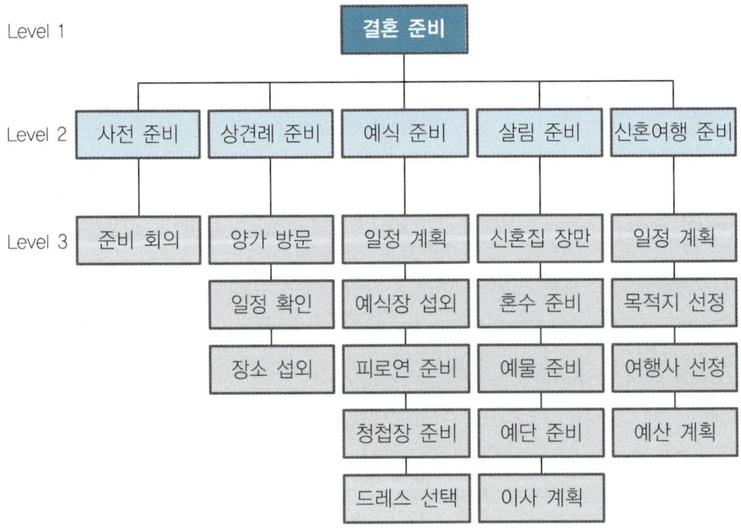

:: 그림 22－1 | WBS의 예 : 결혼 준비

WBS 구조 분할을 수행할 때 몇 가지 방식을 적용할 수 있다. 상위 수준 WBS 구성 요소를 분할할 때 각 인도물(산출물) 또는 하부 프로젝트의 작업을 기본적인 구성 요소로 세분해야 한다. 이때 WBS 구성 요소는 검증 가능한 결과나 제품을 나타낸다. 분할 수준은 프로젝트의 복잡도 또는 인도물의 복잡도에 따라 달라질 수 있다. 상세하게 분할하면 더 잘 관리할 수 있는 장점이 있는 반면, 과도한 관리 비용이 발생할 가능성이 있다. 다음 그림 22-2는 소프트웨어 개발 프로젝트를 단계별로 구성한 WBS 샘플이다. 두 번째 방법으로는 최상위 수준에 프로젝트 생명주기 단계를 사용하고 둘째 수준으로 프로젝트 인도물을 삽입하는 방식이 있다. 마지막으로 최상위 수준에 주요 인도물을 사용하는 방식도 있다.

WBS 작업 패키지에 대한 상세한 설명을 위해 WBS 사전(WBS dictionary)이 필요하다. WBS 사전에는 각 작업 패키지별로 식별 코드, 작업 설명, 담당자 또는 담당 조직, 일정, 필요 자원, 산출물 등의 부가적인 내용이 기록된다.

WBS는 프로젝트에 따라 다르게 나타나며 프로젝트에 의존적이다. 모든 프로젝트에 공통적으로 적용되는 WBS는 존재하지 않으나 산업 분야에 따라 일반적인 분류 기준이 있을 수도 있다. WBS는 업무나 결과물을 시간적 흐름으로 나열해 놓은 것은 아니며 일정 계획도 아니다. 그러나 WBS는 고객, 개발자들 사이의 의사소통 수단으로 활용된다. WBS는 프로젝트의 범위를 파악하는 데 사용되며, 일정, 인력, 비용, 자원을 추정할 수 있는 기준으로 활용될 수 있다.

소프트웨어 프로젝트의 경우 프로젝트 라이프 사이클을 바탕으로 프로젝트 범위를 확인한다. 소프트웨어 개발에 요구되는 제품 범위는 물론 프로젝트 관리 계획, 품질 관리 계획 등 관리 프로세스들이 포함되어 프로젝트 범위가 정의된다.

그림 22-2는 인터넷 쇼핑몰 프로젝트를 예로 들어 프로젝트 라이프 사이클을 세분화하여 만든 WBS이다. 이 예는 단순한 샘플에 불과하며, 각 프로젝트 팀은 소프트웨어 프로젝트의 규모나 복잡도에 따라 필요한 프로세스를 자체적으로 선정하여 사용할 수 있다.

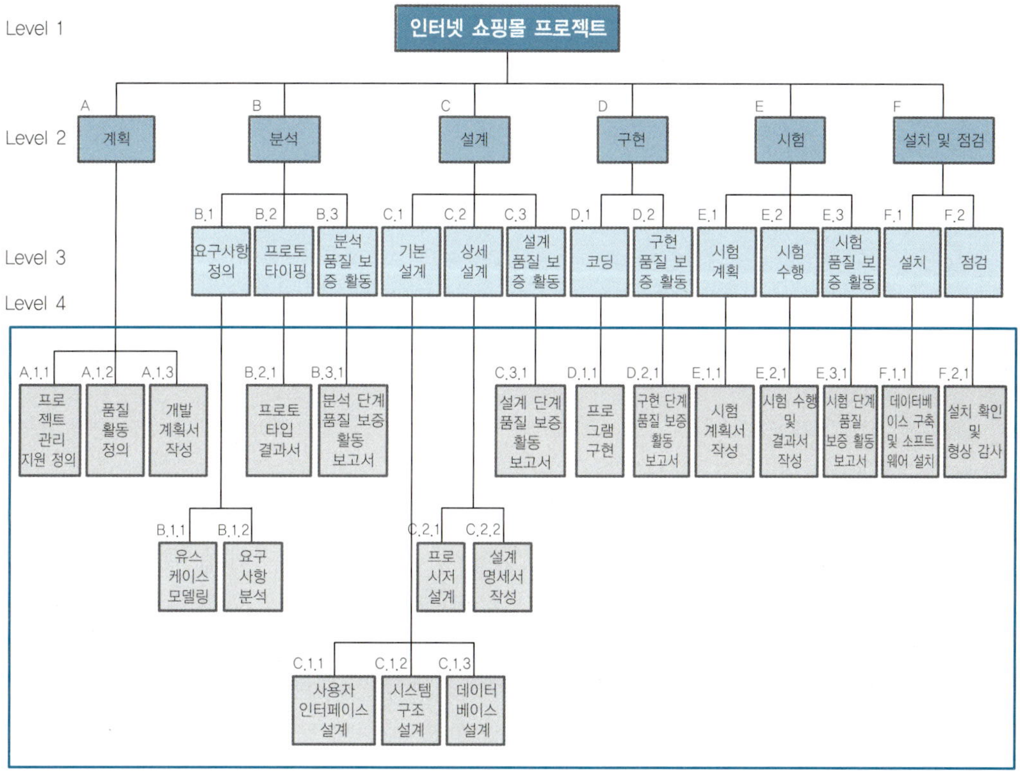

:: 그림 22-2 | 인터넷 쇼핑몰 프로젝트의 WBS

표 22-1은 인터넷 쇼핑몰 프로젝트의 '프로젝트 관리 지원 계획' 작업 패키지의 WBS 사전을 보여주고 있다.

WBS가 잘못 작성되면 업무의 유실이 발생할 수 있고, 중복된 업무가 나타날 수 있다. 작업 패키지 분해가 너무 불충분하면 범위 통제가 어려운 것은 물론 소요 자원 할당이 어렵고, 산출물 이하의 세부 활동까지 분할하면 관리해야 할 대상이 증가하여 작업 간의 연관성이 높아지고 비효율적이기 쉬우며 의사소통에 난항을 겪을 수 있다.

:: 표 22-1 | 프로젝트 관리 지원 계획의 WBS 사전

구분	내용			
Task 이름	프로젝트 관리 지원 계획			
Task ID	A.1.1			
작업 설명	프로젝트의 전반적인 계획 및 관리 계획을 정의하는 작업이다.			
산출물	프로젝트 관리 계획서			
담당 조직(담당자)	프로젝트 관리자			
예상 완료 기간	2주			
연관된 일정 활동	선행 활동	none	후행 활동	A.1.3
품질 요구사항	프로젝트 관리 계획서 작성 시 IEEE 표준에 의하여 작성			
완료 기준	프로젝트 관리 계획서의 승인			
승인자	고객			
필요한 자원	PMP 자격증 소지자 또는 실제 프로젝트 관리 경험이 있는 인원 2명			
기술 참고 문헌	PMBOK 등 프로젝트 관리에 관한 문헌			

2 프로젝트 원가 관리

소프트웨어의 비용 산정은 소프트웨어를 개발하는 비용을 정확하게 예측할 목적으로 수행된다. 이러한 예측은 개발이 시작되기 전에 이루어져야 하며, 프로젝트 관리를 위해 필요하다. 소프트웨어 규모 및 비용 예측은 소프트웨어의 여러 특성(짧은 역사, 무형의 제품 등)으로 인해 사실상 경험에 의존하며 많은 어려움이 있어 왔다. 눈에 보이지 않는 소프트웨어에 대한 규모 산정이 어렵고, 과학적이고 합리적인 측정방법이 부재하며, 소프트웨어의 요구사항 파악, 범위 정의가 애매한 것이 현실이다. 소프트웨어 개발은 제품 생산이 아니기 때문에 원가 요소를 도출하기 어렵고 가격이 정해져 있지 않다. 또한 각 단계별 노력 측정치를 구하기도 어렵고 요구사항 변경이 잦다는 문제점을 가지고 있다.

소프트웨어의 생산성은 사용되는 프로그래밍 언어, 프로그램 크기, 개발 도구 및 환경, 개발방법론의 사용 여부, 프로그램의 신규성 등에 영향을 받는다. 또한 인간적인 요소인 개인의 기술력과 능력에 따라 소프트웨어의 생산성이 크게 좌우되기도 한다. 비용을 예측하려면 과거 프로젝트에 대한 경험과 노하우가 축적되어 있어야 가능하다. 프로젝트에 필요한 인원수를 예측하는 일은 개발이 시작되기 전 계획 단계에서 이루어지는 것이 바람직하다. 소프트웨어 개발 비용의 대부분은 인력 자원에 소요되는 노무비(인건비)이며 원가 추정은 노무비 추정과 같은 의미로 사용되기도 한다. 작업에 필요한 인원수를 노동일 또는 노동 시간으로 나

타낸 수치를 공수(工數)라고 부르며, 투입되는 인원수와 작업 기간에 기초하여 인원-월(Man-Month) 단위로 표현한다. 추정치는 프로젝트 예산을 측정하는 데 이용되고, 소프트웨어는 예산에 맞추어 조정되며, 비용이 실현되는 결과로 나타난다.

공수를 추정하는(manpower estimation) 일은('공수 견적'이라고도 함) 프로젝트 관리의 기본이며 계획 단계에서 이루어진다. 소프트웨어의 공수 추정은 납기 지연, 인재 부족, 비용 증가 등 소프트웨어 프로젝트에서 빈번히 발생하는 여러 문제를 극소화시키기 위해 요구되는 가장 중요한 관리 기법 중 하나이다. 공수 추정은 프로젝트 실패의 리스크를 최소화하기 위해 수행되며, 프로젝트를 진행해 나가면서 각 단계에서 현 상태의 문제점을 진단하기 위한 기준을 제공한다. 소프트웨어 공수 추정을 바탕으로 프로젝트를 수행하면서 진척 상황을 점검하여 진행이 늦어지고 있는지, 비용이 초과될 것인지, 적정 인력이 투입되고 있는지 평가한다. 그 결과 지연이 발생하면 예측과 실적과의 차이가 나타나고 이를 조기에 발견하여 필요한 대책을 세울 수 있다.

일반적으로 소프트웨어의 공수 추정이 부정확한 이유는 개발 초기 사용자의 요구사항이 애매하거나 부정확하기 때문이다. 프로젝트를 시작하는 시점에는 시스템이 주고받는 데이터나 기능 정도만 알 수 있다. 따라서 이러한 노력 추정은 부정확할 수 있으며, 오차가 발생하여 정확도가 낮을 가능성이 높다.

그러나 합리적이고 타당한 공수 추정은 프로젝트 성공의 열쇠라 할 수 있다. 노력을 정확히 예측하려면 유사 프로젝트에 대한 경험이 많아야 한다. 개발할 소프트웨어의 규모, 복잡성, 프로젝트 투입 인원의 숙련도, 과거의 생산성 등을 고려하여 공수 추정이 이루어져야 한다. 계획 단계에서 올바른 공수 추정이 이루어지지 못하거나 비현실적인 공수 추정을 하였다면 낙관적인 계획 아래 실현 불가능한 스케줄을 만들어 예정 납기를 지키지 못하게 될 것이다. 결국 프로젝트 계획과 현실적으로 이루어지는 실제 진척 상황과의 관계는 의미를 상실하게 될 것이다.

소프트웨어 공수 추정이란 리스크와 위기 상황이 많은 소프트웨어 개발과정의 불확실성을 분석하고 예측하여 명시화하고 적절한 자원을 할당할 수 있도록 준비하는 일이다. 공수 추정은 과거에 수행한 유사 프로젝트를 찾아 유사도에 따른 보정을 거쳐 비용을 추정할 수 있다. 충분한 경험과 지식이 있는 전문가에게 예측을 의뢰할 수도 있다. 또한 비용과 관련된 항목들의 소요량을 계산하고 수학적인 모델을 이용하여 프로젝트에서 요구되는 노력을 추정할 수 있다. 일반적으로 공수 추정 방법은 프로그램의 규모를 기준으로 하는 하향식(top-down) 방법과 프로세스 모델에 기초하여(예를 들어, 폭포수 모델) 프로세스의 각 단계별 소요 비용을 산출하여 최종비용을 계산하는 상향식(bottom-up) 방법으로 나뉜다.

하향식 추정 방법은 유사 추정, 전문가의 의견이나 수학적 모델을 이용하여 프로젝트의 총 비용을 추정한 후 각 하부 단계에 비용을 배분한다. 예를 들어, 건축물을 지을 때 소요되는 비용과 기간을 예측하기 위해 건축물의 규모를 파악한다. 건축물의 경우 평 또는 제곱미터를 단위로 사용하여 평당 얼마의 비용이 들어가는가를 추정한 후 각 공정별로 비용을 배분한다. 하향식 방법은 일반화하기 쉬운 장점이 있으나 처음부터 소프트웨어의 크기를 정확도 높게 추정하기 어렵다. 하향식 추정 방법은 유사 산정 또는 전문가 판단과 동일한 의미로 이해된다.

상향식 방법은 프로젝트에서 채택한 프로세스의 각 단계(예를 들어, 분석, 설계, 구현, 시험)별 활동에 소요되는 기간과 투입 인력을 예측하여 계산한다. 즉, 프로세스를 작은 단위의 활동(예를 들어, WBS의 작업 패키지)들로 분해하고 각 작업을 수행하는 데 드는 노력을 측정한 후 각 단계의 노력을 더해 총 비용을 산정한다. 이 경우 단위 작업에 드는 시간과 비용을 구체적으로 추정할 수 있어 추정의 정확도를 높일 수 있는 장점을 가지고 있다. 그러나 프로젝트 초기 모든 작업 패키지의 일정과 원가를 산정한 데이터를 가지고 있지 못할 가능성이 높다. 상향식 원가 산정은 하향식 원가 산정보다 시간과 비용이 많이 들지만 신뢰도는 높다. 이 방법은 과거 프로젝트 기록이나 경험이 없는 새로운 프로젝트의 경우 적합하다.

프로젝트의 원가를 추정하는 가장 정확한 방법은 상향식 추정(bottom-up estimating)이다. 프로세스 기반 공수 추정은 소프트웨어 프로젝트에서 채택한 프로세스의 각 단계(예를 들어, 분석, 설계, 구현)별 활동에 소요되는 기간과 투입 인력을 예측하여 비용을 계산한다. 즉, 개발 라이프 사이클을 작은 단위의 활동들로 분해하고 각 작업을 수행하는 데 드는 노력을 측정한다. 이 방법은 과거 프로젝트 기록이나 경험을 바탕으로 각 단계의 입력물, 출력물, 표준 작업 시간, 필요한 자원을 추정하면 된다. 이러한 상향식 추정은 비용과 시간이 많이 소요되지만 가장 합리적이고 정확한 결과를 얻을 수 있다.

시간 산정과 마찬가지로 프로젝트 수행에 요구되는 작업을 산출물 단위로 나눈 WBS는 프로젝트의 비용을 추정할 때 긴요하게 사용될 수 있다. 프로세스 기반 공수 추정 모델은 WBS의 작업 패키지별로 원가를 계산하고 상위 단계로 올라가며 원가를 합하여 전체 비용을 추정하는 방법이다. 원가 산정(cost estimation)은 WBS에 기술된 각각의 작업 패키지에 요구되는 자원의 원가 산정치를 구한 후 상위 수준에서 요약 집계하는 것이다.

소프트웨어 프로젝트의 경우 프로젝트 초기 단계에서 프로젝트를 성공적으로 완수하기 위해 요구되는 모든 작업(WBS)을 규명할 수는 있다. 그러나 프로젝트 초기 단계에서는 요구사항과 프로젝트의 범위가 불확실하여 정확히 정의하기가 어렵고 노력이나 비용 추정과는 상관없이 WBS를 작성하는 경우가 많아 소프트웨어 프로젝트에 상향식 추정 기법을 적용하기 어렵다. 하지만 프로젝트가 점진적으로 진행됨에 따라 WBS에 요구되는 노력이나 비용 추정이 가능하게 되는 상황에서 상향식 기법을 추가하여 적용하면 보다 정확하게 원가를 추정하고 측정할 수 있다.

소프트웨어 비용 추정을 위해 사용하는 하향식 방법인 COCOMO(COnstructive COst MOdel) 모델과 기능 점수 모델을 부록에 소개하고 있다. 프로젝트의 규모를 측정하기 위해 프로그램이 몇 라인(줄)인가를 나타내는 LOC(Lines Of Code)를 기반으로 한 COCOMO 모델, LOC 기반 공수 추정의 단점을 극복하기 위해 소프트웨어가 가지는 기능의 개수를 기준으로 기능 점수에 기초하여 공수 측정하는 기능 점수 모델이 자세히 설명되어 있다. 기능 점수 모델을 바탕으로 인터넷 쇼핑몰 프로젝트 원가를 계산한 과정 또한 부록에 수록되어 있다.

3 프로젝트 일정 관리

프로젝트 일정 관리(schedule development)는 프로젝트 계획 활동의 핵심사항 중 하나이며, 프로젝트를 적시(마감 기일)에 완료되도록 관리하는 데 필요한 요소들을 다룬다. 일정 관리는 프로젝트에 요구되는 활동과 활동 순서를 정의하고 각 활동에 요구되는 자원을 예측하여 각 활동에 요구되는 기간을 산정하는 과정을 통해 프로젝트 전체 일정을 개발한다. 프로젝트의 일정을 담은 스케줄(schedule)은 각 활동의 시작일과 종료일에 대한 정보를 포함한 문서로 네트워크 다이어그램, 표, 그래프 등 다양한 형식으로 표현될 수 있다.

프로젝트 일정(시간) 관리는 다음 6가지 프로세스를 거쳐 진행된다.

(1) 활동 정의 activity definition

프로젝트 인도물을 만들어 내기 위해 수행해야 하는 활동들을 식별한다. 활동 정의는 WBS의 최저 수준에 해당하는 작업 패키지를 식별하고, 필요하면 더 작은 활동으로 분할한다. 각 작업 패키지는 WBS의 최하위에 명시된 산출물을 의미하며, 액티비티는 산출물을 만들어 내기 위해 필요한 하나 또는 복수의 구체적인 작업을 말한다. 소프트웨어 프로젝트의 경우 라이프 사이클에 나타나 있는 액티비티 또는 단계를 중심으로 산출물을 생각하고 일정 계획을 세운다.

(2) 활동 순서 배열 activity sequencing

다른 작업에 의존하는 작업을 후행 작업이라고 하며 후행 작업이 의존하는 작업을 선행 작업이라고 한다. 일정을 효율적으로 관리하기 위해 식별된 활동들 사이의 의존 관계(dependency relationship)를 사용한다. WBS에는 이러한 의존 관계가 나타나 있지 않다. 프로젝트 착수 시점부터 종료 시점까지 업무 흐름을 이해할 수 있도록 모든 작업의 의존 관계는 경로(path)로 표시되어 프로젝트 일정 네트워크 다이어그램에 나타난다. 이때 식별된 활동은 노드(node)라고 하는 직사각형 마디로 표시되고 노드들 사이를 화살표(arc)로 연결하여 활동들의 순서를 배열하는 데 사용한다.

그림 22-3은 소프트웨어 프로젝트의 네트워크 다이어그램의 예이다. 활동 C는 활동 A와 활동 B가 종료된 후 시작할 수 있다는 선행 의존 관계가 네트워크 다이어그램에 나타나 있으며, 활동 D는 활동 B가 완료된 후 시작할 수 있다.

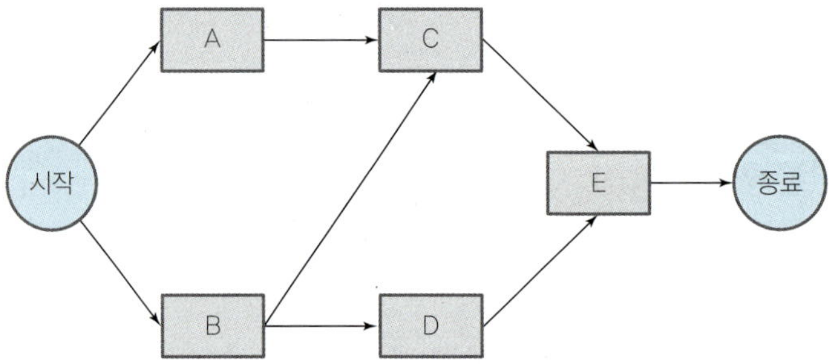

:: 그림 22 - 3 | 활동 네트워크 다이어그램

소프트웨어 프로젝트의 경우 요구사항 분석 활동은 설계 활동의 선행 작업이며, 설계 활동은 구현 활동의 선행 활동으로 의존 관계를 갖는다. 또한 프로젝트 관리 활동은 제품 개발 활동과 병행하여 이루어질 수 있다.

(3) 활동 자원 추정 activity resource estimating

활동 자원 산정은 각 활동을 수행하는 데 어떤 자원(사람, 장비, 자재, 공급품)이 필요한가와 필요한 자원의 수량을 산정하는 프로세스이다. 활동 자원 산정 프로세스는 비용 예측 프로세스와 긴밀하게 연동된다. 소프트웨어 프로젝트의 경우 필요한 대부분의 자원은 인적자원이며, 활동에 투여할 수 있는 인원, 숙련도 등이 고려 대상이다.

(4) 활동 기간 추정 activity duration estimating

활동 기간 산정은 산정된 자원으로 개별 활동을 완료하는 데 필요한 총 작업 기간 수를 개략적으로 산정하는 프로세스이다. 활동 기간 산정에는 작업 활동 범위, 필요한 자원 유형, 산정된 자원 수량에 대한 정보가 사용된다. 각 활동 기간 산정 과정에서 기간 산정에 활용되는 모든 자료와 가정을 문서화한다.

활동 기간 산정은 전문가 또는 그 작업을 수행할 직원 멤버에 의해 가장 정확히 산정될 수 있다. 전문가는 과거 그와 유사한 활동을 해 본 경험이 있는 사람이다. 그러나 아무리 전문가라 하더라도 선입견이 작용하는 경우가 흔하며 과학적 방법을 사용하지 않을 수 있으므로 불확실성이 따를 수 있다.

활동 기간 추정 시 산정 불확실성과 리스크를 고려하여 활동 기간 산정치의 정확도를 높일 수 있다. PERT(Program Evaluation and Review Technique)라는 일정 개발 도구는 이러한 위험 요소를 고려하여 일정을 산정하는 방식으로서 아래의 세 가지 산정치(3점 추정 : Three-Point Estimates)를 사용하여 활동 수행 기간의 개략적 범위를 예측하는 스케줄 관리 기법이며 최빈치에 대하여 가중 평균값을 사용한다. 결국 PERT는 위험을 고려한 일정 산정 기법이라 할 수 있다.

- 최빈치(Most likely, tM) : 실질적으로 기대 가능한 활동 기간
- 낙관치(Optimistic, tO) : 최상의 활동 시나리오 분석에 기초한 활동 기간
- 비관치(Pessimistic, tP) : 최악의 활동 시나리오 분석에 기초한 활동 기간

PERT 분석은 이러한 3점 산정의 가중 평균값을 사용하여 다음과 같이 활동 기간 기대치(E, tE)를 계산한다.

$$tE = \frac{(tO + 4tM + tP)}{6}$$

이 방법(또는 3점의 단순 평균을 사용할 수도 있다)으로 계산한 수행 기간 산정치는 정확도가 높고, 세 점을 통해 기간 산정의 불확실성 범위를 명확히 알 수 있다.

한편, 주경로 기법(CPM : Critical Path Method)이라 부르는 일정 개발 기법은 수행 시간을 하나의 값으로 예측한다. PERT는 경험이 없는 사업(주로 R&D 사업)이나 소요 시간이 불확실한 사업에 적용 가능하고, CPM은 반복 사업이나 소요 시간이 확실한 사업(예를 들어, 건설 사업) 등 확정적인 경우에 이용할 수 있다. 현재 대부분 프로젝트에서는 PERT와 CPM 기법을 통합하여 사용하며 이를 PERT/CPM 기법이라 부른다.

(5) 일정 개발 schedule development

일정 개발은 활동 순서, 기간, 자원 요구사항 및 일정 제약사항을 분석하여 프로젝트 일정을 수립하고(스케줄 개발), 프로젝트의 계획된 시작일과 종료일을 결정한다. 일정 개발은 프로젝트 관리 계획이 변경되거나 위험이 현실화되는 등 변경사항이 발생할 때마다 반복하여 프로젝트 전체 기간 동안 수행된다.

네트워크 다이어그램과 각 활동의 수행 기간이 정해지면 프로젝트 일정의 기본 골격이 완성되었다고 할 수 있다. 네트워크 다이어그램과 각 활동의 수행 기간을 이용하여 각 활동의 이론적 시작일과 종료일을 계산할 수 있다. 다음 네트워크 스케줄을 보면 2013년 8월 1일 프로젝트를 시작하여 2014년 1월 1일 종료될 수 있다는 것을 보여주고 있다.

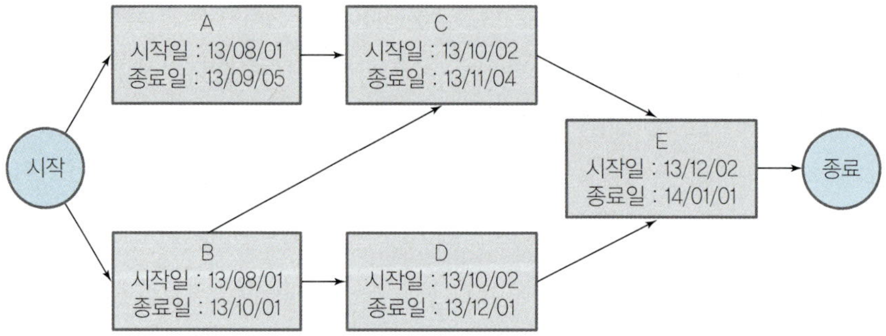

:: 그림 22 – 4 | 네트워크 스케줄

PERT/CPM은 대표적인 일정 개발 도구로 일정 계획 및 관리방법의 기본 골격을 제시한다. PERT/CPM은 작업 일정을 세분화하여 공기 지연 사전 예방 및 공기 단축 등 효율적인 일정 관리를 도모하기 위한 추정 기법이다. PERT/CPM은 프로젝트의 주경로(CP : Critical Path)를 계산하여 프로젝트의 수행 기간을 예측하는 분석방법이다. 경로(path)란 네트워크 다이어그램 안에 프로젝트의 시작과 끝을 순차적으로 연결하는 활동들의 연결 흐름이다. 프로젝트에는 여러 경로가 있을 수 있고 각각의 경로를 구성하는 활동들의 수행 기간을 합하면 그 경로의 수행 기간이 된다. 네트워크도의 여러 경로 중 수행 기간이 가장 긴 경로를 주경로 또는 임계(臨界) 경로라 하며, 이는 유연성이 가장 적은 활동인 주활동으로 이루어진 경로이다.

프로젝트를 지연시키지 않고 조정될 수 있는 여유 시간(float)이 0인 활동을 주활동(CA : Critical Activity) 또는 임계 활동이라 한다. 결국 프로젝트 수행 기간은 주경로를 구성하는 활동들의 수행 기간의 합으로 결정된다. 즉, 주경로를 구성하는 주활동이 지연되면 곧 전체 프로젝트의 종료 시각도 지연된다. 따라서 주경로를 구성하는 활동을 위험의 지표로 인식하고 특별한 관심을 가지고 관리해야 한다. 반면, 일정을 단축하고 싶으면 액티비티에 계획된 자원보다 더 많은 자원을 투입해야 한다. 주활동들을 집중적으로 관리하고 더 많은 자원을 투입하여 각각의 일정을 단축하면 주경로에 소요되는 기간이 줄어들어 프로젝트를 빨리 종료시킬 수 있다.

복잡한 프로젝트일수록 수작업으로 일정 관리를 하기 어렵다. 일정 개발 과정에서 프로젝트 관리 소프트웨어인 MS 프로젝트(Microsoft Project) 등의 도움을 받아 일정 계획을 수립할 경우 활동 순서, 활동 기간 및 자원을 입력하면 프로젝트 활동의 예정 종료일(SF)이 잡힌 일정이 생성된다. 이때 기간 산정치와 자원 산정치를 이용하여 프로젝트 일정이 수립되고 승인되어야 한다. 이 일정은 프로젝트 진행을 추적하기 위한 기준으로 사용될 수 있다.

(6) 일정 통제 schedule control

앞의 5가지 프로세스는 계획 단계에서 이루어지는 활동인 반면 일정 통제 프로세스는 프로젝트를 수행하며 이루어지는 활동이다. 일정 통제는 프로젝트 일정과 관련되어 일정 계획 대비 현재 상태를 측정하고, 일정 변경이 필요한 경우 그 영향을 분석하고 관리하는 것이다.

PERT/CPM 일정 개발 프로세스

프로젝트에 소요되는 시간을 파악하기 위해 활동 간의 선후 관계를 나타내는 망 형태의 그림인 프로젝트 일정 네트워크 다이어그램을 이용하여 각 활동의 선행 활동을 확인한 후 각 활동의 소요 시간을 추정한다. 선행 다이어그램 방법이라는 PDM(Precedence Diagramming Method)은 활동들 사이의 의존 관계를 나타내는데, 다음 4가지 유형이 사용되며, '종료 후 시작(FS)'이 일반적으로 사용되는 기본 유형이라 할 수 있다. PDM은 액티비티를 분기점(node)으로 나타낸다.

- 종료 후 시작(FS : Finish-to-Start) : 선행 활동 종료 후 후행 활동 시작
- 종료 후 종료(FF : Finish-to-Finish) : 선행 활동 종료 후 후행 활동 종료
- 시작 후 시작(SS : Start-to-Start) : 선행 활동 시작 후 후행 활동 시작
- 시작 후 종료(SF : Start-to-Finish) : 선행 활동 시작 후 후행 활동 종료

예를 들어, 선행 작업과 후행 작업의 관계를 FS로 지정하면 이는 선행 작업이 후행 작업에 영향을 주는 경우이므로 선행 작업이 완료되어야 후행 작업을 시작할 수 있다. 결국 선행 작업의 종료 시점이 변경되면 후행 작업의 시작 날짜도 변경되어야 한다는 뜻이다.

CPM(Critical Path Method)은 프로젝트 완료 시간에 영향을 주지 않는다는 조건 아래 각 활동별로 다음과 같은 4가지 시각을 계산한다.

- 빠른 시작일(ES : Early Start) : 활동을 가장 빨리 시작할 수 있는 날짜
- 빠른 종료일(EF : Early Finish) : 활동을 가장 빨리 종료할 수 있는 날짜
- 늦은 시작일(LS : Late Start) : 활동을 가장 늦게 시작할 수 있는 날짜
- 늦은 종료일(LF : Late Finish) : 활동을 가장 늦게 종료할 수 있는 날짜

ES와 EF는 프로젝트 시작에서 종료 방향으로 나아가며 가장 빠른 시작 시점을 찾아낸다(전진 계산법). LS와 LF는 프로젝트 종료에서 시작 방향으로 나아가며 가장 늦게 끝나도 될 시점을 찾아내어 구한다(후진 계산법). 전진 계산(forward pass)은 프로젝트 시작 시점부터 종료 시점까지 각 활동의 시작 날짜와 종료 날짜를 순차적으로 계산해 나가며 ES와 EF를 구하는 것이다. 반면, 후진 계산(backward pass)은 전진 계산에서 구한 프로젝트 종료일부터 프로젝트 시작 방향으로 각 활동의 종료 날짜와 시작 날짜를 순차적으로 계산해 LS와 LF를 구하는 방법이다.

각 활동별 ES와 EF는 모든 선행 활동이 종료된 후 이 활동이 시작할 때 시작 시각과 종료

시각을 나타낸다. ES는 선행 활동들의 EF 중 가장 늦은 값이 되며, EF는 ES와 해당 활동의 소요 시간의 합으로 나타난다. LS와 LF는 프로젝트의 종료 시각을 지연시키지 않으면서 최대한 늦출 수 있는 시작 시각과 종료 시각을 나타낸다. LF는 후행 활동들의 LS 중 가장 이른 값이며 LS는 LF에서 그 활동의 추정 소요 시간을 빼면 구할 수 있다.

의존 관계를 사용하는 이유는 일정 계획을 세울 때 선행 작업의 일정 변경이 생긴 경우 의존 관계가 있는 후행 작업들에게 변경된 일정이 반영되도록 합리적으로 수립해야 하기 때문이다. 액티비티의 의존 관계는 중요 시점(milestone)을 기준으로 집중(converge)되고 분산(diverge)되는 특징이 있다. 보다 합리적인 일정을 계획하기 위해 일정 네트워크에 여러 가지 추가적인 고려사항, 즉 겹치는 기간(lead time), 지연 기간(lag time), 날짜 제한(constraint), 마감일(deadline) 등을 고려해야 한다.

네트워크 방식으로 일정을 작성하면, 프로젝트의 진행 상황 관리 시 유연하게 대처할 수 있는 장점이 있다. 여유 시간은 빠른 시각과 늦은 시각의 차이로서 프로젝트의 종료 시점에 영향을 주지 않고 각 활동의 시작 시간을 조정할 수 있는 범위이다. 예를 들면, '가능한 한 빠른 시작 날짜'와 '가능한 한 늦은 시작 날짜'를 모델링하여, 마감일과 최종 완료 시점에 영향을 주지 않는 범위에서 합리적인 일정 조정이 가능하다. 의존 관계가 없는 독립적인 활동은 요주의 경로 계산 대상에서 제외된다.

전체 프로젝트의 수행 기간은 일정 네트워크를 구성하는 작업들의 선후 관계와 각 작업의 수행 기간에 의해 결정된다. 그러나 현실적으로 프로젝트 종료일 등 중요한 시점이 스케줄을 만들기 전에 외부 요인에 의해 결정되는 경우가 흔히 있다. 이때 이러한 현실적 제한 조건을 만족시키기 위해 스케줄 최적화(schedule optimization)를 통해 수행 기간을 단축시켜야 한다. 예를 들어, 중요한 행사 일정에 맞추어 프로젝트를 종료해야 하는 경우 수행 기간을 단축시켜야 한다. 수행 기간을 단축시키기 위해 작업들의 선후 관계를 조정하거나 작업의 수행 기간을 단축시키는 방법이 사용될 수 있다. 순차적으로 적용되는 액티비티를 동시에 진행하거나 선행 작업이 종료되기 전 후행 작업을 시작할 수 있다. 일정을 맞추기 위해 요구사항 분석이 종료되기 전 설계 작업에 들어갈 수 있다. 이때 작업이 복잡해져 재작업에 대한 위험 부담이 증가하게 된다. 설계 작업이 진행되는 동안 요구사항이 변경되면 이미 진행된 설계 작업의 노력은 쓸모없는 것이 되고 새로이 작업을 시작해야 한다.

두 번째 방법은 작업에 추가적인 자원을 투자하여 수행 기간을 단축하는 방법으로 크래싱(crashing)이라 한다. 이때 투입 자원에 의해 기간 단축 효과가 큰 작업을 선정하여 집중적으로 자원을 투여한다. 자원을 추가 투입하여 기간을 단축하면 주경로의 변경 여부를 확인해야 한다. 소프트웨어 개발 프로젝트의 경우 추가로 투입된 자원에 비해 그 효과가 크지 않은 경우가 대부분이다.

합리적인 네트워크를 짤 수 있는 프로젝트 관리자가 훌륭한 프로젝트 관리자라고 할 수 있으며, 네트워크에서 발생하는 '전체 여유 시간(total float)'은 계약 관리에서 중요한 관찰 대상이 된다. 네트워크를 이용하여 일정을 수립할 때 MS 프로젝트와 같은 전문 소프트웨어의 도움을 받을 수 있다. 인터넷 쇼핑몰 프로젝트에 PERT/CPM을 적용하여 일정을 산정한 사례가 부록에 첨부되어 있다.

간트 도표

간트 도표(Gantt chart)는 프로젝트 일정 관리를 위한 막대 도표(bar chart) 형태의 도구로 일명 '막대그래프 차트'라고도 하며, 각 업무별로 일정의 시작과 끝을 그래프에 표시하여 전체 일정을 한눈에 볼 수 있도록 그린 프로젝트 일정표이다. 간트 차트는 프로젝트 소작업(활동)을 막대로 표시하고, 그 길이는 작업을 위해 할당된 시간에 비례한다. 간트 차트는 프로젝트 진행 상황을 효과적으로 나타낼 수 있어 프로젝트 진척도를 보고하는 목적으로 유용하게 활용된다. 간트 차트는 1919년 미국의 간트(Henry Laurence Gantt)에 의해 고안된 것으로 프로젝트 일정 계획을 단순하고 쉬운 방법으로 수립할 수 있어 가장 널리 이용되는 기법 중 하나이다.

간트 차트의 작성방법은 용도에 따라 차이가 있지만, 일반적으로 가로축에 기간을 나타내고 세로축에 활동을 나타낸다. 그 뒤에 각 활동마다 계획한 일정을 막대그래프 모양으로 나타낸다. 그림 22-5는 인터넷 쇼핑몰 프로젝트의 일정 계획을 간트 차트로 나타낸 그림이다. 가로축은 일정 계획 기간이고 단위는 주(week)로 나타내었으며, 세로축의 활동 목록은 앞에서 주경로를 알아낼 때 사용했던 프로젝트 활동 목록으로 나타내었다.

간트 차트는 각 활동의 진행 상황도 표시할 수 있다. 활동의 진행 상황을 표시함으로써 사전에 계획한 일정과 실제 수행 결과를 비교하여 현재 프로젝트 진행 상황을 쉽게 파악할 수 있다. 차트를 작성할 때 사용하는 툴에 따라 표시하는 방법이 다를 수 있지만 일반적으로 계획한 일정과 실적을 같이 표현해서 나타낸다. 그림 22-6은 MS 프로젝트를 사용하여 나타낸 것으로 각각의 일정에 각 활동의 진행 상황을 색 막대로 표시하여 나타낸 것이다. 색 막대의 길이는 해당 활동의 달성을 퍼센트로 계산한 것이다. 파란색 막대와 검은색 막대의 길이가 같다면 해당 활동은 100% 달성한 것이고 검은색 막대 길이가 파란색 막대 길이의 절반이라면 해당 활동을 50% 달성하였다는 의미이다.

이렇듯 간트 차트는 프로젝트 전체의 일정과 진행 상황을 한눈에 알아볼 수 있다는 장점이 있어서 널리 사용되나, 프로젝트의 일정 변화 또는 계획 변경에 취약한 점을 가지고 있고 잠재되어 있는 문제점을 미리 알아내기 어렵다는 단점을 가지고 있다.

ID	WBS	Task Name	Duration
3	1.1.1	프로젝트 관리 지원 계획	2 wks
4	1.1.2	품질 활동 계획	1 wk
5	1.1.3	개발 계획서 작성	1 wk
8	1.2.1.1	유스케이스 모델링	1 wk
9	1.2.1.2	요구사항 분석(객체지향 분석)	3 wks
11	1.2.2.1	프로토타입 구축 및 검증	1 wk
13	1.2.3.1	분석 단계 품질 보증 활동 보고	1 wk
16	1.3.1.1	사용자 인터페이스 설계	2 wks
17	1.3.1.2	시스템 구조 설계	1 wk
18	1.3.1.3	데이터베이스 설계	1 wk
20	1.3.2.1	프리시저 설계	3 wks
21	1.3.2.2	설계 명세서 작성	1 wk
23	1.3.3.1	설계 단계 품질 보증 활동 보고	1 wk
26	1.4.1.1	프로그램 구현	8 wks
28	1.4.2.1	구현 단계 품질 보증 활동 보고	1 wk
31	1.5.1.1	시험 계획서 작성(단위, 통합, 시스템, 인수)	2 wks
33	1.5.2.1	시험 수행 및 결과서 작성(단위, 통합, 시스템, 인수)	2 wks
35	1.5.3.1	시험 단계 품질 보증 활동 보고	1 wk
38	1.6.1.1	데이터베이스 구축 및 소프트웨어 설치	1 wk
40	1.6.2.1	설치 확인 및 형상 감사	1 wk

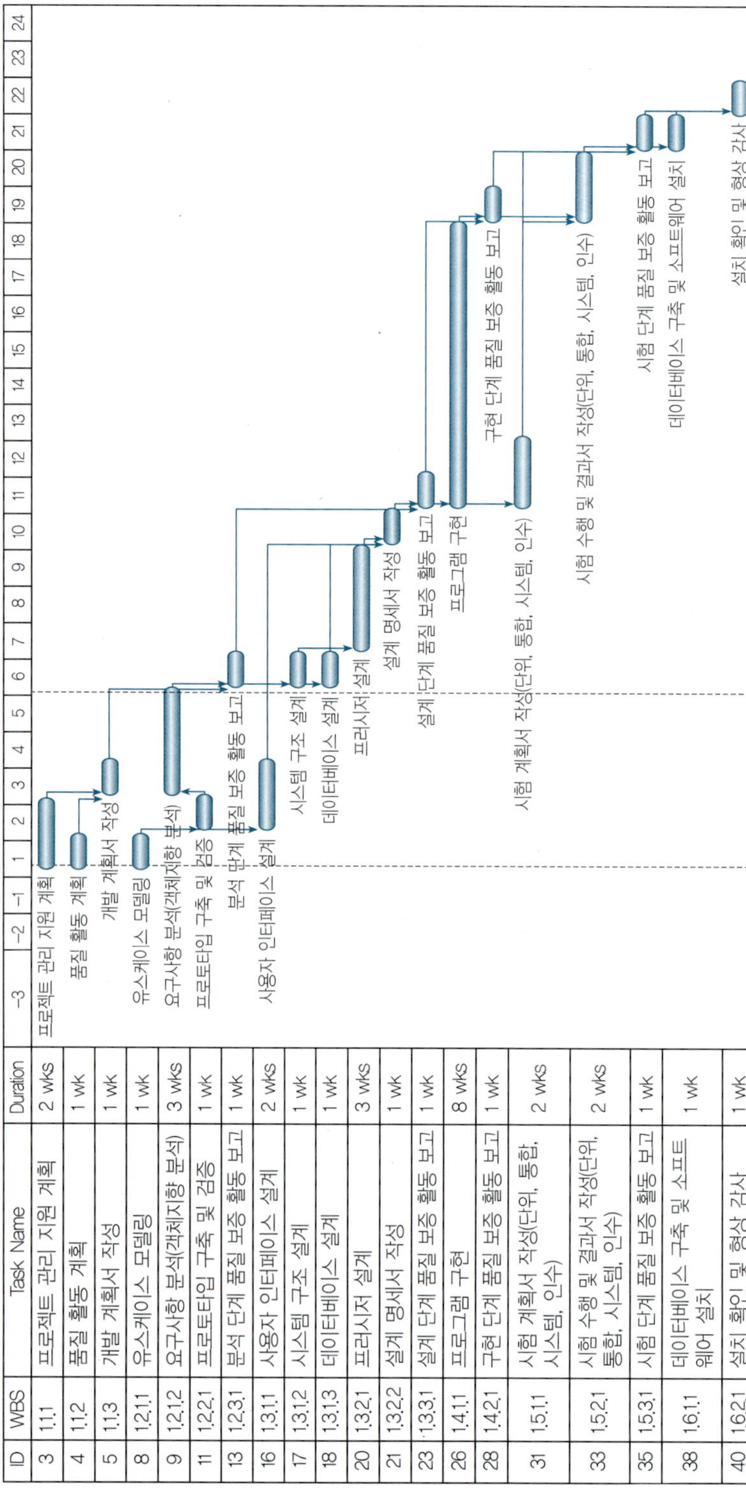

:: 그림 22 – 5 | 인터넷 쇼핑몰 간트 차트

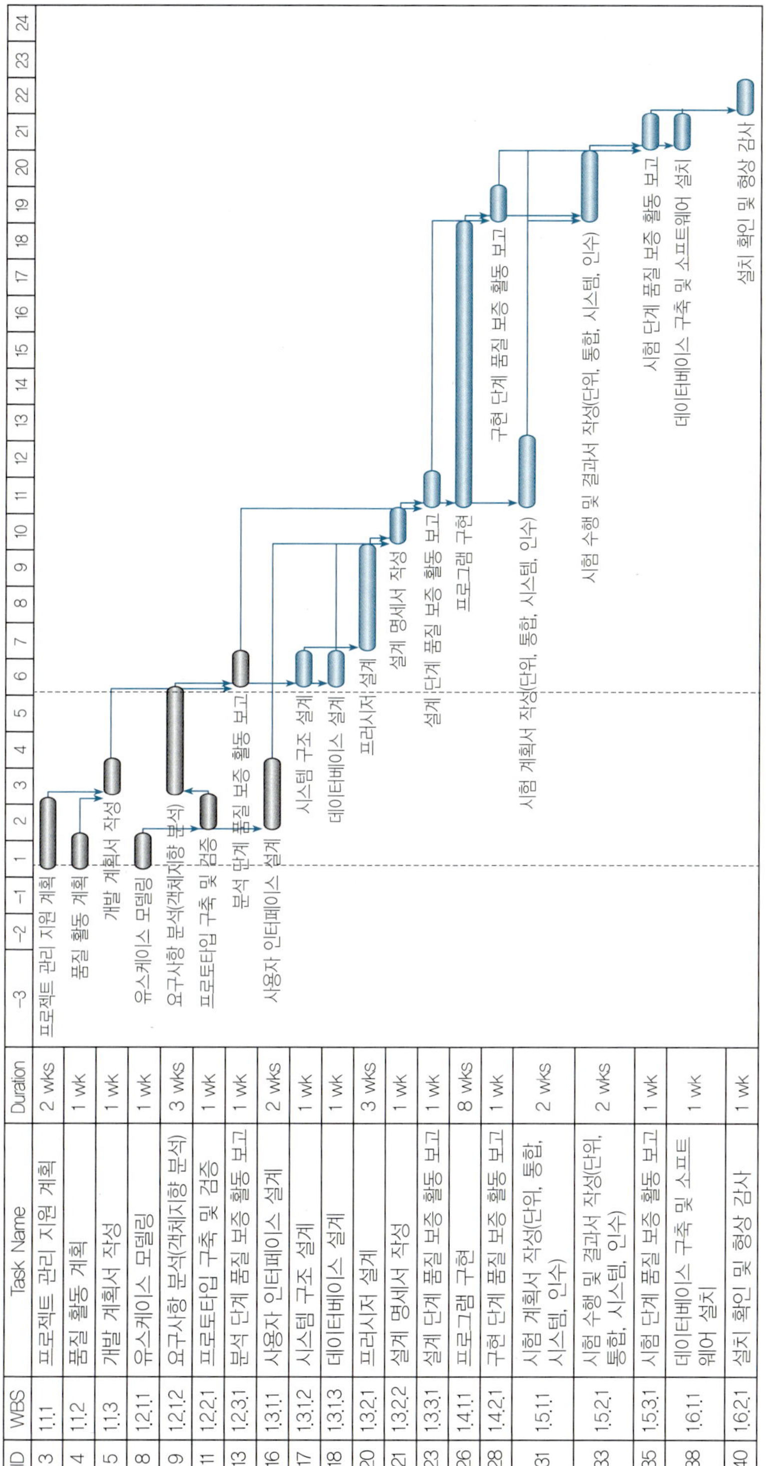

ID	WBS	Task Name	Duration
3	1.1.1	프로젝트 관리 지원 계획	2 wks
4	1.1.2	품질 활동 계획	1 wk
5	1.1.3	개발 계획서 작성	1 wk
8	1.2.1.1	유스케이스 모델링	1 wk
9	1.2.1.2	요구사항 분석(객체지향 분석)	3 wks
11	1.2.2.1	프로토타입 구축 및 검증	1 wk
13	1.2.3.1	분석 단계 품질 보증 활동 보고	1 wk
16	1.3.1.1	사용자 인터페이스 설계	2 wks
17	1.3.1.2	시스템 구조 설계	1 wk
18	1.3.1.3	데이터베이스 설계	1 wk
20	1.3.2.1	프로시저 설계	3 wks
21	1.3.2.2	설계 명세서 작성	1 wk
23	1.3.3.1	설계 단계 품질 보증 활동 보고	1 wk
26	1.4.1.1	프로그램 구현	8 wks
28	1.4.2.1	구현 단계 품질 보증 활동 보고	1 wk
31	1.5.1.1	시험 계획서 작성(단위, 통합, 시스템, 인수)	2 wks
33	1.5.2.1	시험 수행 및 결과서 작성(단위, 통합, 시스템, 인수)	2 wks
35	1.5.3.1	시험 단계 품질 보증 활동 보고	1 wk
38	1.6.1.1	데이터베이스 구축 및 소프트웨어 설치	1 wk
40	1.6.2.1	설치 확인 및 형상 감사	1 wk

:: 그림 22 – 6 | 인터넷 쇼핑몰 간트 차트(계획 대비 수행 결과 포함)

요약 SOFTWARE ENGINEERING

요구사항을 효과적으로 다루는 것은 프로젝트 범위 관리의 핵심 목표이다. 범위 관리는 이해관계자의 요구를 이해하여 정의하고 모순된 요구사항을 통합하여 관리하는 활동이다. 범위는 제품 범위와 프로젝트 범위로 나누어 이해한다.

소프트웨어 프로젝트의 원가를 측정하기 위해 COCOMO 모델과 기능 점수 모델이 소개되었다. 기능 점수 분석 방법은 사용자의 관점에서 소프트웨어 개발 규모를 측정하는 방법으로 국내뿐만 아니라 전 세계적으로 널리 활용되고 있다. 기능 점수 기법은 사용자가 얻게 되는 기능의 크기를 중심으로 추정하는 논리적인 접근방법이다. 반면, 코드의 행 수를 이용한 소프트웨어 규모 측정은 코드의 라인 수를 기초로 하는 물리적인 접근방법이라 할 수 있다.

프로젝트 일정 관리는 프로젝트에 요구되는 활동과 활동 순서를 정의하고 각 활동에 요구되는 자원을 예측하여 각 활동에 요구되는 기간을 산정하는 과정을 통해 프로젝트 전체 일정을 개발하는 관리 활동이다. 이 장에서는 PERT/CPM 기법을 이용한 일정 개발 프로세스를 살펴보았고, 간트 도표에 대한 설명을 하였다. 인터넷 쇼핑몰 프로젝트를 예로 일정 관리 과정을 부록에 수록하고 있다.

참고 문헌

[PMBOK 2013] *A Guide to the Project Management Body of Knowledge(PMBOK)*, Fifth Edition, Project Management Institute, Inc., 2013.

[Garmus 2003] David Garmus and David Herron 저, 권기태 · 신수정 · 박찬규 역, 『기능 점수와 소프트웨어 측정』, 도서출판 그린, 2003.

[Jones 1996] Capers Jones, *What It Means to Be "Best In Class"*, 1996.

[고석하 2007] 고석하, 홍정유, 『소프트웨어 프로젝트 관리』, 생능출판사, 2007.

[권기태 2006] 권기태, 변분희, "소프트웨어 개발비 대가기준 개선에 관한 연구", 정보처리학회지 제13-D권 제6호 통권 제109호, 2006.

[네이버 2009] 네이버 지식백과, "국제 기능점수 사용자 그룹", 2009.

[송기호 2008] 송기호, "기능점수 산정 및 활용 방안", 2008.

[지식경제부 2010] 지식경제부고시 제2010-52호, "소프트웨어사업 대가의 기준", 2010.

[하버드 2006] 『프로젝트 관리의 기술』, 하버드 비즈니스 스쿨 워크북 시리즈, 한스미디어, 2006.

[한국전산원 2001] 한국전산원, "소프트웨어 사업대가 기준 교육 교재", 2001.

[황인수 2002] 황인수, "SW 측정과 FP의 활용 가치" 발표자료, 2002.

[프레임 2006] J. 데이빗슨 프레임 저, 양기영 · 한영수 역, 『사람과 시간을 최상으로 활용하는 프로젝트 관리』, ㈜한언, 2006.

[김병철 2003] 김병철, 『프로젝트 관리의 이해』, 도서출판 세화, 2003.

[헬멘 2003] 킴 헬멘 저, 류한석 역, 『Project Management Professional』, 정보문화사, 2003.

[안재성 2008] 안재성, 『쉽게 합격하는 PMP』, JSFactory, 2008.

연습문제

객관식 문제

01 프로젝트 범위 관리(scope definition) 프로세스가 아닌 것은?

① 작업 분류 체계(WBS) 작성 ② 액티비티(activity) 순서 배열
③ 요구사항 수집 ④ 범위 검증(scope verification)

02 프로젝트 범위 관리에 해당하지 않은 것은?

① 프로젝트에 포함시킬 사항과 제외시킬 사항을 정의하고 통제하는 활동이다.
② 제품 범위(product scope)와 프로젝트 범위(project scope)가 있다.
③ 구현하기로 약속한 제품의 요구사항을 관리한다.
④ 프로젝트 예산을 할당한다.

03 작업 분류체계(WBS)에 대한 올바른 설명이 아닌 것은?

① 프로젝트 팀에서 프로젝트의 목표를 달성하기 위해 수행해야 할 작업을 인도물(또는 산출물) 중심으로 계층적으로 작성한 구조이다.
② WBS에 포함되지 않은 작업은 프로젝트의 범위에 속하지 않은 것이다.
③ WBS의 세부 단계가 내려갈수록 프로젝트의 작업이 더욱 상세하게 정의된다.
④ 프로젝트의 진행과정과 흐름을 보여준다.

04 작업 분류체계의 최하위 단위인 작업 패키지(work package)에 대한 올바른 설명이 아닌 것은?

① 작업 패키지는 한 사람 또는 한 팀으로 독립적으로 수행할 수 있는 일의 단위이다.
② 작업 패키지에서 수행하는 작업이란 노력 자체를 의미하기보다는 노력에 요구되는 자원이다.
③ WBS를 실무에 적용하는 경우 작업 패키지 단위로 관리한다.
④ 작업 패키지는 중복되지 않고 상호 배타적이며 개별의 합이 전체(MECE : Mutually Exclusive, Collectively Exhaustive)가 될 수 있도록 정의되어야 한다.

05 작업 분류체계가 잘못 작성되면 벌어질 수 있는 상황이 아닌 것은?

① 두 팀이 같은 범위의 일을 하고 있다.
② 프로젝트의 진척사항을 정확히 판단할 수 없다.
③ 액티비티의 순서 배열이 바뀐다.
④ 프로젝트를 진행하며 새로운 요구사항이 추가된다.

06 작업 분류체계의 최하위 단위인 작업 패키지(work package)의 용도가 아닌 것은?

① 일정 계획 ② 원가 산정
③ 감시 및 통제 ④ 프로젝트 종료 여부 판단 기준 제공

07 작업 분류체계의 최하위 단위인 작업 패키지의 분할 원칙과 거리가 먼 것은?

① WBS에 명시적으로 기술되어 있지 않아도 관리자의 판단에 의해 작업이 실시된다.
② 범위, 일정, 원가 추정이 가능한 정도까지 분할한다.
③ 성과, 진척사항/완료를 현실적으로 판단할 수 있는 측정 기준이 있어야 한다.
④ 산출물이 식별되어야 한다.

08 소프트웨어 프로젝트의 비용 결정 요소와 가장 관련이 적은 것은?

① 소프트웨어의 규모 및 애플리케이션 유형
② 요구되는 품질과 신뢰도
③ 하드웨어의 성능
④ 프로그래밍 언어

09 기능 점수 추정의 특징이 아닌 것은?

① 기술로부터의 분리 ② 사용자와 개발자의 쉬운 이해
③ 프로그래밍 언어에 종속적 ④ 생명주기 초기 단계에서 측정 가능

10 프로젝트의 규모를 측정하기 위해 프로그램이 몇 라인(줄)인가를 나타내는 LOC(Lines Of Code) 추정의 단점이 아닌 것은?

① LOC는 고객의 요구사항 크기를 반영한 것이라 보기 어렵다.
② 경제적 의미가 미흡하고 언어 수준에 따라 결과가 왜곡되기도 한다.
③ 개발자의 역량에 따라 코드의 행 수가 달라질 수 있어 객관적인 규모 측정이 어렵다.
④ 개발자의 생산성을 반영하기 어렵다.

11 기능 점수 모델의 장점이 아닌 것은?

① 엔지니어의 생산성을 측정하기 쉽다.
② 사용자의 관점에서 소프트웨어 개발 규모를 측정하는 방법이다.
③ 요구사항 관리를 크게 향상시킬 수 있다.
④ 기능 점수 측정 결과는 시험이나 검수 단계에서 기준선으로 활용될 수 있다.

12 기능 점수 추정의 내부 논리 파일(ILF : Internal Logic File)에 대한 올바른 설명이 아닌 것은?

① 대상 애플리케이션 내에서 유지된다.

② 애플리케이션 외부에 저장된다.

③ 사용자에 의해 요구사항으로 식별 가능하다.

④ 사용자의 의미 있는 활동에 사용된다.

13 기능 점수 추정의 데이터 기능 점수에 사용되는 요소가 아닌 것은?

① 레코드 요소 유형(RET : Record Element Type)

② 데이터 요소 유형(DET : Data Element Type)

③ 데이터의 저장방법

④ 데이터들 사이의 관계

14 소프트웨어의 생산성에 영향을 미치는 요소가 아닌 것은?

① 활용 하드웨어의 규모 ② 사용되는 프로그래밍 언어

③ 프로그램 크기 ④ 개인의 기술력과 능력

15 하향식 공수(비용) 추정방법에 해당되지 않은 것은?

① 유사 추정, 전문가의 의견이나 수학적 모델을 이용하여 프로젝트의 총 비용을 추정한 후 각 하부 단계에 비용을 배분

② 소프트웨어 프로젝트에서 채택한 프로세스의 각 단계별 활동에 소요되는 기간과 투입 인력을 예측하여 비용 계산

③ LOC(Lines Of Code)를 추정하고 이를 준비된 식에 대입하여 소요되는 기간과 인원을 구하여 개발 비용을 예측

④ 소프트웨어가 가지는 기능의 개수를 기준으로 소프트웨어의 규모를 정량화하는 방법

16 소프트웨어 애플리케이션의 경계(boundary)와 거리가 먼 것은?

① 사용자와 외부 애플리케이션 사이의 경계선

② 시스템에 포함시킬 요구사항과 제외시킬 요구사항을 정의

③ 사용자(또는 외부 애플리케이션)와 측정 대상 애플리케이션이 상호 어떤 데이터를 주고받으며 어떠한 상호 교류가 일어나는지 밝히는 것

④ 내부 애플리케이션과 외부 사용자 세계 간의 개념적인 인터페이스

17 기능 점수 추정에 사용되는 미조정 기능 점수(UFC : Unadjusted Function-point Count)에 대한 설명이 아닌 것은?

① 각 기능 항목의 개수와 가중치를 곱한 값을 합한 기능 점수
② 규모 보정 계수, 애플리케이션 유형 보정 계수, 언어 보정 계수, 품질 및 특성 보정 계수 등 시스템의 특성 및 복잡도를 반영한 조정 인자들에 의해 추후 보정
③ 14개 일반 시스템 특성에 기초한 애플리케이션 처리 복잡도 반영
④ 단순히 기능적인 요구사항만을 고려한 기능 점수

18 기능 점수 측정 유형 중 애플리케이션 기능 점수(AFP : Application Function Point)에 해당하지 않은 것은?

① 현재 운용 중인 애플리케이션에 대한 기능을 측정하는 것
② 기준선(baseline) 기능 점수
③ 설치된(installed) 기능 점수
④ 신규 개발 프로젝트를 진행하려는 경우에 사용자에게 제공하는 기능 측정

19 소프트웨어 프로젝트에 소요되는 개발 기간을 제대로 설명한 것이 아닌 것은?

① 규모가 같다고 가정하면 프로젝트 개발 유형에 관계없이 비슷하다.
② 프로젝트 규모가 2배로 커지면 개발 기간이 2배로 길어진다.
③ 프로젝트의 규모가 커지더라도 총 개발 기간은 상대적으로 크게 변화가 없다.
④ 소요 기간과 소요 인원의 관계는 서로 바꿀 수 있는 관계가 아니다.

20 프로젝트의 합리적인 추정(estimation)과 관계가 먼 것은?

① 프로젝트 추정은 과거 프로젝트 경험 및 행위에 대한 정확한 측정을 바탕으로 하는 예측이다.
② 일반적으로 추정이 어려우면 계획이 뒤틀어지기 쉽다.
③ 계획 대비 실적의 차이가 나타나는 현상을 분석하여 그 원인을 찾아내고 대안을 마련하는 것을 추정이라 한다.
④ 합리적인 추정은 구체적이고 실현 가능한 계획을 가능하게 한다.

21 Software Project의 비용 결정 요소와 가장 관련이 적은 것은?

① 개발자의 능력 ② 하드웨어의 성능
③ 요구되는 신뢰도 ④ 개발 제품의 복잡도

22 기능 점수 산정에 사용하는 내부 논리 파일(ILF : Internal Logical Files)에 대한 설명에 해당하지 않은 것은?

① 측정 대상 애플리케이션에 저장되는 논리 데이터를 의미한다.

② 애플리케이션 내에서 유지된다.

③ 사용자에 의해 애플리케이션 요구사항으로 식별된다.

④ 애플리케이션 경계 외부에 저장된다.

23 기능 점수 산정에 사용하는 외부 인터페이스 파일(EIF : External Interface File)에 대한 설명에 해당하지 않은 것은?

① 측정 대상 애플리케이션이 외부 애플리케이션으로부터 데이터를 얻어오기 위해 존재하는 것이다.

② 애플리케이션 경계 외부에 저장된다.

③ 측정 대상 애플리케이션에 저장되는 논리 데이터를 의미한다.

④ 애플리케이션에 의해 사용되지만 다른 애플리케이션에 의해 유지된다.

24 기능 점수 산정에 사용하는 외부 조회(EQ : External Inquires)에 대한 올바른 설명은?

① 측정 대상 애플리케이션이 외부 애플리케이션으로부터 데이터를 얻어오기 위해 존재하는 인터페이스이다.

② 사용자가 애플리케이션 내부에 저장된 특정 논리 데이터를 있는 그대로 보여주는 것이다.

③ 사용자가 데이터를 애플리케이션 내부에 유지시키는 행위로서 추가, 수정, 삭제가 포함된다.

④ 사용자가 애플리케이션을 통해 어떤 정보를 확인하고자 할 때, 저장된 데이터들을 가공처리하여 보여주는 것이다.

25 기능 점수 산정에 사용하는 외부 출력(EO : External Outputs)에 대한 올바른 설명은?

① 측정 대상 애플리케이션이 외부 애플리케이션으로부터 데이터를 얻어오기 위해 존재하는 인터페이스이다.

② 사용자가 애플리케이션 내부에 저장된 특정 논리 데이터를 있는 그대로 보여주는 것이다.

③ 사용자가 데이터를 애플리케이션 내부에 유지시키는 행위로서 추가, 수정, 삭제가 포함된다.

④ 사용자가 애플리케이션을 통해 어떤 정보를 확인하고자 할 때, 저장된 데이터들을 가공처리하여 보여주는 것이다.

26 프로젝트 활동의 수행 기간이 낙관적인 경우는 10일, 비관적인 경우는 24일, 가장 확률이 높은 경우는 14일로 예측되었다. PERT 기법에 의한 이 활동의 완료 기간 기대치는 얼마인가?

① 11일 ② 14일
③ 15일 ④ 16일

27 프로젝트 일정 관리에 사용하는 간트(Gantt) 도표에 대한 설명으로 옳지 않은 것은?

① 프로젝트 일정 관리를 위한 막대 도표(bar chart) 형태의 도구이다.
② 수평 막대의 길이는 작업을 위해 할당된 시간에 비례한다.
③ 모든 작업의 의존 관계는 경로(path)로 표시된다.
④ 이정표, 기간, 작업, 프로젝트 일정을 나타낸다.

28 프로젝트 일정 관리에 사용하는 PERT/CPM 도표에 대한 설명으로 옳은 것은?

① 프로젝트 일정 관리를 위한 막대 도표(bar chart) 형태의 도구이다.
② 프로젝트의 전체 업무를 작은 업무로 쪼개 놓아 구체적으로 무엇을 할 것인가를 세부적으로 나타낸 결과물이다.
③ 모든 작업의 의존 관계, 상호 관련성, 결정 경로를 표시한다.
④ 이정표, 기간, 작업, 프로젝트 일정을 나타낸다.

29 PERT/CPM에 대한 설명으로 올바르지 않은 것은?

① 프로젝트에 소요되는 시간을 파악하기 위해 활동 간의 선후 관계를 나타내는 망 형태의 그림이다.
② PERT/CPM은 작업 일정을 세분화하여 공기 지연 사전 예방 및 공기 단축 등 효율적인 일정 관리를 도모하기 위한 추정 기법이다.
③ PERT/CPM 네트워크에서 작업의 선후 관계는 파악되지 않아도 무관하다.
④ PERT/CPM은 대표적인 일정 개발 도구로 일정 계획 및 관리방법의 기본 골격을 제시한다.

30 PERT/CPM의 주경로(CP : Critical Path)에 대한 설명으로 옳지 않은 것은?

① 네트워크도의 여러 경로 중 수행 기간이 가장 짧은 경로를 의미한다.
② 주경로를 구성하는 활동을 위험의 지표로 인식하고 특별한 관심을 가지고 관리해야 한다.
③ 유연성이 가장 적은 활동인 주활동으로 이루어진 경로이다.
④ 임계(臨界) 경로라 한다.

31 PERT/CPM의 주경로에 대한 설명으로 옳지 않은 것은?

① 프로젝트를 지연시키지 않고 조정될 수 있는 여유 시간(float)이 0인 경로이다.

② 프로젝트 수행 기간은 주경로를 구성하는 활동들의 수행 기간의 합으로 결정된다.

③ 주경로를 구성하는 주활동이 지연되어도 곧 전체 프로젝트의 종료 시각은 변함없다.

④ 주경로를 구성하는 활동을 위험의 지표로 인식하고 특별한 관심을 가지고 관리해야 한다.

주관식 문제

01 제품 범위와 프로젝트 범위의 차이점을 기술하라.

02 제품 범위를 찾아내는 기법을 설명하라.

03 프로젝트 범위를 찾아내는 기법을 설명하라.

04 소프트웨어 프로젝트의 경우 제품 범위 관리가 어렵다고 하는데, 그 이유를 설명하라.

05 상향식 비용 산정 방식과 하향식 비용 산정 방식의 차이점을 설명하고 장단점을 비교하라.

06 COCOMO 모델에 비해 기능 점수(function point) 모델이 가지고 있는 장점을 기술하라.

07 기능 점수 산정 시 사용되는 간이법과 정규법의 적용 시점이 어떻게 다른지 설명하고 차이점에 대해서 기술하라.

08 인터넷 쇼핑몰에서 주문 입력 시 상품을 선택하고 수량을 입력하면 결제할 금액이 나타난다. 이때 결제할 금액이 나타나는 기능은 무엇으로 상정하는가?

09 인터넷 쇼핑몰에서 주문에 대한 결제를 수행할 때, 신용카드를 사용할 수 있다. 이때 신용카드 인증 회사에서 제공한 모듈을 이용하여 신용카드 정보를 입력하고, 승인 결과에 따라 결제 정보가 쇼핑몰 시스템에 저장된다. 이러한 경우에 해당되는 트랜잭션 기능과 데이터 기능은 무엇인가?

10 어떤 프로젝트의 주경로가 A–B–C–F와 A–E–F로 나타난다고 가정하자. 각 활동의 수행 기간은 모두 5일이 넘는다(단, F의 경우는 수행 기간이 2일이다). 이 경우 프로젝트 전체 일정을 3일 단축시키기 위해 하나의 특정 액티비티 수행 기간을 단축시키고자 한다. 어떤 액티비티의 수행 기간을 단축시켜야 하는지 말하고 그 이유를 설명하라.

EXERCISE

11 앞에 제시된 프로젝트의 주경로 A-E-F에 있는 E 액티비티의 수행 시간이 예상보다 일찍 수행될 경우와 늦게 수행될 경우 프로젝트 전체 일정이 어떻게 될 것인지 각각의 경우를 나누어 설명하라.

객관식 문제 정답 1. ② 2. ④ 3. ④ 4. ② 5. ③ 6. ④ 7. ① 8. ③ 9. ③ 10. ④ 11. ① 12. ② 13. ③ 14. ① 15. ② 16. ① 17. ③ 18. ④ 19. ② 20. ③ 21. ② 22. ④ 23. ③ 24. ② 25. ④ 26. ③ 27. ③ 28. ③ 29. ③ 30. ① 31. ③

찾아보기